毛泽东年谱

第九卷

中共中央党史和文献研究院 编

主 编 逄先知 冯 蕙

副主编 陈 晋 李 捷 熊华源 吴正裕 张素华

中央文献出版社

参加本卷编写的有：

陈　晋　唐洲雁　沈雁昕　许　蕾

王香平

目　　录

1966年 七十三岁

10月1日 上午十时，出席在天安门举行的中华人民共和国成立十七周年庆祝大会，接见北京和来自全国各地的红卫兵和革命师生。参加庆祝活动的有一百五十多万人。三千多名工农兵代表、少数民族代表和红卫兵代表，分批登上天安门城楼，参加庆祝大会。中午十二时，毛泽东接见大庆油田三二一一钻井队的伤员代表。大会结束时，毛泽东走下天安门城楼，穿过金水桥，走进群众队伍中，向大家祝贺国庆节日。整个活动持续六个多小时。这是毛泽东第四次接见北京和来自全国各地的红卫兵和革命师生。

同日 晚上，到天安门广场，席地而坐，同群众一起联欢，随后登上天安门城楼，观看焰火。在城楼上同澳大利亚共产党（马列）主席希尔谈话时说：你应该到大学去看看。大学里有左派，有右派，有中间派。左派、右派都是少数，最多的是中间派。很多旧社会的知识分子，我们包下来了。他们看不起工农群众，看不起工农出身的人。我们还得用他们，不用他们，我们的报纸就出不了，广播也播不出去。文学界、艺术界，也是他们的人多。全部改变要用很长的时间。毛泽东指着在广场上游行的学生说：帝国主义和修正主义就是怕这些学生，我们有些干部也是怕他们。你不要以为我们的环境那么好。我们有些干部不想革命了，中央委员也有，政治局委员也有，省委书记、地委书记、县委书记都有。他们就是怕，他们要调动军队来对付这些学生。解放军他们是调动不了的，他们就调动工人、农民来跟学生作对。在城楼上还对李宗仁〔1〕说：红卫兵把全国政协、民主党派封了，但政协还是要的，民主党派还是要的。

10月2日　《人民日报》提前转载将于十月十日出版的《红旗》杂志第十三期社论《在毛泽东思想的大路上前进》。社论提出："对资产阶级反动路线，必须彻底批判。""要不要批判资产阶级反动路线，是能不能贯彻执行文化革命的十六条，能不能正确进行广泛的斗批改的关键。在这里，不能采取折中主义。"这是第一次公开出现"资产阶级反动路线"的提法。社论发表后，周恩来〔2〕向毛泽东陈述了自己的看法，提出：历来党内路线问题，都说"左"倾、右倾，没有"资产阶级反动路线"这种提法。毛泽东用英文作了解释，说：原来用的是"Counter-revolutionary Line（反革命路线）"，后来改成"Anti-revolutionary Line（反对革命路线）"，最后还是用"Reactionary Line（反动路线）"好。

10月4日　下午，在中南海游泳池住处主持召开中共中央政治局扩大会议，听取周恩来、陶铸〔3〕和军队有关负责人关于文化大革命形势的汇报，提出要召集各地负责人开中央工作会议。

10月5日　经毛泽东审阅同意，中共中央转发中央军委、总政治部《关于军队院校无产阶级文化大革命的紧急指示》。紧

〔1〕　李宗仁，原国民党桂系首领。曾任国民党政府副总统。1949年1月21日蒋介石引退后任国民党政府代总统。国民党政权被推翻后去美国。1965年7月，偕妻子郭德洁从海外回到中国。

〔2〕　周恩来，当时任中共中央副主席、国务院总理、全国政协主席。

〔3〕　陶铸，当时任中共中央政治局常委、中央书记处常务书记、中央宣传部部长、中央文化革命小组顾问、国务院副总理。1966年底被打倒。1969年11月30日在合肥去世。1978年12月中共中央为陶铸平反。

急指示说：根据林彪[1]同志的建议，军队院校的文化大革命运动，必须把那些束缚群众运动的框框统统取消。

10月7日 阅周恩来本日关于召开中央工作会议问题的请示报告。报告中说：昨天林彪同志要我们请示主席，是否主席还在考虑目前开全国工作会议的利弊。如果主席认为时机尚早，今天还来得及以电话告大区、省市委书记暂缓来京。如主席认为无需更动，即照通知进行。究如何为好，请主席批示。毛泽东批示："照样开会。惟会期三天不够，需要七天。"

10月9日—28日 中共中央工作会议在北京举行，毛泽东主持会议。会议讨论文化大革命问题，主要是批判"资产阶级反动路线"。各中央局书记、各省市区负责人、中央各部委负责人等出席会议。

10月9日 在人民大会堂东大厅主持中央工作会议全体会议，林彪介绍会议议程。

10月14日 晚上，在中南海游泳池住处召集中共中央政治局常委、各中央局负责人和中央工作会议各组组长开会，听取汇报和研究中央工作会议的有关情况。

---

〔1〕 林彪，当时任中共中央副主席、中央军委副主席、国务院副总理兼国防部部长、国防委员会副主席。"文化大革命"中组织、领导夺取党和国家最高权力的阴谋活动，策动反革命武装政变。政变阴谋败露后，于1971年9月13日乘飞机出逃，摔死在蒙古人民共和国温都尔汗。1973年8月被开除党籍。1981年1月最高人民法院特别法庭确认林彪为"林彪、江青反革命集团案"的主犯。

10月15日 审阅陈伯达[1]本日分两次送审的准备在中央工作会议上的讲话稿《无产阶级文化大革命中的两条路线》。晚八时半，审阅讲话稿前三部分后批示："即送陈伯达同志：看过，可用。未完部分请送来一阅。看过的这几部分，有几处有少数文字方面的修改，是否妥当，请酌。建议：你讲过之后，印发给到会各同志，讨论几天，提出修改意见。"讲话稿中说"高干子弟也有一些是不大好的，或者很不好，甚至要走修正主义道路，蜕化变质为修正主义的代表"，毛泽东删去"蜕化变质为修正主义的代表"。深夜，审阅送审的讲话稿第四部分后批示："退陈伯达同志：可用。只在第二页改了几个字。建议全文立即付印，以便一面讲，一面发给听众。"陈伯达的讲话稿共分四个部分：一、形势大好；二、两条路线斗争的继续；三、去掉几"怕"，放手发动群众；四、坚持毛主席提出的阶级路线，团结大多数。十六日，陈伯达在会上讲话，这个讲话成为这次中央工作会议的主题报告。

10月18日 中午，乘坐敞篷汽车，沿长安街接见北京和来自全国各地的一百五十万红卫兵和革命师生，历时一个多小时。这是毛泽东第五次接见北京和来自全国各地的红卫兵和革命师生。

---

〔1〕 陈伯达，当时任中共中央政治局常委、中央文化革命小组组长、中央宣传部副部长、《红旗》杂志总编辑、国家计划委员会副主任、中国科学院副院长。"文化大革命"中，参与林彪、江青夺取最高权力的阴谋活动。1973年8月被开除党籍，撤销党内外一切职务。1981年1月最高人民法院特别法庭确认陈伯达为"林彪、江青反革命集团案"的主犯，判处有期徒刑18年，剥夺政治权利5年。

10月22日 晨四时，阅邓小平[1]十月二十一日送审的《在中央工作会议上的初步检讨》稿后，批示："小平同志：可以照此去讲。但在第九页第一行'补过自新'之后，是否加几句积极振奋的话，例如说，在自己的积极努力和同志们积极帮助之下，我相信错误会得到改正的。请同志们给我以时间，我会站起来的。干了半辈子革命，跌了跤子，难道就一蹶不振了吗？又，题目上'初步'二字可以去掉。"

10月23日 刘少奇[2]、邓小平在中央工作会议上作检讨发言，就指导"文化大革命"中犯的所谓路线错误承担了主要责任。

10月24日 晚上，在中南海游泳池住处召集中共中央政治局部分成员、各中央局负责人开会。毛泽东讲话。他说：会开得差不多了，明天上午再开半天。这次会议是我提议的。时间这么

---

〔1〕 邓小平，当时任中共中央总书记、国务院副总理、国防委员会副主席。"文化大革命"开始后不久被打倒。1973年3月、12月先后恢复国务院副总理、中共中央政治局委员等职。1975年1月起任中共中央政治局常委、中央副主席、国务院副总理、中央军委副主席、解放军总参谋长。1976年4月受"四人帮"诬陷，再次被撤销党内外一切职务。1977年7月在中共十届三中全会上恢复中央政治局委员、中央政治局常委、中央副主席、国务院副总理、中央军委副主席、解放军总参谋长职务。

〔2〕 刘少奇，当时任中共中央副主席、中华人民共和国主席、国防委员会主席。"文化大革命"开始后不久被打倒。1968年10月中共八届十二中全会错误地通过决议，宣布把刘少奇"永远开除出党，撤销其党内外的一切职务"。1969年11月12日刘少奇在河南开封逝世。1980年2月中共中央为刘少奇平反昭雪。

短，是否讲得通？可能比上次[1]好。我没有料到聂元梓[2]一张大字报，一个红卫兵，一个全国大串连，搞成这么大的事。学生犯了一些错误，主要是我们这些老爷犯错误。反党反社会主义决不能承认，承认了还能工作吗？你们回去碰到具体问题，按照大原则解决。要振作精神好好搞一下，万万不能承认反党反社会主义。把中央局、省市委都打倒，让他们学生来接班，行吗？不知工农业，只读一点书，行吗？这次会议开得比较好一些。上次会是灌而不进，没有经验。这次会议又有了两个月的经验，一共不到五个月的经验。民主革命搞了二十八年，犯了多少错误，死了多少人。社会主义革命只有十七年，这次文化大革命只有五个月，至少五年才能取得经验。谈到刘少奇、邓小平的问题时，毛泽东说：把刘、邓的大字报贴到街上去不好。要允许人家犯错误，要准人家革命，不要不准人家革命。叫学生们把鲁迅的《阿Q正传》看一看，其中“不准革命”一章。乱子是中央闹起来的，责任在中央，地方也有责任，我的责任是分一、二线。为什么分一、二线？一是身体不好，二是鉴于苏联教训。我想在我未死以前，树立他们的威信。现在走到反面，结果变成独立王国，许多事情不同我商量。刘、邓二人是搞公开的，不搞秘密的。对少奇同志不能一笔抹杀。犯了路线错误要改。不管什么山头，不管哪个省市、什么老部下，都要管紧、管严。只要改过来，意见一致、团结，就好。对刘、邓要准许革命，准许改。说我和稀

---

〔1〕 指1966年8月13日至23日在北京召开的中共中央工作会议。

〔2〕 聂元梓，曾任北京大学哲学系党总支书记。当时任北京大学文化革命委员会主任。后任“首都大专院校红代会”核心组组长、北京市革委会副主任、北京大学革委会副主任、中共中央候补委员。1971年初被隔离审查。1978年因反革命宣传煽动罪、诬告陷害罪被逮捕。1983年3月被判处有期徒刑17年，剥夺政治权利4年。

泥，我就是和稀泥。你们有错误要改，改了就行，回去放手工作。（康生[1]：八大报告中有阶级斗争熄灭论。）报告我们都看了的，大会通过的，不能单要他们两人负责。谈到与右派交朋友时说：我的右派朋友很多。一个人不接近一些右派，那怎么行？哪有那么干净的？接近他们就是做调查研究嘛，了解他们的动态。谈到民主党派问题时说：民主党派要不要？一个党行不行？民主党派还是要，政协还是要，要同红卫兵讲清楚。中国的民主革命是孙中山搞起来的，那时还没有共产党，是孙中山反康、梁[2]，反帝制的。今年是孙中山诞生一百周年，怎么纪念？要和红卫兵商量一下，还要开纪念会。最后，毛泽东再次强调：你们回去开会，把省、市、地委的思想搞通，时间不能太短。过去许多市没来人，这次都来了不少。像林彪同志讲的，向他们做政治工作，打通思想。你们回去要振作精神，好好工作。谁会打倒你们呀！万万不能承认反党反社会主义。你们都成了黑帮，不就轮到我头上来了，我不就是同反党反社会主义分子一块工作吗？有些人将来还有甄别、平反，有些打错了的，可以调到其他地方工作嘛！

---

〔1〕 康生，当时任中共中央政治局常委（1973年8月又任中央副主席）、中央书记处书记（至1969年4月）、中央文化革命小组顾问、全国人大常委会副委员长。1970年11月又任中共中央组织宣传组组长。“文化大革命”中参与林彪、江青夺取党和国家最高权力的阴谋活动。1975年12月16日在北京去世。1980年10月中共中央宣布开除其党籍，并撤销对其所做的《悼词》。1981年1月最高人民法院特别法庭确认康生为“林彪、江青反革命集团案”的主犯。

〔2〕 康、梁，指康有为、梁启超，中国近代改良派代表人物，戊戌维新运动的重要活动家。

同日 听取聂荣臻、钱学森[1]等汇报核弹和导弹结合飞行试验的准备工作情况。毛泽东说：这次要准备失败，失败了也不要紧，接受教训就是了。十月二十七日，中国成功地进行了首次导弹核武器试验。

同日 阅陈伯达十月十六日在中央工作会议上讲话的修改稿，批示："即送陈伯达同志。改稿看过，很好。抓革命，促生产这两句，是否在什么地方加进去，请考虑。印成小本，大量发行，每个支部，每个红卫兵小队，至少有二本。"十一月六日，毛泽东在陈伯达再次送审的修改稿上批示："第一步似以发至县、团级为宜。待县、团级以上多数干部思想通了，再往下发。究竟如何处理为好，请你们商量酌定。"十一月九日，这个讲话稿发至县团级。

10月25日 在中央工作会议全体会议上讲话。主要讲中央分一线、二线问题和文化大革命问题。关于第一个问题，毛泽东说：想要使国家安全，鉴于斯大林一死，马林科夫[2]挡不住，发生了问题，出了修正主义，就搞了一个一线、二线。现在看起

---

〔1〕聂荣臻，当时任中共中央政治局委员、中央军委副主席、国务院副总理兼国家科学技术委员会主任、国防部国防科学技术委员会（1968年2月改称中国人民解放军国防科学技术委员会）主任、国防委员会副主席。1975年1月又任全国人大常委会副委员长。钱学森，物理学家、空气动力学家。当时任第七机械工业部副部长、中国科学院学部委员。1970年6月任中国人民解放军国防科学技术委员会副主任、国防科工委科学技术委员会副主任。

〔2〕马林科夫，1953年3月任苏联共产党中央第一书记（至1953年9月）、苏联部长会议主席（1955年2月改任副主席）。1957年6月苏共中央通过《关于马林科夫、卡冈诺维奇和莫洛托夫反党集团的决议》，马林科夫被撤销苏联共产党中央主席团委员和中央委员职务。同年7月被撤销苏联部长会议副主席职务。

来，不那么好，很分散，出了相当多的独立王国。所以，八届十一中全会对一线、二线问题就做了改变。十一中全会以前，我处在第二线，不主持日常工作，有许多事情让别人去做，想让他们在群众中树立威信，以便我见马克思的时候，国家不那么震动。但处在第一线的同志处理得不那么好。这个问题，我也有责任。为什么说我也有责任呢？第一是我提议搞书记处，政治局常委里头有一线、二线。再，就是过于信任别人。引起警觉，还是“二十三条”那个时候。从许多问题看来，这个北京就没有办法实行解决，中央的第一线中存在的问题就是这样。所以，我就发出警告说，北京出了修正主义怎么办？这是去年九十月间说的。我感觉到，在北京我的意见不能实行，推行不了。为什么批判吴晗〔1〕不在北京发起呢？北京没有人干这件事，就在上海发起。姚文元〔2〕同志的文章，就是在上海发表的。北京的问题，到现在可以说基本上解决了。关于第二个问题，毛泽东说：文化革命运动时间还很短。六月、七月、八月、九月，现在十月，五个月不到。所以，同志们不那么理解。时间很短，来势很猛。我也没

〔1〕 吴晗，历史学家。原任全国人大代表、北京市副市长、北京市政协副主席、中国民主同盟中央副主席兼北京市委员会主任委员。因写作新编历史剧《海瑞罢官》等，受到错误批判。1969 年 10 月被迫害致死。1979 年 3 月，经中共中央批准，北京市委为吴晗平反。

〔2〕 姚文元，当时任中央文化革命小组成员。1967 年 2 月又任上海市革委会副主任（1970 年 3 月任第一副主任）。1968 年 8 月又任红旗杂志社负责人。1969 年 4 月又任中共中央政治局委员。1970 年 11 月又任中共中央组织宣传组副组长。1971 年 1 月又任中共上海市委第二书记。“文化大革命”中参与江青夺取党和国家最高权力的阴谋活动。1976 年 10 月被隔离审查。1977 年 7 月被开除党籍，撤销党内外一切职务。1981 年 1 月最高人民法院特别法庭确认姚文元为“林彪、江青反革命集团案”的主犯，判处有期徒刑 20 年，剥夺政治权利 5 年。

有料到，一张大字报一广播，就全国轰动了。给红卫兵这封信，我还没有发出，全国就搞起红卫兵来了。各种各派的红卫兵都有，北京就有三四个司令部。红卫兵一冲，把你们冲得不亦乐乎。上次会议，我说，会议的决定，有些人不一定执行。果然好多同志还不理解。经过两个月以后，碰了钉子，有了一些经验，这次会议就比较好了。这次会议有两个阶段，头一个阶段的发言不那么正常，后一个阶段就比较顺了。你们自己的思想有了变化。总而言之，这个运动才五个月。可能要搞两个五个月，或者还要多一点时间。那个时候还会有新的经验，还要总结。这个文化革命只有五个月，所以，不能要求同志们现在就那么理解了。过去，没有全盘抓起来，我说这个责任在我。谁让你没有系统地抓起来呀？个别的抓了，头痛医头，脚痛医脚，不行，问题不能解决。这一次文化大革命运动的以前几个月，去年十一月、十二月，今年一月、二月、三月、四月、五月，虽然有那么多文章，中间，五月十六日，又发了一个通知，可是，并没有引起多大的注意。我看，还是大字报、红卫兵一冲，你们不注意也不行。拿同志们的话来讲，叫“革命革到自己头上来了”。那末，赶快总结经验吧。为什么两个月以后，现在又来开这次工作会议呢？就是要总结一下经验，做政治思想工作。你们回去有大量的政治思想工作要做。中央局、省一级、地一级、县一级，至少这四级要开一个十几天的会，真正把问题讲清楚。也不要企图所有的干部统统弄得清楚，不可能，总有一些人不那么清楚，思想不通。好几个同志对我讲，“原则上我是赞成的，到了具体问题上又糊涂了”。这种话我就不那么相信，现在我看，恐怕也有一点道理。不然为什么老这么讲？原则上是赞成的，碰到具体问题又处理不好，恐怕还是政治思想工作没有做好。我对这次会议以后的情况，信心增加了。当然，不能过高要求。总有一些人想不通，有一小部分，还是会要对立的。但是，我们相信大多数会讲得通的。文化大革命这个火是我放起来的。时间很仓促，只几个月。跟二十八年的资产阶级民主革命，十七年的社会主义革命比较起来，这个文化革命只不到半年。不那么通，有抵触，这是可以理解的，是自然的。很多同志，过去尽搞经济工作，工业、农业、交通运输，或者做一些别的政治工作、行政工作，就没有设想到搞这场文化大革命。现在学生不是冲得厉害吗？没有设想到的事情来了。来了就来了，这一冲，我看有好处。过去多少年我们没有想的事情，这一冲就要想一下了。无非是犯一些错误，那有什么了不起的呀？路线错误，改了就是了。谁人要打倒你们呀？我是不要打倒你们的，我看红卫兵也不一定要打倒你们。这一次会议的简报，差不多我全都看了。你们过不了关，我也着急呀。时间太短，可以原谅，不是存心要犯路线错误，有的人讲是糊里糊涂犯的。也不能完全怪刘少奇同志、邓小平同志。他们两个同志犯错误也有原因。过去中央第一线没有领导好。时间太短，对新问题没有精神准备，政治思想工作没有做好，所以这一次又做了十七天。我看，以后会好一些。这次会上，林彪发表长篇讲话。他说：革命的群众运动，它天然是合理的。尽管群众中有个别的部分、个别的人，有“左”有右的偏差，但是群众运动的主流总是适合社会的发展的，总是合理的。林彪还多次点名攻击刘少奇、邓小平，说“他们搞了另外一条路线，同毛主席的路线相反”。

同日 晚上，在人民大会堂福建厅会见巴基斯坦外交部部长皮尔扎达和夫人，陈毅[1]和夫人张茜在座。应客人请求，在一

---

〔1〕 陈毅，当时任中共中央政治局委员（1969年4月任中央委员）、中央军委副主席、全国政协副主席、国务院副总理兼外事办公室主任、外交部部长、国防委员会副主席。

本英文版《毛主席语录》上签名。

同日　中共中央主席毛泽东致电祝贺阿尔巴尼亚劳动党第五次代表大会。贺电称阿尔巴尼亚是“欧洲的一盏伟大的社会主义的明灯”，并引用“海内存知已，天涯若比邻”[1]诗句比喻中阿两国的友谊。

10月28日　在中南海游泳池住处召集周恩来等开会，谈中央工作会议精神的传达和有关具体政策措施等问题。

10月31日或11月初　阅萧华[2]十月三十日关于军队文化大革命如何搞法给林彪的报告，批示：“同意。退林彪。”报告提出：一、参加中央工作会议的军队干部回去后要认真传达、学习这次会议的精神。二、各大军区机关文化大革命于十一月份展开，到明年春节前后告一段落。三、军的机关暂按师以下部队的做法，进行正面教育。四、省军区可以两个月左右的时间进行文化大革命。五、军队院校正在进行文化大革命运动，必须派得力干部加强领导。六、军以下部队目前仍然要保持秩序稳定，加强正面教育。

11月3日　在天安门接见北京和来自全国各地的红卫兵和革命师生二百多万人。从上午十时十分开始，持续七个多小时。这是毛泽东第六次接见北京和来自全国各地的红卫兵和革命师生。其间，在天安门城楼上同刘少奇交谈时，特意询问王光美[3]和孩子们的情况。刘少奇表示：现在文化大革命起来了，我也要到群众中去锻炼锻炼。毛泽东说：你年纪大了，就不要去了。

---

〔1〕见王勃《送杜少府之任蜀州》。

〔2〕萧华，当时任中共中央监察委员会副书记、中国人民解放军监察委员会书记、中央军委副秘书长、中国人民解放军总政治部主任。1967年1月又任全军文化革命小组副组长。1967年7月被打倒。1975年8月任中国人民解放军军事科学院第二政治委员。

〔3〕王光美，刘少奇的妻子。

11月4日 审阅林彪十月二十五日在中央工作会议上讲话的修改稿。林彪十一月三日的送审报告说："主席：您的指示很好，我完全同意。现将伯达同志的修改稿送上请再审阅指示。"毛泽东批示："同意这样修改。另外有些个别字句的改动，请酌定。"讲话修改稿中，多处用了"思想意识"一词，毛泽东审阅时，有的改为"意识形态"，有的改为"思想领域"，还有几处删去了其中的"意识"二字，批注："思想、意识两词不宜连用。"毛泽东的修改还有：将"共产主义就是无私"改为"共产主义就是为公"；将"毛主席创造了一个新型国家"改为"毛主席领导我们创造了一个新型国家"；将"毛主席无论是在实践经验方面，在马列主义的理论方面，个人的天分方面，哪一方面都是不但比我们强，而且在世界上，现在还找不出第二个"一句中的"现在还找不出第二个"，改为"也是有影响的"；删去了"毛主席的路线已经胜利了"一句。七日，在审阅林彪讲话稿付印前的修改稿后批示："林彪同志：同意这样修改。在第六页、第十页上我作了一点修改，请酌定。"修改稿第六页说："毛主席在今年三月间，修改我们委托江青〔1〕同志召集的部队文艺工作座谈会纪要，写上了一切阶级斗争都是政治斗争。"毛泽东删去"我们委托江青同志召集的"十一个字，批注："去掉十一字有利。"在"写上

〔1〕 江青，当时任中央文化革命小组副组长。1967年1月又任全军文化革命小组顾问。1969年4月又任中共中央政治局委员。1970年11月又任中共中央组织宣传组副组长。"文化大革命"中组织、领导夺取党和国家最高权力的阴谋活动。1976年10月被隔离审查。1977年7月被开除党籍，撤销党内外一切职务。1981年1月最高人民法院特别法庭确认江青为"林彪、江青反革命集团案"的主犯，判处死刑，缓期2年执行，剥夺政治权利终身。1983年1月最高人民法院刑事审判庭将原判处的死刑缓期2年执行减为无期徒刑，原判处的剥夺政治权利终身不变。

了一切阶级斗争都是政治斗争”一句前加了“同意”二字，批注：“这是陈伯达同志写上的，我只是同意他们写上。”修改稿第十页说，“近年来对杨献珍、冯定[1]的批判”，“都是毛主席亲自领导的运动”，毛泽东删去冯定的名字，批注：“对冯定的批判我没有与闻。”十一月九日，林彪的这个讲话稿发至县团级。

11月6日 阅周恩来十月三十一日关于印发刘少奇、邓小平在中央工作会议上的检讨的报告，批示：“照办。”十一月九日，中央办公厅印发了这两个检讨，发至县团级。

11月7日 会见亚非作家常设局秘书长森纳那亚克和夫人，应他们的要求，在《毛主席语录》上签名。

11月8日 晚上，在中南海颐年堂会见由黎笋[2]率领的越南劳动党中央代表团，林彪、周恩来在座。谈到越南抗美战争的情况时，毛泽东说：现在横直是斗争，已成为既成事实。在美国的侵略面前，谁都不能不承认这个事实。究竟是你们侵略了美国还是美国侵略了你们，谁都看得很清楚。这是了不起的斗争。原来我们大家都在摸索想搞出一条规律来。最近两年可以说基本规律你们已经掌握了，敌人的长处、短处，自己的长处、短处，敌人有些什么办法，你们用些什么办法来对付他，都比较清楚了。我们赞成你们，支持你们。你们的经验是有世界意义的，大家都向你们学习怎么打美国人。美国看样子很凶，但实际上不是你们怕它，而是它怕你们。它不怕你们为什么要增兵呀？它就是这个计划不行了又换另一个计划。亚洲许多国家群众中蕴藏着一种反抗的革命力量，但是还没有爆发出来，他们到现在还没有得到机

---

〔1〕 冯定，哲学家。当时任北京大学教授、中国科学院哲学社会科学部委员。曾任北京大学党委副书记。

〔2〕 黎笋，当时任越南劳动党中央第一书记。

会。现在美国打进你们那个地方，你们就有可能把革命搞起来。你们会胜利的，最困难的时候就是表示快胜利了。可能你们最困难的时候，是吴庭艳统治南越的时候，也可能是现在，但是实际上就要胜利了。苏联人民还是帮助你们的，苏联人民是友好的，苏联许多干部也不一定是悲观失望的，有些还是看得清楚的。苏联的广大人民、广大干部不仅跟我们友好，也是跟你们友好的。我们虽然不赞成他们那个联合行动，但是分别行动嘛，各援助各的！世界上坏人总是少数，好人总是多数。比如过去法国人对你们不友好，你们应该区别法帝国主义者跟法国工人阶级。现在法国人离开了你们国家，包括戴高乐在内也反对美国。谈到越南进行的土地改革时，毛泽东说：你们把二百万公顷土地分给老百姓，这是一件大事。把地主的土地分给农民，当然还是民主革命的性质。过去法国的拿破仑政府就曾经做过。为什么拿破仑的军队能够打遍欧洲呢？就是有农民的支持。当然，他是资产阶级，你们是共产党，性质不同。因为共产党分土地跟资产阶级分土地性质不一样，资产阶级分土地的结果是要走向资本主义。共产党分土地有两种可能，一个是走向资本主义，一个是走向社会主义。比如我们国内把土地分给农民，跟你们北方一样组织集体经济。但是，现在还是有两种可能：一种为资本主义开辟道路，一种为社会主义开辟道路。谈到中国的民主革命时，毛泽东说：中国的民主革命开始是资产阶级的民主革命，是孙中山先生领导的。要开一个会纪念孙中山诞生一百周年。孙中山领导革命的时候并没有共产党嘛，就是资产阶级民主革命，主张推翻清朝政府，也搞武装斗争，所以不要忘了孙中山。毛泽东还说：要学习马克思列宁主义，全世界真正革命的共产党的共同基础是马克思列宁主义。

11月10日 《人民日报》发表由陶铸主持起草、经毛泽东圈阅的社论《再论抓革命促生产》。社论指出：抓革命，促生产，这是毛主席提出的方针，一再强调的方针。这个方针，不论在城市工矿企业、事业单位里面，在一切科学研究机构和设计部门里面，在农村里面，都是完全适用的，没有例外的，必须坚决遵守、时刻遵守的。

11月10日、11日 在天安门接见北京和来自全国各地的红卫兵和革命师生二百多万人。十日，从上午十时开始接见，持续六个多小时。在天安门城楼上，对参加接见的一些中央和其他方面负责人说：你们要政治挂帅，到群众里面去，和群众在一起，把无产阶级文化大革命搞得更好。十一日，从下午两点半开始，乘坐敞篷汽车接见长安街两侧的红卫兵和革命师生。这是毛泽东第七次接见北京和来自全国各地的红卫兵和革命师生。

11月12日 下午，北京举行一万多人的盛大集会，隆重纪念孙中山诞生一百周年。周恩来在会上讲话。出席纪念大会的有：宋庆龄、董必武、陶铸、陈伯达、邓小平、刘少奇、朱德、李富春、陈毅、贺龙、谭震林、叶剑英、郭沫若、何香凝、杨明轩、程潜、张治中、阿沛·阿旺晋美、周建人、蔡廷锴、李四光、沈雁冰、许德珩、李德全、邓颖超、廖承志、许广平、李宗仁、邵力子、章士钊等。

11月14日 下午，在钓鱼台十二号楼召开有部分中共中央政治局常委和中央文革小组成员参加的会议。会议肯定了制造“安亭事件”的上海“工总司”的言论和做法〔1〕，并要陈伯达起

〔1〕 1966年11月初，以上海国棉十七厂造反派头头王洪文等为首的上海一些工厂的群众组织，串连筹建“上海工人革命造反总司令部”（简称“工总司”），没有得到中共上海市委的承认，王洪文等指责为“压制革命造反”。11月10日，王洪文率领2000多名工人在上海北站强行登上火车，要去北京请愿。列车行至安亭站被上海铁路局下令停车，王洪文煽动工人卧轨拦车，造成沪宁铁路交通中断31个小时。“安亭事件”发生后，中央确定的原则是不向“工总司”妥协，并派中央文革小组副组长张春桥前往上海处理。张春桥到上海后擅自发表言论，表示支持“工总司”，说“工总司”可以存在下去。这个表态立刻得到中央文革小组的支持。

草关于工矿企业如何开展文化大革命运动的文件。

11月15日 在钓鱼台十二号楼召集周恩来等开会，谈文化大革命中档案资料的处理问题。十六日，中共中央政治局会议根据毛泽东的意见，研究修改《关于处理无产阶级文化大革命中档案材料的补充规定》，由周恩来将规定修改稿报送毛泽东。当晚十二时，毛泽东批示："退总理照办。"这个补充规定于当天发出。

11月16日 审阅周恩来本日送审的《中共中央、国务院关于革命师生进行革命串连问题的通知（草案）》，批示："退总理照办。"通知指出：中共中央、国务院"决定在今年十一月二十一日起到明年春暖季节，全国各地大专院校、军事院校和中等学校的革命师生和红卫兵战士一律暂停乘火车、轮船、汽车，来北京和到各地进行革命串连。目前正在水陆交通沿线等候车、船外出串连的各地革命师生，可劝说他们返回原地"。"今年是我国第三个五年计划的第一年。为了完成和超额完成今年的国民经济计划，并且更好地实现明年的国民经济计划，需要在今冬明春集中一切交通力量，加速物资运输。"

11月17日 晚上，在中南海颐年堂会见由经济发展部部长伊斯梅尔·杜尔率领的几内亚经济代表团，陈毅在座。谈到几内亚反对帝国主义的斗争时，毛泽东说：你们做得很好嘛，对世界人民有很大的帮助，对非洲有很大的影响。你们敢于跟帝国主义大国对抗，取得了世界人民的尊敬。美国独立的时候没有你们那么多人，它只有三百万人口。他们三百万人口敢于跟英国对立，打了八年仗，把英国人赶走了。关于美国独立时期这段历史很值得研究。你们的人口有四百多万，超过那个时候的美国。所以不要把你们小看了。谈到中国正在开展的文化大革命的情况时，毛泽东说：我们还是国民党遗留下来的教育制度，教育工作人员大部分也是那个时候遗留下来的，所以不搞教育改革是相当危险的。

这次是不是能够搞得好，也还要看。总是有所触动，触动到什么程度，那倒不一定。可能隔几年以后，还要来一次运动。要想在几个月或者一年之内把所有文化方面的问题都解决，恐怕比较难。

11月17日—21日　部分省、市和国务院有关部门主管工业的负责人参加的工业交通座谈会在北京召开，讨论陈伯达主持起草的《关于工厂文化大革命的十二条指示（草案）》，简称“十二条”。与会者不赞成其中提出的允许工厂成立派别组织、允许学生到工厂串连等内容。随后由谷牧〔1〕主持起草了一个修改稿《工交企业进行文化大革命的若干规定》，简称“十五条”。其中说：“十七年来，工交战线基本上是执行毛主席革命路线的。”并规定：一、工业化大生产具有连续性和社会协作性，不能停产闹革命，只能有步骤分批分期地搞文化大革命。二、工人参加文化大革命活动，只能在业余时间进行，八小时工作制不能侵犯。三、学生不能到工厂串连。“十五条”遭到陈伯达和中央文革小组的反对和指责。

11月20日　中共中央转发北京市委十一月十八日《重要通告》。通告指出：“任何厂矿、学校、机关或其他单位，都不许私设拘留所，私设公堂，私自抓人拷打。”毛泽东曾指示陈伯达约王力、关锋〔2〕到北京各地去看看，哪里有私设公堂等情况，要立即放人，不许这样搞。

---

〔1〕　谷牧，当时任国家基本建设委员会主任。1973年3月、5月先后任国家基本建设委员会革委会主任、国家计划委员会革委会副主任，同年8月任国家基本建设委员会主任、国家计划委员会副主任。1975年1月又任国务院副总理。

〔2〕　王力，当时任中央文化革命小组成员、中共中央对外联络部副部长、《红旗》杂志副总编辑。关锋，当时任中央文化革命小组成员、《红旗》杂志副总编辑。1967年1月又任全军文化革命小组副组长。1967年8月中共中央决定对王力、关锋停职审查，1968年1月被关押，后被开除党籍。

11月22日 听取周恩来、李富春[1]汇报《工交企业进行文化大革命的若干规定》的起草情况和内容。毛泽东提出以下意见：一、工矿企业还是要分期分批进行文化大革命。二、八小时生产不能侵犯，工人只能在业余时间闹革命。三、文件改好后，让谷牧带个班子到上海、天津、沈阳听取各派工人的意见，继续进行修改，争取在十二月发出。四、原稿上把当权派划宽了，同意去掉“忘本、自私、压制群众”等几类人。

11月25日 经毛泽东同意，中共中央、国务院给华东局、浙江省委发电报，指出：温州市少数群众占领公安局，对维护治安、进行对敌斗争和保卫文化大革命，都极为不利，希望立即退出。其他地方如发生类似问题，请照此办理。

11月25日、26日 在天安门接见北京和来自全国各地的红卫兵和革命师生二百五十万人。二十五日，从上午十一点半开始在天安门接见革命师生和红卫兵，持续四小时。二十六日，从下午两点半开始，乘坐敞篷汽车，接见排列在天安门广场和广场以西大道两旁，以及在西郊机场的红卫兵和革命师生。这是毛泽东第八次接见北京和来自全国各地的红卫兵和革命师生。从八月十八日以来的三个多月中，一共接见了一千一百多万人次。

11月下旬 两次审阅修改江青准备在即将举行的文艺界无产阶级文化大革命大会上的讲话稿。在江青十一月二十四日送审的讲话稿上批示：“改了一点，供小组[2]同志们参考。”毛泽东的修改，主要是在文中加写了一段话：“事实上，多少年以来，随着社会政治经济方面新旧斗争的变化，在文学艺术方面，也出现了新

---

〔1〕 李富春，当时任中共中央政治局常委（1969年4月任中央委员）、中央书记处书记、国务院副总理兼国家计划委员会主任。

〔2〕 指中央文革小组。

的文学艺术，以与旧的文学艺术相对抗。就是号称最难改革的京剧，也出现了新的作品。大家知道，在三十多年前，鲁迅曾经是领导文化革命的伟大旗手。”二十八日晨一时，在江青二十七日送审的讲话修改稿上批示：“又有点修改，似较妥当些。”主要修改是在稿中谈到派工作组的问题处，加写一段话：“但要指出，问题不在工作组的形式，而在它的方针、政策。有些单位并没有派工作组，依靠原来的领导人进行工作，也同样犯了错误。也有一部分工作组采取了正确的方针、政策，并没有犯错误的。这就可以说明，问题究竟在哪里。”还把稿中“反对毛主席的资产阶级反动路线”一语，改为“以反对毛主席为首的党中央的无产阶级革命路线为目标的资产阶级反动路线”。

11月30日 周恩来对以西安交大为首的红卫兵要求派学生代表列席中共陕西省委三级干部会议一事作出批示：“主席确实说过，红卫兵和革命学生不要参加党的三级干部会。”

12月2日 审阅周恩来十二月一日报送的《中共中央、国务院关于革命师生进行革命串连问题的补充通知》稿，批示：“退总理照办。”这个补充通知对十一月十六日通知作了四条补充规定，要求十一月十六日以前到北京的外地师生和红卫兵，和正在全国各地串连的师生和红卫兵，必须在十二月二十日以前返回原地，从二十一日起吃饭、乘车不再实行免费。毛泽东审阅时，删去稿中“毛主席”之前的定语“我们的伟大导师、伟大领袖、伟大统帅、伟大舵手”。补充通知于本日发出。

12月3日 审阅新华社新闻稿《首都革命文艺大军举行文艺界无产阶级文化大革命大会》，批示：“退总理：已作修改，请再酌。”周恩来十二月二日的送审报告说：“这一报道已经文革小组通过，并经林彪同志同意，现送请主席审批。在第七、九、十三页中，有三处指名批判了一些人，是否合适，请主席批告。”毛泽东审阅时，删去了这三处所点的一些人的名字，包括：彭

真、刘仁、郑天翔、万里、邓拓、陈克寒、李琪、赵鼎新、陆定一、周扬、林默涵、齐燕铭、夏衍、田汉、阳翰笙〔1〕。这篇新

〔1〕 彭真，原任中共中央政治局委员、中央书记处书记、北京市委第一书记、全国人大常委会副委员长、全国政协副主席、北京市市长。“文化大革命”开始，被错误地打成所谓“彭、罗、陆、杨反党集团”首要成员，后被关押。1979年2月中共中央为彭真平反。刘仁，原任中共中央华北局书记处书记、北京市委第二书记、北京市政协主席等职。“文化大革命”中受迫害。1973年10月26日去世。1979年1月中共北京市委为刘仁平反。郑天翔，原任中共北京市委书记处书记。万里，原任中共北京市委书记处书记、北京市副市长。邓拓，原任中共中央华北局书记处候补书记、北京市委书记处书记。“文化大革命”开始受迫害。1966年5月17日去世。1979年3月，经中共中央批准，中共北京市委为邓拓等平反。陈克寒，原任中共北京市委书记处书记。李琪，原任中共北京市委常委、宣传部部长。赵鼎新，曾任北京市文化局局长、北京市文学艺术界联合会党组书记。陆定一，原任中共中央政治局候补委员、中央书记处书记、中央宣传部部长、国务院副总理兼文化部部长。“文化大革命”开始，被错误地打成所谓“彭、罗、陆、杨反党集团”成员，后被关押。1979年6月中共中央为陆定一平反。周扬，原任中共中央宣传部副部长、中国文学艺术界联合会副主席、中国作家协会副主席、中国科学院哲学社会科学部委员。“文化大革命”中被错误打成所谓“文艺黑线代表人物”，被关押。在毛泽东1975年7月2日批示后，7月12日宣布释放。1979年2月，中共中央宣传部批准文化部党组的决定，指出解放后17年文化部的工作成绩是主要的，根本不存在什么“文艺黑线”和以周扬等为代表的所谓“黑线代表人物”问题。凡是因所谓“文艺黑线”错案受到打击和诬陷者一律彻底平反。林默涵，原任中共中央宣传部副部长、文化部副部长。“文化大革命”中被错误打成所谓“文艺黑线代表人物”之一。齐燕铭，原任国务院副秘书长，中共文化部党组书记、文化部副部长，1965年三四月被免职。1966年3月任济南市副市长。“文化大革命”中被关押，1974年9月被释放。1975年10月任国家计划委员会经济研究所顾问。夏衍，原任文化部副部长、中国文学艺术界联合会副主席。“文化大革命”中被错误打成所谓“文艺黑线代表人物”之一。田汉，原中国文学艺术界联合会副主席，中国戏剧家协会主席、党组书记。“文化大革命”中被错误打成所谓“文艺黑线代表人物”之一。阳翰笙，原任中国文学艺术界联合会副主席、中国人民对外文化协会副会长。“文化大革命”中被错误打成所谓“文艺黑线代表人物”之一。

闻稿发表在十二月四日《人民日报》。

同日 周恩来在接见北京外国语学院十二个群众组织代表时，不同意他们到外交部“摸黑线”，并说：毛主席不赞成用“保皇派”的名称，因为伤人太多。“黑帮”、“黑线”也是如此。

同日 同意南京军区党委十二月一日的紧急请示报告，批示中共中央军委转发全国照办。报告提出：一、一切转业、复员军人，不准成立红卫兵或其他名义的单独组织，只应参加所在单位的文化革命组织；二、不准冲击解放军机关及所属部队，也不许到部队串连和散发传单；三、所有复员、转业军人，必须保持和发扬解放军的光荣传统，协助解放军加强备战，保卫文化大革命。

12月4日—6日 林彪主持召开中共中央政治局扩大会议，听取谷牧关于《工交企业进行文化大革命的若干规定》稿修改情况的汇报。会上，林彪等人批判并否定了这个规定稿。

12月9日 下午，在中南海游泳池住处出席周恩来主持的中共中央政治局常委碰头会。会议讨论通过了陈伯达等重新起草的《中共中央关于抓革命、促生产的十条规定（草案）》，通称“工业十条”。文件规定：工人群众在文化革命中有建立革命组织的权利，各单位工人群众之间、工人群众组织之间，可以在业余时间，在本市革命串连，交流文化革命经验。学生可以有计划地到厂矿，在工人业余时间进行革命串连。工人也可以派代表到本市学校进行革命串连。这个规定草案于十二月十日发出。

12月15日 阅周恩来十二月十三日送审的《中共中央关于农村无产阶级文化大革命的意见（草稿）》。周恩来在送审报告中说：“通过这一文件的手续，请主席考虑，是在主席处约集常委和文革小组的少数同志一谈，还是仍采用上次方式请林彪同志主持召集政治局、书记处、文革小组、北京市委各同志一议，究以何者为好，请主席批示。”毛泽东批示：“退总理办。请林彪同志主持开会通过，旋即发出。”本日，林彪主持中央政治局扩大会议讨论通过《中共中央关于农村无产阶级文化大革命的意见（草案）》。草案指出：农村文化大革命的重点是整党内走资本主义道路的当权派和没有改造好的地富反坏右分子。农村文化大革命也要采取大鸣、大放、大字报、大辩论，实行大民主。在队与队、社与社之间，可以利用空闲时间，进行串连，还可以组织一批学生下乡串连。这个文件于十二月十五日发出。

12月16日 林彪为《毛主席语录》写再版前言。其中写道：“毛泽东同志是当代最伟大的马克思列宁主义者。毛泽东同志天才地、创造性地、全面地继承、捍卫和发展了马克思列宁主义，把马克思列宁主义提高到一个崭新的阶段。”

12月21日 在中南海游泳池住处会见波兰共产党临时中央代表杨力，康生、伍修权〔1〕在座。谈到反对修正主义时，毛泽东说：单反赫鲁晓夫〔2〕的修正主义是不够的，还要反我们党内的修正主义。过去我们做了一些，只是修修补补，没有当作整个阶级斗争去做。这不是个别人的问题，是一个阶级反对另一个阶级。

12月25日 阅关锋十二月二十四日给江青的请示报告。报告说：《红旗》杂志元旦社论稿，引用了主席的《炮打司令部》的大字报，还引用了主席对《人民日报》评论员《欢呼北大的一张大字报》的批注。引用主席这些话，公开发表出来，是否妥当？毛泽东批示：“关锋同志：都不要引用。”

12月26日 七十三岁生日。晚上，临时通知一些人到中南

---

〔1〕 伍修权，当时任中共中央对外联络部副部长（至1968年4月）。1975年4月任中国人民解放军副总参谋长。

〔2〕 赫鲁晓夫，原任苏联共产党中央第一书记，1964年10月被撤销职务。

海游泳池住处吃饭，江青、陈伯达、张春桥[1]、王力、关锋、戚本禹[2]、姚文元等参加。饭前，毛泽东在谈话中说：社会主义革命发展到新的阶段，苏联复辟了，十月革命的策源地不行了。苏联的教训说明，无产阶级夺取政权以后能不能保持住政权，能不能防止资本主义复辟，这是新的中心课题。问题出在党内，堡垒最容易从内部攻破。阶级斗争没有完结，无产阶级文化大革命是同资产阶级、特别是小资产阶级在党内代理人的全面较量。我们这次搞了个文件——“五一六通知”，广播了一张大字报，搞了个红卫兵大串连，大串连使全国革命连成一片。整个文化大革命的过程都是同资产阶级反动路线较量，现在还在继续。资产阶级在党内还有一定的市场，还有大批干部世界观没有改造或没有改造好，这就是资产阶级在党内的市场。这些代表人物顽

〔1〕 张春桥，当时任中央文化革命小组副组长、上海市委书记处书记、华东局宣传部部长。1967年2月、5月又先后任上海市革委会主任、中国人民解放军南京军区第一政治委员。1969年4月又任中共中央政治局委员（1973年8月又任政治局常委）。1970年11月又任中共中央组织宣传组副组长，1971年1月又任中共上海市委第一书记。1975年1月又任国务院副总理、中国人民解放军总政治部主任。“文化大革命”中同江青一起组织、领导夺取党和国家最高权力的阴谋活动。1976年10月被隔离审查，并被撤销在上海市的党内外一切职务。1977年7月被开除党籍，撤销党内外一切职务。1981年1月最高人民法院特别法庭确认张春桥为“林彪、江青反革命集团案”的主犯，判处死刑，缓期2年执行，剥夺政治权利终身。1983年1月最高人民法院刑事审判庭将原判处的死刑缓期2年执行减为无期徒刑，原判处的剥夺政治权利终身不变。

〔2〕 戚本禹，当时任中央文化革命小组成员。1967年8月在关锋、王力被停职后参加《红旗》杂志编辑工作。1968年1月中共中央决定对戚本禹停职审查。1980年7月戚本禹被逮捕。1983年11月，北京市中级人民法院以反革命宣传煽动罪、诬告陷害罪和打砸抢罪，判处戚本禹有期徒刑18年，剥夺政治权利4年。

强地坚持资产阶级反动路线，利用这个社会基础，他们本人是党的各级领导者，在党内有影响。中国现代史上革命运动都是从学生开始，发展到与工人、农民、革命知识分子相结合，才有结果。这是客观规律。五四运动就是这样，文化大革命也是这样。吃饭时，毛泽东祝酒，说：祝全国全面的阶级斗争！

同日 阅李雪峰〔1〕本日在华北局机关的检讨要点，删去其中的毛泽东思想“是当代马列主义的顶峰，是最高最活的马列主义”等语，并批示：“伯达同志：此件不知中央常委、中央文革小组各同志都有没有？请你们议一议，此件是否是正确的，是否有发给各地作参考之用的价值？因为各地很多同志至今还没有如实地诚恳地作自我批评的决心，极有帮助他们的必要，你看如何？”李雪峰检讨了六月初至七月中旬领导北京市文化大革命运动所犯的“方向、路线错误”。二十八日，毛泽东在李雪峰二十七日送审的检讨修改稿上批示：“退李雪峰同志：修改得好，可照此发出。”十二月二十九日，中共中央批转李雪峰的检讨要点。

同日 阅中共黑龙江省委十二月二十三日给中央并东北局的报告，批示：“陈伯达同志：请你和小组同志们看一看这个文件是否可以转发到县、团级作参考材料用。我看似乎比雪峰同志那个检讨还要好一些。文尾所说附件〔2〕还未收到。”黑龙江省委的报告说：我省于十一月十四日到十二月七日召开了省、地（市）、

〔1〕 李雪峰，当时任中共中央政治局候补委员（至1971年1月）、华北局第一书记兼北京市委第一书记（分别至1966年12月、1967年初）、全国人大常委会副委员长、中国人民解放军北京军区政治委员（至1971年1月）。1968年2月、3月先后任河北省革委会主任、党的核心小组组长（1971年2月所任职务被免去）。

〔2〕 指中共黑龙江省委《关于省委在文化大革命运动中所犯路线错误的检查和今后运动意见》。

县三级干部会议，集中解决对文化大革命的认识、两条路线斗争的认识和怎样正确对待自己这三个主要问题。整个会议的过程，都是做政治思想工作的过程。十二月二十九日，中共中央批转这个报告。

12月28日　阅中共黑龙江省委文化革命办公室十二月二十五日关于城市街道开展文化大革命急需明确的几个问题向中央文革小组的请示报告。报告说：我们认为街道运动的重点，应该是斗争党内（街道办事处以上的负责干部）一小撮走资本主义道路的当权派和没有改造好的地富反坏右分子、反动的资产阶级分子。街道居委会的主任，不能算作当权派。在运动中，应该依靠工人、贫农、下中农家庭出身的职工家属和革命群众，团结其他劳动人民。毛泽东批示："伯达同志：（一）应复电，同意按他们意见去做；（二）请省委在再做一段工作，取得更多经验后，写出具体条文若干条，报告中央。以上请酌办。"本日，中共中央复电黑龙江省委并告各中央局、各省市区党委，同意按黑龙江省委的意见去做。

同日　阅傅连暲〔1〕十二月十二日来信。信中说：主席这次又救了我〔2〕，我再一次深深地感谢您！自从对我进行斗争以来，所有的政治待遇都一律取消了，文件不能看，报告不能听，就连我在政协常委的待遇也取消了。应如何安排？请主席考虑！毛泽东批示："傅医生：前后送来各件，都看到了。政治安排问题，很多人同样，现在还谈不到，等将来再说。""对自己的一生，要

〔1〕傅连暲，原任全国政协常委、中国人民解放军总后勤部卫生部副部长等职。"文化大革命"中受迫害，1968年3月29日去世。

〔2〕毛泽东1966年9月3日曾在傅连暲8月28日来信上批示，对傅连暲应予保护。

有分析，不要只见优点，不见缺点。”

12月29日 在中南海游泳池住处召开会议，批评江青未经中央批准就擅自指责陶铸犯了方向路线错误。江青等人在十二月二十七日、二十八日召开的中央政治局常委碰头会上，说陶铸“是中国最大的保皇派”。

12月30日 经毛泽东审阅同意，中共中央、国务院发出《关于制止大搞“红海洋”〔1〕的通知》。

12月31日 周恩来在同清华大学造反派头头蒯大富〔2〕等谈话时说：主席不同意让王光美回清华检查。

同日 中共中央、国务院发出《关于对大中学校革命师生进行短期军政训练的通知》。通知说，毛主席最近接见全国各地来京革命师生时，向林彪多次提出：“派军队干部训练革命师生的方法很好。训练一下和不训练大不一样。这样做，可以向解放军学政治，学军事，学四个第一，学三八作风，学三大纪律八项注意，加强组织纪律性。驻京部队派干部训练革命师生的经验很好，很有成效，应当在全国推广。”

---

〔1〕 指当时城市中有些党政军机关部门，借口“写毛主席语录”、“美化市容”等，用红色油漆把大门和大片的墙涂成全红色。

〔2〕 蒯大富，当时是清华大学群众组织“井冈山兵团”总负责人。后任“首都大专院校红代会”核心组副组长、北京市革委会常委。1970年11月被隔离审查。1978年因反革命宣传煽动罪、杀人罪、诬告陷害罪被逮捕。1983年3月北京市中级人民法院判处蒯大富有期徒刑17年，剥夺政治权利4年。

1967年 七十四岁

1月1日 《人民日报》、《红旗》杂志发表元旦社论《把无产阶级文化大革命进行到底》。社论指出：一九六七年，将是全国全面展开阶级斗争的一年。将是无产阶级联合其他革命群众，向党内一小撮走资本主义道路的当权派和社会上的牛鬼蛇神，展开总攻击的一年。

同日 《红旗》杂志发表姚文元文章《评反革命两面派周扬》。文中用黑体字引用了毛泽东的一段话："无产阶级文化大革命是触及人们灵魂的大革命。它触动到人们根本的政治立场，触动到人们世界观的最深处，触动到每个人走过的道路和将要走的道路，触动到整个中国革命的历史。这是人类从未经历过的最伟大的革命变革，它将锻炼出整整一代坚强的共产主义者。"

1月2日 决定派张春桥、姚文元以中央文革小组调查员的身份去上海，负责向中央反映上海开展文化大革命的情况。四日，张春桥、姚文元到上海。

1月4日 在中南海游泳池住处召集周恩来等开会，并就江青状告陶铸"镇压群众"一事询问周恩来。周恩来汇报陶铸一九六六年十二月三十日接见"赴广州专揪王任重[1]造反团"的经

---

〔1〕 王任重，原任中共中央中南局第二书记、湖北省委第一书记、湖北省政协主席、中国人民解放军武汉军区政治委员。"文化大革命"开始后受迫害，1978年8月恢复工作。

过后说，不是镇压群众。毛泽东表示：不要把王任重揪到北京来，让他在武汉检查。

1月6日 阅刘少奇一月五日关于北京建筑工业学院红卫兵要他去作公开检查的来信，批示："总理：此件请你酌处。我看还是不宜去讲。请你向学生方面做些工作。"次日晨，周恩来接见北京建工学院学生代表，制止了他们逼迫刘少奇到该院作检查的行动。

同日 在张春桥、姚文元的策划下，以王洪文〔1〕等为首的上海造反派组织宣布夺取上海市党政领导权，由此引发全国性的夺权风暴。

同日 中国人民解放军代总参谋长杨成武〔2〕向徐向前〔3〕传达毛泽东的指示，要徐向前出任全军文革小组组长。

1月8日 召集陈伯达、康生、江青、王力、关锋、戚本禹等开会。谈到上海文汇报社和解放日报社的造反派接管这两家报

〔1〕 王洪文，当时是上海工人革命造反总司令部负责人。后任上海市革委会领导成员、副主任，上海国棉十七厂革委会主任。1971年1月、9月又先后任中共上海市委书记、中国人民解放军上海警备区政治委员。1973年8月又任中共中央副主席。1975年2月又任中共中央军委常委。"文化大革命"中参与江青夺取党和国家最高权力的阴谋活动。1976年10月被隔离审查。1977年7月被开除党籍，撤销党内外一切职务。1981年1月最高人民法院特别法庭确认王洪文为"林彪、江青反革命集团案"的主犯，判处无期徒刑，剥夺政治权利终身。

〔2〕 杨成武，当时还任中共中央军委副秘书长。1967年1月11日、3月、9月又先后任全军文化革命小组副组长、中共中央军委常委、中央军委办事组组长。在1968年3月林彪、江青制造的所谓"杨（成武）、余（立金）、傅（崇碧）事件"中，被撤职并关押。1974年7月，经毛泽东批准，为他们平反。1974年11月杨成武任中国人民解放军第一副总参谋长。1979年3月28日，中共中央正式发出文件，为"杨、余、傅事件"平反。

〔3〕 徐向前，当时任中共中央政治局委员、中央军委副主席、全国人大常委会副委员长。1967年1月又任全军文化革命小组组长。

社的情况时，毛泽东说：由左派夺权，这个方向是好的。文汇报四日造反，解放日报五日也造了反。两张报纸夺权，这是全国性的问题，我们要支持他们造反。这是一个阶级推翻另一个阶级，这是一场大革命。这两张报纸出来，一定会影响华东，影响全国。上海革命力量起来，全国就有希望。谈到当前的舆论宣传问题时，毛泽东说：搞一场革命，先要搞舆论。要大量转载红卫兵报的文章，我们的报纸很死。许多事情宣传部管不了，文化部管不了，教育部管不了，你们管不了，我们也管不了，红卫兵一来，就管住了。谈到当前应该注意的问题时，毛泽东说：我们要用各种人，左、中、右都要发生联系。统统搞得那么干干净净，我历来不赞成。要讲抓革命、促生产，不能脱离岗位来搞革命嘛！这次会议决定，中央各部改成组，从中宣部开始，改成宣传组。宣传组由王力任组长。

1月10日　晨，阅江青本日报送的新华社电讯稿《上海革命造反派向资产阶级反动路线发起总攻击——〈文汇报〉〈解放日报〉记者评述上海地区当前无产阶级文化大革命的大好形势》和《上海工人革命造反总司令部等革命造反组织，在〈文汇报〉〈解放日报〉发出〈紧急通告〉[1]》。批示："伯达同志及小组同志们：（一）此两件很好；（二）请你们在二三日内，替中央、国务院和中央军委起草一个致上海各革命造反团体的贺电，指出他们的方针、行动是正确的，号召全国党、政、军、民学习上海的经验，一致行动起来。起草好了之后，开一次较大的会通过发表。"

---

〔1〕1967年1月9日发出的这个《紧急通告》说，以经济福利问题来转移斗争的大方向，是上海市委坚持执行资产阶级反动路线的新形式。为此，《紧急通告》提出冻结流动资金、不准发放较高劳动工资等10条规定，并责令上海市委、市公安局照此执行。

1月11日 审阅周恩来等本日报送的《中共中央、国务院、中央军委、中央文革小组[1]给上海市各革命造反团体的贺电》稿和《人民日报》、《红旗》杂志社论稿《反对经济主义，粉碎资产阶级反动路线的新反扑》，陈伯达与江青一月九日报送的《中共中央关于反对经济主义的通知》稿、《中共中央、国务院关于制止腐蚀群众组织的通知》稿和《中共中央关于广播电台问题的通知》稿。毛泽东批示："总理、伯达、江青同志：两件及另三件已阅。很好。请林彪同志主持，在今日下午或明天召开一次政治局会议，有文革小组及其他某些同志参加，将五个文件讨论、通过，然后发出。如同意，请告林彪同志。"

同日 下午，出席在人民大会堂河北厅召开的中共中央政治局会议。会议由周恩来主持。周恩来在谈到外面有很多有关贺龙[2]的大字报时说：主席说了，只是要贺龙去登门听取大家的批评，不公开点名。我们政治局的同志和常委同志不要在公开的场合点他的名，当然也不要让红卫兵去揪他。会上，徐向前、叶剑英、朱德[3]先后发言，强调要维护军队的稳定。会议决定徐

〔1〕 这是中央文革小组第一次同中共中央、国务院、中央军委联名发文。

〔2〕 贺龙，当时任中共中央政治局委员、中央军委副主席、国务院副总理兼国家体育运动委员会主任、国防委员会副主席。"文化大革命"中受迫害，1969年6月9日在北京去世。1974年9月中共中央发出《关于为贺龙同志恢复名誉的通知》，1982年10月中共中央又发出《关于为贺龙同志彻底平反的通知》。

〔3〕 叶剑英，当时任中共中央政治局委员（1973年8月又任中央副主席）、中央书记处书记（至1969年4月）、中央军委副主席兼秘书长（秘书长任至1969年4月）、中国人民解放军军事科学院院长兼政治委员（至1972年10月）。1975年1月又任国防部部长。朱德，当时任中共中央副主席（1969年4月任政治局委员，1973年8月又任政治局常委）、全国人大常委会委员长。

向前任全军文革小组组长，江青为顾问，萧华、杨成武等为副组长。会议通过《中共中央、国务院、中央军委、中央文革小组给上海市各革命造反团体的贺电》、《中共中央关于反对经济主义的通知》等五个文件。《关于反对经济主义的通知》说：当前有一小撮走资本主义道路的当权派，为了转移斗争目标，挑动不明真相的少数人大闹经济主义，不但要恢复而且要扩大过去关于工资、福利制度中的一些错误措施，煽动一些群众要求晋级加薪，提出不合理的经济要求，企图把一些群众引向经济主义的邪路。中央认为，必须立即制止这种破坏无产阶级文化大革命的行为，立即制止这种大闹经济主义的倾向。《关于制止腐蚀群众组织的通知》说：最近有少数党政负责人为了抵制革命群众对他们的批判，腐蚀革命群众，任意给群众组织大批金钱物资。中央认为，这是一种极端错误的做法，必须坚决制止。《关于广播电台问题的通知》说：广播电台是无产阶级专政的重要工具，凡是发生两派斗争的广播电台，一律由人民解放军实行军管，停止编辑和播送本地节目，只转播中央广播电台的节目。已经进入广播电台的革命群众，应当立即退出。贺电和社论一月十二日在《人民日报》发表，三个通知于一月十三日发出。

同日 中共中央军委发出改组全军文革小组的通知，决定成立新的全军文革小组，在中央军委和中央文革小组的直接领导下进行工作。新成立的全军文革小组，组长徐向前，顾问江青，副组长萧华、杨成武、王新亭、徐立清〔1〕、关锋、谢镗忠、李曼村〔2〕。

〔1〕 王新亭，当时任中共中央军委副秘书长、中国人民解放军副总参谋长。徐立清，当时任中共中国人民解放军监察委员会副书记、总政治部副主任。

〔2〕 谢镗忠，当时任中国人民解放军总政治部文化部部长。李曼村，当时任中国人民解放军总政治部宣传部部长。

1月12日 审阅中央文革小组起草的《中共中央关于不得把斗争锋芒指向军队的通知》稿、《中共中央、国务院关于在无产阶级文化大革命中加强公安工作的若干规定》稿和《中央军委重申军队绝不允许当防空洞的通知》稿，批示："同意。恩来同志：因是重要文件，应当由政治局通过，请你酌办。"《关于不得把斗争锋芒指向军队的通知》指出：任何人、任何组织，都不得冲击人民解放军的机关。在幕前幕后煽动群众把斗争锋芒转向军事机关，就是破坏无产阶级文化大革命，破坏无产阶级专政。《加强公安工作的若干规定》指出：公安机关必须加强对敌人的专政，保障人民的民主权利，保障大鸣、大放、大字报、大辩论、大串连的正常进行，保障无产阶级的革命秩序。文件作出了依法惩办现行反革命分子等的六条具体规定。《重申军队绝不允许当防空洞的通知》指出：我们曾三令五申，军队（包括医院、疗养院、招待所等）决不能成为防空洞，窝藏一小撮党内走资本主义道路的当权派，庇护那些坚持执行资产阶级反动路线的以及逃避群众斗争的人。但是，至今仍然有一些单位没有这样做。各级党委必须立即采取坚决措施，杜绝类似情况的继续发生。十三日，中央政治局会议讨论通过这三个文件。

1月13日 派人接刘少奇到人民大会堂谈话，要他好好学习，保重身体。刘少奇提出：这次路线错误的责任在我，主要责任由我来承担；辞去国家主席、中央政治局常委和毛泽东著作编委会主任〔1〕的职务，和妻子儿女去延安或老家种地。

1月14日 审阅陈伯达报送的王力、关锋起草的《红旗》杂志评论员文章《无产阶级革命派联合起来》，批示："伯达同

〔1〕 1966年7月20日，中共中央发出通知，决定成立毛泽东著作编辑委员会，刘少奇任主任。

志：写得很好。”文中用黑体字引用了毛泽东的一段话：“从党内一小撮走资本主义道路当权派手里夺权，是在无产阶级专政条件下，一个阶级推翻一个阶级的革命，即无产阶级消灭资产阶级的革命。”这篇文章发表在一月十六日出版的《红旗》杂志一九六七年第二期，同日《人民日报》转载。

1月16日 主持召开中共中央政治局常委扩大会议。毛泽东在讲话中说：我们的干部十几年来有些人变质了。左派群众起来夺权，这是好的。右派夺权当然不好。左派的力量发展很快。上海的左派工人去年十一月上旬只有一千多人，今年一月上旬一百万，再加上学生，就是主力。群众选举新的干部，就让他们选嘛！厂长、书记让他们去选。被接管的地方可以选。接管很好，只管政务，只管监督，不管业务，事情还是原来的人去搞。军队接管电台，只能在左派不占优势时暂时接管，如左派占了优势，就交给他们去管。过去是军队打江山，现在是工农自己打江山，军队帮助。军队完全不介入是不可能的。领导去和大家见面嘛，运动中不要怕群众。聂荣臻同志，你去见了半个小时，人家不是就鼓掌欢送你嘛。无论什么时候都要平等待人。群众运动像雨后春笋一样，问题是看你怎样下雨。

1月17日 下午，在人民大会堂一一八厅会见一个外国共产党代表团。毛泽东说：我们党内有党，这点你们过去不知道。表面上是一团和气，实际上是斗得很厉害。为人民服务，我们党过去也讲了许多。但我有怀疑，有的人到底是为人民服务还是为资产阶级服务。没有这场文化大革命，我们毫无办法。讲了多少年了，虽然我的名声很大，但他们还是那么搞法。一九四九年上海解放，工人是欢迎解放军去接管。现在他们自己起来接管，他们接管了工厂、机关、学校。列宁说过：没有干部，为什么不在革命当中训练干部？革命才能出干部。左派、右派都利用我这个旗帜，叫什么捍卫派。给了我许多头衔，说什么“伟大的统帅，伟大的舵手，伟大的导师，伟大的领袖”。我看这些都不要。在讲到九大选中央委员时，说：刘、邓是不是能选上，我的意见还是应该选上。

同日 审阅林彪本日给解放军报社的复信，批示：“同意，这样答复好。”十三日，肖力[1]等八人贴出《〈解放军报〉向何处去?》的大字报，并夺了《解放军报》的权。次日他们致信林彪请求批准和支持。林彪在复信中说：“你们的行动好得很！我坚决支持你们。”

1月19日 周恩来和李富春找贺龙谈话，周恩来说：毛主席是保你的，我也是保你的。

同日 中共中央、国务院、中央军委发出通知，指出：现在发现有的坏人煽动抢劫仓库的事件，中央决定一切重要的粮食和物资仓库、监狱，以及其他中央规定必须保护和监视的重要单位，都要立即派出军队，实行军事管制。

1月中旬 阅中央文革小组办公室一月十六日《快报》特刊登载的《山西革命造反总指挥部第一号通告》。十三日发布的这个通告宣称：“原山西省委对文化大革命的一切领导权，自即日起由本指挥部接管。”毛泽东批示：“退王力同志。”二十五日，《人民日报》发表题为《山西省无产阶级文化大革命的伟大胜利》的社论。

1月21日 阅南京军区党委关于首都第三造反司令部驻安徽联络站等单位要在合肥召开群众大会并要求安徽省军区派部队警卫会场给中共中央军委的电报，批示：“林彪同志：应派军队支持左派广大群众。请酌处。以后凡有真正革命派要求军队支持、援助，都应当这样做。所谓不介入，是假的，早已介入了。此事似应重新发出命令，以前命令作废。请酌。”

同日 下午，主持召开中共中央政治局常委扩大会议，谈军队要支持革命左派群众的问题，要王力抓紧起草一个指示。

---

〔1〕 肖力，即李讷，毛泽东的女儿。

同日　阅延边自治州党委一月十九日关于两个造反派组织为接管《延边日报》出现武斗伤亡，请求中央文革小组出面制止冲突给中央文革小组的电报，批示："总理：应当把延边反革命派手中的权力夺过来，请你部署一下。毛远新〔1〕去延边工作一个月，那里大有起色。他今天去哈尔滨，如尚未走，可找他谈一下。"

同日　阅贵州省军区副政委李再含〔2〕一月二十日关于贵州造反派情况给总政治部并中央文革小组的电报。电报说：贵州造反派红卫军负责人及其总部一小撮人，最近把斗争矛头进一步指向军队，绑架放哨战士并夺走武器弹药，扬言接管公安局、法院、检察院，长期扣压当权派干部，并随意扣压大量一般群众和基层干部，在中央重申"抓革命，促生产"的指示后，仍然大量调动工人日夜开大会，严重影响生产。特此请求对他们实行专政。毛泽东批示："总理：似应将李再含、军区司令员、省委个别革命干部及若干群众革命造反派的可靠领袖，共约十几人，找来北京，加以研究、确定政策，然后叫他们回去执行。请与文革小组商量决定。每一个省、市似可都照这样办，一个一个地解决。"周恩来二十五日约李再含等谈话，二十六日听取从贵阳来京的学生、工人、干部的汇报，着手研究解决贵州的问题。

1月22日　中午，在人民大会堂接见参加中央军委碰头会扩

---

〔1〕毛远新，毛泽东的侄子。当时是"黑龙江省红色造反者革命委员会"的负责人。1968年5月任辽宁省革委会副主任。1972年12月又任中共辽宁省委书记。1974年2月又任中国人民解放军沈阳军区政治委员。1975年10月在北京任毛泽东的联络员。"文化大革命"中参加江青反革命集团篡党夺权的活动。1976年10月粉碎"四人帮"后被免去党内外一切职务，拘留审查，开除党籍，后被判处有期徒刑17年。

〔2〕李再含，1967年2月、5月、12月又先后任贵州省革委会主任、中国人民解放军昆明军区副政治委员兼贵州省军区第一政治委员、贵州省革委会党的领导核心小组组长。1971年5月被撤职。

大会议的高级将领。毛泽东说：要支持造反派。他们人数少，也要坚决支持，要亮相。我们的基本方针，要站在革命左派方面。过去不介入，其实是假的。要做右派群众的工作，这样可以挽救许多人，挽救许多干部。军队里对廖汉生、刘志坚、苏振华〔1〕搞“喷气式”，一斗就四五个小时，污辱人格，体罚，这个方式不文明。造反派造反有理嘛，搞“喷气式”干什么？决不能过分，过分了就不得人心。现在动不动就戴高帽子、搞“喷气式”，是不好的。不能搞逼供信。对青年人要进行教育，这些人不知天高地厚。他们以为一冲就行了，一冲不行就两冲。你们那些苦处，把它当作经验来对待。你们那些军事机关不能让他冲，你们要做工作。随便抓人，省委书记也抓，军队干部也抓，到处抓人，怎么行？犯了错误就一棍子打死，都不用，那还得了？哪个不犯错误？我也犯。张体学、江渭清〔2〕这些人过去总是做了一些工作

---

〔1〕 廖汉生，原任国防部副部长、中共中央华北局书记处书记、中国人民解放军北京军区第二政治委员。1967年1月被关押。1973年12月任中国人民解放军军事科学院政治委员，1975年2月任南京军区政治委员。刘志坚，原任中国人民解放军总政治部副主任兼宣传部部长。“文化大革命”中被关押。1975年3月、5月先后任中国人民解放军军事科学院第二政治委员、昆明军区政治委员。苏振华，原任中共中央军委委员兼副秘书长、中国人民解放军海军政治委员。“文化大革命”中受到错误批判。1972年5月任中国人民解放军海军副司令员（1973年3月任第一政治委员）。1973年8月又任中共中央政治局候补委员。1975年2月又任中共中央军委常委。

〔2〕 张体学，当时任中共湖北省委代理第一书记、湖北省省长。1968年2月任湖北省革委会副主任。1970年3月又任湖北省革委会党的核心领导小组副组长（至1971年3月）。1971年3月、11月又先后任中共湖北省委书记、中国人民解放军武汉军区政治委员兼湖北省军区政治委员。江渭清，原任中共江苏省委第一书记、中国人民解放军南京军区第三政治委员等职。“文化大革命”中被打倒。1974年12月任中共江西省委第一书记、江西省革委会主任。1975年9月又任福州军区政治委员兼江西省军区第一政治委员。

的，犯了错误，要给他们改的时间，错了就批。还是按照延安整风的办法：惩前毖后，治病救人。李大章、张平化[1]、张体学、韦国清、江华[2]、江渭清、谭启龙、刘俊秀、李丰平、杨勇[3]要保，都不能打倒。廖汉生、苏振华、刘志坚不能一点工作不让做。要搞好团结，以大局为重。我们在座的这些人不搞好团结，

---

〔1〕 李大章，当时任中共四川省委书记处书记、四川省省长。1968年5月任四川省革委会副主任。1969年12月又任四川省革委会党的核心小组副组长（至1971年8月）。1971年8月、11月又先后任中共四川省委书记、中国人民解放军成都军区第二政治委员。1975年11月任中共中央统战部部长。张平化，当时任中共湖南省委第一书记。1971年4月、5月先后任中共山西省委书记、山西省革委会副主任。1973年3月、7月、8月先后任中国人民解放军湖南省军区第二政治委员（1975年8月又任广州军区政治委员）、中共湖南省委第二书记、湖南省革委会第一副主任。

〔2〕 韦国清，原任中共广西壮族自治区委员会第一书记、广西壮族自治区政府主席。当时任中国人民解放军广州军区第一政治委员。1968年8月又任广西壮族自治区革委会主任（至1975年10月）。1970年4月又任广西壮族自治区革委会党的核心小组组长（至1971年2月）。1971年2月又任中共广西壮族自治区委员会第一书记（至1975年10月）。1973年8月又任中共中央政治局委员。1975年10月又任中共广东省委第一书记、广东省革委会主任。江华，当时任中共浙江省委第一书记、浙江省政协主席等职。“文化大革命”中受迫害。1975年1月任最高人民法院院长。

〔3〕 谭启龙，当时任中共山东省委第一书记、山东省政协主席等职。“文化大革命”中受迫害。1970年4月任福建省革委会党的核心小组成员。1971年4月任中共福建省委书记。1972年4月任中共浙江省委书记、浙江省革委会副主任。1973年5月任中共浙江省委第一书记、浙江省革委会主任、中国人民解放军浙江省军区第一政治委员。刘俊秀，当时任中共江西省委书记处书记。李丰平，当时任中共浙江省委书记处常务书记。杨勇，当时任中国人民解放军北京军区司令员。“文化大革命”中受迫害。1972年5月任中国人民解放军沈阳军区副司令员。1973年6月任中共新疆维吾尔自治区委员会第二书记、新疆维吾尔自治区革委会副主任、中国人民解放军新疆军区司令员。

还得了！要搞大团体主义，不要搞小团体主义。陈老总过去反对过我，我要同他合作。朱德，我要保他。

同日 《人民日报》发表经毛泽东审阅的社论《无产阶级革命派大联合，夺走资本主义道路当权派的权》。社论指出：无产阶级革命造反派要展开夺权斗争，就必须大联合。

1月23日 审阅周恩来等报送的由王力起草的中共中央、国务院、中央军委、中央文革小组《关于人民解放军坚决支持革命左派群众的决定》稿，批示："照发。"决定指出：人民解放军必须坚决站在无产阶级革命派一边，坚决支持和援助无产阶级革命左派。以前关于军队不介入地方文化大革命以及其他违反上述精神的指示，一律作废。积极支持广大革命左派群众的夺权斗争。这个决定于本日发出。

1月26日 阅全军文化革命小组一月二十五日编印的《军队文化大革命运动情况要报》第五号登载的《关于夺权的若干情况和问题》，批示："林彪同志：此件反映群众提出，究竟哪些机关可以夺权，哪些不能夺权；夺了权的人们对待不同意见的群众应取什么态度（应争取多数，不能排斥）。请加以研究。"

同日 审阅林彪一月二十五日报送的《中央军委命令》稿。林彪在送审报告中说：昨天下午徐向前同志来谈到，军队许多高干被随便抓去、任意抄家、变相体罚，有些机关已处于瘫痪状态，有些处于半瘫痪状态。此次来京开会的干部，心情都很紧张。接着聂荣臻、叶剑英、杨成武同志来继续谈了这些问题。大家一致认为，面对这种情况，一方面要使军队文化大革命更有序地开展，一方面要去掉一些使军队发生不稳现象和不适合于作战部队与指挥机关的具体做法。因此，需要发出新的指示，使运动能正常开展。他们在这里谈了大意后，即到中央文革开会，与文革小组成员、总理、陈毅共同讨论，写出七条规定。毛泽东批示："所定七条，很好，照发。""再加上一条关于管教干部子女的问题。""冲击领导机关问题。过去如果是反革命冲击了，要追究，如果左派冲击了，不追究。今后右派冲击，要抵制，左派冲击，要欢迎。""此文件经过讨论修改后，再发出。"

同日 周恩来在接见公交系统各单位造反派时说：主席讲过几次，余秋里〔1〕要保。

同日 《人民日报》发表题为《节约闹革命，保护国家财产》的社论。社论中说："毛主席最近指示我们：'要节约闹革命'。"

1月27日 阅章伯森〔2〕一月二十五日关于湖南开展文化大革命运动情况给周恩来和陈伯达的报告。报告反映：（一）目前省委工作处于瘫痪状态，领导机关的工作也基本停顿。如何团结大多数，建立新的革命秩序，这是一个急待解决的问题。（二）目前有很多单位要求对犯错误的干部罢官、开除党籍，如果这样处理下去，后果很难设想。对下面干部的处分问题，可否放到运动后期。请求中央对以上两个问题给予指示，并批准他到北京作一次汇报。毛泽东批示："总理：湖南也应照贵州那样予以处理〔3〕。章伯森是去年运动初期在省委坚持工作、没有逃跑的唯一省委书记。似可找他来商量一下，看有无别的较好干部以及造反派领袖，可以找来共同商量？请酌处。"

1月28日 下午，在中南海游泳池住处召集周恩来、徐向

---

〔1〕 余秋里，当时任国家计划委员会第一副主任兼秘书长。1970年6月任国家计划委员会革委会主任、国家计划委员会党的核心小组组长。1973年8月任国家计划委员会主任。1975年1月又任国务院副总理。

〔2〕 章伯森，当时任中共湖南省委书记处候补书记、湖南省副省长。1967年8月任湖南省革委会筹备小组副组长。1968年4月任湖南省革委会副主任。

〔3〕 见本卷第36页1967年1月21日第4条毛泽东关于处理贵州问题的批示。

前、聂荣臻、叶剑英等开会，讨论《中央军委命令》稿修改问题。

同日 审阅《中央军委命令》修改稿，批示："所定八条，很好，照发。"毛泽东改写了其中的第五条，将原第五条中的"今后右派冲击，要抵制，左派冲击，要欢迎"，改为"今后则一律不许冲击"。中央军委八条命令是：一、必须坚决支持真正的无产阶级革命派，争取和团结大多数，坚决反对右派，对那些证据确凿的反革命组织和反革命分子，坚决采取专政措施。二、一切指战员、政治工作人员、勤务、医疗、科研和机要工作人员，必须坚守岗位，不得擅离职守。要抓革命，促战备、促工作、促生产。三、军队内部开展文化大革命的单位，应该实行大鸣、大放、大字报、大辩论，充分运用摆事实、讲道理的方法。严格区别两类矛盾，不允许用对待敌人的方法来处理人民内部矛盾，不允许无命令自由抓人，不允许任意抄家、封门，不允许体罚和变相体罚，例如戴高帽、挂黑牌、游街、罚跪等。认真提倡文斗，坚决反对武斗。四、一切外出串连的院校师生、文艺团体、体工队、医院和军事工厂的职工等，应迅速返回本地区、本单位进行斗批改，把本单位被一小撮走资本主义道路当权派篡夺的权夺回来，不要逗留在北京和其他地方。五、对于冲击军事领导机关问题，要分别对待。过去如果是反革命冲击了，要追究，如果是左派冲击了，可以不予追究。今后则一律不许冲击。六、军队内战备系统和保密系统，不准冲击，不准串连。凡非文化革命的文件、档案和技术资料，一概不得索取和抢劫。有关文化革命的资料暂时封存，听候处理。七、军以上机关应按规定分期分批进行文化大革命。军、师、团、营、连和军委指定的特殊单位，坚持采取正面教育的方针，以利于加强战备，保卫国防，保卫无产阶级文化大革命。八、各级干部，特别是高级干部，要用毛泽东思想严格管教子女。干部子女如有违法乱纪行为，应该交给群众教育，严重的，交给公安和司法机关处理。本日，中共中央军委发出这个命令，通称“军委八条”。

同日　周恩来在接见浙江造反派代表时说：江华同志是井冈山革命根据地时期的老同志，是少数民族，主席再三说要保。

1月30日　阅谭震林[1]一月二十八日关于农垦部、农业部、水产部等单位开展文化大革命情况和出现问题的报告，批示：“林彪、恩来同志：此件值得一阅。党、政、军、民、学、工厂、农村、商业内部，都混入了少数反革命分子、右派分子、变质分子。此次运动中这些人大部都自己跳了出来，是大好事。应由革命群众认真查明，彻底批倒，然后分别轻重，酌情处理。请你们注意这个问题。谭震林的意见是正确的。此件请周印发较多的同志看，引起警惕。”

同日　审阅陈伯达一月二十九日报送的《红旗》杂志社论稿《论无产阶级革命派的夺权斗争》，批示：“林彪同志：此件我看了，认为很好，并作了一些修改，请你看一下，退还陈伯达同志。如有修改，请告伯达。”毛泽东修改的主要内容有：（一）在原稿“不分青红皂白，反对一切，是违背马克思列宁主义、毛泽东思想的阶级观点的”一句中“反对一切”后面，加写“排斥一切，打倒一切”。（二）修改原稿中的两段话（加写和改写的文字用着重号标明）：“对于犯有错误的干部，要正确对待，不能一概打倒。只要不是反党反社会主义分子而又坚持不改和累教不改的，就要允许他们改过，鼓励他们将功赎罪。惩前毖后、治病救

〔1〕谭震林，当时任中共中央政治局委员、中央书记处书记（至1969年4月，1973年8月任中央委员）、国务院副总理兼农林办公室主任、国家计划委员会副主任。“文化大革命”中受迫害。1975年1月任全国人大常委会副委员长。

人，这是党的传统政策。只有这样才能使犯错误的本人心悦诚服，也才能使无产阶级革命派取得大多数人的衷心拥护，使自己立于不败之地，否则是很危险的。”“各级干部，都要经受无产阶级文化大革命的考验，都应该为无产阶级文化大革命建立新的功劳，不能躺在过去的成绩上自以为了不起，看轻新起来的革命小将。对自己只看见过去的功劳，而看不见今天的革命大方向。对新的革命小将则又只看见他们的某些缺点错误，而看不见他们的革命大方向是正确的。这样的看法是完全错误的，必须改过来。”（三）将原稿中的“人民解放军正在无产阶级文化大革命中，为社会主义事业立新功”一句，改为：“人民解放军正在无产阶级文化大革命中，为社会主义事业创立新的伟大的功劳。这是人民解放军的光荣任务。”这篇社论发表在二月三日出版的《红旗》杂志一九六七年第三期。

同日 针对中央广播事业局夺权中存在的问题，指出：中央广播电台的革命同志夺了权，很好。听说现在又要分裂，内部争吵。还有广播学院革命派夺了权又分化。要劝他们团结，以大局为重。要搞大团体主义，不要小团体主义。管他反对不反对自己，反对自己反对错了的也要善于团结；反对自己的人就不能工作，我就不赞成。

1月31日 阅贵州省革命造反派主办的《新贵州报》一月二十六日登载的《贵州无产阶级革命造反总指挥部通告》。通告宣布，贵州无产阶级革命造反总指挥部于一月二十五日接管了贵州省委、省人委和贵阳市委、市人委的一切领导权。通告提出：一切权力归无产阶级革命造反派；抓革命，促生产；坚决反对经济主义；加强无产阶级专政，凡把矛头指向人民解放军，动用武器、弹药，盗窃或泄露国家机密者，依法查处。毛泽东批示：“恩来同志：这个通告很好，你看是否可以发表？新近搞的那个文件[1]，待他们回去商量修改后，可以再发表，作为第二篇。如何，请酌。”《人民日报》二月一日转载了这个通告，并发表题为《西南的春雷》的社论。

同日　审阅中共中央、国务院、中央军委给新疆维吾尔自治区党委、新疆维吾尔自治区人民委员会、新疆军区、新疆军区生产建设兵团并“新疆自治区革命夺权总指挥部”的电报，批示：“照发。”电报指出：（一）立即劝阻人民内部的一切武装冲突。凡是有群众的场面，我武装部队绝对不准开枪。（二）新疆军区领导机关及新疆军区生产建设兵团的武装、机要部门和武装部队，任何人、任何组织均不准冲击，不准夺权。（三）石河子地区的武装冲突问题，待中央派人调查处理。

同日　黑龙江省“红色造反者”夺取黑龙江省党政大权。二月二日，《人民日报》发表题为《东北的新曙光》的社论。二月十日，根据毛泽东的提议，《人民日报》发表《黑龙江省红色造反者夺权斗争的基本经验》。

2月1日　致信周恩来，指出：给走资本主义道路当权派和牛鬼蛇神戴高帽子、打花脸、游街，算是武斗的一种形式，这种办法达不到教育人的目的。只有坚持文斗，不用武斗，摆事实，讲道理，以理服人，才能真正达到教育人的目的。请你转告革命师生和革命群众。

2月2日　阅王任重的妻子萧慧纳一月二十九日来信。信中说，王任重病重垂危，现被揪斗，不知去处，朝不保夕，请求给予治疗。毛泽东批示：“林、周阅后，交文革小组商处。我意应说服红卫兵，让他就医。红卫兵有事，视王病情许可，随叫随

---

〔1〕指《贵州无产阶级革命造反总指挥部十项通令》，1967年2月5日《人民日报》发表。

到。”三日，中共中央在给湖北省委并武汉军区党委的电报中指出：“王任重最近以来病情加重。为了使他能进一步检查错误，中央常委和中央文革小组建议能让王就医一段时间，红卫兵有事，视王病情许可，随叫随到。请武汉军区党委协助省委办理此事。”

2月3日 下午，在人民大会堂一一八厅会见卡博、巴卢库〔1〕等，周恩来、康生、叶剑英、杨成武、萧华、王树声〔2〕在座。毛泽东说：多少年来，我们党内的斗争没有公开化。比如七千人大会时，我说修正主义要推翻我们，如果我们现在不注意，不进行斗争，少则几年、十几年，多则几十年，中国会要变成法西斯专政的。在那个时候已经看出问题来了。过去五年来，我们只抓了一些个别的问题、个别的人物，搞了一些在文化界的斗争，在农村的斗争，在工厂的斗争，就是社会主义教育运动。这些都不能解决问题，没有找出一种形式、一种方式，公开地、全面地、由下而上地来揭发我们的黑暗面。这场斗争也准备了一个时期。前年十一月，对一个历史学家吴晗发表一篇批判文章，这篇文章在北京写不行，不能组织班子，只好到上海找姚文元他们搞了一个班子，写出这篇文章。开头写我也不知道，是江青他们搞的。文章写好了交给我看，说这篇文章只给你一个人看，周恩来、康生这些人也不能看，因为要给他们看，就得给刘少奇、邓小平、彭真、陆定一这些人看，而刘、邓这些人是反对发表这篇文章的。文章发表后，各省都转载，北京不转载。我那个时候在上海，说印成小册子，各省都答应发行，就是北京的发行机关不

〔1〕 卡博，当时任阿尔巴尼亚劳动党中央政治局委员、书记处书记。巴卢库，当时任阿尔巴尼亚劳动党中央政治局委员、阿尔巴尼亚部长会议副主席兼国防部部长。

〔2〕 王树声，当时任国防部副部长、中国人民解放军军事科学院副院长（1972年11月任第二政治委员）。

答应。北京市委就是针插不进、水泼不进。现在不是改组了吗?改组了的市委还不行，还要改组。前年十二月，把罗瑞卿〔1〕的问题处理了；去年五月，把北京市委这些人处理了。发动大字报运动，是去年六月一号。发动红卫兵，是去年八月。接着八月上旬到中旬就开了中共八届十一中全会，这个时候，我自己才写了一张二百个中国字的大字报。解决这样的问题，只有发动群众才有办法。没有群众我们毫无办法。我们党里暴露出许多人。一部分是搞民主革命的，在民主革命阶段可以合作，打倒民族资本主义就不赞成了，要组织合作社他就不赞成了。这就是一批老干部。第二部分是解放以后才进党的一批人。第三部分是接收下来的国民党的一些人。第四部分就是资产阶级、地主、富农的子弟。这些人也不都坏，有许多是站在我们方面的，但有一部分是反革命分子。大概就是这么几部分人。总之，在中国人数并不多，百分之几。他们的阶级基础只有百分之几，顶多百分之五。有一些东西也搞得很乱，又是什么毛泽东思想，又是什么毛泽东主义，我就不喜欢这个“主义”，就不喜欢这个“ism”。又给我封了好几个官，什么伟大导师、伟大领袖、伟大统帅、伟大舵手，我就不高兴。现在流行着一种无政府主义思想，口号是一切怀疑，一切打倒，结果弄到自己身上。资产阶级要打倒，无产阶级呢?他那个理论就是不行。现在，两方面的决战还没有完成，大概二、三、四这三个月是决胜负的时候。至于全部解决问题，可能要到明年二、三、四月或者还要长。有一条真理是永远的，

〔1〕罗瑞卿，原任中共中央书记处书记、国务院副总理、中央军委常委兼秘书长、中国人民解放军总参谋长。1965年底遭林彪等人诬陷，被调离军事方面的领导职务，1966年5月又被错误地打成所谓“彭、罗、陆、杨反党集团”成员，解除其他职务，被关押。1973年解除监禁。1975年8月任中共中央军委顾问。

天不会掉下来的，绝大多数工人、农民、知识分子、干部、党员、团员是好的，我们要坚决相信这条真理。有些人有些错误缺点，我也不来包庇叶剑英、杨成武、萧华、王树声，但是他们基本上是好人。我也犯了一些错误嘛。只有人家犯错误我就不犯？我就犯了一些错误，政治、军事各方面都犯了一些错误。我不隐瞒自己的错误。有些人吹，说我一点错误也没有，我就不相信，我就不高兴。你那么吹我就不相信，我是一个啥人，自己还不知道？有一点自知之明嘛。

2月5日 针对外单位造反派插手工人日报社夺权一事，指出：工人日报社的问题，外单位不要在那里辩论。那里的事由报社内部革命同志自己来解决。

同日 上海市三十二个群众造反组织联合成立“上海人民公社”，宣布“一切权力归上海人民公社临时委员会”。七日，《解放日报》、《文汇报》刊登《一月革命胜利万岁——上海人民公社宣言》。

2月6日 下午，召集周恩来、陈伯达、叶剑英、江青等开会，谈夺权问题。毛泽东说：各个城市夺权，要有广大革命群众代表、军队代表、机关革命干部代表三结合，没有三结合，就不能承认。军队不能夺权，要有人夺权，就抓起来。你们这一摊子〔1〕要接受批评，你们毫无政治斗争经验，也没有工人农民斗争经验，更没有军队斗争经验，只是在文艺方面做了一些调查研究。对陶铸的问题，没有经过我、林彪和总理同意，你们只用两三个小时就把他解决了，是事后报告的。伯达对我有事也不商量，骄傲起来了。一切老干部都打倒，你就是要打倒一切。你们早晚会被打倒。我从来都说要团结更多的人嘛，你眼高于顶，把见面笑不笑、拉不拉手，都当成政治问题来判断。你们这摊子有

〔1〕 指以陈伯达为组长的中央文革小组。

错误。所有省市都叫人民公社，那全国就叫中华人民公社啦，也不要中央、国务院了。今天上海要登报成立人民公社，要压下来，不要搞。上海人民公社是你们通知搞的。以后登报的各省的重要消息，要给我看看。你们代替了书记处。常务工作，由总理主持。我也是常委嘛，每周开一次会，我来主持。

同日 审阅中共中央、国务院《关于革命师生和红卫兵进行步行串连问题的通知》稿，批示："照发。"通知指出：长途步行串连，在全国都停止，已到各地的步行串连队要迅速返回原地，返回时原则上应当步行。串连期间的伙食费、市内交通费一般应当自理。来北京的师生和红卫兵的食宿自二月八日起，不再免费。

2月7日 阅西藏军区党委二月六日关于西藏造反派要打倒张国华〔1〕，并说西藏军区党委是"保皇派"、"黑窝子"，建议中央对张国华尽快表明看法的电报，批示："林彪、恩来、叶、聂、徐各同志：请你们研究一下，张国华、周仁山、王其梅〔2〕等究竟是好人、坏人，一二日内拟电告我，发出表态，是为至盼！有些问题处理太慢了。新疆问题应当快点解决。另有一些重大问题处理太快，不经常委从容讨论，似乎不妥。"本日和次日，周恩来、聂荣臻、叶剑英、徐向前同新疆自治区负责人谈新疆问题，决定对新疆自治区和新疆生产建设兵团实行军管，以推动和促进"三结合"。十二日，中央军委复电西藏军区党委，指出张国华是站在毛主席路

---

〔1〕 张国华，当时任中共西藏自治区委员会第一书记、中国人民解放军西藏军区司令员。1967年5月任中国人民解放军成都军区政治委员。1968年5月又任四川省革委会主任。1969年12月又任四川省革委会党的核心小组组长（1971年8月任中共四川省委第一书记）。

〔2〕 周仁山，当时任中共西藏自治区委员会代理第一书记、西藏自治区人民政府副主席。王其梅，当时任中共西藏自治区委员会书记处书记、中国人民解放军西藏军区副政治委员。

线一边的。尽管他在工作上有缺点和错误，但基本上是个好同志。

同日　经毛泽东审阅同意，中共中央发出给驻外使馆、代办处的电报。电报指出：使馆工作人员，不建立战斗组织。已建立的，应在使馆党委领导之下，转为文革学习小组，不容许直接干涉使馆党委行使职权。

2月8日　晚上，阅周恩来本日来信。信中说：二月七日中央碰头会拟定先将江华、曹祥仁、叶飞〔1〕、谭启龙、江渭清、刘俊秀等同志接来北京养病并予保护，对北京、天津两市实行军管。毛泽东批示："已阅，退周存。"

2月9日　两次审阅修改中共中央军委《关于军队在支持无产阶级革命派夺权斗争中不准任意开枪的规定》稿。上午，在送审稿上批示："有一些修改。关于支持真正左派广大群众问题，现在出现许多搞错了的事，支持的不是左派而是右派，陷于被动。此事应总结经验，写出几条指示。请速办。"下午，在送审的修改稿上批示："林彪同志：又改了一些，请酌定。此件应在总理主持的党、政、军联席会上讨论通过，然后发出。"规定稿原为四条，毛泽东审阅时加写了第五、第六两条："（五）要相信，即使是反革命组织，大多数群众仍然是好的，是可以教育争取的，坏人只是少数个别分子。""（六）要沉着应战，即使有几万人向我军示威、包围、冲击、打人、抓人、侮辱人，也不要紧。若不沉着，怕字当头，就是大错。"将标题改为《关于军队在支持无产阶级真正革命派夺权斗争中不准任意开枪的规定》。

〔1〕曹祥仁，原任中共浙江省委书记处书记。叶飞，原任中共福建省委第一书记、中国人民解放军福州军区政治委员等职。"文化大革命"中受迫害。1973年8月任中共中央候补委员。1975年1月任交通部部长、党的核心小组组长。

这个规定于二月十日发出。

2月10日 主持召开中共中央政治局常委扩大会议，林彪、周恩来、陈伯达、康生、李富春、叶剑英、江青、王力出席。毛泽东讲话，要求中央文革小组开会，批评陈伯达、江青在群众中公开点名打倒陶铸一事，并说：你这个陈伯达，你是一个常委打倒一个常委！你这个江青，眼高手低，志大才疏。打倒陶铸，别人都没有事，就是你们两个人干的。我看现在还同过去一样，不向我报告，对我实行封锁。总理除外，总理凡是重大问题都是向我报告的。毛泽东提出政治局常委扩大会范围要扩大，提名增加陈毅、谭震林、徐向前、李先念、谢富治〔1〕、关锋、戚本禹等。

2月11日 两次审阅中共中央军委《关于军以上领导机关文化大革命的几项规定》稿。此件由毛泽东提议起草。在林彪十日报送的送审稿上批示："照办。如昨夜会议上有修改，照修改稿办。"晚上，在周恩来本日报送的十日晚中央碰头会讨论过的修改稿上批示："送总理照发。"规定共七条，主要内容是：一、中央军委一月二十八日的八条命令是个重要的文件，必须广泛宣传，深入学习，要无条件地不折不扣地贯彻执行。二、军以上机关的文化大革命，必须按照毛主席的指示，分期分批进行"四大"，把

〔1〕 李先念，当时任中共中央政治局委员、国务院副总理兼国家计划委员会副主任。谢富治，当时任中共中央政治局候补委员（1969年4月任政治局委员）、国务院副总理兼公安部部长。1967年3月、4月、5月又先后任中共中央军委常委、全军文化革命小组副组长，北京市革委会主任、北京市革委会党的核心小组组长（1971年3月任北京市委第一书记），中国人民解放军北京军区政治委员（1971年1月任第一政治委员）。"文化大革命"中参与林彪、江青夺取最高权力的阴谋活动。1972年3月26日去世。1980年10月中共中央宣布开除谢富治党籍。1981年1月最高人民法院特别法庭确认谢富治为"林彪、江青反革命集团案"的主犯。

一小撮走资本主义道路的当权派揪出来。三、陆、空军的军以下单位，海军的基地以下单位，北京卫戍区等单位，以及军委指定的特殊单位，一律不搞“四大”。绝对不准任何人、任何组织以任何借口到这些单位进行串连。四、各级军事领导机关一律不允许自下而上的夺权，不允许任何人、任何组织冲击。五、军以上机关的文化大革命，必须由党委领导。军队领导机关必须保持严密的、完整的指挥体系，不宜成立各种文化革命战斗组织。六、一定要分清是无产阶级当权派，还是资产阶级当权派。认为只要是当权派，就一概打倒，是完全错误的。对于犯有错误的干部，只要不是反党反社会主义分子而又坚持不改和累教不改的，就要允许他们改过。七、要反对无政府主义、极端民主化、小团体主义等不良倾向，加强运动的革命性、科学性、组织纪律性。二十七日，经毛泽东批准中共中央军委又发出《关于执行中央军委〈关于军以上领导机关文化大革命的几项规定〉的补充规定》，要求：所有超越基层行政单位的文化革命联合战斗组织，如各总部、各军种、各兵种、各大单位的造反总部、联络站等，应一律撤销。所有文化革命战斗组织所使用的宣传工具，一律移交各单位党委文革办公室。

2月12日 同中央文革小组成员张春桥、王力、姚文元、戚本禹谈话。毛泽东说：小组成立以来，没有一次提出要我主持开会。去年六月以来，小组代替了书记处，也是独立王国。骂别人独立王国，自己独断独行，否认政治局常委存在。目无政治局，目无常委。文化大革命，闹一二年，总要停顿。现在有打倒一切的风气。干部统统打倒，怎么行？怀疑一切，打倒一切，是无政府主义。有人提出彻底改善无产阶级专政，这是错误的。谈到上海一月夺权后宣布成立“上海人民公社”一事，说：人民公社这样大事，你们不拿出来，不讨论，别的大事，也不讨论。上海人民公社的消息，一直压着没有发表[1]，如果一发表，各地都叫人民公社了，那党、政、军还要不要？一切都管？北京市也号召搞人民公社，叫北京革命造反公社。各地都叫人民公社，势必冲击中央，那就要改国号了，改政体，叫中华人民公社。问题不在于形式，而在于内容。巴黎公社如果胜利，还可以变成资产阶级公社。苏联名为苏维埃，后来内容也变了。实质是哪一个阶级掌握政权。把工人、学生提上来，掌握了权，没有经验，几个月就变了，很不稳定。党委，暂时抓不起来，过些时候，群众会需要。不管怎么样，总要有一个核心组织，光是红卫兵、工会、造反司令部不行。学校还是叫文化革命委员会，工厂叫革命委员会。上海公社还是改过来，还是叫革命委员会好。

2月14日 阅中央文革小组办事组二月十二日编印的《要事汇报》（8）刊载的陕西省军区副司令员王明昆关于处理西安地区造反派冲突的电话汇报记录。王明昆说：昨天晚上，我们向林副主席和中央文革发的电报，看法有问题。原来的观点倾向于西安交通大学，现在看来交大有问题，我们犯了错误。现在纠正错误观点，站到西安解放军电讯工程学院和西北工业大学这边，把西安交大排除在外。毛泽东批示："林彪、恩来同志：排斥交通大学一派，支持极左派的主张，值得研究。应当继续做调查工作，不必急于公开表态。破坏工厂，极左派是有嫌疑的，而交大不主张破坏工厂。以上请酌。并告文革小组。"

同日 阅新华社二月十三日编印的《内部参考》特刊登载的《北京两所中学实行军训的情况》，批示："林彪同志：请派人去调查一下，这两校军训的经验是否属实？核实后，可以写一一千

[1] 指没有让《人民日报》转载1967年2月7日《解放日报》、《文汇报》登载的《一月革命胜利万岁——上海人民公社宣言》。

字左右的总结，发到全国参考。又大专学校也要作一个总结，发往全国。请酌。”这份材料说：驻京部队最近在北京二中、二十五中分阶段进行集训革命师生的试点，收到了很好的效果。第一阶段以毛主席《中国社会各阶级的分析》一文为主要教材，发动群众分清敌、我、友，达到“既要弄清思想又要团结同志”这样两个目的，消除各群众组织之间的隔阂；第二阶段以毛主席《关于纠正党内的错误思想》一文为主要教材，引导师生深入批判阻碍革命派大联合的各种非无产阶级思想，大破个人主义、分散主义、山头主义，实行革命组织大联合、大夺权。

2月15日 晚上，在人民大会堂会见由外交、计划部部长瓦尼率领的毛里塔尼亚政府代表团，周恩来、陈毅等在座。在瓦尼谈到这次来中国是学习取经时，毛泽东说：我们解放的时间不久，我们的经验很少。可能你们有很多东西值得我们学习。这是互相交换经验。我们都是互相帮助的国家，不是互相仇视的国家。你们的土地广大，将来人口还可以大发展。我们国家人太多了，好处在这里，坏处也在这里。看得起我们的还是很少，你们这么一些民族看得起我们。什么美国人、法国人，别的一些什么人，他们不可能这样，他们嫌我们落后。我们落后，解决的办法就是沙石峪〔1〕嘛，那个地方没有机械。中国有很大部分土地是靠天吃饭的，黄河以北水很少。

2月16日 下午，周恩来在中南海怀仁堂主持中共中央政治局常委碰头会。原定议程是谈“抓革命，促生产”问题。谭震林、陈毅、叶剑英、徐向前、李先念、余秋里等在会上对当前文

〔1〕 沙石峪，位于河北省遵化县境内，属于石灰岩山区。20世纪50年代至60年代，在沙石峪村党支部书记张贵顺的带领下，村民在青石板上挑土造田，开展生产，以“万里千担一亩田，青石板上创高产”的精神闻名全国。

化大革命的做法表示强烈不满。谭震林责问张春桥为什么不让陈丕显到北京来。张说，我们回去同群众商量一下。谭震林气愤地说：什么群众，老是群众群众，还有党的领导哩。不要党的领导，一天到晚，老是群众自己解放自己，自己教育自己，自己搞革命。这是什么东西？这是形而上学！你们的目的，就是要整掉老干部，你们把老干部一个一个打光。这一次，是党的历史上斗争最残酷的一次，超过历史上任何一次。谭震林站起来要退出会场，周恩来叫他回来。陈毅说：不要走，要跟他们斗争。这些家伙上台，就是他们搞修正主义。又说：延安整风时有些人拥护毛泽东思想最起劲，挨整的是我们这些人。历史不是证明了到底谁是反对毛主席吗？以后还要看，还会证明。斯大林不是把班交给了赫鲁晓夫，搞修正主义吗？余秋里拍桌子说：这样对老干部，怎么行！计委不给我道歉，我就不去检讨！李先念说：就是从《红旗》十三期社论开始，那样大规模在群众中搞两条路线斗争，还有什么大串连，老干部统统打掉了。散会后，张春桥、王力、姚文元整理出一份会议记录，主要集中了谭震林、陈毅、李先念、余秋里的发言，于当晚十时向毛泽东作口头汇报。毛泽东在张春桥、王力、姚文元整理的怀仁堂会议记录上批示："退陈伯达同志。"

同日 审阅林彪报送的中共中央军委《关于军队夺权范围的规定》稿，批示："已阅，同意。"这个规定指出：一、军队可以夺权的范围，只限于学院学校（机要学校、尖端技术学校、飞行学校和有外训任务的班、系除外）、文艺团体、体工队、医院（只限于解放军总医院，军区、军种总医院，教学医院）、军事工厂（有尖端技术试验任务的工厂、海军基地所属工厂和绝密工厂除外）。二、夺权必须是由本单位真正的无产阶级革命派来进行，不准联合本单位以外的革命组织参加夺权。在夺权斗争中，真正的无产阶级革命派组织之间互相发生争执时，要通过民主协商来解决，绝不能武斗。三、各院校、军事工厂等单位的警卫、通信、练习、勤务和运输分队的权不能夺，也不准参加夺权。四、除第一条规定可以夺权的范围以外，其他一切大小单位都不准采取自下而上的办法进行夺权。此件于本日发出。

2月18日 审阅周恩来本日报送的《红旗》杂志社论稿《必须正确地对待干部》。周恩来在送审报告中说："这篇社论很重要，很及时，我看写得还不错。提议在党、政、军、文碰头会上讨论一次再发表。"同时，在社论稿第二部分讲"革命干部和广大革命群众相结合"的几段文字旁注明："在这一部分，可以把地方上的三结合和机关内部三结合加以解释和阐明。"毛泽东批示："退总理：同意你的意见，讨论后再发表，并把三结合的思想写进去。再则，以后重要社论都应这样做。"毛泽东删去社论稿末尾的三句口号："无产阶级文化大革命万岁！""毛主席的无产阶级革命路线万岁！""伟大导师、伟大领袖、伟大统帅、伟大舵手毛主席万岁！"二十二日，再次审阅社论修改稿，批示："照发。"修改稿根据周恩来和毛泽东的意见，加写了两段话："经验证明，在需要夺权的省、市，必须建立'三结合'的临时权力机构。这种'三结合'的临时权力机构，由真正代表广大群众的革命群众组织的负责人、人民解放军当地驻军的代表和革命领导干部组成。在需要夺权的工矿企业，也必须建立由革命干部（领导干部、一般干部、技术人员）、工人代表（老工人、青年工人）和民兵代表组成的'三结合'的临时权力机构。在需要夺权的党政机关，则必须实行革命领导干部、革命的中级干部和革命群众相结合的原则。这样，才能形成一个有代表性的、有权威的领导班子，率领广大革命群众，胜利地完成向党内一小撮走资本主义道路当权派夺权的战斗任务。""建立'三结合'的临时权力机构，在当前必须着重解决正确对待革命干部的问题。"这篇社论发表在三月一日出版的《红旗》杂志一九六七年第四期。

2月19日 晨，主持召开中共中央政治局会议，周恩来、李富春、叶剑英、李先念、康生、谢富治、叶群〔1〕（代表林彪）等出席。毛泽东对谭震林、陈毅、徐向前等人十六日在怀仁堂碰头会上的发言进行了严厉批评。会议决定谭震林、陈毅、徐向前“请假检讨”。二月二十五日至三月十八日，根据毛泽东的意见，在怀仁堂召开了七次“政治局生活会”，对谭震林、陈毅、徐向前以及李富春、李先念、叶剑英、聂荣臻进行批评。江青等猛烈攻击他们是“资产阶级复辟逆流”（后称“二月逆流”）。此后，中央政治局停止了活动，原由周恩来主持、各副总理及有关负责人参加，处理党和国家大事的中央政治局常委碰头会被中央文革碰头会取代。

同日 阅林彪本日送阅的谭震林二月十七日给林彪的信。谭震林在信中说：江青等人“有兴趣的是打老干部，只要你有一点过错，抓住不放，非打死你不可”。“他们能当政吗？能接班吗？我怀疑。”“我想了好久，最后下了决心，准备牺牲。但我决不自杀，也不叛国，但决不允许他们再如此蛮干。”“这个反，我造定了，下定决心，准备牺牲，斗下去，拼下去。”林彪在附信中写道：“谭震林最近的思想竟糊涂堕落到如此地步，完全出乎意料之外。”毛泽东批示：“已阅。恩来同志阅，退林彪同志。”

同日 林彪本日向毛泽东报送北京卫戍区关于在北大、清华

---

〔1〕 叶群，当时任全军文化革命小组成员、林彪办公室主任。1967年8月又任中共中央军委办事组成员。1969年4月又任中共中央政治局委员、中央军委委员。“文化大革命”中参与林彪夺取党和国家最高权力的阴谋活动。1971年9月13日与林彪乘飞机出逃，摔死在蒙古人民共和国温都尔汗。1973年8月被开除党籍。1981年1月最高人民法院特别法庭确认叶群为“林彪、江青反革命集团案”的主犯。

等五所高校和在北京二中、二十五中进行军训试点工作的两个总结报告，请示是否可以转发全国。毛泽东批示："林彪同志：（一）此两件应即转发全国。（二）大学、中学和小学高年级每年训练一次，每次二十天。上课以后，在军训的二十天中，军训时间每天不要超过四小时，同时学校原课程每天相应减少时间四小时。（三）党、政、军、民机关，除老年外，中年、青年都要实行军训，每年二十天。以上请酌办。此两件总理阅后送林彪同志。"三月四日，陈伯达、王力写报告给毛泽东，说北京卫戍区提出公开发表这两个材料。二十三日，毛泽东批示："都不要发表。各地经验已超过北京。我的批语也有些不适应新情况。因此都不宜发表。"

2月20日 阅陈伯达二月十七日报送的《贵州革命造反派举行盛会庆祝贵州省临时权力机构——毛泽东思想贵州省革命委员会成立》等有关文电和新闻稿（共四件），批示："伯达、王力同志：名称叫革命委员会好，请你们在四份材料一律改过来。可分两天发表。第一天发前三件，后一件在第二天发。"二十二日、二十三日《人民日报》发表这四份文电和新闻稿，文中的"毛泽东思想贵州省革命委员会"均改为"贵州省革命委员会"。

同日 审阅周恩来等本日报送的中共中央给全国农村人民公社贫下中农和各级干部的信稿，批示："林彪同志阅后，退汪东兴[1]照办。"信中要求动员一切力量，立即为做好春耕生产而积极工作；建议立即开一次公社、生产大队、生产队的三级干部会议和生产队全体社员会议，布置、讨论春耕生产工作。此信于二

〔1〕汪东兴，当时任中共中央办公厅主任兼中央警卫局局长、公安部副部长。1968年3月又是中央文化革命小组碰头会成员。1969年4月又任中共中央政治局候补委员（1973年8月任政治局委员）。1975年2月又任中共中央军委常委。

月二十二日发出。

同日　审阅周恩来二月三日报送的中共中央转发中央军委八条命令的通知稿，批示："同意，照办。"并在通知稿开列的"不许由外单位人员接管"的单位中，增加"各级银行"。二十二日，周恩来将通知修改稿再次送审，毛泽东批示："照办。"通知指出：中央认为，军委的八条命令很好。这个命令，除第七条关于军队的文化大革命部署外，其他各条都适用于地方。通知还作了五点具体说明：一、认真执行中央军委命令中的有关规定，是保证文化大革命走上正轨的重要措施。二、所有在外地、外单位串连的人员，除经中央特许的以外，都应立即返回本地、本单位、本校参加文化大革命。三、军事领导机关，今后一律不许冲击。军队和地方的战备系统、机要系统和保密系统，今后也不准冲击，不准串连。四、党中央机关，国防工业各部，公安部、外交部、财政部、计委、经委、建委、科委，各级银行，两报一刊、新华社、广播事业局和各地广播电台等，不许由外单位人员接管，已经进驻这些单位的外单位人员要立即退出。五、中央和地方一切需要夺权的机关、企事业单位，都应以本单位革命派为主进行夺权斗争。通知要求，本通知连同中央军委的命令，要在所有基层单位普遍张贴。

2月21日　审阅周恩来起草的中共中央给张春桥、姚文元的电报，批示："照发。"电报说："同意来电所述关于改变上海人民公社名称为上海市革命委员会的布置"。二月二十四日，"上海市人民公社"改称"上海市革命委员会"。

2月22日　首都大专院校红卫兵各造反组织联合召开大会，通过《首都大专院校红卫兵代表大会宣言》，宣告"首都大专院校红卫兵代表大会"（简称"红代会"）成立。

2月24日　阅广州军区二月二十三日关于广州夺权斗争的新形势给中共中央军委的报告，批示："总理：请告广州军区，查一查赵紫阳、区梦觉[1]二人政治态度如何，其他省委书记、常委如何，是否可找赵、区二人来京和陈郁、黄永胜[2]一道谈一次，加以开导。”

2月25日 晚上，召集周恩来、康生、叶剑英等开会。

2月27日 阅林彪报送的山西省军区第二政治委员张日清的《坚定不移地支持无产阶级革命派的夺权斗争》一文，批示：“林彪同志：可以登报并广播，军队同志就看到了，不必再印发。如你同意，请退文革小组。”此文发表在二月二十八日《人民日报》和三月一日出版的《红旗》杂志一九六七年第四期。

同日 阅中央文革小组办事组二月二十五日编印的《快报》第一三三四号登载的《大联合中的又一新形式，贵阳棉纺厂按行政系统联合效果好》，批示：“伯达、王力同志：此件似可公开报道。又，《文汇报》有一篇题为《革命不分先后》的社论，略加修改后，似可在《人民日报》上转载。北京其他报纸早已转载了。

---

〔1〕 赵紫阳，当时任中共广东省委第一书记、中国人民解放军广州军区第三政治委员。1971年5月任中共内蒙古自治区委员会书记、内蒙古自治区革委会副主任。1972年3月任中共广东省委书记、广东省革委会副主任（1974年4月任省委第一书记、省革委会主任）。1974年4月又任中国人民解放军广州军区政治委员。1975年10月任中共四川省委第一书记、四川省革委会主任、中国人民解放军成都军区第一政治委员。区梦觉，当时任中共广东省委书记处书记。

〔2〕 陈郁，当时任广东省省长。黄永胜，当时任中国人民解放军广州军区司令员。1968年2月、3月又先后任广东省革委会主任、广东省革委会党的核心小组组长，中央军委办事组组长、中国人民解放军总参谋长。1969年4月、8月又先后任中共中央政治局委员、中国人民解放军军政大学校长。“文化大革命”中参与林彪夺取最高权力的阴谋活动。1973年8月被开除党籍，撤销党内外一切职务。1981年1月最高人民法院特别法庭确认黄永胜为“林彪、江青反革命集团案”的主犯，判处有期徒刑18年，剥夺政治权利5年。

《人民日报》的政治嗅觉，似不甚强。”这份材料说：贵阳棉纺厂在夺权以后，按车间等行政单位搞联合，对文化革命和生产都起了很好的促进作用。他们把这种联合的方式叫做归口大联合，是大联合中的又一新形式。三月一日《人民日报》发表这份材料。

2月28日 阅周恩来二月二十七日夜关于处理广东问题的报告。报告说：昨日与广东来京同志座谈了一天。今晚，我们在文革碰头会上讨论了广东问题，一致建议：广东立即实行军管，准备筹建三结合的革命委员会。目前以黄永胜为主、陈德[1]为副，主持广东全省工作，帮助省委同志检讨，估计有一些同志可得到群众通过。云南情况，与广东颇似，拟亦先行军管，准备三结合的条件。毛泽东批示：“同意这样做。”

3月1日 周恩来在工交口各部部长和造反派代表参加的会议上说：我向主席谈了中央各部夺权情况，认为各部的业务权还是监督为好，主席同意了。

3月3日 阅沈阳军区三月二日关于抽调机关干部组成毛泽东思想宣传队到工厂和院校讲解党的政策的报告，批示：“林彪、恩来同志：此件可印发军级会议[2]各同志。军队不但要协同地方管农业，对工业也要管。沈阳军区派遣大批人员进厂做宣传和做调查的办法是很好的。二十七军在无锡、五十四军在重庆、二十三军在伊春、苇河[3]等处也有好的经验。总之，军队不能坐视工业生产下降而置之不理。”

3月7日 审阅修改王力、关锋起草的《红旗》杂志社论稿《论革命的“三结合”》。批示：“林彪同志阅后，退文革小组。”在文

---

〔1〕 陈德，当时任中国人民解放军广东省军区第二政治委员。

〔2〕 指中共中央、中央军委1967年2月26日至3月25日召开的中国人民解放军军以上干部会议。

〔3〕 苇河，旧县名，1948年并入黑龙江省尚志县（今尚志市）。

中加写一段话："从上至下，凡要夺权的单位，都要有军队代表或民兵代表参加，组成'三结合'。不论工厂、农村、财贸、文教（大、中、小学）、党政机关及民众团体都要这样做。县以上都派军队代表，公社以下都派民兵代表，这是非常之好的。军队代表不足，可以暂缺，将来再派。"这篇社论载于三月三十日出版的《红旗》杂志一九六七年第五期，《人民日报》三月十日提前转载。这篇社论用黑体字引用了毛泽东的一段话："在需要夺权的那些地方和单位，必须实行革命的'三结合'的方针，建立一个革命的、有代表性的、有无产阶级权威的临时权力机构。这个权力机构的名称，叫革命委员会好。"

同日 阅天津警备区司令员郑三生〔1〕等三月六日关于天津延安中学通过军训实现全校大联合的报告，批示："林彪、恩来、文革小组各同志：此件似可转发全国，参照执行。军队应分期分批对大学、中学和小学高年级实行军训，并且参预关于开学、整顿组织、建立'三结合'领导机关和实行斗、批、改的工作。先作试点，取得经验，逐步推广。还要说服学生，实行马克思所说只有解放全人类才能最后解放无产阶级自己的教导，在军训时不要排斥犯错误的教师和干部。除老年和生病的以外，要让这些人参加，以利改造。所有这些，只要认真去做，问题并不难解决。"三月八日，中共中央印发毛泽东的批示和这个报告。

同日 阅铁道兵党委三月四日转发的四川渡口驻军支左经验报告，批示："林彪、恩来、文革小组：此件似可转发全国全军，参照执行。请酌处。"报告说：渡口支左工作的经验，主要是把支左工作建立在调查研究的基础上，到群众斗争中去识别真正的左派，帮助他们在斗争中活学活用毛主席著作，坚持斗争大方向，使之成为思想统一的有战斗力的集体。三月八日，中共中央印发毛泽东的批示和这个报告。

---

〔1〕 郑三生，1969年10月又任中国人民解放军北京军区副司令员。

同日 中共中央发出《关于大专院校无产阶级文化大革命的规定（草案）》，要求外出的师生一律在三月二十号之前返校，进行短期军政训练，在校内批判斗争走资派和反动学术权威，着手研究改革旧的教育制度、教学方针和教学方法；规定由革命师生、教职员工和革命领导干部组成临时权力机构，领导文化大革命，行使本校的权力。当天，《人民日报》发表《中小学复课闹革命》的社论。

3月9日 审阅周恩来报送的谢富治等三月五日关于北京市夺权筹备工作的请示报告，批示："总理：工人代表大会还没有开，中学和农民的代表大会还无消息。开全市代表大会并选举革委会，似以在三月下旬为宜，请与谢富治同志酌处。"根据毛泽东的批示，北京市先后召开贫下中农代表会、革命职工代表会和中学红代会后，于四月二十日成立革委会，谢富治为主任，吴德、郑维山、傅崇碧〔1〕、聂元梓为副主任。

3月10日 阅周恩来本日关于毛泽东三月九日对成立革命委员会程序的批示落实情况的报告，批示："各省、市亦宜照此办理。凡条件不成熟者，要等待条件成熟，然后举行。处于无政

〔1〕 吴德，当时任中共北京市委第二书记、北京市代理市长、中国人民解放军北京卫戍区第一政治委员。1967年4月任北京市革委会副主任（1972年5月任主任）、北京市革委会党的核心小组副组长（至1971年3月）。1970年6月又任国务院文化组组长。1971年3月又任中共北京市委第二书记（1972年5月任第一书记）。1972年5月又任中国人民解放军北京军区政治委员。1973年8月又任中共中央政治局委员。1975年1月又任全国人大常委会副委员长。郑维山，当时任中国人民解放军北京军区副司令员（1969年6月任司令员）。1967年4月又任北京市革委会副主任。"文化大革命"中受迫害。1982年12月复出后任中国人民解放军兰州军区司令员。傅崇碧，当时任中国人民解放军北京军区副司令员兼北京卫戍区司令员。在1968年3月林彪、江青制造的所谓"杨（成武）、余（立金）、傅（崇碧）事件"中，被撤职并关押。1974年7月，经毛泽东批准，为他们平反。1975年4月傅崇碧任中国人民解放军北京军区副司令员。

府状态者，则先实行军管。”

同日 圈阅同意周恩来本日起草的中共中央给广州军区党委、广东军区党委的电报稿。当天发出的这个电报指出：中央决定，广东省军事管制委员会改为十五人，黄永胜任主任。军管会下，可设立两个班子，一个抓革命，可名为革命委员会或支左委员会，领导全省文化大革命；另一个促生产，可名为生产委员会，把农业、公交、财贸、卫生等都管起来。

同日 复信章士钊〔1〕：“惠书敬悉。为大局计，彼此心同。个别人〔2〕情况复杂，一时尚难肯定，尊计似宜缓行。”章士钊来信中说：自新中国成立以后，国家兴旺发达，全部仰仗共产党之英明领导，而毛、刘团结乃共产党领导核心坚强的保证，假若刘少奇同志确实犯了错误，望毛、刘两位领导能赤诚相待，好好谈谈，刘可作检讨，但切不可打倒刘少奇。

3月11日 批准对青海问题进行调查。二月二十三日，青海省军区调动部队夺占被造反组织“八一八红卫战斗队”控制的青海日报社时，发生开枪事件。三月二十四日，中共中央、国务院、中央军委、中央文革小组作出《关于青海问题的决定》，宣布“八一八”为革命群众组织；对受欺骗和蒙蔽的群众概不追究；着手筹建以刘贤权〔3〕为主任的青海省军事管制委员会。

---

〔1〕 章士钊，当时任全国人大常委会委员、全国政协委员、中央文史研究馆馆长。

〔2〕 指刘少奇。

〔3〕 刘贤权，当时任中共青海省委副书记、中国人民解放军兰州军区副司令员兼青海省军区司令员（均至1968年3月）。1967年8月又任青海省革委会主任、青海省革委会党的核心小组组长（至1971年3月）。1968年9月又任中国人民解放军铁道兵政治委员（1969年5月改任司令员）。1969年4月又任中共中央军委委员。1970年6月又任国务院文化组副组长。1971年3月又任中共青海省委第一书记。1975年4月任中国人民解放军济南军区副司令员。

3月12日 在同周恩来等谈到文化大革命第二阶段[1]什么时候结束时，说：恐怕要二、三、四、五月了。到了五月份，“三结合”的革命委员会，也可能成熟，至少省一级可以成熟或接近成熟。这样，大概的眉目可以看出来。

3月14日 在人民大会堂会见刚果（布）[2]司法和劳工部部长马科索和夫人。谈到正在开展的文化大革命时，毛泽东说：搞了八九个月了，发动人民批评我们。就是要搞一点民主嘛，不然不能把我们身上的脏东西洗掉、去掉。

3月16日 同林彪、陈伯达、王力等谈话。谈到再印和翻译《毛泽东选集》是否要修改或删去一些人的名字时，毛泽东说：名字一个不要去掉。彭德怀[3]，过去名字印在上边，没有什么了不起。这些都是历史嘛。没有司马懿、司马师、司马昭，何以出晋史。注释要修改的话，要花费很多时间，还是照原来的印，还是原来的版本。谈到编辑《毛泽东选集》第五卷、第六卷时，毛泽东说：五卷、六卷，一年以后再说，你们现在太忙，我也没有时间搞。谈到军管会时，毛泽东说：军管会，不同于一九四九年，那时什么都管，政权、工厂、学校。那时把国民党的人，都留下来了。现在，群众起来了。工厂干部百分之九十是好的，也有了

---

〔1〕 指“三结合”的阶段，即由造反组织负责人、当地中国人民解放军驻军代表和革命领导干部实行“三结合”建立革命委员会的阶段。

〔2〕 刚果（布），全称为刚果共和国（布拉柴维尔），1968年12月改名刚果人民共和国。

〔3〕 彭德怀，曾任中共中央政治局委员、国务院副总理兼国防部部长、国防委员会副主席。在1959年中共八届八中全会上被错误地打成“反党集团”首要成员。1965年9月重新工作，任中共中央西南局三线建设委员会第三副主任。“文化大革命”中又受迫害。1974年11月29日在北京去世。1978年12月中共中央为彭德怀平反。

一些管理工业的经验，坏的只有百分之几。工厂里留下的，混进的一些坏人，要整掉。解放后入党的，也混进一些坏人。谈到夺权问题时，毛泽东说：大局还没有定哩！要写一个通知，各地夺权要事先同中央商量，否则，不能成立。大企业的工人最多，最重要，不要急于夺权。急于夺权的人有问题。别人要夺，让他夺。好就支持，不好再夺回来。不好的，反正中央不承认。谈到对外宣传工作时，毛泽东说：对外宣传是有问题，只注重形式，不注意内容。

同日 审定北京卫戍区关于对一些厂矿实行军事管制的布告。当天，中共中央批发这个布告，要求在有关厂矿张贴。

同日 中共中央发出《关于印发薄一波、刘澜涛、安子文、杨献珍等人自首叛变材料的批示》[1]和附件，把一九三六年八月至一九三七年三月薄一波等经中央批准先后出狱错定为“自首叛变”，并把这个问题作为刘少奇的一大罪状。

同日 中共中央发出《关于各省市自治区报纸宣传问题的几项规定》，规定报社接受各省市自治区临时权力机构或军管会的领导，

---

〔1〕 薄一波，原任中共中央政治局候补委员、国务院副总理兼国家经济委员会主任。刘澜涛，原任中共中央书记处候补书记、西北局第一书记、全国政协副主席等职。安子文，原任中共中央组织部部长。杨献珍，哲学家，中国科学院哲学社会科学部委员。1953年3月至1955年8月任中共中央马列学院副院长、院长。1955年8月至1961年2月任中共中央高级党校校长（1961年2月至1965年9月任副校长）。1965年9月任中国科学院哲学研究所副所长。薄一波、刘澜涛、安子文、杨献珍等在1931年前后从事党的地下工作时被捕。这个批示把薄一波等错定为“自首叛变”后，他们在“文化大革命”中遭到严重迫害。1978年12月16日，中共中央同意中央组织部《关于“六十一人案件”的调查报告》。中组部的报告指出：“在文化大革命中提出的所谓薄一波等六十一人叛徒集团是不存在的，是一个大错案。”他们履行的出狱手续是“组织上在当时特定的历史条件下采取的特殊措施”。

参照“两报一刊”的重要社论和评论进行宣传，一律不许刊载戴高帽子、挂黑牌子、罚跪、开斗争会等图片，不许使用谩骂语言，国际问题的发言权集中于中央，不能发表攻击人民解放军的文章和报道等。

3月17日 阅周恩来本日报送的福州军区关于建立福建省革委会和夺权情况的请示报告。周恩来在送审报告中提议：一、福建还是经过军管来筹备“三结合”的革委会为好；二、如各方面认为“三结合”（不是三凑合）条件确已成熟，可推出代表来中央一谈；三、如果已经宣布十八日召开成立大会无法取消，可改为准备夺权大会。毛泽东批示：“照办。”当天，韩先楚〔1〕来电话报告：成立大会推迟，代表明日到京。

同日 周恩来在给李富春、李先念、余秋里、谷牧并叶剑英的信中说：“主席指示，继国防工业军管之后可对工交财贸各部，凡瘫痪陷入无政府状况者，也可实行军管。”

3月18日 阅周恩来三月十六日送审的中共中央给全国厂矿企业职工、干部的信稿，批示：“照办。”信中要求：厂矿企业职工、干部应当建立社会主义生产和文化大革命的良好秩序；坚持八小时工作制，在八小时工作制以外的时间，坚持文化革命，不许在生产时间内，擅自离开生产和工作岗位，要同一些无故旷工、敷衍了事的不良现象作斗争；多快好省地进行生产，同一些不顾质量、浪费国家资材的不良现象作斗争；注意节约闹革命，工人组织中的工作人员，一般都不要脱离生产；如有破坏国家财产的人，必须按照国家的法律，严格惩办。这封信于三月十九日发出。

---

〔1〕 韩先楚，当时任中共福建省委书记处书记（至1967年5月）、中国人民解放军福州军区司令员。1967年5月又任福建省军管会主任（至1968年8月）。1968年8月又任福建省革委会主任。1969年4月又任中共中央军委委员。1971年4月又任中共福建省委第一书记。1973年12月任中国人民解放军兰州军区司令员。

3月19日 阅《齐齐哈尔铁路局运输状况严重混乱》材料，批示："林彪、恩来同志：此件请阅。一切秩序混乱的铁路局，都应实行军事管制，迅速恢复正常秩序。一切好的铁路局，也应派出军代表，吸取那里的好经验，以利推广。此外，汽车、轮船、港口装卸，也都要管起来。只管工业，不管交通运输，是不对的。此事请研究酌处为盼！"

同日 经毛泽东审阅同意，中共中央发出《关于停止全国大串连的通知》。通知指出，"中央决定继续停止全国大串连，取消原定的今年春暖后进行大串连的计划"。

同日 中共中央军委作出《关于集中力量执行支左、支农、支工、军管、军训任务的决定》。

3月20日 阅由澳大利亚共产党推荐到西安外语学院担任教师的库普写的大字报《让我们"治病救人"》，批示："这个外国人很能看出问题，分析得很不错。总理阅后，送文革小组一阅。"库普在这张大字报里分析了西安当时出现的两派对立，由群众大会开除党员党籍，打、砸、抢，游街等一系列情况，认为这是"左"倾机会主义的影响，并受坏分子的操纵。他提出，要把那些存心要把我们引上背离无产阶级革命道路的人清除出去，然后才能搞造反派、革命干部和解放军的"三结合"。

同日 阅周恩来三月十八日关于对国防工业部门和国防科研院、所实行军管的报告，批示："退总理照办。"周恩来的报告说：对国防工业各部门的研究院、所和科学院所属承担国防任务的各研究所，拟同意聂荣臻同志的意见，交国防科委实行军管。报告还说：国务院工交、财贸、农林、卫生各部门正遵照主席指示，分别进行排队，拟在工作瘫痪部门，亦实行军管，其办法如对国防工业各部。

同日 林彪在军以上干部会议上发表讲话，称文化大革命的

“损失是最小最小最小，而得到的成绩是最大最大最大”，还要“采取主动的进攻”，“刮他十级、十一级、十二级的台风”。

3月中旬 审阅中共中央军委《关于北京军区机关暂停“四大”的决定》稿，批示：“照办。”这个文件要求迅速恢复军区机关的正常秩序，进行整风后抽调、组织力量投入“三支两军”工作。

3月21日 晚上，在人民大会堂福建厅召集会议，听取周恩来等汇报就谭震林、陈毅、徐向前、李富春、李先念、叶剑英、聂荣臻在二月十六日怀仁堂碰头会上的发言而召开的七次“政治生活批评会”的情况。

3月23日 阅戚本禹三月二十二日送审的《爱国主义还是卖国主义？——评反动影片〈清宫秘史〉》，批示：“戚本禹同志：看过，写得很好。有一些小的修改，不知是否妥当，请你和同志们商量处理。”毛泽东在文中引用红灯照的歌谣处批注：“红灯照，又是当时北方许多地方女青年们的组织，她们很有纪律地自己组织起来，练习武术，反对帝国主义及其走狗，似可在这里增写几句。”毛泽东对文章的修改，主要是删去文中“毛主席”前面的四个定语“我们伟大的导师、伟大的领袖、伟大的统帅、伟大的舵手”，并加写一段话：“究竟是中国人民组织义和团跑到欧美、日本各帝国主义国家去造反，去‘杀人放火’呢？还是各帝国主义国家跑到中国这块地方来侵略中国、压迫剥削中国人民，因而激起中国人民群众奋起反抗帝国主义及其在中国的走狗、贪官污吏？这是大是大非问题，不可以不辩论清楚。”戚本禹的这篇文章首次不点名地称刘少奇为“党内最大的走资本主义道路当权派”。文章发表在三月三十日出版的《红旗》杂志一九六七年第五期和四月一日《人民日报》。

同日 经毛泽东审阅同意，中共中央、国务院、中央军委作出《关于大庆油田实行军事管制的决定》。决定指出：军管会统一领导文化大革命和生产工作，以便最后实现革命的“三结合”。油田的广大职工必须坚守生产岗位，保证生产、建设、科研、设计工作的正常进行。对犯了错误的标兵、红旗手、劳动模范等，应教育、团结他们。

3月27日 晨二时，阅中央文革小组办事组三月二十六日编印的《文化革命简报》第四三五期登载的反映四川宜宾地区两派冲突激烈的来信后，批示：“中央文革小组：此事应加以处理。可找双方各十人左右来京商谈，成都军区甘渭汉〔1〕也应来。请商总理酌办为盼！”当天，陈伯达、康生、江青致信毛泽东：“宜宾问题，我们接触较早。二十天前，我们替中央起草了一个文件，并有几个附件，送给了总理。现在送上一份，供主席参考。”晚八时，毛泽东批示：“林彪同志：此件请一阅。此事不仅牵涉宜宾一处，而且涉及成都军区及若干军分区对群众组织所采取的政策。你阅后，请送聂荣臻同志一阅，然后还我。”二十八日，周恩来致信毛泽东：“主席给中央文革小组的批示已看到。当由康生、王力、关锋三同志约刘结挺〔2〕等同志商谈，决定双方各来十数人，包括军区甘渭汉、宜宾军分区司令员政委在内。”毛泽东批示：“已阅，退总理。”四月一日至四日，周恩来连续同四川党政军负责人及群众组织代表谈四川和宜宾问题，强调群众组织不能把领导干部拉出去罚跪、挂黑牌子、戴高帽子、游街，要文斗，不要武斗。

3月29日 阅王力、关锋三月二十八日报送的《清华大学工作组在干部问题上执行资产阶级反动路线的情况调查》，批示：“王力、关锋同志：此件很好，可以公开发表，并予广播。还应

〔1〕 甘渭汉，当时任中国人民解放军成都军区第四政治委员。

〔2〕 刘结挺，曾任中共四川宜宾地委第二书记。

调查一二个学校、一二个机关的情况。请先印发参加碰头会的同志们及其他同志看一看。”这篇以《红旗》杂志编辑部调查员名义写的调查报告，点名批判了刘少奇和王光美及清华大学原校系领导。毛泽东审阅时，删去调查报告中点到的刘少奇的名字，对点到的其他人，只保留姓，将名一律改为“××”，并把标题改为《“打击一大片，保护一小撮”是资产阶级反动路线的一个组成部分》。这篇调查报告发表在三月三十日出版的《红旗》杂志一九六七年第五期，《人民日报》等转载。

3月30日 下午，审阅林彪三月二十日在军以上干部会议上讲话的记录稿，批示：“林彪同志：看了一遍，很好，请交文革小组加以斟酌，然后印成小册发给党、政、军、民的基层。我作少许几处修改，是否妥当，请酌定。”毛泽东作的主要修改是：（一）讲话稿说“中国可以说是在世界上起决定因素的国家”。毛泽东加“就现时说”四个字。（二）讲话稿说“所有的地方都修了，都黑了，我们还可以把它重新光明起来，重新由黑的颜色变为红的颜色”。毛泽东将“所有的地方”改为“多数地方”，并加写：“何况现在世界各地革命力量或者已经起来，或者正在起来，要革命的总是多数，希望我们给予支持。”（三）讲话稿说“我们要以毛主席的思想来统帅全国，来指导我们的一切工作，这样要传至万万世，指导我们现在的一切，而且是全世界人民永远的思想财富，全中国人民永远的思想财富”。毛泽东删去“这样要传至万万世”和两个“永远”。四月二十四日，中共中央印发了林彪的这个讲话。

同日 审阅《红旗》杂志评论员文章《在干部问题上的资产阶级反动路线必须批判》，批示：“王力同志：看过，照发。”这篇文章发表在三月三十日出版的《红旗》杂志一九六七年第五期，《人民日报》等转载。

同日 同意增补谢富治、萧华、杨成武、粟裕[1]为中共中央军委常委，增补谢富治为全军文化革命小组副组长。

3月31日 圈阅中共中央关于同意组成以李成芳[2]为主任的云南省军管会给昆明军区党委的电报。

3月 同意周恩来的建议，决定对中共中央调查部实行军管。

4月1日 审阅周恩来三月三十日送审的中共中央关于安徽问题的决定稿。决定稿第二条是："不得把群众打成'反革命'，不准乱捕人。仅仅因为冲军区和对军区提意见，或对本地区、本单位的夺权有不同意见，而被打成'反革命'的，应一律平反，被捕的，应一律释放，通缉令，应一律取消。"在这一条末尾，毛泽东加写一段话："许多外地学生冲入中南海，一些军事院校冲进国防部，中央和军委并没有斥责他们，更没有叫他们认罪、悔过或者写检讨，讲清问题，劝他们回去就行了。而各地把冲军事机关一事，却看得太严重了。"当天，中共中央下发这个决定。

4月3日 圈阅中共中央、国务院、中央军委、中央文革小组关于同意正式成立以刘贤权为主任的青海省军管会的电报。

4月4日 审阅林彪四月二日报送的中共中央军委关于支左工作的十条命令稿，批示："林彪同志：此件很好。只有少数文字方面的修改，是否适当，请酌定。建议以草稿形式印发军区会议各同志，征求意见，修改后，即可发出。"毛泽东的修改主要是：在第六条"一概不要进行群众性的'请罪'运动"后面，加写一段话："也不要强迫群众写检讨。群众自动写的检讨书，退还其本人。有些长期不觉悟并且坚持错误观点的群众，不要急于

〔1〕 粟裕，当时任国防部副部长、中国人民解放军军事科学院副院长（1972年11月任第一政治委员）。1975年2月又任中共中央军委常委。

〔2〕 李成芳，当时任中国人民解放军昆明军区第二政治委员。

要他们认错，而要给以时间，让他们在斗争中自己教育自己。”删去第七条“在军队中要深入进行以毛主席为代表的无产阶级革命路线同刘少奇、邓小平为代表的资产阶级反动路线的两条路线斗争的教育”一句中的“刘少奇、邓小平为代表的”十个字。六日，再次审阅命令的修改稿，批示：“已阅。请再送中央常委碰头会议讨论批准，即可发出。”中央军委的这个命令于四月六日当天发出。命令规定：对群众组织，无论革命的，或者被反动分子所控制的，或者情况不清楚的，都不能开枪，只能进行政治工作；不准随意捕人，更不准大批捕人；不准把群众组织宣布为反动组织，加以取缔，更不准把革命组织宣布为反革命组织；对于过去冲击过军事机关的群众，无论左、中、右，概不追究，等等。

同日　审阅国务院、中央军委关于各地来京拘捕人犯手续的通知稿，批示：“照办。”通知规定：一、来京拘捕人犯，凡中央批准成立“三结合”临时权力机构的，要经省市区革委会批准；凡中央批准实行军管的，要经省市区军管会批准；其余各省市区要经大军区、省军区批准，并持批准机关介绍信，经公安部审查，转报中央文革小组批准后，才能交由北京卫戍区司令部执行。二、为了便于审查，对拘捕的人犯，必须携带足够的罪证材料。三、拘捕军事系统内部的人犯，按照中央军委规定执行。

4月11日　下午，在人民大会堂福建厅会见范文同〔1〕等，主要谈在越南战场上注意摸索游击战争规律和打歼灭战以及对越援助等。林彪、周恩来、陈毅、叶剑英等在座。谈到韦国清的情况时，毛泽东说：这个韦国清被红卫兵整得不得了，被包围了几个月，脱不得身，说是犯了错误。错误是犯了一点，但是这个人还是一个好人。他是一个斯文的人，并不是一个野蛮的人。他到

〔1〕　范文同，当时任越南劳动党中央政治局委员、越南民主共和国政府总理。

过你们那里，我认识他就是因为跟你们的关系。谈到大寨经验时，毛泽东说：我见过陈永贵[1]，他是个老实人。

4月13日 经毛泽东审阅同意，中共中央、国务院、中央军委、中央文革小组发出关于开好广州春季出口商品交易会的通知。通知提出了保证交易会顺利进行的五点要求。

4月中旬 两次审阅修改江青四月十二日在中共中央军委扩大会议上的讲话记录稿。江青十五日在送审报告中说：林彪同志说是要发，我希望得到你的批改。十六日，毛泽东批示："可以，照办。"并作了一些修改，删去陆定一、周扬、齐燕铭、林默涵四人名字前的"反革命分子"的定性词。十七日，江青把讲话修改稿送审，毛泽东批示："看过，删了一点。"在修改稿讲《战国策》中的"触詟说赵太后"一事后加写一段话："主席说，这篇文章，反映了封建制代替奴隶制的初期，地主阶级内部财产和权力的再分配。这种再分配是不断地进行的，所谓'君子之泽，五世而斩'，就是这个意思。我们不是代表剥削阶级，而是代表无产阶级和劳动人民，但如果我们不注意严格要求我们的子女，他们也会变质，可能搞资产阶级复辟，无产阶级的财产和权力就会被资产阶级夺回去。"在修改稿讲军队支左问题处加写一段话："几个月来，全军有很多好经验。据哈尔滨的同志说，那里的军队，在去年夏天，就从左的方面介入了。"将修改稿的"目前在我们伟大的领袖毛主席号召下，同志们正在为人民建立新的功勋"一句中的"我们伟大的领袖毛主席"改为"毛主席和党中

---

〔1〕 陈永贵，当时任山西省革委会副主任、昔阳县革委会主任、昔阳县大寨大队党支部书记。1970年11月又任中共昔阳县委书记。1971年4月又任中共山西省委书记。1973年8月又任中共中央政治局委员。1975年1月又任国务院副总理。

央”。将修改稿说解放后十七年文艺“基本上是名、洋、古的东西”，“都是资产阶级、封建主义的东西”句中的“基本上是”、“都是”，均改为“大量的是”。将“彭真这个反革命分子拼命保护吴晗”，改为“当时彭真拼命保护吴晗”。删去修改稿中的“我身体上慢性病是很多的，但是我的心脏是好的。前年冬天就被他们整出心脏病来了”。修改稿中说“本来写评《海瑞罢官》、评‘三家村’这样的文章，是主席亲自在那里领导的嘛，是姚文元同志写的嘛”。毛泽东删去了其中的“是主席亲自在那里领导的嘛”，并在“姚文元同志”后面加写“（还有他组织的写作班子）”。

4月20日 经毛泽东审阅同意，中共中央、国务院、中央军委、中央文革小组发出重申停止全国大串连决定的通知。

4月23日 阅成都军区司令员梁兴初〔1〕四月二十日关于四川省释放被捕、拘留、收容审查的人员情况的报告，批示：“加印发给军委扩大会议各同志。犯错误是难免的，只要认真改了，就好了。四川捉人太多，把大量群众组织宣布为反动组织，这些是错了，但他们改正也快，看此件就知道。现在另一种思潮又起来了，即有些人说，他们那里军队做的事都错了，弄得有些军队支左、军管、军训人员下不得台，灰溜溜的。遇到这种情况，要沉得住气，实事求是地公开向群众承认错误，并立即改正。另外，向军队和群众双方都进行正面教育，使他们走上正轨。我看现在这股风，不会有二月那样严重，因为军队和群众都有了经验。伟大的人民解放军一定会得到广大群众拥护的。”“林、周阅后办。”

同日 阅河南省军区党委二十二日关于河南各造反派组织准

〔1〕 梁兴初，当时任中国人民解放军成都军区司令员。1968年5月又任四川省革委会副主任。1969年12月又任四川省革委会党的核心小组副组长。

备近日派四千余名代表进京反映有关问题的报告，批示："林彪、恩来同志：河南问题争得厉害，请商陈再道、钟汉华、刘建勋[1]诸同志，是否将两派领导人调来谈一次，省军区只保一个赵文甫[2]，将刘建勋、文敏生、纪登奎、戴苏理、杨蔚屏[3]都不要，这种看法是否适当，值得研究。又湖北问题也很大，几乎省委大都是坏人，也应快点研究为宜。"二十七日下午，周恩来开始约陈再道等谈话。

同日 阅中央文革小组办事组四月二十一日编印的《快报》第一九四〇号登载的《陕西驻军负责同志虚心听取群众意见改进工作》，批示："林彪、恩来同志：建议将此件印发军委扩大会各

---

〔1〕 陈再道，当时任中国人民解放军武汉军区司令员。"文化大革命"中，因1967年7月20日的所谓"反革命事件"受迫害。1972年5月任中国人民解放军福州军区副司令员。1975年8月任中共中央军委顾问。钟汉华，当时任中国人民解放军武汉军区第二政治委员。"文化大革命"中，因1967年7月20日的所谓"反革命事件"受迫害。1972年5月任中国人民解放军广州军区副政治委员。刘建勋，当时任中共北京市委书记处书记（至1967年4月）、中国人民解放军河南省军区第一政治委员。1968年1月任河南省革委会主任。1969年6月、10月又先后任中国人民解放军武汉军区政治委员（1971年11月改任第二政治委员）、河南省革委会党的核心小组组长。1971年3月又任中共河南省委第一书记。

〔2〕 赵文甫，当时任中共河南省委书记处书记、河南省副省长。

〔3〕 文敏生，当时任中共河南省委代理第一书记、河南省省长。纪登奎，当时任中共河南省委书记处候补书记。1968年1月任河南省革委会副主任。1969年4月又任中共中央政治局候补委员（1973年8月任政治局委员）。1969年10月又任河南省革委会党的核心小组副组长（至1971年3月）。1970年11月又任中共中央组织宣传组副组长。1971年1月、3月又先后任中国人民解放军北京军区第二政治委员（1972年5月任第一政治委员）、中共河南省委书记。1975年1月又任国务院副总理。戴苏理，当时任中共河南省委书记处候补书记。杨蔚屏，当时任中共河南省委书记处书记。

同志。军队这样做是很正确的。希望全军都采取此种做法。”这份材料说：陕西省军区和驻陕部队负责人自四月中旬以来，连续召集西北工业大学等院校革命派座谈，听取他们对支左工作的意见和批评。座谈中，学生们提出许多批评意见。在这段话后面，毛泽东批注：“不要怕批评，全军在这种批评过程中，将会正确地认识世界，并改造世界。”有人对军区支左提出八条意见，第七条说“相信大多数干部和群众”，第八条说“广泛开展谈心活动，加强相互间的了解，增强团结，促进两大造反派之间的大联合”，毛泽东分别批注：“这是最基本的一条。”“开展谈心活动，这个方法很好。”

4月24日 晚上，接见上海、山西、贵州、黑龙江、山东、北京等省市革委会负责人，并一同观看上海舞蹈学校演出的芭蕾舞剧《白毛女》。

4月28日 《人民日报》提前转载将于五月八日出版的《红旗》杂志社论《热烈响应拥军爱民的号召》。社论用黑体字引用毛泽东的一段话：“要相信和依靠群众，相信和依靠人民解放军，相信和依靠干部的大多数。”

4月29日、5月2日 两次审阅中共中央《关于福建问题的意见》稿。意见稿说：现在福建的革命群众组织，应该实现自己的革命大联合，实现同人民解放军的革命大联合。要民拥军、军爱民，为革命的“三结合”，创造必要的良好的条件。毛泽东四月二十九日批示：“请韩先楚同志斟酌。”五月二日批示：“退总理照办。”

5月1日 晚上，在天安门城楼出席庆祝五一国际劳动节的焰火晚会，并接见北京市革委会成员和上海市、山西省革委会代表团成员。

5月3日 阅中央文革小组办事组五月二日编印的两期《快报》登载的《湖南军区领导干部对当前长沙形势的看法有严重分

歧》、《黎原同志对长沙当前形势的看法》、《章伯森同志对湖南文化大革命形势的看法》等材料，批示："看来，湖南可望好转，省军区政委谭文邦，四十七军军长黎原是好的。""省委也有一批较好的干部。"

5月4日—7日 三次审阅陈伯达报送的王力、关锋起草的《〈修养〉[1]的要害是背叛无产阶级专政》送审稿。四日，在第一次送审稿上批示："有些意见，写在文内，请酌定。改后应送小组及常委碰头会讨论通过。"六日，在第二次送审稿上批示："退文革小组。在第七页，加了几句话，请研究，是否妥当。定稿后，请印正式清样送阅为盼！"七日，在第三次送审稿上批示："照此发表。"三次审阅，主要加写了两段话："照作者的意见，共产主义社会里，一切都是美好的，一点黑暗也没有，一点矛盾也没有，一切都好了，没有对立物了。社会从此停止发展，不但社会的质永远不变化，连社会的量似乎也永远不变化了，社会的发展就此终结，永远一个样子。在这里，作者把马克思主义一个基本规律抛掉了——任何事物，任何一个人类社会，都是由对立斗争，由矛盾而推动发展的。作者在这里宣扬了形而上学，抛弃了伟大的辩证唯物论和历史唯物论。""这种对于共产主义社会的描绘，不是什么新的东西，是古已有之的。在中国，有《礼运·大同篇》，有陶潜的《桃花源记》，有康有为的《大同书》，在外国，有法国和英国空想社会主义者的大批著作，都是这一路货色。"这篇文章由《红旗》杂志编辑部、《人民日报》编辑部署名，在五月八日出版的《红旗》杂志一九六七年第六期和同日《人民日报》发表。

5月7日 阅广东省军管会五月五日《关于文左干部集训的

[1] 指刘少奇《论共产党员的修养》。

情况报告》，批示：“林彪同志：此件似可转发，供各地参考。各地军队都应整训一个短时期，时间以十天至十四天为宜，方针和办法采用广州的较好。已经整训过的，一个月或两个月后再整训一次。全军三支两军人员，每一个月或两个月都应整训一次，发扬成绩，纠正错误，以利再战。以上，请酌定。”报告介绍了对派往广州地区支左、支工、军管的干部进行集训的经验，主要是：一、突出解决正确对待群众的问题；二、发动群众，总结经验教训，自己教育自己；三、组织活学活用毛主席著作。

同日 阅山东省军区五月四日给济南军区并中央文革小组等的电报。电报说：山东地区目前的斗争锋芒指向解放军，越来越明显，已波及各地区。这个情况正在向基层发展，严重影响了战备等工作的进行。毛泽东批示：“林彪、恩来、文革小组各同志：此件请阅。看来山东学生、工人出事地点（就全省说，占少数），省军区、军分区、县人武部，大都可能有些问题。此事应如何解决，请你们研究出办法，告我为盼！”“山东及各省，正规军弄错的较少。重庆五十四军有电报说关于支持重大‘八一五’〔1〕是否错误问题，宜找两方面人都来，和梁、张、甘、韦〔2〕诸同志共同商处。”

同日 阅中央文革小组办事组五月五日编印的《文化革命简报》第四七〇期登载的《在北师大搞军训的部队是如何支持左派的?》，批示：“文革小组各同志：请你们研究一下，此件是否可

---

〔1〕“八一五”是当时重庆大学的一个群众组织。

〔2〕梁、张、甘、韦，指梁兴初、张国华、甘渭汉、韦杰。韦杰，当时任中国人民解放军成都军区副司令员。

以公开发表。如准备发表，事前要找炮五师、谭厚兰、李庆林〔1〕等同志核对属实，不妥处加以修改，然后发表。又，四川那个文件〔2〕，关系重大，如何修改的，请告知为盼！”简报登载的这个材料说：北京军区炮五师在北师大搞军训期间，在调查研究中解决立场问题，明确支持左派；做细致深入的政治思想工作，争取团结群众大多数；狠抓毛主席著作学习，从根本上提高左派队伍。五月十六日，《人民日报》发表了这个材料。

5月9日 阅中央文革小组关于纪念《在延安文艺座谈会上的讲话》发表二十五周年宣传工作的意见稿。意见稿建议，五月份的宣传工作以《讲话》为中心，组织演出、宣传、纪念活动，提出各报重新发表毛泽东《在延安文艺座谈会上的讲话》等七项具体内容。毛泽东批示：“提碰头会讨论决定。如大家同意，我不反对。”

5月10日 阅刘伯承〔3〕四月三十日转报的一封关于济南地区出现反对解放军之风的群众来信，批示：“此件表现这一时期军队许多人的心情。遇到这种情况，应当沉着镇静，多做工作，发扬成绩，纠正错误，问题总是可以得到解决的。”这封群众来信说：目前济南反对解放军的大风已经刮到十二级了，革命的群

---

〔1〕 谭厚兰，北京师范大学学生。当时是北京师范大学群众组织“井冈山公社”负责人、北京师范大学革委会主任、首都大专院校红代会核心组副组长，后任北京市革委会常委。1970年6月被隔离审查。1978年4月因反革命罪被逮捕。1981年因患癌症被保外就医。1982年6月被免予起诉。李庆林，北京师范大学学生。当时是北京师范大学另一群众组织“井冈山造反兵团”负责人。

〔2〕 指中共中央1967年5月7日关于处理四川问题的决定。这个决定于1967年5月15日发出。

〔3〕 刘伯承，当时任中共中央政治局委员、中央军委副主席、全国人大常委会副委员长、国防委员会副主席，正在济南养病。

众已处在少见的白色恐怖之中。我们难以相信，这是左派夺权之后发生的事情。

5月11日 圈阅中共中央、国务院、中央军委、中央文革小组关于同意成立以张国华为主任的西藏自治区军管会给西藏军区的复电。

5月12日 审阅北京军区关于对河北省及石家庄、唐山、张家口、承德、衡水等五个专区实行军管的请示报告，批示："照办。"

5月13日 阅济南军区支左人员秦厚德四月二十一日的来信。来信认为，驻济南部队对济南市的支左工作，自二月十日以后进入工厂。学校至今，存在不少问题。主要是：支持的不是左派，而是保守派；在"抓革命，促生产"问题上，有的单位没有把革命放在首位；有的宣传队对所谓的反革命组织采取简单粗暴的态度；山东省革委会同济南军区保卫文革指挥部的意见分歧已发展到针锋相对的程度；部队的同志和革命群众组织十分对立。毛泽东批示："印《快报》〔1〕，文革办。""这位同志反映的问题，是个比较普遍的问题，很值得注意。济南空军于五月五日，济南军区于五月六日已公开声明支持省革命委员会。陆、空军均对中央来了报告，问题已经开始解决。但其他许多省、市有些解决了，有些则还未解决。"

5月14日 晨三时，阅兰州军区党委五月十三日关于请示表态支持甘肃红色造反派，建立甘肃省革委会的电报后，批示："林彪、恩来同志：此件请阅。所见似有理由，请与张、冼、詹

---

〔1〕 指中央文革小组办事组编印的《快报》。

大南[1]诸同志商处。胡继宗[2]同志等既已站出来，所见与军区一致，积极支持三司[3]，是否可不实行军管，而照军区意见，做一时期工作之后即可成立省革命委员会。以上请商酌。”七月三十日，毛泽东审阅中共中央、国务院、中央军委、中央文革准备转发的《关于甘肃问题座谈纪要》，批示：“退林彪同志：此件已阅，很好，照办。”纪要指出，甘肃省可不实行军事管制，直接成立革命委员会筹备小组。

同日 为转发广东省军管会五月十三日、湖南省军区党委五月十二日关于支左工作的检查报告，起草中共中央、中央军委、中央文革小组、军委文革小组给全军的批语。批语指出：“凡犯了错误的必须坚决改正。如不改正，越陷越深，到头来还得改正，威信损失就太大了。及早改正，威信只会比前更高。”“不要动动摇摇，游移不决。听信老婆孩子从保字号那里带来的错话，信以为真。”“要受得住工人、农民、学生、战士、干部的批评，加以分析，好的接受，错的解释。解释不通，暂时搁下，将来再说。”“要坚决相信绝大多数群众是好的，坏人只是极少数，不过百分之一、二、三。这样一想，就什么都通了。”并批示：“恩来、林彪、中央碰头会阅发。”中

---

〔1〕 张，指张达志，当时任中国人民解放军兰州军区司令员。1969年11月任中国人民解放军炮兵司令员。冼，指冼恒汉，当时任中国人民解放军兰州军区政治委员。1968年1月又任甘肃省革委会主任。1970年5月又任甘肃省革委会党的核心小组组长（至1971年2月）。1971年2月又任中共甘肃省委第一书记。詹大南，当时任中国人民解放军兰州军区副司令员兼甘肃省军区司令员。

〔2〕 胡继宗，原任中共甘肃省委书记处书记、甘肃省副省长。1968年1月任甘肃省革委会副主任。1970年5月又任甘肃省革委会党的核心小组副组长（1971年2月任中共甘肃省委书记）。

〔3〕 指甘肃红色造反派联合第三司令部。

央批语和这两个检查报告于五月十五日发出。

同日 审阅周恩来五月十一日送审的《北京市革命委员会重要通告》，批示："照办。"通告强调：严禁打、砸、抢、抄、抓。北京卫戍部队和军代表有权处理武斗问题，有关方面不得拒绝执行。不许破坏劳动纪律，无故旷工，坚决同一切扰乱革命和生产秩序的现象作斗争。坚决执行中央四月二十日关于停止外出串连的通知。北京市革委会通告于五月十四日当天发出。

同日 中共中央发出《关于在无产阶级文化大革命中保护文物图书的几点意见》。意见指出：对革命遗址和革命纪念建筑物，重要的有典型性的古建筑、石窟寺、石刻、雕塑壁画，古文化遗址、古墓葬，要加以保护；有毒的书籍不要随便烧掉，作为反面教材；把破四旧中查抄的文物图书收集起来，集中保管；各地博物馆、图书馆等处所藏文物图书都是国家财产，应当妥善保存；各地应当尽快成立文物图书清理小组。

5月16日 中午，在人民大会堂一一八厅会见由保安部门负责人宾迪率领的刚果（布）政府保安代表团，周恩来、谢富治等在座。谈到文化大革命的混乱状况时，毛泽东说：乱得很，红卫兵到处闹。不是我创造的，是群众创造的。大字报，红卫兵，都是他们创造的，炮轰这个，炮轰那个，打倒这个，打倒那个。我们的一些事，完全没办法，我们政府、中央、公安部毫无办法，红卫兵、群众一起来，就有办法了。几十年我们不清楚的事，红卫兵一闹就清楚了。你不借红卫兵的力量，什么法子也没有，一万年也不行。大概乱一两年就好了，现在已经乱了一年。乱是由于阶级斗争，两派斗争，左派同右派斗争。乱也没有什么大不了的事，天掉不下来。谈到要依靠群众时，毛泽东说：我们的政府是靠群众，没有群众，什么事也办不成。当然，我们也靠党和解放军。党从哪里来？还不是从群众中来的。解放军的干部和战士，还不是从群众中来的。没有群众，哪里有党？哪里有解放军？谈到世界革命形势时，毛泽东说：你们的教员也是帝国主义，帝国主义不压迫你们，你们就不会起来革命。全世界革命的人总是多数，反革命的是极少数。不过，帝国主义、各国反动派控制了城市、工厂、广播、报纸，就显得它有力量，如美国就是这样，过去中国也是这样。群众起来，他们就害怕了。他们不怕我们这些人，怕中国的老百姓。所以你们要注意团结人民。帝国主义不怕你们，怕你们的人民同你们团结起来。世界上的事，无非是这一派推翻那一派，那一派推翻这一派，归根到底，还是人民推翻压迫者。当宾迪谈到“毛主席不仅是中国人民的领袖，也是世界革命的领袖”时，毛泽东说：要声明一点，我不是什么世界革命领袖，中国的事还管不好，还管外国的事？中国的右派反对我，我也没办法，现在开始找到一些办法。给我的封号很多，我都不承认。

同日　经毛泽东审阅同意，中共中央发出《关于重庆问题的意见》。意见指出：同意立即建立重庆市革命委员会筹备小组，由当地驻军副政委蓝亦农〔1〕为组长，吸收有代表性的、持有不同意见的各主要革命群众组织的负责人及其他适当的负责人参加，迅速建立工农业生产领导班子。

5月17日　中共中央发出通知，决定公开发表一九六六年五月十六日《中国共产党中央委员会通知》（“五一六通知”）。当天，《人民日报》登载了这个通知。

---

〔1〕 蓝亦农，当时任中国人民解放军第54军副政治委员（1967年7月任政治委员）。1969年4月、10月又先后任昆明军区副政治委员（1969年11月兼贵州省军区第一政治委员）、贵州省革委会党的核心小组代理组长（至1971年5月）。1971年5月任中共贵州省委第一书记、贵州省革委会主任。

5月18日 晨二时半，审阅修改《红旗》杂志编辑部、《人民日报》编辑部为公开发表“五一六通知”而写的文章《伟大的历史文件》后，批示：“即送王力同志。改了一点，请小组酌定。”毛泽东主要修改了一段话（加写和改写的文字用着重号标明）：“在社会主义社会里，特别是在生产资料所有制的社会主义改造基本上完成以后，还有没有阶级和阶级斗争？社会上的一切阶级斗争是不是还集中在争夺政权的问题上？无产阶级专政条件下还要不要革命？革谁的命？怎样进行革命？这一系列重大的理论问题，马克思、恩格斯当时不可能解决这些问题。列宁看到了无产阶级夺取政权以后，被打败的资产阶级甚至比无产阶级还要强大，时时企图复辟，同时小生产者不断生长新的资本主义和资产阶级，威胁无产阶级专政，因此要对付这些反革命威胁，并且战胜它，必须在长时期里强化无产阶级专政，舍此没有第二条路。但因列宁逝世过早，没来得及在实际上解决这些问题。斯大林是个伟大的马克思列宁主义者，他在实际上解决了很大一批钻进党内的反革命资产阶级代表人物，例如托洛茨基、季诺维也夫、加米涅夫、拉狄克、布哈林、李可夫之流。他的缺点是在理论上不承认在无产阶级专政整个历史时代社会上存在阶级和阶级斗争，革命的谁胜谁负没有最后解决，弄得不好，资产阶级就有复辟之可能。在他临死的前一年，他已觉察到了这一点，说是社会主义社会存在矛盾，弄得不好，可能使矛盾变成对抗性的。毛泽东同志充分注意了整个苏联历史的经验，在他的一系列伟大著作和指示中，在这个伟大的历史文件中，在他亲自发动和领导的无产阶级文化大革命的伟大实践中，正确地解决了这一系列问题。”另外，在文章末尾加写一段话：“现在的文化大革命，仅仅是第一次，以后还必然要进行多次。毛泽东同志近几年经常说，革命的谁胜谁负，要在一个很长的历史时期内才能解决。如果弄得不好，资本主义复辟将是随时可能的。全体党员，全国人民，不要以为有一二次、三四次文化大革命，就可以太平无事了。千万注意，决不可丧失警惕。”这篇文章先后发表在五月十八日《人民日报》和五月二十日出版的《红旗》杂志一九六七年第七期。

同日 江青把南开大学造反派送来的一九三二年一些报纸上登载的国民党伪造的《伍豪等脱离共党启事》〔1〕转送林彪、周恩来、康生，并附信说：“他们查到一个反共启事，为首的是伍豪（周××），要求同我面谈。”十九日，周恩来在江青信上批注：“伍豪等脱离共党启事，纯属敌人伪造。”同时致信毛泽东，并附送一九三一年至一九三二年的有关事件的《大事记》。信中说：“现在弄清楚了所谓‘伍豪等启事’，就是一九三二年二月十八日的伪造启事”，“伪造启事和通过申报馆设法的处置，均在我到江西后发生的”。毛泽东阅后批示：“交文革小组各同志阅，存。”

5月20日 上午十一时，到中央警卫团一中队三个分队的宿舍，同警卫战士谈话，询问生活、生产、训练和工作等情况。

5月22日 审阅周恩来五月二十一日报送的中共中央军委准备转发的内蒙古军区的命令，批示：“照办。”命令指出：一、内蒙古全体来京人员必须于五月二十四日前全部离京返回；二、

---

〔1〕 伍豪，周恩来的别名。1932年2月，中华苏维埃临时中央政府发布由主席毛泽东署名的布告，指出：“上海时事新报、时报、申报等于1932年2月20日左右连日登载‘伍豪等二百四十三人’的冒名启事，宣称脱离共产党，而事实上伍豪同志正在苏维埃中央政府担任军委会的职务，不但绝对没有脱离共产党的事实，而且更不会发表那个启事里的荒谬反动的言论，这显然是屠杀工农兵士而出卖中国于帝国主义的国民党党徒的造谣污蔑。”1972年6月23日，周恩来根据毛泽东的意见，在中共中央召开的批林整风汇报会上作了《关于国民党造谣污蔑地登载所谓“伍豪启事”问题》的报告。

内蒙古军区机关和部队一律进行正面教育，不搞“四大”，不许串连，不许随便参加游行和集会；三、对少数对抗中央指示的人，视其情节轻重给予适当处分；四、军区指战员绝对不参加武斗，要坚决反对打、砸、抢、抄、抓；五、支持左派群众组织，教育和团结保守组织群众。这个命令于五月二十三日转发全军。

同日 晚上，召集周恩来等开会。

5月23日 阅中央文革小组办事组五月二十一日编印的《信电快报》第一三一期登载的黄永胜同“广州工联”造反派座谈时讲话的摘要，批示：“林彪、恩来同志，并告文革小组：黄永胜同志讲话一篇，建议发给各大军区、各省军区、各军、各军种兵种作为参考。我觉得这种小型的谈心会很好。当地最高首长出面与小将平等地谈心，不摆架子，有错爽直承认，而不吞吞吐吐，并且立即改正，这些都很好。如同意，请酌处。”

同日 中央文革小组成立文艺组，江青任组长，戚本禹、姚文元任副组长。十月十二日，根据毛泽东的意见，文艺组宣布解散。

5月24日 阅中央文革小组办事组五月二十日编印的《快报》第二二一三号登载的《江西军区和革命群众的对立情绪为何愈演愈烈》，批示：“林彪、恩来同志，文革小组阅后，交汪东兴阅。退徐业夫。江西军区某些负责同志对群众的态度是否正确，值得研究。此外，还有湖南、湖北、河南三省军区对群众的态度是否对，都值得研究。”

5月25日 晚上，听取周恩来等汇报处理内蒙古问题的情况。

5月26日 阅中共中央对外联络部副部长赵毅敏五月十八日《关于我党参加中缅两党会谈的代表团成员的请示》，请示的我党代表团组成人员名单中有江青的名字。毛泽东批示：“江青以不参加为好。”

5月27日 为转发第五十四军五月二十六日关于对反对派

进行工作的情况报告，起草中共中央军委给各军区、各军、各军种兵种的批语："五十四军在重庆的工作做得不错，可供你们参考。凡属两派革命群众组织互相对立很严重的，只要进行细致的思想政治工作，问题总是可以解决的。对于有群众的保守组织，甚至反动组织，也要细致地进行思想政治工作。林彪、恩来同志阅发。"

5月28日 审阅周恩来本日报送的中共中央、国务院、中央军委、中央文革小组《关于对国务院××部（委）实行军事管制的决定（试行草案）》，批示："照办。"这个决定当天发出后，国务院一些部（委）陆续成立军管会或军管小组，实行统一领导。

同日 阅中央文革小组办事组五月二十六日编印的《要事汇报》（2）登载的《一些高干子弟抄了云南省副省长王少岩的家并抢走财物》，写批语："如不教育好，会成为将来反革命复辟的祸根之一。好在还不占干部子弟的多数，多数还是较好的。"

5月29日 阅唐闻生、王海容[1]五月二十七日关于社会上出现一股攻击周恩来的风的来信和附送的材料，批示："林彪、恩来同志，文革各同志：此件请阅。极左派的观点是错误的，请文革同志向他们做说服工作。"

5月31日 听取周恩来汇报工作，同意他关于对铁道部、交通部实行军管不能再拖的意见。当日，中共中央、国务院、中央军委、中央文革小组发出经毛泽东批示"照办"的《关于对铁道部实行军事管制的决定（试行草案）》和《关于对交通部实行

---

〔1〕唐闻生，当时是外交部翻译室翻译。1974年3月任外交部美大司副司长。王海容，当时是外交部办公厅综合组干部。1971年7月任外交部礼宾司副司长。1972年5月任外交部部长助理。1974年7月任外交部副部长。

军事管制的决定（试行草案）》。六月一日，中共中央、国务院、中央军委、中央文革小组发出《关于坚决维护铁路、交通运输革命秩序的命令》。

5月 会见一个外国军事代表团，介绍中国开展文化大革命的情况，林彪等在座。毛泽东说：我国的无产阶级文化大革命，应该从一九六五年冬姚文元同志对《海瑞罢官》的批判开始。那个时候，我们这个国家，在某一些部门、某一些地方，被修正主义分子把持了，真是水泼不进，针插不进。当时我建议江青同志，组织一下，写文章批判《海瑞罢官》，但就是在这个红色城市，无能为力，无奈，只好到上海去组织。最后文章写好了，我看了三遍，认为基本可以，让江青同志拿回去发表。无产阶级文化大革命，从政策策略上讲，大致可分四个阶段：从姚文元同志文章发表到八届十一中全会，这可以算第一个阶段，主要是发动阶段。八届十一中全会到一月风暴，这可以算第二阶段，主要是扭转方向阶段。自一月风暴夺权到大联合、三结合，这可以算第三阶段。自戚本禹的《爱国主义还是卖国主义》及《〈修养〉的要害是背叛无产阶级专政》〔1〕发表以后，这可以算是第四阶段。第三、第四阶段，都是夺权问题。第四阶段是在思想上夺修正主义的权、夺资产阶级的权，所以这是两个阶级、两条道路、两条路线的斗争，是决战的关键阶段，是主题，是正题。本来在一月风暴以后，中央就在着急大联合的问题，但未得奏效。后来发现这个主观愿望是不符合阶级斗争的客观规律的。因为各个阶级、各派政治势力还在顽强地表现自己。资产阶级、小资产阶级思想是没有任何力量的，捏成了还要分。所以现在中央的态度只是促，不再捏了，拔苗助长的办法是不成的。这个阶级斗争的规

〔1〕《〈修养〉的要害是背叛无产阶级专政》这篇文章是王力、关锋起草的。

律，是不以任何人主观意志为转移的。本来想在知识分子中培养一些接班人，现在看来很不理想。批判资产阶级反动路线是知识分子和广大青年学生先搞起来的，但一月风暴夺权彻底革命，就要靠时代的主人，广大的工农兵作主人去完成。知识分子从来是转变、察觉问题快，但受到本能的限制，缺乏彻底革命性，往往带有投机性。对待干部，必须首先建立一个相信百分之九十五以上的人是好的或比较好的信念，不能偏离，这是阶级观点。对革命的及要革命的领导干部就是要保，要理直气壮地保，要从错误中把他们解放出来。就是走了资本主义道路的，经过长期的教育，改正了错误，还是允许他们革命的。真正的坏人并不多，在群众中最多百分之五，党团内部是百分之一到二。顽固走资本主义道路当权派只是一小撮。就是这一小撮党内走资本主义道路当权派，我们必须作为主要对象打，因为他们的影响及流毒是深远巨大的，所以也是我们这次文化大革命的主要任务。老干部遇到了新问题，今后老干部还会遇到更多的新问题。要想保证走社会主义道路，就必须在思想上来个无产阶级革命化。斗争走资本主义道路当权派，这是主要任务，绝不是目的。目的是解决世界观问题，搞掉修正主义根子问题。

同月 派汪东兴看望邓小平，转达他的三点意见：第一，要忍，不要着急；第二，刘、邓可以分开；第三，如果有事可以给他写信。邓小平说，外面大字报中提出的许多问题与事实不符，要求同毛泽东当面谈谈。汪东兴将邓小平的要求转报了毛泽东。一天深夜，毛泽东派机要秘书徐业夫接邓小平到住处谈话。谈话中，邓小平向毛泽东详细汇报了他一九三一年离开红七军到上海向中共中央汇报工作的情况，并表示接受毛泽东对他和刘少奇派工作组错误的批评。邓小平问以后如有事情要向毛泽东汇报找谁，毛泽东说，可以找汪东兴，也可以给他本人写信。

6月1日 《人民日报》发表的《要让孩子们经风雨、见世面》一文用黑体字引用毛泽东的一段话："老干部过去有功劳，但是不能靠吃老本，要很好地在无产阶级文化大革命中锻炼改造自己，要立新功，立新劳。"

6月4日 阅汪东兴等六月三日关于中央警卫团（八三四一部队）准备分期分批参加支工的报告，批示："退汪东兴同志酌办。"报告说到警卫团党委坚决执行毛泽东关于警卫团"也要参加支工"的指示。二十六日，中央警卫团组织支工部队分别进入北京针织总厂及其所属的两个分厂和北京市化工三厂。临行前，毛泽东提出三点要求：一、下去后要做好宣传工作，要做深入的、细致的、艰苦的思想政治工作。厂子里女工多，要派些女同志下去，便于工作。二、下去后不要匆匆忙忙急于表态，经过调查研究，如果两派都是革命的群众组织，就要逐步地把他们联合起来。就是两派严重对立的群众组织，群众也是愿意联合的，不愿意联合的只是少数的几个头头。三、要向工人群众学习，不要怕犯错误，错了就改。要关心群众的生活，组织个医疗组，给他们看病。

6月6日 批准中共中央、国务院、中央军委、中央文革小组发出关于纠正最近出现的打、砸、抢、抄、抓的歪风的通令。通令指出：除专政机关依法执行任务外，任何团体和个人都不准抓人、私设公堂、搜查和抄家，不准抢夺、窃取和破坏各级党政军机关的档案文件和印章，不准侵占、砸抢、破坏国家财产和集体财产，严禁武斗、行凶打人和抢夺个人财物。对于肇事者、背后挑动者、打人凶手，卫戍部队和当地驻军有权逮捕和拘留，依法惩处。

同日 下午，在人民大会堂一一八厅会见锡兰共产党中央政治局委员、书记处书记桑穆加塔桑，康生、刘宁一[1]在座。谈到中东局势时，毛泽东说：美、英在地中海和中近东相当被动。可能打局部战争，帝国主义在后面，主要是以色列和阿联（今埃及）打。[2] 阿拉伯世界石油的大部分，约百分之六十，被美国控制，百分之三十五受英国控制。他们发动这场战争的主要目标是争夺石油。战争既然打起来了，就可能要打一会。如果以色列在局部战争中得胜，战争可能上升。但这牵涉到苏联。他们说英国宣布中立，我不太相信。谈到阿联可能采取的对策时，毛泽东说：他们可能会封锁苏伊士运河，至少在战时是这样。这对他们自己会造成一些损失，但主要是整英、法、德，因为英、法、德的石油主要是靠这条运河运输。美国也要靠这条运河，但它可以从非洲南边走。如果运河真正被封锁，叙利亚真正把油管截断，欧洲国家的工业就会受到影响。欧洲这些国家主要烧石油。在两次世界大战中，苏伊士运河的运输都没有中断过。这次战争爆发，如果整个阿拉伯世界都卷进去，有可能把苏伊士运河堵死。如果没有别的国家参加以色列一边，光是它一个国家的军队要占领阿联、叙利亚、约旦，是不可能的。现在，阿拉伯国家的情况发生了很大变化，不仅是伊拉克、叙利亚、阿尔及利亚同阿联联合，连老殖民地国家利比亚，以及约旦、沙特阿拉伯、科威特也

〔1〕 刘宁一，当时任中共中央书记处书记、中央对外联络部代理部长（至1968年4月）、全国人大常委会副委员长兼秘书长。“文化大革命”中受迫害。1979年7月任中共中央统战部副部长。

〔2〕 1967年6月6日，中国政府发表声明，指出：“一九六七年六月五日，以色列在美帝国主义的策动和支持下，悍然对阿联、叙利亚等阿拉伯国家发动大规模的武装侵略。”“我们坚决站在阿拉伯人民一边，坚决支持他们反对美、以侵略的正义战争。”6月7日，北京举行30万人示威游行，拥护中国政府声明。

都和阿联联合在一起。谈到中国的文化大革命时，毛泽东说：中国现在起了变化。这个变化还没有结束，还在进行中。现在已经一年了，再一年差不多了。用两三年时间来完成这种变化，并不算太长。有武斗，大量的是用拳头、椅子、棍子、石头、砖头打。更大量的是口斗，利用报纸、刊物、广播、广播车、大字报、标语，还有很多小刊物。这些报纸何止几百种，我就收到两百多种，看不完。一个学校起码有两派。去年夏天，在北京，左派是少数，去冬今春变成了多数。但是少数派还存在。一个学校是如此，一个工厂也是如此。左派在今年春天掌权以后，又分裂了，两派都自称是左派。中联部也是两派。外交部有人要打倒陈毅，可是陈毅照样当外交部长。我们这个国家真有点怪。好几个副总理都有人要打倒，一个是陈毅，一个是谭震林，一个是李先念，但是他们还是在工作。参加文化大革命的不一定都是无产阶级，甚至混进来一些坏人。但是，主要的是工人、农民、革命的知识分子。总而言之，过去的领导方法不行了，那是官僚主义的，脱离群众的，机会主义的。现在包括外交部这些部门在内，都建立了群众组织来监督工作人员。

6月9日　下午，接见参加亚非作家常设局举行的“纪念毛主席《在延安文艺座谈会上的讲话》二十五周年讨论会”的亚非和世界各国的作家和友人，并合影。周恩来、陈伯达、康生、江青等参加。

6月12日　中共中央发出《关于宣传毛主席〈关于正确处理人民内部矛盾的问题〉的通知》。十九日，《人民日报》重新发表《关于正确处理人民内部矛盾的问题》。

6月15日　阅周恩来六月十四日关于召开一次会议听取当前国民经济情况和一九六七年计划安排报告的建议，批示：“退总理。”本日，召集周恩来等开会。

6月16日 晚上，观看由上海京剧院演出的现代京剧《智取威虎山》。

6月17日 我国第一颗氢弹在本国西部地区上空爆炸成功。毛泽东审阅新华社本日题为《我国第一颗氢弹爆炸成功》的新闻公报稿，删去文中的“伟大的导师、伟大的领袖、伟大的统帅、伟大的舵手”等。

6月18日 下午，在人民大会堂一一八厅主持召开中共中央政治局常委扩大会议，讨论姚文元率红卫兵代表团出席阿尔巴尼亚劳动青年联盟第五次代表大会等事宜。谈到姚文元到阿尔巴尼亚的讲话稿时，毛泽东说：我的话要少引。二十一页太长，砍去一半。红卫兵专想吹出去。文化大革命以来，大吹特吹，外国人看不惯吹，自己吹，勿外吹。三个阶段、三个里程碑〔1〕删掉。一些外国人对我们《北京周报》、新华社的对外宣传有意见。宣传毛泽东思想发展马克思主义，过去不搞，文化大革命以后大搞特搞，吹得太厉害，人家也接受不了。有些话何必要自己来说，我们要谦逊，特别是对外，出去要谦逊一点，当然又不是失掉原则。昨天氢弹的公报，我就把“伟大的导师、伟大的领袖、伟大的统帅、伟大的舵手”统统勾掉了，把“光焰无际”也勾掉了。世界上的光芒哪里有无际的，都有际。“万分喜悦和激动的心情”，把“万分”也勾掉了，不是十分、百分、千分，而是万分，我就一分也不要，勾掉了。谈到对斯大林的评价和苏联的情况时，毛泽东说：对斯大林的估价要比过去高。当然，斯大林是有错误的。《联共党史》第四章讲生产关系完全适应生产力；一九三六年宪法中提国内不存在阶级了，只有工人、农民、教职员三

---

〔1〕指当时所宣传的马克思主义发展史上的三个阶段、三个里程碑，即马克思主义、列宁主义、毛泽东思想。

种。实际上抓了很多人，称国民公敌。临死前一年在书上又讲社会主义社会有矛盾，搞不好会出乱子，搞成对抗性的。还是要解决思想问题，不发动群众不行。谈到青年团等问题时，毛泽东说：青年团未取消，未活动，红卫兵代替青年团未定。青年团中央犯了错误，地方团也有错误。二十日，姚文元率代表团离京前往阿尔巴尼亚。

6月21日 阅中央文革小组办事组六月十九日编印的《信电快报》第二三四期登载的反映西安几个学校造反派庆祝革委会成立大搞铺张浪费的群众来信，批示："文革小组各同志：建议此件公开发表。是否妥当，请在常委碰头会上一议。发时宜写一按语。"二十九日，中共中央发出《关于节约闹革命、防止铺张浪费的通知》。

6月22日 晚上，观看上海京剧院演出的现代京剧《海港》。

6月24日 晚上，在人民大会堂一一八厅会见赞比亚总统卡翁达一行，林彪、周恩来、陈毅、李先念等在座。谈到中国革命的历程时，毛泽东说：我们大半辈子都放在打仗上面去了。搞建设、搞文化革命少。革命胜利才十八年，打仗就打了二十五年。谈到中国的发展现状时说：中国也不发达，农业、手工业没有机械化。搞机械化要很长时间。交通不很发达，铁路太少，比印度少，远洋轮船很少，同我们国家的人口、面积不相称。要几十年、百把年才能好些。谈到国际援助时说：先独立的国家有义务帮助后独立的国家。你们独立才两年半，还有很多困难。你们也帮助了未独立的国家。我们独立已有十八年了，更应该帮助他们。全世界如果不解放，中国这个国家就不可能最后解放自己，你们也不可能最后解放自己。

6月25日 周恩来同上海市干部群众代表进行座谈时转述了毛泽东的话：省、市一级还是要干部挂帅，红卫兵小将往往是今天上台，明天被打倒，政治上不成熟，还不能当省、市的革委会主任。

同日 《人民日报》在转载《文汇报》六月二十一日社论《无产阶级革命性与小资产阶级摇摆性》的编者按语中，用黑体字引用了毛泽东的话："必须善于把我们队伍中的小资产阶级思想引导到无产阶级革命的轨道，这是无产阶级文化大革命取得胜利的一个关键问题。"

6月27日 下午，在人民大会堂一一八厅会见秘鲁共产党（马）学习团、厄瓜多尔共产党（马列）学习团及玻利维亚共产党政治局委员古铁雷斯，康生、刘宁一等在座。在听了客人的谈话后，毛泽东说：你们讲的内容都差不多，就是要打倒帝国主义，打倒修正主义和打倒各国反动派，夺取政权，建立无产阶级专政，基本思想是一致的。在建立无产阶级专政以前，要完成一个任务，就是资产阶级民主革命。在这项任务中，包括给农民分土地，但只是没收地主的封建所有制的土地，不能动农民的个体所有制。在你们国家里，总有一部分资产阶级是与帝国主义有矛盾的。在革命的第一步，也不能触动这部分资产阶级，这样，打击面就小了。要团结无产阶级、农民、城市小资产阶级以及民族资产阶级和他们的知识分子。反帝这个任务不是个小任务，你们的直接敌人就是美帝国主义，但如没有农民作为无产阶级的同盟军，反帝就没有力量，就不能取得革命的胜利。你们回去后，我希望你们少讲中国的事情，最好忘掉，但不要忘了有用的东西，这就是把马列主义的基本原则同你们国家具体条件结合起来，不和本国具体情况相结合，谁也没办法。不要完全搬用中国的经验，中国经验可供你们参考。你们应创造自己的经验。例如，越南南方的战争有很多特点。完全搬用外国的经验，我们是吃过亏的。但我们不能忘记马列主义的基本原则，忘掉马列主义的基本原则就成修正主义了。马列主义原则，一些人可这样解释，另一些人可那样解释。所有的机会主义都说自己是马列主义，如中国开始时的右倾机会主义和后来的“左”倾机会主义都说自己是马列主义。讲讲我们是怎样失败——胜利——又失败——又胜利的，不讲历史就讲不出道理。战争只有在战争中学，阶级斗争只有在阶级斗争中学。在马克思以前没有马克思主义。马克思创造了马克思主义，列宁以马克思主义为基础，创造了并实现了列宁主义。我们为什么不能？我们可以根据他们的基本原则，可以创造本国的经验。

上半年 在同一位身边工作人员的一次谈话中说：你总说“乱”。你没有看到最根本的一条：这个运动是无产阶级领导下的革命，不要怕。我考虑发动群众，我把批判的武器交给群众，让群众在运动中受到教育，锻炼他们的本领。我想用这个办法试一试，我也准备它失败。现在看来，群众是发动起来了，我很高兴，他们是同意我的做法的。跟随我南征北战的老同志，我没有忘记他们对党对人民的贡献。周总理跟我讲哪些人有困难，我都让周总理去保他们。

7月4日 阅周恩来七月三日夜关于处理江西问题并建议从山东调一个师进驻江西支左，加强军管会及未来的革委会或筹备小组的报告，批示：“从山东调一个师问题，待江西会议开得有眉目后，再定为宜。”

7月5日 阅中共中央办公厅秘书局信访处七月四日编印的《文化大革命信访简报》第二八〇期登载的《全国各地群众正在积极塑造毛主席巨像》，批示：“林彪、恩来及文革小组各同志：此类事劳民伤财，无益有害，如不制止，势必会刮起一阵浮夸风。请在政治局常委扩大会上讨论一次，发出指示，加以制止。”同期一则简讯说，北京矿业学院一群众组织收集、编印毛泽东没有公开发表的讲话材料，毛泽东批示：“此事也请制止。”十三日，中共中央发出经毛泽东批示“照办”的《关于建造毛主席塑像问题的指示》。中央指示将毛泽东七月五日的批示转发各地，要求各级群众组织对建造塑像一事加以制止；并重申“毛主席没有公开发表过的讲话、文章、文件、诗词，未经毛主席和中央批准，一律不得编印，不得出版发行”。

7月6日　审阅中共中央政治研究室六月编印的《毛主席论教育》和天津大学“八一三”红卫兵五月编印的《毛主席论教育》两本小册子，对前一本小册子批示：“退陈伯达同志：此件内容，错误很多，应大加砍削，至少去掉三分之一。”对后一本小册子批示：“陈伯达同志：这一本《论教育》，我未看，可能也收进一些坏东西，请你同文革小组几位同志，连同你们编的那一本，一起审查一下，把坏的一概删去，留下一半左右较正确的就行了。”

同日　阅中共中央军委办公厅七月四日编印的反映江西赣州武斗严重，要求中央派部队前往制止的《群众来信摘抄》第五十五号，批示：“林彪、恩来同志：赣州问题严重，涉及整个赣南十多县，调一个师去，只能管南昌、吉安、宜春、抚州等处，对赣南鞭长莫及。是否可从广州军区调一个师，至少一个团进驻赣州，将事情办好后仍返广东。此事请先考虑，待面商。”当天深夜，周恩来致信毛泽东：“已与黄永胜通了电话，他可以调两个团、一个师部驻赣州。”次日，毛泽东批示：“退总理。”

7月12日　审阅林彪七月十日送审的中国人民解放军总参谋部和总政治部《坚决执行林副主席关于建造主席大型全身塑像指示的通知》稿，批示：“退林彪同志。此件不发。中央已有指示。”通知稿说：林副主席六月二十八日指示：建造大型的毛主席全身塑像，已经成为广大群众的自觉要求。我们部队也应当这样搞。凡有代表性的大军事机关，其驻地有大院、有广场的地方，都可以搞。通知要求各总部、各军兵种、各大军区应立即按林彪的指示执行。

7月13日 审阅周恩来本日送审的中共中央《关于禁止挑动农民进城武斗的通知》稿。通知稿说：最近一个时期江西等省一小撮走资本主义道路当权派，特别是某些省市地县公社的地方武装部门的坏人，挑动一些不明真相的农民进城参加武斗。中央认为，这种做法是十分错误的。毛泽东批示："照办。"将文中的"坏人"一词改为"少数思想没有改造好的同志"，并批注："不宜称为坏人。"中央通知于本日发出。

同日 下午，召集林彪、周恩来和中央文革碰头会成员以及萧华、杨成武开会。毛泽东说：一年开张；二年看眉目，定下基础；明年结束。这就是文化大革命。他提出要去湖北、湖南，并对周恩来说：到武汉去，保陈再道去。大多数与会者认为武汉的武斗严重，安全没有保障，不赞成他去。毛泽东说：我不怕乱，让杨成武跟我去，就这样定了。还让汪东兴立刻准备专列，通知北京军区副司令员郑维山同车前往武汉，以便在火车上谈河北省的问题。

7月14日 晨三时，乘专列离开北京，杨成武、郑维山、汪东兴同行。这是毛泽东一年来第一次离开北京。在专列上听取郑维山汇报河北省支左情况后说：河北要在军管前，大县来三四个人，小县来两三个人，开个会，交代政策。有错误就改，没有什么了不得。有错误主要是我负责。谁叫我一月二十一日发个指示，要解放军介入，要支左？那个时候党政都不行了，只有解放军出来担负这个任务。军队介入后，因为情况不熟悉，调查研究不够，错误是难免的。来了个"八条"，抓人抓多了，有些革命组织不应取缔的取缔了，起了压的作用。这样，林彪同志起草了"十条"。"十条"后，受压的又起来了，又恢复了，来了个反复。后来，又来了个"六六通令"。"六六通令"下来后，有的不听。反复好，我看湖南，江西的九江、南昌、庐山、赣州，经过大武斗，阵线也分明了。华北、东北、北京、上海比较平静，江西、湖南、湖北、河南比较乱，安徽也比较乱，还有山西。现在黑龙江还在乱。甘肃提出打倒张、冼、杨[1]，解放大西北。我看张、冼两个人还好嘛，态度比较正确。不犯错误是不可能的。改正了错误，工作就更好了。我看解放军垮不了，垮了，还依靠什么？郑维山汇报说：河北的县、地、省的领导干部在斗林铁[2]时打倒了一批，以后斗刘子厚[3]时又打倒了一批，打击面宽了，现在有些干部不敢站出来。毛泽东说：干部多数是好的，河北的干部将来要来个大翻案。我过去支持刘子厚。刘子厚站出来了，阎达开[4]就好办了嘛！专列过郑州时，毛泽东说：在工人阶级内部没有根本的利害冲突，为什么不能联合起来呢？晚九时，到达武昌，住东湖客舍[5]。本日晨，周恩来乘专机到达武汉。

7月17日 上午，在武昌东湖客舍召集周恩来、杨成武、

---

〔1〕 张、冼、杨，指张达志、冼恒汉、杨嘉瑞。杨嘉瑞，当时任中国人民解放军兰州军区副司令员。

〔2〕 林铁，原任中共中央华北局第三书记、河北省委第一书记等职。“文化大革命”中受迫害。1978年3月任全国人大常委会委员。1979年1月又任中共中央组织部顾问。

〔3〕 刘子厚，原任中共中央华北局书记处书记、河北省委第一书记等职。1968年2月、3月先后任河北省革委会副主任（1971年2月任主任）、河北省革委会党的核心小组副组长（1971年2月至5月任组长）。1971年5月又任中共河北省委第一书记。1972年5月又任中国人民解放军北京军区政治委员兼河北省军区第一政治委员。

〔4〕 阎达开，原任中共河北省委书记处书记。1972年8月任天津市革委会副主任。

〔5〕 东湖客舍，今东湖宾馆。

郑维山、余立金[1]、汪东兴等开会，听取谢富治、王力汇报云南、四川等地文化大革命的情况，并研究武汉地区的问题。谈到军管问题时，毛泽东说：军管就是难办，谁管谁要犯错误。着重做军队工作，给他们开脱好，不能让军队干部和战士负责。谈到公开发表“五一六通知”时说：发五月十六日的通知，我同总理临时决定的。发得那么快，引起了很多猜测，整到总理头上。谈到四川省革委会筹备小组组成人员名单时说：四川补充了十二个代表，里边有李大章。那是我的事，我提过多次，总要有个把在四川有名的人。谈到农民进城武斗的问题时说：现在搬农民已经是很虚弱的表现。过去农村包围城市是正确的，那时是帝国主义、蒋介石占城市。现在讲农村包围城市是错误的、反动的，现在是共产党的城市嘛！怎么能包围呢？当谢富治说到公、检、法百分之百是不好的时，毛泽东说：不一定，有坏的，也有一些好的。当谢富治谈到湖北造反派要打倒陈再道时，毛泽东说：凡是有错误，不管是大错误、小错误，只要认识了错误，统统不打倒。承认错了，再要打倒，那就是他们（指造反派——编者注）的错误了。陈再道只要承认了错误，打倒也不行。我们来是给他们保驾的。陈再道、孟夫唐[2]都不要打倒。武汉军区要起草个稿子，发表个公开声明：一是有功；二是有错嘛。支工支农有功，支左就有错嘛。当谢富治谈到湖北问题比较复杂难以解决时，毛泽东说：不见得，我看湖北问题比湖南、江西要好。我相信湖南、江西问题会解决好的。对红卫兵不要怕，不管他哪一

---

〔1〕 余立金，当时任中国人民解放军空军政治委员。在1968年3月林彪、江青制造的所谓“杨（成武）、余（立金）、傅（崇碧）事件”中，被撤职并关押。1974年7月，经毛泽东批准，为他们平反。1975年8月余立金任中国人民解放军空军第二政治委员。

〔2〕 孟夫唐，原任湖北省副省长。

派，现在都要借用我的招牌。当谢富治请示处理湖北问题的方针时，毛泽东说："百万雄师"继续保持名称，要搞入正轨。三派[1]要达成协议，发表个声明，要做他们的工作。"工人总部"要平反，抓的"工总"的几个头头没放的，最好是今天明天就放了。军队犯错误，犯得快，改正也改得快。真正要打倒陈再道、龙书金[2]怎么行呢？错误改了，他们还要打倒，那就是他们的不对。最后说：这次我到这里来，一路上基本是白天，到处庄稼很好，特别是湖北庄稼很好。这次出来是想休息一下，在北京一年了。十三号听说有一百万人游泳，才有这个念头，下午四点才下决心来。

7月18日 晚七时半，在武昌东湖客舍召集周恩来、谢富治、杨成武、王力、郑维山、余立金、汪东兴、李作鹏[3]和武汉军区司令员陈再道、第二政委钟汉华开会。毛泽东对陈再道、钟汉华说：四川问题很严重，你们武汉还有所不同，比湖南、江西好像没有那么严重。因为冲击得很厉害，要维护军委"八条"。"八条"一出来，军队就有劲了，人民解放军还能冲呀？于是就抓人，解散组织。"十条"出来了，造反派又有劲了。枪要集中

---

〔1〕 指当时武汉的"三新二司"、"三司"、"百万雄师"3个群众组织。

〔2〕 龙书金，当时任中国人民解放军湖南省军区司令员。1968年4月、8月、9月又先后任湖南省革委会第一副主任（至同年8月）、中国人民解放军新疆军区司令员、新疆维吾尔自治区革委会主任。1971年5月又任中共新疆维吾尔自治区委员会第一书记。

〔3〕 李作鹏，当时任中国人民解放军海军第一政治委员。1968年3月、9月又先后任中共中央军委办事组成员、中国人民解放军副总参谋长。1969年4月又任中共中央政治局委员、中央军委委员。"文化大革命"中参与林彪夺取最高权力的阴谋活动。1973年8月被开除党籍，撤销党内外一切职务。1981年1月最高人民法院特别法庭确认李作鹏为"林彪、江青反革命集团案"的主犯，判处有期徒刑17年，剥夺政治权利5年。

保管。四个方面[1]要做工作，要召开干部会议，人民武装部也要参加。还是用开会的办法，一个县人武部来两个人，八十个县就来一百六十人，还有军队干部参加，要好好教育。你们要给“百万雄师”做工作，不然他们又要反你们。要找市委、省委参加到里面的有关干部做工作。犯错误不要紧，犯了错误就永世不得翻身？痛痛快快改也可以，不那么痛痛快快改也可以，因为他不那么通嘛！万万不能承认是三反[2]分子。我是讲了的，对于他们（指湖北被冲击的干部——编者注）的结论还要等一下，让群众先批。张体学不能用了吗？他打了几十年仗，小孩时就当兵，就是不太懂政治。现在主要做军队的工作及“百万雄师”的工作，很快转过来，否则他们被动。第一，中央负责；第二，你们负责。军队支持“百万雄师”是公开的。军队的好处是讲直的，怎样做就怎么说。要人家转，总要有一个过程，不能两三天就转过来了。这是军队的群众问题。不能说“百万雄师”是坏的，多数是好的，个别坏人也是有的。毛泽东对谢富治、王力、余立金说：你们要多做工作，要各组织拥护军区，不要打倒。在声明发表之前，双方都要开会。一发表，就团结起来了。都是工人，这一派就那么右，那一派就那么左？我们这个招待所也分两派，我看道理不那么多。能不能合起来？将来总是要合起来的。什么打倒、油炸、绞死，逐步升级，讲讲而已。对有些话，不要那么认真。都打倒，我也不高兴。他对在座的其他人说：要他们出去[3]，不但得保证人身安全，而且要拥护他们。不要不让人家革命，只要你革命，也不要犯了错误就不准革命了。你们拥军是真拥

---

〔1〕 指当时武汉的3个群众组织和中国人民解放军支左部队。

〔2〕 这里指反党、反社会主义、反毛泽东思想。

〔3〕 指要陈再道、钟汉华到群众中去。

还是假拥？有的干部先结合起来再说。谈话中，他批评了北京中南海造反派批斗刘少奇等的做法，说不要面对面搞，还是背靠背好。谈话结束时，他把陈再道等送到走廊上，对东湖客舍的几个服务人员说：再不能打倒你们的司令了吧！我是不打倒他的。周恩来当晚要返回北京，毛泽东对他说：明年春天文化大革命结束后，接着召开九大，把老同志都解脱出来，许多老同志都要当代表，当中央委员。毛泽东并举了邓小平、乌兰夫[1]、贺龙等人的名字。

7月20日 武汉群众组织“百万雄师”部分代表和支持他们的部队战士，在不知道毛泽东住在那里的情况下，冲击东湖客舍，把王力拉到武汉军区大院进行质问。此事起因于谢富治、王力[2]几天来公开支持武汉地区的“三新二司”、“三司”造反派，压制由武汉军区支持的“百万雄师”，并把它定为“保守组织”。林彪、江青当天联名致信毛泽东说，武汉形势不好，毛主席的安全受到威胁，要及早转移。毛泽东决定立刻离开武汉。

7月21日 晨二时，在专程赶到武汉的周恩来具体安排下，乘车离开东湖客舍去机场，上午十一时乘专机到达上海，住虹桥宾馆，直至九月十六日离开。在上海期间，因一直没有下雨，多次询问郊区的抗旱情况，指示派飞机作了几次人工降雨。一次，在看了上海“工总司”砸“联司”的纪录片后说：在工人阶级内部，没有根本的利害冲突。在无产阶级专政下的工人阶级内部，更没有理由一定要分裂成为誓不两立的两大派组织。

7月22日 上午，在上海虹桥宾馆听取杨成武汇报周恩来

---

〔1〕 乌兰夫，当时任中共中央政治局候补委员。原任中共中央华北局第二书记、内蒙古自治区委员会第一书记、国务院副总理等职。“文化大革命”中被关押。1975年1月任全国人大常委会副委员长。

〔2〕 谢富治、王力是到武汉处理问题的中央代表团成员。

八时二十分从武汉来电话谈武汉的情况。周恩来提出对外报道武汉发生的事要含蓄，不点名，建议把陈再道等人保护起来。毛泽东说：武汉的问题，我看当作错误处理。如果他（指陈再道——编者注）有什么决心，我们出不来，总理他们也进不去，他并没有下命令无论谁也不准进出。表示同意把陈再道等人保护起来。上午十一时，召集杨成武、张春桥、余立金、汪东兴谈武汉和北京的情况，说：总理、富治、王力等在武汉没有什么谈头了，谈就会被包围，强迫签字，要你承认它（指“百万雄师”——编者注）是革命组织。还是早点离开好。要谈去北京谈，三方面一起谈，也可能谈不拢，会提出什么条件。这件事，现在不仅是武汉的问题，而且是全国的问题。总理根据具体情况办理。〔1〕下午一时三十分和二时四十分，两次谈到武汉事件，说：军队主要是打思想仗，能锻炼人。军队支左，支错了就改，属于认识问题，如果继续执行错误路线，属于立场问题。

同日 林彪主持召开中央文革小组全体会议。会上，把武汉七二〇事件定性为“反革命暴乱”。

同日 江青接见河南群众组织的代表时说：你们不能太天真烂漫了，当挑起武斗的一小撮人在达成协议以后，他们的武器没收回的话，你们自卫的武器不能放下！我记得好像就是河南一个革命组织提出这样的口号，叫做“文攻武卫”，这个口号是对的！二十三日，“文攻武卫”的口号在《文汇报》公开发表。全国武斗急剧升级。

7月24日 晚上，交代杨成武：你回北京筹备建军四十周

---

〔1〕 7月22日当天下午，周恩来在武汉王家墩机场召集中国人民解放军武汉军区副政治委员叶明、武汉军区副司令员孔庆德等开会，让孔庆德暂时主持武汉军区工作，并嘱转告陈再道、钟汉华要迅速表态，争取主动。随即回北京。

年庆祝活动。对总理讲，不要他们那么激烈（指林彪、江青等处理武汉“七二〇事件”——编者注），当作犯错误处理。警惕有人做文章。告诉总理，把陈再道、钟汉华、牛师长、蔡政委[1]都接到京西宾馆去。你转告陈再道三句话：一是有错误就检查，二是注意学习，三是注意安全。

7月25日 下午，审阅武汉军区党委常委会七月二十四日送审的《中国人民解放军武汉部队公告》，为中共中央起草给武汉军区党委的复电：“七月二十四日二十时十分来电并所附武汉部队公告全文已经收到。中央进行了讨论。认为：（一）你们现在所采取的立场和政策是正确的。公告可以发表[2]。（二）对于犯了严重错误的干部，包括你们和广大革命群众所要打倒的陈再道同志在内，只要他们不再坚持错误，认真改正，并为广大革命群众所谅解了之后，仍然可以站起来，参加革命行列。（三）要向思想不通的某些部队人员和“百万雄师”做工作，使他们转变过来。（四）要向左派做工作，不要乘机报复。（五）要警惕坏人捣乱，不许破坏社会秩序。”晚十时，审阅修改林彪送审的中共中央、国务院、中央军委、中央文革小组《给武汉市革命群众和广大指战员的一封信》稿，批示：“退林彪同志酌定。我加了一小段。”毛泽东加写的一段话是：“党中央号召：犯错误的人们觉醒过来，只要他们能够认真改正错误，取得革命群众谅解，这种人还是好的。”

同日 下午，林彪、江青等参加在天安门广场举行的欢迎谢富治、王力回到北京，支持武汉地区造反派的百万人声援大会。

同日 林彪提出“彻底砸烂总政阎王殿”。总政治部四名正

〔1〕 指中国人民解放军湖北省军区独立师师长牛怀龙和政治委员蔡炳臣。

〔2〕《中国人民解放军武汉部队公告》于1967年7月26日公开张贴，7月29日在《人民日报》发表。

副主任和二十名正副部长先后被拘押审查。

7月26日 同准备回北京参加八一建军节招待会的杨成武谈话。谈到有人提出把九月九日秋收起义纪念日作为建军节时，毛泽东说：这是错误的。南昌起义是八月一日，秋收起义是九月九日嘛。我们是历史唯物主义者。八一建军节是一九三三年中央苏维埃政府做过决定的，这件事不能变。南昌起义是全国性的，是大政治，但政策错了，失败了。秋收起义是地区性的，不能因为我参加了，就吹上天。还有许多起义都是地方性的，与“八一”不一样。你去报告总理，他都知道。南昌起义是中国人民在中国共产党的领导下，向国民党打响的第一枪。今年是建军四十周年，建军节招待会要搞好，规模要大些，请各位老帅都参加，由你致祝酒词。

7月27日 林彪主持召开会议，会议决定先在内部撤销陈再道和钟汉华的职务。林彪说：武汉不单是武汉的问题，而是全国性的问题。我们要抓住做大文章，要批判“带枪的刘邓路线”，揪军内一小撮，揪出军内一小撮走资本主义道路的当权派。

7月31日 下午，对周恩来关于林彪、江青等反对徐向前、聂荣臻、叶剑英出席八一建军节招待会的电话请示，明确表示：朱德、徐向前及其他受冲击的老帅都要出席。本日晚，朱德、徐向前、聂荣臻、叶剑英等均出席了在人民大会堂举行的招待会。

7月 提议粟裕兼任中国科学院军代表。粟裕本月到任。

8月1日 《红旗》杂志发表由关锋主持起草的纪念建军四十周年社论《无产阶级必须牢牢掌握枪杆子》。社论写道：“在无产阶级文化大革命中，我们要把党内一小撮走资本主义道路的当权派揭露出来，从政治上和思想上把他们斗倒、斗臭。同样，也要把军内一小撮走资本主义道路当权派揭露出来，从政治上和思想上把他们斗倒、斗臭。”“这是斗争的大方向。”

8月3日 下午，在虹桥宾馆听取从北京返回上海的杨成武汇报林彪、周恩来和中央文革小组需要请示的一些问题。谈到武汉军区、沈阳军区、江西省军区、河南省军区以及一些野战军、空军部队领导班子调整和配备时，毛泽东说：文化大革命有好处，认识干部、熟悉干部，干部总是好的多。一揪三打倒不合理。公检法里头也有好人。由总参、总后、海军、空军抽干部组织几个调查组，分别到湖南、江西、安徽去调查。每省去七八个人。安徽现在是重点，请他们到北京开会解决很好。先解决好大江南北地区。

8月4日 审阅修改中共中央《关于湖南问题的若干决定》稿，批示：“改了一点，其余都好。”将决定稿的“中央文革小组对湖南省军区二月三日关于‘湘江风雷’报告所发的‘二四批示’是有毛病的，在这个问题上中央是有责任的”一句中的“是有毛病的”，改为“是有错误的”，并加写一段话：“从这里得到教训，未经调查清楚，何必那样匆匆忙忙地根据一面之词发出‘二四批示’呢？因此，中央要负主要的责任。”七日，审阅决定的修改稿，批示：“同意。”决定共四条：一、湖南省军区党委常委对前段支左工作进行了认真的自我批评，态度是好的，认识是比较深刻的。二、中央已经决定改组省军区，并着手成立湖南省革命委员会筹备小组，领导全省的文化大革命和工农业生产。三、各革命群众组织应在省革委筹备小组的领导下加强团结，狠抓革命，猛促生产，保证完成和超额完成今年的工农业生产任务；开展内部整风，克服无政府主义，在革命的大批判中实现革命的大联合。四、湖南省赴京汇报代表团双方签订的《关于立即坚决制止武斗的协议》很好，各群众组织必须认真执行，坚决制止武斗，反对挑动农民进城和工人、学生下乡搞打、砸、抢、抄、抓等活动。十日，中央发出这个决定。

同日 中午，在上海虹桥宾馆召集杨成武、张春桥、汪东兴开会，听取余立金关于武汉情况等问题的汇报。谈到取缔“湘江风雷”的“二·四批示”时，毛泽东说：批复是错误的。中央要负主要责任，不然人家军区就不服嘛！把军区推到第一线了嘛！解散“湘江风雷”，是中央文革、中央碰头会，我又不晓得，林彪同志又不晓得，但我仍要承担责任。

同日 阅中共中央宣传部原副部长张际春七月二十七日关于美术院校进行人体素描使用模特儿问题的来信，批示：“画画是科学，就画人体这问题说，应走徐悲鸿素描的道路，而不应走齐白石的道路。中央文革小组传阅，存办公厅秘书局。”

同日 阅张香山〔1〕七月二十五日关于翻译《毛泽东选集》有关问题的请示报告。报告说：最近，随着文化大革命的深入发展，各翻译组又再一次提出，是否应删去刘少奇等十二人的名字，或把他们名字后面的“同志”两字删去。由于这个问题极为重大，而且涉及到要修改正文，故请中央批示。毛泽东批示：“这是历史材料，后来变动甚多，不胜其改，似以不改为宜。有些注解似可删去，正文不改。”

8月5日 《人民日报》发表毛泽东一年前写的《炮打司令部——我的一张大字报》。当天，天安门广场举行纪念《炮打司令部》写作一周年、声讨“以中国赫鲁晓夫为首的党内最大的一小撮走资本主义道路的当权派”大会。

同日 在毛泽东的干预下，围困中南海、冲击国务院的“揪刘火线”被迫撤除。自七月中旬以来，在康生、谢富治、戚本禹等的煽动下，北京上百个群众组织在中南海西门外搞“揪刘火

〔1〕 张香山，当时任中共中央对外联络部秘书长（1973年8月任副部长）。

线”，围困中南海，冲击国务院。

8月7日 王力约见外交部造反派，提出：红卫兵就不能干外交？部党委班子没有动吧？这么大的革命，班子不动还行？为什么不能动一动班子？揪陈毅大方向当然对，为什么不可以揪？我看你们现在权没有掌握，有点权才有威风。文革小组对革命派总是支持的。你们有什么过火？我没有看到有什么过火的地方。在王力这个讲话的鼓动下，外交部造反派于八月中旬冲砸外交部，宣布夺取部党委的大权。

同日 谢富治在公安部全体人员大会上提出：把原来那一套政治、思想、理论、组织方面的坏东西彻底砸烂，把旧机器彻底打碎。此后，全国各地出现冲击公检法机关、抢夺档案的事件。

8月10日 经毛泽东审阅同意，中共中央、国务院、中央军委、中央文革小组发出《关于派国防军维护铁路交通的命令》。命令决定：对原铁路局、分局的军管会和站段的军管小组，进行必要的调整和改组，以便统一指挥。各站段的铁路公安人员，统归所在站段护路部队指挥。

同日 审阅中共中央《关于处理江西问题的若干决定》稿，批示："此件看过，照办。"决定指出：改组江西省军区，派遣人民解放军支左部队进驻江西各地，成立以程世清〔1〕为主要负责人的“三结合”的江西省革命委员会筹备小组。武斗双方应坚决执行停止武斗的协议，各派都不准以任何借口夺取解放军枪支，抢劫军火仓库和各种军用物资。

---

〔1〕 程世清，当时任中国人民解放军江西省军区政治委员（1970年11月又任福州军区副政治委员）。1968年1月又任江西省革委会主任、江西省革委会党的核心小组组长（至1970年12月）。1970年12月又任中共江西省委第一书记。

8月11日 审阅陈伯达、江青送审的《红旗》杂志、《人民日报》编辑部文章《走社会主义道路，还是走资本主义道路?》，批示："此文写得好。但有几处只有谴责，没有引证，不足以服人，请再加考虑。""退陈伯达、江青照办。"这篇文章发表在八月十五日《人民日报》和八月十七日出版的《红旗》杂志一九六七年第十三期。

8月14日 阅锡兰共产党中央政治局委员、书记处书记桑穆加塔桑七月二日给在中国广播事业局工作的美国专家李敦白的信。信中就他访问中国后透露了同毛泽东的谈话内容表示歉意，并托李敦白找康生或刘宁一代为解释。毛泽东批示："康生同志：这类事，不要去责备发表的同志。一般谈话，公布也不要紧。"

8月16日 在上海会见来中国翻译、校对、出版阿尔巴尼亚文《毛主席语录》的阿方专家莫依修和穆希，姚文元在座。谈到两位专家的工作时，毛泽东说：我也不知道这个《语录》有什么用处。究竟有没有什么用处，等将来再证明吧。我早说过，要搞一本《马克思语录》、《恩格斯语录》、《列宁语录》、《斯大林语录》，没有人抓这件事，要抓起来。他们的书很多，一般劳动人民不容易读，用语录这个形式好。《语录》和《选集》〔1〕是写的一些中国的历史知识。我们的经验有限，只能供各国参考。谈到干部队伍的状况时说：十七年来，我们有一些干部已经不是马克思主义者了，思想上变了，安于现状，不前进了。另一种，就是做坏事。还有一种是好干部。对于第一种，要进行教育，对于第二种，就要反掉。大多数干部是好的，无论在学校、在机关、在军队，都是这样。坏人是少数，最多一百个人中有几个。谈到文化大革命何时才能结束时说：我们的这次运动打算搞三年，第一

---

〔1〕 指《毛泽东选集》第1—4卷，阿尔巴尼亚曾于1962年出版了阿尔巴尼亚文本。

年发动，第二年基本上取得胜利，第三年扫尾，所以不要着急。凡是烂透了的地方，就有办法，我们有准备。凡是不痛不痒的，就难办，只好让它拖下去。有些地方搞得比较好，有一些地方不太好。时间要放长一些，从去年六月算起，共三年。既然是一场革命，就不会轻松。这是一场严重的斗争。谈到外交部批斗陈毅的情况时说：我主张对他炮轰，不打倒他。过去他是有功的。打倒陈毅、姬鹏飞、乔冠华〔1〕，谁当部长、副部长呀？他们（指外交部造反派——编者注）能当领导干部吗？谈到军队的情况时说：要依靠解放军。我们的军队，野战军好，陆、空、海军好。有些地方军好，有些不好。要使坏的好起来，需要时间。谈到各地乱的情况时说：县的问题，要一个一个解决。这是一场严重的革命。每个省都有两派势力。河南、湖北、湖南、江西、浙江五个省正在解决问题或已经解决了问题，彻底解决还需要一些时间。帝国主义说，中国大乱，分两派，可能发生内战。我看不会。有些地方还要乱一些时候，乱是好事。有些外国朋友问我，为什么你们高兴乱呢？如果没有大乱，矛盾就不能暴露。我们准备天下大乱。倒下的是少数，如上海市、区、县，各部委，工厂党委和支部书记，要打倒的、靠边站的是少数。大乱子没有出。我们的军用飞机、民用飞机也没有飞走。文化大革命一年多来，我们的外交人员、使馆人员一个也没有叛国逃跑。二十一日，毛泽东再次会见莫依修和穆希。

同日 审阅中共中央、国务院、中央军委、中央文革小组《给煤炭工业战线职工的信》稿，批示："已阅，照办。"信中要

---

〔1〕 姬鹏飞，当时任外交部副部长（1972年1月任部长）。1970年7月又任外交部党的核心小组组长。1975年1月又任全国人大常委会秘书长。乔冠华，当时任外交部副部长（1974年11月任部长）。1970年7月又任外交部党的核心小组副组长（1974年11月任组长）。

求正在武斗和停产的煤矿，立即停止武斗，恢复生产；离开生产岗位的职工，立即返回原单位参加生产；生产时间不得离开生产岗位，不在生产岗位搞辩论，不因观点分歧而影响生产。这封信的日期署八月十五日。

8月18日　审阅周恩来八月十七日送审的中央军委、中央文革小组《关于开办各省武装干部训练班的意见》稿，批示："照办。试办第一批以后，再定第二批的范围和办法，到那时可能要作一些改变。"意见稿说：训练的目的是检查本地区支左工作中存在的问题，训练方法主要采取整风和"四大"的形式，阅读毛主席著作、中央文件和其他有关材料，联系实际，联系思想，开展批评与自我批评。

8月20日　中共中央、国务院、中央军委、中央文革小组发出经毛泽东审阅同意的《关于进一步实行节约闹革命，控制社会集团购买力，加强资金、物资和物价管理的若干规定》。

8月20日、28日，9月5日　三次审阅修改姚文元和他在上海的写作班子起草的《修正主义者的丑恶灵魂——评〈理想·情操·精神生活〉和〈思想·感情·文采〉〔1〕的反动本质》一文，认为很好，建议在北京发表。同时提出"宜在二三个月内写几篇批刘（指刘少奇——编者注）文章"。毛泽东将文章的题目改为《评陶铸的两本书》。在文中谈到"首都五一六红卫兵团"〔2〕处加写一段话："这个反动组织，不敢公开见人，几个月

〔1〕这是陶铸1962年和1964年先后出版的两本书。

〔2〕这个组织利用1967年5月报刊公开发表"五一六通知"的机会，打着贯彻通知的旗号，进行秘密活动，散发、张贴攻击周恩来的传单。此案不久即查清处理。1968年，又成立以陈伯达为组长的中央清查"五一六"专案领导小组，清查运动一度严重扩大化，许多反对林彪、江青一伙的干部、群众被打成"五一六分子"。

来在北京藏在地下，他们的成员和领袖，大部分现在还不太清楚，他们只在夜深人静时派人出来贴传单、写标语。对这类人物，广大群众正在调查研究，不久就可以弄明白。”另外，删去文中一段话：“‘劳动人民知识分子’是不通的。知识分子都从属于一定的阶级。根据毛主席《在中国共产党全国宣传工作会议上的讲话》中的分析，只能从知识分子的阶级立场和世界观，来判断其属于无产阶级知识分子或资产阶级知识分子，属于左派、中间派或右派。你咒骂这种科学分析是‘肃杀之气’也好，杀肃之气也好，对立阶级的客观存在是你反革命黑话抹杀不了的。”

8月22日 晨，周恩来接见广州两派赴京代表时说：不要再提“军内一小撮”。“军内一小撮”是在“七二〇事件”后宣传机关提错了的。毛主席批评了这件事。

同日 晚上，外事口造反派和北京一些红卫兵组织冲击并焚烧了英国驻中国代办处，制造了一起新中国成立以来最严重的违法涉外事件。

8月25日 审阅中共中央、国务院、中央军委、中央文革小组《关于展开拥军爱民运动的号召》稿，批示：“很好，照发。”文件号召开展一个热烈的拥军爱民运动，制定新的拥军爱民公约，体现毛主席的以下思想：要相信和依靠群众，相信和依靠人民解放军，相信和依靠干部的大多数；人民解放军应当坚决支持无产阶级革命派，支持红卫兵小将，支持革命群众；人民群众必须协助人民解放军搞好“三支两军”的工作；双方面各自实行公开的、群众性的自我批评。此件于当日发出。

8月25日、26日 在上海虹桥宾馆两次听取根据周恩来嘱咐从北京返回上海的杨成武的汇报，内容是王力八月七日发表讲话煽动造反派夺外交部的权，和关锋主持起草《红旗》杂志八月一日社论鼓吹“揪军内一小撮”等情况。毛泽东认为王力八月七日的讲话是“大、大、大毒草”。并说：王、关、戚是破坏文化大革命的，不是好人。你只向总理一人报告，把他们抓起来，要总理负责处理。对戚本禹，指出是犯了严重错误，要严肃批评，限期改正，再看一看，能不能分化出来，看他改不改。二十六日中午，杨成武回到北京，向周恩来报告了毛泽东的意见。随后王力、关锋被隔离审查。一九六八年一月，戚本禹被隔离审查。

8月29日　下午，在上海虹桥宾馆听取杨成武关于中央文革小组八月二十五日会议情况的汇报。谈到王力八月七日讲话时，毛泽东说：那些话我也不能说的，我没有叫他管外交部。谈到由谁分管宣传和外交工作时说：还是第一个办法好，姚文元去接，要有一个准备时期。外交部的干部档案研究一下，要管起来。恐怕他们（指造反派——编者注）已经管起来了。谈到周恩来身体不太好的情况时说：要多睡觉，不要开长会，不要多说话。谈到有人要打倒黑龙江省革委会时说：那不行。

8月　得知周恩来指示北京卫戍区司令员傅崇碧派部队保护李井泉〔1〕等几位大区和省市负责人，把王任重、江渭清等二十多位大区和省市区负责人送到卫戍区一安全住所的情况后，表示赞同周恩来的这些保护措施。

9月1日　和林彪、周恩来致电胡志明〔2〕等，祝贺越南民主共和国成立二十二周年。贺电说：美帝国主义在越南遭到惨败，就是因为他们所进行的是一场赤裸裸的侵略战争。越南人民极大地发挥了人民战争的威力，创造了第二次世界大战以后一个

〔1〕李井泉，原任中共中央政治局委员、西南局第一书记兼四川省委第一书记、全国人大常委会副委员长、中国人民解放军成都军区政治委员等职。“文化大革命”中受迫害。1975年1月任全国人大常委会副委员长。

〔2〕胡志明，当时任越南劳动党中央主席、越南民主共和国主席。

国家单独抗击和战胜美帝国主义侵略的光辉典范。

9月4日 在上海虹桥宾馆听取杨成武汇报中央文革小组最近会议和工作等情况。谈到造反派要打倒许世友〔1〕时说：对许世友的第一条罪状就不对，许并没有反对过我。谈到准备发一个不许抢枪的命令时说：发出一个不许抢枪的命令，这个好。

9月5日 审阅周恩来九月四日送审的中共中央、国务院、中央军委、中央文革小组《关于不准抢夺人民解放军武器、装备和各种军用物资的命令》稿，批示："已阅，照办。"命令共四条，强调如有违犯者，当以违犯国法论罪。此件于本日发出。

9月7日 阅戚本禹九月四日检讨自己错误的来信，批示："已阅，退戚本禹同志。犯些错误有益，可以引起深思，改正错误。便时，请你告知关、王二同志。"戚本禹的信中说：关锋、王力犯了很严重的错误，表现形式是"左"倾盲动。我对他们的有些问题察觉不出，王力在外交部问题上犯的错误，就同我有关。

9月9日 晚上，在上海虹桥宾馆同杨成武、张春桥、余立金谈话。谈到文化大革命的前途时，毛泽东说：文化大革命搞到现在，估计有两个前途：一是搞得更好了；一是从此天下分裂，如南京、无锡、北京两大派，势不两立。全国到处两大派，如果统一不起来，这样会不会像辛亥革命以后那样全国出现混乱状况、长期分裂？我们会不会出现那种局面，你们看法怎么样？请你们讨论讨论。在座的人认为这种可能性不大，并提出了五条理由。当他们谈到第一条"有伟大领袖毛主席的崇高威望，有伟大

---

〔1〕 许世友，当时任国防部副部长、中国人民解放军南京军区司令员（1973年12月任广州军区司令员）。1968年3月又任江苏省革委会主任。1969年4月又任中共中央政治局委员。1970年3月又任江苏省革委会党的核心小组组长（至1970年12月）。1970年12月又任中共江苏省委第一书记。

的毛泽东思想”时，毛泽东说：你们强调这一点，讲思想还可以，对个人不要多讲，讲多了将来你们要吃亏的。马克思叫我走了怎么办？一个人的出现是带偶然性的，离开也是带着偶然性的。林彪同志八月九日的讲话我看了，他讲的两点[1]，头一点不能强调，强调将来你们要吃亏的。谈到第二条“人民要求统一，对这种分裂群众是不高兴的”，毛泽东表示赞成。谈到第三条“有几百万军队”，毛泽东说：是呀，这样大的冲击，军队还是很好的。谈到第四条“干部的大多数、群众的大多数是好的”，毛泽东说：怎么最近又有那么多干部不好了，揪了那么多？红卫兵把干部扫多了。谈到第五条“现在的情况和辛亥革命时不一样，地主、资本家被打倒了”时，毛泽东说：过去军阀混战，是地主阶级内部各派之争，每派都要帝国主义支持，和现在的局面不同。谈到当前各地的形势和工作任务时，毛泽东说：根据现在的形势看，是向好的方面发展。北京、上海、山东、山西、黑龙江、贵州、青岛七个省市革命委员会是好的，但内部都还有一些问题。总的看，这七个单位的形势是好的。北京、上海比较稳定，这两个地方的群众、军队、干部关系好，“三结合”好。还有几个省区问题基本解决了——河南、湖北、湖南、浙江、江西、内蒙古、四川、甘肃。今年还有不到四个月，可不可以再解决十个省？如果再解决十个省，那形势就很好了。谈到干部和群众的关系时，毛泽东说：龙潜[2]整得过分啦，搞“喷气式”，罚

---

〔1〕　林彪1967年8月9日同曾思玉、刘丰谈话时说：“我们发动文化大革命靠两个条件，一是靠毛泽东思想和毛主席的崇高威望；再是靠解放军的力量。”

〔2〕　龙潜，原任中国人民解放军浙江省军区第二政治委员、浙江省军管会主任。“文化大革命”中受迫害。1975年11月任中国人民解放军河南省军区政治委员。

跪，挨打，挂牌子。为什么会产生这样的事？一个是执行了资产阶级反动路线，群众有气；一个是官做大了，薪水多了，有事不跟人家商量，不平等待人，不民主，严重脱离群众，到处骂人、训人，战士有意见平时没有机会讲，有机会就爆发了。一年用一个星期的时间，战士有意见让他讲一讲，讲完了他就没有意见了。以后干部多到下面去走一走、看一看，在某种意义上说，最聪明、最有才能的是有实践的战士。我们这些人接近群众就比较困难了，去了就包围。还是要想办法去，可以化装去，北京、上海不行，就到别的不认识你的地方去。干部要同群众关系搞好，军队干部和群众关系也要搞好，要找他们谈话，做思想工作，要多谈几次。谈到造反派的问题时，毛泽东说：要告诉造反派的头头，现在正是他们犯错误的时候。要用我们自己犯错误的经验教训，教育他们。现在有点严肃、紧张有余，团结、活泼不足。要讲团结。干部有错误、有问题，不要背后说，找他个别谈，或在会议上讲。不要搞"喷气式"！现在小将提口号，不留余地。过去"红总"〔1〕提"打倒许世友"，现在告诉他们不能打倒许世友。"八二七"〔2〕又提"谁打倒许世友就是反革命"，这样又要犯错误啦！谈到对武汉问题的处理时，毛泽东说：在武汉，我同你们谈话时，当时王力的态度就很凶。我们有个错误，第一天到武汉就应找陈再道做工作，结果等到第五天。王力没有先做好部队的工作，然后再去做好两派的工作。没有好好进行调查研究，下车伊始就哇里哇啦地叫，这种人没有不犯错误的。谈到工厂两派冲突时，毛泽东说：一个工厂都是工人，为什么分两派，我想不通。

---

〔1〕"红总"是当时江苏省的一个群众组织。

〔2〕"八二七"是当时江苏省的一个群众组织。

9月13日 审阅中共中央、国务院、中央军委、中央文革小组《关于抓紧搞好秋收、秋种、秋耕的通知》稿和《关于严禁抢夺国家物资商品，冲击仓库，确保国家财产安全的通知》稿，分别批示："照办。"

9月13日、10月11日 两次审阅林彪八月九日接见曾思玉、刘丰〔1〕的讲话记录稿。九月十三日批示："已阅，作了几处修改，是否妥当，请酌定。这篇话讲得好，应当发下去。"十月十一日批示："林彪同志：此件压了很久，今天看第二遍，又作了一点小的修改，请你酌定。请转恩来、伯达、康生诸同志一阅。用中央名义写一个报头，即可发下去。"毛泽东所作修改主要是：（一）讲话稿中多处点名批判陈再道，毛泽东均一一删去陈再道的名字。（二）在讲话稿"毛主席在七届二中全会上讲，国内的主要矛盾是无产阶级和资产阶级的矛盾，对社会主义革命有极其伟大的意义"之后，删去"这是对马克思主义的伟大发展"一句。（三）林彪讲到过去的革命都是仓促上阵的，列举了秋收暴动、土地革命、打土豪、打蒋介石、打日本。毛泽东在"秋收暴动"之前加了"北伐战争、南昌暴动"，之后加了"各根据地的建立"。十月十九日，中共中央转发林彪的这个讲话。

9月16日 阅林彪九月十日报送的山东省革命委员会关于

---

〔1〕 曾思玉，当时任中国人民解放军武汉军区司令员。1968年2月又任湖北省革委会主任。1970年3月又任湖北省革委会党的核心小组组长（至1971年3月）。1971年3月又任中共湖北省委第一书记。1973年12月任中国人民解放军济南军区司令员。刘丰，当时任中国人民解放军武汉军区政治委员。1968年2月又任湖北省革委会副主任。1970年3月又任湖北省革委会党的核心小组副组长（至1971年3月）。1971年3月又任中共湖北省委第二书记。后被撤销党内外一切职务。

在本省报刊上公开点名批判谭启龙、白如冰[1]的请示报告，批示："内部批判，不公开点名。至于小报上点名，可不制止。"

同日 晨，乘专列离开上海，上午到达杭州。中午，在专列上同第二十军政委南萍[2]和空五军政委陈励耘[3]谈话，杨成武、张春桥、余立金、汪东兴等参加。谈到文化大革命的进展情况时，毛泽东说：运动第一年已经过去了，第二年又过了三个月了，七、八、九。再解决十个省市的问题，全国我看春节差不多了，可能有个眉目了。谈到派性冲突时，毛泽东说：红卫兵、工厂的工人分两派，一个工厂、学校分两派，我想不通。双方都有后台。一家也分成两派。要研究具体的人，造反和保守都有偶然性。形"左"实右，现在还是以极左的面目出现，这是主要的。谈到干部和群众的关系时，毛泽东说：我们的军队历来有两种作风，一是民主作风，官兵关系好；另一种是训人、骂人、摆架子，不平等待人，缺乏民主，上下级关系不好。现在有的干部紧张严肃有余，团结活泼不足。所谓团结，是指的民主作风，是指的平等待人。老爷要向小爷学习，大官要向士兵学习。要向群众

---

〔1〕 白如冰，原任中共山东省委书记处书记、山东省省长。"文化大革命"中受到冲击。1970年6月任山东省革委会副主任（1974年11月任主任）、山东省革委会党的核心小组成员（至1971年4月）。1971年4月又任中共山东省委副书记（1973年8月任第二书记，1974年11月任第一书记）。1975年8月又任中国人民解放军济南军区第一政治委员。

〔2〕 南萍，当时还任中国人民解放军浙江省军区政治委员。1968年3月又任浙江省革委会主任、浙江省革委会党的核心小组组长（至1971年1月）。1971年1月又任中共浙江省委第一书记。1985年1月被撤销党内外一切职务。

〔3〕 陈励耘，1968年3月又任浙江省革委会第一副主任、浙江省革委会党的核心小组第一副组长（至1971年1月）。1971年1月又任中共浙江省委书记。参与了林彪反革命集团的阴谋活动，1978年4月被开除党籍。

学习，要向战士学习，要放下架子，什么都是群众创造的。谈到怎样正确对待干部的问题时，毛泽东说：龙潜、阮贤榜[1]有错误，还要帮助他们，不能一棍子打死，不能像湖南农民运动对待地主一样。对待干部不能像对待地主一样，罚跪、坐“喷气式”、抄家、戴高帽、挂牌子，这种做法我是反对的，这些要禁止。这种做法破坏了我们的传统。对国民党的杜聿明、黄维、王耀武[2]还优待嘛！希望他们错了就改，能站出来。哪有那么多人要打倒啊！对干部要一分为二，不能一切都抹杀了，他们过去还打过很多仗嘛！上海说对陈丕显、曹荻秋比较文明，但是人家申辩几句就说不老实。人家是一个人两个人，你是几百人。从长远打算，这样做，对我们养成的好作风不利。我们历来是团结——批评——团结，历来是讲道理，准许申辩。现在搞乱了，被破坏了。你们对省委、地委的干部要慎重。现在要打倒一个人很容易，只要红卫兵一轰。就是顽固到底的人也不要紧，给他饭吃。红卫兵对干部一风吹不好。现在红卫兵把团结——批评——团结搞乱了，破坏了。谈到造反派要打倒许世友等军队干部时，毛泽东说：打倒许世友行吗？对许世友我是要保的。你要打倒许世

〔1〕 阮贤榜，当时任中国人民解放军浙江省军区副司令员，1967年9月前曾任浙江省军管会副主任。

〔2〕 杜聿明，原国民党军徐州“剿匪”总司令部副总司令兼前进指挥部主任，1949年1月在淮海战役中被俘。黄维，原国民党军华中“剿匪”总司令部第12兵团司令官，1948年12月在淮海战役中被俘。王耀武，原国民党军徐州“剿匪”总司令部第2绥靖区司令官，1948年9月在济南战役中被俘。

友，还有个韩先楚，还有个东北陈锡联[1]，都打倒了谁指挥打仗啊？他们过去还是打了很多仗的嘛！有人说打倒许世友有三条理由，我看理由不充分。对这次文化大革命跟不上，一下想不通，有错误。有错误，愿意检讨，检讨了就好了。这个人还是有魄力的，错就错，对就对，很果断。他犯错误也果断嘛！谈到其他一些受到冲击的干部时，毛泽东说：有人提出打倒徐向前，徐向前我是一定要保的。不管谁要打倒，我是一定要保的。贺龙这个人，将来恐怕还是要当中央委员。邓小平同刘少奇还是有区别。在瑞金时，张闻天和王稼祥[2]是受排挤的，遵义会议没有他们不行。红卫兵要把他们两个揪出去斗，我不同意。一个干部几十年中他总是做了一些好事嘛！陈毅，打过仗。姚登山[3]怎么能当外交部长？闯了几个祸。外交口子里有坏人、黑手、反革命。说叶剑英、徐向前是黑手，我看不一定，黑手主要是王力。

9月17日　晨，到达南昌。上午，在专列上同江西省负责

---

〔1〕 陈锡联，当时任中国人民解放军沈阳军区司令员（1973年12月任北京军区司令员）。1968年5月又任辽宁省革委会主任。1969年4月又任中共中央政治局委员、中央军委委员（1975年2月任军委常委）。1970年3月又任辽宁省革委会党的核心小组组长（至1971年1月）。1971年1月又任中共辽宁省委第一书记。1975年1月又任国务院副总理。1976年2月又主持中共中央军委日常工作。

〔2〕 张闻天，当时任中共中央政治局候补委员，曾任外交部副部长。在1959年8月中共八届八中全会上被错误地打成“反党集团”成员。“文化大革命”中又受迫害。1976年7月1日去世。1979年8月中共中央为张闻天平反。王稼祥，曾任中共中央书记处书记、中央对外联络部部长。“文化大革命”中受迫害。1974年1月25日在北京去世。1979年3月得到平反。

〔3〕 姚登山，曾任中国驻印度尼西亚大使馆临时代办。

人程世清、杨栋梁、刘瑞森、郭光洲、黄先、陈昌奉[1]谈话，杨成武、张春桥等参加。谈到对干部要采用教育的方法时，毛泽东说：这次总要从教育入手，如人武部、军分区好人总是多数，有的是犯错误，还是要用教育方法。江西省一级，还要多站出一些干部来。造反派的报复思想不好，造反派的领袖要注意。不能不教而诛，教了也不能诛。现在先集训一下，中央应该开集训班，将来主要是各省开集训班集训。谈到要批评极左派时，毛泽东说：干部垮得这么多，究竟是个好事还是坏事？现在要批评极左派思想——怀疑一切。这种人不多，但是能量很大，与社会上坏人勾结在一起。我们不是专为保守派说话，是教育左派的问题。总之，要团结大多数嘛！要教育左派，教育干部。有些右派，你们不要看得过死了。有坏人是少数，经过训练可以改变。一个工厂、一个公社分两派，不是认识问题，就是立场问题。立场问题也可以变的嘛！站过来就是了，大多数人可以变的。总而言之，打击的面要缩小，教育的面要扩大，包括左派。要拿一个纲领来团结起来，不是拿哪一个为核心来团结起来，我还是偏向于要多一些人。

9月18日 到达长沙。上午，在专列上听取湖南省负责人

---

〔1〕 杨栋梁，当时任中国人民解放军江西省军区司令员。1968年1月又任江西省革委会副主任、江西省革委会党的核心小组成员。刘瑞森，原任中共江西省委书记处书记。1968年1月任江西省革委会常委。郭光洲，原任中共江西省委书记处候补书记。1968年1月任江西省革委会党的核心小组成员。黄先，原任中共江西省委书记处候补书记、江西省副省长。1968年1月任江西省革委会副主任、江西省革委会党的核心小组成员。陈昌奉，当时任中国人民解放军江西省军区独立师师长。1968年1月任江西省革委会党的核心小组成员。1969年8月任江西省军区副司令员（1972年11月任司令员）。

黎原、华国锋[1]、章伯森关于湖南情况的汇报，杨成武、张春桥等参加。谈到团结的问题时，毛泽东说：两派都是工人，一派是左派，一派是保派，我总想不通。越压越是反抗。学校造反派也要学政策，什么以我为核心，这个问题要解决。核心是在斗争中、实践中群众公认的，不是自封的。谈到对群众运动的看法时，毛泽东说：清理干部得搞群众运动。群众运动有一个规律，到了时候才会回头。大多数要教育。他们中极少数是坏人，打击面宽了不好。集训时左派要参加，红卫兵要来一些参加。开会时各派专门批评自己，不要批评对方。我们军队过去就用这个办法。和地方关系不好，只检查批评部队自己，对地方不提批评意见。

9月19日 晨，到达武汉。在专列上同曾思玉、刘丰谈话。毛泽东对曾思玉说：你有股革命干劲，有事要向总理报告，遇事多与同志们商量。湖北、河南两省人口有一亿多，地处中原，扼守长江和京广线的咽喉，战略地位十分重要。你们的责任重大，要掌握两省军队，稳定局势。你们要同河南的刘建勋同志搞好团结，共同做好工作。湖北由你们直接组织军队做“三支两军”工作，要学会做群众工作，有计划有步骤地做好解放干部和大联合的工作。谈到“七二〇事件”时，毛泽东说：武汉“七二〇事

---

〔1〕 黎原，当时任湖南省革委会筹备小组组长、中国人民解放军第47军军长。1968年4月又任湖南省革委会主任。1970年4月至5月又任湖南省革委会党的核心小组组长。1975年7月任中国人民解放军兰州军区副司令员。华国锋，当时任湖南省革委会筹备小组副组长。1968年4月任湖南省革委会副主任（1970年5月代理主任）。1970年5月、10月、12月又先后任湖南省革委会党的核心小组组长、中国人民解放军广州军区政治委员兼湖南省军区第一政治委员、中共湖南省委第一书记。1971年1月又任国务院业务组副组长。1973年8月又任中共中央政治局委员（1976年4月任中央第一副主席）。1975年1月又任国务院副总理（1976年2月任代理总理、4月任总理）兼公安部部长。

件”，本来是可以避免的。王力在水利电力学院抢先点了一把火，支一派，打一派，搞得“百万雄师”与几个“钢派”群众组织对立，结果人民遭殃，武汉军区和军分区、县人武部受到冲击。你们要把独立师、军分区、县人武部的主要干部集中起来，准备去北京办学习班，认清形势，统一思想，搞好团结，做好工作，稳定干部队伍。当曾、刘谈到现在许多地方干部靠边站了，人手不足，准备请张体学出来抓湖北省的工作时，毛泽东说：那好。你们亲自去做工作，得到群众的谅解，多解放一些地方干部，站出来搞结合，抓革命，促生产，促战备。

同日　晚上，在武昌东湖客舍同杨成武、张春桥、余立金、汪东兴谈话。毛泽东说：要解放一批干部，大胆使用一批干部，多数的干部是好的。谈到召开九大的问题时说：要开一次九大，准备在明年秋季，至少在后年一月份召开。中央委员会要扩大。怎样扩大？中央委员会要选些新鲜血液，代表里要有新鲜血液。选中央委员，刘少奇同邓小平是不是有区别？我看是应该有区别。他（指邓小平——编者注）打过仗。可不可以当中央委员？你们赞成不赞成？贺龙恐怕还要选他当中央委员，因为他是二方面军的头子。党的机构、政府机构都应大大缩小，干部不要多，要精干。要不要开人民代表大会，什么时候开人民代表大会？革委会和党的机构是一个组织好，还是分成两个好？你们考虑考虑，议一议。

9月20日　晨，乘吉普车到武汉街上看大字报。看到街上有很多宣传车，对随行人员说：你告诉曾司令员，这不好，我很反感。

同日 晚上，在武昌东湖客舍同曾思玉、刘丰、方铭、张纯青[1]谈话，杨成武、张春桥、余立金、汪东兴参加。谈到处理“百万雄师”的情况时，毛泽东说：前一次王力他们解决“百万雄师”，不先同部队讲好，做好工作，而急急忙忙到群众中去表态，有偏向，捅了一个马蜂窝，着急。对“百万雄师”不要整得那么狠，坏的还是少数，广大群众是好的。对独立师也不要去整，干部、战士都是受蒙蔽的。总要给犯错误的人以出路，包括陈再道。不知谁批准的搞“喷气式”、挂牌、戴高帽，红卫兵还引用我的《湖南农民运动考察报告》，但那时是对土豪劣绅的。谈到训练军队干部时，毛泽东说：十八年来没有训练过人武部、军分区、省军区和大军区的干部，责任在我，我是军委的主席嘛。为什么不训练？不出问题还想不起要训练这些干部的问题。小县训练三四百人，中县训练六七百人，大县训练八九百、千把人。时间不要好久，两个月，以后一年训练一次。不但要训练武的，还要训练文的，不仅军队干部要训练，党政干部和红卫兵的头头也要训练。如果红卫兵头头不训练，将来就可能犯错误。谈到使用干部问题时，毛泽东说：干部要精不要多。干部不要靠从外边来，就在本地找嘛。我不相信原来的军区就没有好人，有错误至少是三七开嘛。人就是要在斗争中锻炼出来，你们这些人不就是从斗争中锻炼出来的吗？湖北省总要找些革命干部，没有省长有部长，没有部长有局长，没有局长有科长。谈到文化大革命的进展情况时，毛泽东说：大概春节以前，全国基本上解决问题，还有四个多月。湖北省再搞两个多月差不多了。谈到召开九

---

〔1〕 方铭，当时任中国人民解放军空降兵第15军军长兼武汉警备区司令员。1968年1月又任武汉市革委会主任。张纯青，当时任中国人民解放军空降兵第15军政治委员兼武汉警备区政治委员。

大时，毛泽东说：全国的问题怎样解决，九大什么时候开，怎么选代表，你们议一下。要开，我看明年秋季九月份开，至少后年一月开。代表嘛，工、农、兵、学、商都选。左派为主，要有中间派，也要有右派，但不是反革命，没有他们的代表不行。革委会要不要？是不是恢复党政军？邓小平恐怕要保。第一他打过一些仗，第二他不是国民党的人，第三他没有“黑修养”。可不可以选他当中央委员？你们讨论一下，九大谁可当选中央委员，邓小平是一个标兵。张体学行不行？贺龙还行不行？九大的问题，你们研究研究。谈到注意请示报告问题时，毛泽东说：现在，要强调一下，下面的干部要多请示报告。我们的答复不一定都是正确的，但比你不报告、各行其是、搞独立王国要好。你报告了，错了是我们的，你们是第二位了。现在，搞了什么伟大领袖、伟大导师、伟大统帅、伟大舵手，搞那么多官衔干什么？我姓毛，是党的主席，叫我毛主席就行了。我很不喜欢你们给我的四个官衔。

9月21日　上午，在武昌东湖客舍同杨成武谈话。毛泽东说：七、八、九三个月，形势发展很快，全国无产阶级文化大革命形势大好，不是小好。整个形势比以往任何时候都好。全国在春节前就差不多了，解决了。文化大革命明年春天结束，不能再搞了。

同日　乘专列离开武汉。

9月22日　上午，途经郑州，在专列上听取河南省负责人刘建勋、纪登奎、王新〔1〕等汇报工作。毛泽东说：抓军队一小撮的口号是错误的。

9月23日　回到北京。

同日　经毛泽东审阅同意，中共中央、国务院、中央军委、

〔1〕王新，当时任中国人民解放军河南省军区第二政治委员。1971年7月又任武汉军区副政治委员。

中央文革小组发出《关于在外地串连学生和在京上访人员立即返回原单位的紧急通知》。通知指出：在外地串连的北京和各地的学生以及其他人员，立即无条件地返回原地原单位。从九月二十八日起，北京和各地的接待机构一律停止招待外来串连的学生和其他人员。学生和其他人员的联络机构，在九月二十八日前全部撤销。

9月24日 召集周恩来等开会。谈到召开九大问题时，毛泽东说：接班人当然是林彪。还说：刘少奇、邓小平要有区别。

9月26日 晚上，到京西宾馆看望正在北京学习和开会的各省、区军队干部。

9月28日、30日 两次审阅《人民日报》、《红旗》杂志、《解放军报》（合称两报一刊）编辑部为国庆十八周年写的社论稿《无产阶级专政下的文化大革命胜利万岁》。二十八日，批示："可用。应引几段列宁的话，应多次提到马克思列宁主义。"根据这个批示，社论修改稿引用了列宁的两段话："革命是被压迫者和被剥削者的盛大节日。人民群众在任何时候都不能够像在革命时期这样以新社会秩序的积极创造者的身份出现。在这样的时期，人民能够作出从市侩的渐进主义的狭小眼光看来是不可思议的奇迹。""无产阶级专政是新阶级对较强大的敌人——资产阶级进行的最无畏和最无情的战斗。资产阶级的反抗，因为自己被推翻（哪怕是在一个国家内）而凶猛十倍。它的强大不仅在于国际资本的力量，不仅在于它的各种国际联系牢固有力，而且还在于习惯的力量，小生产的力量。因为，可惜现在世界上还有很多很多小生产，而小生产是经常地、每日每时地、自发地和大批地产生着资本主义和资产阶级的。由于这一切原因，无产阶级专政是必要的，而且不经过持久的、顽强的、殊死的战斗，即不经过坚持不懈、纪律严格、坚忍不拔和意志统一的战斗，便不能战胜资产阶级。"三十日，毛泽东在修改稿上批示："退陈伯达同志照办。

修改得很好。在第三页，我作了一点修改，请酌定。”毛泽东的修改，是将文中引用的他的一句话“革命的红卫兵和革命的学生组织要实现革命的大联合，两派是革命群众组织，要无条件实现革命大联合”，改为：“革命的红卫兵和革命的学生组织要实现革命的大联合，只要两派都是革命的群众组织，就要在革命的原则下实现革命的大联合。”这篇社论发表在十月一日《人民日报》、《解放军报》和十月六日出版的《红旗》杂志一九六七年第十五期。

9月29日 审阅林彪准备在国庆十八周年庆祝大会上的讲话稿，批示：“退林彪同志。此件很好，气势磅礴，又扎实、不浮夸。是一篇一年斗争的总结文章。”这篇讲话刊登在十月二日《人民日报》。讲话中说：“毛主席最近指示我们，要斗私，批修。”

同日 下午，召集周恩来等开会，谈召开九大问题。

9月30日 下午，在人民大会堂会见由谢胡〔1〕率领的阿尔巴尼亚党政代表团，主要谈文化大革命问题，周恩来、康生、刘宁一等在座。毛泽东说：去年上半年到今年二月，我把形势估计得严重一点，我说我们这场斗争的第一个可能性是失败，第二个可能性是胜利。现在可以看出一个眉目来了，第一个可能性是胜利，而不是失败。但是我们还要准备第二个可能性，准备两手没有坏处。中国的事情有一部分干得还可以，有一部分干得不好。如果统统干得好，还搞文化大革命干什么？正是有个黑暗面，要改变。去年夏季赞成我们这些道理的，赞成文化大革命的，占少数。那时工人还没有起来，学生受压迫，左派站不起来，红卫兵刚刚冲破这个压迫。现在来看，情况就不同了，工人起来了，革命派占了多数。现在可以说，多数省革命派占了多数。他又说：

〔1〕 谢胡，当时任阿尔巴尼亚劳动党中央政治局委员、阿尔巴尼亚部长会议主席。

党里面没有右派，才不可设想呢，这是社会阶级斗争在党内的反映。社会上有资产阶级、封建阶级，它就要在共产党里找代理人。

10月1日 上午十时，和林彪、周恩来等党和国家领导人出席在天安门举行的中华人民共和国成立十八周年庆祝大会，检阅群众游行队伍。晚上，毛泽东等在天安门城楼观看焰火。

10月3日 下午，在人民大会堂一一八厅会见由总理努马扎莱率领的刚果（布）政府代表团，周恩来、李先念、徐以新〔1〕等在座。谈到文化大革命的情况时，毛泽东说：无政府主义也大大发展了。有那个思潮，暴露出来好，我们就可以教育。有些红卫兵乱打一气，他们要打倒外交部长陈毅，打倒周恩来，打倒李先念。这不对。我们对这些干部要保护。讲清楚了，他们就不打倒了。努马扎莱说：你们的干部同我国干部有很大的区别。毛泽东说：也没有多少区别。官大了，薪水多了，房子住好了，出门有汽车，架子也大了。前四条都可以，可以做大官，薪水可以多一点，房子可以住好一些，坐汽车也可以，就是有一条，你不要摆官僚架子。我只要求你一条，把官僚架子放下，跟老百姓、工人、农民、学生、战士、下级一起，平等待人。不要动不动就训人，有道理为什么要训人，可以解释嘛。有的官也不大，如支部书记，住房也不很好，出去没有汽车，薪水也不多，就是要摆官僚架子，动不动就训人。这样不行，老百姓不同意，也要批评你，当然不会因为这些打倒你。努马扎莱说：外国人讲中国乱得很。毛泽东说：有一点乱就是了。就是要乱，不乱不得了。乱了一会就不乱了，请他乱，他也不乱了。乱得厉害就好办事，正确与错误两方面都暴露出来了，胜负就可以分。好像身上长了一身脓疮，脓挤出来了，身体更健康了。现在没有危险了，

〔1〕 徐以新，当时任外交部副部长。

有那么几个乱的省，除安徽外，我已经走过了。打够了，不愿再打了，问题已解决了。一个工厂为什么要分成两派，而且打得那么凶？这没有道理。谈到文化大革命的目的时说：文化大革命是要部分地改造我们的国家机器。国家机器无非是军队、党、政府，部分地改造，包括军队在内。

10月5日 下午，在人民大会堂会见由黎清毅、黄文欢〔1〕率领的越南党政代表团和战斗英雄黄文旦率领的越南南方民族解放阵线代表团，林彪、周恩来、聂荣臻、杨成武、粟裕等在座。毛泽东说：你们对付的是一个世界第一号的帝国主义。正如你们所讲的，最后胜利要属于你们的，这是有根据的。变成一个持久战就行了，美国就怕这一条。

10月7日 审阅中共中央关于印发《毛主席视察华北、中南和华东地区时的重要指示》〔2〕的通知稿，对指示作个别文字修改。经毛泽东审阅修改的《毛主席视察华北、中南和华东地区时的重要指示》于本日发出。这个文件集中了毛泽东七月十四日至九月二十三日在视察期间对文化大革命的论述，主要内容有："毛主席说，七、八、九三个月，形势发展很快。全国的无产阶级文化大革命形势大好，不是小好。整个形势比以往任何时候都好。""形势大好的重要标志是人民群众充分发动起来了。""毛主席说，有些地方前一段好像很乱，其实那是乱了敌人，锻炼了群众。""毛主席号召各地革命群众组织实现革命的大联合。毛主席说，在工人阶级内部，没有根本的利害冲突。在无产阶级专政下

〔1〕黎清毅，当时任越南劳动党中央政治局委员、越南民主共和国政府副总理。黄文欢，当时任越南劳动党中央政治局委员、越南民主共和国国会常务委员会副主席。

〔2〕这个文件是毛泽东视察时谈话要点记录的整理稿。

的工人阶级内部，更没有理由一定要分裂成为势不两立的两大派组织。”“革命的红卫兵和革命的学生组织要实现革命的大联合。只要两派都是革命的群众组织，就要在革命的原则下实现革命的大联合。”“在谈到革命大联合以谁为核心时，毛主席说，什么‘以我为核心’，这个问题要解决。核心是在斗争中实践中群众公认的，不是自封的。自己提‘以我为核心’是最蠢的。”“毛主席说，要正确地对待受蒙蔽的群众。对受蒙蔽的群众，不能压，主要是做好思想政治工作。”“向坏人专政的问题。毛主席说，政府和左派都不要捉人，发动革命群众组织自己处理。例如，北京大体就是这样做的。专政是群众的专政，靠政府捉人不是好办法。政府只宜根据群众的要求和协助，捉极少数的人。”“关于干部问题。毛主席说，绝大多数的干部都是好的，不好的只是极少数。对党内走资本主义道路的当权派，是要整的，但是，他们是一小撮。我们的干部中，除了投敌、叛变、自首的以外，绝大多数在过去十几年、几十年里总做过一些好事！要团结干部的大多数。犯了错误的干部，包括犯了严重错误的干部，只要不是坚持不改，屡教不改的，都要团结教育他们。要扩大教育面，缩小打击面，运用‘团结——批评和自我批评——团结’这个公式来解决我们内部的矛盾。在进行批判斗争时，要用文斗，不要搞武斗，也不要搞变相的武斗。有一些犯错误的同志一时想不通，还应该给他时间，让他多想一个时候。要允许他们思想有反复，一时想通了，遇到一些事又想不通，还可以等待。要允许干部犯错误，允许干部改正错误。不要一犯错误就打倒。犯了错误有什么要紧？改了就好。要解放一批干部，让干部站出来。”“毛主席说，正确地对待干部，是实行革命三结合，巩固革命大联合，搞好本单位斗、批、改的关键问题，一定要解决好。我们党，经过延安整风，教育了广大干部，团结了全党，保证了抗日战争和解放战争的胜利。这个传统，我们一定要发扬。”“关于上下级关系问题。毛主席说，有些干部为什么会受到群众的批判斗争呢？一个是执行了资产阶级反动路线，群众有气。一个是官做大了，薪水多了，自以为了不起，就摆架子，有事不跟群众商量，不平等待人，不民主，喜欢骂人，训人，严重脱离群众。这样，群众就有意见。平时没有机会讲，无产阶级文化大革命中爆发了，一爆发，就不得了，弄得他们很狼狈。今后要吸取教训，很好地解决上下级关系问题，搞好干部和群众的关系。以后干部要分别到下面去走一走，看一看，遇事多和群众商量，做群众的小学生。”“要讲团结。干部有错误，有问题，不要背后说，找他个别谈，或者会议上讲。”“我们现在有的严肃、紧张有余，团结、活泼不足。”“关于教育干部的问题。毛主席说，干部问题，要从教育着手，扩大教育面。不仅武的（军队），还要文的（党、政），都要进行教育，加强学习。中央、各大区、各省市都要办学习班，分期分批地轮训。”“毛主席教导我们，对红卫兵要进行教育，加强学习。要告诉革命造反派的头头和红卫兵小将们，现在正是他们有可能犯错误的时候。”“毛主席在视察各地的过程中，高度赞扬了广大工农群众、人民解放军指战员、红卫兵小将、革命干部和革命知识分子，在一年多来的无产阶级文化大革命中建立的功勋。毛主席号召他们，要斗私、批修，要拥军爱民，要抓革命促生产，促工作，促战备，把各方面的工作做得更好，把无产阶级文化大革命进行到底。”

10月9日 审阅陈伯达、江青本日关于选编《刘少奇言论》的请示报告和《出版说明》。把《出版说明》中“他伙同党内另一个最大的走资本主义道路的当权派邓小平”一句，改为“伙同其他一些走资本主义道路的当权派”，删去另一处同刘少奇并列的邓小平的名字，并批示：“林彪、恩来同志阅后，退陈伯达同志办理。《说明》中，不提邓小平。是否妥当，请酌定。以什么机关为出版单位的问题，请在一次会议上商定。”这部所谓批判资料共三卷，后来书名改为《中国赫鲁晓夫刘少奇反革命修正主义言论集》，出版单位署为“人民出版社资料室”，内部发行。

10月12日 晚上，在人民大会堂再次会见由谢胡率领的阿尔巴尼亚党政代表团，林彪、周恩来、陈伯达、康生、李富春等在座。谈到中国文化大革命目前的局势时，毛泽东说：从九月下旬起，全国联合的多，不联合的少。这一个月形势发展很快，阵线分明了。我们要全面解决还得几个月。我们准备三年，到今年六月一日算一年。六、七、八、九，还差两个月到一年半。大体上过一段时间乱得厉害的地方也好办了，不痛不痒的地方不好办。谈到文化大革命对干部的冲击时说：现在各级政府改组了，这对我们的干部是一个很大的考验。薪水多了，官大了，房子住得好了，出门有汽车了，有了这四条他就不革命了，不接近人民群众，也不接近下级干部，做官当老爷。对付这些人，我们毫无办法。这回好，群众就整他了。这不是刘少奇一个人的事，而是有一批人。但是，在整个人民中，在干部中，他们是少数。这是一次审查干部的好机会。我们只换一部分人，换坏的头子。办法是在中央、省这两级开训练班，学习一个月或者两个月。大概明年或后年我们开党代表大会，把党重新建立起来。要做些准备工作。

同日 《人民日报》根据毛泽东外出视察华北、中南、华东地区时的指示精神，发表题为《全国都来办毛泽东思想学习班》的社论，提出要以“斗私、批修”为纲，普遍地举办毛泽东思想学习班。此后，全国各地陆续举办各种形式的毛泽东思想学习班。中央也举办多期学习班，分期分批抽调未成立革命委员会的省、自治区的有关人员来京学习，以解决这些省、区的问题。

10月13日、14日 召集周恩来等开会，谈九大政治报告、代表选举等问题。

10月14日 中共中央、国务院、中央军委、中央文革发出《关于大、中、小学校复课闹革命的通知》，要求全国各地大学、中学、小学一律立即开学，认真执行毛主席关于“斗私、批修”的指示，一边进行教学，一边进行改革，实行革命的大联合，建立三结合的领导班子，立即筹备招生事宜。

10月17日 中共中央、国务院、中央军委、中央文革发出《关于按照系统实现革命大联合的通知》。通知引用了毛泽东的一段话：“各工厂、各学校、各部门、各企业单位，都必须在革命的原则下，按照系统，按照行业，按照班级，实现革命的大联合，以利于促进革命三结合的建立，以利大批判和各单位斗批改的进行，以利于抓革命、促生产、促工作、促战备。”通知要求所有革命群众组织都应该“经过充分协商，按照不同的具体情况，遵照毛主席上述的指示办理”。十九日，在《人民日报》题为《遵照毛主席的指示，按照系统实行革命大联合》的社论中，发表了毛泽东的这段话。

10月20日 审阅陈伯达、姚文元当晚报送的《人民日报》社论稿《正确地执行毛主席的干部政策》，批示：“可用。”社论指出：“我们的伟大领袖毛主席，最近在视察华北、中南和华东地区的无产阶级文化大革命时，对干部问题做了一系列极为重要的指示。毛主席强调指出：‘正确地对待干部，是实行革命三结合，巩固革命大联合，搞好本单位斗、批、改的关键问题，一定要解决好。’”“对于毛主席的这个指示，我们要坚决贯彻执行。”社论于二十一日发表。

10月21日 中共中央、中央文革发出《关于征询对“九大”问题意见的通知》，要求各地各部门党委根据毛泽东最近提出的“什么时候召开党的第九次代表大会、如何准备这次大会的问题”，做好调查，并将调查的结果和你们的意见报告中央。

10月23日 上午，会见由总统达达赫率领的毛里塔尼亚伊斯兰共和国代表团，林彪、周恩来、陈伯达、康生、李富春等在座。毛泽东详细询问毛里塔尼亚的基本情况。他说：希望两国关系更加发展。你们国家继续努力，就能站得住，就能给非洲国家树立起一个榜样。

同日 中午，会见来中国访问的日本齿轮座剧团，林彪、周恩来、陈伯达等在座。

10月24日 阅中共青海省核心小组十月十九日关于恢复党的组织生活给中共中央、中央文革小组的请示电报，批示："中央文革各同志：此件应讨论一下，给以答复，同时转发各地照办。"请示电说：我省基层单位的革命委员会已陆续建立，但党的组织均未恢复，工作中经常遇到需要党组织处理的一些问题。为了加强党的领导，已经成立了革命委员会的单位，可否恢复党的组织生活。毛泽东对"可否恢复党的组织生活"一句批注："应当这样做。"二十六日，张春桥给中共青海省核心小组组长刘贤权打电话说："中央认为，已经成立了革命委员会的单位，可以照你们来电，过党的组织生活。但是，这是件大事，涉及许多问题，如怎样'恢复'？是否原有党员都过组织生活？是先整顿领导机关的党组织再整顿下级组织，还是同时进行？支部同革命委员会的关系怎样？还有很重要的，是如何吸收新党员，输进新的血液，等等。请你们讨论一下，根据不同意见，整理出一个简要的材料，送给中央，并由你或派负责同志到北京同我们一起讨论，报中央决定后再正式答复你们。"张春桥此举受到毛泽东的批评。二十七日，陈伯达起草的周恩来、陈伯达、康生、江青给毛泽东并报林彪的检讨报告说：文革小组"没有很好理解主席的批示，不是直接清楚地按照主席思想，拟出通报，而竟节外生枝，搞烦琐主义，向青海通一个电话，又不先向主席请示，完全擅作主张。这个错误，完全是由我们负责的。类似这种错误，已有好几次”。“小组拟了一个通报各地的稿子，送上，请批示!”毛泽东当日对这个通报稿进行改写，全文如下（加写和改写的文字用着重号标明）：“中共青海省核心小组十月十九日来电请示，已经成立了革命委员会的单位，可否恢复党的组织生活。中央认为各地都应当这样做。但党组织内不应当再容许查明有据的叛徒、特务和在文化大革命中表现极坏而又死不改悔的那些人，再过组织生活。党组织应是无产阶级先进分子所组成，应能领导阶级和群众对于阶级敌人进行战斗的朝气蓬勃的先锋队组织。〔1〕”并批示：“林彪、恩来、中央文革各同志：电报改了一下，请你们再开一次会，如能通过，即可发出。”本日，中共中央、中央文革小组发出这个电报，题为《关于已经成立了革命委员会的单位恢复党的组织生活的批示》。

10月25日　阅聂荣臻九月二十日关于国防科研体制调整改组方案的报告，批示：“聂荣臻同志：此件压了很久，今天看过，很好，照办。”报告提出：一、将中央批准接管的国防科研单位调整编组为若干个研究院。二、积极解决国防科研单位的试制加工力量，缩短研制周期。三、认真做好军管工作，有步骤地进行接管和调整，条件成熟一个就接管和组建一个，争取明年上半年基本上都组建起来。十一月九日，中共中央、国务院、中央军委、中央文革小组转发聂荣臻的报告。

10月29日　晚上，召集周恩来等开会，讨论大、中、小学校开学和如何办大学等问题。

11月3日　审阅两报一刊纪念十月革命五十周年的编辑部

---

〔1〕这一句中的“阶级和群众”，在1968年两报一刊的元旦社论中和中共九大通过的党章中为“无产阶级和革命群众”。

文章《沿着十月社会主义革命开辟的道路前进》（第六稿），批示："修改得好，可用。"陈伯达、姚文元在当日的送审报告中说："这篇社论，又再作修改。关于主席思想六条，作了新的整理。"这里所说的"关于主席思想六条"，是指送审稿中概括为六条的毛泽东"关于无产阶级专政下继续革命的理论要点"。六条要点说的问题是：一、必须用马克思列宁主义的对立统一的规律来观察社会主义社会。二、社会主义社会是一个相当长的历史阶段。在社会主义这个历史阶段中，还存在着阶级、阶级矛盾和阶级斗争，存在着社会主义同资本主义两条道路的斗争，存在着资本主义复辟的危险性。三、无产阶级专政下的阶级斗争，在本质上，依然是政权问题，就是资产阶级要推翻无产阶级专政，无产阶级则要大力巩固无产阶级专政。四、社会上两个阶级、两条道路的斗争，必然会反映到党内来。党内一小撮走资本主义道路的当权派，就是资产阶级在党内的代表人物。五、无产阶级专政下继续进行革命，最重要的，是要开展无产阶级文化大革命。六、无产阶级文化大革命在思想领域中的根本纲领是'斗私，批修'。这篇文章发表在十一月六日《人民日报》、《解放军报》和十一月二十三日出版的《红旗》杂志一九六七年第十六期。

同日　《人民日报》发表《关于教育革命的几个初步方案》，并加编者按语。这个方案，反映了同济大学、北京林学院和北京师范大学教学与教改的设想和做法。在编者按语中用黑体字引用了毛泽东的一段话："进行无产阶级教育革命，要依靠学校中广大革命的学生、革命的教员、革命的工人，要依靠他们中间的积极分子，即决心把无产阶级文化大革命进行到底的无产阶级革命派。"

11月5日　同中央文革碰头会成员谈党的九大和整党问题。毛泽东说：关于九大问题，第一批反映已经来了，可否综合一下，通报各地，继续征求意见。各地对整党有什么意见，也要继续收集。打了一年多仗，搞出了不少坏人。现在要打出一个党来。整党不可能在九大以前统统整好。九大以后，根据新的党纲、党章，继续整党、建党。党员要朝气蓬勃的。死气沉沉的，暮气沉沉的，就不要加入这个党。革命的党死气沉沉怎么行？这次文化大革命，就是整党、整团、整政府、整军队，也是整工、青、妇、学，党、政、军、民、学都整了。我们的党要吸收新血液。工人、贫农、红卫兵中的积极分子要吸收到党里来。旧血液中二氧化碳太多，要清除掉。一个人有动脉、静脉，通过心脏进行血液循环，还要通过肺部进行呼吸，呼出二氧化碳，吸进新鲜氧气，这就是吐故纳新。一个无产阶级的党也要吐故纳新，才能朝气蓬勃。不清除废料，不吸收新鲜血液，党就没有朝气。怎样整党，你们拟出几条办法，也是征询意见性质，十一月能够发下去，以便十二月把意见集中起来，再发一指示。恢复组织生活，不要恢复老样子。接受新党员，要经过群众议一下。党纲要修改。现在我在看《联共党史》，联共的党纲写得太长，我们的党纲不要写得太长，长了，看的人就很少。党纲写成一本书，工人怎么看？农民怎么看？我看知识分子也不行。我们的党纲，就是党章上开头的那个总纲。组织纪律性还要有，但我们讲的是自觉的纪律。盲目服从，做驯服工具不行。组织纪律性要有条件：第一，这个纪律是自觉的；第二，是联系群众的；第三，是在正确的政治路线领导之下的。组织纪律是有条件的、相对的，无条件的不行。人民解放军的纪律最好。打开锦州的时候，那么多苹果一个没动，这种纪律就是建立在自觉的为革命的基础之上的。

同日 同康生、杨成武谈话。谈到由杨成武署名在十一月三日《人民日报》发表的《大树特树伟大统帅毛主席的绝对权威，大树特树伟大的毛泽东思想的绝对权威》文章时，对杨成武说：以你的名字发表的那篇文章，我只看了标题，没有看内容。从标题看，就是错误的，是形而上学的。这是陈伯达的事，不是你的事。康生、杨成武将毛泽东的批评意见向出席中央文革碰头会的人员作了传达。这篇文章是由“总参机关无产阶级革命派”撰写、经陈伯达修改的。

11月7日 阅中央文革小组办事组十一月五日编印的《快报》第五二九〇号登载的《陈永贵同志谈农村的文化大革命运动》，批示：“伯达同志及文革各同志：此件似可转发到农村。请酌办。”陈永贵谈话中说：农村文化大革命运动必须对准“党内最大的一小撮走资本主义道路的当权派”及他们在各省、地、县的一小撮黑爪牙。绝对不能把矛头对准广大农村基层干部，文化大革命不是打倒一切。已成立革委会的地方，农村的文化大革命必须由县、社两级直接领导，必须依靠贫下中农。要大办毛泽东思想学习班，加强对大队、生产队干部的思想教育。同日，毛泽东审阅中共中央、中央文革小组转发陈永贵谈话的通知稿，删去通知稿中“党内最大的一小撮走资本主义道路的当权派”后面刘少奇、邓小平、陶铸的名字。

同日 审阅周恩来本日报送的庆祝十月革命五十周年给苏联最高苏维埃主席团和部长会议的电报稿。周恩来在送审报告中说：拟只以人大常委会和国务院的名义致电苏联最高苏维埃主席团和部长会议，向苏联人民祝贺，似不宜再以党的名义去电祝贺。毛泽东批示：“照办。”

11月9日 审阅中共中央《关于今冬明春农村基层文化大革命的指示》稿，批示：“照办。”在指示稿的“当前农村形势大好”后面加写一句话：“只有一小部分受灾地区和受走资派及地富反坏右控制地区的情况不好。”删去“党内最大的走资本主义道路的当权派”后面刘少奇、邓小平、陶铸的名字。指示稿说：“农村人民公社现有的三级所有、队为基础的制度，关于自留地的制度，一般不要变动。”“农村人民公社的生产队一般不搞夺权。在需要夺权的生产大队，应当坚决依靠贫下中农，实现革命的大联合和革命的‘三结合’。”这个指示于十二月四日发出。

11月12日　经毛泽东审阅同意，中共中央、国务院、中央军委、中央文革小组发出《关于广东问题的决定》。决定说：中央决定建立以黄永胜、陈郁、孔石泉、王首道〔1〕、陈德等同志和实现了革命大联合的革命群众组织的代表组成的广东省革命委员会筹备小组。

同日　经毛泽东审阅同意，中共中央、国务院、中央军委、中央文革小组发出《关于广西两派促进革命大联合十条协议的批语》。批语说：广西地区两派赴京代表团十一月八日签订的《关于促进革命大联合的十条协议》很好，符合毛主席视察华北、中南和华东地区时的最新指示精神，中央同意和支持这个协议。

11月15日　阅云南省军管会十一月十一日关于落实大办毛泽东思想学习班号召的情况给中央军委、中央文革小组的报告。报告中说该省各专（州）县通过办学习班取得的主要收获有：一、对小资产阶级派性、山头主义、小团体主义等都有不同程度的检查和克服，对革命大联合起了促进作用。二、进一步认识到解放革命干部的重大意义。三、进一步认识文化大革命的大好形势，树立了把它进行到底的坚强决心和信心。毛泽东批示：“文革小组及碰头会各同志：建议将此件转发各地参考。此件简明扼要，说出了问题的本质。请你们讨论、酌定。”

同日　阅北京针织总厂革委会十一月十一日关于该厂成立革委会的喜报和八三四一部队十三日关于北京市针织总厂支工情况

〔1〕孔石泉，当时任中国人民解放军广州军区第三政治委员。王首道，原任中共中央中南局书记处书记。1968年2月任广东省革委会副主任。

的报告，写批语："看过，很好，谢谢同志们！"十一月十七日，中共中央转发这两个材料。

11月16日 阅中央文革小组办事组十一月十三日编印的《快报》第五四一四号登载的《江西省革筹小组注意工作方法》，批示："姚文元同志：江西工作的四条经验，似可转各地参考，请商各同志酌定。"四条经验是：一、围绕中心抓活的典型，用群众去教育群众。二、深入群众，听取意见。三、派出大批毛泽东思想宣传队，到工矿、农村做宣传工作，并抓革命、促生产。省革筹小组认为，形势不能迅速好转，一个重要原因是毛主席的声音传不下去。四、坚持学习毛主席著作。毛泽东对第三条经验的后一句批注："此种现象在全国很多地方存在。"次日，中共中央、中央军委、中央文革小组批转江西的经验。

11月18日 经毛泽东审阅同意，中共中央、国务院、中央军委、中央文革小组发出《关于广西问题的决定》。决定说，中央决定建立由韦国清、安平生等以及革命群众组织代表参加的广西壮族自治区革命委员会筹备小组。

11月20日 审阅两报一刊编辑部文章《中国农村两条道路的斗争》，批示："看过，可用。所引材料，要核证属实。"这篇文章发表在二十三日《人民日报》、《解放军报》和同日出版的《红旗》杂志一九六七年第十六期。

11月22日 阅姚文元十一月二十一日报送的反映浙江省军管会负责人南萍和陈励耘在联合"红暴"派问题上发生分歧的材料，批示："林彪、恩来同志阅。浙江的'红暴'，与湖北的'百万雄师'不同，是个犯过错误的老造反派，有许多群众，似宜同意姚文元同志意见，以帮助、批评、联合为原则。究应如何，请讨论酌处。"这个材料说：南萍认为，对犯错误的革命造反派组织，要采取团结、教育的方针，浙大"红暴"、"医大兵团"等是犯了错误的老造反派，现在愿意回到毛主席革命路线来，就应该联合他们，再不能采取分化瓦解的办法了。陈励耘认为，这些组织犯了方向、路线错误，现在还没有改正，为了保持造反派的纯洁，不能和他们搞联合，要顶得住。十二月二日，中共中央、国务院、中央军委、中央文革小组发出《关于正确对待犯过错误的老造反派的通知》。

11月下旬 审阅修改周恩来等十一月二十一日送审的《中央关于对征询召开“九大”的意见的通报》稿，批示：“删掉了几句。请林彪同志阅后，退周恩来、陈伯达、康生、江青。”通报稿汇集了中央十月二十一日发出《关于征询对“九大”问题意见的通知》后的第一批反映。毛泽东删去稿中“大树特树伟大领袖毛主席和伟大的毛泽东思想的绝对权威，大树特树毛主席的无产阶级革命路线的绝对权威”，并批注：“这两句不要。”删去“‘九大’要大力宣传林副主席是毛主席的亲密战友和好学生”一句中“和好学生”四个字。中共中央、中央文革于十一月二十七日发出这个通报。

11月27日 阅中共中央对外联络部十一月二十五日编印的简报《安斋[1]等人认为日本不能走农村包围城市的道路》。简报说日本左派理论刊物《革命战士》编辑安斋库治等三人提出：我们不了解为什么从中国回日本的同志，都说日本要走农村包围城市的道路。中国一些同志关于要日本走农村包围城市道路的种种暗示是违背毛泽东思想的。过分强调中国农村包围城市这条道路的全世界普遍意义，实际上就是否定十月革命从城市到农村的道路。不能说十月革命道路只有特殊意义。毛泽东批示：“康生同志：这个问题值得注意。我认为安斋的意见是正确的。你的看法如何，望告。”十二月一日，姚文元向安斋库治等人转达了毛泽

〔1〕 安斋，即安斋库治，日本共产党前中央书记处书记。

东的意见。姚文元说：毛主席看到了日本同志对日本要不要走乡村包围城市的道路的意见，其中提到了对一九三八年毛主席《战争和战略问题》的一段论述是否有效的问题。毛主席对此有一个批示，批示说："我认为安斋等同志的意见是正确的。我在一九三八年对资本主义国家无产阶级政党的任务的论述，仍然有效。"这里所说的论述，包括毛泽东《战争和战略问题》的第一节第一段，即："革命的中心任务和最高形式是武装夺取政权，是战争解决问题。这个马克思列宁主义的革命原则是普遍地对的，不论在中国在外国，一概都是对的。"和第一节第二段中所说的资本主义国家的无产阶级政党"到了起义和战争的时候，又是首先占领城市，然后进攻乡村，而不是与此相反"。

11月30日 晚上，在人民大会堂会见由凯山·丰威汉率领的老挝人民党代表团，主要听取他们介绍老挝抗美斗争的情况，林彪、周恩来、康生、刘宁一等在座。

12月1日 审阅中共中央批准天津市成立革命委员会的指示稿，批示："很好，照办。"十二月六日，天津市革委会宣告成立，解学恭[1]任主任。

12月2日 审阅周恩来等本日送审的中共中央、中央文革小组《关于整顿、恢复、重建党的组织的意见和问题》的通知稿，将通知稿中"望你们征求意见，并于半月内将意见报告中央"一句中的"半月内"，改为"元旦以前"。

12月5日 圈阅周恩来本日送审的郑州、西安两个铁路局

〔1〕解学恭，当时还任中共天津市委第一书记。1969年10月又任中国人民解放军北京军区政治委员兼天津警备区第一政治委员。1970年4月又任天津市革委会党的核心小组组长（至1971年5月）。1971年5月又任中共天津市委第一书记。

实现两派大联合的协议，和周恩来为中共中央、国务院、中央军委、中央文革小组起草的转发这两个协议的批语稿。批语指出：中央希望郑州、西安两个铁路系统和各革命群众组织，坚决贯彻执行所达成的协议，保证铁路运输的畅通。全国其他地区铁路系统的各革命群众组织也应参照这些协议的精神，达成类似协议。

12月6日 审阅中央文革小组十一月编印的《毛主席论教育革命》，批示："陈伯达同志：作了一点修改。请同志们看一遍，如认为可以，即可印发。"毛泽东作了多处修改。主要修改情况如下：（一）将书中摘录的毛泽东一九六四年二月十三日在春节座谈会上讲话中的"孔夫子出身没落奴隶主贵族，也没有上过大学，是个吹鼓手"一句，改为："孔夫子出身没落奴隶主贵族，也没有上过中学、大学，开始的职业是替人办丧事，大约是个吹鼓手。"在"后来他在鲁国当了大官，群众的事就听不到了"之后，加写"他后来办私塾，反对学生从事劳动"。在讲到佛经的地方，删去以下一段话："如佛经，鸠摩罗什译的《金刚经》，字太多，很难读完。唐玄奘译的《般若波罗蜜多心经》，是《金刚经》的内容提要，只有几百字，比较好读。"（二）书中摘录了毛泽东一九六四年六月八日关于教育问题讲话中讲的"我写《中国革命战争的战略问题》，就是红军大学的讲义。写了就不要讲了，书发给你们，让你们自己看"。删去这后面的一段话："《论持久战》也是这样写出来的。《矛盾论》写了几个星期，白天黑夜写，准备可难了，写了出来，只讲了两个小时，写好了就不要讲了。"（三）删去书中摘录的毛泽东一九六四年七月五日同毛远新谈话纪要中的一段话："我过去在抗大讲课时就把讲稿发给学生，我只讲三十分钟，让学生自己去研究，然后提出问题，教员再答疑。"（四）在书中摘录的毛泽东一九六五年十二月二十一日在杭州会议讲话中的"要改造文科大学，要学生下去搞工业、农业、商业。至于工科、理科，情况不同，他们有实习工厂，有实验室，在实习工厂做工，在实验室做实验”一段话后，加写“但也要接触社会实际”。十二月七日，中共中央、国务院、中央军委、中央文革小组发出《关于认真学习和坚决执行〈毛主席论教育革命〉的通知》。十二月，该书由人民出版社出版，共收录毛泽东一九二七年至一九六七年关于教育方面的论述五十余条。

12月7日 批准授予中国人民解放军六〇一一部队某部六连四排“支左爱民模范排”和排长李文忠“支左爱民模范”的称号。

12月10日 圈阅周恩来本日送审的中共中央、国务院、中央军委、中央文革小组《关于公安机关实行军管的决定》稿。决定所署日期是十二月九日。

12月12日 《解放军报》发表题为《永远做群众的小学生》的社论，用黑体字发表毛泽东的一句话：“军队办学习班要有战士参加。”

12月17日 阅湖南省革委会筹备小组十二月十三日《关于庆祝毛主席塑像落成、韶山铁路通车向中央的请示报告》。报告说：在韶山建造毛主席塑像和修建通往韶山的铁路这两项工程即将竣工，广大群众要求在十二月二十六日即毛主席七十四寿辰这天举行隆重的通车典礼。为了大树特树毛主席的绝对权威，大树特树毛泽东思想的绝对权威，特请示以下三个问题。一、请毛主席为“韶山车站”（或“韶山站”）题字，请林副主席和周总理为毛主席塑像落成题词。二、关于大会名称，有两种意见：一为“毛主席塑像落成及韶山铁路通车典礼大会”，二为“庆祝伟大领袖毛主席七十四寿辰大会”。我们考虑，为了尊重伟大领袖毛主席关于不祝寿的教导，认为第一种意见为好。三、在这一天，韶山举行约五万人的庆祝大会，同时在长沙、株洲、湘潭等车站组织庆祝活动。毛泽东批示：“林、周、中央及文革各同志：（一）绝对权威的提法不妥。从来没有单独的绝对权威，凡权威都是相对的，凡绝对的东西都只存在相对的东西之中，犹如绝对真理是无数相对真理的总和，绝对真理只存在于各个相对真理之中一样。（二）大树特树的说法也不妥。权威或威信只能从斗争实践中自然地建立，不能由人工去建立，这样建立的威信必然会垮下来。（三）党中央很早就禁止祝寿，应通知全国重申此种禁令。（四）湖南的集会应另择日期。（五）我们不要题字。（六）会议名称，可同意湖南建议，用第一方案。以上各点请在一次会议上讨论通过为盼。”十二月二十一日，中共中央、中央文革小组印发了毛泽东的批语。

同日 审阅姚文元为中共中央、国务院、中央军委、中央文革小组起草的《关于新华社实行军事管制的决定》稿。决定稿第二部分第三条中说：“努力建立一个无限忠于毛主席、无限忠于毛泽东思想、无限忠于毛主席无产阶级革命路线的坚强的领导核心，逐步建立一支非常无产阶级化的、非常战斗化的新闻队伍。”毛泽东删去其中的三处“无限”和两处“非常”，并写批语：“在第三条内去掉了几个不妥当的形容词。”这个决定于十二月十八日发出。

12月18日 晚上，在人民大会堂会见由阿尔巴尼亚劳动党中央委员、不管部部长佩奇率领的阿中友协代表团，林彪、周恩来、陈伯达、康生、杨成武、王树声等在座。谈到中国文化大革命时，毛泽东说：有些事情，我们事先也没有想到，每个机关、每个地方都分成了两派。搞大规模武斗，也没有想到。这次是一个大审查，用群众性方法来审查干部。有可能要冤枉一部分好人，但横竖不杀，搞错了将来平反。文化革命是个总的名称，实际上是政治革命和经济革命。

12月19日 致电越南南方民族解放阵线中央委员会主席团主席阮友寿，祝贺越南南方民族解放阵线成立七周年。贺电说：“国家不分大小，只要充分动员人民，坚决依靠人民，进行人民战争，任何强大的敌人都是可以打败的。”“美国侵略者在越南的日子不长了。但是，一切反动势力在他们行将灭亡的时候，总是要进行垂死挣扎的。”“七亿中国人民是越南人民的坚强后盾，辽阔的中国领土是越南人民的可靠后方。”

12月22日 下午，在人民大会堂会见由阮春龙〔1〕率领的越南南方人民代表团和阮文广〔2〕率领的越南南方民族解放阵线驻中国代表团，林彪、周恩来、陈伯达、康生等在座。毛泽东说：越南南方民族解放阵线是在阮友寿主席领导之下的，这是今天的政府。西贡政府已经是过去了，因为人民都不信任他们，包括他们控制下的人都不信任他们。阮友寿主席领导下的政府是新生的政府，是受人民拥护的政府。你们现在还不叫政府，叫解放阵线，但实际上是个政府。你们得到广大军队和人民的拥护，正在和帝国主义以及本国的卖国贼进行斗争，并取得了伟大胜利。现在的问题是最后胜利的问题，而不是胜利还是不胜利，或者大胜利还是小胜利的问题。你们已经取得了伟大的胜利，最后胜利已经看得见了，虽然还未到手，但是望得到了。美国困难很大，他们不仅要管越南、管亚洲、管太平洋，还要管欧洲和其他地方。另外，还要管日本。它本国有很大困难。美国有两种人，一种是白人，一种是黑人。两种人都分阶级，现在都初步觉悟起来了。有许多事情是过去不可能见到的，比如，美国整营军队拒绝执行命令，不愿去越南，广大群众示威把征兵中心包围起来，还把华盛顿的美国国防部包围起来，群众示威有几万、十几万甚至几十万人的。

同日 经毛泽东审阅同意，中共中央、国务院、中央军委、中央文革小组发出《关于民航系统文化大革命的通知》，要求坚

〔1〕 阮春龙，当时任越南南方亚非团结委员会副主席。

〔2〕 阮文广，当时任越南南方民族解放阵线常驻中国代表团团长。

决对民航系统进一步实行军管。

12月25日 新华社报道：一九六七年出版《毛泽东选集》汉文版、少数民族文版、外文版共八千六百四十多万部，《毛泽东语录》三亿五千万册，《毛泽东著作选读》四千七百五十多万册，《毛主席诗词》五千七百多万册。毛泽东著作已发行到全世界一百四十八个国家和地区。

12月27日 审阅周恩来本日关于江西省成立革委会的条件已经成熟可以批准的请示报告，批示："同意。刘瑞森应予结合。"

同日 审阅中共中央、国务院、中央军委、中央文革小组《关于宁夏问题的决定》稿，批示："照办。"决定说：中央决定建立宁夏回族自治区革命委员会筹备小组，由康健民〔1〕任组长。

12月29日 晨，审阅姚文元十二月二十八日送审的两报一刊一九六八年元旦社论稿《迎接无产阶级文化大革命的全面胜利》，批示："姚文元同志：看了一遍，觉得可用。去掉了几个浮夸的形容词，请你们酌定。"去掉的形容词是："世界人民心中的红太阳毛主席"一语中的"世界人民心中的红太阳"，"当代最高水平的马克思列宁主义——毛泽东思想"一句中的"最高水平的"。

同日 下午，召集周恩来、陈伯达、康生、江青、张春桥等开会，讨论《毛泽东选集》第五卷的编辑方针等问题。同意按前四卷编辑体例，选入有关理论、政策、方针和重大问题的文章，并说：要选那些现在还有用处的，没有多大用处的不要选。有些手稿，将来再说，现在不选。讨论到拟选入《毛泽东选集》第六卷的文章可一篇一篇先发表时，毛泽东说：可先内部发表。

---

〔1〕 康健民，当时还任中国人民解放军兰州军区副司令员。1968年4月任宁夏回族自治区革委会主任。1970年3月又任宁夏回族自治区革委会党的核心小组组长（至1971年8月）。1971年8月又任中共宁夏回族自治区委员会第一书记。

1968年　七十五岁

1月1日　两报一刊发表经毛泽东审阅的元旦社论《迎接无产阶级文化大革命的全面胜利》。

1月6日　下午，审阅姚文元本日送审的关于江西省革委会成立的新华社新闻稿和《人民日报》、《解放军报》社论稿《井冈山红旗飘万代——热烈欢呼江西省革命委员会成立》，批示："在两件中各去掉了几句不大妥当的话。"在新闻稿中，删去"毛主席的话，句句是真理，一句顶一万句"；在社论稿中，删去"毛主席的话，水平最高，威力最大，句句是真理，一句顶一万句"。新闻稿和社论发表在一月七日《人民日报》和《解放军报》。

1月8日　新华社报道，我国第一艘自行研究、设计、建造的万吨级远洋货轮"东风"号最近由国家验收。

1月11日　圈阅周恩来本日送审的中共中央、国务院、中央军委、中央文革《对全国各铁路局达成革命大联合协议的通知》稿。

1月12日　下午，在人民大会堂一一八厅听取中央文革碰头会成员的工作汇报。谈到云南有八百人在北京参加学习班时，毛泽东说：不够，再来八百人。

1月16日　阅北京大学历史系一学生反映一九三二年《国闻周报》、《申报》、《时事新报》上载有所谓《伍豪等脱离共党启事》的来信。毛泽东批示："此事早已弄清，是国民党造谣污蔑。"

1月25日　中共中央发出同意成立河南省革命委员会的批语。批语用黑体字引用了毛泽东的一句话："支左不支派。"

1月30日 阅黑龙江省革委会一月二十五日关于深挖叛徒工作情况报告，批示："康生同志：此件请考虑可否转发各地，引起注意。请与碰头会各同志一商。"黑龙江的报告说，全省各级革委会充分依靠和广泛发动群众组织，积极开展深挖叛徒工作，取得了显著的成效。二月五日，中共中央、国务院、中央军委、中央文革转发了这个报告。

2月4日 阅周恩来、康生、江青、杨成武、谢富治本日送审的铁道部军管会生产指挥部关于徐州地区铁路运输中断情况的报告。周恩来等在送审报告中说：现在这些破路、破桥行动，已超过派性，而为反革命特务分子混入一派或两派中进行的。目前必须责成济南军区调集机动兵力，沿线夹击。一经发现这股反革命集团，便需进行围攻和追击。务须做到政治进攻、军事包围两结合，逼其全部放下武器，然后区别对待，将坏头头、反革命分子与被胁从的群众分开处理。毛泽东批示："完全同意。退总理办，并告林彪同志。"二月六日，中共中央、国务院、中央军委、中央文革小组发布命令，指出：煽动、操纵和指挥破坏铁路、炸毁桥梁、袭击列车、杀人劫货的极少数坏头头是反革命分子，必须坚决镇压法办。

2月5日 《人民日报》、《解放军报》发表题为《华北山河一片红——热烈欢呼河北省革命委员会成立》的社论。社论用黑体字引用了毛泽东最近的一句话："办学习班，是个好办法，很多问题可以在学习班得到解决。"

2月7日 在人民大会堂会见胡志明，周恩来、陈伯达、康生、江青、叶群在座。谈到越南的抗美战争，毛泽东说：过去有许多人总认为，越南打不赢美国人。他们的理由是，越南人少，物质差；美国工业大，军队多。表面上看似乎是对的，但实际上不对。美国武器多，一打近战它那些武器就没有作用。比勇气、比战斗力，他们就更比不过你们了。一个国家去侵略人家，被侵略国家的人民就不喜欢它。越南人民不喜欢美国人，连伪军也不喜欢美国人，因为它控制人家。这样它就脱离人民，十分孤立。这个战争，你们胜利是肯定的了，就是还需要一点时间，不过时间也不长了。在农村扩大些地区，多歼灭点敌人的有生力量，大城市可以放到后头来解决。南越战争发展到目前阶段，在军事上，建议你们组织几个野战兵团。一个野战兵团一年打三四仗，歼灭敌人成建制的有生力量。这样一部分一部分地歼灭敌人。这些意见，供你们参考，由你们根据自己的具体情况作出决定。相信劳动党中央会在新的情况下找到新的办法。

2月10日 阅周恩来、陈伯达、康生、江青二月九日送审的中央军委、中央文革转发《江西省军区以两条路线斗争为纲教育部队的经验》的批语稿，批示："送林、周再阅。加了一段，请酌定。"毛泽东加写的一段话是："我们国家有大量的地方部队（独立师、团、营、连），各大军区、各省军区、各野战军，有责任帮助他们，犯过错误的帮助他们改正错误，有成绩的要宣扬他们的成绩，把他们看作是和自己一样的阶级兄弟。当然，首先要使自己弄正确。如果自己有错误还没有改正，那是不能完成这个任务的。这是一个伟大的任务，我们必须在一年左右完成这个任务。"这个文件于本日发出。

2月11日 在中南海游泳池住处召集周恩来等开会。毛泽东说：云南训练班要来一千多人，各派，包括军队的，都来。河北的办法还是开办训练班，地方两派、军队两派来几百人，到北京来开办训练班。有话不当面讲，又在后面挑，是两面派。高级领导同志的夫人、子女都不要参加派，要超脱。中央可以考虑发个通知。把破坏铁路的人同革命造反派区别开，这个方针好。造反，要看造谁的反，不能造无产阶级的反，不能容许破坏铁路。

河北省革委会办事机构小，只几十个人，能办到的话，很好。

2月12日 针对浙江造反派要打倒江华一事指出：江华从历史上看是好的，是上井冈山的，中央考虑不属于打倒之列。二月十五日，周恩来在接见浙江赴京代表团的军队干部和造反派代表时，传达了毛泽东的这个意见。

2月18日 审阅周恩来、陈伯达、康生、江青二月十四日送审的中共中央、国务院、中央军委、中央文革《关于进一步实行节约闹革命，坚决节约开支的紧急通知》稿，批示："在第六条的一句作了修改，请酌。"通知稿共十一条，其中第六条说："在一个单位因为派别斗争分裂成两个生产领导班子、两套财务会计、两个金库、两个银行账户的，必须按我们伟大领袖毛主席的最新指示在二月底以前迅速联合起来，实行统一领导，统一管理。"毛泽东将其中的"二月底以前"改为"文到一个月内"。这个紧急通知于本日发出。

2月 阅陈伯达一月二十九日关于发展电子工业的报告，批示："请总理处理。"陈伯达在报告中提出，对这个问题，是否可由科学部门、计划部门和工业部门召集一个专门会议，考虑一个方案，统一部署，作出计划。

3月2日 阅炮兵原副政委欧阳毅的妻子陈民二月二十二日来信，批示："林彪同志：此件请你看看，是否交成武他们查明处理。"陈民来信反映，最近炮兵机关对欧阳毅的批斗更甚，恳请给他以活动自由。同日，林彪批示杨成武："请遵照主席批示，认真查明处理，俟有结果盼告。"

3月7日 阅空军司令部二月十三日关于援越问题给总参谋部的请示报告。报告提出，鉴于援越飞机要在我国使用一段时间，建议把援越的飞机和我空军使用的飞机一样，喷上毛主席语录和在座舱内镶装毛主席像章。改装训练结束后，照样移交给越方。毛泽东批示："林、周再阅，退成武办。不要那样做，做了效果不好。国家不同，做法也不能一样。"

3月8日 中共中央、国务院、中央军委、中央文革发出《关于紧急动员起来，迅速掀起春季农业生产高潮的指示》，要求各级革委会、军管会切实加强对农业生产的领导，迅速建立、健全各级生产领导班子；广大农民要坚守生产岗位，搞好春耕生产。

3月10日 审阅周恩来等三月八日送审的中共中央、国务院、中央军委、中央文革《关于开好一九六八年春季出口商品交易会的通知》稿。通知稿中说："必须高举毛泽东思想伟大红旗，突出无产阶级政治，把宣传毛泽东思想，宣传我国无产阶级文化大革命和社会主义建设的伟大胜利，当做首要任务。"毛泽东在这句话后加写："但应注意，不要强加于人。"

3月12日 阅关于一项援外工程移交问题的请示报告，删去其中一句话："举行移交仪式时，应大力宣传战无不胜的毛泽东思想，说明我援×修建××××工程的成绩，是我们忠实地执行伟大领袖毛主席关于国际主义教导的结果，是伟大的毛泽东思想的胜利。"并批注："这些是强加于人的，不要这样做。"

3月中旬 阅中共中央军委办事组三月十四日关于将住在中直招待所的十三名原省、市、自治区负责人〔1〕分到中央办的学习班学习的具体方案，批示："应由碰头会商定，请总理办。"十七日，周恩来批注：各人情况不同，应遵照主席批示，先在碰头会上认真地一个一个地讨论，才能进行具体安排。

3月17日 阅康生、陈伯达、江青、姚文元三月十六日关

---

〔1〕 这13名省、市、自治区原负责人是：江渭清、江华、杨尚奎、张平化、黄火青、黄欧东、高克林、曹祥仁、宋侃夫、刘惠农、鲁大东、朱德海、钟建平（原任鞍山钢铁公司政治部副主任）。

于答复新西兰共产党总书记威尔科克斯对我外宣工作批评意见的请示报告。报告说：去年三月威尔科克斯来访时，提出我国对外宣传工作所采用的语言和形式，与英语国家的群众格格不入，易引起反感。主要原因是没有调查研究宣传对象，报道的事实和背景没有交待清楚，形容词太多，外国人不易理解和接受。去年十一月，他又委托访华的澳大利亚共产党（马列）主席希尔转达对我国对外宣传工作的意见，说"中国同志应很好注意防止大国沙文主义"。希尔是反对威尔科克斯的意见的。对他们的意见，我们主要答复了三点：一、愿意倾听兄弟党对我们工作中的缺点错误提出批评。二、对毛泽东思想的估价，我们是非常克制的，不但不是大国沙文主义，而且克制得过分了，群众有不少意见。在对毛泽东思想的估价和宣传上，我们完全同意希尔的意见。三、在宣传形式和语言方面，我们的工作是存在一些缺点和问题的。改进对外宣传工作，需有一个时间和过程。毛泽东批示："对外（对内也如此）宣传应当坚决地有步骤地予以改革。此事我已说了多次。"

3月18日　审阅中共中央、国务院、中央军委、中央文革《关于成立浙江省革命委员会的批示》稿，批示："照办。"

3月20日　审阅中共中央、国务院、中央军委、中央文革《同意成立江苏省革命委员会的批示》稿，批示："照办。"

3月22日　中共中央、国务院、中央军委、中央文革发布关于撤销杨成武、余立金、傅崇碧职务〔1〕的命令，和任命黄永

---

〔1〕1968年3月，林彪、江青合伙罗织罪名诬陷杨成武、余立金、傅崇碧，将他们撤销职务，并被关押。1974年7月，经毛泽东批准，为他们平反，恢复名誉，重新安排了工作。1979年3月28日，中共中央正式发出文件，为"杨、余、傅事件"平反。

胜为总参谋长、温玉成[1]兼任北京卫戍区司令员的命令。二十四日，林彪在人民大会堂召开的军队团以上干部会议上，宣布杨、余、傅的所谓“错误”和对他们的处理决定。

3月23日 阅本日《参考消息》摘登的香港《大公报》三月十八日发表的一篇文章《一九二九年大恐慌的日子》。这篇文章认为，当前西方的金融恐慌，很有些一九二九年世界经济大恐慌的模样了，而帝国主义为了摆脱和转嫁危机，通常是以战争寻找出路的。文章说：“从四十年前看现在的局面，说相同也相同，说不同也不同。西方经济大恐慌山雨欲来，但是，它们是否能够从大规模的战争上寻找出路，却大有疑问。”毛泽东写批语：“结论不一定对，还是会打的。”“林彪、恩来、中央文革各同志阅。”

3月25日 和林彪在人民大会堂接见解放军各总部、国防科委、国防工办、各军兵种、驻京各军事院校、北京军区部队所属各单位的团以上干部，各军区在京参加学习班和开会的干部，在北京参加“三支两军”的干部等，共一万余人。周恩来、陈伯达、康生、江青等陪同接见。

同日 审阅林彪本日报送的新的中共中央军委办事组名单，名单如下：黄永胜（组长）、吴法宪[2]（副组长）、叶群、李作

---

〔1〕 温玉成，当时还任中国人民解放军副总参谋长、北京市革委会副主任(1968年10月任第一副主任)。1968年11月任中共中央军委办事组成员。

〔2〕 吴法宪，当时还任中国人民解放军副总参谋长兼空军司令员。1969年4月又任中共中央政治局委员、中央军委委员。“文化大革命”中参与林彪夺取最高权力的阴谋活动。1973年8月被开除党籍，撤销党内外一切职务。1981年1月最高人民法院特别法庭确认吴法宪为“林彪、江青反革命集团案”的主犯，判处有期徒刑17年，剥夺政治权利5年。

鹏、邱会作[1]。毛泽东批示："照办。"

3月25日、28日 两次审阅陈伯达、姚文元报送的两报一刊社论稿《革命委员会好》。二十五日，在三月十九日的送审稿上批示："等几天，加以修改，即可发表。"二十八日，将本日送审的社论修改稿第二页的"'三结合'的革命委员会，是毛主席对于马克思列宁主义国家学说的创造性发展"一句，改为："'三结合'的革命委员会，是工人阶级和人民群众在这次文化大革命中的一种创造。"并批示："照发。在第二页上有一点修改。"这篇社论发表在三月三十日《人民日报》、《解放军报》和七月一日出版的《红旗》杂志一九六八年第一期。社论用黑体字引用了毛泽东最近的两段话："革命委员会的基本经验有三条：一条是有革命干部的代表，一条是有军队的代表，一条是有革命群众的代表，实现了革命的三结合。革命委员会要实行一元化的领导，打破重叠的行政机构，精兵简政，组织起一个革命化的联系群众的领导班子。""国家机关的改革，最根本的一条，就是联系群众。"

3月27日 审阅修改中共中央对外联络部起草的中共中央祝贺缅甸共产党进行武装斗争二十周年的电报稿。毛泽东将贺电稿中的"马克思列宁主义、毛泽东思想的伟大胜利"，改为"马克思列宁主义与缅甸情况相结合的伟大胜利"；将无产阶级文化大革命"对于全世界被压迫人民和被压迫民族的革命斗争也具有伟大的意义"一句中的"也具有伟大的意义"，改为"在某一方

---

〔1〕 邱会作，当时还任中国人民解放军总后勤部部长、国务院国防工业办公室副主任。1968年9月又任解放军副总参谋长。1969年4月又任中共中央政治局委员、中央军委委员。"文化大革命"中参与林彪夺取最高权力的阴谋活动。1973年8月被开除党籍，撤销党内外一切职务。1981年1月最高人民法院特别法庭确认邱会作为"林彪、江青反革命集团案"的主犯，判处有期徒刑16年，剥夺政治权利5年。

面也将具有一定的意义”。修改后批示：“有修改。请注意：以后不要在任何对外文件和文章中提出所谓毛泽东思想，作自我吹嘘，强加于人。”二十八日，阅康生二十七日关于致缅共贺电问题的检讨报告，批示：“注意到了，就好了。对外刊物和出版方面似有不少问题，可否请康生、伯达、文元三同志主持召开一二次座谈会，研究改善办法。”“送林、周、伯达、文元同志亲启。退康生。”

同日 晚上，在人民大会堂同徐向前等几位老帅谈话。谈到一九六七年的中央军委八条命令时，毛泽东说：我们都是事后诸葛亮，现在看来，当时没有个八条是不行的。但是，八条下达后，下面抓人确实多了点，比如四川、武汉。

3月28日 下午，和林彪、周恩来在中南海游泳池住处同黄永胜、吴法宪、温玉成谈话。谈到身边工作人员不要太多时，毛泽东说：我的秘书只负责收发，所有文件拿来我自己选。人少事情集中，办事还快一些。总理以前有二十多个秘书，减到十八个，现在有四个。身边人不要多，要精干。机关不要庞大。谈到军委办事组的工作时说：军委就是办事组，军委常委可以不开会了。办事组还可以增加刘贤权，政工小组可以考虑取消，今后军委办事组由林副主席直接管。谈到部队干部问题时说：先作小调动，后作大调动。一个军区里面也可以调动。大调动就是从这个军区调到那个军区。在一个军区住久了，家当大了，就调不动了。聂凤智〔1〕不要停职，叫他学习，像陈再道一样。

3月29日 阅康生三月二十八日关于缅甸共产党中央委员会要求在中国公开发表其纪念缅共武装斗争二十周年声明的报告。报告说：这是兄弟党中央的文件，他们在国内都讲毛泽东思

---

〔1〕 聂凤智，当时任中国人民解放军南京军区副司令员兼南京军区空军司令员。

想，如果要求他们改，可能发生误会。请主席指示，是否可以登载。毛泽东批示："这些材料，请你们酌定，我不看了。一般地说，一切外国党（马列主义）的内政，我们不应干涉。他们怎样宣传，是他们的事。我们应注意自己的宣传，不应吹得太多，不应说得不适当，使人看起来好像有强加于人的印象。"本日《人民日报》照原样刊登了缅共的声明。

同日 阅周恩来三月二十九日关于北京大学发生武斗等问题的来信和关于该校武斗情况来电话的记录，来信建议召集中央文革碰头会一谈。次日下午，毛泽东在中南海游泳池住处召集周恩来等开会。

3月30日 阅黑龙江省革委会三月十九日关于大专院校毕业生分配工作的报告。报告总结了从一九六七年九月开始进行的一九六六年大专院校毕业生分配工作的经验，主要是：一、在分配方向上坚决贯彻面向农村、面向工厂、面向基层的原则，把重点放在县以下的农村。二、组织各院校大办毛泽东思想学习班，提高觉悟，准备到党最需要的地方去。三、将毕业生分配工作的方针、政策、调配计划、个人志愿以及调配名单等，如实交给毕业生，听取意见。四、建立并充分发挥"三结合"的毕业生分配小组的作用。毛泽东批示："总理、伯达同志：我看这个文件好，可否转发各地参考，请酌定。因毕业生分配是个普遍问题，不仅有大学，且有大量中、小学。"四月四日，中共中央、国务院、中央军委、中央文革转发了这个报告。

4月4日 审阅中共中央、国务院、中央军委、中央文革《关于成立宁夏回族自治区革命委员会的批示》稿，批示："照办。"

4月6日 审阅湖南省革委会筹备小组三月三十日关于成立湖南省革委会的请示报告和中共中央、国务院、中央军委、中央文革的批示稿，批示："照办。"湖南的报告在讲到所谓"党内最大的一小撮走资本主义道路当权派及其在湖南的代理人”处，点了杨成武、张平化等人的名字；中央的批示稿中也点了张平化的名字。周恩来送审时，在中央批示稿上写了一个注：“中央文革碰头会和湖南省革筹小组代表均主张点张平化的名，可否，请主席决定。”毛泽东删去几处杨成武、张平化的名字，并批示：“请周再阅。建议在这个文件上，杨成武、张平化均不点名，留有余地，将来要点也不迟。请酌定。”经毛泽东修改的中央批示和湖南省革委会筹备小组的报告于本日发出。

同日 审阅中共中央对外联络部、中国人民解放军总参谋部起草的一份帮助培训外国人员的文件，删去文中“马克思主义、列宁主义、毛泽东思想”之前的“全世界革命人民的伟大导师毛主席和战无不胜的”二十一个字，并批示：“这些空话，以后不要再用。”

4月9日 阅聂荣臻四月七日来信。信中说明了自己历史上同杨成武一起工作的情况，并要求同毛泽东面谈一次。毛泽东批示：“请电话告荣臻同志：信已收到，勿听谣言，安心养病。”四月十日，周恩来让秘书打电话向聂荣臻传达了毛泽东的这一批示内容。不久，毛泽东又当面对聂荣臻说：你不要背包袱，如果讲杨成武的后台，第一个就是我，第二个才轮到你。

4月10日 《人民日报》、《解放军报》发表社论《芙蓉国里尽朝晖——热烈欢呼湖南省革命委员会成立》。社论用黑体字引用了毛泽东最近的一句话：“无产阶级文化大革命，实质上是在社会主义条件下，无产阶级反对资产阶级和一切剥削阶级的政治大革命，是中国共产党及其领导下的广大革命人民群众和国民党反动派长期斗争的继续，是无产阶级和资产阶级阶级斗争的继续。”

4月14日 审阅中共中央、国务院、中央军委、中央文革《关于成立安徽省革命委员会的批示》稿，批示：“照办。”二十日，《人民日报》、《解放军报》发表社论《无产阶级革命派的胜利——热烈祝贺安徽省革命委员会成立》。社论用黑体字引用了毛泽东最近的一句话："对派性要进行阶级分析。"

4月16日 审阅有关部门起草的毛泽东关于支持美国黑人抗暴斗争的声明稿，作了个别改动，批示："送林彪同志阅，并请在碰头会宣读通过，可能还有修改之处。"声明于四月十七日在《人民日报》发表。声明指出："最近，美国黑人牧师马丁·路德·金突然被美帝国主义者暗杀。马丁·路德·金是一个非暴力主义者，但美帝国主义者并没有因此对他宽容，而是使用反革命的暴力，对他进行血腥的镇压。这一件事，深刻地教训了美国的广大黑人群众，激起了他们抗暴斗争的新风暴，席卷了美国一百几十个城市，是美国历史上前所未有的。""美国黑人的斗争，不仅是被剥削、被压迫的黑人争取自由解放的斗争，而且是整个被剥削、被压迫的美国人民反对垄断资产阶级残暴统治的新号角。它对于全世界人民反对美帝国主义的斗争，对于越南人民反对美帝国主义的斗争，是一个巨大的支援和鼓舞。我代表中国人民，对美国黑人的正义斗争，表示坚决的支持。""美国的种族歧视，是殖民主义、帝国主义制度的产物。美国广大黑人同美国统治集团之间的矛盾，是阶级矛盾。只有推翻美国垄断资产阶级的反动统治，摧毁殖民主义、帝国主义制度，美国黑人才能够取得彻底解放。美国广大黑人同美国白人中的广大劳动人民，有着共同的利益和共同的斗争目标。因此，美国黑人的斗争正在获得越来越多的美国白色人种中的劳动人民和进步人士的同情和支持。""当前，世界革命进入了一个伟大的新时代。美国黑人争取解放的斗争，是全世界人民反对美帝国主义的总斗争的一个组成部分，是当代世界革命的一个组成部分。"

4月20日 会见胡志明，周恩来在座。

4月23日 经毛泽东审阅同意，中共中央、中央军委、中央文革发出《追授门合[1]同志“无限忠于毛主席革命路线的好干部”称号的命令》稿和《门合同志英雄事迹的简要材料》。毛泽东审阅时，将两件中多处“无限忠于毛主席”，全部改为“无限忠于人民，无限忠于党”。

4月29日 会见由范文同率领的越南党政代表团，周恩来在座。

同日 审阅陈伯达、姚文元本日报送的《人民日报》庆祝五一国际劳动节社论稿《乘胜前进》，批示：“可用。请考虑，用两报一刊的名义，是否更好些。应在碰头会读一次，征求意见。”这篇稿子作为《人民日报》、《红旗》杂志、《解放军报》社论于五月一日发表时，用黑体字引用了毛泽东最近的一句话：“派别是阶级的一翼。”

4月30日 审阅中共中央、国务院、中央军委、中央文革《关于成立陕西省革命委员会的批示》稿，批示“照办”。

5月1日 晚上，在天安门城楼观看焰火，与首都五十万群众共庆五一国际劳动节。

5月8日 同中央文革碰头会成员谈话。提出把陈毅、李先念、聂荣臻、叶剑英、刘伯承、徐向前等几位副总理、元帅请来一起谈。谈到一些受冲击的干部时，毛泽东说：群众是打倒谁，不要怕，多数人是打而不倒。对很多人要考虑商量个办法，特别是对那些犯了错误愿意改正的人。我不相信大多数犯了错误的干部不能改。要相信百分之九十五以上的干部是好的和比较好的，犯了错误的人大多数是可以改的。公安系统也有好人，我才不相

---

〔1〕 门合，中国人民解放军青海省军区独立师第4团第2营副教导员。1967年9月5日，在巴仓农场执行支左任务，用炸药装置土火箭驱云防雹，在炸药发生意外爆炸时，为保护在场的其他27人，用身体扑在炸药上而牺牲。

信公安系统都是坏人。地主、资产阶级的子女，也有一部分表现好的。大学生成分比例不同，有的还是要分配他们工作。谈到抓人和“逼供信”等问题时，毛泽东说：我们在延安就规定了一个不杀、大部不捉。抓人抓多了也不好。我们还是应该重证据，重旁证，不要重口供。有些人你何必抓他，他自己又跑不了。我们应该总结经验。搞逼供信的人，就好像我们长征中抓虱子一样，捉少了不满意，抓多了才满意。一抓起来就没有下文了，被挂起来了。总而言之是时候了，中心问题是不要逼供信。凡是拼命地逼，他就会供，供了你就会相信，又会要许多人去这样供。这样做不好。这一股风要刹下来，要好好清理一下。我们党的历史上是有经验教训的。江西的打AB团，福建的抓社会民主党，鄂豫皖的抓改组派、第三党，都反映了党的历史，说明当时是不成熟的。谈到“伍豪启事”问题时，毛泽东说：敌伪的报纸也不能全信。像许世友这样六十多岁的人，他都不知道“伍豪启事”是敌人伪造的，可见了解当时的历史情况很不容易。这个“启事”下款是伍豪等二百四十三人，如果是真的，为什么只写出一个人的名字，其他都不写？有些干部对历史不清楚，一看大吃一惊。

同日　审阅中共中央、国务院、中央军委、中央文革《关于成立辽宁省革命委员会的批示》稿，批示“照办”。

5月11日　晚上，在人民大会堂一一八厅召集林彪、周恩来、陈伯达、康生、谢富治等开会。毛泽东说：对犯错误的人的检讨，反正老怀疑，不满意，说他没有触及灵魂。河南的纪登奎，斗了一百多次，斗争起来，尽弯腰，搞“喷气式”。过去斗争陈再道都不这样嘛！老人坐“喷气式”怎么行？共产党历来有一个传统，叫做摆事实，讲道理。琴不要拉得太紧，拉紧了弦要断的。凡是把人家搞得这样苦的，一定自己心里慌。陈伯达你不要管福建了，越管越坏。你这个人，不能办具体的事。不要单独行动！“五一”你找学生谈话，为什么不叫上文革小组的同志商量一下再谈？事情要多找几个人商量，单独找人谈话是很坏事的。你不是懂马克思主义多些吗？马克思主义的民主集中制跑到哪里去了？你那个马克思主义最好读一读，最好要实行。在中国讲马克思主义嘛，有些东西你又不实行。我看你成了习惯了，江山易改，本性难移。“惩前毖后，治病救人”，说起来容易，做起来并不容易。对有些犯错误的人，有所批评就够了，只要不是真特务、真反革命，是人民内部矛盾，就要让人家改正错误，不要使人毫无出路。在延安就搞过这样的事，三天大会、抢救运动，都有偏差。两条路线斗争，并未像现在这样斗法，如中央苏区没有这样搞。尤其不要搞群众。有坏人，由工人、农民、学生自己去清理。什么叫反革命？“十六条”规定，现行反革命就是杀人、放火、放毒、破坏国家财产。贴了几张反动标语，也不一定要抓嘛！总之，现在现行反革命的范围相当扩大。坏人总是极少数。对工厂、学校就要注意点。百分之九十几是左派、中间派。上海交大、复旦、师大二百多反动学生，弄多了，正在检查。任何肃反都要约束在百分之五。整顿队伍，把坏人抓出来，基本上是对的。自从我说了文化大革命是国共两党战争的继续后，抓了一批国民党坏人。抓坏人还是要搞，但是要有条件，要有人掌握。搞到什么时候，就要煞车，搞红了眼，势必搞逼供信！对文艺界，无论哪一界，不要登报点名，只能搞骨干分子。总之，要重证据和旁证。包括反革命，也要给他一条出路。另一条是不要老是检讨没有个完。如果在本厂不行，可换一个厂，也可监督生产。对广大人民群众是保护还是镇压，是共产党同国民党的根本区别，是无产阶级同资产阶级的根本区别，是无产阶级专政同资产阶级专政的根本区别。

5月16日 阅国防工业军管小组五月十四日关于请毛泽东接见本系统专业会议代表的报告。报告说，七机部某办公室正在

“世界革命的中心——北京”召开会议，到会的大部分同志来自祖国各地，他们恳切请求主席接见。毛泽东在“世界革命的中心——北京”下面画了两道杠，批注：“这种话不应由中国人口中说出，这就是所谓‘以我为核心’的错误思想。此事请康老[1]在碰头会上提出并讨论一下措施。”五月十八日，中共中央、中央文革发出经毛泽东批准的《重要通知》。通知指出：“今后，不论在报刊上（包括各种小报），在内部文件中，在各种讲话中，特别在接待外宾时，一律不要再用‘世界革命的中心’的这种说法。对于‘以我为核心’的错误思想，应经常警惕和批判。”

5月19日 阅姚文元五月十三日报送的新华社内部稿《北京新华印刷厂军管会发动群众开展对敌斗争的经验》，批示：“文元同志：建议此件批发全国。先印若干份，分发有关同志，然后在碰头会上宣读一次，加以修改，再加批语发出。在我看过的同类材料中，此件是写得最好的。此厂情况，我已从个别同志那里听过两次。你是否可以去那里看一看，问一问？”内部稿写道：北京新华印刷厂军管会在发动广大职工开展对敌斗争中，引导群众正确处理两类不同性质的矛盾，团结大多数，狠狠地打击和孤立一小撮阶级敌人，做到了稳、准、狠。他们的经验是：一、对于广大革命群众，必须坚决依靠，也要善于引导；二、对于犯了严重错误的人，必须严格要求，也要注意团结；三、对于一小撮阶级敌人，必须狠狠打击，也要分化瓦解，指明出路。五月二十五日，中共中央、中央文革将这个材料转发全国，要求参照执行。此后，全国各地陆续开展了“清理阶级队伍”运动。

5月中旬 审阅中共中央、国务院、中央军委、中央文革《关于全国铁路、交通会议决议的批示》稿。批示稿指出：“中央

---

〔1〕 指康生。

同意和支持这个决议。”毛泽东批示：“照办。”全国铁路、交通会议的决议说：“坚决贯彻执行中央有关维护铁路、交通运输革命秩序的一切命令和指示。对于中断铁路、交通运输，破坏铁路、交通设备，袭击车船，杀人劫货，煽动停工停产等反革命行为，要坚决给予打击，对幕后操纵和带头肇事者，要严厉法办，以确保铁路、交通运输的畅通和运输物资的安全。”

5月20日 晚上，同中央文革碰头会成员和董必武〔1〕、李富春、李先念、陈毅、叶剑英、聂荣臻、徐向前等谈话。谈到一些部门和地区打倒老干部的情况时，毛泽东说：听说军事科学院“红造派”在造叶剑英的反，黄永胜同志要给他们做些工作。他们统统要打倒，包括叶剑英、粟裕、王树声、钟期光、宋时轮〔2〕等，都打倒怎么行？钟期光没有多大政治问题吧。说粟裕在新四军军部发了一个电报给一个日本人，投降了日本，我就不信。这个人是革命的，同敌人谈判是有可能的。现在就是有些人，认为和敌人接触了，就不得了啦。其实，同敌人接触得最多的是我，其次是周总理。干部统统打倒了，那怎么行？外交部也没有统统打倒。有的人可以一边站嘛，站几年还可以工作。不要轻易点名，统统打倒了，自己就舒服了？杨勇这个人有工作能力，我看不是反革命，现在要安排工作。姚依林〔3〕也打倒了？我看这个人很老实。我们是共产党，包括在座的各位副总理、各位老帅，就是不要怕群众。人家要打倒你们，有什么了不起！总

〔1〕 董必武，当时任中共中央政治局委员、中华人民共和国副主席（1972年2月任代理主席）。1975年1月又任全国人大常委会副委员长。

〔2〕 钟期光，当时任中国人民解放军军事科学院副政治委员。“文化大革命”中受迫害。1977年6月任中国人民解放军军事科学院顾问。宋时轮，当时任中国人民解放军军事科学院副院长（1972年11月任院长）。

〔3〕 姚依林，原任国务院财贸办公室副主任兼商业部部长。

是有一点原因嘛！有错误，应该检讨。军事科学院要打倒叶剑英，因为你是院长嘛，很多学院也归你管。人家要打倒你，总得找些材料。那些材料我都看了，那是不过硬的东西。邓小平，你们总要打倒，又没有拿出多少材料来，你们总想打倒他，我就不想。他是犯了错误的，还是人民内部矛盾嘛。现在黄镇、耿飚[1]怎么也要打倒了？耿飚可以用，不当大使就是了。我就不相信陈再道会要整我，陈再道当时并没有害我之意。彭绍辉怎么也打倒了？听说他同"百万雄师"有点关系，同"百万雄师"有点关系就不能工作了吗？不管有什么错误，过一个时期统统算了。中间派要用，右倾的人有一点也没有什么要紧。只要不是叛徒、特务、死不改悔的，都要用。现在有一种说法：要抵制错误的领导。这样在群众中是可以的，但在军队中不能这样。如果各人按各人的意见办，军队怎能打仗？军队各人都按各人的意见办怎么行？这样军队就不像个样子了。还是你（指林彪——编者注）说的："理解的要执行，不理解的也要执行。"谈到国际形势时，毛泽东说：法国十七日罢工，十九日发展到二百多万人，九十个省罢了工，铁路也瘫痪了。一九一七年到现在没有什么大罢工，世界大战后很少有这样大的规模。欧洲工人阶级是有革命传统的，世界革命应该回到法国去了。法国十八所大学，现在大学生占领了十六所。他们说，我们是无政府主义。现在他们就搞得很好嘛！镇压是不行的。事情到一定的时候是要变的。巴黎公社，开始马克思没有参加，是无政府主义，后来还不是有了政府吗？

5月21日 审阅周恩来、陈伯达、康生、江青本日送审的北京工人代表会议常设委员会、贫下中农代表会议常设委员会、

---

〔1〕 黄镇，当时任中国驻法国大使。1973年3月任中国驻美国联络处主任。耿飚，当时任中国驻缅甸大使。1971年1月任中共中央对外联络部部长。

大专院校红卫兵代表大会委员会、中等学校红卫兵代表大会委员会《坚决支持法国工人和学生革命斗争的声明》稿，删去声明稿中当今的时代“是以毛泽东思想为伟大旗帜的世界革命的新时代。毛泽东思想在全世界的广泛传播，我国无产阶级文化大革命的伟大胜利，给予全世界被压迫民族和被压迫人民的解放斗争极大的鼓舞和巨大的力量”这段话；删去文末的口号“我们的伟大领袖毛主席万岁！万岁！万万岁！”。并批示：“最后一句口号可以去掉，中间有几句自吹的话也去掉。”这个声明在五月二十二日《人民日报》发表。

5月24日 下午，在人民大会堂会见几内亚、马里联合友好访华代表团，林彪、周恩来、陈毅、李先念在座。毛泽东说：中国是一个很古老的国家。革命胜利以来，变成了新的国家，但时间还很短，各种工作刚刚开始。你们两国的进步不小，政治上独立了，现在又团结在一起。你们自己要学会技术，如勘察、设计、施工、运转，可以让技术学校的学生到现场学。我们也要帮助你们训练技术人员，这样我们的人走了，你们的人就能搞起来。

5月28日 审阅中共中央、国务院、中央军委、中央文革《关于同意成立四川省革命委员会的批示》稿，批示“照办”。

同日 下午，在人民大会堂会见尼泊尔王国副首相兼外交大臣比斯塔，林彪、周恩来、陈毅在座。谈到经济援助问题时，毛泽东说：主要看实际行动，看对你们是有利还是有害，要看是真正的相互友好，还是假的友好而实际上是拆你们的台。给你们附有政治、经济条件的援助，对你们有害，不好。谈到中印关系时，毛泽东说：印度这个民族还是好的，无论哪国人民都是好的。印度政府对我们不友好，但我们两国还有外交关系。

5月29日 阅外交部《关于加强宣传主席思想和支持西欧、北美革命群众斗争的建议》，批示：“第一，要注意不要强加于人；第二，不要宣传外国的人民运动是由中国影响的，这样的宣传易为反动派所利用，而不利于人民运动。”六月八日，中共中央、中央文革印发了毛泽东的这个批语。

5月 同中央警卫局工作人员谈话时说：你们在机关工作的一些人，不懂工，不懂农，工作太单纯。你们机关要办一两个小型工厂，学点生产知识。

6月3日 晚上，在人民大会堂同中央文革碰头会成员和一些军队领导人谈话。谈到学生闹事时说：我们的方针叫做一不压、二不管、三不怕乱。聂元梓、蒯大富天天叫，他们的日子不好过，队伍不多了。聂元梓想当北京市革委会主任，没有当上，只当了副主任。蒯大富、韩爱晶〔1〕是中间派。蒯大富直接写信给中央，说不得了啦，只有那么几个人了。总之，学生闹事不要管。我们有些同志就是怕别人贴标语，别人贴标语就要抓人。哪有共产党怕群众的。谈到广西武斗的情况时说：广西的武斗，主要是柳州、南宁，桂林最近也要打。我看里面有鬼。外省有不少的人在柳州，抢了一千八百多万发子弹。

6月12日 在一份规定群众在同外宾接触时可“自发地分别地赠送毛主席像章”的外宾接待计划上批示：“不要。”

6月15日 经毛泽东审阅同意，中共中央、国务院、中央军委、中央文革发出《关于一九六七年大专毕业生分配问题的通知》和国家计委关于编制分配计划草案的报告。

6月18日 经毛泽东审阅同意，中共中央、国务院、中央

---

〔1〕 韩爱晶，北京航空学院学生。当时是北京航空学院群众组织“红旗战斗队”负责人、北京航空学院革委会主任、首都大专院校红代会核心组副组长、北京市革委会常委。1971年3月被隔离审查，后被监督劳动。1978年4月被逮捕。1983年3月因反革命杀人罪、反革命宣传煽动罪和诬告陷害罪，被判处有期徒刑15年，剥夺政治权利3年。

军委、中央文革发出《关于建立沈阳军区黑龙江生产建设兵团的批示》。

6月21日 下午，在人民大会堂会见坦桑尼亚总统尼雷尔，林彪、周恩来、康生、黄永胜、陈毅、李先念在座。谈到中国的文化大革命时，毛泽东说：北京的学生、工人闹得天翻地覆，但基本上还是有秩序的。有些人着急了，说两年没有上课了，那怎么办啊？实际上他们也上了一课，就是文化革命的一课。过去我们留下了一些表现比较好的国民党人，这是我们的政策。我们没有教授、教师，没有办报的，没有艺术家，也没有会讲外国话的，只好接收国民党的一些人或者比较好的一些人。有一些是国民党有计划的隐藏在我们的工厂、政府机关和军队里。当然不是所有教授、教师、技术人员一个也不好，不是这样，但有一部分很不好。对他们进行清理，好的继续留下来做工作，坏的踢开。这要谨慎，要有辨别，坏人总是少数，好人总是多数。如外交部有三千多人，搞了那么庞大的机构，但坏的也只有几个。谈到国际问题时，毛泽东说：任何民族都有其优点，正如你们跟我们一样有优点。当然我们要看到自己有缺点，但就整个民族来说，绝大多数人是好的。对苏联我们也是这样的看法，对法国也是这样的看法。戴高乐他镇压人民，我们不高兴，他抵制美国，我们是赞成的。

6月30日 下午，同中央文革碰头会成员和其他负责人谈话。毛泽东说：要允许人家犯错误，允许人家改正错误，不要一犯错误就不得了。人家犯错误就要打倒，你自己就不犯错误？对邓小平，我的观点还是同以前一样。有人说他与敌人有勾结，我就不相信。你们那样怕邓小平，可见这人厉害。你们应该到群众里面去，现在到时候了，要到群众中去，不要当老爷。什么三反[1]分子，我就不同意。有些人思想可能有些问题，但不一定像你们所说的是三反分子。

6月下旬　审阅陈伯达、姚文元六月二十八日送审的两报一刊社论《发扬党的紧密联系群众的作风——纪念中国共产党诞生四十七周年》，批示："照发。"社论指出："当前，无产阶级文化大革命已经取得了决定性胜利。""在全国绝大多数地区，各级革命委员会已经普遍建立起来了。""在这种形势下，继续发扬我们党的紧密联系群众的作风，对于巩固和发展无产阶级文化大革命的胜利，巩固和发展新生的革命委员会，加强无产阶级专政，将无产阶级文化大革命进行到底，具有非常重大的意义。"这篇社论发表在七月一日《人民日报》、《解放军报》和同日出版的《红旗》杂志一九六八年第一期。

7月1日　出席在人民大会堂举行的庆祝中国共产党成立四十七周年文艺晚会，听钢琴伴唱《红灯记》和交响音乐《沙家浜》。

7月3日　审阅中共中央、国务院、中央军委、中央文革布告稿，批示："照办。"布告说：最近两个月来，在广西柳州、桂林、南宁地区，连续发生了一系列反革命事件。为了迅速予以制止，中央号召广西无产阶级革命派和广大革命群众，在广西革命委员会筹备小组的领导下，努力实现以下各点：一、立即停止武斗，拆除工事，撤离据点；二、无条件地迅速恢复柳州铁路局全线的铁路交通运输，停止一切干扰和串连，保证运输畅通；三、无条件地交回抢去的援越物资；四、无条件地交回抢去的人民解放军武器装备；五、一切外地人员和倒流城市的下乡上山青年，应立即返回本地区、本单位；六、对于确有证据的杀人放火、破

〔1〕这里指反党、反社会主义、反毛泽东思想。

坏交通运输、冲击监狱、盗窃国家机密、私设电台等现行反革命分子，必须依法惩办。布告于本日发出，通称“七三”布告。

同日 审阅中共中央、国务院、中央军委、中央文革《关于今年学校放暑假问题的通知》稿，批示：“照办。”通知要求：小学、初中，按照过去规定时间放暑假；高中、中等专业学校和大学不放假，要加紧进行高中毕业生的安排和中等专业学校、大专院校毕业生的分配工作。

7月8日 阅李先念、李富春七月七日报送的《国务院业务组关于一九六七年度粮食情况的简报》。简报说：目前我国粮食还是很不充裕的，因此必须继续努力，做好工作，增加生产，厉行节约；进一步注意搞好合理负担，消除在同一生产队又购又销的现象；继续增加生产队的粮食储备；严格控制粮食销售，进一步减少农村销量，逐步增加国家粮食库存；注意解决仓储保管问题，实行一般分散、适当集中的保管方针，努力避免损失，以利备战、备荒、为人民。毛泽东批示：“先念、富春同志：此件已阅。所拟政策，望坚决实行。”

7月上中旬 阅中共中央军委办事组七月八日《关于更改援外军事专家名称》的请示报告。报告中说：我援外军事人员现在仍称“军事专家”，“军事专家”是资本主义社会对资产阶级“军事学术权威”的称呼，与在毛主席领导下的我军援外人员身份不相称。建议将“军事专家组”改称“军事工作组”，其人员按行政职务和工作性质，分别称组长、教员和翻译。毛泽东批示：“名称问题关系不大，可从缓议。”八月六日，中央军委办事组再次写报告，建议将“军事专家组”改称“军事组”。毛泽东批示：“林副主席、总理再阅。此件缓发。资产阶级传下来东西很多，例如共和国、工程师等等不胜枚举，不能都改。”

7月12日 下午，和林彪在人民大会堂同中央文革碰头会成员谈话。谈到控制派性冲突和武斗问题时，毛泽东说：多找些两派的人谈一谈，使他们自动把枪交出来，不要军队去收。做工作不要只来几个人，两边多来一些人，一派一派地谈。有些人就是不懂，不愿意到对立方面去。对拥护你这一派的人还要做什么工作？就是要到反对你的一派那边去才有工作可做。你们凡是做一件事，甚至一个动作，都要想到反面。谈到大学教育问题时说：我看还是从工人中选调大学生。做三四年工，再到学校学两三年，又有文化，又有经验。大学还是要办的，我这里主要说的是理工科大学还要办，但学制要缩短，教育要革命，要无产阶级政治挂帅，走上海机床厂从工人中培养技术人员的道路。要从有实践经验的工人农民中间选拔学生，到学校学几年以后，又回到生产实践中去。

7月17日 在人民大会堂一一八厅召集周恩来等开会，要求中央文革碰头会讨论国际形势、国内形势、召开九大和八届十二中全会四个问题。二十一日，圈阅周恩来关于中央文革碰头会七月十八日讨论这四个问题情况的报告。

7月18日 阅湖南驻军支左领导小组七月十五日关于宣传贯彻“七三”布告情况给中共中央的报告。报告说：中央七月三日发出的布告，湖南驻军迅速向部队作了传达贯彻，收到了明显的效果。经过宣传，有的人主动交出武器，撤出工事，停止武斗。大家体会到，要落实布告，必须大张旗鼓地搞好宣传，从政治思想入手，充分发动群众。毛泽东批示：“林、周及文革各同志：请考虑可否把此件转发各地，并加上几句督促话。”十九日，中共中央、国务院、中央军委、中央文革将这个报告转发各地，指出广泛深入地向群众宣传“七三”布告，是揭露和打击反革命破坏活动的一项极其重要的措施，望你们立即检查一下宣传工作的情况，没有抓紧的要抓紧，领导不得力的要迅速加强，力求深入人心，家喻户晓。

7月19日 阅浙江省革委会核心组关于在报刊上点名批判江华等人的请示报告。陈伯达起草的送审报告说：浙江省革委会核心组来电请示，将在《浙江日报》公开点名批判江华、李丰平、陈伟达、陈冰〔1〕。小碰头会上议过，拟予同意。毛泽东批示："暂不批。"

7月21日 审阅陈伯达、姚文元七月二十日报送的调查报告《从上海机床厂看培养工程技术人员的道路》和《人民日报》编者按。调查报告是根据毛泽东的意见，组织新华社、《文汇报》记者撰写的。毛泽东对调查报告和编者按作个别文字修改，批示："照发。"《人民日报》七月二十二日发表这篇调查报告的编者按中，用黑体字引用了毛泽东七月十二日谈话中关于"大学还是要办的"一段话。

同日 审阅批准周恩来本日关于派遣和增补一批军管人员到中共中央机关和国务院各部委的请示报告。此后，一批军管人员陆续被派驻到中央机关和国务院各部委。

7月24日 审阅中共中央、国务院、中央军委、中央文革布告稿，批示："照办。"布告指出：最近在陕西省的一些地方，连续发生了一些极其严重的反革命事件。为了迅速予以制止，中央特再重申：一、任何群众组织、团体和个人，都必须坚决、彻底、认真地执行毛主席亲自批准的"七三"布告，不得违抗。二、立即停止武斗，解散一切专业武斗队，拆除工事、据点、关卡。三、抢去的现金、物资，必须迅速交回。四、中断的车船、交通、邮电，必须立即恢复。五、抢去的解放军武器装备，必须

〔1〕 陈伟达，原任中共浙江省委书记处书记。陈冰，原任中共浙江省委常委兼省委党校校长。

立即交回。六、对于确有证据的杀人放火，抢劫、破坏国家财物等现行反革命分子以及幕后操纵者，必须坚决实行无产阶级专政，依法惩办。这个布告于本日发出，通称“七二四”布告。

同日 阅北京市公安局军管会七月十六日《关于举办释放学生犯学习班的情况报告》。报告说：遵照中央指示，我们举办了第一期释放学生犯学习班，收效很大。我们的体会是：一、对犯罪的青年学生，很需要做争取教育工作，他们中的绝大多数是可以教育争取过来的。二、从政治上启发觉悟入手，以自我教育为主，是促使他们自觉认罪，把他们争取教育过来的有效办法。三、专政机关的一套旧的办案作风和办案路线，必须大破，非改不可。毛泽东批示：“林、周及文革各同志阅。这样做很对。对犯罪者应当扩大教育面，缩小打击面。”

同日 阅广西壮族自治区革委会筹备小组负责人关于伍晋南〔1〕到京参加学习班时应向群众作检讨的报告，批示：“伍晋南还是应帮助他作好检查，站出来工作。”

7月25日 阅在北京举办的新疆学习班联络组关于新疆学习班各界代表活动情况的一批材料。其中第一件说：七月二十四日下午，新疆“三新”代表邀请部队代表开拥军谈心会，称赞解放军在“三支两军”工作中的成绩，检讨了在文化大革命中对待解放军的错误言论和行动。毛泽东批示：“建议将第一件发到广西班、徐海班、福建班、云南班及西藏班。”

7月26日 阅中共中央军委办事组七月二十四日关于陆、海、空野战军团以上干部毛泽东思想学习班第三期请求接见的报告。报告建议请一些受过冲击的军区负责人参加接见，毛泽东在

---

〔1〕 伍晋南，原任中共广西壮族自治区委员会书记处书记。当时任广西壮族自治区革委会筹备小组成员。

所列名单中加上了周兴[1]的名字。

7月27日 由毛泽东决定，向清华大学派出“首都工人毛泽东思想宣传队”，在校内向两派学生宣讲政策，收缴武器，拆除路障，制止武斗。进入清华园的工人宣传队达到两万八九千人。蒯大富等下令以武力“还击”工人宣传队，造成五名工人死亡，几百名工人受伤。毛泽东闻讯十分愤怒。

7月28日 晨三时半至八时半，接见北京大学聂元梓、清华大学蒯大富、北京师范大学谭厚兰、北京航空学院韩爱晶、北京地质学院王大宾[2]。林彪、周恩来、陈伯达、康生、江青、姚文元、谢富治、黄永胜、吴法宪、叶群、温玉成、吴德等在座。毛泽东一开始说：今天是找你们来商量制止大学的武斗问题。针对蒯大富扬言工宣队进清华大学背后有黑手的说法，毛泽东说：他要抓黑手，说是谁指挥这么多工人，在那里围着他学校，压迫红卫兵啦。黑手就是我。现在我们采取了一个办法，就是工人伸出“黑手”。你们再搞，就是用工人来干涉，无产阶级专政！这个大学武斗，总要解决。文化大革命搞了两年，你们现在是一不斗，二不批，三不改。斗是斗，但你们是搞武斗。现在的工人、农民、战士、居民都不高兴，大多数的学生都不高兴，

---

〔1〕 周兴，原任中共云南省委书记处书记、云南省省长。当时任中国人民解放军昆明军区副政治委员（1971年6月任政治委员）兼云南省军区第一政治委员。1968年8月、9月又先后任云南省革委会副主任（1971年6月任主任）、云南省革委会党的核心小组副组长（至1971年6月）。1971年6月又任中共云南省委第一书记。

〔2〕 王大宾，北京地质学院学生。当时是北京地质学院群众组织“东方红公社”负责人、北京地质学院革委会主任、首都大专院校红代会核心组副组长，后任北京市革委会常委。1971年被隔离审查。1978年因反革命宣传煽动罪、诬告陷害罪被捕。后被武汉市中级人民法院判处有期徒刑9年，剥夺政治权利2年。

就连拥护你那一派的也有人不高兴。你们脱离了工人，脱离了农民，脱离了部队，脱离了居民，脱离了学生的大多数。不搞斗批改，而要斗批走、斗批散。现在提出四个办法：（一）实行军管；（二）一分为二[1]；（三）斗批走；（四）继续打下去。这个问题也不必现在答复，回去你们商量商量，讨论讨论。希望你们不要分天派、地派，搞成一派算了，搞什么两派。还是要文斗，不要武斗。谈到红卫兵的错误时，毛泽东说：现在学生的缺点在什么地方呢？学生最严重、最严重的缺点，就是脱离农民，脱离工人，脱离军队，脱离工农兵，就是脱离生产者。讲你们脱离群众，这个群众就是不爱打内战。有些人讲，广西布告只适用广西，陕西布告只适用陕西，不适用于北京，那就再发一个全国的布告，谁如果还继续违犯，打解放军、破坏交通、杀人、放火，就是犯罪。如果有少数人不听劝阻，坚持不改，就是土匪，就是国民党，就要包围起来，还继续顽抗，就要实行歼灭。无论什么地方，凡有所列举的罪行之一者，都作为反革命分子处理。现在是轮到你们小将犯错误的时候了。不要脑子膨胀，甚至全身膨胀，闹浮肿病。谈到文化大革命和武斗等情况时，毛泽东说：这些都是社会现象，不以人的意志为转移的。谁料得到又这么打起来呀？开头，我们说嘛，停课半年，登了报的。后头说不行，一年。后头说又不行，两年。后来我索性放长一点，三年嘛。我说现在呀，如果不行呀，你要多少时候给你多少时候。谈到教育革命问题时，毛泽东说：我说大学还要办，讲了理工科，没有讲文科都不办。文科要不要办，我看还是要办的。但旧的制度、旧的办法不行了。学制要缩短，教育要革命。毛泽东最后还说：今天我特别搞了录音，因为你们回去呀，各取所需。你们如果各取所

---

〔1〕 指把两派分成两个学校，住两个地方。

需，搞歪了，我就要放我这个东西。

同日 派谢富治和吴德到清华大学去制止武斗。

7月下旬 审阅中共中央、中央文革转发《全国煤炭工业战线抓革命促生产会议决议》的批语稿，批示："照办。"经毛泽东批准召开的全国煤炭工业战线会议于七月二十二日作出决议，提出把活学活用毛泽东思想的群众运动推向新的高潮；开展革命大批判，清理阶级队伍，搞好本单位斗批改；巩固、发展革命的大联合和三结合；革命委员会要实现革命化，要精兵简政；拥军爱民，加强军民团结；抓革命促生产，掀起煤炭生产建设新高潮。中央的批语和这个决议于七月二十四日发出。

8月1日 审阅中共中央、中央文革准备转发的《新疆两派革命群众组织关于革命大联合协议》，批示："照办。"协议中说，六月三十日毛主席听到新疆两派达成了制止武斗的协议，下一步准备搞革命大联合协议时说："好！好！"

同日 审阅中共中央、中央文革准备转发的《福建省各革命群众组织关于大力巩固和发展革命大联合的协议》，批示："照办。"

8月3日 下午，在人民大会堂会见由几内亚人民军副总参谋长迪亚比上校率领的几内亚军事代表团，周恩来、陈伯达、黄永胜、王新亭在座。谈到中国的情况时，毛泽东说：中国还是一个落后的国家，开始建设了一点东西，革命还没有完，问题很多，但大局已定，广大人民是要前进的。这两年是天下大乱。文化大革命，你们可不能搞。我们的经验中有些部分可以供外国参考，我不赞成把中国的全部经验都搬到另外一个国家去。谈到非洲的情况时说：非洲的政变和我们过去的军阀混战差不多，都有帝国主义在背后操纵。应该摆脱一切国家的干涉，不管什么国家。要独立自主。

8月4日 审阅中共中央、国务院、中央军委、中央文革

《关于转发安徽省革命委员会、十二军党委〈处理芜湖问题的综合报告〉的通知》稿，批示："照办。"

同日　批示同意周恩来、陈伯达、康生、江青八月三日关于温玉成作为中央文革碰头会成员的建议。

8月5日　下午，在人民大会堂会见巴基斯坦外交部部长阿沙德·侯赛因和夫人，周恩来、康生、江青、韩念龙在座。双方讨论了中国、印度和巴基斯坦三国之间的关系。毛泽东还说：美苏提出全面彻底裁军，你相信吗？什么全面彻底裁军？全面彻底扩军，准备打仗。你们希望我们进联合国是好意，但联合国作了决议，说我们是"侵略者"，我们有理由不能进。美国军队在越南不是侵略者，胡志明倒是"侵略者"，美国人可以到越南打仗，越南北方倒不能帮助越南南方，倒是"侵略"。

同日　阅解放军报社临时总编小组本日送审的《八、九、十月份宣传要点》，批示："林彪同志阅后，送人民日报负责同志一阅。然后退还解放军报总编小组。此件可以试行，随时总结经验，纠正错误，修改计划。人民日报也要试作计划。而要有一个像样的计划，就非征求若干基本读者的意见不能成功。"

同日　阅北京市革委会、北京卫戍区八月四日《关于进一步宣传贯彻毛主席最新指示和两个〈布告〉的安排意见》稿，批示："（一）完全同意。（二）郑维山应参加领导小组。（三）领导小组要经常开会，总结经验，纠正错误。"经周恩来修改的这个意见稿说：北京市和首都驻军要学习广西的经验，在宣传毛主席"七二八"最新指示和中央"七三"、"七二四"两个布告的工作中，既要造声势，造舆论，更要对学生、群众做艰苦细致的思想工作。

8月8日　下午，同中央文革碰头会成员和北京市革委会副主任吴德等谈话。谈到工人宣传队进学校制止武斗时，毛泽东说：工人串连这样快，没有料到，可见武斗不得人心。宣传队、军管代表进学校不要急于表态，要他们联合。要一个一个研究怎么样表态，促成联合。要告诉他们，两派的小报不要对骂，不利于联合，红卫兵要和工农兵相结合。靠学生解决问题是不行的，历来如此。谈到学生中的造反派及其头头的问题时说：学生一不掌握工业，二不掌握农业，三不掌握交通，四不掌握兵，他们只有闹一闹。四大自由，我看现在什么自由都没有。清华两大派打，有什么自由？双方报纸互相骂，有什么自由？在本派内又不能自由辩论，有什么自由？在本派内也没有自由。他们都是武斗集团，不知有多少个中心。所谓“五大领袖”〔1〕，群众不信任他们，工人、农民、士兵不信任他们，学生不信任他们，本派的大部分人不信任他们，只有几百人能勉强控制，怎么行呢？学生为人民没做什么好事，怎么能取得群众的信任呀！要二十年、三十年，做了点好事，才能取得群众信任。当了什么委员、副主任，就不得了喽！谈到八月五日把外国友人送的芒果转送给首都工人毛泽东思想宣传队，引起全国震动的事情，毛泽东说：这是个偶然事件，现在变成了政治事件。我没有见到芒果，我告诉汪东兴，我们不吃，送给工人宣传队。谈到抗战时期山西成立的牺盟会问题时说：不能把牺盟会、同志会都说成是坏的，我们还派人进去做工作，牺牲救国嘛！

同日 审阅中共中央、国务院、中央军委、中央文革《关于召开国防工业部分工厂“抓革命、促生产”会议的通知》稿和《关于召开冶金工业抓革命促生产会议的通知》稿，批示：“照办。”

8月10日 阅周恩来本日报送的《广州工人、贫下中农到大学宣传两个布告的情况报告》等材料。周恩来在送审报告中提议：将广东全面动员、广泛宣传“七三”、“七二四”布告和工农兵联合行动，劝阻各处武斗的一个月来的成绩和经验，由军委办

〔1〕 指聂元梓、蒯大富、谭厚兰、韩爱晶、王大宾。

事组写一个综合报告，提请中央文革碰头会讨论并拟一批语，通知全国执行。毛泽东批示："同意。"

同日 审阅中共中央、国务院、中央军委、中央文革《关于成立云南省革命委员会的批示》稿，批示："照办。"并批注："在常委四十人名单中漏列周兴，应补上。"

8月13日 阅解放军报社总编室编印的《军报生活》登载的《部队十个单位代表座谈对办好〈解放军报〉的一些意见》和《海边防指战员对办好报纸的希望》两份材料。两份材料分别介绍了解放军报社七月二十八日和八月二日举行座谈会的情况。毛泽东批示："这两个座谈会所提出的意见，有很多都值得注意，应当采纳。他们的意见，无非是说，不应当关门办报，应当面向群众，要有大方向，又要新鲜活泼。此件请送林副主席一阅。"第一份座谈会材料讲到，有代表提出希望很快恢复"思想战线"栏目，毛泽东批注："如恢复，此四字宜重写。"〔1〕这个材料还讲到，"记者到'三支两军'前线去得少"，"到《解放军报》找人很困难"。毛泽东批注："官僚主义问题。"

同日 下午，会见由中央政治局委员贝契和迪尼组成的意大利共产党（马列）代表团，周恩来、康生、江青、姚文元在座。谈到反对修正主义问题时，毛泽东说：你们国家有很多革命运动的经验，特别是第二次世界大战以来的经验。修正主义这种东西，中国也有。没有群众运动，是不可能肃清其影响的。社会民主党一直是作为一个派别存在的。修正主义世界并不统一，分裂得非常厉害。欧洲是资本主义发源地，那里的资产阶级总是要用各种办法影响工人，影响社会民主党和共产党。在经济落后的中国，在城市中，资产阶级也是用各种方法影响工人。搞选举也

〔1〕《解放军报》原来开辟的栏目"思想战线"这4个字，是毛泽东题写的。

好，不搞选举也好，资产阶级总是要影响共产党的。参加选举，资产阶级要收买你；不参加选举，资产阶级照样可以收买你。有议员的党修了，无议员的党也修了。（贝契：在我们党的领导人中间，是没有人主张参加选举的，在基层是有个别人主张参加选举的。）要用历史经验去说服他们。共产党搞选举，有几十年了。这七八十年来，没有一个党是用选举的办法取得政权的。不应该忘记十月革命的经验，十月革命并不是选举成功的，而是用战斗打出来的。经过两次世界大战了，应该教育了欧洲人民。决定世界命运的，还是工人阶级和劳动人民。谈到要把马列主义与本国实际相结合的问题时，毛泽东说：不要让死人牵着我们活人的鼻子走。但是马克思列宁主义的著作我们要研究，这些人是我们的祖宗。（贝契：我们不但要学习马恩列斯著作，而且要学习毛主席的著作。）我是他们的一个学生，我只是把马克思列宁主义运用到中国革命实践中去。我没有什么著作，只是些历史事实的记录。这些东西可以供你们参考，但你们还是要把马克思列宁主义的普遍真理同你们国家的具体情况结合起来。国际经验要学习，但你们要创造自己的理论，创造自己的经验，革命才能成功。国际的经验应注意，但不要照搬外国的经验。每个国家都有一段时期要学外国的经验。普列汉诺夫、列宁曾向欧洲的党学习经验，但列宁还是创造了俄国自己的经验。照搬外国经验，我们是吃过大亏的。你们要研究我们党的经验，首先要研究我们党犯过的几次右倾机会主义错误、几次“左”倾机会主义错误，以及我们党是如何克服这些错误的。你们要总结欧洲成功和失败的经验，要总结意大利成功和失败的经验。谈到空想社会主义的发展历史时，毛泽东说：马克思主义并不是完全否定空想社会主义的东西，而是批判地继承，继承其合理的部分，从那里发展出科学社会主义。现在中国红卫兵有一种思潮，旧的东西一概要否定，这种思潮是不对的。马克思不是这样。

8月14日 阅陈伯达、姚文元本日送审的《人民日报》、《解放军报》社论稿《金沙水拍云崖暖——热烈欢呼云南省革命委员会成立》，批示："照发。"这篇社论于八月十五日发表，用黑体字引用了毛泽东最近的一段话："我国有七亿人口，工人阶级是领导阶级。要充分发挥工人阶级在文化大革命中和一切工作中的领导作用。工人阶级也应当在斗争中不断提高自己的政治觉悟。"

同日 审阅中共中央、国务院、中央军委、中央文革《关于成立福建省革命委员会的批示》稿，批示："照办。"

8月16日 阅上海市革委会八月十四日《关于落实两个布告，解决四百多个"老大难"单位问题的情况报告》，批示："这个材料讲得很具体，有说服力，建议转发各地。"上海市的报告汇报了他们在宣传、学习、落实"七三"布告和"七二四"布告，收缴武器，解决"老大难"单位问题实践中的一些体会。八月十八日，中共中央、中央文革批转了这个报告。

8月中旬 审阅修改陈伯达、姚文元八月十六日报送的为纪念毛泽东首次检阅红卫兵两周年写的《人民日报》社论稿《坚定地走上同工农兵相结合的道路》，批示："照发。略有修改。"将文中"挑动工农斗学生"，改为"挑动群众斗群众"；将大学生"轻视工农而又自己以为了不起，难道还不该'奉劝'一下吗?"，改为"轻视工农而又自己以为了不起，这种极端错误的态度，难道还不该彻底改正一下吗?"这篇社论于八月十八日发表。

8月17日 晚上，听取林彪、黄永胜、吴法宪、温玉成汇报工作。汇报到清华大学两派已经联合起来时，毛泽东说：清华联合起来是大势所趋，不联合不行。清华这个学校，我们一定要占领，搞到底，搞到它斗批改为止。汇报到许多院校长期联合不起来时，毛泽东说：总会有团结的时候，事情总是有始有终。可以军管。北京的学校要有工人、解放军进去。北京八十万工人，抽出十分之一——八万人就够了，实际上用不着十分之一，并不影响生产。完全是工人不行，要有解放军。现在北京的学生，不怕解放军，就是怕工人。因为他们摸到解放军的底，有五不政策〔1〕。解放军对学生没办法，工人硬一些。汇报到战备问题时，毛泽东说：敌人从哪里来还不一定，设防点定多了，有那么多兵吗？过去我们总是在运动中消灭敌人的。工事做多了，就势必要助长守备的思想，没有打运动战的思想。

8月19日 下午，召集中央文革碰头会成员开会。谈到工人和解放军宣传队进驻学校搞斗批改的情况时，毛泽东说：从前我说过，斗批改要靠教职员、工人、学生中的积极分子，现在还是不改变这个提法。要依靠教职员、学生、工人中的积极分子，但光依靠他们还不行。有的学校就是不搞斗批改，专打内战，所以要派解放军和工人进去。清华两派联合起来了，主要是工人、解放军去一冲。上海有一百二十万工人，把大中小学、文艺团体统统都管起来。进去的工人、解放军一直住下去，搞一个工兵学三结合。总而言之，要工人同解放军、学生三结合，从此把大中小学管起来。〔2〕已经两年多了，不斗不批不改，尽搞武斗。打

---

〔1〕 指中国人民解放军在“三支两军”中坚持的“打不还手，骂不还口，不捕人，不开枪，不动气”政策。

〔2〕 这段话的一些内容由姚文元整理、经毛泽东审定，发表在1968年8月25日出版的《红旗》杂志第2期登载的《工人阶级必须领导一切》一文中，文字如下：“实现无产阶级教育革命，必须有工人阶级领导，必须有工人群众参加，配合解放军战士，同学校的学生、教员、工人中决心把无产阶级教育革命进行到底的积极分子实行革命的三结合。工人宣传队要在学校中长期留下去，参加学校中全部斗、批、改任务，并且永远领导学校。在农村，则应由工人阶级的最可靠的同盟者——贫下中农管理学校。”

内战这叫做革命吗？这里面一定有坏人。我很注意逍遥派的动向，逍遥派是多数。他们之所以逍遥，就是他们反对打内战，不愿意搞武斗。谈到八月五日把外国友人送的芒果转送给北京工人毛泽东思想宣传队引起全国震动一事时，毛泽东说：你们要看看恩格斯的一篇文章《偶然性与必然性》，这篇文章强调了偶然性。有很多事都是偶然的。谈到工厂的运动进展情况时，毛泽东说：工厂到现在差不多了，也有少数工厂没有搞好。今后工厂要搞大批判、清理阶级队伍、整党三项任务。在谈话中，毛泽东还提出：九月或十月要开中央工作会议或中央全会，全会到半数以上就可以，各省革命委员会负责人参加会。会议的主题，一是大批判；二是清理阶级队伍；三是整党；四是减薪，科室人员下放。〔1〕厂长、副厂长的薪金要同工人差不多，现在相差太远，要减下来。

8月20日 审阅《人民日报》、《解放军报》祝贺福建省革委会成立的社论稿《团结对敌》。将标题改为《团结起来，共同对敌》；将文中的工宣队“有步骤地进入学校”，改为“有步骤地进入学校及其他一切还没有搞好斗、批、改的单位”；在文中“促进革命的大联合，促进清理阶级队伍，促进教育革命”之后，加写“认真搞好斗、批、改”。这篇社论于八月二十一日发表。

同日 审阅中共中央、国务院、中央军委、中央文革《关于成立广西壮族自治区革命委员会的批示》稿，批示：“照办。”

8月22日 下午，在人民大会堂召集中央文革碰头会成员和陈毅、李先念、徐向前、聂荣臻、叶剑英等开会，讨论苏联武

---

〔1〕 这段话由姚文元整理、经毛泽东审定，发表在1968年8月25日出版的《红旗》杂志第2期登载的《工人阶级必须领导一切》一文中，文字如下：“建立三结合的革命委员会，大批判，清理阶级队伍，整党，精简机构、改革不合理的规章制度、下放科室人员，工厂里的斗、批、改，大体经历这么几个阶段。”

装侵占捷克斯洛伐克问题。毛泽东说：帝国主义、修正主义都不赞成苏联这种行动。苏联现在是没办法了，不搞，他们的日子不好过了。捷克斯洛伐克现在毫无办法，已经被占领了，群众很愤慨。捷克的石油、粮食、铁矿砂完全靠苏联。罗马尼亚不同，自己有粮食、石油。我们要注意，大庆油田被人家一占我们就没有石油了。说是四川、鄂西有石油，要很快地搞一下，你（指李先念——编者注）要同富春商量一下。苏联出兵捷克斯洛伐克说是为了欧洲的和平，苏联不去就不能和平、东欧就和平不了、威胁很大？美苏争夺欧洲，两家争夺，我们就争取人民，我们同情各国人民，站在人民方面。学生历来是起桥梁作用，五四运动、一二九运动都如此。真正的马列主义政党，不在人多，只要是马列主义党，就一定能胜利。

8月22日、23日、24日 三次审阅修改姚文元的文章《在工人阶级的领导下，认真搞好斗、批、改》。二十二日，姚文元在送审报告中说："根据您'宜有一篇指导当前政治的文章'的提示，我写了一篇评论，整理了您的两段重要指示[1]，驳斥了一些错误的观点，不知能否作为社论或署名文章在《红旗》用。"毛泽东当天审阅时，将文章题目改为《工人阶级必须领导一切》，并批示："应确定《红旗》为半月刊，按期出版，每期由你写一篇评论。此文由你署名，在《红旗》先发，然后由各报转载并广播。请向碰头会宣读一次，征求意见。"对三次送审稿，毛泽东所作修改主要有：（一）在文章第一段讲到当前斗批改的高潮处，于"在各个领域中引起深刻的变革，猛烈地冲击一切不适应社会主义经济基础的上层建筑"之后，加写"教育广大人民，粉碎暗藏的反动派"。（二）在第二段，将完成斗批改这个任务是一个中

〔1〕 见本卷第183页注〔2〕、第184页注〔1〕。

心环节，“是坚持工人阶级领导”，改为“必须坚持工人阶级领导”。（三）加写第三段：“自从十九世纪中期马克思主义开始形成的时候起，就提出用无产阶级专政代替资产阶级专政的口号，到今天已经一百二十年了。只有帝国主义、地主阶级、资产阶级及其代理人新老修正主义者才反对这个彻底革命的口号。中国共产党是以这个口号为其基本纲领的。而要实现这个口号，就要联合工人以外的广大群众，这主要是农民群众、城市小资产阶级群众以及有可能改造的知识分子，并领导他们前进。”（四）对第四段，将文化大革命的整个过程“是在工人阶级领导下进行的”，改为“仅仅是在工人阶级这个唯一的阶级领导下进行的”；删去“无产阶级文化大革命”之前的“史无前例的”五个字，并批注：“以后不要说史无前例。历史上最大的几次文化大革命是发明火，发明蒸汽机和建立马克思列宁主义，而不是我们的革命。”在这一段讲旧北京市委“这个‘独立王国’已被革命的风暴彻底摧毁了。它的阶级斗争的历史教训，应为一切革命者所记取”之后，加写一句：“全国各地那些被资产阶级分子所把持的大大小小的独立王国里的公民们，也应当研究这个教训。”（五）改写第五段（加写和改写的文字用着重号标明）：“工人宣传队进入教育阵地，这是一件惊天动地的大事。自古以来，学校这个地方，就是为剥削阶级及其子女所垄断。解放以后，好了一些，但基本上还是被资产阶级知识分子所垄断。从这些学校出来的学生，有些人由于各种原因（这些原因大概是：或本人比较好，或教师比较好，或受了家庭、亲戚、朋友的影响，而主要的是受社会的影响）能同工农兵结合，为工农兵服务，有一些人则不能。在无产阶级专政的国家内，存在着资产阶级与无产阶级争夺领导权的严重现象。在这场无产阶级文化大革命中，红卫兵小将奋起造党内一小撮走资派的反，学校中的资产阶级反动势力暂时地遭到了一次沉重的打击。但随后不久，有些人又暗地活动起来，挑动群众斗群众，破坏文化大革命，破坏斗、批、改，破坏大联合和革命的三结合，破坏清理阶级队伍的工作和整党的工作。这种情况引起了广大群众的不满。现实的状况告诉我们：在这种情况下，单靠学生、知识分子不能完成教育战线的斗、批、改及其他一系列任务，必须有工人、解放军参加，必须有工人阶级的坚强领导。”（六）在第十段的“一切无产阶级革命派都把工人阶级当作‘自己’人……”这句话中的“一切”后面，加写“真正的而非口头说说骗人的”。在这段话之后，加写一段话：“有些自己宣布自己为‘无产阶级革命派’的知识分子，一遇到工人阶级触动他那个小小的‘独立王国’的利益的时候，就反对起工人来了。这种叶公好龙式的人物，在中国还是不少的。这种人就是所谓轻视工农、爱摆架子、自以为了不起的人物，而其实不过是现代的一批叶公而已。凡是知识分子成堆的地方，不论是学校，还是别的单位，都应有工人、解放军开进去，打破知识分子独霸的一统天下，占领那些大大小小的‘独立王国’，占领那些‘多中心即无中心’论者盘踞的地方。这样，成堆的知识分子中间的不健康的空气、作风和想法就可以改变，他们也就有可能得到改造和解放。”（七）改写第十七段：“首先的任务是建立三结合的革命委员会，使工厂企业的领导权真正掌握在无产阶级手里。这往往是同大批判和大体上清理阶级队伍两项任务结合起来做的。”（八）在第十八段讲“大批判和清理阶级队伍”使“党员的政治状况、组织状况基本上弄清楚了”之后，加写“并且吸收一批在运动中涌现出来的积极分子参加党组织，使党增加新鲜血液”。（九）加写第十九段：“在工矿企业中的运动是如此，在文化教育事业中，在党、政机关中的运动，也大体是如此。”这篇文章发表在八月二十五日出版的《红旗》杂志一九六八年第二期。

8月23日 根据毛泽东的意见，《人民日报》发表评论员文章，强烈谴责苏联武装侵占捷克斯洛伐克。

8月25日 审阅中共中央、国务院、中央军委、中央文革《关于派工人宣传队进学校的通知》稿，批示："照发。"周恩来、陈伯达、康生、江青本日的送审报告中说："前遵主席指示，由姚文元同志起草了这个通知，并在中央文革碰头会上作了一些修改。"毛泽东审阅时，在工人宣传队"抽调工人的人数，大体上可占当地产业工人十分之一左右"之后，加写"或更少一点，不会妨碍生产"。并批示："照发。"这个通知于本日发出。此后，全国各地陆续向大专院校、中等专业学校和县、镇以上中小学派驻工宣队。

同日 阅新华社八月二十四日编印的《文化革命动向》第一三八三期刊载的一个材料《北京二七机车厂形成两套领导班子的原因》，批示："康生、文元同志：二七工厂材料，请你们研究一下。加上北京别的工厂的材料一起，看是否可以写成一个整党文件，以便督促各地执行。"材料说：北京二七机车车辆厂现有两个厂革委会，两套领导班子。一套受原来的"红造团"成员拥护，另一套受由大多数党、团员组成的"无产阶级革命派"拥护。由于两派分歧加深，现在两个革委会都处于瘫痪状态。据"红造团"反映，二七机车厂在整党过程中，没有充分吸收群众意见和发展造反派群众入党，就恢复了党组织。恢复后的党支部百分之六十以上的干部是文化大革命前原班人马。"无产阶级革命派"则认为，二七机车厂的整党建党没有犯方向路线性错误，缺点是没有吸收群众参加，就选举了支部委员会。对此，毛泽东写批语："不吸引造反派优秀分子参加党组织，支部成员原班人马太多，看来是失败的主要原因。"材料说：二七机车厂军管会认为，"各车间的革委会中党员太少，起不到核心作用，所以只能让党支部来加强领导，结果形成了两个中心”。对此，毛泽东写批语：“既然车间革委会中党员太少起不了核心作用，又要支部加强领导，岂不矛盾？”

8月26日 审阅中共中央军委办事组八月二十日建议对部分军事院校实行军管的报告，批示：“如工人条件成熟，所有军事院校均应派工人随同军管人员进去。打破知识分子独霸的一统天下。”九月二日，中央军委、中央文革发出关于工人进军事院校及尚未联合起来的军事院校实行军管的通知，在通知中引用了毛泽东的批示。

8月27日 周恩来在章士钊反映原国民政府司法院副院长覃振之女在南京受批斗的来信上批示：“照顾覃之家属，确为主席嘱办。”

8月28日 审阅中共中央、国务院、中央军委、中央文革《关于成立西藏自治区革命委员会的批示》稿，批示：“照办。”

8月31日 阅上海市革委会报送的调查报告《上海工人技术人员在斗争中成长》，批示：“林、周及文革各同志：此件请阅，并请总理提向碰头会上一议，加以修改。建议在《红旗》第三期上发表。”同时为《红旗》杂志起草编者按语：“此件是上海市革命委员会八月二十九日送给中共中央、中央文革的调查报告，现在本刊发表。我们请全国各大、中、小工业城市的革命委员会予以注意，对你们那里的工程技术人员的情况给以调查，陆续送给中央，我们将择要予以发表。从根本上说来，走从工、农、兵及其后代中选拔工程技术人员及其他意识形态工作人员（教授、教员、科学家、新闻记者、文学家、艺术家和马克思主义理论家）的路，是已经确定的了。同时，对过去和现在的大专院校毕业生和在学学生，党和工人阶级、贫下中农、人民解放军有责任，热情地、严肃地帮助他们中间一些至今还不懂得或还未下决心同工农兵结合、为工农兵服务的人们，逐步地改变过来。对于已经结合或者愿意结合的人们要加以鼓励，这方面的动人事迹及其变化过程也要加以调查和择要发表。顽固的走资派或其他被广大群众认为不好的人，只是我国人口中的一小撮。对于这种人，也要从教育入手，以期使他们虽顽固而能转化，虽不好而能变好。总之是要给出路。不给出路的政策，不是无产阶级的政策。这些是我党长期以来一贯的传统政策，应向一切人讲清楚。文化大革命是一场严重的阶级斗争，也是一次伟大的教育运动。”又批示：“拟发表的材料一篇及按语，送林、周及文革各同志阅，退姚文元同志办。”这篇编者按语和上海市的调查报告，后来没有在《红旗》杂志发表。

8月 审阅姚文元八月十八日送审的两报一刊编辑部文章《把新闻战线的大革命进行到底》稿，批示：“此文可用。但从十三页起的两节中读起来较沉懵，空话太多，新意太少，宜加删改。并宜接触当前政治斗争。”毛泽东删去稿中以下一段话：“毛泽东思想是马克思列宁主义发展的第三个里程碑，是放之四海而皆准的普遍真理。毛泽东思想在世界范围内的广泛传播，对于国际共产主义运动，对于整个世界革命，具有深远的历史作用。通过各种新闻手段向全世界大力宣传毛泽东思想，传播毛主席的伟大声音，这是我们对战斗的各国无产阶级和被压迫人民、被压迫民族的最大支援。”这篇文章退回修改后，发表在八月二十五日出版的《红旗》杂志一九六八年第二期和九月一日《人民日报》、《解放军报》。

9月1日 审阅中共中央、国务院、中央军委、中央文革《关于成立新疆维吾尔自治区革命委员会的批示》稿，批示：“照办。”毛泽东审阅时，将附件《中共新疆军区委员会关于成立新疆维吾尔自治区革命委员会的报告》中“天大地大不如党的恩情大，爹亲娘亲不如毛主席亲”这句话删去。

同日 和林彪、周恩来致电胡志明等，祝贺越南民主共和国成立二十三周年。贺电说：越南人民抗美救国战争的胜利，为世界各国人民反对美帝国主义的斗争作出了贡献。美帝国主义霸占越南南方、分割越南民族的野心是不会改变的。七亿中国人民将一如既往，坚决支持越南人民把抗美救国战争进行到底！

9月3日 阅上海市革委会报送的调查报告《从上海机械学院两条路线的斗争看理工科大学的教育革命》，批示："姚文元同志：此件仍有用，可发表。我写的这个按语，是否妥当，请提到碰头会一议。"毛泽东为《红旗》杂志写的编者按语是："这是上海市的又一个调查报告，现发表，供参考。全国各大、中、小工业城市所属各工厂的工程技术干部情况如何，各理工科高等、中等学校教育革命的情况如何，希望各地革命委员会组织一些人做些典型的调查，报告中央，本刊将择要予以发表。这里提出一个问题，就是对过去大量的高等及中等学校毕业生早已从事工作及现正从事工作的人们，要注意对他们进行再教育，使他们与工农结合起来。其中必有结合得好的并有所发明创造的，应予以报道，以资鼓励。实在不行的，即所谓顽固不化的走资派及资产阶级技术权威，民愤很大需要打倒的，只是极少数。就是对于这些人，也要给出路，不给出路的政策，不是无产阶级的政策。上述各项政策，无论对于文科、理科新旧知识分子，都应是如此。"这篇编者按语和上海市的调查报告，发表在九月十日出版的《红旗》杂志一九六八年第三期，九月五日《人民日报》提前转载。

9月4日 阅中共中央军委办事组八月二十八日整理的一份信访摘报。摘报说：最近云南个旧、河北保定等地的群众组织来信反映，他们在"八一"前后邀请当地驻军开拥军谈心会、座谈会。会上群众组织的代表称赞了部队的功绩，主动检查了对待部队的一些错误态度。部队同志则主动检查了在“三支两军”工作中的缺点和一些对待群众的错误态度，诚恳地向群众赔礼道歉。通过拥军活动，进一步密切了军民关系，加强了军民团结。毛泽东批示：“建议将此件通报全军，普遍开谈心会。”十月四日，中央军委、中央文革将毛泽东的批示和这个信访摘报印发全军。

同日 阅北京市革委会、北京卫戍区《关于召开工人和解放军毛泽东思想宣传队负责人会议情况报告》。报告说：北京市五十九所大专院校已于八月二十九日全部进驻了工人、解放军毛泽东思想宣传队。八月三十一日，我们召集这些学校的宣传队负责人开会，着重解决了以下几个问题：一、宣传队要对学校实行无产阶级的政治领导，搞好学校的斗批改，不要陷于事务主义。二、对学校的领导，要相信他们的大多数；要正确对待革命小将在文革中的功与过；要帮助学生解决思想问题，办好学习班。三、在做好群众思想工作基础上，按班系、科室搞革命的大联合和“三结合”。四、加强调查研究工作，对学校的问题，不要急于表态，更不能轻易表态。五、对各派所抓的人，工人宣传队可以接收过来，进行审查；对一般群众，可先组织集训班学习。毛泽东批示：“林、周及文革各同志：现在需要规定一些具体政策，我看此件不错，建议转发各地参考。”九月六日，中共中央、中央文革转发了这个报告。

9月5日 阅周恩来、陈伯达、康生、江青九月二日报送的北京市革委会《关于选调和派遣工人毛泽东思想宣传队的几条规定》，批示：“照办。”本日，中共中央、中央文革批转了这个规定。

9月6日 阅《人民日报》、《解放军报》庆祝全国（除台湾省外）各省、市、自治区全部成立革命委员会的社论稿《无产阶级文化大革命的全面胜利万岁》，批示：“照发。”社论说：全国除台湾省以外的省、市、自治区全部成立了革命委员会，标志着整个运动已在全国范围内进入了斗、批、改的阶段。这篇社论于九月七日发表。

9月7日 同意周恩来本日关于召开庆祝二十九个省市区革委会全部成立的十万人大会的请示报告。当天下午，庆祝大会在北京工人体育场举行。

9月9日 阅周恩来、陈伯达、康生、江青九月八日关于提前出版《毛泽东选集》第七卷的建议信。信中提出，《毛选》第七卷文稿拟从一九六二年十中全会起到十二中全会止，并建议请康生、江青、姚文元三人主编这一卷，争取九大以前出版。毛泽东批示："待商。"

9月10日 审阅修改姚文元本日送审的《人民日报》、《红旗》杂志评论员文章《一个极其重要的问题》稿，批示："照发。"将标题改为《关于知识分子再教育问题》；将文中"走从工人中培养技术人员的革命道路"，改为"走从工农兵中培养技术人员及其他知识分子的革命道路"；将"从有生产实践经验的工人、农民中选拔学生"，改为"从有生产实践经验的工人、农民和解放军战士中选拔学生"。这篇文章发表在本日出版的《红旗》杂志一九六八年第三期和九月十二日《人民日报》。

9月上旬 审阅修改姚文元八月三十一日报送的《人民日报》批判组调查报告《农村的教育革命必须依靠贫下中农——营口县水源公社开展教育革命的体会》。姚文元在送审报告中写道："这个调查报告我觉得不错，有一些很好的经验，特别在贫下中农掌权和教育体制革命两个方面。可否登下一期《红旗》，并加按语。"毛泽东批示："照办。"将副标题改为"记营口县水源公社开展教育革命的经验"；在文中"他们最重要的一条经验，就是学校的革命师生和贫下中农结合，紧紧依靠贫下中农，开展一场教育革命的群众运动”之后，加写“实行由贫下中农为主，结合学校师生管理学校”。九月十日出版的《红旗》杂志一九六八年第三期和九月十六日《人民日报》发表了这篇文章，署名为《人民日报》、《红旗》杂志调查员。

同旬　审阅修改姚文元九月三日报送的上海市的调查报告《从江镇公社“赤脚医生”的成长看医学教育革命的方向》，批示：“照发。”将标题改为《从“赤脚医生”的成长看医学教育革命的方向》。调查报告说：上海市川沙县江镇公社卫生院有一名从城市里来的医专毕业生，把训练“赤脚医生”作为自己的重要任务，编写简易农村医疗卫生教材，介绍一些优秀的农村通俗医务书籍，组织“赤脚医生”进行“兵教兵”活动，着重培养自学能力，使他们在实践中迅速入门。在这段文字后，毛泽东加写一段话：“这个从城里下到农村的医生证明，从旧学校培养的学生，多数或大多数是能够同工农兵结合的，有些人并有所发明、创造，不过要在正确路线领导之下，由工农兵给他们以再教育，彻底改变旧思想。这样的知识分子，工农兵是欢迎的。不信，请看上海川沙县江镇公社的那个医生。”调查报告说：另一位医专毕业生，“能力很差，连脑膜炎、胸膜炎也诊断不出。一次为一个死胎早产病人接生，临床时，死背在学校里记熟了的书本知识，急得手足无措”。在这段文字后，毛泽东加写一句话：“对这些人应当进行教育，使他们逐步获得改造。”调查报告说：“这个鲜明的对比，暴露了旧医学教育制度严重脱离政治、脱离实践的弊病，显示出赤脚医生这支新型医疗卫生队伍发展的巨大生命力。”毛泽东在其中的“旧医学教育制度”之后，加写“（整个教育制度）”六个字。这篇调查报告发表在九月十日出版的《红旗》杂志一九六八年第三期。

9月11日 审阅中央广播事业局军管小组九月七日报送的关于宣传毛泽东一九六二年九月十八日给日本工人朋友们题词的请示报告。在附送的一个广播稿中，毛泽东将“我们的伟大领袖毛主席”改为“毛泽东”。十七日，审阅《人民日报》总编室送审的为配合发表毛泽东题词写的社论稿《各国革命人民胜利的航向》，批示：“把离开主题的一些空话删掉。不要向外国人自吹自擂。”删去社论稿中以下文字：“伟大的战无不胜的毛泽东思想，是马克思列宁主义在当代的新发展。”“毛泽东同志天才地、创造性地、全面地继承、捍卫和发展了马克思列宁主义，把马克思列宁主义提高到了一个新的阶段。毛泽东同志是理论联系实际的伟大的典范。”“毛泽东思想在日本得到日益广泛的传播。”“我们的时代，是以毛泽东思想为伟大旗帜的新时代，是伟大的毛泽东思想和各国革命的实践相结合的新时代。毛泽东思想正在亚洲、非洲、拉丁美洲以及世界各地广泛地传播。毛泽东思想指引下的人民革命，是历史前进的火车头。在伟大的马克思主义、列宁主义、毛泽东思想的光辉照耀下，世界各国人民必将朝着胜利的航向，继续奋勇前进!”此外，将三处“马克思主义、列宁主义、毛泽东思想”改为“马克思列宁主义”，将两处“马克思主义、列宁主义、毛泽东思想”改为“真正的马克思列宁主义”。十八日，《人民日报》发表毛泽东一九六二年的题词：“只要认真做到马克思列宁主义的普遍真理与日本革命的具体实践相结合，日本革命的胜利就是毫无疑义的。应日本工人学习积极分子访华代表团各位朋友之命，书赠日本工人朋友们。”同时，发表经毛泽东修改的这篇社论。

9月12日 阅周恩来、陈伯达、康生、江青九月十一日提议召开一次工人、解放军毛泽东思想宣传队队员大会的请示报告。报告说：开这个会，向他们打招呼，说一下无产阶级文化大革命的经历，主要是说一下学校中文化大革命的一些经历，红卫兵小将所起过的主流作用，他们有过些什么错误、缺点。报告还附注：北京现有工宣队员和军宣队员共三万七千九百二十三人，拟在四个人中抽一人参加这次会议。毛泽东批示："太多。十人中选一人似较好。"

9月17日　和林彪、周恩来复电霍查〔1〕、谢胡，答谢他们祝贺中国二十九个省、市、区成立革委会的来电。复电说：前几天，阿尔巴尼亚人民共和国庄严地宣布退出华沙条约的决定和法令。我们坚决支持阿尔巴尼亚人民共和国和兄弟的阿尔巴尼亚人民退出华沙条约的革命行动，坚决支持东欧各国人民反对苏修控制的华沙条约的正义斗争，坚决支持西欧和世界各国人民反对美帝控制的北大西洋公约以及其他侵略性条约组织的正义斗争，坚决支持全世界一切受美帝、苏修侵略、控制、奴役和威胁的各国人民的革命斗争。

同日　下午，和林彪听取黄永胜、吴法宪、温玉成汇报部队工作。汇报到"三支两军"工作情况时，毛泽东说：现在部队比较好，总的方面都是好的。对两派要联合，两派都是革命群众组织。军队还是两派都支持比较灵，支一派的总是搞不好。支一派压一派，总是得不到群众拥护的。总政要组织一个可靠的领导班子，加上军管，派工人宣传队不适宜。汇报到评比四好连队的情况时，毛泽东说：现在没有打仗，只好按平时的情况来评比。打仗时部队究竟过不过硬，还要将来看，但从平时的作风也可以看出一些。打仗时不仅是连队的问题，还有上面的问题。下面靠勇敢，上面还有指挥问题。我们军队阶级基础好，都是劳动人民。国民党的兵也是劳动人民，我们俘虏过来，经过教育后打仗也打

---

〔1〕霍查，当时任阿尔巴尼亚劳动党中央第一书记。

得很好。我们要注意阶级基础，但主要靠干部。汇报到解决徐州问题时，毛泽东说：现在要解决徐州问题，你们把师以上干部找来谈一谈。先找军长、政委两人谈，然后再找军、师的干部谈一谈。叫他们两派要很好团结，军队、地方都是两派，群众也是两派。要找他们谈几次，还是两派联合起来比较灵，一派是搞不好的。现在不搞两派团结怎么办？两派都要，丢掉哪一派都不行。汇报到部队调防问题时说：调动一下好。河南、湖南，把这里的司令调到那里当司令，本人高兴，群众也欢迎。要革命，到处都可以革，为何要在一个地方？老不动就是一个"大鸡窝"。在听取汇报过程中，毛泽东表示同意中央军委办事组关于干部调动和任命事项：李作鹏、邱会作任副总参谋长；刘贤权任铁道兵政委；王辉球〔1〕任空军政委；罗元发〔2〕任空军副司令员兼国防科委副主任；赵启民〔3〕兼任国防科委副主任；萧思明〔4〕任新疆军区第二政委；李德生〔5〕兼任南京军区副司令员；杨俊生〔6〕任二炮司令员。

同日 阅姚文元九月十五日给毛泽东的报告。报告说：张春桥和我到上海国棉十七厂开整党建党调查会。这个厂的革委会十

〔1〕 王辉球，当时任中国人民解放军空军副政治委员。

〔2〕 罗元发，当时任中国人民解放军北京军区副司令员兼北京军区空军司令员。

〔3〕 赵启民，当时任中国人民解放军海军副司令员。

〔4〕 萧思明，曾任中国人民解放军河北省军区第二政治委员。当时任天津市革委会副主任。

〔5〕 李德生，当时还任安徽省革委会主任、中国人民解放军安徽省军区司令员兼第12军军长。1969年4月、11月又先后任安徽省革委会党的核心小组组长（至1971年1月）、中共中央政治局候补委员（1973年8月至1975年1月任中央副主席）。1970年11月又任中共中央组织宣传组副组长。1971年1月又任中共安徽省委第一书记、中国人民解放军北京军区司令员（1973年12月任沈阳军区司令员）。

〔6〕 杨俊生，当时任中国人民解放军北京卫戍区政治委员。

三个常委中有十个党员。像这样条件的单位，经过市革委会同意，由革委会中的党组织（即十三个常委中的十个党员）执行党委或临时党委的职能，有权批准新党员入党。可否试验一下，请予指示。毛泽东批示："林、周及文革各同志阅。他要回电，请用文革名义给他去一个电话，说十五日信收到，同意他们的意见。"

9月20日 阅周恩来、陈伯达、康生、江青九月十九日关于中共八届十二中全会准备工作的报告。报告汇报了九月十五日晚中央文革碰头会讨论召开八届扩大的十二中全会的情况。其中讲到，这次全会的议程之一是推选中央革命委员会，在九大前作为党和国家的临时最高权力机关；参加扩大的十二中全会的人数，连同能出席全会的八届中委和候补中委在内，约三百人左右。毛泽东批示："请林彪同志先看，我再看，然后在一次至二次会上讨论才能作出决定。我认为暂时不宜成立中央革委会，中央全会也不要扩大很多人，有一百多人就够了。"

9月23日 阅上海市革委会九月二十二日《关于在产业工人中有步骤地发展新党员的请示报告》，批示："林、周及文革各同志：此件请碰头会议复。复文及本件，请考虑发各地参考，并酌量办理。"请示报告说：根据主席关于"必须注意有步骤地吸收觉悟工人入党，扩大党的组织的工人成分"的指示，我们决定首先在上海产业工人中发展一批优秀的造反派入党。九月二十九日，中共中央、中央文革转发了这个报告。

同日 《解放军报》发表《大兴党的三大作风》社论。毛泽东审阅时批示："看了一遍，可用。"

9月25日 审阅拟以中共中央、中央文革名义发出的《庆祝中华人民共和国成立十九周年标语口号》。标语口号共三十条，毛泽东删去其中的第十一条："向立下丰功伟绩的中央文革致敬！"并批示："去掉第十一条，不应用自己名义发出的口号称赞自己。"

9月26日 阅外交部《关于巴基斯坦政府友好代表团访华接待计划的请示》及附件《欢迎（送）巴基斯坦政府友好代表团的标语口号》，删去接待计划中通过安排参观访问“突出宣传伟大的毛泽东思想和毛主席一系列最新指示”一句，批示：“对这些不应如此做。”删去附件中三条标语口号：“17. 毛主席的无产阶级革命路线胜利万岁！18. 战无不胜的马克思主义、列宁主义、毛泽东思想万岁！19. 毛主席万岁！万岁！万万岁！”

同日 晚上，接见在北京参加集训和培训的军队干部，随后同吴法宪、叶群、路扬〔1〕谈话。谈到参加集训的有些是犯了错误的干部时说：犯了错误不要完全责怪他们。我们不主张不教而诛，因为我们没有教育嘛。要教育改造嘛！要用教育的方法，解放一大批干部。毛泽东问：陈再道来了没有？斗争陈再道的那种方法，我们也不赞成。得知陈再道还在被隔离时，毛泽东说：隔离他干什么？批评、斗争，不搞“喷气式”就行了。还是让他参加，教育教育嘛。今天怎么没有看到徐向前、聂荣臻、叶剑英呢？以后还是请他们来。

9月29日 阅上海市革委会九月二十七日关于工宣队进入中小学的情况报告，批示：“此件很有用，似可转发各地参考。请送林、周及文革各同志酌定。”报告说：九月五日至十二日，我们组织了三万一千余名产业工人，进入全市中小学。九月十六日开学后，各校都举办了各种类型的毛泽东思想学习班。在工宣队的领导和帮助下，原来大联合不巩固的学校、班级，有些也联合起来了。对一些复课闹革命搞得比较好的学校，工宣队则注意针对存在的问题加强政治思想工作。还做了大量的整顿校风、建立革命新秩序的工作。十月七日，中共中央、中央文革转发这个

---

〔1〕 路扬，当时任中共中央军委办公厅主任。

报告。

同日　审阅周恩来、陈伯达、康生、江青九月二十八日送审的林彪准备在中华人民共和国成立十九周年庆祝大会上的讲话稿，批示："在第二页末段去掉一句。"讲话稿说：工宣队"开进大、中、小学和一切知识分子成堆的地方，登上了上层建筑各个领域斗、批、改的政治舞台。这是二十世纪六十年代的伟大事件。这是一八四八年《共产党宣言》发表以来，共产主义运动史上的伟大创举。"毛泽东删去末尾一句"这是一八四八年《共产党宣言》发表以来，共产主义运动史上的伟大创举"，批注："这一句不要。"

同日　复信周世钊[1]："拙作诗词，无甚意义，不必置理。我不同意为个人作纪念，请告附小。对联更拙劣，不可用，就此奉复，顺祝康好！"周世钊在来信中说：读了有关主席诗词的一些注释本后，感觉参差不齐，不知应作如何处理，哪些注释本较好。主席在湖南一师附小任教时，曾在大礼堂手书一副对联，"世界是我们的，做事要大家来"，有人建议再书写刻上。

9月30日　阅《人民日报》九月二十九日编印的《文化大革命情况汇编》第六二八期登载的《柳河"五七"干校为机关革命化走出条新路》一文。文中说：今年五月七日，是毛主席"五七指示"发表两周年，黑龙江省革委会组织大批机关干部下放劳动，在庆安县柳河办了一所农场，定名"五七"干校，为机关革命化、改革上层建筑走出了一条新路。毛泽东批示："姚文元同志：此件似可在《人民日报》发表。广大干部下放劳动，这对干部是一种重新学习的极好机会，除老弱病残者外都应这样做。在

〔1〕周世钊，毛泽东在湖南省立第一师范学校读书时的同学。原任湖南省副省长、湖南省政协副主席等职。"文化大革命"中受冲击。

职干部也应分批下放劳动。以上请提到碰头会上讨论决定。”十月五日，《人民日报》发表了这篇文章和编者按语，文章题目改为《柳河“五七”干校为机关革命化提供了新的经验》，编者按语中引用了毛泽东的批语。此后，中央和各地普遍开办五七干校。

9月底 审阅两报一刊为庆祝中华人民共和国成立十九周年写的社论稿《在胜利的大道上奋勇前进》。社论稿中说：工人阶级派出宣传队，直接进入学校，进入上层建筑的各个领域，领导那里的斗、批、改，“这是无产阶级革命史上的伟大创举，是对马克思列宁主义的新发展”。毛泽东删去“是对马克思列宁主义的新发展”，批示“照发”。这篇社论发表在十月一日《人民日报》、《解放军报》和十月十四日出版的《红旗》杂志一九六八年第四期。

9月 对外交部军代表和造反派说：耿飚、黄镇，你们要赶快解放出来，派出去。

10月1日 上午十时，和林彪、周恩来等党和国家领导人出席在天安门举行的中华人民共和国成立十九周年庆祝大会，检阅群众游行队伍。在天安门城楼休息室先后会见阿尔巴尼亚劳动党中央政治局委员、部长会议副主席兼国防部部长巴卢库、巴基斯坦总统顾问赛义德率领的巴基斯坦政府友好代表团主要成员。同巴卢库谈到一九六七年二月巴卢库和卡博来访时，毛泽东说：那时还很乱，工人阶级刚刚起来。现在工人阶级在各主要城市已经统治一切了。在农村的绝大部分地区，农民已经占统治地位。以前，直到今年上半年，学生是运动的先锋，现在落后了。

同日 晚上，在天安门城楼出席国庆焰火晚会，接见来北京参加国庆典礼的各省、市、自治区革委会负责人和工人代表以及其他方面的代表，会见厄瓜多尔共产党（马列）中央第一书记、第二书记。

10月5日 晚上，在人民大会堂会见由巴卢库率领的阿尔巴尼亚党政代表团，周恩来、陈伯达、康生、江青、张春桥、姚文元、黄永胜在座。谈到清理阶级队伍问题时，毛泽东说：失败的阶级还要挣扎，所以我们不说最后的胜利，几十年来都不能说这个话。不能丧失警惕，这些人还在，这个阶级还在。大陆上有国民党残渣余孽，有些人钻到我们中央领导机关来了，或者钻到地方领导机关来了。这一次算是一个一个作了清理。这一次党、政、军、民来了一个比较大的清理，自己清理，自己暴露。大概还有半年到一年搞清理阶级队伍、整党，这样可以保持一个时候的安宁，十年到二十年。不能说这一次搞得那么干净了，也不能讲搞得统统很正确，没有搞错。从我们所知道的，不少人还是要平反的。群众要么不搞，一搞起来就很厉害，就不那么文明了，也搞武斗，打人了，戴高帽子，搞“喷气式”。所以这需要领导，叫他们不要这么做，这种方法不能解决问题。谈到派性和武斗情况时，毛泽东说：去年七、八、九三个月打得很厉害，有武斗。我们提出“要文斗，不要武斗”，就是有那么一些人，他们偏要武斗。还有人把我们过去打仗的口号搬了过来，叫“农村包围城市”。现在是共产党领导，是工人阶级专政，怎么能够搞“农村包围城市”呢？这个账不能算在刘少奇身上。三十八军支持一派，河北省军区支持一派，怎么能够把账算在刘少奇身上？不是讲文化大革命吗，怎么变成武化大革命了呢？这是出现的一种社会现象，它的背后有各种因素，有山头主义、无政府主义的因素，也有敌我矛盾的因素。思想工作是重要的，这是一件头等重要的工作。包括对一部分犯了错误的同志，要做思想工作。这需要时间。不能把这些人都丢在那里不要。这一部分人，不是刚才讲的国民党残渣余孽，这是属于共产党人犯错误，属于人民内部的范围。有两种矛盾，第一是敌我矛盾，第二是人民内部矛盾。

所以这一次文化大革命比我们过去打仗困难得多。谈到国际局势时，毛泽东说：看来整个世界还是要乱，因为存在着矛盾，存在着斗争。问题是怎么个乱法，现在很难说。打世界大战？这是一种乱法。不打世界大战，打局部战争，也是一种乱法。

同日 晚上，在人民大会堂接见参加国庆十九周年观礼的各省、市、自治区革委会负责人和工人代表。

10月9日 审阅周恩来、陈伯达、康生、江青本日下午报送的《出席中共八届扩大的十二中全会名单（草案）》，删去肖力、毛远新的名字，批示："肖力、毛远新二人不宜参加。"

同日 晚上，在人民大会堂一一八厅召集林彪、周恩来等开会，商量补选十名中共中央委员等问题。

10月10日 阅中共中央军委办事组本日报送的徐海学习班情况材料。材料中说：十月九日上午，向徐海学习班全体人员传达了军委办事组关于徐海问题的一些意见后，军队和两派到会的群众代表反应良好，下午分别进行了讨论，有的打电话回去要求上交武器。徐州市武斗已经停止了。毛泽东批示："讲明政策，多数人是能接受的。"

10月11日 阅周恩来本日报送的关于出席中共八届扩大的十二中全会人员名单等问题的报告及所附林彪对这个报告的批示。报告说："毛远新同志不参加，辽宁省革命委员会改由杨春甫〔1〕同志参加。"林彪十月十日批示："肖力、远新同志近两年来在工作中取得很多成绩，我原拟同意他们参加此会。鉴于主席的批示和昨晚会上主席的意见，应按主席指示执行。考虑到肖力同志是中央文革办事组组长，且她对解放军报工作有不少贡献，建议她作为工作人员参加会议，这对她是个锻炼。"毛泽东批示：

〔1〕 杨春甫，当时任辽宁省革委会副主任。

“肖力不宜为工作人员。”

10月12日 晚上，在人民大会堂一一八厅召集林彪及中央文革碰头会成员开会。会议商议毛泽东在中共八届扩大的十二中全会上的讲话等问题。毛泽东说：有个问题可以讲讲，十一中全会是正确的，还是基本正确的？这次文化大革命要不要？你们说没有问题，我看是有问题的。十一中全会的决定，文化大革命该搞不该搞？成绩是主要的还是缺点是主要的？这包括中央领导、各地的领导、红卫兵、“三支两军”。一小撮该不该垮？这个问题是存在的。老干部整得多了。有些干部今后可能工作的，错误是有，但做点小工作还是可以的。邓小平可以做点工作。叛变和自首要加以区别，有的是敌人在政治上强加的。牺盟会不能说都是坏人。这次会议，把政治问题解决一下，使他们回去好工作。多中心论要讨论一下。一个学校是两派，两个中心，有的工厂也是一样。我们的军队是人民的军队，还是资产阶级的军队，这次是大考试。我是不赞成形式上的考试，要实质上的考试。民主党派问题要谈一下。这次首先是共产党受到冲击，民主党派也受到冲击。这是大的群众运动。我们历来靠群众，为什么怕群众。国际问题要谈一下。国际形势有希望还是没有希望？紧张不紧张？从马克思主义观点看，紧张好些。矛盾没有解决，修正主义可多了，我们要划清界限。我们主要靠马列主义。

10月13日—31日 中共八届扩大的十二中全会在北京举行，毛泽东主持会议。

10月13日 下午，主持中共八届扩大的十二中全会开幕会议。周恩来介绍出席全会人员的情况，并宣布全会议事日程：（一）九大准备工作；（二）修改党章；（三）国内外形势；（四）刘少奇专案审查报告。毛泽东发表讲话。谈到对文化大革命的评价时，毛泽东说：国内问题，就是要总结一下上一次全会到现在两年多的工作。无非是有两种看法：一种，说还不错，十一中全会这个决议基本上是正确的；也有人说，不见得。那个时候我们就讲过，十一中全会通过决议的时候，我就打过招呼的，特别是后来十月的工作会议。不要以为通过了决议，以为大家都同意了，实际上呢，举手是一件事，真正同意又是一件事。招呼是打了，但是后头证明有许多同志没有过关，以致不能到今天这样的会。究竟这个文化大革命要搞还是不要搞？搞的中间，是成绩太少了、问题太多了，还是成绩是主要的、错误也有？我的意见，错误是有，而错误的主要责任在中央，在我，而不在地方，也不在军队。过去我们搞南征北战、解放战争，那种战争好打，容易打，敌人清楚，就是那么几个，秋风落叶那么一扫，三年半就差不多了。这回这个文化大革命比那个战争困难得多。问题就是思想错误的同敌我矛盾的混合在一起，一时搞不清楚。所以，有些问题拖长了。也只能一个问题一个问题、一个省一个省解决。主要的我看是思想问题，就是所谓人民内部的问题，这中间隐藏了有一些敌我关系，那是少数。我们的工作做得好，问题就好解决。我是提出问题，作为讨论的建议，现在不能做结论。谈到一些老干部受到冲击的问题时，毛泽东说：中央委员啦，候补委员啦，群众不谅解。比如有那么一位同志〔1〕，我实在觉得应该到会，但群众无论如何不能谅解他。在山东工作的谭启龙，从小当红军，没有别的问题，就是工作上的错误，但是要说服山东同志同意他，谅解他。他们几次要揪回去斗，我们就总是压住，不让揪回去斗。另外一个好同志就是湖北的张体学，他也犯过错误，可是后头一检讨，群众就很谅解他。邓小平这个人，我总是替他说一点话，就是鉴于他在抗日战争跟解放战争中间都是打了敌人的，又没有查

〔1〕 指中共八届中央委员、原最高人民检察院检察长张鼎丞。

出他的别的历史问题来。萧克[1]这个人也是打过仗的，我也是历来赞成他上天安门的，这次国庆也上了，为什么这次会又没有来呢？还有陈漫远[2]。李德生你这个同志，安徽的事情办得不错啊。谈到文化大革命中的一些经验教训时，毛泽东说：有些工作是我们没有做好。比如徐海问题，你完全怪徐州的同志我看不行，要怪南京、济南两个军区我看也不行，主要还是怪我们中央，就是没有做工作。现在搞起一个学习班，就跟他们谈，一连谈了四次，就开始好转了。我看主要是怪我，我这个人工作不好，没有抓紧做。比如广西吧，那么乱，还不是军队里头有两派？野战军一派，两个地方部队一派。只要把军队问题解决了，群众问题很好解决。军队里的问题，也就是我们的工作问题。不是有一个“七三”布告吗？就是为着广西的。开头一个八条、后头一个十条，也没有这么大张旗鼓在群众里头做宣传。你不宣传，群众就不懂得，那你怪谁呀？就是要造舆论。没有群众也就没有军队，也就没有党。训练班这个问题也是学来的，从内蒙古问题开始，在北京附近办个训练班。那么对立，训练班一办，一个月解决问题。这些问题，同志们一定有很多经验，这次可以谈一谈。还有个多中心的问题。一个学校分成两派，一个工厂也搞两派。现在不是很多工厂都团结起来搞革命委员会吗？现在可以说掌握了局势，在几个月以前没有。谈到知识分子问题时，毛泽东说：现在的办法就是哪个地方知识分子最多，把工人宣传队开进去，掺沙子。所有小学、中学、大学以及机关中间知识分子成

---

〔1〕 萧克，曾任中国工农红军第6军团军团长、红军第二方面军副总指挥、晋察冀军区副司令员、华北军区副司令员。中华人民共和国成立后，曾任中国人民解放军中南军区第一参谋长、中央军委军训部部长、国防部副部长。

〔2〕 陈漫远，原任农垦部代理部长。

堆的地方，就用这个办法。基本群众是工人农民，军队是工人农民的军队，工农兵。然后呢，是革命知识分子。知识分子的大多数我们应该团结他们，应该争取、团结，采取团结、教育的方法。这个知识分子的缺点是什么呢？就是容易动摇。他为什么容易动摇呢？就是因为没有和工人农民结合。但是不能一讲知识分子就是臭知识分子，搞得臭得不得了。这个知识分子就是不可不要，但是知识分子如果翘尾巴就不得了了。大学，以后重新搞，从工厂里头，从参加农村工作的那种中学生里头招收学生，这包括军事学校。谈到文化大革命下一步的进展时，毛泽东说：这个革命究竟能不能搞到底？这也是一个问题。究竟什么叫到底呀！我们估计大概要三年，到明年夏季差不多了，就是包括建立革命委员会、大批判、清理阶级队伍、整党、精简机构、下放科室人员、改革一切不合理的规章制度等。

同日 审阅康生、张春桥、姚文元十月十二日报送的《中国共产党章程（草案）》，批示："印发十二中全会各同志，作为讨论的基础。有一点修改。"送审报告说：根据主席指示和各地各单位的意见，我们拟了一个党章草案，并在中央文革碰头会上讨论了两次，我们又作了多次修改。请主席审查、修改、批示。毛泽东审阅时，在第一章"总纲"中，删去毛泽东"天才地、创造性地、全面地继承、捍卫和发展了马克思列宁主义"一句中的"天才地、创造性地、全面地"三个副词；在两处"毛泽东思想"一词前加上了"马克思主义、列宁主义"。在第四章"党的中央组织"中，将"在主席、副主席和中央常委领导下，设立若干在无产阶级文化大革命中产生的中央文革这样的机构，统一处理党、政、军的日常工作"，改为："在主席、副主席和中央常委领导下，设立必要的精干的机构，统一处理党、政、军的日常工作。"十四日，在林彪报送的修改稿上批示："印发，让大家讨论为宜。”

10月14日 阅姚文元本日送审的《红旗》杂志社论稿《吸收无产阶级的新鲜血液——整党工作中的一个重要问题》。姚文元的送审报告说：第十页上，我增加了一段您的最新指示，这是对当前运动有深刻指导意义的。社论稿增加的“最新指示”是：“我们的权力是谁给的？是工人阶级给的，是贫下中农给的，是占人口百分之九十以上的广大劳动群众给的。我们代表了无产阶级，代表了人民群众，打倒了人民的敌人，人民就拥护我们。共产党基本的一条，就是直接依靠广大革命人民群众。”毛泽东批示：“可以发了。目录中有改变。”在送审的《红旗》杂志第四期目录上，这篇社论排在第四篇，毛泽东改为第一篇。这篇社论发表在本日出版的《红旗》杂志一九六八年第四期，十月十六日《人民日报》转载。

10月16日 周恩来在中共八届扩大的十二中全会第六小组会议上发言说：我在这次运动中奉命把各省、市、自治区负责人找到北京来，做他们的工作。主席指示我保的最多，余秋里、谷牧，部长们十多位。余秋里抓走后，我去报告主席，主席交代我保他，主席再三交代。

10月17日 在人民大会堂一一八厅召集周恩来等开会。

10月21日 在人民大会堂一一八厅召集周恩来等开会，讨论中共九大的代表名额等问题。

10月23日 审阅同意周恩来本日报送的《中共八届扩大的十二中全会关于九次代表大会代表产生的决定（草案）》。周恩来在送审报告中说：根据前天主席指示，中央文革碰头会于昨（二十二日）夜将天津市原定四十名代表名额减为三十名，多出十名代表名额加在中央直属数字中，以便全国知名的高级知识分子党员代表均由中央直属名额中出，而地方则注意中小知识分子，如赤脚医生、民办小学教员、红卫兵中党员代表。

10月26日 审阅周恩来、陈伯达、康生、江青本日报送的《中共八届扩大的十二中全会关于〈中国共产党章程（草案）〉的决定》和《中国共产党章程（草案）》（十月二十五日稿），批示："有一些修改，待议。"毛泽东对决定稿的修改主要是：将文中的"毛主席"一律改为"毛泽东同志"，"毛主席的指示"改为"毛泽东同志的建议"；删去"批判刘少奇、邓小平的修正主义建党路线"一句中邓小平的名字；删去对草案的意见"分两次报告中央、中央文革"一句中的"中央文革"。对章程草案的修改主要是：删去"中国共产党是毛泽东同志缔造和培育的党，是伟大的、光荣的、正确的党"一句中"是毛泽东同志缔造和培育的党"；删去"我们的伟大领袖毛泽东同志，是当代最伟大的马克思列宁主义者"一句；删去毛泽东"天才地、创造性地、全面地继承、捍卫和发展了马克思列宁主义"一句中"天才地、创造性地、全面地"三个副词；在"党的基层组织要高举毛泽东思想伟大红旗"中的"毛泽东思想"前加上"马克思主义、列宁主义"。

10月28日、30日 两次审阅《中国共产党第八届扩大的第十二次中央委员会全会公报》稿。在周恩来、陈伯达、康生、江青十月二十八日送审稿上批示："印发全会各同志讨论。"删去稿中一句话："毛泽东思想在全国人民群众中的大普及，是这次无产阶级文化大革命取得的一个非常伟大的成就。"在一月三十日送审稿上批示："有一点修改。"主要是删去了文化大革命的胜利"进一步证明了毛泽东思想是马克思列宁主义发展的崭新阶段"一句，并批示："此句此地不用为宜。"另外还删去了毛泽东思想"是我们全党全军全国一切工作的唯一指导思想"中的"唯一"二字。

10月31日 下午四时，在人民大会堂福建厅召集林彪、周恩来等开会，商议如何传达中共八届扩大的十二中全会等事项。

同日　下午五时十五分，主持中共八届扩大的十二中全会闭幕会议。会议通过全会公报，批准由江青、康生、谢富治等凭伪证写成的《关于叛徒、内奸、工贼刘少奇罪行的审查报告》，并通过决议，宣布"把刘少奇永远开除出党、撤销其党内外的一切职务"。〔1〕这次会议还通过了召开中共九大的决定，以及《关于九大代表产生的决定》和《关于〈中国共产党章程（草案）〉的决定》。毛泽东在会上发表讲话。谈到"二月逆流"事件和老干部问题时，毛泽东说：这件事嘛，要说小，就不那么小，是件大事。要说那么十分了不起呢，也没有什么了不起，是一种很自然的现象，因为他们有不同意见，要说嘛。他们也是公开出来讲的，没有什么秘密嘛。几个人在一起，又都是政治局委员，又是副总理，有些是军委副主席，我看也是党内生活许可的。〔2〕对党内一些老同志要一批、二保、三看。所谓保者，就是帮助他们嘛。看，就是看他们以后的情况，改不改嘛。我的意见，改了也可以，不改也可以，强迫人家改，我就不那么赞成。至于有一些

---

〔1〕1980年2月29日，中共十一届五中全会通过《关于为刘少奇同志平反的决议》。决议指出：中共八届扩大的十二中全会作出"把刘少奇永远开除出党，撤销其党内外的一切职务"的决议是错误的。过去对于刘少奇同志的污蔑、诬陷、伪造的材料以及一切不实之词都应完全推倒。为此，十一届五中全会决定撤销八届十二中全会公报中加给刘少奇同志的罪名和对他的处理决议，相应地撤销原审查报告，恢复刘少奇同志作为伟大的马克思主义者和无产阶级革命家、党和国家的主要领导人之一的名誉。

〔2〕中共八届扩大的十二中全会后期，康生、江青、谢富治等人在分组会上对参加会议的陈毅、徐向前、聂荣臻、叶剑英等进行围攻。林彪在全会的讲话中称"二月逆流"是一次最严重的反党事件，是资本主义复辟的预演。全会结束后，康生提出要编"二月逆流"的材料，供九大使用，得到江青支持，并已经收集了资料。毛泽东不同意编，这件事最后作罢。

老同志，将来还可能工作嘛。我所谓的老同志，就是各地方已经打倒了的，比如谭启龙、江渭清这些人。我想，也许几年之后，大家的气消了，让他们做点工作。比如杨勇、廖汉生这类人，现在还年富力强嘛。邓华[1]到四川去工作，历来没有听到人家讲他不好的、说他是捣乱的，因此我们这回请他来。就是说，犯错误的人，要允许人家改正错误。而要允许他改错误，就需要一个时间，甚至于要多少年。因为群众就是要看，要看你的表现。我们这个党，经过这一次文化大革命，我看是比较纯一些，从来没有这么搞过。但是太纯了，我看也不大好。比如九大代表，这个二月逆流的同志们如果不参加呀，我看就是个缺点。所以还是推荐在各地方把他们选举为代表。一个党的代表大会，有各种不同意见，我看是好事，只要基本的部分保证能够反映工农兵的意见就好了。谈到清理阶级队伍的问题时，毛泽东说：请大家一是要抓紧，二是要注意政策。不是讲要稳、要准、要狠吗？我看这个“稳”，可以有右的稳，一稳他就不搞了。“狠”呢，就可以搞得很“左”。中间还是这个“准”字。你如果搞得不准，就狠不起来，也就不那么稳了。所以还是要注意调查研究，要重证据，不要重口供，不要打人，不要搞“喷气式”。因为这一套搞的结果并不那么好。我们对于俘虏也不搞这一套。再就是对于一些学者，所谓学术权威，不要做过分了。这个学者，无非是比较好的、中间派、比较右的这么三种。这个世界上，总是左、中、右嘛。统统是左派，我就不那么赞成。总想找个机会跟同志们讲一讲，要在一次会议上讲清楚这些问题，单是个别地讲，这个不行。报纸上一些社论也不大好写。就是这次讲一讲吧。像吴

〔1〕 邓华，1959年9月因所谓“彭德怀反党集团”案受株连被撤职。1960年5月至1967年1月任四川省副省长。

晗、翦伯赞、冯友兰〔1〕，批是要批的，不要整得太过分了，保还是要保的。对这类人，不要搞那些不尊重他们的办法。对于扣他们的薪水，不要扣得太挖苦了，得稍微放宽一点，有一些人是老人。谈家桢〔2〕是搞遗传学的，摩尔根学派的。我看，这些人改了就行，不改也可以。这些人，资产阶级的遗传学家，全中国也只有这么几个嘛。薪水减到什么二十四块、四十块，他一家人怎么办？我看，我们这个国家还得养一批旧社会的有名望的知识分子。谈到大学里的情况时，毛泽东说：大学里头开这个社会科学的课啊，这个问题现在还没有解决。究竟怎么好？大学里头读历史、读经济学、读哲学、读法律，读四五年大学，不懂得什么叫马克思主义，不懂得阶级斗争。已经两年不招生了，我看再准备两三年，就差不多走光了。现在这一批大学生就让他们下去，到工厂去学，到农村去学，这是帮助他们的一个方法。这个问题也没有最后决定，今天就出题目，请大家考虑一下。最后，毛泽东专门谈到：邓小平，大家要开除他，我对这一点还有一点保留。我觉得这个人，总要使他跟刘少奇有点区别，事实上是有些区别。我这个人的思想恐怕有点保守，不合你们的口味，替邓小平讲几句好话。

11月1日 下午，在人民大会堂一一八厅召集林彪及中央文革碰头会成员开会，讨论美国总统约翰逊十月三十一日晚发表的广播讲话。讲话声明美国政府无条件停止对越南民主共和国全部领土的轰炸和袭击。毛泽东说：美国人没有办法，炸出和谈出来。

---

〔1〕 翦伯赞，历史学家，中国科学院哲学社会科学部委员。原任北京大学副校长。“文化大革命”中，于1968年12月被迫害致死。冯友兰，当时任北京大学哲学系教授、中国科学院哲学社会科学部委员。

〔2〕 谈家桢，遗传学家。当时任复旦大学教授。

美国说和平是炸出来的，越南说南越和美国人失败了。我看不发表评论，待越南政府声明发表之后，把越南的声明登在前面，约翰逊的声明放在后面。他们用什么标题我们就用什么标题。现在是一种相持阶段，双方都难取得决定性的胜利。美国组织调查团调查十七个国家，说他们驻外国的军队缺少武器，缺少指挥人员，许多东西放在越南战场去了，赤字三百四十七亿。十一月三日，《人民日报》全文发表越南民主共和国政府十一月二日的声明和约翰逊十月三十一日的广播讲话。

11月2日 《人民日报》发表中共八届扩大的十二中全会公报。公报引用了毛泽东的一段话："这次无产阶级文化大革命，对于巩固无产阶级专政，防止资本主义复辟，建设社会主义，是完全必要的，是非常及时的。"

同日 审阅周恩来、陈伯达、康生、江青本日报送的《中共八届扩大的十二中全会关于〈中国共产党章程（草案）〉的决定（一九六八年十月三十一日通过）》和《中国共产党章程（草案）》（十一月一日稿）。将党章草案第一章《总纲》中关于社会主义社会的"这些矛盾，只能靠不断革命来解决"，改为"这些矛盾，只能靠马克思主义的不断革命的理论和实践来解决"，并批示："在第四页上作了一点修改，因为托洛茨基和瞿秋白也谈不断革命[1]。"十一月三日，这个决定和党章草案印发全党。

---

〔1〕 托洛茨基，原任苏联革命军事委员会主席、共产国际执行委员会委员。1905年提出"不断革命论"，主张跳过资产阶级民主革命阶段，直接进行社会主义革命。瞿秋白，中国共产党的早期领导人之一。1927年八七会议后任中共临时中央政治局常委，并主持中央工作。1927年11月，他主持召开的中共中央临时政治局扩大会议，接受了共产国际代表罗米那兹的"左"倾错误观点，认为当时中国革命的性质是所谓"不断革命"，混淆了民主革命和社会主义革命的界限。

11月4日 晚上，同中央文革碰头会成员谈话。毛泽东谈到中国革命和建设的历史过程时说：历史的经验值得注意。一个路线，一种观点，要经常讲，反复讲。只给少数人讲不行，要使广大革命群众都知道。[1] 谈到文化大革命的情况时说：这次大搞群众运动，搞得比较彻底。但是伤了一些人，倒了一批。谈到传达十二中全会问题时说：传达的问题，主要是二月逆流的问题。对二月逆流的那些人要一批二保三看。

11月5日 阅周恩来本日关于接受巴基斯坦新任驻中国大使递交国书问题的请示报告。报告说：过去惯例是由其总统签署致我国国家主席的，现我国国家主席已缺，拟告其致我国国家副主席，不提姓名，我派出新使节，亦由董必武副主席签署。以后仿此（在国家体制未改变前）。毛泽东批示："同意。"

11月10日 晚上，在人民大会堂会见由总统叶海亚·汗率领的巴基斯坦武装部队友好代表团，周恩来、康生、黄永胜、吴法宪等在座。谈到中英、中美关系时，毛泽东说：我们过去主要受英国统治，有几个帝国主义，主要的是英帝国主义。现在英国人在这里只有代办处，已经十八年了。它总是想与我们搞交易，想设个大使馆，但它在联合国支持美国，那不行。现在美国的尼克松[2]想把我们拉进联合国，说要把中国人带进什么国际大家庭，否则我们无法无天。对美国这种态度，我们不欣赏。我们不受美国控制的国际组织的规矩约束。但是我们遵守我们两国之间的关系的规矩。谈到中国和巴基斯坦的经济建设时，毛泽东说：

---

〔1〕 1968年11月24日出版的《红旗》杂志第5期和11月25日《人民日报》、《解放军报》登载的两报一刊社论《认真学习两条路线斗争的历史》，发表了毛泽东这段谈话。

〔2〕 尼克松，1968年11月当选美国总统。

一个钢铁，一个机械，一个军事工业，原料不够的，还是要有些进口，但主要是靠自己。有了钢铁，就可以搞机械工业；有了钢铁工业、机械工业，就可以搞军工厂。一个国家的武器专靠外国是很危险的。现在没有打世界大战，如果有事，就更不可靠了。自己搞，有个十几年，就可以有个初步基础。要树立自力更生的思想。什么都靠外国顾问，什么都要进口，我看不是个办法。要逐步搞，需要时间。我们这一类新建的国家，大体上都在这样一个水平上。我们现在比蒋介石时候有些进步，但是和别的工业国比较，还差得很，在许多方面还不行，更不要说工业水平按人口比例同英国、法国、西德、意大利、日本、美国、加拿大和苏联比了。有些方面，有所前进；有些方面，我们还要赶路。如果发生战争，那也没有办法，只好打了再说。许多事情不由我们做主。希望你们十几年后，不仅政治上，而且经济上、军事上都不靠外国，靠自己，我是说基本上。要是十几年做不到，更长一些时间也可以。谈到国际形势时，毛泽东说：有帝国主义存在，总要出乱子的。你们的外长来的时候，我对他说：你是搞外交的，什么叫全面彻底裁军，根本没有那么一回事情！事实相反，叫全面彻底扩军。过去赫鲁晓夫说他发展了马克思主义，其中一条就是现在世界上可以不打仗了，要没有武器、没有战争了。赫鲁晓夫倒台后，他们就不讲了。谈到中国的文化大革命时，毛泽东说：我们把它看作自然现象。与其不那么闹，不如闹一下，让脓包爆发出来。这是就我们来说，并不向外国推荐。这个东西不容易搞。过去我们打了二十二年仗，这仗好打。文化大革命的仗不好打，因为敌人不很清楚。现在是共产党自己内部分裂，都说是共产党，人们就不容易搞清楚。红卫兵闹的时候，有时可能闹些误会。一个英国、一个印度是受了惊的。红卫兵的有些事情并不是我们指挥的，有些人跨过了线，对苏联也有一次，是示威。对其他亚非拉国家还没怎么样。中国情况比较好一些了，和去年比，好了一些，不过问题还不少，接近于解决。大体上是这样。不过时间也不需很长，比如过去花二十二年夺取政权的话，这次大约有三年就差不多了。

11月14日　阅中共中央军委办事组十一月十三日转报的一份情况简报，批示："军队领导不袒护部队所作坏事，替受害人民伸冤，这种态度，是国家兴旺的表现。"简报反映解放军某部五连收缴地方造反派武器，遭遇抵抗，开枪打死、打伤群众的严重政治事件，和部队领导机关认真查证、处理的情况。

同日　下午，在人民大会堂一一八厅召集林彪及中央文革碰头会成员开会，讨论越南形势。周恩来介绍与范文同等会谈的情况及越南目前的形势后，毛泽东说：打是要打，和也要和。总而言之，打也难打，和也难和。美军要走在几种情况下有可能：一是美国国内发生问题，二是美国要控制地中海，三是欧洲发生问题。在这三个条件下，南越比较次要起来。美国的兵力集中在本国和欧洲、亚洲，这样就没有中心。尼克松讲摊子摆得太散了。还是我历来讲的，打仗哪有这个打法？美国现在到处都叫喊有困难，美国国务院有一个调查小组讨论，有二十一个缺点和困难。尼克松想解脱一下困难。美越不久是不是可以解决问题，要设想一下。越南再打几年这个话，我们不好讲，打也打出了规律，谈也摸出了规律。至于报上发不发评论，还要看一看。最后，毛泽东提议谢富治、温玉成参加中央军委办事组。

11月15日　阅中共中央办公厅秘书局信访处十一月十四日编印的《要信摘报》第四〇八号，批示："送黄永胜同志酌办。"摘报反映：武汉市参事室研究员慕中岳（原国民党军少将，起义于川西）致毛主席一信，说他"从一九五七年起研究中国历代战史，到一九六六年八月止，把东周晋楚城濮战役，到北宋对西夏作战镇戎战役，其间每个朝代的主要战役写成了初稿。共三十一卷，二百七十万余字”。这些“战役初稿，在文化大革命初期被红卫兵小将搬走。现将自己所记忆的每卷情况制成表和汇编成‘中国历代战史’编著情况简介，向主席汇报”。毛泽东批注：“如可能，可找来看看。”

同日 经毛泽东审阅同意，中共中央、国务院、中央军委、中央文革发出《关于一九六八年大专院校毕业生分配问题的通知》。

11月17日 上午，在人民大会堂一一八厅会见范文同一行，谈越南同美国的谈判问题。林彪、周恩来、陈伯达、康生、黄永胜、温玉成等在座。毛泽东说：因为最近没有什么仗打，所以你们想同美国谈判，要把它谈走也困难。美国也想同你们谈判，因为它的处境相当困难。它要顾及三个地区的问题，一个是美洲——美国，一个是欧洲，一个是亚洲。但是它把重兵放在亚洲搞这么几年，已经不平衡了，在欧洲投资的美国资本家在这方面就不满意。同时美国在历史上历来是让别国先打，打到半路它再参加。只是在第二次世界大战后才先打朝鲜战争，然后打越南战争，他一国当头，别的国家很少参加。不管它叫什么特种战争，还是局部战争，对美国来说都是全力以赴的。现在它对别国顾不上，例如它在欧洲的军队就哇哇叫，说人少了，有经验的战士和指挥员给抽走了，好的装备也抽走了。不论是它在日本、朝鲜还是在亚洲其他地方的军队，还不是照样抽吗？它自己国家不是说有两亿人口吗？但它经不起打，只出几十万兵，兵力有限。你们打了十几年之后，就不要单看自己的困难了，要看到敌人的困难。你们的国家照样存在。曾经有三个帝国主义国家侵略你们，日本、法国、美国，但是你们的国家照样存在，而且发展。帝国主义当然要打。它打的目的，一是为了灭火，你们那个地方起火，它要灭火；二是为了军火资本。为了灭火，就要制造灭火机械，就可以赚钱。美国每年在你们那里要消耗三百亿美元以上。美国的规律是不愿意打长。他们的战争大概都是四年左右。你们那里，火灭不下去，反而烧得更大了。他们资本家分成派别，这个集团得利多，那个集团得利少，分赃不均，内部就要闹乱子。这些矛盾都可以利用。赚钱较少的垄断资本家不愿意坚持打下去。从两派的竞选演说中可以看出这个问题来。特别是，美国有个记者叫李普曼，最近发表了一篇文章，说要提防再掉进一个陷阱。他说在越南已经掉进一个陷阱了，现在的问题是要想办法爬出这个陷阱。他还怕掉进别的陷阱里去。所以你们的事业是有希望的。我看美国人过去是把自己的力量估计太大了。现在美国又是过去的做法，把兵力过于分散了。这不只是我们这样说，就是尼克松也这样说。我赞成你们又打又谈的方针。我们有那么一些同志，就是怕你们上美国人的当。我看不会。这个谈判不是同打仗一样吗？像在打仗中间取得经验得出规律嘛！

11月28日　晚上，在人民大会堂一一八厅会见澳大利亚共产党（马列）主席希尔，周恩来、陈伯达、康生、姚文元在座。谈到国际形势时，毛泽东对希尔说：我想问你一个问题，帝国主义究竟怎么办？就是说，它要不要打世界大战？或者暂时不打，过一会打？你接触你们国家及欧洲国家，有这种感觉没有？第二次世界大战以后的情况好像比第一次世界大战以后的情况有些不同。第二次世界大战后，战败国脱离不了战胜国，不但在财政方面和投资方面，而且在国际和军事方面也脱离不了战胜国。不晓得这些看法对不对。其实在第二次大战后，各种战争从未停止过。按照列宁所说的，帝国主义就是战争，它就是离不开战争。要打仗，美国和苏联这两个国家可以打。第二中间地带那些国家，英国、法国、德国、日本、意大利，恐怕不愿意打。这个美国，按照过去两次世界大战的规律，它都是要别的国家先打，打个两年后它才动手，它才参战。现在美国在朝鲜、越南都首当其冲。在欧洲还有二十万兵，主要是在德国。在日本、台湾、菲律宾、泰国也有。它的兵力已经很分散了。它的两只手都伸了出来，一个是在欧洲，一个是在亚洲，打些小仗。赫鲁晓夫那个时候经常吹战争不是不可避免的，但是他们现在不吹了。从这些情况看，似乎是要打仗了。他们正在准备扩大战争，不论美国、苏联还是其他国家。我对这个问题没有把握，所以想请教你，也不强加于你很快回答这个问题。你是不是可以观察这个问题，在一年之内，我们再谈这个问题。但是，人民的觉悟也要估计到。资本主义国家闹学潮这件事，在欧洲历史上是个新事件。在欧洲、在美国、在拉丁美洲、在日本有学潮。世界上两个大国，它们不但有常规武器，而且有原子弹，这个东西不大好碰，它们自己也知道。赫鲁晓夫的理论是原子战争打起来就会毁灭地球，没有战胜者。美国也这么说。这两个大国是核国家。我们这个国家，可以说还是无核国家，这么少一点核武器不算数。要打只能是用常规武器。因为我们既不是美国的参谋长，也不是苏联的参谋长，搞不清楚它们究竟要干什么，只能从一些表现来看问题。这两个国家的人口相等，真正要打大仗它们还会感到人力不足。现在打中等规模的仗，比如今天在越南打的仗，美国都感到人力困难。我只出个题目，是不是请你也考虑一下这个世界问题，战争问题，战争与和平问题，是战争呢，还是革命？是发生战争后引起革命呢，还是革命能制止战争？总而言之，现在既不打仗，又不革命，这种状态不会维持很久了。谈到读书与写作的问题时，毛泽东说：我看了你写的文章。我没有你那么勤快，没有修改过我的什么东西。有些东西应该修改，比如第二次出版应该有所修改，第三次出版又应该有所修改。有些文章没有必要太长。我们正想搞一本马克思、恩格斯、列宁、斯大林的语录。不要太长，太长了没有工夫看，也不要太短，太短了不能反映他们的思想。

11月30日 审阅《人民日报》为发表《深受贫下中农欢迎的合作医疗制度》和《黄村、良乡公社对乐园公社实行合作医疗制度的意见——贫下中农、农村基层干部、公社医务人员座谈会纪要》而写的编者按。姚文元本日的送审报告说：关于湖北省长阳县乐园公社合作医疗制度的一篇报道，前已送阅，批准见报。此稿经过核实后，又拿到北京郊区开了两次座谈会，也整理了一个材料。可否过两天将按语、报道及座谈会情况（摘要）同时见报，展开讨论，请批示。毛泽东批示："此件照办。另外关于城市小学及中学是否可以归工厂办和街道联合起来办的问题，也应提出讨论〔1〕。上海和北京都有些可供发表的材料。吴研因的信似也可发表〔2〕。"十二月五日，《人民日报》加编者按发表了关于合作医疗制度的这两份材料。

11月下旬 阅中共中央军委办事组十一月十九日报送的北京军区党委贯彻执行毛主席"要节约闹革命"指示情况的报告。报告说：我军区部队响应毛主席"要节约闹革命"的号召，广泛深入地开展了群众性的节约运动，今年共冻结、压缩、削减经费

---

〔1〕 1968年11月14日，《人民日报》发表了题为《建议所有公办小学下放到大队来办》的群众来信。次日，《人民日报》即开辟了《关于公办小学下放到大队来办的讨论》专栏。根据毛泽东的意见，这个专栏从12月2日第7期起，增加了"关于城市小学及中学应当如何办"的讨论内容，涉及可否划归工厂和街道联办的问题。到1976年8月这个讨论专栏停办，共办了197期。

〔2〕 根据毛泽东的意见，《人民日报》1968年12月2日发表了教育家吴研因题为《我对"建议"的看法》的来信。信中说：读了11月14日《人民日报》发表的《建议所有公办小学下放到大队来办》的来信，觉得很好，能够大大加速农村小学教育的普及。我认为，大中城市的城区小学，也可以下放给工厂办，好处和大队办学差不多。

七千四百多万元，去冬今春节约取暖用煤九万多吨，高速度、高质量地兴建了一批中小工业。毛泽东批示："可转发。"十二月十四日，这个报告在《人民日报》、《解放军报》发表，两报还配发了题为《坚持节约闹革命的伟大方针》的社论。

12月1日 阅北京市革委会十一月二十九日报送的北京新华印刷厂革委会在对敌斗争中坚决执行党的给出路政策的经验报告，批示："林、周及文革各同志：建议将此件转发各地参考。对反革命分子和犯错误的人，必须注意政策，打击面要小，教育面要宽，要重证据，重调查研究，严禁逼、供、信。对犯错误的好人，要多做教育工作，在他们有了觉悟的时候，及时解放他们。"报告说：该厂有一位党委副书记，过去在运动中被当成走资派来批斗，后来经过反复核实，反复研究，认为他只是犯了严重错误，经过群众的冲击之后，他对自己的错误有较深刻的认识，学习改造过程中表现还好，于是确定可以解放他。在这段话后，毛泽东批注："像这样的同志，所在多有，都应解放，给予工作。"十二月三日，中共中央、中央文革将毛泽东的批示和这个报告印发各地学习和参考。

12月5日 周恩来在国务院各部委军管会、毛泽东思想宣传队、大联合委员会负责人会议上说：参加二月逆流的几个老同志，毛主席这次讲，希望选他们为九大代表。

12月上旬 审阅中共中央军委关于同意核试验中使用飞机的计划给国防科委并空军的复电稿，删去末尾的口号"敬祝伟大领袖毛主席万寿无疆"，批注："请注意以后不要写这类语句。"

12月13日 阅河北省万全县安家堡公社贫下中农管理商业的材料后，批示周恩来找财政、金融、商业部门的同志谈一下农村商业由贫下中农管理问题并签注意见。十四日，周恩来召集供销总社、商业部、粮食部、外贸部、财政部、人民银行等单位负责人开会，大家一致主张农村供销社和信用社下放归社队贫下中农管理。一九六九年一月八日，《人民日报》发表题为《农村商业是否由贫下中农管理好》的调查报告，宣传河北省万全县安家堡供销社从一九六八年九月下旬开始由贫下中农进行管理的经验。此后，《人民日报》将这个做法当作农村商业进行“斗、批、改”的方向加以推广。一九六九年一月中旬，毛泽东阅国务院值班室一月十一日关于农村商业和信用社下放问题座谈简报等三份材料。在周恩来的送阅报告上批示：“要理解情况，就要耐心看材料。”

12月14日 阅国防科委第一副主任王秉璋等关于发射“东风三号”地地导弹准备情况的报告，报告请求用两发试验弹进行全射程飞行试验。第一发全射程试验弹即可进行全程飞行试验，第二发试验弹俟第一发飞行试验结果，再定是否出厂进行飞行试验。中共中央军委办事组十二月十二日的送审报告认为，在各项准备工作全部落实和气象条件良好情况下即可发射。周恩来十四日在报告上批注，应该批准他们进行这次全程飞行试验第一发东风三号试验弹。毛泽东批示：“照办。”

12月19日 和林彪、周恩来致电越南南方民族解放阵线中央委员会主席阮友寿，祝贺越南南方民族解放阵线成立八周年。贺电说：越南人民抗美救国战争的实践又一次证明：美帝国主义是外强中干的纸老虎，它的力量是有限的，在人民战争面前，是经不起打的，是完全可以打败的。美帝国主义不甘心于它在越南的失败，正在大肆玩弄军事冒险和政治欺骗的反革命两手，进行垂死的挣扎。七亿中国人民坚决支持越南人民把抗美救国战争进行到底！

12月21日 审阅修改《中共中央、中央文革关于对敌斗争中应注意掌握政策的通知》稿。姚文元十二月十七日的送审报告说：根据前天会议上您的指示，以及会后碰头会上的议论，我草拟了一个简短通知。现送上大样（草稿）一份，请审阅、修改。毛泽东批示："有一点修改，付讨论。"通知稿第二条说："在提到敌人的名称时，应遵照中央历来文件中所明确规定的用语，如：叛徒、特务、死不改悔的走资派，没有改造好的地、富、反、坏、右分子，现行反革命分子等等，不要采用含糊不清的容易混淆两类矛盾、扩大打击面的词汇。"在这句话后，毛泽东加写："在犯过走资派错误的人们中，死不改悔的是少数，可以接受教育改正错误的是多数，不要一提起'走资派'，就认为都是坏人。"通知稿第四条说："对于反革命分子的子女和犯错误的人的子女，也要多做思想教育工作，争取其中的大多数人逐步接受工农兵的再教育，使其中少数坚持与人民为敌者孤立起来。"在这句话后，毛泽东加写："即使是反革命分子的子女和死不改悔的走资派的子女，也不要称他们为'黑帮子女'，而要说他们是属于多数或大多数可以教育好的那些人中间的一部分（简称'可以教育好的子女'），以示他们与其家庭有所区别。实践结果，会有少数人坚持顽固态度，但多数是肯定可以争取的。"这个通知于十二月二十六日发出。此后，一些文化大革命以来被打倒的干部陆续获得解放。

12月22日前 阅《甘肃日报》关于会宁县城镇居民到农村安家落户的报道和《人民日报》为转载这篇报道加写的编者按。姚文元十二月十九日的送审报告说：这个材料，原载十二月十日《甘肃日报》，觉得不错，经过核实，加了一个按语，整理引用了您的一段最新指示，是否可用，请审阅批示！毛泽东批示："可发。"编者按中引用的毛泽东最新指示是："知识青年到农村去，接受贫下中农的再教育，很有必要。要说服城里干部和其他人，把自己初中、高中、大学毕业的子女，送到乡下去，来一个动员。各地农村的同志应当欢迎他们去。"编者按说："甘肃省会宁县城镇的一些长期脱离劳动的居民，包括一批知识青年，纷纷奔赴社会主义农村，在那里安家落户，这是一种值得大力提倡的新风尚。”“希望广大知识青年和脱离劳动的城镇居民，热烈响应毛主席这个伟大号召，到农业生产的第一线去!”《甘肃日报》的报道中原有一段话讲到：“脱离生产劳动的城镇居民到农村安家落户，参加农业生产”，“是逐步消灭城乡差别的正确途径”。毛泽东删去了“是逐步消灭城乡差别的正确途径”。《人民日报》十二月二十二日转载时，这句话改为“是逐步缩小城乡差别的正确途径”。从此，全国掀起了知识青年上山下乡运动。

12月27日 阅周恩来十二月二十六日报送的关于撤销最高人民检察院、内务部、内务办三单位，公安部、最高人民法院保留下少数人的请示报告。周恩来在请示报告上批写：“这是国家机关内务口第一个精简裁并机构、下放大批人员参加农业劳动的计划报告，拟予同意，请主席批示。”毛泽东批示：“照办。”

同日 我国在本国西部地区成功进行一次新的氢弹试验。

12月29日 就许世友要求来京报告浙江乱批、乱斗、乱点名严重情况一事，指示周恩来起草复电，同意许来京汇报。

同日 南京长江大桥建成通车。这是我国自行设计和施工建造的双线、双层铁路和公路两用桥。

本年 周恩来向毛泽东提出解放万里〔1〕。毛泽东说：就是搞大会堂、十大建筑的那个人吧？这个人应该出来工作。

---

〔1〕 万里，原任中共北京市委书记处书记、北京市副市长。“文化大革命”中受迫害。1973年5月任中共北京市委书记、北京市革委会副主任。1975年1月任铁道部部长。

1969年 七十六岁

1月1日 两报一刊发表元旦社论《用毛泽东思想统帅一切》。社论说：文化大革命已经取得决定性胜利，一九六九年将取得全面胜利。

1月3日 阅中共中央军委办事组报送的有关徐向前最近表现情况的材料，批示："内有批语，请黄永胜同志办理。"毛泽东的批语为："所有与二月逆流有关的老同志及其家属，都不要批判，要把关系搞好。"

同日 新华社报道：近三年来，《毛泽东选集》出版一亿五千万部，《毛泽东著作选读》出版一亿四千多万册，《毛主席语录》出版七亿四千多万册，《毛主席诗词》出版九千六百多万册。

1月4日 就解决浙江省驻军在"三支两军"〔1〕中闹派性的问题，约许世友谈话。随后要汪东兴转告周恩来和康生，让他们当晚再约许世友谈话，落实解决浙江问题的具体办法。周恩来当晚给毛泽东的报告中说，已经和许世友拟定了一个十一人名单，准备五日或六日接他们来京开会，解决浙江问题。毛泽东批示："照办。"

1月16日 同意中共中央军委授予黑龙江省军区某部一连"为人民战胜烈火的英雄连"荣誉称号。

---

〔1〕"三支两军"，指派军队人员到机关、学校和工厂等地方部门支左、支工、支农，实行军管，帮助军训。

1月中旬 阅周恩来一月十七日报送的国务院秘书厅信访室一月十一日编印的《人民来信摘报》。摘报说：一封来信提议江青应成为中央政治局常委并希望她兼任中央组织部部长。毛泽东批示："徒有虚名，都不适当。""又李讷、毛远新二人不宜为代表〔1〕。"

1月下旬 阅周恩来报送的许世友准备在中央文革碰头会和来京参加解决浙江问题人员的全体会上的发言稿，批示："已阅。能如此，很好。"

1月25日 下午，同林彪、周恩来等在首都体育馆接见在北京参加毛泽东思想学习班的代表以及参加"三支两军"工作会议和国防工作会议、冶金工作会议的代表。

1月28日 审阅中共中央准备转发的首都工人、解放军驻清华大学毛泽东思想宣传队《关于坚决贯彻执行对知识分子"再教育"、"给出路"政策的报告》，批示："照发。"报告提出：一、对知识分子的大多数要坚决相信是愿意革命的，但必须对他们进行再教育。二、对可以教育好的子女要多做教育工作，不要把他们推到敌人那一边去。三、对犯了走资派错误的人，在他们有了觉悟的时候，要及时解放。四、对资产阶级学术权威，经过充分批判，要给以出路。五、对反革命分子要分别情况区别对待，给以立功自赎的机会。一月二十九日，中共中央转发了这个报告。

同日 下午，在人民大会堂一一八厅听取中共中央军委办事组汇报。毛泽东说：文化大革命就是要注意政策，不能把地主、资产阶级从肉体上消灭。这样的人全国有几千万人，知识分子也有几百万人，对这些人只能争取、教育、分化。清华大学有个报告，那五条不错，可以转发。说清华一锅黑，并非如此，还是可以争取多数的。所谓资产阶级出身的干部，有百分之九十可以教

〔1〕 指准备召开的中共九大的代表。

育，说一片黑暗毫无办法，是不对的。当汇报到国防工事和守备力量等问题时，毛泽东说：已修成的四千三百多公里的设防工事，一大半无用，打起仗来不依照这个道理。现在是立体战争，敌人要打的是后方，做工事要防空降，防空袭。将来大部分工事没有用，势必要放弃那些工事。你守着工事等半年他也不来，结果从别的地方来了。主力摆在那里，英雄无用武之地。打仗不是工事问题，而是战斗力问题，集中兵力消灭有生力量，消灭军队，然后再占领地方。

1月31日 审阅经周恩来修改的原国民党政府代总统李宗仁的治丧报告。周恩来将原报告中遗体告别仪式“拟由全国政协副主席傅作义[1]主持”改为“由全国政协主席周恩来主持”。毛泽东批示：“照办。”李宗仁一九六九年一月三十日在北京去世，临终前写信给毛泽东和周恩来，说：“我一九六五年毅然从海外回到祖国所走的这条路是走对了的。”

2月2日 阅周恩来、陈伯达、康生、江青本日的报告。报告说：昨今两晚，我们经过讨论，拟了一个为九大进行准备工作的议程（草案），请予审阅。请求主席、林副主席在最近一两天内约碰头会全体同志开一次会，我们将陈述准备工作的情况和意见。报告还说：考虑到各单位的九大代表需要进行一些准备工作，拟好了一个通知，请予审批。毛泽东批示：“一两天内谈一次。另件照发。”议程草案的主要内容有：九大代表集中到京的日期和开会的程序，九大代表的批准问题，研究各单位对党章草案的修改意见，讨论国民经济计划问题，研究和讨论国内外形势

〔1〕 傅作义，曾任国民党军华北“剿匪”总司令部总司令。1949年1月率部接受中国人民解放军改编，北平和平解放。中华人民共和国成立后，曾任水利部部长、国防委员会副主席。

和政策问题，研究九大后中央机构问题，关于九大的宣传方针问题。毛泽东批示中的“另件”，指《中共中央、中央文革关于九大准备工作的通知（草稿）》。通知说：中央决定各省、市、自治区革委会，应即将本地区协商提名为九大代表的同志，集中到省、市、自治区革委会，座谈和讨论九大的准备工作。中央机关、各大军区、军委总直属队、各军兵种，也应当举办这样的座谈会。

2月初　经周恩来提议，毛泽东批准，几位老帅和中央一些靠边站的老同志先后到工厂蹲点，做调查研究。当时，徐向前到北京二七机车车辆厂，李先念到北京北郊木材厂，聂荣臻到北京化工三厂，陈毅到北京南口机车车辆机械厂。

2月上旬　审阅中央文革碰头会关于曾出席八届十二中全会的八届中央委员和候补中央委员中被提名和未被提名作九大代表的名单，批示：“陈奇涵同志似宜考虑。”〔1〕

2月7日　下午，在人民大会堂一一八厅召集中央文革碰头会成员开会。毛泽东说：要研究一九六七年二月开展“三支两军”工作以来的过程，了解派工人宣传队和解放军宣传队到学校、工厂、机关后的情况，抓住少数单位，研究这些单位的材料，看看有什么变化。针对当时许多部门召开“学习毛主席著作积极分子代表大会”的情况，毛泽东说：开什么积代会呀？要注意这些问题，不要搞这个站队那个站队。谈到群众运动时说：文化大革命开始，学生是起了很大作用的，对发动工厂的工人和农民起来革命是起了作用的。后来就打内战了，不那么听话了。一九六七年我在武汉时，他们就不大注意掌握大方向了，方向就有些变。谈到一些自然科学家能否当九大代表时，毛泽东说：总是要相信一

---

〔1〕　陈奇涵，原任最高人民法院副院长。后被选为中共九大代表，并在九大当选为中央委员。

条，资产阶级个别人物可以背叛他们自己的阶级，跟着无产阶级走，不然，马克思、恩格斯、列宁都不能相信了。关于国际形势，毛泽东说：尼克松[1]上台后可能有些变化，但暂时不会有大变化。约翰逊[2]写了篇文章，说这几年注意力放在越南，被越南问题缠住了，来不及顾及别的地方，我看有可能。关于中共九大的筹备工作，毛泽东提出：政治报告由陈伯达牵头起草，张春桥、姚文元参加，林彪挂帅，二月二十号搞出初稿，报告写出来后才好开会，在报告中讲几个里程碑[3]我就不赞成。

2月16日—3月24日 全国计划工作座谈会在北京举行。这次会议主要讨论《一九六九年国民经济计划纲要（草稿）》。纲要草稿提出一九六九年的五项主要任务是：（一）全力保证毛泽东著作的出版，大力发展广播事业。继续动员四百万知识青年上山下乡。中小学下放给工厂和社队管理。（二）大力发展农业，加强工业对农业的支援。（三）大力加强国防工业、基础工业和内地工业的建设。（四）安排好轻工业产品市场。继续提倡晚婚和计划生育。以上海为中心重新组织南方十二省市消灭血吸虫病的预防和工作。（五）继续狠抓交通运输。会议提出，经济管理在处理条块关系上，要以块块为主，中央直属企业可以分为地方管理、中央管理和双重领导三类，生产短线产品的大集体手工业可以改为全民所有制企业。

2月19日 下午，在人民大会堂一一八厅召集中央文革碰头会成员和陈毅、李富春、李先念、徐向前、聂荣臻、叶剑英等

---

〔1〕 尼克松于1969年1月20日就任美国总统。

〔2〕 约翰逊，1963年至1968年任美国总统。

〔3〕 这里指当时所宣传的马克思主义发展史上的三个里程碑，即马克思主义、列宁主义、毛泽东思想。

开会。毛泽东对在座的几位老同志到工厂做调查研究表示肯定，说：你们可能变成先进的。有的人得了彩就认为了不得。中央文革应该引起注意，你们从马列主义的书上找不到有成绩就摆功劳的话，只要有缺点，就要进行自我批评。中央文革要到下面去走一走，否则要落后，要统一安排一下，不能走马观花。这些老同志下去有好处，研究工业、农业、教育，老同志可以多带点人去。许多方面要改革，怎样搞社会主义，就是不懂。陈毅谈到工厂里关了一些人时，毛泽东说：只要不杀人，不放火，不放毒，写一点反动标语，你把他关起来干嘛?！说有些人是“三反”〔1〕，我就不信。说错话，说气话，总是有的。又说：你们几位老总研究一下国际问题，由陈毅挂帅，徐向前、聂荣臻、叶剑英参加。国际问题有些怪，美英报纸经常吹苏联要出问题，苏联要在远东搞演习，又不声张。还有我们从来不理什么承认不承认的问题。最近意大利、加拿大要承认我们，蒋介石有些慌，日本有些不安。日本人民对日本政府跟美国走不高兴。研究国际问题要注意那一些我们不注意的国家。还有一件事，今年的计划，五年计划还有两年，你们在搞吗？（李富春：现在正在搞。）教育要改革。国内问题要注意调查研究，搞点材料，提出意见。谈到九大政治报告的起草，让陈伯达、张春桥、姚文元三人一起找林彪谈一下时，毛泽东说：报告不要搞那么长，长了没有人看，有万把字就行了。搞不出来，就搞那么几条，林彪同志去讲，讲了以后再整理。列宁讲话，从来不用稿子，斯大林不同，是写好稿子再去讲。

2月21日　《人民日报》发表社论《抓革命，促生产，夺取工业战线的新胜利》，传达了毛泽东最近讲的两段话：“无产阶级文化大革命的斗、批、改阶段，要认真注意政策。”“在订计划

〔1〕这里指反党、反社会主义、反毛泽东思想。

的时候，必须发动群众，注意留有充分的余地。”

2月28日 晚上，在人民大会堂一一八厅会见由贸易、运输和邮电部部长恩法马拉·凯塔率领的几内亚政府代表团，周恩来、李先念在座。毛泽东说：你们都是年轻人，年轻的国家，年轻的干部。我们国家也是年轻的国家，可是我们的干部有的太老了，和我一样。中国的经验有两方面，一方面是好的，另一方面就不一定好了，有些可以参考，有一些在你们那里就不一定合适。

3月2日—17日 中国和苏联的边防军在中国黑龙江虎林县境内的珍宝岛多次发生武装冲突。三月二日，中国政府就苏联军队入侵我国珍宝岛向苏联政府提出抗议照会。三月三日《人民日报》发表这个照会。

3月3日 圈阅中共中央、国务院、中央军委、中央文革《关于抗议苏修武装挑衅，组织群众游行示威的通知》。通知要求各地军民在游行中要严格遵守中央关于“五不”、“一划”的指示，即不冲、不砸、不烧、不抓、不打苏联驻中国使馆、机构和苏联在中国人员，群众队伍在同外国驻中国使馆之间划一道线。三月四日，北京、上海、天津等二十几个城市军民举行游行示威，抗议苏联军队入侵珍宝岛。从三月四日到十二日，全国各地参加示威游行的军民达到四亿人次以上。

同日 晚上，在人民大会堂一一八厅召集中央文革碰头会成员开会，讨论九大的准备工作。毛泽东提出，可在三月十五日召开九大，会期十天左右。谈到九大以后的机构设置时，毛泽东说：中央文革不要加了，是管文化革命的，文化革命快要结束了，用常委。中央和各省的文史馆继续保留没有什么坏处。同时批评陈伯达起草九大政治报告推延时间，并问林彪准备了没有？“要吃自己的饭”。

3月上旬 审阅周恩来、陈伯达、康生、江青、张春桥、姚文元三月五日报送的《中国共产党章程（草案）》，批示："已阅。退康生同志。"

3月7日　下午，在人民大会堂一一八厅召集中央文革碰头会成员开会，讨论九大准备工作和中苏边境冲突。毛泽东说：关于各省、市、自治区参加九大的代表，可以先找各省、市、自治区参加九大的负责人来谈一下情况，有些问题要同他们商量一下，如毛远新不当代表，没有通知他们那里。伯达同志起草的报告不是讲二月二十日交卷吗？没有说明延长时间的理由，作了决定又不办，不办又不报告。你们有一个三人小组，又不在一起议论，索性把小组取消，归中央文革碰头会议，大家来议，请总理负责。里程碑的问题，我不赞成写，你（指林彪——编者注）要讲，我就不赞成，写了没有益处。（林彪：讲是要肯定下来，这是历史形成的。）做报告不能什么都讲，什么都讲就不突出中心了。讲一个中心，围绕着讲一点别的，每次开会都有一个中心。关于中苏边境冲突，毛泽东说：如果苏联打到我们岸上，我们就打到他的岸上。苏联为什么这么挑衅，总有他的需要，不能说苏联、美国不想占领欧洲和亚洲，包括中国在内。

同日　晚上，圈阅周恩来、陈伯达、康生、江青送审的各省、市、自治区革委会和各大军区参加九大的负责人来京商量提名九大代表问题的报告。报告附有拟于三月八日派飞机接来北京开会的各省、市、自治区和各大军区人员的名单，共一百二十三人。

3月9日　圈阅中央文革碰头会三月八日晚商定的九大筹备工作事宜的报告。

3月10日　审阅《人民日报》评论员文章《苏修叛徒集团猖狂反华只能是自掘坟墓》，批示："照办。"这篇文章三月十一日在《人民日报》发表。

3月12日　下午，在人民大会堂一一八厅召集中央文革碰头会成员开会，讨论陈伯达起草的九大政治报告初稿。毛泽东说：政治报告只提刘少奇，其他不提。不能引证太多，引我的多了。列宁是帝国主义时代的马克思主义。现在还是帝国主义时代，无产阶级专政时代，没有变，所以不能提三个里程碑。报告主要是鼓气，但要讲点困难。对战争的问题一点未讲到。要提出矛盾来，讲清为什么要搞文化大革命。发明火，发明蒸汽机，是两次文化大革命，我们的文化大革命比这两次小得多，过几年，连印象都没有了，何必那样吹？还有十月革命嘛！中国革命是十月革命的继续，从十月革命学来的。会议决定由张春桥、姚文元执笔重新起草九大政治报告。毛泽东还说：我历来不主张把邓小平和刘少奇弄到一起。

3月上半月 审阅修改《红旗》杂志社论稿《总结经验》。将题目改为《关于总结经验》。主要修改有：对文中说的“形势是很好的。广大人民群众的积极性是很高的”，毛泽东删去其中的两个“很”字。删去“毛主席高度重视群众的创造和智慧，以伟大的无产阶级天才从理论上科学地概括和总结了群众中根本性的、有普遍意义的先进经验”一句中的“以伟大的无产阶级天才”十个字。删去“毛主席这个极其重要的指示，应当引起我们各级领导同志的高度重视”一句中“极其重要的”和“高度”这七个字。修改后批示：“在碰头会上讨论后再发表。”这篇社论发表在三月十四日出版的《红旗》杂志第三、第四期合刊。文中用黑体字引用了毛泽东最近讲的话：“要认真总结经验。”“到一个单位去了解情况，要了解运动的全过程，开始怎样，后来怎样，现在怎样，群众是怎么搞的，领导是怎么搞的，发生过一些什么矛盾和斗争，这些矛盾后来发生了什么变化，人们的认识有什么发展，从中找出规律性的东西。”三月十五日《人民日报》转载这篇社论。

3月15日 下午，在人民大会堂一一八厅召集中央文革碰头会成员和陈毅、黄永胜、陈锡联、谢富治等开会，讨论国内外形势和九大准备工作。毛泽东说：总感到要打仗，美国和苏联的国防预算，都是历年来他们国家最高的。我们国家这么大，苏联、美国一口吃不下，让它进来，进来就好打了。九大这个会要准备一下，不准备真打起来怎么办？摆在我们面前的前途有两个，一个是促使世界革命运动高涨，走向直接革命的形势，一是帝国主义和修正主义发动第三次世界大战，结果像第一次和第二次世界大战那样，帝国主义在战争中失败。我们是支持世界革命运动的，但更重要的是我们要备战。第三个五年计划甚至第四个五年计划，都要备战、备荒、为人民。关于总结文革经验落实政策的问题，毛泽东说：有几个地方落实政策很有问题，清华大学的经验有的大学根本没有公布。斗、批、改，清理阶级队伍，搞了很多人去调查，没有目的地乱跑，还有抓人、关人太多，统统放了。只要不是杀人、放火、放毒、破坏，至于写几条反动标语，那有什么要紧？就是叛徒、特务、死不悔改的走资派也要给出路，对走资派也要有区别。现在那么多教授、干部，不解放是不妥当的，我们历来讲坏人是少数，可以教育争取的是多数。光讲不行，要搞个文件发下去。要开个会，请总理讲一次，一是打仗的问题，一是总结经验、落实政策。关于九大的准备工作，毛泽东说：九大政治报告还没有写好，索性四月一日举行。九届中央委员会，书记处、常委会只搞一个，八大搞书记处，又搞常委会，重复了。我主张报告不讲二月逆流，他们有些气，也是可以原谅的嘛，共产党人不隐瞒自己的观点，他们都是公开讲出来的，要允许他们上九大主席台。

3月16日 经毛泽东审阅同意，中共中央发出《关于迅速掀起春耕生产新高潮的通知》。

3月中旬—3月31日　审阅修改张春桥、姚文元起草的中共九大政治报告稿。在三月十六日送审的报告草稿第一部分上批示："看了一遍，写得好，只需要个别词句的修改。"在三月二十一日送审的草稿第四、第五部分上批示："一、四、五部分问题较少，略作修改就可以了。二、三部分问题较多，需要大修或重写，缺点是论点过多，近于集纳，可以考虑两部分合起来，把重复的删掉，不要去描述许多阶段，中央文革成员的名字一个也不要提。"在三月二十五日送审的报告修改第一稿上批示："看了一遍，略有修改，大体可用。觉得还应压缩，把空话和不需要的形容词尽量删去。请林彪同志酌定。"毛泽东在这一稿上作的修改有：删去原文称毛泽东《关于正确处理人民内部矛盾的问题》是划时代的光辉文献中的"划时代的"、"光辉"六个字；删去"从赫鲁晓夫到勃列日涅夫、柯西金〔1〕之流"一语中的"柯西金之流"；删去"以刘少奇为首的党内最大的一小撮走资派"一语中的"最大的"三个字；将"查清了刘少奇反革命的真面目"改为"查清了刘少奇这个历史反革命的真面目"；将"把美帝、苏修送进坟墓"改为"把一切帝、修、反统统送进坟墓"。在三月二十八日送审的修改第二稿上批示："请林彪同志审阅。退还张春桥、姚文元同志。有一些小的修改。"毛泽东在这一稿上作的修改有：删去了下面这句话："毛主席的领导，毛主席相信群众、依靠群众高屋建瓴、势如破竹的伟大的无产阶级领袖的气概，是这场革命能够发动、能够克服各种阻力、能够取得胜利的根本保证。"在"马克思和恩格斯逝世以后，第二国际的那些党，几乎全部背叛了马克思主义"这句话中的"第二国际的那些党"之后，加写"除了列宁

〔1〕　勃列日涅夫，当时任苏联共产党中央总书记。柯西金，当时任苏联共产党中央政治局委员、苏联部长会议主席。

领导的布尔什维克党以外”。在“广大的革命群众投入了战斗，一批批红卫兵起来了，革命的青少年成了勇敢的闯将”这句话中的“广大的革命群众投入了战斗”之后，加写：“北京大学写了一张响应中央号召的大字报。批判资产阶级反动思想的大字报迅速布满全国。”在三月三十一日送审的修改第三稿上批示：“林彪同志：又看了一遍，作了一些修改，主要是把第四节与第三节对调一下，末尾一小节当作第五节。这是郭沫若[1]同志提出来的，我觉得这个意见较好。是否可以，请你酌定。并告张、姚二同志。”毛泽东在这一稿上作的主要修改有：删去报告稿开头的一句话“在我们伟大领袖毛主席的主持下，中国共产党第九次全国代表大会，隆重地开幕了”。在报告稿中加写以下一些内容：“三年来，叛徒、特务、死不改悔的走资派、反革命分子企图破坏我们这一支伟大的人民军队，没有能够得逞，就是因为人民拥护了军队，军队保护了人民的缘故。”“对于那些略有进步、开始有了一些觉悟的人们，就要从团结的观点出发，继续给以帮助。”“按照列宁主义的观点，一个社会主义国家的最后胜利，不但需要本国无产阶级和广大人民群众的努力，而且有待于世界革命的胜利，有待于在整个地球上消灭人剥削人的制度，使整个人类都得到解放。因此，轻易地说我国革命的最后胜利，是错误的，是违反列宁主义的，也是不符合事实的。”

3月18日 下午，在人民大会堂一一八厅召集周恩来等开会，谈九大政治报告稿和国际问题。

3月22日 阅周恩来本日报送的关于苏联领导人就珍宝岛事件要求与我国领导人通话事，我方拟以外交部备忘录给以答复

---

〔1〕 郭沫若，当时任全国人大常委会副委员长、全国政协常委、中国科学院革委会主任、中国文学艺术界联合会主席、中国科学院哲学社会科学部主任。

的处理报告，批示："同意备忘录的立场，即准备举行外交谈判。"外交部的备忘录提出："从当前中苏两国关系来说，通过电话的方式进行联系已不适用。如果苏联政府有什么话要说，请你们通过外交途径正式向中国政府提出。"

同日 下午，在人民大会堂一一八厅召集中央文革碰头会成员和陈毅、李富春、李先念、徐向前、聂荣臻、叶剑英开会，讨论中苏边境冲突和九大准备工作。谈到对外关系时，毛泽东说：缓和一点好，我们现在孤立了，没有人理我们了。谈到召开九大的问题时，毛泽东说：就在四月一日开大会，议程就三个，通过政治报告，修改党章，选举中央委员会，不要什么都搞。政治报告也不要什么都讲，报告上中央文革所有人的名字都不要写，只写我和刘少奇的名字。邓小平与刘少奇要有区别。谈到老同志的问题时，毛泽东说：老同志到工厂调查研究的工作搞得不错，你们几位老同志为国家工作，不要只管一个部门，聂荣臻不能只管一个国防科委，叶剑英不能只搞一个军事科学院，钻进去就出不来。要管宽一些，军事、政治、国内、国外，你们经验多一些。小萝卜头看不起你们，说你们老了，没有用了，我不赞成。老同志参加到九大各代表团中去，主席团一百七十五人，除少数老同志没有参加外，其他都参加了。二月逆流，在政治报告中不讲。我们还是要按过去的老规定，凡是能团结的，都应团结，允许人家犯错误，允许人家改正错误。大多数当作人民内部矛盾处理，不当敌我矛盾处理。当初整陈老总的就是整总理的。对陈老总现在还是保嘛。江渭清、谭启龙、张平化、赵紫阳、霍士廉[1]，要好好研究一下，究竟有什么严重问题，如果没有什么严重问

〔1〕 霍士廉，原任中共陕西省委第一书记。"文化大革命"中受冲击。1970年任陕西省革委会生产组副组长。

题，只是这一次犯严重错误的话，过一段时间，群众的气消了，就可以解放他们。

3月26日　下午，在人民大会堂一一八厅召集中央文革碰头会成员开会，讨论九大准备工作。毛泽东提出：九大政治报告字数少了才有人看，长了没有人看。主席团的名单要酝酿。

3月下旬　阅周恩来三月二十五日关于九大主席团是否设常委的请示报告，表示主席团不设常委，设正副主席及秘书长各一人。

3月29日　下午，在人民大会堂一一八厅召集中央文革碰头会成员开会，讨论九大准备工作和中苏边境冲突。毛泽东说：三月二十八日修改的九大政治报告的修改稿，看了一下，大概差不多了，有几句话要删掉〔1〕，有些话有后遗症，使将来的人不好办。还是引证太多，外国人看不懂。

同日　阅周恩来本日关于九大准备工作情况的报告。报告中说：在二十七日晚的碰头会上，我提出九大中委人数草案（中委一百一十五人，候补中委九十五人，共二百一十人）。毛泽东批示："照办。中委人数恐须略为扩大一些。"

3月31日　阅周恩来本日关于准备同九大主席团预选成员和军队主要负责人协商，提议徐海东〔2〕为九大代表并参加主席团的请示报告，批示："同意。明天宣布开幕式上主席台人数不

〔1〕指毛泽东在1969年3月28日送审的中共九大政治报告的修改第2稿上删去的话："毛主席的领导，毛主席相信群众、依靠群众高屋建瓴、势如破竹的伟大的无产阶级领袖的气概，是这场革命能够发动、能够克服各种阻力、能够取得胜利的根本保证。"

〔2〕徐海东，中共八届中央委员，在中共九大是主席团成员，并当选为中央委员。

宜太少，似宜有伯达、康生、董老、伯承[1]、朱德、陈云[2]等数人参加[3]，请考虑酌定。”各代表团分头酝酿通过的大会主席团名单原定一百七十五人，因临时增加了徐海东，共一百七十六人。

4月1日 上午，审阅周恩来报送的九大开幕式主席台就座名单及九大全体会议期间大会主席台座次名单，批示：“下午四时先至一一八一谈。”同时，审阅周恩来报送的张春桥、姚文元起草的九大主席团秘书处的新闻公报，批示：“同意。”

4月1日—24日 中国共产党第九次全国代表大会在北京举行。出席大会的代表一千五百一十二人，代表全国二千二百万党员。

4月1日 下午，中国共产党第九次全国代表大会在北京人民大会堂开幕。大会选举毛泽东为大会主席团主席，林彪为副主席，周恩来为秘书长。通过三项议事日程：林彪代表中共中央作政治报告；修改党的章程；选举党的中央委员会。毛泽东主持开幕会议并讲话。他说：经过八大到现在，对一些人的政治历史搞得比较清楚了，在政治路线上，组织路线上，思想方面，都搞得比较清楚。因此，我们希望这一次大会，能够开成一个团结的大会。在这个团结的基础上，我们能不能取得胜利？就这个大会来说，能不能开成一个胜利的大会？大会以后，能不能在全国取得更大的胜利？我以为，可以的。可以开成一个团结的大会，胜利的大会，大会以后，可以在全国取得更大的胜利！接着，林彪作政治报告。报告分为八个部分：一、关于无产阶级文化大革命的

---

〔1〕 董老，指董必武。伯承，即刘伯承。

〔2〕 陈云，当时任中共中央副主席、国务院副总理。

〔3〕 1969年4月1日中共九大开幕时，陈伯达、康生、董必武、刘伯承、朱德、陈云都在主席台上就座。

准备；二、关于无产阶级文化大革命的过程；三、关于认真搞好斗、批、改；四、关于无产阶级文化大革命的政策；五、关于我国革命的最后胜利；六、关于党的整顿和建设；七、关于我国和外国的关系；八、全党、全国人民团结起来，争取更大的胜利。这个报告以“无产阶级专政下继续革命理论”为核心，肯定文化大革命“是对马克思列宁主义的理论和实践的一个伟大的新贡献”。关于国际形势，报告提出，决不可以忽视美帝、苏修发动大规模侵略战争的危险性，“我们要作好充分准备，准备他们大打，准备他们早打，准备他们打常规战争，也准备他们打核大战”。报告的第四部分“关于无产阶级文化大革命的政策”和第七部分“关于我国和外国的关系”，分别以黑体字引用了毛泽东的以下最新讲话：“无产阶级是人类历史上最伟大的一个阶级，是思想上、政治上、力量上最强大的一个革命阶级。它可以而且必须把绝大多数的人团结在自己的周围，最大限度地孤立和打击一小撮敌人。”“关于世界大战问题，无非是两种可能：一种是战争引起革命，一种是革命制止战争。”

4月2日—13日　中共九大代表分组讨论政治报告和党章修改草案。在讨论过程中出现迫使一些参加会议的老同志作检讨的事情。

4月3日　阅总参谋部作战部关于四月三日凌晨苏联边防军炮击我国珍宝岛情况的报告和周恩来就此事如何处理的报告。作战部的报告说：苏军向我珍宝岛打炮。双方边防站会晤时，对方提出举行边界问题会谈，并要我方撤出珍宝岛，否则就不停炮。周恩来的报告建议：我边防站暂不理对方边防站的招呼，待敌人连续炮击几日后，采取突然回击一次，给以重创，并发表抗议文件。毛泽东批示：“可以。”

4月7日　约见北京二七机车车辆厂负责人周富铭，了解该厂情况。毛泽东说：工厂可以多搞制造，多搞点试验，总是可以成功的。问到工厂发放工资奖金的情况，说：过去那些评奖可不能搞，工人搞得很不团结。问到工厂清理阶级队伍清理出那么多人怎么办？周富铭回答这些人基本上都安排在车间劳动，有的人是半天劳动半天办学习班。毛泽东说：办学习班好。问到在该厂劳动的徐向前有没有受到歧视，工人反应怎么样？周富铭回答说工人没有歧视徐向前。毛泽东说：徐向前在几十年的革命工作中，还是有功劳的，没有受到歧视就好。

同日 审阅当天送审的九大政治报告修改第四稿，批示："林彪同志审阅。我看这样修改较好。只在第二十四页上作了一点修改。新排本留下待看。此件请你阅后退还张、姚二同志。"稿中第二十四页写有"对于在干部和知识分子中查出的坏人"一语，毛泽东改为"对于在清理阶级队伍的运动中查出的坏人或可疑分子"。

4月上旬 审阅康生四月九日报送的准备印发九大代表的《中国共产党章程（草案）》。章程草案第四章"党的中央组织"第九条原文为："在主席、副主席和中央常委领导下，设立必要的精干机构"。毛泽东将"设立必要的精干机构"改为"设立若干必要的精干的机构"。

4月11日 下午，在人民大会堂一一八厅召集九大秘书处和各大组部分召集人开会。毛泽东说：大会的政治报告要增加几段，一个是民主党派，一个是统一战线。十四号大会基本通过政治报告和党章以后，暂不发表，文字工作交给秘书处去修改。中央委员会的名单由下面提，先由小组提，然后大组提。我提议一些老同志要选进去，朱德、陈云、邓子恢、张鼎丞、叶剑英、徐向前、聂荣臻、李富春、李先念、陈毅。我在开幕式上的讲话就有这个意思。毛泽东说：现在扩大化的问题，我们各级主要领导同志要注意，当成一件主要事情来处理。鉴于历史的经验，各个时期有一种主要倾向掩盖着另一种倾向。要使我们的同志彻底地了解党的历史经验，避免重犯错误。现在有一种倾向，就是扩大化。军队清理阶级队伍要谨慎。搞专案的人搞的材料不那么准确可靠，他们的观点是抓得越多越好。搞专案的人搞错了，要翻案很不容易。有些犯错误的人推一推就下去了，拉一拉就上来了。还说：这次文化大革命，叫不叫大革命，让历史家去作结论，叫文化大革命也可以，因为是从文化革命开始的。不管是叫什么，总是触及了上层建筑，从中央一直到工厂、机关、学校，过去这些不都在我们手里。这个工作还没有完成，还要一个时期，要认真抓一下，要搞一点典型，一个一个工厂、一个一个公社、一个一个学校、一个一个单位去抓。

4月13日　下午，在人民大会堂一一八厅召集中央文革碰头会成员、军委办事组成员和出席九大的各大组召集人谈话，安排第二天的大会发言。商定除周恩来、陈伯达、康生、黄永胜作大会发言外，王洪文代表工人、陈永贵代表农民、尉凤英[1]代表妇女、孙玉国[2]代表解放军、纪登奎代表干部作大会发言。周恩来提出：九大全体会议的座位安排老同志是不是还坐在前头？毛泽东说老同志还是坐在前头，并再次提议要把一些老同志选进中央委员会。毛泽东还说：这次文化大革命，一方面在群众有无政府主义，打倒一切、怀疑一切的思潮，一方面不少人乘机杀人放火放毒，包括武斗在内。我看这些都无关大局。

4月中旬　审阅陈伯达四月十二日送审的准备在十四日大会

〔1〕　尉凤英，当时任辽宁省革委会副主任。

〔2〕　孙玉国，当时任中国人民解放军黑龙江省公司滨子边防站站长。公司滨子，地名，在黑龙江省鸡西市虎林县（今虎林市）境内。

上的发言稿。发言稿第二页写道："无产阶级伟大导师毛主席经历了五十多年的长期斗争，具有最丰富的经验，是历史上仅见的所向无敌的创造性人才。毛主席紧紧地把马克思列宁主义的普遍真理，同革命实践密切联系起来。他从群众中来，到群众中去。他在思想、理论各方面战线上，在工、农、兵运动各方面战线上，在革命战争的战场上等等，总是大无畏而又细心地工作，不断地总结经验，不断地丰富马克思列宁主义的思想，指导我们从一个胜利到一个胜利。""毛主席在理论工作上和实践斗争中，都是全面的，正确的，科学的，辩证的。"毛泽东删去了这些话，并批示："第二页说得太过分，宜删去。你可以另外写一些你自己的见解。"

4月14日 下午，出席中共九大全体会议。会议通过九大政治报告和中国共产党章程，决定将这两个文件委托大会主席团秘书处作文字上的校订后发表。九大党章去掉了有关党员权利的规定，把林彪作为毛泽东的接班人写进了总纲。毛泽东在讲话中称赞在苏联军队入侵我珍宝岛时，我方基层指战员在武器装备落后于对方的情况下，发扬了勇敢战斗精神，并说应该破除一些迷信，这回珍宝岛破除了一个迷信。

4月15日 下午，在人民大会堂一一八厅召集九大主席团秘书处成员开会，讨论九大的选举议程，决定把《关于选举九届中央委员会的规定（草案）》发给大会主席团讨论。十六日晨，九大主席团通过这个规定。二十四日前，大会议程是酝酿、选举新的中央委员会。

4月16日 圈阅周恩来关于九大主席团通过的《关于选举九届中央委员会的规定（草案）》的送审报告。

4月17日 圈阅周恩来报送的九大各代表团提名九届中央委员和候补中央委员情况的报告。

4月18日 阅周恩来晨六时报送的九大各代表团提名九届

中央委员和候补中央委员情况的综合报告。报告说：参加九大的四十五个代表团对中委人选的提名，总数已达四百二十一人，可能到四百五十人左右。其中，第一类即八届中委和中央文革碰头会成员原拟提六十人，已提名六十人；第二类即革命领导干部，原拟提二十至三十人，已提名六十二人；第三类即解放军，原拟提八十人至一百人，已提名到一百九十人，尚有九个单位未计算好；第四类即工人、贫下中农、其他劳动人民和革命知识分子，原拟提五十至六十人，已提名到一百零七人，尚有九个单位未计算好。毛泽东批示："可于下午四时先谈一下。"下午四时半，毛泽东在人民大会堂一一八厅召集周恩来等开会。

4月20日 圈阅周恩来关于九届中央委员会协商名单草案的报告。报告说：建议今日下午五时左右，主席、林副主席约碰头会同志开会一议，以便听取指示，赶于晚间召开主席团和各组召集人会议讨论通过。下午五时半，毛泽东在人民大会堂一一八厅召集中央文革碰头会成员开会。

4月22日 晚上，在人民大会堂一一八厅召集周恩来等商议九届中央委员和候补中央委员预选名单。

4月23日 圈阅周恩来晨六时半报送的关于九届中央委员和候补中央委员预选工作准备情况的报告。报告中说：遵照昨日（二十二日）晚在主席处商议名单，现已将九届中委预选名单草案拟好，总数共为二百七十九人，其中中委一百七十人，候补中委一百零九人，作为正式候选人。中央文革碰头会各同志已准备今日午后二时起随时听主席召集开会，并准备通知董老、许世友等十四位同志到会。预计在主席处开会后，即可开主席团会议。

同日 下午，主持召开中共九大主席团扩大会议。会议通过第九届中央委员、候补中央委员预选名单。毛泽东讲话，对预选名单作说明。他说：要说清楚，没有列入名单的，好的很多，摆上名单的不一定都好。总的看来，头一次进中央委员会的人占了多数，八大的老人只五十三人，五分之一不到。产业工人和农民增加了，要注意一个问题，不要脱离群众，不要脱产，又要工作。既当官，又当老百姓。如果长期脱产，就和我们一样了，叫机关工作人员了。他们只了解某个单位，不大了解全国。他们在本地方很活跃，但一到中央，记者采访，到处作报告，半年一年就差不多垮台了。新选进的，我就担心他们脱离群众。关于政治局、常委的人选，我想还是只提数目，不提名单。你们想一下，政治局怎么组成？常委怎么组成？群众路线方法比较好。还有，邓小平与刘少奇要有区别。

4月24日 上午，阅周恩来关于九届中央委员和候补中央委员预选结果及本日下午九大举行正式选举和闭幕大会的请示报告，批示："同意下午三时半开主席团会，四时开大会。"

同日 下午四时至晚九时五十分，出席中共九大闭幕会议。大会由林彪主持。大会进行中央委员会的选举。出席大会的一千五百一十名代表，选出一百七十名中央委员和一百零九名候补中央委员，其中原八届中央委员和候补中央委员只有五十三名，林彪、江青两个帮派体系的一批骨干和亲信进入了中央委员会。

同日 晚十时，在人民大会堂一一八厅召集周恩来等开会。

4月25日 晚上，在人民大会堂一一八厅召集周恩来等开会。

4月26日 晚上，召集周恩来等开会，提出二十七日召开九届一中全会预备会议，以无记名投票方式提出新的中央政治局委员、政治局常委候选人名单。毛泽东指出，七份简报清样〔1〕

〔1〕 这7份简报清样，反映出席中共九大的一些大组和代表团对中央文革成员在九届中央委员和候补中央委员选举中未得全票以及王稼祥、胡耀邦各得一票的情况表示不满。

不要印发，以免对九届中委在选举中央政治局成员时增加压力。二十七日，九届一中全会预备会议经过投票提出新的中央政治局委员、政治局常委候选人名单。

4月27日 审阅中共中央军委办事组本日报送的中央军委名单和中央军委办事组名单，批示："宜加李德生。"

4月28日 审阅周恩来、康生、黄永胜报送的有关九届一中全会筹备工作情况的报告。报告说：现将我们遵照指示安排的选举中央委员会主席、副主席、政治局委员、候补委员和政治局常委名单呈阅，并附上昨（二十七）日下午举行提名票选的结果，供参阅。今（二十八）日九届一中全会的开会时间拟定在下午四时或稍后，连同政治局会议约二小时半可毕。毛泽东批示："可在下午四时开会。"

同日 下午，中共九届一中全会举行，毛泽东主持会议。会议选出中央政治局委员二十一人：毛泽东、林彪、（以下按姓氏笔画为序）叶群、叶剑英、刘伯承、江青、朱德、许世友、陈伯达、陈锡联、李先念、李作鹏、吴法宪、张春桥、邱会作、周恩来、姚文元、康生、黄永胜、董必武、谢富治。政治局候补委员四人：纪登奎、李雪峰、李德生、汪东兴。会议选举毛泽东为中央委员会主席，林彪为中央委员会副主席，毛泽东、林彪、（以下按姓氏笔画为序）陈伯达、周恩来、康生为中央政治局常委。

选举结束后，毛泽东当场主持召开中共九届政治局第一次会议。毛泽东提出：原军委副主席建议继续当选新的军委的副主席。会议通过中央军委主席、副主席、委员名单和军委办事组成员名单。中央军委主席毛泽东，副主席林彪，副主席刘伯承、陈毅、徐向前、聂荣臻、叶剑英。中央军委办事组组长黄永胜，副组长吴法宪，成员有叶群、刘贤权、李天佑、李作鹏、李德生、邱会作、温玉成、谢富治。

中央政治局会议结束后，九届一中全会继续举行，毛泽东发表讲话。他说：我的话是些老话，就是大家知道的，无非是讲团结，团结起来的目的，是要争取更大的胜利。我们讲胜利，就要保证在无产阶级领导之下，团结全国广大人民群众，去争取胜利。社会主义革命还要继续。这个革命，还有些事没有做完，现在还要继续做，比如讲斗、批、改。过若干年，也许又要进行革命。看来，无产阶级文化大革命不搞是不行的，我们这个基础不稳固。据我观察，不讲全体，也不讲绝大多数，恐怕是相当大的一个多数的工厂里头，领导权不在真正的马克思主义者、不在工人群众手里。过去领导工厂的，不是没有好人。有好人，党委书记、副书记、委员都有好人，支部书记有好人。但是，他是跟着过去刘少奇那种路线走，无非是搞什么物质刺激、利润挂帅，不提倡无产阶级政治。工厂里确有坏人。这说明革命没有完。这个革命要过细地做工作，粗枝大叶不行，粗枝大叶往往搞错。有些地方抓多了人，这个不好。你抓多了人，抓起来干什么呢？他也没有杀人，也没有放火，又没有放毒，我说只要没有这几条，就不要抓。至于犯走资派错误，那更不要抓。工厂里头，要让他工作，要他参加群众运动。人家犯了错误，无非是过去犯的，或者加入国民党，或者做了些坏事，或者是犯了最近一个时期的错误，就是所谓走资派，要他们跟群众一道，如果不让他们跟群众一道，那就不好了。有些人关了两年，关在“牛棚”里头，世界上的事情不知道了，出来一听呀，讲的话不对头了。他还是讲两年前的话，他脱离了两年的生活。对这些人就要帮助了，要办学习班，还要跟他讲历史，讲两年的文化大革命过程的历史，使他逐步清醒。团结起来，为了一个目标，就是巩固无产阶级专政，要落实到每个工厂、农村、机关、学校。开头不要全面铺开，不要一铺开不管了。要一个一个工厂，一个一个学校，一个一个机关地去总结经验。此外，过去讲过的了，就是要准备打仗。无论哪一年，我们要准备打仗。人家就问了：他不来怎么办呢？不管他来不来，我们应该准备。什么步枪、轻武器，每省都可以造，这是讲物质上的准备，而主要的是要有精神上的准备。精神上的准备，就是要有准备打仗的精神。不仅是我们中央委员会，要使全体人民中间的大多数有这个精神准备。我们是不打出去的。不要受挑拨，你请我去我也不去。但是你打来呢，那我就要对付了。看你是小打还是大打。小打就在边界上打。大打，我主张让出点地方来，中国这个地方不小。要使全世界看到我们打仗是有理的，有利的。他进来了，我看比较有利，不仅有理，而且有利，好打，使他陷在人民包围中间。为了胜利，就是要人多一点了。不管你是哪个山头或者是哪一个省的，或者是北方的、南方的，总是多团结一点人好。有些人的意见不一定跟我们一致，但不是敌我关系。我说主要问题还是我们的工作。我看都是前世无冤，今世无仇，碰在一块，有些意见不对头。人家或者是批评了自己，反对了自己，自己又反攻一下，结果就发生矛盾了。反对自己的人不一定是坏人。大家要谨慎小心，无论是候补中央委员、中央委员、政治局委员，都要谨慎小心。不要心血来潮的时候，就忘乎所以。从马克思以来，从来不讲什么计较功劳大小。你是共产党员，是整个人民群众中间比较更觉悟的一部分人，是无产阶级里面比较更觉悟的一部分人。所以，我赞成这样的口号，叫做“一不怕苦，二不怕死”，而不赞成那样的口号，“没有功劳也有苦劳，没有苦劳也有疲劳”。这个口号同“一不怕苦，二不怕死”是对立的。你看我们过去死了多少人，我们现在存在的这些老同志，是幸存者，偶然存在下来的。进城后我们这个党不那么好了。有些外国人、新闻记者说，我们这个党在重建。现在我们自己也提出这个口号，叫整党建党，事实是需要重建。每一个支部，都是要重新在群众里头进行整顿。要经过群众，不仅是几个党员，要有党外的群众参加会议，参加评论。个别实在不行的，劝他退出。极少数的人，可能要采取纪律的处分了，这要经过支部大会，上级批准。总而言之，要采取谨慎的方法。要做，一定要做，但是要采取谨慎的方法。这次全国代表大会，看起来开得不错。据我看，是开成了一个团结的大会，胜利的大会。

5月1日 晚八时，在天安门城楼观看节日焰火。一同观看的还有党和国家其他领导人、九大代表和一些外国驻华使节。毛泽东同外国驻华使节谈话时说，中国愿意同世界各国改善和发展关系。此后，中国陆续派出一批批使节，使驻外使馆的工作得到恢复。

5月2日 下午，在人民大会堂一一八厅主持召开中共中央政治局常委会议。

5月3日 在一次谈话中，针对清理阶级队伍和清查“五一六”〔1〕中出现的问题说：除了杀人、放火、放毒的，其他的一个不杀，大部不抓。我说的放毒，是食物放毒，不是政治上的。

5月5日 阅汪东兴报送的邓小平五月三日来信。信中说：“九大开过了，不知是否已到处理我的问题的时候，对此，我完全静候党的决定。”毛泽东批示：“林、周及在京政治局各同志阅。”

5月8日 审阅周恩来五月七日报送的中共中央为转发《北京市北郊木材厂认真落实党对民族资产阶级和小资产阶级的各项政策》的批语稿，批示：“照发。”周恩来的附信中说：主席交办的这份材料，我们于五日晚宣读和讨论了一次，商定核实修改后由中央转发各地参考。中央批语稿指出：北京市北郊木材厂的这

---

〔1〕“五一六”，指北京的一个名为“首都五一六红卫兵团”的组织。详见本卷第112页注〔2〕。

个材料，对问题作了具体分析，区别对待。“希望上海、天津、武汉、广州等地结合具体情况，调查研究，进行试点，区别资本家和小业主及独立劳动者的各种不同情况”。毛泽东将批语稿中的“等地”两字改为“及其他大、中城市”。北京市北郊木材厂落实党对民族资产阶级和小资产阶级各项政策的具体做法是：一、对资本家中的大多数，坚持执行团结、批评、教育的政策；二、对资本家中的极少数反动分子，坚决斗争，彻底批判，区别对待，给予出路；三、对不够资本家的，把他们划出来，按小业主对待；四、对小业主，让他们回到群众中去，在斗、批、改的群众运动中进行自我教育和改造。中央批语和这个材料于本日发出。

5月中旬 审阅周恩来报送的中国外交部答复苏联外交部五月四日照会的复照稿的请示报告。苏联外交部照会称中方在新疆裕民县塔斯提河越界挑衅，并威胁要采取它认为“必要的措施”。中方复照稿揭露苏方五月二日至三日侵入我新疆裕民县巴尔鲁克山地区和领空的事实，对苏方的照会进行了驳斥。周恩来对复照稿批示：“拟同意。”毛泽东批示：“五月间如有新发生的事，似宜补进去。”

同旬 针对新华社编印的国际参考消息的一个用语，提出：“外国人、外国党评论九大，编者不要随意加‘妄评’字样，如实地向中央提供就可以了。”五月十七日，汪东兴向新华社传达了这个意见。

同旬 批示同意周恩来五月十七日请毛泽东、林彪接见西藏、山西、南京、新疆、徐海五个毛泽东思想学习班成员的报告。

5月19日 下午，召集李先念、叶剑英等开会，听取周恩来关于中央解决内蒙古、山东、贵州等地闹派性、清理阶级队伍搞扩大化等问题的情况汇报。毛泽东严厉批评这些地区的主要负责人在清理阶级队伍的运动中搞扩大化，独断专行，拉一派打一派等错误。他说：专案组的材料至少一半不能相信。北大搞什么杀猴、宰牛、炖羊[1]，把人打残废了，无非是对领导人说了几句不满意的话，都打成反革命。早就说过不能这样做，他们不听。谈话中问起陶铸[2]的病好了没有，说：不能因为犯错误，就不给治病，不能有这样的政策。

同日 在人民大会堂休息室同李四光谈话。谈话内容很广泛，从天体起源谈到生命起源。谈到古今中外科学家关于太阳系起源的种种说法时，毛泽东说：我看康德、拉普拉斯[3]讲的还有点道理。我不大相信施密特[4]的说法。临别时，毛泽东说：我很想看你写的书，能否送几本给我。同时，请李四光帮他收集一些国内外的科学资料，并说自己不懂英文，最好是编写成中文的，李四光问毛泽东想看哪些方面的科学资料，毛泽东用手画了个大圈说，就是你研究范围里的资料。

5月19日或20日 审阅周恩来五月十九日晨七时报送的《中华人民共和国政府声明》稿，批示："可用。略有修改。"毛泽东在声明稿最后一段中加写了"人不犯我，我不犯人；人若犯我，我必犯人"。这个声明针对苏联政府三月二十九日关于中苏边界问题的声明，阐述了中苏边界问题的事实真相和中国政府对解决边

---

〔1〕"猴"，指侯汉清，原为北京大学图书馆学系研究生，曾是北京大学"井冈山兵团"核心组成员。"牛"，指牛辉林，原为北京大学法律系学生，曾是北京大学"井冈山兵团"核心组成员。"羊"，指杨克明，原为北京大学哲学系教师，1966年5月25日《宋硕、陆平、彭珮云在文化革命中究竟干些什么?》大字报的执笔者和签名者之一。

〔2〕1969年4月5日，周恩来在中南海门诊部报送的《关于陶铸病情的报告》上批示："拟同意送入302医院，进行保密治疗，即呈主席批阅。"毛泽东圈阅同意。陶铸即转入302医院治疗。1969年11月去世。

〔3〕康德，德国哲学家。拉普拉斯，法国天文学家、数学家、物理学家。

〔4〕施密特，苏联地球物理学家。

界问题的一贯立场，指出中苏边界问题发展到今天的地步，责任完全在苏联方面。声明说中国政府仍然准备通过和平谈判全面解决中苏边界问题，反对诉诸武力，并建议双方通过外交途径商定举行中苏边界谈判的日期和地点。这个声明于五月二十四日发出。

5月23日　审阅贵州省革委会、贵州省军区贯彻九大精神的意见和贵州省军区解决贵州问题的五条措施及中共中央的转发批语稿，批示："照办。"贵州省报给中央的两个材料表示，要根据九大精神，加强团结，克服派性，总结经验，落实政策，以稳定贵州局势，加快三线建设。中央批语和这两个材料于五月二十四日发出。

5月25日　审阅山东省革委会负责人王效禹、杨得志、袁升平〔1〕五月二十四日给中共中央的报告和中央的批复稿，批示："照办。"王效禹等的报告检讨了在山东发起"反复旧"运动的错误，提出十条改正措施。中央的批复指出，山东个别领导在全省进行所谓"反复旧"运动，犯了严重错误。这种错误是带方向性的。

5月26日　下午，在人民大会堂一一八厅主持召开中共中央政治局常委会议，听取中央军委办事组的工作汇报。会议决定：重新组建军委办公厅和一个小规模的总政治部；由省军区和

---

〔1〕 王效禹，当时任山东省革委会主任、中国人民解放军济南军区第一政治委员兼山东省军区第一政治委员。1970年6月被免去军队职务，1971年3月被撤销党政职务。杨得志，当时任中共中央军委委员、山东省革委会第一副主任（1971年3月任主任）、中国人民解放军济南军区司令员。1969年6月又任山东省革委会党的核心小组副组长（1971年3月至4月任组长）。1971年4月又任中共山东省委第一书记。1973年12月任中国人民解放军武汉军区司令员。袁升平，当时任山东省革委会副主任、中国人民解放军济南军区第二政治委员。

省市自治区革委会负责落实城市防空工作；不再增加陆军定额，把定额留着扩建海军、空军和二炮；同意将国防工业部门和原属国务院系统的第三、四、五、六机械工业部移交军队管辖。会议还讨论了组织地方部队，野战军调防，一批军队高级干部调动任免以及大学生毕业分配，编辑《毛泽东选集》第五、第六卷等问题。在谈到组织地方部队问题时，毛泽东说：现在不打仗，打起仗来，敌人打到哪里，就在哪里组建地方部队。当汇报到对犯严重错误的高级干部，要改变看管的办法时，毛泽东说：不要关，关他干什么。搞专案，许多是靠不住的，是道听途说的。内查外调搞不出什么东西，搞逼供信，一逼就供，一供就信。关着的人不让见面，不让看大字报，报都不让看，几年来脱离了世界，出了什么问题都不知道，“不知有汉，无论魏晋”。这种政策不那么好，这些人也不知道我们的政策。一个群众运动一来呀，总是要出点问题。北大清理阶级队伍抓了十分之一，这种风气不教育一下，我看不好。当周恩来谈到现在武汉在“反复旧”时，毛泽东说：个别的复旧是有的，但提“反复旧”的口号是错误的。谈到军宣队、工宣队时，毛泽东说：军队里头也有派性，有些军宣队、工宣队不那么公平，没有很好地执行政策。军宣队不要在所驻单位包办代替，你是帮助人家，这一点要特别清醒。谈到编辑出版《毛泽东选集》第五、第六卷时，毛泽东说：“我兴趣不大，我也不看。”

5月27日 审阅周恩来、陈伯达、康生本日报送的湖北省革委会五月二十五日关于解决武汉“反复旧”问题的报告和中共中央的批示稿，批示：“照办。”湖北省革委会的报告检讨了在武汉市发动“反复旧”运动的错误，提出八条改正措施。中央批示指出：在社会上错误思潮和无政府倾向的影响下，提出所谓“反复旧”运动，把矛头指向省市革委会、人民解放军和革命干部，把三代会[1]首先是工代会置于一切之上，这样做，是不符合毛主席关于革命大联合、革命“三结合”和一元化领导的教导的。

5月29日　下午，在人民大会堂一一八厅听取周恩来等汇报改组国务院业务组，国务院各部委合并、撤销、精简和准备成立各单位革命委员会的初步方案，以及党中央部门进行改革的问题。毛泽东说：就照谈定的原则去做，但国务院业务组的人员调整，需要等纪登奎、李德生二人到北京后，先确定二人分工，再提出正式名单。

同日　晚上，乘专列离开北京。

5月31日　到达武昌，住东湖客舍。看到会客厅、书房和卧室均悬挂着毛泽东画像和语录，指示工作人员立即摘掉。

6月2日　周恩来在陈毅六月一日关于国际问题研究小组[2]活动安排报告上作批注，强调毛泽东交给他们的三项任务：一、到工厂、学校、公社去蹲点；二、对国际形势经过阅读材料和集体讨论，提出意见；三、对国防问题经过阅读材料和集体讨论，提出意见。周恩来此前曾交待陈毅等：主席交给你们这个任务，是因为主席认为还有继续研究的必要，你们不要被原来的看法和结论框住。主席没有让你们回到原来的岗位上工作，除了蹲点，你们可以不受行政事务的干扰，每星期有几天时间专门研究国际问题，可以协助主席掌握战略动向，供主席参考。

6月3日　读《南史·陈庆之传》，批注：“再读此传，为之神往。”

---

〔1〕　指工人代表大会、贫下中农代表大会、红卫兵代表大会。

〔2〕　参加国际问题研究小组的有陈毅、叶剑英、徐向前、聂荣臻，后外交部选派熊向晖、姚广两人协助工作。这个小组进行了多次战略务虚讨论，向中央提交了书面报告，提出若干关系中国战略方针的重要建议。

6月6日 阅中共中央军委办事组报送的空军党委关于《无产阶级文化大革命以来空军部队技术革新情况的报告》，批示："看了之后，很感兴趣。对每一具体技术改革说来，称为技术革新就可以了，不必再说技术革命。技术革命指历史上重大技术改革，例如用蒸汽机代替手工，后来又发明电力，现在又发明原子能之类。"空军党委的报告说：空军部队自文化大革命以来，已完成较大革新项目二百三十项，正在研究的有八十多项，其中包括对现用歼击机的重大改进，地空导弹反干扰电路与高射炮性能的改进等等。报告中两次把"技术革新"和"技术革命"并用。

6月11日 中国外交部照会苏联驻中国大使，对苏联军队侵入中国新疆维吾尔自治区裕民县巴尔鲁克山西部地区制造新的流血事件，提出强烈抗议。

6月11日或12日 审阅中共中央《关于宣传毛主席形象应注意的几个问题》稿，批示："照办。"这个文件指出：文化大革命以来，在宣传毛主席形象和毛泽东思想的问题上，出现了不突出无产阶级政治、追求形式和浮夸浪费的现象。有的挥霍国家资财，不经批准，用烧瓷、石膏、塑料、金属等材料，塑造各种毛主席像；有的绘、印、绣毛主席像，不认真，不郑重，歪曲了毛主席的形象；有的制作毛主席像章越来越大，样式繁多，质量又差；有的随意随处张贴毛主席像和毛主席语录；有的甚至设置"宝书台"、"忠字室"、"敬仰馆"，跳"忠字舞"、到处贴"忠"字，大搞"忠字化"运动。这类形式主义的做法，虽则出自好意，却不符合毛主席的一贯教导，有损于毛主席的光辉形象，在政治上很不严肃。为此特提出以下改进意见：一、各级领导要积极引导群众，活学活用毛泽东思想，搞好思想革命化，不要追求形式，要讲究实效。二、重申中共中央一九六七年七月十三日《关于建造毛主席塑像问题的指示》，塑造、印制毛主席像，必须经省、市、自治区革委会讨论批准。三、不经中央批准，不能再制作毛主席像章。四、各报纸平时不要用毛主席像作刊头画。五、各种物品及包装等，一律不要印毛主席像。引用毛主席语录也要得当，禁止在瓷器上印制毛主席像。六、“忠”字是有阶级内容的，不要乱贴滥用，不要搞“忠字化”运动，不要修建封建式的建筑。七、不要搞“早请示、晚汇报”、饭前读语录、向毛主席像行礼等形式主义的活动。此件于六月十二日发出。

6月14日 审阅外交部关于承认越南南方共和临时革命政府的请示报告和以周恩来总理名义致越南南方共和临时革命政府黄晋发主席的贺电稿，批示：“同意。”

6月16日 在武昌东湖客舍同即将到其他工作岗位的七名服务人员谈话，鼓励他们多学文化、学技术。

6月26日 离开武汉去长沙。出发前，在专列上听取湖北省革委会和武汉军区的负责人曾思玉、刘丰、张体学、方铭汇报工作情况。毛泽东首先问到他们下去蹲点的情况。然后说：到工厂里去蹲点，先要做好三分之一人的工作，争取了三分之一的人，这就好办了。群众工作不能靠大轰大嗡，争取了三分之一就算大功告成。那三分之一的人再去做工作，又争取了三分之一。要细致地做工作，一部分人一部分人地做工作。我看对这一些支工支农的同志，要他们学会做政治工作。做政治工作绝不能太生硬，你太生硬了，人家接受不了。做工作要准备失败，不能从来不准备失败，失败中可以吸取经验教训嘛！下去蹲点以前，主要的是要把政策学会，一定要把政策交代清楚，政策不交代清楚，不要下去。你们的办法就是一下子铺开，拉得面太宽了，没有精力，抓不过来。听说你们开一个团到一个大工厂里去，太多了。有的地方人家不欢迎，你把部队派走嘛！毛泽东说：不要随便抓人。何必抓人呢？北京大学九千多人，就捉了九百多。把人关起来，有的关在什么“牛棚”里，关在地下室，报纸也不给他看。这也是对一些干了错事的人，是用“推一推”的办法还是“拉一拉”的办法，推一推就下去了，拉一拉就过来了。干部不让他与群众见面，家里人还要靠他养活吃饭。受监护的人，统统放了，不管他职务大小。这是全国性的问题。我看搞专案小组很危险，他怕右了，就要千方百计把人家打成反革命。一个专案小组，搞了一两年，没有搞出什么来，怕思想上右倾，宁可“左”一点。我不是完全反对专案小组。搞专案要有经验的人，年龄大的人，要与群众结合。现在有的人年轻，造反精神很强，他们缺乏经验，不懂得历史。你们把赵修〔1〕解放了，我同意，这个好。河南、河北把第一把手统统找来打了个招呼，听说河南的地、县级的第一把手，有百分之五十的人都出来主持工作了，这个经验很好，全国不太多。现在对干部要一个一个解放，还是有希望的。毛泽东说：你们要注意抓报纸，凡是重要社论，你们要好好讨论研究，不讨论研究，不要发表。讲到九大，毛泽东说：九大基本上是开得好的。至于公平，我看不那么公平。八位老将都选为政治局委员，扩大一点。我看多数人是拥护中央文革的，多数人反对八位老将的。我有一个办法，来一个预选，预选的结果，叫他们几个票数多一点。关于湖北的经济建设，毛泽东特别问起湖北的铁路（焦枝线）工程是否动工，湖北的煤藏量规模和质量如何。他说：湖北解决了煤的问题我就放心了。

6月下旬 审阅两报一刊社论稿《中国共产党万岁——纪念中国共产党诞生四十八周年》，批示：“可发。”社论稿说：“二十年来，又取得了社会主义革命和社会主义建设的一系列伟大胜

〔1〕 赵修，原任湖北省副省长，“文化大革命”中被打倒。当时任湖北省革委会工交小组负责人。

利，把一个贫穷落后的旧中国，变成一个繁荣昌盛的社会主义强国。”毛泽东在这一句中的“繁荣昌盛”前，加上“有了初步”四个字，将“强国”改为“国家”，并批示：“请注意：以后不要这种不合实际情况的自己吹擂。”这篇社论于七月一日发表。

6月28日　在长沙听取湖南省革委会负责人黎原、华国锋汇报工作情况。汇报到他们正在狠抓团结工作，注意做好各派的群众工作时，毛泽东说：要教育团结大多数，各派关系解决不好，就不能把广大群众团结起来。路子走对了，就对了。讲到干部问题时，毛泽东说：干部解放后，有些人调换一下地方。一个单位分成两派，已经三年了，要联合起来。毛泽东问：农村公社所有制怎么办？你们也提出这个问题，小队还是大队作为基本核算单位。湖南负责人汇报了石门县的情况，说明基本核算单位不能轻易变动。当湖南负责人请毛泽东作指示时，毛泽东说：我是想问问情况。你们看到形势好并注意到另一方面，这个想法是对的。今年年成秋冬才能定局，现在不宜估计过高。最后，毛泽东说：要抓革命、促生产、促工作、促战备。

同日　离开长沙去南昌。

6月30日　上午，在南昌听取江西省革委会和省军区的负责人程世清、杨栋梁、陈昌奉汇报工作情况。毛泽东回顾创建井冈山革命根据地的过程，指出：现在解放军建军节还是定在八月一日，因为“八一”起义是中央决定的，“八一”是全国第一个暴动，是打第一枪。江西负责人汇报说，群众要求把《江西日报》改为《井冈山报》。毛泽东说：不行。井冈山不是属于江西的，是全国的。不光是井冈山道路，以后还有赣东北呀、鄂豫皖呀。南昌起义虽然失败了，但还是打了第一枪，全国出名的。当汇报到江西全省解放了百分之九十五的干部时，毛泽东说：很好，好人犯错误的干部，要给出路。当汇报到清理阶级队伍时，毛泽东说：清理阶级队伍要搞，要抓紧，不可不清，要清少数人，但要慎重。最好不杀人，少抓人。抓人，是指敌人，也只是对现行反革命，杀人、放火、放毒的，确有证据的。不能抓多了，主要是放到群众中去专政嘛。一般的不搞专案，少数搞点也可以。搞专案的人框框多，容易出问题。要相信群众，不要搞逼、供、信。汇报到江西不准下面搞大队为基本核算单位时，毛泽东说：大队为基本核算单位不能搞，现在还是三级所有制，不能变。有个别少数的条件好，要搞，也要经省委批准。毛泽东谈到农村粮食问题时说：要藏粮于民，不要征那么多。他还说：教育革命要有人管。教育革命主要是解决领导问题，解决课本问题。小学、中学、大学都要有个课本，要有语文、历史、地理、数学、珠算、物理、化学，不能老讲“老三篇”。

同日 到达杭州。

7月3日 下午，审阅周恩来关于中共中央机关、国家机关机构精简方案的报告，批示：“原则同意。”报告说：党中央直属机构中仍保留中央文革，以继续处理无产阶级文化大革命运动和文教、艺术、宣传、思想战线上的工作[1]，保留办公厅、组织部、联络部等。宣传部、调查部、监察委员会等部门拟下放、合并或撤销。国务院业务组由周恩来、谢富治、李先念、纪登奎、

---

〔1〕 中央文化革命小组后来没有作为中共中央的一个常设机构保留下来。毛泽东在1969年3月3日中央文革碰头会讨论九大筹备事宜时，便提出九大后不设中央文革。九届一中全会以后，中央文化革命小组事实上即不复存在，但未发文件通知撤销。九届一中全会后不久，曾以中央文革小组名义行文，但次数极少。从1969年11月起不再使用中央文革小组名义下发文件。

李德生、李富春、余秋里、粟裕、苏静[1]九人组成，周恩来为组长，李先念、纪登奎为副组长。李震、邱国光、刘西尧[2]列席。国务院所属六十二个部门拟合并为二十一个，全部下放的行政人员有二十一万人。同时，将统战部、人大、政协、民族事务委员会、宗教事务局、各民主党派机关六个单位的军管负责人合并成一个小组，由周恩来派一人与之联系。

7月上旬　审阅中共中央《关于中央办的毛泽东思想学习班的几条规定》稿，批示："原则同意。"规定指出：中央在京举办的毛泽东思想学习班，已有将近两年时间，有二十五个省、市、自治区的约三万二千人次参加。今后，每省来京参加学习班的学员要军、干、群三结合，特别是要有战士和基层群众；主要学习毛主席的最新指示，解决当前各地的主要问题。这个规定于七月八日发出。

7月8日　在杭州听取浙江省革委会和省军区负责人南萍、陈励耘汇报工作。南萍反映，正在南京召开的南京军区党代会不发扬民主，把问题掩盖起来，他有意见，因此没参加完就回浙江了。毛泽东让南萍回南京继续开会，说：你们也不要急，要谨慎，还是要讲团结，意见提不通就要服从多数。陈励耘汇报农村扩社并队问题时，毛泽东说：这个事要谨慎，富队与富队并、穷队与穷队并，是可以的，富队与穷队并就不好办，合并后还是队

〔1〕苏静，原任中国人民解放军总参谋部军务部部长。当时任铁道部军管会主任。1970年6月任国家计划委员会党的核心小组副组长、国家计划委员会革委会副主任（1973年8月任国家计划委员会副主任）。1971年8月又任国务院政工小组负责人。

〔2〕李震，当时任公安部常务副部长。1970年6月任公安部革委会主任、党的核心小组组长。邱国光，当时任卫生部军管会主任。刘西尧，当时任周恩来总理的联络员。

为基础。要特别谨慎呀！陈励耘表示目前停不下来了，已并的还是要做好工作。毛泽东说：如果群众都同意，还要省革委会批准。群众同意，领导批准，生产队为基本核算单位。改变基本核算单位，群众不一定赞成，就是几个干部在那里要搞，他们是最积极了。陈励耘汇报浙江的新干部中存在的问题时，毛泽东说：他们就是不愿意当陪衬，不愿当见习官。要教育、帮助新干部，就是要当见习官，他们没有经验嘛。老干部是有经验的。毛泽东详细询问浙江的煤炭、钢铁、水电站、铁路、机械各方面的生产和建设情况。在谈到产品调拨中怎样处理同上海、同中央的关系时说：中央下放企业的产品，应该给地方一些，应该分红，不分红不能调动地方的积极性。当汇报到搞体制改革，农业交县以下去管时，毛泽东说：贫下中农对农业最熟悉，文化大革命三年省里不管，农业生产很好。农业就由县以下去管，你们管，对农业也不懂，机构还要搞得很大。

同日 新华社报道，河南林县红旗渠工程全部建成。红旗渠一九六六年建成一百四十华里的总干渠和二百零三华里的干渠，将漳河水引进林县，现又完成一千八百九十六华里的支渠配套工程，林县水浇地面积已从新中国成立前的不到一万亩增加到六十万亩。

7月11日 《人民日报》在《依靠群众大搞储粮建仓工作》和《储粮建仓，备战备荒》两篇报道的编者按中，发表毛泽东的话："一定要有储备粮，年年储一点，逐年增多。"

7月13日 下午一时，审阅周恩来将于当晚欢迎巴基斯坦总统行政委员会委员努尔·汗将军访华宴会上的讲话稿，批示："同意。"讲话批评苏联提出的"亚洲集体安全体系"构想，认为这是社会帝国主义加紧拼凑新的反华军事同盟的一个新的步骤。

7月21日 阅中共中央军委办事组关于成立解放军报社领

导小组的报告。报告说：我们考虑有必要成立一个领导小组，对解放军报社的革命和生产实施一元化的领导。报社经过反复酝酿，充分协商，提出十五名同志为领导小组成员。关于领导小组的负责人，我们建议仍以肖力同志为好。毛泽东批示："肖力已下放，不应任此职。"

7月23日 审阅山西省革委会核心小组七月二十二日关于解决山西问题具体措施的报告，和中共中央七月二十三日为解决山西省闹派性、搞武斗等混乱现象的布告稿，批示："照办。"山西报告提出，希望以中央的名义发一布告以制止一些地方的武斗。中央布告指出：中央决定，任何组织和个人都要坚决、彻底、全部执行中央此前发布的关于禁止打、砸、抢的布告、通令、命令、通知。对于武力强占地盘、拒不执行本布告、负隅顽抗者，由人民解放军实行军事包围，发动政治攻势，强制缴械。逃跑流窜者，实行追捕，归案法办。不许侵犯部队的武器装备和其他物资。利用国家的工厂和物资私造武器的行为，都是严重的犯罪，必须依法论处。逮捕法办破坏交通和抢劫物资的极少数坏头头、抢劫国家财产的主犯、杀人放火的现行犯罪分子。自布告公布之日起，凡离开生产和工作岗位的群众，逾期一月不归者停发工资；如继续顽抗，长期不回，视情况给予纪律处分，直至开除。凡分裂革命大联合、破坏革命"三结合"的行动，另立的山头，一律都是非法的，中央概不承认。这个布告所署日期是七月二十三日，通称"七二三"布告。

7月28日 派警卫中队干部陈长江回家乡江苏海安县，调查农村中出现的合并生产队的现象。

7月下旬 审阅河北省革委会七月二十八日布告稿，批示："照发。"布告规定：在华北汛期到来时，为保证河堤、水库的绝对安全，对河北的重要堤防闸坝，实行全面军管。所有各派武斗人员，必须立即从实行军管的堤坝后撤，停止武斗，上交武器，回单位生产、工作。七月三十日，这个布告以中共中央文件发出。

同旬 审阅陈伯达、姚文元七月二十三日送审的两报一刊社论稿《用毛泽东思想武装起来的人民军队所向无敌——纪念中国人民解放军诞生四十二周年》，批示："照发。"删去标题中"用毛泽东思想武装起来的"十一个字，并批示："这个形容词太长，可以去掉。"这篇社论以《人民军队所向无敌》为题于八月一日发表。

同旬 审阅中共中央为转发六十八军党委七月二十七日《关于贯彻落实"九大"精神的几个问题的报告》的批语稿，批示："照办。"六十八军党委的报告检讨了在"三支两军"工作中陷入派性斗争，给徐海地区的稳定和建设造成损失的错误，提出八条改正措施。中央批语指出：徐海地区的革命大联合迟迟不能实现，生产运输时常受到干扰，因而使徐海地区无产阶级文化大革命的形势落后于全国。部队、干部和革命群众要大力克服资产阶级派性，各厂矿、各基层、各单位迅速实行归口大联合，建立"三结合"的革命委员会。

7月底 审阅中共中央七月三十日为转发上海市革委会七月六日《关于上海开展夏季爱国主义卫生运动的情况报告》的通知稿，批示："照发。"中央的通知和上海的报告于七月三十一日发出。

8月21日或22日 审阅中共中央军委办事组八月十六日报送的《关于加强我军组织纪律性的指示》稿。指示稿指出：在军队中，仍然严重地存在着无政府主义、资产阶级派性和无组织无纪律现象。指示要求：坚决反对"多中心即无中心论"，反对破坏集中统一、破坏组织纪律、各自为政、各行其是的行为；在全军普遍进行组织纪律和法纪教育，澄清各种错误思想和糊涂观念，同破坏纪律的现象作斗争；对个别严重违法乱纪、屡教不改的人，必须给以必要的纪律制裁；各级干部特别是高中级干部，要加强领导，带头遵守纪律，维护纪律；要把加强组织纪律性问题，作为部队革命化建设的重要内容，经常抓，反复落实。毛泽东批示："用军委名义发。"中央军委这个指示于八月二十二日发出。

8月22日 周恩来在中国科学院哲学社会科学部关于修改和续写范文澜〔1〕所著《中国近代史》和《中国通史简编》的请示报告上批示："这件事是主席交下来的，很重要。"

8月下旬 审阅周恩来、陈伯达、康生八月二十二日送审的中共中央关于进一步稳定边疆局势的命令稿，批示："照办。"周恩来等的送审报告中说：根据最近边疆各省、区和各地区发生的情况看来，继中央"七二三"布告之后，需要再发出这样一个命令，将对稳定边疆局势有利。中共中央的命令共九条，主要内容如下：一、高度树立敌情观念，随时准备歼灭入侵之敌。二、坚决反对一切分裂活动，反对一切破坏团结的行为，反对资产阶级派性。三、驻边疆部队指战员必须坚守战斗岗位，坚决执行命令。四、一切革命群众组织，必须实行按系统、按行业、按部门、按单位的革命大联合。五、立即无条件停止派性武斗。六、不准任何人冲击军队、抢夺武器装备和车辆。七、保护交通运输，保证通讯联络畅通。八、狠抓革命，猛促生产，大力支援前线。九、坚决镇压反革命分子。这个命令所署日期是八月二十八日，通称"八二八"命令。

8月27日 中共中央和中央军委转发军委办事组《关于加强全国人民防空工作的报告》，决定成立全国人民防空领导小组和各省、市、自治区人民防空领导小组。二十八日，经毛泽东批准，人民防空全国领导小组成立，周恩来任组长。此后，在各级防空

---

〔1〕 范文澜，历史学家。曾任中国科学院近代史研究所所长、哲学社会科学部委员。1969年7月29日在北京去世。

领导小组的指导下，普遍开展了群众性的挖防空洞和防空壕的活动。

8月31日 阅江青八月二十八日关于现代京剧《智取威虎山》改名等问题的请示信。信中说：我们把《智取威虎山》改名为《智取飞谷山》，因为现在才确知作者是写自己，真人真事，杨子荣也改名为梁志彤。《林海雪原》的倾向主要方面也是不好的，主要表现在：不突出党的领导，不分战争的正义性质与非正义性质；侦察工作神秘化；把杨子荣写得比土匪还土匪，等等。毛泽东批示："牵动太大，至少暂时不要改动戏名和主要人物名字，地名暂时也不宜改动。对小说作者〔1〕的批评也宜从缓。"

同日 审阅周恩来等报送的《参加第二十周年国庆观礼的国内代表选派方案》，方案提出邀请全国工农兵和革命知识分子、革命干部的优秀代表一万人来京参加国庆观礼。毛泽东批示："同意。"

9月1日 和林彪、周恩来致电胡志明等越南党和国家领导人，祝贺越南民主共和国成立二十四周年。贺电说：当前，尼克松政府正在加紧推行反革命的两手策略，企图用政治欺骗和所谓战争非美化的手法达到它永远霸占越南南方的目的。中国人民一向把支援越南人民的抗美救国战争当作是自己应尽的国际主义义务。

9月3日 越南劳动党中央主席、越南民主共和国主席胡志明在河内去世。〔2〕中共中央、全国人大常委会、国务院分别向

〔1〕指小说《林海雪原》作者曲波。

〔2〕胡志明逝世的时间是1969年9月2日。越共中央政治局于1989年9月1日关于胡志明主席的遗嘱和去世时间等问题的公报指出："胡志明主席是在1969年9月2日我国国庆日9点47分逝世的。为了使胡伯伯的逝世日子不与全民族大喜的日子相重，党中央委员会（指第三届——编者注）政治局决定把胡伯伯逝世的日子公布为1969年9月3日9点47分。党中央委员会（指第六届——编者注）政治局认为，现在应该准确公布胡志明主席逝世的日子。"

越南劳动党中央、越南国会常委会和越南政府会议发出唁电，表示沉痛哀悼。当晚，周恩来率中国共产党代表团离京前往河内出席吊唁活动。九月五日回到北京。

9月11日 周恩来在首都机场贵宾厅同从河内参加胡志明葬礼后回国途经北京的苏联部长会议主席柯西金举行会谈。会谈中，周恩来提出：一、中苏之间的理论和原则争论不应影响两国的国家关系，不应妨碍两国的国家关系正常化。二、双方可以通过谈判最终找到解决中苏边界问题的办法。在解决之前，双方应共同采取三条临时措施：维持边界现状，避免武装冲突，在有争议的地区双方武装力量脱离接触。在周恩来提出三项临时措施后，柯西金提议再加一条，即双方边防部门有事可预先商量。双方就上述四条达成协议，并商定于近期各派代表团举行中苏边界问题的谈判。十三日，周恩来将同柯西金会谈的记录报送毛泽东。毛泽东批示："同意。"

9月中旬 审阅经中共中央政治局会议讨论提出的《庆祝中华人民共和国成立二十周年口号》稿，批示："增加了一句口号，请酌定。"毛泽东增加的一条口号是："全世界人民团结起来，反对任何帝国主义、社会帝国主义发动的侵略战争，特别要反对以原子弹为武器的侵略战争！如果这种战争发生，全世界人民就应以革命战争消灭侵略战争，从现在起就要有所准备！"国庆二十周年口号九月十七日在《人民日报》发表。

9月17日 审阅周恩来本日晨六时送审的《周恩来总理致柯西金的信》稿，批示："同意。"这封信送审前经中共中央政治局讨论商定。信中重申周恩来同柯西金九月十一日在北京首都机场会谈确定的解决中苏边境冲突的四条临时措施，又增加一条：上述关于维持边界现状，避免武装冲突的临时措施，不影响双方各自对边界问题的立场和争议地区的归属。周恩来在送审报告中说："在这一信发出后，看柯西金如何回答，再定政府声明何日发表。"该信于九月十八日发出。

同日 经毛泽东审阅同意，中共中央发出《关于增补、调动、撤换各级革命委员会成员的通知》。通知指出：各地"三结合"的革委会成员在一般情况下不要轻易更换，增补、调动、撤换时必须慎重。需增补的要注意增补革命领导干部代表和革命群众代表，要着重注意优秀的产业工人代表，要同本单位革命群众进行充分的民主协商。对于十分急需调动、撤销的革委会成员，要报经中央或上级革委会同意。

9月18日 由杭州到达上海。在杭州期间，多次观看文艺演出，并询问浙江文艺界的情况。演员们反映，现在越剧改革，改得京不京、越不越，歌剧又不像歌剧。毛泽东说：各个地方剧种要有自己的特色，不然，要那么多的地方戏干什么？听了改革越剧《红灯记》唱段后说，我不赞成把越剧改成不像越剧。有人提到是江青创造了革命样板戏，毛泽东说：不是，戏原来就有，经过加工提高，是文艺工作者的劳动成果。

9月19日 离开上海。临行前同张春桥、王洪文谈话。张、王问国庆节期间各省、市的领导干部要不要到北京去，毛泽东回答：各守岗位，不要去。

同日 晚上，到达南京。听取许世友、杜平〔1〕关于战备问题的汇报。汇报结束时，毛泽东说：今年国庆节，地方、军队的同志都不要去北京，怕敌人趁机消灭我们的中心。

9月20日 同意中共中央军委授予参加珍宝岛自卫反击作战的孙玉国、杜永春等十人"战斗英雄"称号。

---

〔1〕 杜平，当时任中共中央军委委员、中国人民解放军南京军区第七政治委员。1970年12月又任中共江苏省委书记。

9月21日 同许世友、杜平、张才千[1]等谈话。对杜平说，到北京开军委会议，开五天就回来，各守岗位。毛泽东参观南京长江大桥后离开南京，当天到达济南。

9月22日 中午，在专列上听取杨得志、袁升平、王效禹汇报。毛泽东就正确处理文化大革命中的群众组织、坚持文斗不要武斗、工农业生产、落实政策问题等作了指示。二十三日晨回到北京。

9月23日 我国成功进行地下核试验。二十九日，我国又在本国西部地区上空成功进行氢弹试验。

9月24日 审阅周恩来本日报送的《中华人民共和国政府声明》第十一稿。周恩来在送审报告中说：九月十八日发出致柯西金的信后，未见苏方答复。这封信是不公开的，国际国内都不知同柯西金的会谈内容，而莫斯科又放出中苏两国将在九月底进行边界谈判的空气。因此，对苏联政府六月十三日声明必须由中国政府公开给以回答，并将我方对解决边界问题的全部主张和边界冲突的真相给以说明，以取得主动。声明稿中，说明中国政府关于全面解决中苏边界问题的主张，主要是：（一）分清历史是非，肯定有关目前中苏边界的条约是沙俄帝国主义强加给中国的不平等条约；（二）照顾现实情况，以这些条约为基础，通过和平谈判全面解决中苏边界问题，中国并不要求收回根据这些条约割去的中国领土；（三）任何一方违反这些条约侵占另一方的领土，必须无条件地归还对方，但双方可根据平等协商、互谅互让的原则，作必要的调整；（四）签订中苏平等新约代替中俄不平等条

[1] 张才千，当时任中国人民解放军南京军区副司令员。1971年4月又任中共中央军委办事组成员（1971年10月任中央军委办公会议成员）、中国人民解放军副总参谋长。

约；（五）边界问题解决前，维持边界现状，避免武装冲突。〔1〕声明稿还进一步提出，双方武装力量从一切有争议地区撤出或不进入，脱离接触。毛泽东批示："大致可以，下午谈一下。"当天下午，毛泽东在人民大会堂一一八厅召集周恩来等开会，讨论声明稿。

9月下旬 审阅中共中央《关于各省、市、自治区国庆活动安排的通知》稿。通知稿说：今年二十周年国庆节，中央不邀请在各省、市、自治区的中央委员、候补中央委员和各省、市、自治区革委会主任、副主任来京参加观礼。毛泽东批示："照发。"

9月26日 邀请孙玉国、李素文〔2〕、尉凤英、王洪文等一百二十位赴京参加国庆节观礼的代表住进中南海。十月十一日，毛泽东、周恩来、陈伯达、康生等在人民大会堂接见他们。

9月29日 新华社报道，我国第一台十二万五千千瓦双水内冷汽轮发电机组最近建成并运转发电。这是我国自行设计、自行制造和安装的第一台具有世界先进水平的大型汽轮发电机组。

10月1日 上午十时，和林彪、周恩来等党和国家领导人出席在天安门举行的中华人民共和国成立二十周年庆祝大会，检阅群众游行队伍。其间，和林彪在休息室会见来华访问的朝鲜劳动党中央常委、最高人民会议常任委员会委员长崔庸健。毛泽东在谈话中强调中朝友谊。在分析中苏关系时说：我们不希望打仗。对苏修，我们不一定天天骂，有时可以停一下。天天骂不一

〔1〕 中国政府关于全面解决中苏边界问题的5项主张，后来没有保留在1969年10月8日发表的《中华人民共和国政府声明》中，而在《中华人民共和国外交部文件——驳苏联政府一九六九年六月十三日声明》中发表。

〔2〕 李素文，当时任沈阳市革委会主任。1972年12月任辽宁省革委会副主任。1973年3月又任共青团辽宁省委书记。1975年1月又任全国人大常委会副委员长。

定灵，过去苏修天天骂我们，就不灵。中苏分裂，美国高兴。中苏边境已经有十几天不打了，只要他们不打，我们巴不得，我们是不希望打的。毛泽东还先后会见越南劳动党中央政治局委员、政府总理范文同，老挝人民党中央副总书记诺哈·冯萨万，阿尔巴尼亚劳动党中央政治局委员、部长会议副主席托斯卡，意大利共产党（马列）中央总书记迪努齐，瑞典马列主义者共产主义联盟中央主席贡·比林，锡兰共产党中央总书记桑穆加塔桑等。

同日 我国第一条地下铁道线路在北京建成，全长二十三点六公里。这项工程于一九六五年七月一日动工。

10月3日 下午，在人民大会堂一一八厅召集周恩来等开会，讨论中苏边界谈判问题。

10月6日 审阅周恩来对柯西金九月二十六日来信的复信稿和《中华人民共和国政府声明》第十五稿，批示："同意。"周恩来十月六日的复信，重申此前中方提出的关于维持边界现状、避免武装冲突的五项临时措施，强调双方应在中苏边界谈判开始后，首先就此进行协商，达成协议。同时宣布以乔冠华为团长的参加中苏边界谈判的中国代表团名单。中国政府十月七日的声明，重申对中苏边界问题的原则立场，并谴责苏联方面在边界挑起新的流血事件和反诬中国进行边界挑衅。中国政府的声明于当日送交苏联方面，十月八日在《人民日报》发表。

10月14日 下午四时半，在人民大会堂接见中共中央举办的毛泽东思想学习班成员。

同日 下午六时，在人民大会堂一一八厅召集周恩来等开会。晚八时半，中共中央政治局召开会议。十七日，周恩来和中央政治局成员，按照毛泽东和中共中央根据当前形势作出的在京老同志于十月二十日或稍后战备疏散到外地的决定，分批会见在京的一些老同志，传达疏散决定。周恩来说主席指定了每个人的去处，董必武、朱德、叶剑英去广东，陈云、邓小平、王震[1]去江西，陈毅去石家庄，聂荣臻去邯郸，徐向前去开封。

同日 圈阅周恩来、陈伯达、康生等关于成立杨成武、余立金、傅崇碧、萧华、王力、关锋、戚本禹七人的专案小组的请示报告。

同日 乘专列离开北京，十五日到达武昌。当晚，在停靠武昌车站的专列上听取湖北省革委会和武汉军区负责人曾思玉、刘丰汇报湖北工作。毛泽东说：现在组织省委的条件不成熟，机构不要那样大，过去省委那一套，层次多了。清理阶级队伍不要想一次搞得那么干净，不要寄托在抓人上面。斗、批、改，还是一个单位一个单位地搞，不要着急。毛泽东再次肯定湖北把原来的省委干部赵修等人解放出来是好的，提出湖北要抓紧江汉油田、焦枝铁路的会战和煤炭钻探工作。毛泽东还特别提到：军队就是要准备打仗。苏修有困难，准备来谈判，能不能谈出名堂，也很难说。汇报结束后，毛泽东住武昌东湖客舍。

10月18日 在苏州休养的林彪，在没有得到军委主席毛泽东批准的情况下，口授“关于加强战备、防止敌人突然袭击的紧急指示”，要求“立即组织精干的指挥班子，进入战时指挥位置”。林彪的秘书将口授内容通过电话传给在北京的军委办事组组长、总参谋长黄永胜。当晚，黄永胜等以“林副主席指示（第一个号令）”名义正式下达全军，调动全军进入紧急战备状态。十九日，毛泽东阅周恩来报送的林彪《关于加强战备，防止敌人突然袭击的紧急指示》的电话记录（急件传阅）。阅后对汪东兴

---

〔1〕 王震，原任农垦部部长，“文化大革命”中受冲击。1972年参与国务院业务领导，分管外贸、黄金和供销合作社等部门工作。1975年1月任国务院副总理。

说烧掉，并亲自将传阅件烧掉。

同日　审阅周恩来关于发表中苏将举行边界谈判的公报的请示报告。报告说：昨（十七）日在得到主席赞同发表中苏将举行边界谈判公报后，即向苏代办提出。当晚苏方交来另一新闻稿，企图将谈判范围扩大。经考虑，我方拟于今（十八）日下午找苏代办告以我方提议的公报稿，系根据苏联部长会议主席所确认的谈判范围拟出的。现在苏方另拟新闻稿，扩大了谈判范围，这就超出了代表团所负的任务。我方将根据以上理由，发表自己的公报。毛泽东批示："同意。"《关于中苏两国政府即将举行中苏边界谈判的公报》十月十九日在《人民日报》发表。

10月20日　中苏边界谈判在北京开始举行。谈判中，苏联方面拒绝讨论确认九月十一日周恩来和柯西金在北京首都机场会谈时达成的关于中苏边界问题解决以前双方应遵守的几条临时措施，不承认中苏边界存在"争议地区"。由于双方在边界问题上的立场上分歧很大，谈判时断时续。

10月26日　审阅中国代表团在中苏边界谈判第四次全体会议上的发言稿。周恩来在送审报告中说：苏联方面在二十三日第三次会谈和二十四日团长会谈中表现出顽固态度。为打击苏方反动气焰，拟在第四次大会上予以驳斥。毛泽东批示："已阅，应坚持地攻下去。"

10月下旬　审阅贵州省革委会核心领导小组十月二十日《关于解决贵州当前若干问题的报告》和中共中央的批复稿，批示："照办。"二月和五月，中央曾两次解决贵州省的派性和武斗问题，但贵州局势依然反复。贵州省革委会核心领导小组在这个报告中再次提出十三条改正措施。中央的批复，决定对贵州核心领导小组的主要负责人进行工作调整，并在北京专门为贵州举办一个毛泽东思想学习班。

10月31日 审阅同意周恩来报送的中苏边界谈判十月二十七日、二十九日记录稿。

同日 审阅周恩来关于中共中央政治局会议听取有关解决四川问题的情况汇报的报告。报告提出：目前，四川问题中央非过问不可了。从九大以后，四川掀起“反复旧”运动，其性质与山东、贵州、湖北类似，矛头虽也是对着军队，工代会也要超越于革命委员会之上，但四川究竟有四川特点，一切表现在派性和武斗上面。有必要先约四川党政军有关负责人来京商谈，达到团结，然后再扩大商谈范围。毛泽东批示：“同意。”

10月下旬 圈阅汪东兴转报的邓小平十月二十一日来信。邓小平在信中谈到第二天就要离京去南昌，并汇报了自己到南昌后的打算。

11月12日 晨六时四十五分，中华人民共和国主席、中共中央原副主席刘少奇在河南开封含冤逝世，终年七十一岁。

11月19日 阅周恩来十一月十六日报送的关于中苏边界谈判中方代表团团长乔冠华的发言稿和巴基斯坦总统叶海亚同中国驻巴大使张彤谈话情况的报告。乔冠华的发言稿重申中方建议：两国总理达成的谅解是谈判的基础；双方武装力量在争议地区脱离接触是维持边界现状、避免武装冲突的必要保证；中苏边界谈判必须在不受任何威胁的情况下进行。关于叶海亚向张彤转达尼克松口信的谈话，周恩来在报告中说：“尼克松、基辛格〔1〕的动向可以注意”，“如何回答叶海亚，待与外交部研究后再报。”十二月二日，周恩来接见巴基斯坦驻中国大使凯瑟，请他转告叶海亚总统：尼克松如要同我接触，尽可利用官方渠道。

---

〔1〕 基辛格，当时任美国总统国家安全事务助理。1973年9月任美国国务卿。

11月 阅李六如[1]十一月十日来信。信中说，干部疏散离京，中央决定要他去广西，因年老体弱，行动不便，希望回老家湖南平江，有人扶持。同时希望中央早些对他的历史问题作出结论。毛泽东批示："请汪[2]酌处。"

12月上旬 审阅中苏边界谈判中国政府代表团团长乔冠华对苏联政府代表团团长库兹涅佐夫十一月十九日来信的复信稿。库兹涅佐夫的来信中提议，应立即核定中苏边界线走向。乔冠华的复信稿认为：当前首要的是落实和实施九月十一日两国政府总理达成的解决中苏边境冲突的四项临时措施，以及其后的补充协议，双方应该先达成一项关于维持边界现状、避免武装冲突的临时措施的协议，使中苏边界问题在不受任何威胁的情况下通过和平谈判解决。毛泽东批示："照办。"

同旬 阅周恩来十二月四日关于释放因乘游艇越境被拘留的两个美国人的报告。一九六九年二月十六日，美国人鲍德温、康纳德乘游艇越入中国广东珠海附近海域被中方拘留。十月二十七日，美国驻香港总领事马丁致函广东省革委会主任刘兴元，探询他们的下落、健康及释放事。外交部十一月七日报告分析，此举是美国政府采取试探我反应的一个新行动，建议接过此事，在适时（十二月初）释放这两个美国人，并发消息，通知美国驻波兰大使。周恩来的报告中说："经过政治局在京同志商榷，拟同意外交部对释放美国游艇两人的意见，时间拟定七日或稍后。"毛泽东批示："照办。"

---

〔1〕 李六如，1937年至1940年任毛泽东办公室秘书长。中华人民共和国成立后，曾任政务院政治法律委员会委员、中共最高人民检察署党组书记、最高人民检察署副检察长。

〔2〕 汪，指汪东兴。

12月中旬 审阅周恩来十二月十二日报送的外交部关于中国驻波兰大使馆临时代办雷阳十二月十一日在中国大使馆会见美国驻波兰大使斯托塞尔的报告。报告说：斯托塞尔在会见时照读的事先拟好的稿子中建议，中美双方在一九七〇年一月十二日至十六日之间或者是在其后不久对双方方便的日期举行两国政府代表的正式会谈，在会谈过程中，双方可以提出自己关于议程、需要讨论的问题及其他一切特定的问题和建议。周恩来在送审报告中提出，拟搁一下看看各方反应，再定如何回答。毛泽东批示："照办。"十二月二十九日，周恩来致信毛泽东提出，中美华沙会谈问题，拟在明年一月初答复，定在二月二十日恢复会谈。毛泽东批示："同意。"

同旬 审阅周恩来关于处理中苏边界谈判因苏方代表团团长提出回国参加会议而暂时休会事的报告。报告说：我方为使人民了解真相，将在他们离开后发一简短新闻。苏方要求联合发表，我方未予同意。毛泽东批示："照办。"十二月十五日，《人民日报》发表消息《苏联政府代表团团长库兹涅佐夫等回国开会，中苏边界谈判暂时休会》。

12月18日 经毛泽东审阅同意，中共中央发出《关于加强西藏阿里地区工作的指示》。指示指出：阿里地区地处我国西南边疆，战略地位十分重要。为加强对阿里地区的领导，加强战备，巩固边防，中央决定：阿里地区的党、政、军全部工作委托新疆自治区革委会和新疆军区负责领导，但仍属于西藏行政区划；要大力发展阿里地区的农牧业和部分工业生产，要把原计划建设的发电厂迅速建设起来，以解决工农业生产和人民生活用电问题；加强阿里地区的交通运输，改善当地的物资供应；大力培养当地的少数民族干部，从生活上关心他们，解决他们的生活困难；加强对敌斗争，搞好战备工作。

12月19日　和林彪、周恩来致电越南南方民族解放阵线中央委员会主席团主席阮友寿，祝贺越南南方民族解放阵线成立九周年。贺电称赞越南南方人民在越南南方民族解放阵线的领导下，同美帝国主义进行了长期的、艰苦卓绝的斗争，使它陷入了孤立和困难的境地。

12月25日　审阅周恩来等本日报送的中共中央转发湖南省革委会擅自传达毛主席指示的检查报告的通知稿，批示："照办。"通知指出：湖南省革委会未经请示，擅自印发毛主席对湖南工作所作的指示，是违背中央历次的通知和决定的。中央再次重申：严禁私编、私印和散发毛主席、林副主席的讲话、视察谈话和中央其他同志的讲话和谈话，以及有关毛主席、林副主席和中央其他同志的传记、抄件、文件、书籍、诗词、画册、图片等。

同日　审阅中共中央转发四川省革委会、成都军区党委十二月二十四日《关于解决四川当前若干问题的报告》的批语稿，批示："照办。"四川的报告检讨了四川省革委会领导成员陷入派性，从而使两派群众组织长期对立，武斗不止，以及在四川省发动"反复旧"运动的错误，并提出十条改正措施。中央批语指出：中央决定四川省革委会核心领导小组以张国华为组长，梁兴初、李大章为副组长。中央的批语和上述报告于十二月二十七日发出。

12月29日　审阅周恩来本日报送的《中共中央关于对内蒙古自治区实行分区全面军管的决定》稿，批示："照办。"决定指出：中央决定责成北京军区对内蒙古实行分区全面军管，并由北京军区组成前线指挥所，领导这一军管。在北京军区前指的统一指挥下，包头市、巴彦淖尔盟、锡林郭勒盟、乌兰察布盟、呼和浩特市、伊克昭盟等地区的革命委员会和军分区（警备区），分别由六十三军、六十五军、六十九军、二十七军组成前指，实行分区全面军管。

12月底 圈阅成都军区党委、四川省革委会十二月二十五日《关于加速四川地区三线建设的请示报告》。

本年 国务院决定拆除天安门城楼，在原址重建。毛泽东阅拆除前的测量数据报告后指示：原样不动，尺寸不变。重建工程于本年十二月十五日正式开工，一九七〇年三月七日竣工。

1970年　七十七岁

1月1日　两报一刊发表元旦社论《迎接伟大的七十年代》。社论突出提出两项任务：在清理阶级队伍的基础上，要抓紧整党建党；抓革命、促生产、促工作、促战备。

1月2日　审阅外交部对苏联外交部十二月三十日照会的复照稿，批示："照办。"复照说："一九六九年十二月三十日，苏联外交部照会中华人民共和国驻苏联大使馆，要求中国边防部队撤出珍宝岛、七里沁岛、吴八老岛等中国岛屿，否则苏联方面就要采取一切必要措施，并且要中国方面对由此而产生的一切严重后果承担全部责任。这是对中国的露骨的战争威胁。""中国政府必须指出，中苏边界问题只能在不受任何威胁的情况下，通过平等谈判，求得合理解决，任何从实力地位出发以至诉诸武力的办法都是行不通的，其结果只能是搬起石头砸自己的脚。"

1月初　审阅中共中央军委办事组《全军战备工作会议纪要》，批示："照办。"十二月十一日至二十三日，军委办事组召开全军战备工作会议，会议总结了一九六九年战备工作，提出了一九七〇年的战备工作任务。

1月中旬　审阅周恩来一月十五日报送的外交部关于在华沙举行第一三五次中美大使级会谈给中国驻波兰大使馆临时代办雷阳的指示电稿和中方代表的发言稿。指示电稿说：这次会谈，我们的方针主要是摸清美方意图和底牌。发言稿指出：大使先生在声明中提出美国政府愿意同我国"扩大交流"和"扩大对话"，但是只字未提台湾问题。我们必须指出，中美之间长期以来存在着严重的争端，其关键就在于台湾问题。毛泽东批示："照办。"一月二十日，中美大使级会谈在华沙恢复，举行第一三五次会谈。三月，因美国入侵柬埔寨，中国决定中断中美大使级会谈。

1月22日 审阅周恩来本日报送的关于筹办五七艺术学校的报告。报告说："根据江青同志送来的两份信件，昨（二十一）日在政治局有关会议上进行了商谈。"这两封信件是：于会泳等提出筹办北京、上海两处五七艺术学校的建议和五七艺术学校临时筹委会关于艺校领导班子成员配备情况的报告。临时筹委会的报告提议，江青为北京五七艺术学校荣誉校长，谢富治为荣誉政委，于会泳为校长。毛泽东批示："江青不必任名誉校长。"

1月31日 经毛泽东审阅同意，中共中央转发上海市革委会《关于南方十三省、市、区血吸虫病防治工作会议的情况报告》。

同日 经毛泽东审阅同意，中共中央发出《关于打击反革命破坏活动的指示》。指示说：为落实战备，巩固国防，对反革命分子的各种破坏活动，必须坚决地予以打击。根据这个指示和二月五日经毛泽东审阅同意由中共中央发出的《关于反对贪污盗窃、投机倒把的指示》、《关于反对铺张浪费的通知》，开展了"一打三反"运动。

1月下旬 阅康生一月二十五日报送的北京师范大学校长陈垣来信。康生在送阅报告中说：陈垣原来的秘书和服务员，在文化大革命中回校参加运动，陈的生活无人照顾。经与学校商量，已将陈的秘书和服务员派回陈处，故陈来信感谢党中央对他的关怀。陈要将他的书籍及四万元稿费献给党。我们在政治局会上交换了意见，觉得可写一信对他的这种精神加以鼓励，但向他解释，目前北京图书馆正在进行斗批改，他的书籍文献，暂由他自己保管为好。关于他的稿费，拟说服他自己存留，以照顾他的生活。毛泽东批示："同意。要争取这样的知识分子。"

同旬 阅周恩来一月二十七日报送的外交部关于尼泊尔邀请中国国家领导人参加尼泊尔王太子二月底婚礼一事的请示报告。请示报告建议，由郭沫若副委员长作为特使代表周总理和董副主席前往尼泊尔参加婚礼。周恩来在送审报告中说，考虑再三以请郭老为特使致贺较妥。毛泽东批示："可以照总理设想作出访安排。但究应如何安排，请中央酌定。"二月二十一日，周恩来再作关于郭沫若作为特使前往尼泊尔参加尼王太子婚礼的报告。毛泽东圈阅表示同意。二月二十五日至三月九日，中国特使郭沫若访问尼泊尔，参加王太子比兰德拉的婚礼。

2月3日 圈阅周恩来本日报送的关于将防治血丝虫病和钩端螺旋体病列入南方十三省市区防治血吸虫病工作规划的报告。

2月4日 审阅周恩来本日报送的中方提出的中苏边界谈判双方代表团工作程序的协议草案。中方提出的协议草案是：一、双方代表团通过平等协商，尽快达成一个双方都可以接受的关于临时措施的协议。这个协议不影响双方各自对边界线走向的主张。中国政府代表团已于一九六九年十月二十一日提出自己的关于临时措施的协议草案。二、在达成关于临时措施的协议后，双方代表团立即讨论边界线走向，全面解决中苏边界问题，签订新的边界条约，勘界立标，并达成一个关于边境管理办法的协议。毛泽东批示："照办。"

2月5日 经毛泽东审阅同意，中共中央复电贵州省负责人。复电说：你们对贵州当前情况的分析，所提出的工作方针和各项措施是正确的。希望你们坚决执行毛主席和林副主席"要准备打仗"和搞好斗、批、改的一系列重要指示，狠抓战备工作和三线建设，不断总结经验，严格掌握政策，及时纠正偏向，谦虚谨慎，稳步前进。

2月10日 经毛泽东审阅同意，中共中央发出《关于召开整党建党座谈会的通知》。通知说：中央决定，于二月下旬召开一次整党建党座谈会。三月十四日，经毛泽东同意，中共中央再次发出通知，决定三月十六日召开整党建党座谈会。

同日 经毛泽东审阅同意，中共中央发出对四川省革委会核心小组和成都军区党委《关于下一步传达贯彻中央批示〔1〕的安排意见》的答复。答复要求：四川省革委会核心小组要坚决执行依靠军队，加强团结的方针；坚决不准重拉山头；坚决贯彻执行《中共中央关于打击反革命破坏活动的指示》，特别是重庆、成都等地区要抓紧。

2月13日 审阅周恩来、康生本日报送的外交部关于第一三六次中美大使级会谈给雷阳的指示电和中方代表的发言稿，批示："照办。"指示电说：美方在上次会上的发言显示，美帝急于利用中美会谈这张牌对付苏修。在中苏关系、亚洲问题上，美帝企图对我进行试探摸底和挑拨利用。在中美关系问题上，则仍把根本原则问题同枝节问题纠缠在一起；在台湾问题上，又故意把我内政和中美之间的争端这两个不同性质的问题混淆起来。美方还提出随着会谈的进展，准备考虑派代表来北京或由我派代表去华盛顿，希望同我进行更高级的"直接讨论"和"更为彻底的探索"。第一三六次会谈，应轮我方首先发言。根据上述情况，我方应本既定方针，不在其他问题上纠缠，主要指出它在根本问题上的立场仍然自相矛盾，要其多作考虑，寻求解决途径；表示我愿同它作进一步"更为彻底的探索"，然后把它拟派代表来北京的建议接过来，表示愿予考虑。

---

〔1〕 指1969年12月25日中共中央对四川省革委会、中国人民解放军成都军区党委《关于解决四川当前若干问题的报告》的批示。

2月15日—3月21日　国务院召开全国计划会议，制定一九七〇年国民经济计划，并着手研究第四个五年计划。会议提出"以阶级斗争为纲，狠抓战备，促进国民经济的新飞跃"的口号。

2月下旬　审阅周恩来二月二十五日报送的《中国政府代表团关于双方居民在边界争议地区的生产活动问题致苏联政府代表团备忘录（三稿）》。毛泽东批示："照办。"备忘录说：中苏两国总理一九六九年九月十一日会见时，对于双方居民在边界争议地区的生产活动问题所达成的谅解是明确的，那就是在边界问题解决前，双方居民原来在哪里居住、生产和通行，仍然在哪里居住、生产和通行，互不干涉、互不推进。但是，苏联方面现在却企图推翻两国总理谅解，硬说苏联居民进行生产的地区都是苏联领土，并公然声称中国居民按照传统习惯进行生产的地区也都是苏联领土。苏联方面这样做，就是要挟中国在讨论边界线走向以前承认所有争议地区都是苏联的，作为谈判中对中国施加压力的手段。这是中国方面断然不能同意的。

同旬　同意中共中央政治局二月二十一日会议提出的驻湖南的第四十七军调动后由华国锋代理湖南省革委会主任。四月华国锋任湖南省革委会党的核心小组副组长，五月任核心小组组长。

2月　在一次谈话中，谈到清理阶级队伍和清查"五一六"问题时说："反革命'五一六'阴谋集团是一个秘密组织，数量很少，很快就发现了，揭发得早，头子关起来了。不要乱挖，面不要太宽了。批判还是要批的，但不要搞逼、供、信，逼、供、信靠不住。"

3月4日　审阅中共中央转发国务院《关于全国棉花生产会议情况的报告》的批语稿，批示："照发。"国务院的报告说：全国棉花生产会议讨论了一九七〇年棉花生产计划，根据国家需要与实际可能，提出总产五千二百五十万担，收购四千七百五十万担。中央的批语和国务院的报告于当天发出。

3月7日 在武昌提出召开第四届全国人民代表大会和修改宪法的意见，说：国家体制可以改变，不要设主席、副主席，就由人大常委负责人代表。让汪东兴回北京传达这个意见。

3月8日 晚上，汪东兴在周恩来主持的中共中央政治局会议上传达毛泽东关于召开四届人大和不设国家主席的意见。会议一致拥护毛泽东的意见，并商定组成工作班子，立即着手进行四届人大的筹备工作。会议委托叶群向在苏州休养的林彪转达毛泽东的意见，并报告政治局会议讨论的情况。

3月9日 林彪让叶群转告在京的黄永胜和吴法宪："林副主席赞成设国家主席。"

3月上旬 阅周恩来三月三日报送的外交部《针对苏方二月十一日协定草案提出我方新方案的请示报告（八稿）》，批示："照办。"外交部报告说：一、针对苏方以维持边界现状为名，把它主张的边界线作为边界现状强加给我们的企图，我方草案将严格维持边界现状解释为"不改变一九六九年九月十一日两国总理会见时存在的边界状况"。二、针对苏方不断炫耀火箭部队，对我进行战争叫嚣，我方草案进一步明确规定："双方保证，各自的一切武装力量包括火箭部队，不使用任何武器包括核武器，向对方进攻。"三、双方武装力量在争议地区脱离接触这一原则必须肯定。四、针对苏方提出的所谓停止战争、备战和不友好宣传问题，我方草案在引言中提出"重申中苏之间的原则争论不应该妨碍中苏两国在和平共处五项原则基础上的国家关系正常化"。五、当前迫切重要的是，双方保证在谈判期间，各自的一切武装力量应受到约束，并在争议地区脱离接触。

同旬 阅周恩来三月八日报送的铁道部军管会关于湘黔铁路方案比选情况的请示报告。周恩来在送阅报告中说：湘黔铁路选线问题，经铁道部仔细研究和比较，并经过踏勘和审查资料，又征求湖南、贵州两省革委会和军区意见，均认为“贵阳接轨方案”较“遵义接轨方案”为好。毛泽东批示：“照总理意见办。”

3月13日 阅周恩来、陈伯达、康生三月十一日关于设立国务院文化组的请示报告，批示：“同意。”报告说：昨天中央政治局会议商定：（一）在国务院之下设立一文化组，管理有关文艺、电影、出版、图书、博物等方面的工作。（二）文化组的思想政治领导属中央政治局，在政治局分工中归中央文革；文化组的行政领导属国务院，党中央对该组的指示和决定，由国务院组织实施。（三）文化组设组长、副组长和组员若干人，提议吴德为组长，刘贤权为副组长，石少华等七人为组员。（四）文化组设一小的工作机构。

3月14日 下午，审阅周恩来本日关于筹备四届人大等问题的报告。报告说：汪东兴回京后，传达主席关于筹备召开四届人大的指示，政治局在京同志一致拥护，立即着手进行。工作分几个方面：第一，关于四届人大代表名额和选举问题，由恩来、春桥、永胜、富治、东兴五人组成一个工作小组，现已起草好了一个决定稿，十三日晚已在政治局有关会议上讨论通过。九大中委、候补中委当人大代表的不要超过三分之一，九大代表当人大代表的也不要超过三分之一，非党员代表不应少于百分之四十，爱国人士恐不应少于一百人，党内需要安排的如张闻天、王稼祥等，拟从机动名额中出。第二，关于修改宪法工作小组，已由康生、春桥、法宪、作鹏、登奎五人组成，拟在三天后将修改要点写出，准备一个月完成这项工作。第三，关于政府工作报告，拟在各地同志来京协商后，再由文元、恩来组织人动手起草。第四，关于筹备工作，待汪东兴回程时再请他面报。毛泽东批示：“同意中央的部署。”

3月15日 经毛泽东审阅同意，中共中央发出关于解决舟山地区派性问题给浙江省革委会并南京军区党委的批示。中央的批示同意他们的方案，要求舟山地区全体军民排除右的和“左”的干扰，早日实现革命的大联合和革命的“三结合”，认真进行斗、批、改，切实做好战备工作。

3月17日 阅周恩来本日关于修改宪法和选举四届人大代表的安排等问题的报告。报告说：十六日政治局会议进行了两项工作。第一项讨论和通过了《关于修改宪法问题的请示》及其附件，请主席审阅后予以批示，以便着手修改。第二项通过各省、市、自治区革委会和各大军区、各总部、各军兵种十七日来京参加中央工作会议的负责人名单。毛泽东批示：“同意第一项所提修改问题的意见。同时请各地方提修改意见。附件留阅。”林彪阅后批示：“完全同意主席批示。”

3月17日—20日 中共中央工作会议在北京召开，周恩来主持会议。会议讨论四届人大的准备工作。出席会议的有各省、市、自治区革委会党的核心小组和各大军区、军委各总部、各军兵种的负责人共一百零三人。会议讨论康生、张春桥、吴法宪、李作鹏、纪登奎草拟的《关于修改宪法问题的请示》，协商了四届人大代表名额和选举问题。大多数与会者表示同意毛泽东关于不设国家主席的建议。在苏州休养的林彪让秘书给毛泽东的秘书打电话说：“林副主席建议，毛主席当国家主席。”毛泽东让秘书回话：“问候林彪同志好。”

3月18日 柬埔寨朗诺、施里玛达[1]集团发动政变，宣布

〔1〕 朗诺，当时任柬埔寨首相兼国防大臣。施里玛达，当时任柬埔寨第一副首相。

废黜正在国外访问的国家元首西哈努克[1]。次日上午，西哈努克和夫人一行由莫斯科飞抵北京，周恩来、李先念等前往机场迎接。

3月20日 下午，阅周恩来关于迎接西哈努克到中国访问和处理柬埔寨国内发生政变问题的报告。报告说：西哈努克向我提出，要求以元首身份向柬埔寨广播，不承认他被废黜。拟同意他由柬大使馆出面，接见中外新闻记者，散发西哈努克书面声明，很快就会被外国记者电传出去，然后我再在广播电台转播，看看各国反应。这个做法，就要准备中国驻金边使馆被砸，进步华侨被捕。兹事体大，必须请示主席，请予批告。附送的外交部电报说：西哈努克表示，如柬对中苏没有不方便的话，他想留在中国或苏联，号召柬人民起来反对叛国集团。毛泽东批示："照办。"二十三日，西哈努克在北京向中外新闻界宣布成立以他为首的柬埔寨民族统一阵线，并发表告高棉同胞书和声明。

3月21日 中国驻巴基斯坦大使馆向外交部报告，巴基斯坦总统叶海亚·汗向张彤大使转达尼克松的口信："准备开辟一条白宫通向北京的直接渠道，如果北京同意的话，这样一条渠道的存在，将不会被白宫以外的人知道，而且我们可以保证完全的自由决断。"周恩来批示："尼克松想采取对巴黎谈判办法，由基辛格秘密接触。"

3月25日 审阅周恩来三月二十四日关于中美会谈的报告。报告说：美国由于中东紧张、柬埔寨政变、美苏紧张而我们又直接提出要其来京谈中美之间的关键问题，弄得它不好回答，又不便在三月间约见，故迟至三月二十三日提出四月初会谈。可以料知美认为公开派特使来华还为时过早（它已在三月上旬透露），但又怕我们因为柬埔寨政变而加紧反美，所以先有叶海亚转达准

---

〔1〕 西哈努克，1970年5月又任新成立的柬埔寨民族统一阵线主席。

备开辟直接渠道的谈话，后有美使馆在四月初会谈的通知。为此，拟将中美会谈推迟到四月十一、十二或十三日，既在中国总理访朝之后，又在美苏核会谈（四月中）之前。这种想法，不知妥否，请主席批示。毛泽东批示："可略推迟几天，以四月十五日为好，请总理酌定。"

3月26日 阅周恩来三月二十五日报送的中央工作会议纪要、会议文件以及四届人大军队代表名额分配的协商方案等，批示："同意。"纪要说：会议一致拥护毛主席和林副主席作出的关于召开四届人大的决定。对修改宪法问题，一致拥护毛主席对于宪法修改的指示，作了初步讨论。各单位回去后进一步讨论，提出原则性的新的修改意见，于三月底前报中央。

同日 阅周恩来、陈伯达、康生三月二十五日报送的十六个省、市、自治区和两个大军区报请批准的革委会新增加的委员、常委、副主任和党的核心小组成员及少数需要免职的成员的方案，批示："照办。"周恩来等在送审时附上上海市革委会成员名单，张春桥为主任，姚文元为第一副主任，王洪文等十二人为副主任。

同日 阅周恩来三月二十五日关于柬埔寨问题和印度支那局势的报告。报告说：范文同二十一日来，二十四日回，与西哈努克谈话。西哈努克提出以印度支那三国四个方面〔1〕发表反美联合宣言，范和柬共都同意。范走时告我，要向越劳动党政治局报告，并同意准备好后借广州或南宁开四方面会议。毛泽东批示："照办。"

3月27日 经毛泽东审阅同意，中共中央发出对新疆维吾尔自治区革委会党的核心小组、新疆军区党委常委会《关于团结

〔1〕 三国四个方面，通称三国四方。三国，指越南、柬埔寨、老挝。四方，指越南民主共和国、越南南方共和临时革命政府、柬埔寨、老挝。

起来，共同对敌，进一步加强战备，保卫边疆的报告》的批示。中央的批示指出，决定由龙书金、萧思明、赛福鼎、王恩茂[1]等十四人组成新疆维吾尔自治区革委会党的核心小组，龙书金任组长，萧思明、赛福鼎任副组长。

4月2日 为献给斯特朗[2]的花圈写挽词："献给中国人民的朋友、美国进步作家安娜·路易斯·斯特朗女士"。

4月3日 审阅修改周恩来、陈伯达、康生四月一日报送的为纪念列宁诞辰一百周年的两报一刊编辑部文章《列宁主义和苏修社会帝国主义》，把文章题目改为《列宁主义，还是社会帝国主义?》，并批示："此文写得较好，已看过，另一篇待看。用这一篇似乎就够了，可用两报一刊的名义。关于我的话，删掉了几段，都是些无用的，引起别人反感的东西。不要写这类话，我曾讲过一百次，可是没有人听，不知是何道理，请中央各同志研究一下。有用的话，不至于引起反感的话，保留了几段，并未全删。以上请酌。"毛泽东修改的内容有：在原文"证明了列宁主义的旗帜是不可战胜的"一句后，加写两段："但是历史是有曲折的。正如恩格斯逝世以后产生了伯恩施坦—考茨基的修正主义一样，在斯大林逝世以后，又产生了赫鲁晓夫—勃列日涅夫的修

〔1〕 赛福鼎，即赛福鼎·艾则孜，当时任全国人大常委会副委员长、新疆维吾尔自治区革委会副主任（1972年7月任主任）和党的核心小组副组长、中国人民解放军新疆军区副司令员。1971年5月又任中共新疆维吾尔自治区委员会第二书记（1972年7月任代理第一书记，1973年6月任第一书记）。1972年7月任中国人民解放军新疆军区代理第一政治委员（1973年6月任第一政治委员）。王恩茂，当时任新疆维吾尔自治区革委会副主任、中国人民解放军新疆军区政治委员。1975年11月任中国人民解放军南京军区副政治委员。

〔2〕 斯特朗，美国进步作家和记者。从1925年起多次访问中国。1946年访问了延安和其他解放区。1958年到中国定居。1970年3月29日去世。

正主义。”“在赫鲁晓夫掌权十一年之后，修正主义内部发生分裂，勃列日涅夫取代了赫鲁晓夫，他又经历了五年多的时间，现在在苏联正是由这样一个人主持‘纪念’列宁诞辰一百周年。”在原文“老沙皇的‘斯拉夫帝国’早已成为泡影”之后，加写：“沙皇统治本身，在一九一七年，早被列宁领导的伟大十月革命消灭了，老沙皇的统治完蛋了。”毛泽东删去的段落有：“当代最伟大的马克思列宁主义者、我们伟大领袖毛主席指出：‘列宁主义学说发展了马克思主义。在哪些地方发展了呢？一、在世界观（就是唯物论和辩证法）方面发展了它；二、在革命的理论，革命的策略，党，阶级斗争和无产阶级专政等许多问题上发展了它。列宁有关于世界观的学说，关于无产阶级专政的学说，还有关于社会主义建设的学说。列宁有七年的社会主义建设的实践，这是马克思所没有的。’”“半个世纪以来，毛泽东同志在领导中国完成新民主主义革命的伟大斗争中，在领导中国的社会主义革命和社会主义建设的伟大斗争中，在当代国际共产主义运动反对帝国主义、反对现代修正主义、反对各国反动派的伟大斗争中，把马克思列宁主义的普遍真理和革命的具体实践相结合，继承、捍卫和发展了马克思列宁主义，把马克思列宁主义提高到一个崭新的阶段，即毛泽东思想的阶段。”“毛泽东思想是帝国主义走向全面崩溃、社会主义走向全世界胜利的时代的马克思列宁主义。”“毛泽东同志就是当代的列宁。”“正是由于无产阶级世界革命的节节胜利和帝国主义的垂死挣扎，当代马克思列宁主义同修正主义的斗争比历史上任何时期都更激烈。在赫鲁晓夫修正主义刚刚冒头的时候，我们伟大领袖毛主席就洞察到现代修正主义对无产阶级革命事业的严重危害。毛主席领导我们党，同伟大的马克思列宁主义者恩维尔·霍查同志为首的阿尔巴尼亚劳动党和全世界真正的马克思列宁主义者一道，一次又一次击退现代修正主义的逆流，保卫了马克思列宁主义。这对于世界无产阶级革命事业和被压迫民族解放事业，具有极其深远的历史意义。”“毛泽东同志还精辟地指出：一言可以兴邦，一言可以丧邦。‘马克思讲无产阶级专政，是一言兴邦；赫鲁晓夫讲三无世界、全民国家、全民党，是一言丧邦。’”“毛泽东同志这里讲的兴邦、丧邦，就是指的社会主义之邦。有无产阶级专政，才有社会主义；没有无产阶级专政，就没有社会主义。”“毛泽东同志全面地总结了无产阶级专政的正反两个方面的历史经验，天才地创造性地运用唯物辩证法，分析了社会主义社会的矛盾，揭露了社会主义社会的规律，创立了无产阶级专政下继续革命的学说，亲自发动和亲自领导了我国无产阶级文化大革命，从理论上和实践上解决了巩固无产阶级专政、防止资本主义复辟这个当代最重大的课题。这是对世界无产阶级革命事业的划时代的伟大贡献。”

4月4日 审阅周恩来四月三日报送的赴朝鲜访问时准备在朝方欢迎宴会上的讲话稿。周恩来在送审报告中说：此次访问朝鲜，重点是在支持它反对美、日、韩联合行动，号召它支持印度支那三国的反美及其走狗的斗争。毛泽东批示：“照办。此件基调很好。只是个别用词和个别段落〔1〕，恐怕对方难于接受。”四月五日至七日，周恩来访问朝鲜。

4月11日 从武汉到达长沙。

---

〔1〕 周恩来的讲话稿中有这样一段话：“美日反动派的狂妄企图，遭到了中国人民、朝鲜人民、越南人民的坚决反对，也遭到了日本人民、美国人民和全世界人民的坚决反对。但是，社会帝国主义却站在同各国人民截然相反的立场上，积极拉拢和勾结日本反动派，同佐藤反动政府明来暗往，打得火热，以实现其不可告人的目的。”毛泽东在这段话旁画了一条竖线。

同日 晚上，在长沙同华国锋、卜占亚[1]谈话，汪东兴参加。在华国锋汇报湖南省委的一些干部目前的情况后，毛泽东说：湖南省委比较起来还是不错的。湖南省委里的好人还是大多数，张平化也还是好人，他现在在湖北。胡继宗这个人干劲还是大的，他就是不太注意调查研究，不愿意深入下去，现在甘肃实际上就是他在那里主持工作。还有李瑞山[2]，现在在陕西工作。公检法也不能说都是坏人，也要一分为二。像张平化这样的人叫他做点工作能通过吗？还有像谭启龙这样的人都要给点工作的。过去群众不谅解，现在准备叫张平化、谭启龙他们做人大代表。在卜占亚汇报到解放军支左的情况时，毛泽东说：还是三结合好，一个是解放军，一个是干部，一个是群众的代表。要互相学习。还是要地方和军队结合起来，实行一元化领导。

同日 阅林彪从苏州通过秘书打来的电话的记录。林彪提出："一、关于这次'人大'国家主席的问题，林彪同志仍然建议由毛主席兼任。这样做对党内、党外、国内、国外人民的心理状态适合。否则，不适合人民的心理状态。二、关于副主席问题，林彪同志认为可设可不设，可多设可少设，关系都不大。三、林彪同志认为，他自己不宜担任副主席的职务。"这个电话记录同时传给中共中央政治局。次日，周恩来主持中央政治局会议，讨论林彪的上述意见。会上，多数政治局成员赞成林彪的意

---

〔1〕 卜占亚，当时任中国人民解放军广州军区政治部主任。1970年5月、12月又先后任湖南省革委会副主任、中国人民解放军广州军区副政治委员兼湖南省军区政治委员，中共湖南省委书记。

〔2〕 李瑞山，原任中共陕西省委第二书记，当时任陕西省革委会主任、陕西省革委会党的核心小组组长（至1971年3月）、中国人民解放军兰州军区政治委员兼陕西省军区第一政治委员。1971年3月又任中共陕西省委第一书记。

见，同意由毛泽东担任国家主席。会后周恩来将政治局讨论情况报告毛泽东。毛泽东批示："我不能再作此事，此议不妥。"

4月13日　上午，在长沙同黎原、华国锋、卜占亚谈话，汪东兴参加。黎原谈到自己是抗日战争时期参加革命的，毛泽东说：三八式多了，我看现在主要是三八式啦，就是说不再都是南方老表了。我看了一些副军长以上的调动，都是河南、河北、山东、山西的，这些干部都是长江以北的啦。华国锋汇报湖南的工农业生产情况时，毛泽东问了湖南省煤、铁、煤油、盐、棉花、水泥等的生产情况，说：要给各省一点权力，都抓到部里去了，结果部里又不管。一个省有几千万人口，等于欧洲一个国家，没有一点自治权力那还行呀！我看了计划会议的文件，这次计划会议是二十年来最好的一次计划会议，但是我就是担心口子开得太大了，五年加上今年一共六年就要搞到年产四千万吨钢，还要搞七千万吨石油。北京统得太厉害了，我讲了多少年了，要给省供给材料，提出任务，超额一定要给地方分成。托拉斯搞掉，不要那个东西。湖南想种三百万亩棉花，这就把单打一的经济改变了，不单是种稻子。湖南几百年都是农业省，我看不妥，十年二十年湖南就可以变成工业省。当华国锋汇报到农业学大寨情况时，毛泽东说：就是不要花很多的钱，大寨是个七十户人家的一个大队，实际上是个生产队，他们能够以大队为经济核算单位，重要一条就是自力更生。

同日　下午，乘专列离开长沙。十四日，到达杭州。

4月18日　审阅周恩来报送的外交部、外贸部关于中日备忘录贸易会谈公报的请示报告，批示："照办。"会谈公报说：双方重申一九六九年会谈公报中关于台湾问题的立场和态度。双方就一九七〇年备忘录贸易事项达成了协议。四月十九日，中国中日备忘录贸易办事处代表和日本日中备忘录贸易办事处代表会谈公报，在北京签字。

4月19日 经毛泽东审阅同意，中共中央发出对西藏军区党委常委会《关于团结起来，共同对敌，艰苦奋斗，加强战备的报告》的批示。批示说：西藏军区在保卫边疆、建设西藏方面做了大量工作，你们务必百倍提高警惕，狠抓战备落实。加强部队革命化、战斗化建设，进一步做好“三支两军”工作，坚决执行毛主席的民族政策，狠抓对敌斗争，坚决肃清叛匪，巩固无产阶级专政。

4月中旬 《参考资料》第一〇七六期第二十三页在“地面导弹”一词后附注了英文原文，毛泽东说：这个办法好。以后再遇到新的名称可以采取这种办法，这样一看就可以了解到确切的意思。

4月23日 阅周恩来本日报送的中华人民共和国政府关于三国四方会议〔1〕的声明稿，批示：“照办。”声明说：中国政府和中国人民遵循毛主席的教导，一贯坚决支持越南人民、老挝人民、柬埔寨人民反对美帝国主义侵略的斗争，并且把支持印度支那三国人民的正义斗争看作是自己应尽的国际主义义务。这个声明于四月二十九日在《人民日报》发表。

4月24日 阅周恩来本日晨七时报送的关于发射我国第一颗人造地球卫星的请示报告。报告说：我国以三级火箭试放第一

---

〔1〕 1970年4月24日、25日，由范文同、阮友寿、苏发努冯（老挝爱国战线党中央主席）、西哈努克出席的越南民主共和国、越南南方共和临时革命政府、老挝、柬埔寨三国四方领导人会议，在广州举行。会议发表的《印度支那人民最高级会议联合声明》说：在反对帝国主义及其走狗的斗争中，中国、朝鲜、柬埔寨、老挝、越南人民要团结在一起，战斗在一起，胜利在一起，我们的阵线是任何人也破坏不了的。4月28日，《人民日报》发表这个声明。

颗卫星，早在一九六八年初得到主席、林副主席批准，直到今春才完成各项准备工作。三月底，运载火箭和卫星已运至基地，经检查测试，认为可行。四月中旬在京开会，经各方论证，认为可以发射。目前火箭和卫星已在发射阵地竖起，经检查测试，对发现的问题，均已解决。现拟同意于今夜发射，请主席批示。毛泽东批示："照办。"

同日　晚上，我国成功发射第一颗人造地球卫星"东方红一号"，重一百七十三公斤，标志着我国在宇航技术的研究方面，取得了历史性的突破。

同日　从杭州到达上海。二十五日，到达苏州。

4月26日　到达济南。

同日　上午，在济南同杨得志、袁升平谈话，汪东兴参加。杨得志汇报到王效禹阻碍谭启龙出来工作时，毛泽东说：谭启龙老老实实，现在好几个省都要他去工作。准备叫他去陕西工作，换换地方也好。毛泽东询问白如冰、苏毅然〔1〕的情况，杨得志答：白管财贸，苏管工业。毛泽东说：好，这就树立了榜样。完全搞青年班子不好，还是老、中、青，军、干、群，但是要重视青年。二月逆流几个老帅、老干部，都是九大的中央委员，就是谭震林不是。政治局里有叶剑英、李先念，搞多了通不过。组织处理要慎重些，王效禹这个人不好，王效禹的问题早有个别同志向中央反映，你们党委也不好说。这个人不能用了，你们不选他（指济南军区党的代表大会——编者注），我也不选他了。

4月27日　回到北京。

---

〔1〕　苏毅然，原任中共山东省委书记处书记、山东省副省长。"文化大革命"中受冲击。1970年6月任山东省革委会副主任。1971年4月又任中共山东省委副书记。

同日 下午，在人民大会堂一一八厅主持召开中共中央政治局会议。在会上提出自己不当国家主席，也不要设国家主席。当着林彪的面说：孙权劝曹操当皇帝，曹操说孙权是要把他放在炉火上烤。我劝你们不要把我当曹操，你们也不要做孙权。

4月30日 批示同意周恩来本日报送的《一九七〇年五一国际劳动节口号》。

同日 经毛泽东批准，中共中央军委任命李德生为中国人民解放军总政治部主任。

同日 美国总统尼克松发表讲话，宣布向美国军队和南越军队发出出兵柬埔寨的命令。

5月1日 下午五时，同周恩来谈话。

同日 晚六时五十分，在人民大会堂一一八厅会见柬埔寨国王西哈努克亲王，林彪、周恩来等在座。西哈努克谈到柬埔寨国内及周边国家的情况。毛泽东说：你提出来要搞人民解放军，要打。我们是不卖武器的，拿武器做生意是不行的，只能赠送。只要你同意，援助武器是不需要还账的。你们的国情和我们基本上相像，还是个以农业为主的国家。农民以小资产阶级和半无产阶级为主，要抓住农民问题。你现在走我们的老路了。我们先是城市，然后农村，然后再夺城市。早先我不是劝过你嘛，你何必当亲王就不能够做人民领袖啊？可以嘛。我就劝你读一点马克思主义的书，我介绍给你两本书，也许你已经读了，一本叫《共产党宣言》，一本叫《社会主义从空想到科学的发展》。敌人可以在一个早上把工会、农会全都扫光，结果还是上山靠得住。什么叫政权？什么叫力量？没有别的，只有军队。我们的教员是蒋介石，你们的教员是朗诺。你们现在的革命性质还不是社会主义的，还是资产阶级民主革命。我们是二十二年再加上六年，实际上是二十八年的资产阶级民主革命，共产党领导的资产阶级民主革命。

不走这一步，社会主义是搞不了的。所谓资产阶级民主革命有两点主要纲领，一是反帝，一是反封建。这么一搞，你的旗帜就鲜明了，全世界人民都赞成你们嘛。我赞成这个策略，就是集中力量整美帝国主义，对法国可以暂时不触动。不反封建也是搞不成的。一个国王搞反封建，怪事了，但是你是民主国王，不是什么封建国王嘛。你不取得农民的同意，事情是搞不成的。要搞革命，需要了解几个国家的革命史，美国革命，法国革命，德国革命。你现在提出的口号是反对美帝国主义及其走狗朗诺，这个口号提得好，就要这样提。毛泽东还说：中国基本上还是个落后的国家。过去我们一些事做得不好，走了弯路。我们自己也不懂得怎么搞社会主义经济这一套。

同日 晚九时，和林彪、周恩来等在天安门城楼观看节日焰火。其间，会见四十个国家的驻华使节和参加中苏边界谈判的苏联政府代表团副团长甘科夫斯基。毛泽东同甘科夫斯基谈话时说：我们应当好好谈判，谈出个友好睦邻关系。要有耐心。我们要文斗不要武斗。同印度驻华大使馆临时代办米希拉谈话时说：印度是一个伟大的国家，你们是伟大的人民，我们总是要友好的，不能老是这么吵下去嘛。还接见了卫星和运载火箭研制人员代表。见到从邯郸回京治病的聂荣臻时，问候他的病情，叮嘱说，你不要出去了，就在北京吧，北京好治病。

5月3日 阅周恩来本日报送的关于散发西哈努克谴责尼克松声明的请示。请示说：西哈努克已将他谴责尼克松的声明写好交我们替他向各国记者散发，并于明日登报广播。经与外交部领导小组商谈，拟按主席批准的预定方针，准备下列各项：一、以中国政府名义发表声明〔1〕，谴责尼克松出兵侵入柬埔寨，扩大

〔1〕 中国政府声明于1970年5月5日在《人民日报》发表。

印支战争，支持西哈努克和越南民主共和国政府等的联合声明。二、准备在柬埔寨民族统一阵线宣布纲领和成立政府时，立即予以承认并致贺信。三、准备撤退我驻金边使馆人员和专家。四、关于援助印支三国物资，拟请越、老、柬各派代表在京协商运输问题。上述各项，主席如认为可行或需有所增改，找请主席约集在京政治局同志一议。毛泽东批示："照办。不须开会。"

5月5日 晨，阅外交部关于以周恩来总理名义祝贺西哈努克成立民族团结政府的请示报告。报告说：五月五日，西哈努克将举行记者招待会宣布柬埔寨民族统一阵线领导下的王国民族团结政府正式成立，同时要求各国予以支持和承认。我们建议以周总理名义致函西哈努克、宾努[1]，祝贺柬埔寨民族统一阵线领导下的王国民族团结政府的成立，并宣布承认柬埔寨民族团结政府，断绝同朗诺、施里玛达集团的关系，撤出在金边的中国使馆和人员。总理贺信对外广播并见报。毛泽东批示："同意。"

同日 上午，西哈努克在北京约见各国记者，宣布成立柬埔寨民族统一阵线领导下的以宾努为首相的王国民族团结政府。

5月上旬 阅新华社军管小组关于《参考资料》和《国际共运参考资料》目前发行情况和今后发行意见的请示报告，指示：要多印发《参考资料》，并把《国际共运参考资料》也选进一些，一直发到大厂车间。

5月11日 晚上，在人民大会堂一一八厅会见黎笋，林彪、周恩来等在座。谈到印度支那的抗美战争时，毛泽东说：要准备长期打，如果不长期不是更好吗？究竟谁怕谁？是你们越南人、柬埔寨人以及东南亚人怕美帝国主义，还是美帝国主义怕你们，

〔1〕 宾努，当时任柬埔寨民族统一阵线中央政治局主席、柬埔寨王国民族团结政府首相。

大国怕小国呢？风吹草动它都惊慌失措。美国总统每天晚上睡觉很少，尼克松自己讲，他的主要精力是对付越南。现在还有个西哈努克，这位亲王也不好惹。你们有自己的经验和创造。总是大的怕小的，小的慢慢试出来大的并不可怕。美国现在军队分配不够，在全世界铺开太广，死几万人对它是一件大事。可以谈判，但是主要应该打。两次日内瓦会议是谁破坏的？你们同我们都老老实实地遵守，他们不干嘛！我给你讲了，美国不打到中国边境，你们不请我们去，我们是不出兵的。你美国打人家，中国做一个后方都做不得呀？谈到世界形势时，毛泽东说：世界主要的倾向是革命。大国打世界大战的可能性是有，只是因为多了几颗原子弹，大家都不敢下手。主要是两个大国，现在都说三个大国，中国不能算。中国的原子武器还刚开始研究，还在研究阶段，这有什么可怕呀？

5月12日 经毛泽东审阅同意，中共中央转发国家计委军代表《关于进一步做好知识青年下乡工作的报告》。报告提出：各级党的组织和革命委员会必须十分重视下乡知识青年的工作。社、队领导和广大贫下中农要认真解决插队知识青年生产、生活方面的实际问题。国家拨给的安置经费必须确实用在下乡知识青年的生产、生活上面。建议各地普遍检查一次知识青年下乡的工作，切实解决当前存在的各种实际问题。

5月中旬 林彪告诉吴法宪：还是要设国家主席，不设国家主席，国家没有一个头，名不正言不顺。林彪要吴法宪和李作鹏等在宪法工作小组会上提出设国家主席。七月，叶群私下向吴法宪说：如果不设国家主席，林彪怎么办？往哪里摆？

5月17日 阅周恩来报送的外交部关于推迟中美大使级会谈第一三七次会议的请示报告。请示报告说：关于国际形势，经主席几次指点后，我曾邀外交部领导小组座谈了几回。外交部在十五日提议推迟五月二十日的中美大使级会谈。十六日晚，政治局会议讨论了当前形势，一致商定下列三事：一、推迟中美大使级会谈，将双方联络员的会晤定在六月二十日。二、建议主席发表一个简短的声明，支持国际反美革命斗争和印度支那三国四方会议及柬埔寨王国民族团结政府的成立。三、召开群众大会，拥护主席声明，庆祝柬埔寨王国民族团结政府成立，并请主席、林副主席出席，西哈努克讲话。会后，全国各大中城市举行群众游行示威。毛泽东批示："照办。"

5月20日 审定毛泽东署名的《全世界人民团结起来，打败美国侵略者及其一切走狗》的声明（通称"五二〇声明"）。声明说："目前，在世界范围内，正出现一个反对美帝国主义斗争的新高潮。第二次世界大战后，美帝及其追随者不断地发动侵略战争，各国人民不断地用革命战争打败侵略者。新的世界大战的危险依然存在，各国人民必须有所准备。但是，当前世界的主要倾向是革命。""尼克松政府内外交困，国内一片混乱，在世界上非常孤立。抗议美国侵略柬埔寨的群众运动席卷全球。柬埔寨王国民族团结政府成立不到十天，就得到近二十个国家的承认。越南、老挝、柬埔寨三国人民抗美救国战争的形势越来越好。东南亚各国人民的革命武装斗争，朝鲜、日本和亚洲各国人民反对美日反动派复活日本军国主义的斗争，巴勒斯坦人民和阿拉伯各国人民反对美以侵略者的斗争，亚洲、非洲、拉丁美洲各国人民的民族解放斗争，北美、欧洲、大洋洲人民的革命斗争，都在蓬勃发展。中国人民坚决支持印度支那三国人民和世界各国人民反对美帝及其走狗的革命斗争。""美帝国主义看起来是个庞然大物，其实是纸老虎，正在垂死挣扎。""无数事实证明，得道多助，失道寡助。弱国能够打败强国，小国能够打败大国。小国人民只要敢于起来斗争，敢于拿起武器，掌握自己国家的命运，就一定能够战胜大国的侵略。这是一条历史的规律。”这个声明刊登在五月二十一日《人民日报》。

5月21日 上午，在人民大会堂一一八厅会见西哈努克亲王和宾努首相，林彪、周恩来、陈伯达、康生在座。毛泽东说：现在是大国怕小国。我们东方国家，亚洲国家一百多年来是受气的，现在逐步联合起来，要翻身。西哈努克说：中国的坚决支持，对我们的反美斗争是很大的鼓舞。毛泽东说：不支持你们不行，就不是国际主义了。你在柬埔寨，不是今天才反美，多年来你就反美，所以现在的反美斗争不是突然的。

会见结束后，和林彪、周恩来等同西哈努克亲王、宾努首相一起出席在天安门举行的首都人民支持世界人民反对美帝国主义斗争大会。大会上，林彪宣读毛泽东的声明《全世界人民团结起来，打败美国侵略者及其一切走狗》，西哈努克发表讲话。在天安门城楼休息时，毛泽东同西哈努克交谈。西哈努克说：印度支那三国决心战胜美国，有中国做我们的可靠后方，一定会战胜。毛泽东说：没有中国，你们也行。华盛顿当时反对英国，他只有三百万人口，战胜了英国。列宁在十月革命时，只有八万党员。你与美国的敌人站在一起，旗帜鲜明了嘛。美国开了军队到你们那里，问题就清楚了。现在美国进退两难，没有章法了，它的那个总统难做了。

5月29日 经毛泽东审阅同意，中共中央发出关于开展增产节约运动的指示。指示提出：在全国开展一个声势浩大的深入持久的群众性的增产节约运动。具体要求是：一、努力增加生产。二、基本建设工程要集中力量打歼灭战，尽快形成生产能力。三、大搞综合利用。四、提高劳动生产率。五、大力降低消耗定额。六、提高运输效率。七、提高产品质量。八、改善经营管理。九、大抓清仓查库，注意修旧利废，加工改制，节约代用。十、上述各点，主要讲的工业战线，其精神同样适用于农业、财贸和其他各条战线。周恩来等在给毛泽东报送这个指示的报告中说：今年第一季度的生产、基建和财政收支情况均好。

5月底 阅周恩来五月二十九日报送的中共中央政治局最近三次开会情况的汇报，批示："已阅。"周恩来的汇报说：二十七日、二十八日两晚，政治局宣读和修改了《关于修改宪法情况的报告》稿，商定由工作小组定稿后，再报主席、林副主席审阅。在三次会议中，研究了国民经济计划问题，提出：各地厂矿、企业和基建单位，主要是动员群众挖掘潜力，提高生产指标和基建生产能力，节约器材投资，缩短基建期限。

6月5日 阅姚文元报送的驻清华大学工人、解放军毛泽东思想宣传队《为创办社会主义理工大学而奋斗》和《上海理工科大学教育革命座谈会纪要》，批示："两件均阅，很好。待你回来后，将清华经验与上海纪要，印发政治局各同志看过，并经讨论修改后，即可发表。此外，文科教改怎么办，上海是否可以找些人开一次座谈会，请你与春桥同志酌定。"这两份材料发表在七月二十一日出版的《红旗》杂志一九七〇年第八期和七月二十二日《人民日报》。

6月11日 晚上，在人民大会堂一一八厅会见罗马尼亚共产党中央常设主席团委员波德纳拉希及罗马尼亚驻中国大使杜马，林彪、周恩来、陈伯达、康生、黄永胜在座。谈到中苏两党关系时，毛泽东说：你看这十几年来是多大的变化啊。谁不听苏联的指挥棒还行啊？它的代表大会上，赫鲁晓夫作的报告，叫做什么"创造性地发展了马克思列宁主义"。他骂我们叫做"教条主义"、"民族主义"、"大国沙文主义"，还有"托洛茨基主义"、"冒险主义"，多着呢。经过几次谈，苏共要求停止公开争论。它挑起论战，自己又说停止论战，其实也不想停。有些过去骂我们的党，我们倒是原谅它们。它们不得不骂，不骂就要挨整，而且它们也搞不清楚，有个认识过程。我们现在就骂现代修正主义、社会帝国主义这一家。另外一家就是美国。谈是要谈的，骂也是要骂的，中美谈判上月底停了嘛，以后怎样将来再说。两国人民总是要友好的。垄断资本不好，不能说人民不好。现在这个世界上是天下大乱，不安宁。就是美国，它国内也是不安宁的。小国只要能反击，大国就怕。你看越南、柬埔寨、老挝，它们也没有坦克，也没有飞机，就是用轻武器打，能够打下飞机来。谈到中国的备战时，毛泽东说：我们现在在准备。如果敌人把我们的空军搞光的话，我们就是靠步兵。如果你占领我们中国一半，我们还有一半。如果你占领我们中国的交通要道、大城市，我们还有乡村、中等城市、小城市。我们没有打你，而是你打我们嘛。你打我就打，我所讲的打是打防御战。我们现在到处修地洞、地道，节约粮食。你要来就来，我先打防御战，把主力分散开来，把事情看清楚了，经过一个过程，试试看，打他一些小的仗，我们不那么忙。这是我们的老办法。

6月13日 圈阅周恩来本日报送的外交部关于致电慰问苏联遭水灾和地震的请示报告。周恩来致柯西金的慰问电本日发出。

6月17日 阅周恩来本日报送的外交部关于中美大使级会谈联络人员会晤问题的请示报告。请示报告说：六月二十日将到，中美在华沙使馆联络人员将依约会晤。鉴于目前形势，政治局会议在昨晚商谈时认为只能再次推迟大使级会谈。毛泽东批示："有点修改。"他修改了两处：一、将"今后会谈何时举行为宜，可通过双方联络人员于一九七〇年七月二十日在美大使馆会晤，另行商谈"，改为："今后会谈何时举行为宜，可通过双方联络人员在适当时机另行商谈。"二、将"还应将双方联络员下次会晤日期再推迟到七月二十日"改为"还应将双方联络员下次会晤日期再行推迟”。

6月19日 下午，在人民大会堂一一八厅会见由最高革命委员会副主席艾南希率领的索马里政府代表团，林彪、董必武、周恩来、康生、黄永胜、李先念在座。关于中国的情况，毛泽东说：中国讲落后也可以，讲有进步也可以，是中间状态的国家，你们看一看就知道。讲进步嘛，就是在政策这方面。所谓经济，也有一部分发展，但大部分有待于将来努力。比如你们提出的打井问题，在我们这个国家并没有解决，有些地方井多一些，有些地方井少一些，有些地方还没有打。至于实现农业机械化，包括半机械化的井在内，还要多少年。我们把自己算作第三世界的。现在报纸上经常吹美国、苏联、中国叫做大三角，我就不承认。他们去搞他们的大三角、大四角、大两角好了。我们另外一个三角，叫做亚、非、拉。执行进步的政策有前途，问题还是政策。在艾南希说我们痛恨外国干涉别国的内政时，毛泽东说：恰恰是那些想控制人家的国家，讲平等、讲自由，就不跟你们和我们讲平等，就不肯让你们自由、让我们自由。

6月22日 经毛泽东审阅同意，中共中央转发《关于国务院各部门建立党的核心小组和革命委员会的请示报告》。国务院的报告提出：（一）将各部、委、直属机构由原来的九十个精简、合并为二十七个〔1〕。（二）各部、委设立必要的层次少、人员精

---

〔1〕 精简、合并后的国务院各部、委和直属机构，包括：外交部、国防部、公安部、国家计划委员会、国家基本建设委员会、冶金工业部、第一机械工业部、第二机械工业部、第三机械工业部、第四机械工业部、第五机械工业部、第六机械工业部、第七机械工业部、燃料化学工业部、水利电力部、交通部、轻工业部、财政部、商业部、对外贸易部、农林部、对外经济联络部、中国科学院、卫生部、国务院办公室、国务院文化组、国务院科教组。

的办事机构。中央批示要求各部门党的核心小组和革命委员会，认真实行党的民主集中制，正确处理中央与地方的关系，深入实际，深入群众，改革一切不合理的规章制度。

6月24日　晚上，在人民大会堂一一八厅会见由财政部部长马哈古卜率领的苏丹政府友好代表团，董必武、周恩来、康生、李先念在座。在马哈古卜介绍苏丹及一些非洲国家反对英国和美国的斗争情况后，毛泽东说：这个世界上怕英国人、怕美国人的很多，这几年慢慢地都不怕了，就是世界人民不喜欢它们。不过对于美国人民跟他们的统治者要分开来看待。我对美国人民是寄予希望的。非洲可沸腾起来了，闹起来了！五十多年，经过两次世界大战，帝国主义培养了反对它的人。大概在座的朋友们都是读了外国书的吧？帝国主义就是培养一批人来反对它自己，另外培养一批走狗拥护它自己，在各国都是一样。只要你们不脱离群众，你们能够站得住脚就好。中国的经验可以作参考，要结合各国自己的经验。我们也是找外国的经验，结合中国的经验，比如巴黎公社的经验，十月革命的经验，等等。对美国有些技术还可以学习，它的政治不能学。谈到中国对苏丹的援助时，毛泽东说：物质援助，要到了手，见了效，那才算数。不到手，工厂没有建立起来，那不能算数。你们自己的工程技术人员、科学家没有培养出来，也不算数，中国人就不走掉。帝国主义就是不帮助人家建设，赖着不肯走，那没有办法，只好革命了。当苏丹代表团的加拉尔说对帝国主义银行、企业实行国有化才是真正的独立时，毛泽东说：恐怕还要工业、农业发展一些。不要靠外国。可以进口技术，利用外国的技术人员帮助你们训练科学家、工程技术人员，也还要你们自己搞。如果你们没有这个决心，做不到这一步，帝国主义还是要整你们的。

6月26日　审阅冶金部《全国重点钢铁企业座谈会纪要》

和煤炭部军代表《关于全国煤炭工业会议情况的报告》。纪要说：五月十三日至六月十日，冶金部召开全国重点钢铁企业座谈会，传达贯彻全国计划会议的精神，落实一九七〇年的钢铁生产和建设计划，研究一九七一年和第四个五年的钢铁工业发展设想。今年钢产量要确保一千七百万吨，到一九七五年达到四千万吨，基本上建成大三线钢铁基地，并在各经济区建立起比较完整的、不同水平和各有特点的钢铁工业体系。报告说：四月十日至二十二日，在江西萍乡安源矿区召开了全国煤炭工业会议，讨论了一九七〇年煤炭工业的增产节约计划和第四个五年规划设想。经反复讨论研究，一九七〇年煤炭生产计划定为三亿一千八百万吨，比国家计划增产三千三百万吨；到一九七二年，煤炭产量将有更大幅度的增长，大三线煤炭基地将基本建成，江南九省煤炭可以基本自给；力争一九七五年煤炭产量跃居世界第一。毛泽东批示："两件很好，可以转发。"

6月26日或27日 阅周恩来六月二十六日报送的对印度尼西亚前总统苏加诺去世的唁电的请示报告，批示："照办。"苏加诺于六月二十一日去世。周恩来的唁电于六月二十七日发出。

6月27日 晚上，在人民大会堂一一八厅会见以朴成哲〔1〕为团长的朝鲜民主主义人民共和国代表团，林彪、周恩来、康生、李先念等在座。谈到中朝关系时，毛泽东说：我和金日成〔2〕是朋友，而且是多年的朋友。没有什么大问题，没有什么克服不了的困难。大敌当前，我们两国人民非团结不可，而且整

〔1〕 朴成哲，当时任朝鲜劳动党中央政治委员会常委、朝鲜内阁副首相兼外务相。

〔2〕 金日成，当时任朝鲜劳动党中央总书记、朝鲜民主主义人民共和国内阁首相。

个世界人民也非团结不可，我这里讲的包括苏联人民。人民不团结，要革命怎么革法？谈到中国驻外使馆工作人员的情况，毛泽东说：现在我们正要一些大使馆派人回来开短时间的会。有些大使馆也难怪他们，因为他们在那个国家，是很难做工作的。他们经常看人家的报纸，无非是骂我们，一骂就不舒服了，就觉得世界总是黑暗的。据我看，整个世界形势也不那么坏，比较好。全世界各国人民的觉悟比较十年前、五年前都大大提高了。

同日　经毛泽东审阅同意，中共中央转发北京大学、清华大学关于招生试点的请示报告。报告提出：一年来，通过教育革命的实践，初步积累了有关招生、课程设置、教材改革、教学方法以及建立三结合教师队伍等方面的经验，建立了部分教学、科研、生产三结合的基地，目前具备了招生条件。计划于今年上半年开始招生，两校共招生四千一百名，招生条件是政治思想好，有实践经验，身体健康。

同日　经毛泽东审阅同意，中共中央发出关于一九六九年、一九七〇年、一九七一年大专院校毕业生分配的通知。通知说：大专院校的三届毕业生，可从今年七月份开始分配，一般于七月底前分配完毕。认真做好毕业生的政治思想工作，使他们坚定地走与工农兵相结合的道路，服从革命需要，到农村去，到边疆去，到工矿去，到基层去。

同日　经毛泽东审阅同意，中共中央转发《中共中央血防领导小组关于南方十三省、市、区血吸虫病防治工作的进展情况报告的通知》。中央转发这个通知的批语中，要求全国各省、市、自治区在夏天农忙季节后，要展开一次爱国卫生的群众性运动。

6月29日　圈阅周恩来、康生、姚文元报送的两报一刊“七一”社论稿《共产党员应是无产阶级先进分子》。社论具体论述了无产阶级先进分子的五条标准：一、活学活用马克思主义、列宁主义、毛泽东思想。二、为中国和世界的大多数人谋利益。三、能够团结大多数人，包括反对过自己反对错了并且认真改正错误的人，但是，要特别警惕个人野心家、阴谋家和两面派，防止这样的坏人篡夺党和国家的各级领导，保证党和国家的领导权永远掌握在马克思主义革命家手里。四、有事同群众商量。五、勇于批评和自我批评。

7月1日 成昆铁路建成通车。这条铁路于一九五八年动工修建，全长一千零八十五公里。

7月7日 下午，在人民大会堂一一八厅会见老挝人民党总书记凯山·丰威汉，林彪、周恩来、康生等在座。当凯山说到虽然战争要延长，我们有决心打下去时，毛泽东说：这好。遇到困难的时候，就需要有决心，无非是人少、物资少嘛。美国它就没有困难？它的困难也许比你们还大。世界变了，从老挝来讲，也证明了这一点。帝国主义自找灭亡。它的目的就是想占地方，找人来埋葬它。游击队是一个训练干部的学校。资产阶级的武装想消灭我们，那好，我们就打嘛。打就要有一支队伍，这支队伍就能够训练干部。我们应该首先说明，要有人民，要有战士，但是人民和战士要有干部领导，没有领导是散的。我们两家并没有条约，也没有签什么字，但我们讲的话算数。帝国主义讲话不大算数。各国人民我看也快起来了，包括帝国主义国家的人民。有搞和平运动的，有打游击的，有在思考问题的，也有许多人尚未觉悟。各国人民起来反对帝国主义，这叫做革命。能够相信只有十月革命，或者中国革命、越南革命、老挝革命，其他地方就不革命了吗？不可能嘛！

7月11日 下午，在人民大会堂一一八厅会见坦桑尼亚政府代表团和赞比亚政府代表团，林彪、周恩来、康生等在座。谈到中国援建坦赞铁路时，毛泽东说：英国、美国过去不肯修这条铁路，现在又很想要修。那些人讲话，早晚市价不同。中国的确是被帝国主义等一些大国看不起的，技术落后，穷得很，所以我们现在都是一些穷朋友，互相帮助嘛。其实建这条铁路统共才用一亿多英镑。这条铁路如果修起来了，会带动你们国家许多工业，一定要修起来。谈到世界形势时，毛泽东说：有八个国家的军队占领过北京，现在这个危险还没有去掉，还有可能。我不是讲八个国家，而是讲世界上有那么一二个大国，它不仅想吞并你们非洲，也想吞并我们中国。你看我们周围，是一些什么国家的军队占领！至于英国和法国倒不是那么凶了。人家也许说，瓜分中国不可能。我也说，可能性也不那么大，但是想着这一条我看还是好的，准备着。祝贺你们兴旺起来，破除迷信，不要迷信什么帝国主义。我不是说帝国主义国家的人民都要反对，也不是说帝国主义国家的技术不可以学习，而是说对它那套帝国主义政治的迷信，它那套欺骗，要破除。要破除对帝国主义的迷信不容易。谈到有些非洲国家只是名义上的独立时，毛泽东说：你们这些国家真正独立了，强大起来了，要帮助那些还没有解放的国家。我知道现在你们也在帮助它们，这种事情帝国主义是很不喜欢的，而你们敢于做。

7月12日　经毛泽东审阅同意，中共中央发出《关于整团建团工作的通知》。通知说：各级党组织应该遵照毛主席在党的九届一中全会上发出的“还有一个一个团支部，整团的问题，也提出来了”的指示，把整团建团工作提到党的议事日程，加强领导，认真地把共青团组织整顿好，建设好。

同日　经毛泽东审阅同意，中共中央发出准备召开党的九届二中全会和四届人大的工作计划〔1〕。周恩来在送审工作计划的报告中说：关于修改宪法、召开九届二中全会和四届人大问题，经向政治局同志传达了主席指示后，大家一致同意发动全国革命群众广泛讨论修改宪法并提出修改意见，以便集中群众的智慧反映到新的宪法上。同时，我们也拟出了两个半月的工作计划和程序。现送上计划草稿，由东兴、叶群两同志分别向主席、林副主席面报，并请主席批示。

同日 圈阅周恩来本日送阅的中国驻法国大使馆建议毛泽东接见由贝当古〔2〕率领的法国政府代表团的电报。周恩来在送阅报告中说：贝当古在来华前，向我使馆提出希望主席接见。来京后当晚提出法总统要向毛主席问候，如能接见将亲自转达。

7月13日 晚上，在人民大会堂一一八厅会见由贝当古率领的法国政府代表团，林彪、周恩来、康生、李先念在座。贝当古说：我觉得在国际上也好，其他方面也好，法国愿意同中国有直接的关系，这样的关系是建立在独立和友好的基础上的。毛泽东说：现在这个世界上不大安宁。热爱独立是一件事，别人总要干扰你又是一件事。上回我就跟你们讲清楚了，世界上就有那么一些少数国家，喜欢干涉别人的独立。当然，现在没有人侵犯你们法国，除了台湾以外，也还没有人侵犯中国。但我要告诉你们，我们要准备打仗，不是打出去，而是别人打进来的时候，我

---

〔1〕 工作计划的主要内容是：一、建议党中央成立由毛泽东任主任、林彪任副主任的中央修改宪法起草委员会。二、7月11日至8月15日，完成宪法修改的准备工作，讨论宪法修改草案和四届人大代表名单，准备政府工作报告和国民经济计划等文件。三、8月21日至28日，召开中共九届二中全会。四、暂定9月15日至24日，召开四届人大会议。

〔2〕 贝当古，当时任法国总理府计划和领土整治部部长。1964年1月30日，毛泽东曾会见贝当古作为成员的法国议会代表团。

们消灭他。你晓得世界怎么变化，我们又不是那几个大国的参谋长，所以我们要准备打仗。在贝当古谈到法国既没有屈从于苏联，也没有屈从于美国时，毛泽东说：你们能够往来于美国、苏联之间，我们的地位稍微困难一点，没有你们那么自由。欧洲现在的形势，不仅你们，而且英国，现在要想打一场战争看来是困难的。实际上你们对东南亚条约是不感兴趣的。所谓同盟国，现在也难说，在有一些问题上谈得来，在另外一些问题上又谈不来。在有些问题上，我们这类国家夹在两个大国之间。在贝当古说中国、苏联和美国这三国对整个世界局势有很大影响时，毛泽东说：中国的影响不大。法国驻中国大使马纳克说：我们的根本政策就是要避免只由这两个大国来解决问题，比如中东问题和印度支那问题，所以要考虑有中国来参加，同时要考虑有关地区人民的意志。毛泽东说：你这个话是你个人的话，还是你们政府的话？贝当古说：这完全是我们政府的立场。毛泽东说：世界上的事就是要商量商量。国内的事就要国内人民自己解决，国际间的事就要大家商量解决，不能由两个大国来决定。我的意见是要破除迷信。在贝当古说到蓬皮杜总统很钦佩中国在科学方面所作的努力时，毛泽东说：才开始，试验性的。中国不算什么大国，报纸上吹，我就不信。在贝当古说很钦佩中国自己放出了卫星时，毛泽东说：我是不那么钦佩，不算啥事。因为天上有那么多卫星在转，都是那两个国家的，我们这些国家放个把两个卫星算啥。贝当古说：已经建议周恩来总理明年去作一次旅行，共和国总统委托我向你提出来。毛泽东说：这个愿望好，可以考虑。

7月14日　审阅周恩来报送的《同法国记者谈话稿》。谈话稿说：中法两国虽然社会制度不同，我们却都热爱独立，反对大国的控制和干涉。现在世界上有一两个超级大国，总想以势压人，欺负弱小，争霸世界。大国发动世界战争的危险依然存在，我们必须有所准备。但是，时代前进了，世界上越来越多的人民已经和正在觉醒，大国主宰世界命运的时代已经一去不复返了。毛泽东批示：“可以。”

7月17日—22日 周恩来在北京主持召开中共中央修改宪法起草委员会会议。在十七日的全体会议上，周恩来宣布中央修改宪法起草委员会成立，毛泽东任主任，林彪任副主任，成员共五十七人。周恩来说：在北京的修改宪法起草小组，四个月中由康生、春桥、法宪、作鹏、登奎同志共同起草多稿，根据主席的要求，放进了新的东西。现修改出的有两稿，一个是六十条，六千字，一个是后改为三十条的，四千字。主席指示把这两个稿都发给大家，让大家提意见。

7月18日 下午，中共中央修改宪法起草委员会会议进行小组讨论。周恩来出席东北、西南组小组会议，在会上宣读中共中央关于修改宪法和四届人大代表问题的通知稿，通知稿中有一句话是：“可以考虑国家不再设主席、副主席，而以人大常委负责人接受外国使节。”会后修改时，又删去了这句话。

7月20日 下午，在人民大会堂一一八厅会见由副主席拉乌尔率领的刚果人民共和国国务委员会代表团，林彪、董必武、周恩来、陈伯达、康生等在座。拉乌尔说：我们处在一些亲帝国主义的国家包围之中。毛泽东说：比我们好一点啦。美帝国主义在太平洋、在亚洲出了多少兵！苏联在中苏边界有人说是四十五个师，有人说是七十个师。拉乌尔说：刚果在经济上还会受到帝国主义控制。毛泽东说：在非洲大多数国家都有这种被控制的情况，有一些国家是自愿受控制的。不过，现在的非洲比二十五年前的非洲不同，非洲可以是我们的朋友。一些国家联合起来才能对付帝国主义，不联合起来人家就不怕你。目前要联合起来呢，又有困难，但整个趋势总是要联合起来的。拉乌尔说：现在美国的宣传已经不能欺骗非洲的群众了。毛泽东说：还能够骗一些人。如果完全不能骗人了，我看我们就没有多少任务了，我们就可以睡大觉了。我们是站在非洲人民反对帝国主义这一边，天天在报纸和电台公开地讲，因此你们做点什么好事，我们都高兴。你们支持我们，整个非洲的人民支持亚洲的革命人民，大家彼此帮助。拉乌尔说：向中国学习的东西很多。毛泽东说：可能有一点，但不很多。我们走的弯路，你们不要再走了。中国人太多了，同经济发展不相称。你们现在愁你们的经济，我们也愁怎样把经济搞上去一点。我们搞上去一点对你们也没有坏处，搞上去不是造几个原子弹，发射个把卫星，那可怜得很。这个天空上有好多人造卫星在那里转，都是美国和苏联的，后头才有法国的、日本的跑上去，最近中国才跑上去一个。这二十年中间，我们犯过许多错误，现在稍微好一些，有点改进，也许再过二十年事情要好一些了。送客人到门口时，毛泽东再次说：你们不要走我们的弯路。

同日 晚上，周恩来在中共中央修改宪法起草委员会全体会议上说：这两天，你们学习主席会见十二个国家外宾的谈话，共十二次。因为从去年国庆到现在，变化很快，正如主席说的形势大好，是在九大说的，这一年证明了。世界大战的危险存在，要有所准备，在反美反修各条战线上都不要放松警惕，主席每次见到我们都讲，再三嘱咐。

同日 经毛泽东审阅同意，中共中央发出关于修改宪法和四届人大代表问题的通知。通知说：为了进一步筹备四届人大的召开，各省、市、自治区革命委员会和中央军委，接到本通知后，认真动员各厂矿、公社、军队、机关、学校、企业事业单位、街道组织的革命群众：一、广泛讨论修改宪法，提出修改意见；

二、讨论和通过四届人大的候选代表〔1〕。

7月中旬 在中共中央修改宪法起草委员会会议期间，再次出现要求设国家主席的议论。毛泽东得知后指出：设国家主席，那是形式，不要因人设事。

7月22日 乘专列离开北京南下。

同日 晚上，周恩来在中共中央修改宪法起草委员会全体会议上说：主席对一百零六、六十、三十条〔2〕均要看。遵照大家的意见改出一本，然后全会讨论，这次不发大家。你们把一百零六条发给群众，发动讨论，两次集中意见，不拿具体意见去讨论，以免先入为主。周恩来说：计划工作要打破洋框框，主席指示：第一，必须落实。第二，有跃进形势，但支票不要开得太多。

7月23日 到达武汉。二十五日，到达长沙。二十七日，到达杭州。

7月25日、27日 周恩来连续主持召开中共中央政治局会议，讨论两报一刊纪念中国人民解放军诞生四十三周年的社论稿《提高警惕，保卫祖国》。社论稿第一句话是“伟大领袖毛主席亲自缔造和领导的、毛主席和林副主席直接指挥的中国人民解放军，已经走过了四十三年英勇战斗的历程。”讨论时围绕这句话出现了争论。陈伯达主张改回到“过去几年的一贯提法”〔3〕，即将“直接指挥”前面的“毛主席和”四个字去掉。张春桥主张不

〔1〕 这里指代表候选人。

〔2〕 指1954年的宪法（共106条），宪法第一次修改稿（共60条），宪法第二次修改稿（共30条）。

〔3〕 指从1967年4月开始，《红旗》杂志社论、《人民日报》社论相继出现中国人民解放军是“毛主席亲手缔造的、林彪同志直接指挥的伟大革命军队”或“毛主席亲自缔造和领导的、林彪同志直接指挥的伟大的人民军队”这类提法。

改。康生也认为新提法不易译成外文。周恩来表示：这件事要请示主席。

7月28日　到达上海。

同日　阅周恩来关于中共中央政治局会议讨论两报一刊“八一”社论稿情况的报告，要汪东兴代为画圈后退回。

7月29日　下午三时二十分，在上海锦江饭店会见罗马尼亚武装部队部部长约尼查一行，周恩来、黄永胜、邱会作、萧劲光〔1〕在座。约尼查说：看了很多东西，上海生产的东西技术水平很高。毛泽东说：恐怕不一定很高吧，上海的工业有好几年我没有看了。你都是讲好话，我不喜欢听。我给他们（对周恩来）讲过，要给人家看看落后的东西、浪费现象。谈到世界形势时，毛泽东说：这个世界我看是要打的。帝国主义欺负中等国家，像我们这些国家都算中等国家。约尼查说：中国是大国。毛泽东说：够不上，美国、苏联那样的超级大国，我们攀不上。以前我们跟他们（指苏联——编者注）是亲戚，后来闹翻了。闹翻了就闹翻了吧，这个地球还是照样转嘛。你们的代表到中国来，我们说我们准备长期跟他们搞公开论战。我们要准备打仗呀！别人打我们，我们就要打，就是要有准备。准备没有坏处，你不准备人家就欺负你。你准备好了他就可能不来，打来了也不怕，有办法。

在毛泽东会见约尼查后，周恩来、黄永胜就“八一”社论稿的修改问题当面请示。毛泽东问汪东兴：怎么搞的？（意思是怎么没有把周恩来的报告画圈退回去——编者注）汪东兴说：这样大的事，我不敢画圈。两种意见，您到底赞成哪一种？毛泽东

〔1〕　萧劲光，当时任中共中央军委委员、国防部副部长、中国人民解放军海军司令员。

说：两种意见我都不赞成。缔造者不能指挥，能行吗？缔造者不光是我，还有许多人。这类应景文章，既然已经政治局讨论修改过，我就不看了。随后让汪东兴代他删去社论稿开头“伟大领袖毛主席亲自缔造和领导的、毛主席和林副主席直接指挥的中国人民解放军”一句中“毛主席和”四个字。当晚，周恩来返回北京。次日，将毛泽东意见批告康生、江青、张春桥等。

同日 下午五时，在上海锦江饭店会见由总参谋长吴振宇率领的朝鲜军事代表团，周恩来、黄永胜、邱会作在座。当吴振宇称赞中国经济和国防的成就时，毛泽东说：有一些成就，不那么巨大，还在努力。我们六七、六八这两年生产下降了些，武斗得厉害，一个工厂分两派，互相打呀。这一条，我们在开始发动文化大革命时没有料到。怎么每个工厂都分两派呢？怎么动不动就打呢？去年一般没有打了，现在好了。有些是有坏人在那里挑拨。我们把这叫做全面内战。谈到世界形势时，毛泽东说：据我看，世界人民的觉悟比较过去几年要高一些。帝国主义同它的走狗面临着危机，各国人民反对它，就是它国内的人民也反对它。但是要看到，帝国主义同它的朋友还是有力量的，他们还想作怪，因此我们要准备对付。你们是前线，我们稍后一点，所以你们那样紧张我们也是理解的。我们也相当紧张，正在准备，准备有好处。

同日 听取周恩来汇报将赴任驻匈牙利大使的吕志先准备面见匈牙利总理福克试探其访华愿望的方案，表示同意。此前，毛泽东曾在外交部拟邀请匈牙利总理福克访华的报告上批示：“宜先试探，如确有诚意，然后才好正式邀请。”

同日 从上海到达杭州。

7月31日　林彪之子林立果[1]在空军干部大会上作学习毛泽东思想的“讲用报告”。林彪听录音后说：不仅思想像我的，语言也像我的。吴法宪称林立果的讲用报告“放了一颗政治卫星，是天才”。周宇驰、王飞[2]、陈励耘说这是“第四个里程碑”，林立果“是全才、帅才、超群之才，是第三代接班人”等等。毛泽东得知此事后说：不能捧，二十几岁的人捧为“超天才”，这没有什么好处。

7月底　阅刘少奇、王光美专案组《关于王光美美特罪行的审查报告》，批示：“暂时还不宜判刑。一切这类专案，对罪犯都宜调研从严，处理从宽，保护犯人，使他们感觉有出路，以便保存活证据，对将来有利。此事请中央一议。”

8月10日　我国自行设计和制造的万吨级远洋货轮“东风”号横渡太平洋，抵达加拿大西海岸的温哥华港。

8月11日　下午，在杭州会见南也门[3]总统委员会主席鲁巴伊和外交部部长比兹，周恩来、黄永胜、粟裕在座。鲁巴伊详

---

〔1〕林立果，当时任中国人民解放军空军司令部办公室副主任、作战部副部长。1971年3月下旬，根据林彪的旨意，在上海同“联合舰队”骨干成员周宇驰、于新野等拟出《“五七一工程”纪要》（“五七一”是“武起义”的谐音，即武装起义。“五七一工程”这个名称是林立果确定的）的草稿。1971年4月中央批陈整风汇报会之后，又同“联合舰队”主要成员决定“加快、提前”实施《“五七一工程”纪要》确定的政变计划。1971年9月13日林立果与林彪等乘飞机出逃，摔死在蒙古人民共和国的温都尔汗。1981年1月最高人民法院特别法庭确认林立果为“林彪、江青反革命集团案”的主犯。

〔2〕周宇驰，当时任中国人民解放军空军司令部办公室副主任。王飞，当时任中国人民解放军空军司令部副参谋长兼办公室主任。1981年1月最高人民法院特别法庭确认周宇驰为“林彪、江青反革命集团案”的主犯。

〔3〕南也门，当时的国名是南也门人民共和国，1970年11月改名为也门民主人民共和国。

细介绍南也门一九六七年独立前后的国内形势和南也门同苏联在军事、经济方面的关系。毛泽东说：亚非拉凡是反对帝国主义的，我们都支持。苏联不仅想控制你们，也想控制中国、东欧各国、阿拉伯各国，多着呢。你们还没有陷得很深，要摆脱它还比较容易。要靠自己啊！自己为主，外国援助为辅。不论哪个国家的援助都不许可附带什么条件。你们有希望，跟整个阿拉伯国家和世界人民有希望一样。谁想到南也门像亚丁这样的地方能把英国人赶走呢？我们还没有把英国人从香港赶走呢，你们先走了一步。我们是借香港做生意，同世界各国做生意，暂时不去惊动它。你们说不利用中国和苏联之间的矛盾，这种矛盾是明摆着的。我们是反对它的控制的，并且准备他们用武力来侵犯我们。谈到中国建设的经验教训，毛泽东说：就是要靠人民，如果不靠中国人民，我们这些人毫无办法。我们走的路是S形路，是个弯路，就是说我们犯过许多错误，遭受过许多挫折。现在稍微聪明一点，也没有资格向你们逞英雄，只是把我们犯过的错误告诉你们。

8月12日 上午，在杭州会见苏丹革命指挥委员会主席尼迈里和国防部部长兼武装部队总司令阿巴斯，周恩来、黄永胜、姬鹏飞在座。尼迈里介绍苏丹国内的情况和发展设想后，毛泽东说：只要大的原则做得对，一些小的问题逐步会解决的。比如讲，外国的援助吧，如果不是以你们为主而跟外国合营，或者是受外国有条件的控制，那就不管你们搞多少年，还是帮外国人的忙。尼迈里谈到参观上海一个人民公社的感受，毛泽东说：你们人很分散，现在要组织大规模的公社，还不可能。恐怕开始还是个体经济，要有一个过渡时期。谈到世界形势时，毛泽东说：有些事情还要看一看。这个世界总而言之是很乱，也并不见得一定对大国有利。比如美国，它到处伸手，闹得它国内人民也不满意。美国的手伸出去了，又不好收回来，就是这么个局面。只有再伸吧，美国人民反对，各国人民也反对，它的日子就那么好过啊？我看尼克松的日子不如你这个总统好过。你们可以观察到美国的世界战略，它的第七舰队可管得宽了，从美国的西太平洋一直延伸到日本海、台湾海峡、印度洋，到阿拉伯海。这样，真正打起来还有什么力量啊？它现在还是靠原子弹吓人。美国人的估计也相当不错，说中国叫作潜在的力量，就是说我们还不是他们主要的对手，就是他们原子弹多，工业强大，我们不行，他们有第七舰队、第六舰队，我们没有。那怎么办呢？只好努力，互相帮助，亚洲人和非洲人合作嘛。谈到中国和印度的关系时，毛泽东说：今年“五一”在天安门上我跟他们的代办说过，总有一天要和起来，老是这么闹下去不行。这个原则也可以运用到同美国、同苏联的关系上，总不能永远是这么僵下去嘛。

8月13日 康生主持中央修改宪法工作小组会议，讨论宪法草案稿中的文字修改问题。张春桥和吴法宪就宪法草案中一个提法发生争执。草案序言部分有一段话：“指导我们思想的理论基础是马克思主义、列宁主义、毛泽东思想。毛泽东思想是全国一切工作的指导方针。”张春桥提出：“已经有了理论基础一句，后一句可以不写了。”吴法宪反驳说，“要防止有人利用毛主席的伟大谦虚贬低毛泽东思想”。会后，陈伯达约吴法宪到他家去详细谈了争论情况，并通过黄永胜报告了叶群。

8月14日 周恩来主持中共中央政治局会议，讨论宪法修改草案定稿问题。会前，叶群打电话给陈伯达、黄永胜，要他们准备关于“天才”和“四个伟大”的语录，在会上同张春桥等人斗争。但在政治局会议上，张春桥等人未再坚持删改意见，宪法草案获得通过。事后林彪叮嘱黄永胜、吴法宪等：要多小心，这件事没有完，到庐山会有大的斗争。

8月18日 下午，离开杭州。

8月19日 下午，到达庐山。

8月中旬 审阅《中共中央关于西藏社会主义改造问题指示草案（讨论稿）》。中央的指示草案原则上同意西藏地区在完成民主改革的基础上，有领导、有计划、有步骤地实施人民公社化的部署。周恩来在送审报告中说：中央关于西藏进行社会主义改造的指示草案，经政治局有关会议讨论，大家认为，为慎重起见，拟由中央派出两个小组，到西藏各去两个公社（一个在内地、一个在边境；一个老的、一个新的）蹲点调研，看这个指示草案能否解决当地公社中有关方针政策问题。蹲点调研后再回到中央讨论一次。如适用，即正式下发；如需增改，在修改后再经中央讨论、主席批准下发。毛泽东批示："这样好。"

8月21日 圈阅周恩来关于召开中共九届二中全会有关事项的报告。报告说：一、全会议程，原定为修改宪法、讨论国民经济计划和战备工作三项。二、修改宪法的综合简报（八月十日）和修改草案（八月十五日）均已呈阅，并已印发给政治局各同志，等待主席批示。三、国民经济计划纲要和计划会议综合报告，拟先在政治局讨论通过后再报全会。四、战备工作，军委办事组已起草了一个文件，拟先由林副主席审定后，再提政治局和全会讨论。五、全会到会二百五十三人，除大会外，拟再分六个小组进行工作。

同日 叶群私下对吴法宪等人说：设国家主席还要坚持。

8月22日 圈阅周恩来八月十八日会见美国记者斯诺的谈话记录。

同日 下午，在庐山主持召开中共中央政治局常委会议，讨论九届二中全会的议程等，林彪、周恩来、陈伯达、康生出席，汪东兴作记录。关于会议日期，毛泽东说：二十三日到二十九日，差不多了吧！在这个月结束。关于修改宪法，毛泽东说：设国家主席，那是个形式。我提议修改宪法，就是考虑到不要国家主席。现在当然也见了不少外宾，也可以不见，有些不是也没有见，做国家主席、元首，就是有点好像不太好不见。实际上主要的还是党的领导和行政上国务院负责。陈伯达说：毛主席做国家主席的那个时候，咱们这个国家搞得很好，主席这一次再做国家主席那对群众是一个极大的兴奋，极大的鼓舞。会上，林彪也这么讲。毛泽东说：是你们愿意要国家主席，你们要好了，反正我不做。要把这次全会开成一个团结的胜利的会，而不要开分裂的失败的会。毛泽东还说：除了讨论修改宪法、计划问题外，还应该加个形势问题。据我所知，大家有兴趣的问题是形势问题。会议决定，九届二中全会由毛泽东主持，第一次全体会议由周恩来讲形势，修改宪法问题由周恩来或康生讲。当周恩来谈到计划问题时，毛泽东说：原来这个下放（指中央把管理经济、管理企业的部分权力及财权、物权、投资权下放给地方——编者注），讲是讲了，但是他们（指地方——编者注）没有摸到下放的底，交代不那么清楚，这次计划会议解决了。当周恩来谈到一九七〇年全国国民经济发展的实际水平基本上达到了“三五”计划的原定指标时，毛泽东说：解放以后，统一了全国，出了个南粮北调、北煤南运的问题。解放以前，也存在这个问题，但是我们不知道。看来，要逐步地解决这个问题。现在南方找到了很多煤矿，北方粮食也逐步自给了。工业这方面，有两个办法：一个办法就是依靠厂长、专家，不依靠群众；第二个办法是群众、专家、干部三结合，主要是依靠群众。谈到党代会问题时，毛泽东说：党代会不仅要从下到上开，有的还要用从上到下的办法开。整党，各个地方不是早都开始了吗？这个“吐故”吐得怎么样呀？蒋南翔这样的人留下来好。当周恩来、康生回答“挂起来的较多”时，毛泽东说：你们讲挂起来的多，我看吐得也不少了，还是要以教育为主。在这次常委会上，毛泽东和林彪都表示在第二天的开幕会上不作发言。

同日 晚上，周恩来、陈伯达、康生在中共中央政治局扩大会议上传达当天下午政治局常委会讨论的意见。

8月23日—9月6日 中共九届二中全会在庐山举行。

8月23日 下午，在庐山人民剧院主持召开中共九届二中全会第一次全体会议，二百五十三名中央委员和候补中央委员出席。开会前，中央政治局常委在小会议室集合，毛泽东问周恩来和康生：你们谁先讲啊？林彪说：我要讲点意见。毛泽东说：你们三人讲吧！周恩来在全会上介绍会议议程时说：第一项议程是修改宪法的问题，昨天晚上就向全会到会的同志发了五个文件：一九五四年的宪法，关于宪法修改的请示，关于七月二十日的通知，反映各地讨论修改宪法的意见的综合简报，修改稿三十条八月十五日稿。今天上午在阅读。第二项议程是讨论国民经济计划提纲，着重在一九七〇年计划的实施情况和报告，这个将在今天晚上和二十四号晚上政治局讨论，然后提交全会通过。第三项议程是战备工作。还有一点其他的，四届人大代表名单中的特邀名单、华侨和爱国人士名单，是不是也要在全会上报告和通过一下。另外一项，昨天毛主席指示说要谈一谈形势。接着，周恩来宣布了会议分组情况[1]和会期。关于会期，周恩来说照主席昨天指示，大致想从二十三日到二十九日，一个星期。周恩来介绍完后，毛泽东问请哪一位讲。这时，林彪拿出一份讲稿，在会上发表了长达一个多小时的讲话，主要就修改宪法问题谈毛泽东的领导地位。他说：这次我研究了这个宪法，表现出这样的一种情况特点，一个是把毛主席的伟大领袖、国家元首、最高统帅的这种地位，毛泽东思想作为全国人民的指导思想，用法律的形式固定下来，非常好！非常好！很好！可以说是宪法的灵魂，是三十条中间在我看来是最重要的一条。我们说毛主席是天才，我还是坚持这个观点。林彪发言后，康生介绍修改宪法过程中的一些情况。其中说到，宪法的序言和总纲没有再写毛主席当国家的主席、林副主席当国家的副主席。下边的广大人民讨论，还是热烈地希望，主席不仅是党的主席，也要做国家主席，林副主席不仅是党的副主席，也要做国家的副主席。当然，他们也考虑到领袖的意见，说如果是主席不当主席，那么请林副主席当主席。如果是主席、林副主席都不当的时候，那么主席这一章就不设了。但是到底怎么好，要请毛主席最后指示，最后定。康生讲话后，毛

〔1〕 中共九届二中全会按地区编组，分为东北、华北、华东、中南、西南、西北6个大组。东北组组长陈锡联，副组长潘复生、王淮湘；华北组组长李雪峰，副组长吴德、解学恭、郑维山、陈永贵；华东组组长许世友，副组长王洪文、杨得志、李德生、南萍、程世清、韩先楚；中南组组长曾思玉，副组长刘建勋、华国锋、刘兴元、韦国清；西南组组长张国华，副组长谭甫仁、蓝亦农、曾雍雅；西北组组长冼恒汉，副组长李瑞山、龙书金、张江霖、康健民。中央政治局委员和候补委员则分别编到各组。其中，张春桥在华东组，陈伯达、汪东兴在华北组，叶群、李作鹏在中南组，邱会作、姚文元在西北组，李先念、吴法宪在西南组。毛泽东、林彪、周恩来未编组，江青自由参加。

泽东宣布散会。〔1〕

同日 晚上，周恩来主持召开有各大组组长参加的中共中央政治局扩大会议，安排分组讨论宪法草案和计划问题。吴法宪在会上提出，林副主席开幕式上的讲话很重要，各组应该首先学习讨论，并要求重新播放林彪讲话录音。这个提议被通过。林彪得知吴法宪在政治局会议上的这个提议后，派叶群和在庐山的儿子林立果去当面表扬吴法宪，称他这次“又立了大功”。

同日 晚上，根据林彪、叶群在全会前的布置，陈伯达同吴法宪商量后，整理出一份《恩格斯、列宁、毛主席关于称天才的几段语录》，还有一份收集了林彪关于称天才的几段语录的《林副主席指示》。第二天中午，这两份语录通过汪东兴打印出来分送给叶群、李作鹏、邱会作（黄永胜当时留在北京，八月二十九日上庐山）。他们还准备了一段设国家主席的宪法草案条文。这些事情，均在毛泽东和周恩来不知道的情况下进行的。

8月24日 晨七时，叶群同吴法宪、李作鹏、邱会作谈话，说：先给你们讲讲林副主席的意见。下午分组讨论时，你们要在各组发言，表态拥护林副主席的讲话，坚持“天才论”。如果你们不发言，林副主席的讲话就没有根据了。要坚持设国家主席。有人反对毛主席。要用眼泪表达自己的感情。发言集中火力攻“陆定一式的人物”，打击面要小，不要点名。打击面宽了，毛主席那里通不过。吴司令你最好先发个言，你开个头，给大家定个调子。上午八时，全体与会人员集中到会场，听了两遍林彪讲话录音。播放录音过程中，有人提议将林彪讲话稿印发给大家，到会的人

〔1〕 后来，毛泽东的机要秘书张玉凤回忆道：林彪本来说不讲话，临时他说有几句要讲。下了会场，主席就很不高兴。去开会，他本来很高兴，没想到第一天开会就不顺。

鼓掌，表示支持。周恩来要汪东兴请示毛泽东。听完林彪讲话的录音后，华东组的陈励耘和王维国〔1〕拿不准这个讲话的针对性，去找吴法宪，吴法宪在手心里写了一个“张”字，并关照：这件事你们可不能说，叶群同志讲过不能点名，只能不点名地点名。

同日　中午，听汪东兴报告上午播放林彪讲话录音时有人提出印发林彪讲话记录一事，表示：他们同意印发，我没有意见，不看了，讲话稿要由林彪审定后发。

同日　下午，各组讨论林彪的讲话。陈伯达在华北组会上发言说：我完全拥护林副主席昨天发表的非常好、非常重要、语重心长的讲话。林副主席说，这次宪法中肯定毛主席的伟大领袖、国家元首、最高统帅的地位，肯定毛泽东思想作为全国人民的指导思想，这一点非常重要，非常重要。写上这一条是经过很多斗争的。陈伯达在讲了“天才论”后又说：有人利用毛主席的谦虚，妄图贬低毛泽东思想。这样的人要否定八届十一中全会的公报，要否定无产阶级文化大革命。在毛主席亲自领导下，文化大革命取得了伟大胜利之后，有的人竟然怀疑文化大革命，是不是想搞历史的翻案。我就提出这个问题。我看这种否认天才的人无非是历史的蠢材。要赶快觉醒起来，阶级斗争的规律，是不以人们的意志为转移的。有的反革命分子听说毛主席不当国家主席，欢喜得跳起来了。陈伯达发言后，汪东兴发言，赞成毛主席当国家主席。听了他们两人的发言，华北组的中央委员和候补中央委员多数人表示，谁反对毛主席就打倒谁！纷纷建议在新宪法中恢复设国家主席一章，赞成毛泽东担任国家主席。吴法宪在西南组

〔1〕　王维国，当时任上海市革委会副主任、中国人民解放军空军第4军政治委员。他是林彪反革命集团重要成员，1978年4月被开除党籍。1982年3月，中国人民解放军军事法院判处他有期徒刑14年，剥夺政治权利3年。

发言说：这次讨论修改宪法中，有人对毛主席天才地、创造性地、全面地继承、捍卫和发展了马列主义的说法，说“是个讽刺”，我听了气得发抖。如果这样，就是推翻八届十一中全会，推翻林副主席写的《毛主席语录》再版前言。关于天才的说法，马克思、恩格斯、列宁、斯大林都有过这样的论述。毛主席对马克思和列宁也都有过这样的论述。林副主席关于毛主席是天才的论述，并不是一次，而是多次。吴法宪在念了毛泽东、林彪以及恩格斯、列宁有关天才的语录后又说：大家听听这些语录，怎么能说没有天才呢？要警惕和防止有人利用毛主席的伟大谦虚来贬低伟大的毛泽东思想。李作鹏在中南组发言说：本来林副主席一贯宣传毛泽东思想是有伟大功绩的，党章也肯定了的，可是有人在宪法上反对提林副主席。所以党内有股风，是什么风？是反马列主义的风，是反毛主席的风，是反林副主席的风。这股风不能往下吹。有的人想往下吹。邱会作在西北组发言说：林副主席说“毛主席是天才，毛泽东思想是全面继承、捍卫和发展了马克思列宁主义”。这次他仍然坚持这个观点。为什么在文化革命胜利、二中全会上还讲这问题？一定有人反对这种说法。有人说天才地、创造性地、全面地继承、捍卫和发展了马克思列宁主义是一种讽刺，就是把矛头指向毛主席、林副主席。

同日 晚上，汪东兴在汇总各组发言材料时，发现有几个人的发言引用了陈伯达交他印发的关于“天才”的语录，即电话请示周恩来：陈伯达要打印的关于天才的语录还发不发？周恩来说：这个语录不能发，封存吧。

8月25日 上午，各组继续讨论。反映华北组二十四日讨论情况的全会第六号简报发到了各组。简报写道：大家“认为林副主席的讲话，对这次九届二中全会具有极大的指导意义”。听了陈伯达等发言后，“知道了我们党内竟有人妄图否认我们伟大领袖毛主席是当代最伟大的天才，表示了最大、最强烈的愤慨”。“这种人就是野心家、阴谋家，是极端的反动分子，是地地道道的反革命修正主义分子，是没有刘少奇的刘少奇反动路线的代理人，是帝修反的走狗，是坏蛋，是反革命分子，应该揪出来示众，应该开除党籍，应该斗倒斗臭，应该千刀万剐，全党共诛之，全国共讨之”。大家“衷心赞成”分组会上有人提出的“在宪法第二条中增加毛主席是国家主席、林副主席是国家副主席”和“宪法中要恢复国家主席一章”的建议。林彪听秘书读了这份简报后说：“听了那么多简报，数这份有分量，讲到了实质问题，比较起来，陈伯达讲得更好些。”这份简报在各组引起强烈反响，各组的发言都集中到要查明、揪出反对毛主席的坏人的问题上。在中南组，叶群声泪俱下地说：“林彪同志在很多会议上都讲了毛主席是最伟大的天才，说毛主席比马克思、列宁知道的多，懂得的多。难道这些话都要收回吗？——坚决不收回，刀搁在脖子上也不收回!”吴法宪、李作鹏、邱会作等也拿着“天才”语录在西南、中南、西北等组的会上作煽动性发言。一些中央委员和候补中央委员还代表其所在的省区联名写信给毛泽东和林彪，拥护毛泽东当国家主席。会议的火药味越来越浓，改变了这次中央全会的主题。

同日 中午，听取江青、张春桥、姚文元汇报各组对全会第六号简报的反应。随后找汪东兴谈话，说：他们已经来过了，他们说六号简报的反应很大，你汪主任了解我不当国家主席的意见，还派你回北京向政治局传达过，你怎么又要我当国家主席呢？不当国家主席，就不代表群众吗？你强调群众拥护，难道我不当，群众就不拥护了？我就不代表群众了吗？同汪东兴谈话后，又分别同林彪、周恩来、陈伯达、康生进行单独谈话。

同日 下午三时，召集有各大组组长参加的中央政治局常委扩大会，向到会的人宣布：刚才，我和几位常委商量，认为现在各组讨论的问题不符合全会原定的三项议程。设国家主席的问题不要再提了，谁坚持设国家主席，谁就去当，反正我不当！讲到这里，毛泽东对着林彪补了一句：我劝你也不要当国家主席！又说：本来我们这个会议，方针嘛，是开好的会议、团结胜利的会议呢，还是开不好的会议，变成了分裂失败的会议呢？还是要争取开一个团结的会，争取更大的胜利。如果开不成，仍要分裂，那也没有什么了不起。过去党是经过挫折的，千锤百炼。如果搞不好的话，那我就下山，你们去开，开完了会我再上山，就不下去了。再不然，我就辞掉党中央委员会的主席。毛泽东还批评陈伯达说：我们共事三十多年，你阴一套，阳一套，当面一套，背后一套，政治局在山下商议不设国家主席，大家没有发表不同意见。上了山你就变了卦，搞突然袭击。我毛泽东是不当国家主席的，要当，你陈伯达去当好了，你们去当！根据毛泽东的意见，会议决定立即停止讨论林彪的讲话，收回第六号简报，责令陈伯达等人作出检查。

同日　圈阅周恩来本日报送的不久前访问中国的法国政府代表团团长贝当古给毛泽东的感谢信。感谢信说：您阐述的许多意见给我留下了深刻的印象，其中的某些意见同法国政府的考虑是吻合的。在像我们这样政治社会制度如此不同的国家之间，我们在很多问题上的概念显然是有分歧的。在一些共同立场的问题方面，我们阐明我们的一致性，只会更加具有积极意义。

8月26日　中共九届二中全会各大组传达关于暂停开各组会议的决定。

同日　下午，找陈伯达谈话，对他进行严厉的批评，并让他找吴法宪、李作鹏、邱会作谈谈。

同日　晚上，主持召开中共中央政治局扩大会议。会上，陈伯达、吴法宪作检讨，周恩来对他们进行严厉批评，林彪为陈伯达、吴法宪开脱。毛泽东批评林彪所说的“一句顶一万句”和“四个伟大”。

8月26日—30日 毛泽东、周恩来等不分昼夜地找人谈话或开小会，进一步了解情况。毛泽东同李雪峰谈话时，批评他出简报没把关，说你这组长怎么当的？与此同时，林彪在二十五日中央政治局常委扩大会后传话给吴法宪等：不要再坚持设国家主席了，也不要提“天才”了。叶群、李作鹏在中南组，吴法宪在西南组，邱会作在西北组，都开始收回有他们发言的记录稿，已经写成的简报稿子也不让送了。叶群让简报组撕毁了她在中南组发言的记录。邱会作也要回记录，剪去了他发言的那部分内容。迟上庐山的黄永胜，也销毁了他事先准备的发言稿〔1〕。八月二十六日，周恩来、康生找吴法宪、李作鹏、邱会作谈话，提出要吴检讨，当天晚上吴报告了林彪。林彪说：“你没有错，不要检讨!”叶群几次打电话给吴法宪说：你犯错误不要紧张，还有林彪、黄永胜在嘛！只要不牵涉他们二人就好办，大锅里有饭，小锅里好办。

8月27日 上午，召集周恩来等开会。

同日 阅汪东兴关于八月二十四日在华北组发言的书面检查，说这个检讨书可以发到会上。

8月29日 晨，陈伯达将写出的检讨送周恩来和康生审阅。检讨中说：“二十四日，我在华北组会上，作了一次发言。没有预先请示主席，也没有预先请示林副主席，同时也没有预先同总理、康老和政治局的其他同志商量过。”“在这次修改宪法的问题

---

〔1〕 中共九届二中全会开幕会后，吴法宪打电话给在北京的黄永胜通报情况，黄即让中央军委办公厅第一秘书处替他起草发言稿，要求发言稿要拥护林彪的讲话，要指出有人反对在新宪法中写上以毛泽东思想为指针，有人说称天才是“讽刺”，这是反八届十一中全会公报的。

上，关于国家设不设主席的问题，主席多次指示，我都是知道的，亲自听到的，但我没有深思主席的指示。”我说的那个“天才”问题，“主席在‘九大’的新党章中，已经把这类字眼划去了”。

同日 林彪主持中共中央政治局扩大会议。周恩来在会上传达八月二十五日下午毛泽东在中央政治局常委扩大会上的讲话。康生介绍修改宪法的有关情况。周恩来在讲话中说：从全会一开始的分组讨论中，陈伯达、吴法宪等作了有代表性的错误发言，把修改宪法的讨论引导到一个错误的方向去，以华北组最为突出。毛主席扭转了这一错误偏向。我们这几天的工作就是要说服一些犯错误的同志作初步的检讨。毛主席对犯错误同志的态度是一贯的，这就是允许犯错误、允许改正错误；要给犯错误的同志认识、改正错误的时间，对他们还要看，不能着急。全会还有两项议程，不能耽搁久了。因此，大家要下决心按照毛主席的指示不折不扣地去做，一定要把这次会议开好。陈伯达、汪东兴、吴法宪在会上做了检讨。

同日 同本日到达庐山的黄永胜谈话。

8月31日 晨一时，同周恩来谈话。

同日 针对陈伯达编的《恩格斯、列宁、毛主席关于称天才的几段语录》，写批语：“这个材料是陈伯达搞的，欺骗了不少同志。第一，这里没有马克思的话。第二，只找了恩格斯一句话〔1〕，而《路易·波拿巴特政变记》〔2〕这部书不是马克思的主要著作。第三，找了列宁的有五条。其中第五条说，要有经过考验、受过专门训练和长期教育，并且彼此能够很好地互相配合的

〔1〕 指恩格斯为《路易·波拿巴的雾月十八日》德文第3版写的序言中的“这是一部天才的著作”这句话。

〔2〕 今译《路易·波拿巴的雾月十八日》。

领袖，这里列举了四个条件。别人且不论，就我们中央委员会的同志来说，够条件的不很多，例如，我跟陈伯达这位天才理论家之间，共事三十多年，在一些重大问题上就从来没有配合过，更不去说很好的配合。仅举三次庐山会议为例。第一次，他跑到彭德怀那里去了。第二次，讨论工业七十条，据他自己说，上山几天就下山了，也不知道他为了什么原因下山，下山之后跑到什么地方去了。这一次，他可配合得很好了，采取突然袭击，煽风点火，唯恐天下不乱，大有炸平庐山，停止地球转动之势。我这些话，无非是形容我们的天才理论家的心（是什么心我不知道，大概是良心吧，可决不是野心）的广大而已。至于无产阶级的天下是否会乱，庐山能否炸平，地球是否停转，我看大概不会吧。上过庐山的一位古人说：'杞国无事忧天倾'。〔1〕我们不要学那位杞国人。最后关于我的话〔2〕，肯定帮不了他多少忙。我是说主要地不是由于人们的天才，而是由于人们的社会实践。陈伯达摘引林彪同志的话多至七条〔3〕，如获至宝。我同林彪同志交换过意见，我们两人一致认为，这个历史家和哲学史家争论不休的问题，即通常所说的，是英雄创造历史，还是奴隶们创造历史，人的知识（才能也属于知识范畴）是先天就有的，还是后天才有的，是唯心论的先验论，还是唯物论的反映论，我们只能站在马列主义的立场上，而决不能跟陈伯达的谣言和诡辩混在一起。同时我们俩人还认为，这个马克思主义的认识论问题，我们自己还要继续研究，并不认为事情已经研究完结。希望同志们同我们一

〔1〕 见李白《梁甫吟》。

〔2〕 指陈伯达摘录的毛泽东《实践论》中的一段话："马克思、恩格斯、列宁、斯大林之所以能够作出他们的理论，除了他们的天才条件之外，主要地是他们亲自参加了当时的阶级斗争和科学实验的实践……"

〔3〕 应为八条。

道采取这种态度，团结起来，争取更大的胜利，不要上号称懂得马克思，而实际上根本不懂马克思那样一些人的当。”

同日 晚十一时，同周恩来谈话。

9月1日 晨，把对陈伯达编的《恩格斯、列宁、毛主席关于称天才的几段语录》所写的批语交周恩来等。周恩来将批语送张春桥阅，上午又送林彪阅。中午，毛泽东约周恩来谈话，在批语的抄件上加上题目《我的一点意见》，并在文中陈伯达名字后加“同志”二字。在印发全会前，毛泽东删去了批语中的“陈伯达摘引林彪同志的话多至七条，如获至宝”一句，并把修改件送给林彪看。

同日 下午三时，周恩来将《我的一点意见》给陈伯达看并同他谈话。随即，中共中央政治局召开扩大会议，批判陈伯达。

同日 晚十一时半，同周恩来谈话。

同日 和林彪、周恩来致电孙德胜[1]、黎笋等，祝贺越南民主共和国成立二十五周年。贺电说：目前，印度支那三国人民抗美救国战争进入了一个新的阶段，形势越来越好。在世界范围内，正在出现一个反对美国侵略者及其一切走狗的斗争新高潮。美帝国主义为了摆脱它在印度支那的困境，正在推行反革命两手策略，一面坚持扩大战争，一面策划种种阴谋诡计。但是，越南人民、老挝人民和柬埔寨人民是吓不倒、骗不了的，美帝国主义的一切阴谋诡计都是注定要失败的。

9月2日 阅江西省革委会关于发现大盐矿的报告，批示：“江西找到了大盐矿，储量十九亿吨，可能还不止此数。印发全会各同志。”报告说：今年三月三十日在会昌县周田公社找到了一个大盐矿，地质储量初步计算十九亿吨，氯化钠含量占百分之

〔1〕 孙德胜，当时任越南民主共和国主席、越南祖国战线中央委员会主席团主席。

九十七点七。

9月4日 晨零时半，同周恩来谈话。

同日 主持召开有各大组组长参加的中共中央政治局常委扩大会议。会议决定全会再延长两天，陈伯达不再出席会议。毛泽东说：陈伯达如无政治历史问题，我的意见还保留中央委员。

同日 同林彪谈话。

9月5日 上午，约陈伯达谈话。陈提出下基层去当农民。毛泽东说：你可以去找和你一块工作过的几个人谈谈，团结起来。陈伯达告诉毛泽东，吴冷西、胡绳〔1〕等现在都在干校劳动。毛泽东说：对知识分子，对文人，应该宽容一些，还可以让他们工作嘛。

同日 阅周恩来、康生本日报送的《中国共产党第九届中央委员会第二次全体会议公报》稿，批示："可交政治局及各大组讨论。"

同日 中共中央政治局召开有各大组正副组长参加的扩大会议，讨论通过九届二中全会公报和国民经济计划等文件。

同日 晚上，同周恩来、康生、黄永胜等谈话。听取周恩来汇报关于九届二中全会公报的讨论情况等。毛泽东提出，公报中要写上全会向全国人大常委会提出关于召开四届人大的建议。六日，周恩来将毛泽东对公报的修改意见报告林彪，林彪表示完全同意。

9月6日 上午十一时，周恩来主持召开有各大组正副组长

---

〔1〕 吴冷西，原任中共中央宣传部副部长、新华社社长、《人民日报》总编辑。"文化大革命"中被打倒。1975年2月、7月先后任人民日报社党的核心小组成员、人民日报社宣传小组副组长，国务院政治研究室负责人。胡绳，原任中共中央马列主义研究院副院长、《红旗》杂志副总编辑、中国科学院哲学社会科学部委员。"文化大革命"中受冲击。1975年7月任国务院政治研究室负责人。

参加的中共中央政治局扩大会议，传达毛泽东九月五日谈话的几点指示：加强团结，共同对敌，拥军爱民，读几本书，各自作自我批评，严守党纪军纪等。

同日 下午，审阅中共九届二中全会公报草案，批示："第三页去掉'完全'二字。其余无意见。"公报草案第三页写道："正如毛主席指出的：'新的世界大战的危险依然存在，各国人民必须有所准备。但是，当前世界的主要倾向是革命。'几个月来，国际形势的发展，完全证明了毛主席的这个科学论断。"

同日 下午五时半，出席在庐山人民剧院召开的中共九届二中全会闭幕会议，林彪主持会议。会议基本通过宪法修改草案和全会公报。林彪请毛泽东讲话。毛泽东要周恩来讲。周恩来说：我们昨天开了政治局委员和各组组长、副组长会议，通过了几个文件，然后到主席那里报告。主席认为，我们这次全会，经过讨论，还是按照他的要求，开成了一个团结的大会，胜利的大会。主席总说我们的会议总要有个新的任务提出，我们大家就奔向各方去奋斗了，所以这次公报里就把这个任务都提出来了。首先，向人大常委会建议，在适当的时候召开四届人大。第二件事，批准了国务院关于一九七〇年的国民经济计划报告。关于国际形势，主席把几年来所观察的问题都发表在"五二〇声明"中了。主席还提了一个地方跟军队两方面的关系问题，主席提出的办法就是不要责备对方，地方干部应该拥军，军队干部应该拥政爱民，这样就会合作了。接着，康生讲话。他说：多年以来主席就教导我们要读几本马克思列宁主义的书籍，昨天晚上主席又提出来了。毛泽东说：这是我过去交给罗瑞卿搞的。读几本或者十几本也可以，过去说是罗瑞卿扰乱了林彪同志要求读我的著作的事情，其实是我扰乱了你，不是罗瑞卿扰乱了你。现在不读马、列的书了，不读好了，人家就搬出什么第三版[1]呀，就照着吹呀，那末，你读过没有？没有读过，就上这些黑秀才的当。有些是红秀才哟。我劝同志们，有阅读能力的，读十几本。要读几本哲学史，中国哲学史、欧洲哲学史。你不读点，你就不晓得。这次就是因为上当，得到教训嘛。毛泽东说：不讲团结不好，不讲团结得不到全党的同意，群众也不高兴。所谓讲团结，当然是在马克思列宁主义基础之上的团结，不是无原则的团结。提出团结的口号，总是好一点，人多一点嘛。党内党外都要团结比较多数，事情才干得好。对于陈伯达同志，还要看一看，有些问题再研究一下，我赞成同志们的意见，只保留他的中央委员。最后，林彪说：这个会议整个进程中间都是毛主席亲自指导的。会议过程中间出现的问题，主席很敏锐地发现了，顺利地解决了。这个会，可能成一个团结的会，还是分裂的会？经过主席的这种指导，依然变成了一个团结的会，胜利的会。

9月7日 晨一时四十五分，召集周恩来等开会。

同日 林彪、叶群离开庐山，黄永胜、吴法宪、李作鹏、邱会作一起下山为林彪送行。在江西九江机场，黄永胜、吴法宪、李作鹏、邱会作把林彪拥坐在中间合影。

9月8日 晨一时半，召集周恩来等开会。

9月9日 下午二时，接见为中共九届二中全会服务的会务人员。同他们合影后离开庐山，到达南昌。

9月10日 中共九届二中全会公报在《人民日报》发表。公报说：全会认为，在当前国内外大好形势下，召开第四届全国

---

〔1〕 指陈伯达编辑的《恩格斯、列宁、毛主席关于称天才的几段语录》中编入的恩格斯的一句话："这是一部天才的著作。"这句话在恩格斯为马克思《路易·波拿巴的雾月十八日》德文第3版写的序言中。

人民代表大会，是全国人民的迫切愿望。全会向全国人民代表大会常务委员会建议，进行必要的筹备工作，以便在适当的时候召开四届人大。全会批准了国务院关于全国计划会议和一九七〇年国民经济计划的报告，全会批准了中央军委关于加强战备工作的报告。公报还指出：要继续深入开展活学活用毛泽东思想的群众运动；要继续认真搞好斗、批、改，深入开展革命大批判，把政治思想战线、文化教育战线、经济战线和上层建筑各个领域的革命进行到底；要继续全面地执行抓革命、促生产、促工作、促战备的方针；要认真地完成整党建党任务，加强党的思想建设和组织建设。公报最后的口号是："在毛主席为首、林副主席为副的党中央领导下，'团结起来，争取更大的胜利！'"

同日 离开南昌，晚上到达长沙。

9月11日 在专列上听取华国锋、卜占亚、杨大易〔1〕汇报工作。谈话中，毛泽东问：你们湖南什么时候可以建成工业省？华国锋汇报了湖南正在开工建设的湘黔铁路、枝柳铁路湖南段和凤滩水电站、资江氮肥厂、省维尼纶厂等大型项目的情况，表示湖南一定抓紧工业基础建设，落实毛主席把湖南建成工业省的指示。

9月12日 经毛泽东审阅同意，中共中央发出关于组织群众广泛讨论宪法修改草案的通知，附《中华人民共和国宪法修改草案》。

同日 圈阅周恩来、康生九月十一日报送的关于十日召开的中共中央政治局会议议定事项的报告。报告说：昨晚政治局会议上，除专题报告外，议了下列几个问题。一、陈伯达案专案组由

---

〔1〕 杨大易，当时任湖南省革委会副主任、湖南省革委会党的核心小组副组长、中国人民解放军湖南省军区司令员。

康生、李德生、周恩来三人负责，具体工作由王良恩、杨德中、李鑫〔1〕三人处理。目前情况一般，尚未出现过分紧张状态。二、现在在京的政治局委员，除经常议事的同志周恩来、康生、江青、张春桥、姚文元、黄永胜、吴法宪、李作鹏、邱会作、李先念、纪登奎、李德生十二人外，今后如遇有重大政策问题需讨论，拟请董必武、朱德、叶剑英三人参加，刘伯承、谢富治两同志在休养期间拟不通知。三、今后在国际来往上，只实行必要的个别出访，不举行周游，拟起草一外交通报告诉我驻各国使馆，不要随便答复。四、提议耿飚为中央对外联络部部长兼党委书记。

9月15日 到达武汉。

9月16日 阅汪东兴九月十五日晚报送的第二次书面检查，批示："此件请汪东兴同志面交林、周、康及其他有关同志一阅，进行教育。详由东兴面谈。""陈案另是一个问题，应弄清楚。"

同日 上午，同汪东兴谈话。毛泽东说：你写的信（指汪东兴的第二次书面检查——编者注）我看过了，信中对问题的认识很好，接受教训。我看有些同志上了当还不通，现在不通，慢慢总要通嘛！有些同志自己不懂马列主义，自己都没有看过马列主义这一方面的书，发言时又要引用。我看还是要进行教育，还是要在二百七十多人（指九届中央委员和候补中央委员——编者注）中指定读点马列主义的书，三十本太多，可在三十本书内选些章节出来。此事请总理、康老办，我还可以选一些。不读马列主义怎么行呢？不行的，结果就被陈伯达摆弄了。

9月19日 由武汉回到北京。途中听取汪东兴汇报在武汉

〔1〕 王良恩，当时任中共中央办公厅副主任兼政治部主任。杨德中，当时任中共中央办公厅警卫局副局长兼中央警卫团政治委员。李鑫，康生的原秘书。

找曾思玉谈话的情况。专列到石家庄时，约李雪峰、刘子厚等人上车谈话，询问华北组第六号简报来由和庐山会议精神的传达情况，接着问了河北的形势，说河北的形势很好嘛！

同日 晚七时半，在北京丰台车站同陈先瑞[1]、吴德谈话一小时。在询问是否传达了庐山会议情况后，毛泽东说：庐山开会，有人反对现在修改的宪法，这是康生、春桥他们搞的，是按我的意见写的。关于天才地创造性地全面地继承、捍卫、发展了马克思列宁主义，在九大新党章起草和这次修改宪法，康生等几次写上三个副词，我都勾掉了。不设国家主席也是我提的。陈伯达明明白白知道这件事，而他却说这是反对我的。陈伯达是船上的老鼠，看见这条船要沉了，就跑到那条船上去了。你们不知道底细。什么天才，我读了八年孔夫子，又读了六年资产阶级的书，学的都是资产阶级那一套，那时不知道马克思。直到一九一八年，我二十四岁，才知道马克思。我这一路主要讲路线问题。路线正确一切都有，路线错了就会垮台。路线对了，人少会有人，没有枪会有枪，也会有政权；路线错了，人再多、枪再多也没有用。谈到领导班子问题时，毛泽东说：要讲团结，参与二月逆流的陈毅还选作中央委员，这就是标准嘛。基层干部要稳定，军队干部也要稳定一下好。要有长期打算。要搞好团结，党内有不同的看法和意见是常有的，有意见就让人家说，不让人家说就不能真正达到团结。有意见今天不说，明天还是要说，最后还是包不住，爆发了就受不了了。党内总有一些不同的人，这也不碍大局。至于个别人他要跳就让他跳，我们也不怕。谈到加强学习时，毛泽东说：要读几本马列主义的书，三十本多了，可选读一

〔1〕 陈先瑞，当时任中共中央军委委员、中国人民解放军北京军区政治委员。

些，使大家知道马列主义是怎么发展起来的。革命就不要分什么外国的，不要以为马、恩、列是外国的，就不读了。你们可以读一下《拿破仑第三政变记》，那是马克思早年著作，当时只三十四岁，你们再看一看《法兰西内战》，就有不同。在询问北京市工农业生产情况后说：要注意劳逸结合，不能翻一番，翻半番也很好嘛。

9月22日 周恩来和康生到林彪处，将毛泽东对汪东兴书面检讨的批件给林看，提议约黄永胜、吴法宪、李作鹏、邱会作四人在一起阅读该件，在他们想通后，应给主席、林副主席写一书面检讨，揭露事实真相，与陈伯达完全决裂。这样做，对党对己都极有利。林彪表示同意由周恩来、康生约黄等谈。过了一个星期，吴法宪向毛泽东交上第一篇书面检讨。

9月23日 下午五时半，在人民大会堂会见越南民主共和国总理范文同一行，林彪、周恩来、康生、黄永胜、李先念在座。谈到世界形势时，毛泽东说：这个世界我看是天下大乱，不太平。（范文同：这就是革命。）是啊，上回我就跟黎笋同志谈了，看样子打不起来大战，几个大国都不想打，彼此都怕对方。同时，欧洲许多国家，英国、法国、意大利、西德也不想打。日本现在也还没有到打的时候，一打就是帮美国的忙，也是抢美国的地盘。至于打朝鲜，打中国，我看它现在这个决心还没有下。中国现在根据地多了，每个省就算得一个根据地，如果帝国主义来进攻，那时我们也能对付。谈到基辛格访华问题时，毛泽东说：他说还要到北京来谈，是他自己提出来的，又不是我们提出来的。他嫌华沙不好，我们说，好嘛，你来吧。可是，他又不来了。美国那个国家也有困难，不要只看到你们自己有困难，美国的困难更大。谈到中国的情况时，毛泽东说：中国不算大国，算一个中等国家，我跟法国贝当古辩论过这个问题。在某种程度上，我们连法国都不如，怎么能算一个大国呢？他总是吹我们，说你们放了一颗卫星上天。我说天上每天有那么多卫星，我们只有一个，算什么。我们有一些工作没有做好，不仅是内部的工作，还有一些驻外使馆的工作。一个大使管不了新闻，管不了武官，管不了商务参赞，管不了经济援助，都是一些北京的条条专政来管。新闻归新华社来管，外贸归外贸部管。这个条条专政的问题在我们国内也是现在才开始解决。条条专政就是不能发挥各省的积极性。谈到国际援助时，毛泽东说：我看马克思主义者就是要讲话算数。马克思主义不是讲阶级吗？讲国际主义吗？工人阶级不分国界吗？现在别的国家在那里打仗流血，我们这个国家还没有打仗，不过是给一些物资，这还要讲价钱吗？

9月25日 阅林彪九月二十二日报送的《关于南京军区党委等单位传达党的九届二中全会精神的情况报告摘要》，批示："第五页上所提处理意见很好，应该进行一次思想和政治路线方面的教育。周、康阅，退林办。"《摘要》第五页说，贵州省在讨论团结问题时，"到会的军队干部一致认为，部分参加'三结合'的军代表，滋长了骄傲情绪和急躁情绪，必须引起严重的注意。决定分期举办军队干部学习班，重点解决这个问题，以进一步开展拥政爱民活动"。林彪在这段话下面画了线，并注明："此类问题已告军委办事组作为专题研究，以便改正三支两军人员中所出现的不良倾向。"

同日 下午，在人民大会堂会见巴基斯坦海军司令哈桑，周恩来、康生等在座。谈到巴基斯坦要建设造船厂时，毛泽东说：那是很需要的，我赞成。只要我们能够帮助的，我们尽量帮助，互相帮助嘛。现在一些大国欺负我们，比如在海军、空军这些方面，什么印度洋、太平洋都被他们霸占着。所以我们也得搞一点海军。讲到海军，我们恐怕是不行的，不比你们强，可能比你们还落后。中国原是一个穷国，过去没有工业，现在搞起了一点，也不很多。大概再过十五年左右，或者二十年左右——已经过了二十年，再过二十年左右，可能就好一些了。我们的经验和你们的经验证明，帝国主义是很大的，但它怕小国，也怕这些中等国家。有些国家说我们国家是大国，我说不是，是中等国家，跟你们一样。他们怕我们是怕我们的将来，不是怕我们的现在，这就是所谓潜在力量。所谓潜在嘛，就是力量还在那里睡觉，不晓得哪一天醒了，他们就紧张就是了。谈到中国的战备时，毛泽东说：我们所谓的空军、海军都是从陆军抽出来的人去搞的，因此他们也不内行，没有搞过嘛。陆军打游击战争，我们过去是有经验的，其办法就是叫：打得赢就打，打不赢就跑。我看海上也是用这个办法。就是这个军港不行，军港没法子跑，要想另外的办法。总之，准备一下比较好。有人说我们修地道花钱太多了，我们根本没有花钱，国家预算没有这笔钱，老百姓自己搞的嘛。

9月27日 阅周恩来关于党的高级干部读书问题的报告，批示："九本略多，第一次宜少，大本书宜选读（如反杜林）。"周恩来报告中选列的九本马、恩、列著作是：《共产党宣言》、《哥达纲领批判》、《反杜林论》、《费尔巴哈和德国古典哲学的终结》、《帝国主义是资本主义的最高阶段》、《国家与革命》、《无产阶级革命和叛徒考茨基》、《共产主义运动中的"左派"幼稚病》、《论马克思、恩格斯及马克思主义》。同时选列了五篇毛泽东著作《实践论》、《矛盾论》、《关于正确处理人民内部矛盾的问题》、《在中国共产党全国宣传工作会议上的讲话》、《人的正确思想是从哪里来的?》。十一月六日，中共中央发出经毛泽东审阅的关于高级干部学习问题的通知。通知中引用了毛泽东的上述批示，并指出："最近，毛主席在党的九届二中全会上，又一次指示：党的高级干部，不管工作多忙，都要挤时间，读一些马、列的书，区别真假马列主义。"通知中所列的学习书目为：《共产党宣言》、《哥达纲领批判》、《法兰西内战》（选读）、《反杜林论》（选读）、《唯物主义和经验批判主义》（选读）、《国家与革命》（选读）和毛泽东的五篇著作。

9月28日 晚上，在人民大会堂会见由凯莱齐[1]率领的阿尔巴尼亚政府经济代表团，周恩来、康生、李先念、李强、方毅[2]等在座。谈到世界形势时，毛泽东说：现在世界人民的觉悟是在提高，比如美国人民的觉悟这几年就有很大的提高，但是美国缺少一个真正的革命的党。我看印度、意大利、法国、英国、美国这些国家将来也可能是群众走在前头，然后感觉到有组织党的必要。你们看苏联同美国，究竟是矛盾大一些，还是合作的可能大一些呢？凯莱齐说：在划分势力范围的问题上肯定有矛盾，不可调和。毛泽东说：可能是这样，划分势力范围这方面矛盾很大。去年尼克松到罗马尼亚就使苏联很不高兴嘛。谈到尼克松表示要到中国来时，毛泽东说：如果他真来了，一定是有点什么名堂。美国人提出了一个建议，说中美会谈在华沙这个地方不好，他们愿意到北京来谈。我们说，你讲得对，谈了这么多年都没有结果，可以到北京来谈，但要谈台湾问题。后来他们不再说马上要来，以后再说了。毛泽东还说：有可能加拿大和意大利要同我们建立外交关系。

9月29日 圈阅周恩来本日报送的外交部关于吊唁埃及总统纳赛尔去世活动安排的请示。外交部请示说：建议以董副主席和周总理名义发唁电。派出郭沫若副委员长为国家特使前往开罗参加葬礼。周恩来在送审报告中说：我建议主席约我们谈一下，以便决定对此有关各事的处理。当天，毛泽东在中南海游泳池住

〔1〕 凯莱齐，当时任阿尔巴尼亚劳动党中央政治局候补委员、阿尔巴尼亚国家计划委员会主席、阿尔巴尼亚中国友好协会主席。

〔2〕 李强，当时任对外贸易部革委会副主任。方毅，当时任国家对外经济联络部革委会主任和党的核心小组组长。

处约周恩来、康生谈话，决定以郭沫若为特使前往。谈话中，提到传阅汪东兴的书面检讨信和传达毛泽东的意见的情况，毛泽东说：汪东兴的信是他自己要写的，别人没想通，不忙写检讨，这些人的错误与陈案性质不同。

9月 审阅中共中央对外联络部起草的中共中央对朝鲜劳动党成立二十五周年的贺电稿，将“经过无产阶级文化大革命锻炼的，用马克思主义、列宁主义、毛泽东思想武装起来的中国共产党全体党员和中国人民”一语中的“毛泽东思想”五个字删去。

10月1日 上午十时，和林彪、周恩来等党和国家领导人出席在天安门举行的中华人民共和国成立二十一周年庆祝大会，检阅中国人民解放军、民兵和群众的游行队伍。毛泽东在天安门城楼休息室会见斯诺夫妇，林彪、周恩来在座。毛泽东说：你去年十二月给我的信我收到了，我交给了周总理。他们说你写的书不好。我没有看，我看了摘要，没有什么不好。斯诺说：我这次来中国后发现我写的关于文化大革命的一些观点不正确，但我不是故意那样干的。毛泽东说：你当时怎么看就应该怎么写。今后也如此，你怎么看就怎么写。不应该要求外国朋友的观点和我们完全一样，我们自己都不完全一样嘛！过去外交部有个极左派，闹得外交部可乱了，谁都管不了。英国代办处就是他们放火烧的，不赞成你的也就是他们，现在在外交部他们不当权了。十月二日《人民日报》关于国庆的报道中，提到美国友好人士埃德加·斯诺和夫人参加了在天安门举行的国庆活动。

同日 晚上，在天安门城楼观看焰火和广场的联欢活动。在城楼休息室会见西哈努克亲王和夫人。西哈努克谈到柬埔寨国内战事，毛泽东说：军队需要训练，几个月还不行，需要从战争中学习战争，在战争中受到训练。听说美国军官在西点军校学了军事，但是学的东西拿到东南亚就不能用。柬埔寨人民军队在战场上自己学。没有听说学了书本就可以打仗的。我打了二十多年的仗，也不是从书本里学的，是通过战争学的。没有朗诺的政变，你也不会干嘛。

10月2日 阅陈伯达九月二十三日写的、二十九日报送毛泽东的检讨信，批示："送林、周、康阅。请周在政治局会议上讨论一下。"陈伯达在信中检讨了自己在历史上和文化大革命中所犯的错误，以说明"这次在九届二中全会上犯的大罪，不是偶然的"。信中要求给他一个悔过自新的机会。

10月初 审阅修改外交部起草的周恩来给日本社会党委员长成田知巳的复信稿。七月和八月，成田知巳先后三次致信周恩来，表示愿意发展该党同中国人民的友好团结和扩大交流，并希望有机会同我国领导人就亚洲新形势、恢复日中邦交等问题交换意见和派遣日本社会党的正式代表团访华，并希望在该党代表大会召开（十一月底至十二月初）之前访问中国。复信稿说："在当前新的形势下，中国人民和日本人民应该联合起来，反对美国侵略中国和日本领土，反对美日反动派复活日本军国主义。社会党朋友更应继承和发扬浅沼〔1〕精神，为反对中日两国人民的共同敌人美帝国主义及其伙伴、走狗、帮凶而进行斗争；如先生同意这一意见，我们欢迎日本社会党代表团于十月中旬来我国进行友好访问。"毛泽东将"社会党朋友更应继承和发扬浅沼精神"一句中的"更应"二字删去，同时将"如先生同意这一意见，我们欢迎"改为"在这个基础上，我们欢迎"。

10月8日 晚上，在钓鱼台迎宾馆会见金日成，林彪、周

〔1〕浅沼，指浅沼稻次郎，曾任日本社会党委员长。1959年3月访问中国时，发表演说指出："美帝国主义是中日两国人民的共同敌人。"1960年10月12日在东京日比谷公会堂发表竞选演说时遇刺去世。

恩来、康生、黄永胜、李先念在座。谈到同苏联、东欧的关系时，毛泽东说：跟苏联打交道这个事相当难。我们过去对苏联也有幻想，比如赫鲁晓夫初期我们还是寄予希望的，后头呢？就丧失了信心。你们现在无论是军事援助还是贸易关系跟苏联搞决裂也不好，我不劝你们搞决裂。我们是搞革命的，一个是国内要继续革命，国际上也希望推翻帝国主义，这是马克思列宁主义嘛。我们胜利了的党，胜利了的国家，应该帮助世界各国的革命者推翻全世界的剥削者，这是一般的原则。要靠苏联来帮助你们或者我们，是没有希望的。就讲军火要卖钱，这也是没有道理的。对于许多党的公开攻击，我们都是不回答的，我们只回答了一个意大利、一个法国、一个美国。其他许多党，比如东欧的党，虽然骂得很凶，他们不能不骂，我们都不回答。比如罗马尼亚，过去骂得很凶，你不是跟我讲过吗？现在怎么样呢？他们也不骂了。现在东欧有些党，我们准备跟他们改善关系，比如匈牙利、波兰。改善的程度呢，那就还要看了。谈到国际局势时，毛泽东说：这个美国，它管的地方太宽了，又要管亚洲，又要管欧洲，又要管中东，又要管非洲，又要管拉丁美洲，还要管它本国的人。现在世界大战可能性比较小，我看也是有原因的，就是帝国主义搞世界大战信心不足。美国的力量还是相当大的，但是它抓得很宽哪，力量不能集中，就难解决问题。要打，靠美国。而一打呢？势必有些地方的革命要趁机而起。第一次世界大战出了苏联，第二次世界大战出了我们这些国家。现在还不能断定它一定不打。总而言之，美国人进退两难。要退，它不愿意；要打，打不下去，它也难。（金日成：现在南朝鲜，美国人也不打算走，全撤是不会的了。）全撤？恐怕朴正熙要留，日本也要劝。要发生什么大问题，或者是拉丁美洲的革命起来了，或者是它本国闹起来了，问题严重，它不撤就不行了。谈到中国的文化大革命时，毛泽东说：有两年搞武斗，上一次我跟朴成哲同志谈过，所以一九六七、六八年两年生产低落，六九年，就是去年，跟今年才起来了。反革命也查出一些了，搞大联合了，不打仗了。我们中国内部搞内战呢！我们叫全面内战。谁知道文化大革命要搞这一套啊？我们没有计划的。后头一个省一个省地解决，中央一个部门一个部门地解决，学校也是一个一个地解决。会谈结束时，金日成说带来了几个理论问题，毛泽东说：可以同恩来同志、康生同志谈。

10月10日 上午，在人民大会堂第二次会见金日成，林彪、周恩来、康生、黄永胜、李先念在座。毛泽东说：听说你出了一些问题考我们呀？金日成说：只是交换了一下意见。毛泽东说：我看许多问题以后还要看。比如我们谈过的，一些文章中也发表过的：究竟是战争的危险为主，还是革命为主。我看战争的危险还是存在的，但是现在看来革命好像成了主要倾向。究竟哪一个对，我们以后还得看。金日成说：我们支持这个意见，革命的形势压倒战争。毛泽东说：帝国主义战争打起来了，主要倾向就是战争，战争引起革命，这是肯定的。美帝的朋友现在不多了。打朝鲜的时候还有十六个国家参加，至于打越南，欧洲一个国家都没有。如果打世界大战，欧洲国家不来，它打得起来啊？日本要打世界大战，总是要为日本打主意。现在替美国抬轿子，总是困难些，总不适合日本的口味吧。它没理由打我们。有些人总是说我们是好战分子、冒险主义者，但是我们冒险也就是你打来了，你来冒险我才防御嘛。所以世界上的事情是“欲加之罪，何患无辞”啊。我们支持各国革命推翻帝国主义、修正主义、各国反动派，只是说说而已。至于真正去推翻，那还得靠他们自己国家的人民起来，我们不能代替人家去推翻啊。现在我们连在台湾的反动派都不能推翻，你还能去干涉日本？当然我们也做点实事，比如东南亚现在的战争，你不帮忙也不行啊。你不帮忙就是叛变革命啊！我对范文同是这么讲的。还是要看路线正确不正确，这是最主要的。总而言之，帝国主义是没有道理的，跟着帝国主义走的那些人也是没有道理的。基本原则还是马列主义。谈到国际共产主义运动时，毛泽东说：这个世界上各有各的马列主义，多得很。当金日成说要根据毛主席的话为加强团结而继续努力时，毛泽东说：是啊，这些话要分成两部分。有一部分是肯定的，比如说你们有事要我们帮忙，我们要帮忙，这点是肯定的。有一些话是作为一种商量，因为我们自己还是作为问题提出来的，比如究竟是帝国主义战争为主要倾向，还是革命为主要倾向，虽然讲革命是主要倾向，我看还要看。

10月12日 阅周恩来本日报送的外交部关于毛泽东接见斯诺的安排，批示："可以，拟多听他谈些国际情况。"

10月14日 下午，在人民大会堂会见法国前总理德姆维尔和夫人，周恩来、康生等在座。谈到原子弹时，毛泽东说：我们虽然也搞点原子弹，但是不是使用，我表示怀疑。从历史上来看，防御战争总是比较好一点，比如法国大革命时期的防御战争就是如此。征服人家的战争就难说了，希特勒甚至把整个法国占领了，结果还是希特勒失败了。现在美国就是走的希特勒这条路，所以大国被小国牵制了。我对你们法国大革命这一段历史看起来还有兴趣。谈到中国的文化大革命时，毛泽东说：高潮结束了，有些工作还没有结束。清华大学就是两派武斗的一个学校。有一些人不算那么坏，他就叫作犯错误嘛。所以，现在我们没有去处罚什么人。老教授还是要用的，一跟群众结合，他就有用了，就能起点作用了。我是中间派，中间偏左。我这个人不算是怎么左的人。我们支持全世界人民革命这是真的，我们不隐瞒。但是革命嘛，是各国人民自己的事，中国人不能代替别国人去革命。好像你们法国大革命那样，并不是美国人帮忙去代替的。

同日 阅吴法宪九月二十九日的书面检讨，批示："此件已阅。我愿意看见其他宣讲员的意见。林、周、康及其他有关同志阅。阅后存中央办公厅。”吴法宪在检讨中说：八月二十四日下午，自己在西南组会上的发言中“引用的材料，没有查证核实，没有同对方正式商量交谈，又没有准备稿子”，“在庄严的二中全会上，讲这样关系全局的原则性的大问题，事先，没有请示政治局的同志，更未向主席、林副主席请示报告”。毛泽东批注：“作为一个共产党人，为什么这样缺乏正大光明的气概。由几个人发难，企图欺骗二百多个中央委员，有党以来，没有见过。”检讨中说：“又不从全局考虑，不顾影响，不考虑后果，这是极不严肃，极不慎重的不负责任的态度。”毛泽东批注：“这些话似乎不真实。”检讨中称陈伯达是“大野心家，大阴谋家，反党分子”，毛泽东批注：“是个可疑分子。我在政治局会议上揭发过。又同个别同志打过招呼。”检讨中说：“庐山会议期间，八月二十二日下午三时，陈伯达要来，我因当时还没有识破他，出于礼节，就主动去看了他，坐了一会就回来了。”毛泽东在“出于礼节”下画了横线。检讨中说：“八月二十三日晚十二点前后，他来找我和李作鹏、邱会作同志”，“他又谈关于‘天才’方面的问题”，“回去后隔不久就打电话传给我七条〔1〕语录……在电话上逐条进行了校正，然后打印了几份，给了办事组几个同志。”毛泽东批注：“办事组各同志（除个别同志如李德生外）忘记了九大通过的党章、林彪同志的报告，又找什么天才问题。不过是一个借口。”检讨中说：“八月二十六日黄昏，他打电话给我，说他到了主席那里，主席要他找我和李作鹏、邱会作三个同志谈谈，因此，我们三人就去了。”“他说主席今天下午批评了他”，“他还说，主席也批评了你们。我们问他主席批评了什么，他不肯说。”

〔1〕 应为八条。

“当时陈伯达神态异常，说话支支吾吾”。毛泽东在这些话下面画了横线，旁边打了个“?”，批注：“无非是想再骗你们一次，企图挽救他自己。”检讨中说：“有人利用伟大领袖毛主席的伟大谦虚，贬低毛泽东思想”。毛泽东批注：“什么伟大谦虚，在原则性问题上，从来没有客气过。要敢于反潮流。反潮流是马列主义的一个原则。在庐山，我的态度就是一次反潮流。”检讨中说：“二十七日晚，他来和我核对那句话[1]时，我看到他的发言稿上造谣说‘中央委员会也有斗争’”。毛泽东批注：“这句话并没有错，中央委员会有严重的斗争。有斗争是正常生活。”检讨中说：“八月二十四日晚上，他来电话找我，我去参加小组会不在家，他就告诉我的秘书说，他想把他对宪法的修改意见划一份出来送呈主席看”，我“告诉秘书不要答复他”。毛泽东批注：“这样对。”

10月15日　阅叶群十月十三日写给毛泽东的检讨，批示：“此件已阅。”“林、周、康及其他有关同志阅。阅后退中办存。”叶群在检讨中说：“我这次犯的错误是严重的，是路线性的。”毛泽东在“是路线性的”几个字下面画了横线，批注：“思想上政治上的路线正确与否是决定一切的。”检讨中说：“没有注意核实情况。在北戴河时连续接了几个这方面的电话，他们当时是出于热爱主席向林彪同志反映。”毛泽东在“连续接了几个这方面的电话”下面画了横线，批注：“爱吹不爱批，爱听小道消息，经不起风浪。”检讨中说：主席讲过“一切结论产生于调查情况的末尾，而不是在它的先头”。毛泽东批注：“这是马克思的话，我不过复述一遍而已。”检讨中说：“主席讲过‘矛盾以揭露为好。要揭露矛盾，解决矛盾’。掩盖矛盾是不符合辩证法的。由于自己没有提到政治原则和组织原则来认识这个问题，总以浮浅之见

---

〔1〕 指“有人利用伟大领袖毛主席的伟大谦虚，贬低毛泽东思想”这句话。

劝林彪同志不生气，和稀泥，力求息事宁人，结果帮了倒忙。”毛泽东批注：“一个倾向掩盖着另一个倾向。九大胜利，当上了中央委员，不得了了，要上天了，把九大路线抛到九霄云外，反九大的陈伯达路线在一些同志中占了上风了。请同志们研究一下，是不是这样的呢？”检讨中说：“在那天到会时，刚好接到办事组同志寄给我的一份论天才的语录”。“在发言时为了省事，部分地引用了几句”。毛泽东批注：“多年来不赞成读马、列的同志们，为何这时又向马、列求救，题目又是所谓论天才。不是在九大论过了吗，为何健忘若此？”检讨中说：“自己虽然没有参与搞那个语录”，“但由于自己嗅觉不灵，不加分析地部分引用了它，这就间接地被坏人陈伯达利用了”。毛泽东在“间接地”后面打了“？”，并批注：“直接地利用材料，所以不必加以分析。材料是一种，无论谁搞的都是一样。难道别人搞的就不算上当吗？”检讨中说“过去对他（指陈伯达——编者注）的斗争是不够有力的”。毛泽东批注：“斗争过吗？在思想上政治上听他的话，怎么会去同他斗争？”检讨中说：“陈伯达可能是个叛徒、内奸、里通外国分子”，八月二十三日林彪开完大会回家，陈伯达来见林彪同志。我们劝他回去了，“现在看来他这次闯来是别有用心的，是想趁机搞阴谋的”。陈伯达的老婆“在运动初期就坚决拒绝参加严慰冰专案组的工作，这件事也是很可疑的”。毛泽东批注：“不上当是不会转过来的，所以上当是好事。陈伯达是一个十分可疑的人。”检讨说：“今后我一定要努力活学活用主席著作（尤其是主席的哲学著作），并按主席教导认真读几本马、恩、列、斯著作。”毛泽东在“认真读几本马、恩、列、斯著作”下面画了横线，批注：“这是十分重要的。一个共产党人不读一点马、列，怎么行呢？我指的主要是担负高级职务的人。”毛泽东在检讨结尾处批注：“不提九大，不提党章。也不听我的话。陈伯达一吹，就上劲了。军委办事组好些同志都是如此。党的政策是惩前毖后，治病救人，除了陈伯达待审查外，凡上当者都适用。”

同日 晚上，周恩来将毛泽东批示的吴法宪的检讨送黄永胜、吴法宪、李作鹏、邱会作阅，在附信中说：“法宪同志的检讨信和主席批示，已送呈林副主席看过。”“主席要汪东兴告诉我和康老，在请示林副主席后约有关同志一起谈谈。还有，主席对叶群同志检讨信，也有批示，待林副主席和叶群同志阅后再送你们。”随后，周恩来同康生到林彪处，同林彪商量约黄永胜等人谈话事。

10月28日 经毛泽东审阅同意，中共中央发出《关于召开地方各级党代表大会的通知》。通知说：党的九届二中全会号召全党要认真地完成整党建党任务，加强党的思想建设和组织建设。为此，各地要按新党章的规定，及时召开地方各级党代表大会，建立各级党委。

10月 林立果正式组建秘密组织“联合舰队”〔1〕。叶群为“联合舰队”的骨干成员规定了代号。

11月6日 经毛泽东审阅同意，中共中央发出《关于成立中央组织宣传组的决定》。决定指出：一、为了党在目前进行的组织宣传工作，实施统一管理，中央决定在中央政治局领导下，设立中央组织宣传组。二、中央组织宣传组设组长一人，由康生同志担任，设组员若干人，由江青、张春桥、姚文元、纪登奎、李德生同志担任。

---

〔1〕 1970年5月2日，周宇驰、王飞、刘沛丰（空军司令部办公室处长）等空军司令部办公室“调查研究小组”成员，被邀到林彪家中“做客”，林彪接见、谈话并同他们合影。他们纷纷向林彪表示忠心，并推举林立果为他们的头。林立果被吴法宪授予在空军可以“调动一切，指挥一切”的权力后，这个调研小组的活动范围更加广泛，最后发展为“联合舰队”这一秘密组织，并在上海建立“上海小组”，在广州组织“战斗小分队”，配备枪支，规定联络密语，进行特种训练等。

三、中央组织宣传组管辖中央组织部、中央党校、人民日报社、《红旗》杂志社、新华总社、中央广播事业局、光明日报社、中央编译局的工作，以及中央划归该组管辖单位的工作。四、工、青、妇中央一级机构和它们的五七干校，均划归中央组织宣传组管辖。五、中央组织宣传组可设短小精干的联络办公室。六、中宣部、中央政治研究室均取消，中央办公厅负责管理它们的五七干校和安置工作。

11月9日 阅周恩来本日报送的外交部关于对越南南方五省受灾的慰问和赠款问题的请示报告，请示报告建议捐赠价值二百万人民币的物资。毛泽东批示："宜增至五百万。"

11月上旬 阅周恩来、康生、李德生十一月七日关于扩大印发《我的一点意见》的请示报告。请示报告说：在办理陈伯达专案的过程中，我们发现主席的《我的一点意见》一文如不使更多负责同志和办专案同志知道，就不容易得到多的真实的揭发和检举的材料。我们提议将主席的《我的一点意见》印发各省、市、自治区党的核心小组，各大军区、省军区、各军、各总部、各军兵种党委常委，中央党和政府的各部委领导小组或党的核心小组各一份。毛泽东批示："略宽为好，如地级、师级。中央应有一指示下达。请林再阅后，退周恩来、康生。"林彪批示："完全同意主席批示。"十一月十六日，中共中央发出《关于传达陈伯达反党问题的指示》和毛泽东的《我的一点意见》。

11月11日 阅周恩来本日报送的关于派特使参加戴高乐葬礼〔1〕的请示报告。请示报告说：要求参加戴高乐葬礼的已达八十多个国家，其中有尼克松、柯西金、希思、比里、塞拉西〔2〕

〔1〕 法国前总统戴高乐于1970年11月9日去世。

〔2〕 希思，当时任英国首相。比里，泰国前总理。塞拉西，当时是埃塞俄比亚皇帝。

等，多是自发而非邀请。鉴于中法目前关系，而戴的对美立场又为我所称赞，如外交部请示件已为主席批准，我提议由于时间关系，即派黄镇大使为我国特使参加十一月十二日法国政府举行的葬礼。毛泽东批示："同意。"同日，毛泽东致电戴高乐夫人："获悉夏尔·戴高乐将军不幸逝世，谨对他，反法西斯侵略和维护法兰西民族独立的不屈战士，表示诚挚的悼念和敬意。"

11月13日 下午，会见巴基斯坦总统叶海亚·汗，董必武、周恩来、康生、黄永胜、李先念、邱会作在座。谈到中国经济建设的经验教训时，毛泽东说：管经济很不容易。我们早先不会搞，经过几个转折，搞得稍为好一点，才学会了一点。我们还在学习的过程当中。事情总是由小到大。我看了你们第四个五年计划的纲要，恐怕有些项目将来难以实现。听说你们有能力在一年之内生产十五万吨钢，我们从清朝末年开始搞了三十八年，到蒋介石又搞了二十一年，加起来五十九年，在我们接手的时候，生产钢的能力每年也只有五万吨。我们接收的就是这样一个烂摊子。少不要紧，但搞得太急了，会吃亏的。现在我们还没有超过两千万吨钢，一直没有超过，上不去。能办的就办，办不到的就在人民面前、在干部面前讲老实话，说实在办不到，等一等，地球照样转，将来有希望。我们在一千万吨到一千八百万吨钢之间来回徘徊了十年左右，还是上不去。但我可以对你讲，通过这场文化大革命，许多人觉悟了，今后十年有可能上去。现在倒要警惕，要防止有些人动不动就要翻一番。这个积极性一上来，又要发生事。一是材料不够，一是设备、投资跟不上，全国紧张。谈到中国同周边国家的关系时，毛泽东说：我看我们两个国家是要合作的。还有，尼泊尔和阿富汗都是朋友，不是敌人。缅甸现在的当政者也可能和我们搞好一些。至于印度，就难说了。双方都放风说要把关系搞得好一点。从我们这方面讲，放这个风的就是我了，就在五月一号。我的风就是这么几句话：我们两国总是这样闹下去也不行嘛，总有一天要搞好一点嘛。我们同他们做点生意还可以，此外可以恢复互派大使。我看就是这两件事可以做。边界问题就没法谈。那个什么麦克马洪线我们不能承认，但是还承认它是实际控制线。

11月19日 经毛泽东审阅同意，中共中央发出《关于召开北方十五省、市、区防治地方病工作会议的通知》。

11月24日 阅外交部谴责美国军队恢复轰炸越南北方的声明稿，批示："照办。"外交部的声明说：十一月二十一日，美国侵略者悍然出动大批飞机，对越南民主共和国的广大地区进行了野蛮的轰炸和扫射。越南民主共和国外交部于当天发表声明，严厉警告美帝国主义，坚决要求美国政府立即停止侵犯越南民主共和国的一切行动。中国政府和中国人民坚决支持越南民主共和国政府和越南人民的这一严正立场。中国政府重申：越南人民和印度支那各国人民的斗争，就是我们的斗争。全力支援越南人民和印度支那各国人民的抗美救国战争，是中国人民义不容辞的国际主义义务。

同日 阅中国政府就葡萄牙入侵几内亚准备发表的声明稿，批示："照办。"声明说：十一月二十二日，葡萄牙殖民主义者在美帝国主义的支持下，悍然派遣雇佣军，采取海盗式的手段，对几内亚共和国进行突然袭击，妄图一举颠覆以杜尔总统为首的几内亚共和国政府，把几内亚人民重新推入殖民主义统治的黑暗深渊。这是美帝国主义和葡萄牙殖民主义者对几内亚人民和非洲人民犯下的新的滔天罪行。中国政府和中国人民对这一赤裸裸的侵略行为，表示无比的愤慨和最强烈的谴责。

同日 阅北京卫戍区部队进行千里战备野营拉练的总结报

告，批示："林彪同志：此件可阅，我看很好。请你和黄永胜同志商量一下，全军是否利用冬季实行长途野营训练一次，每个军可分两批（或不分批），每批两个月，实行官兵团结、军民团结。三支、两军者不在内。但大、中、小学（高年级）学生是否利用寒假也可以实行野营训练一个月。工厂是否可以抽少数工人（例如四分之一，但生产不能减少）进行野营练习。请与中央各同志一商。"在总结报告末尾，批注："如不这样训练，就会变成老爷兵。"十二月十日，审阅中共中央关于贯彻执行伟大领袖毛主席关于实行野营训练重要批示的通知稿，批示："照发。"通知要求全国各族人民立即掀起一个实行野营训练的热潮。野营训练要学习解放军三八作风，加强革命性、科学性和组织纪律性，进行战史、村史、厂史、家史教育，参加野营训练的人员要传播社会主义科学文化知识，帮助公社、队修理农机具，给群众治病等。

12月5日　听取汪东兴受周恩来委托汇报中国与智利建交公报的谈判情况，表示同意。

12月6日　阅中共中央联络部《关于邀请"荷兰共产主义统一运动（马列）"派代表团访华的请示》，批示："对于一切外国人，不要求他们承认中国人的思想，只要求他们承认马列主义的普遍真理与该国革命的具体实践相结合。这是一个基本原则。我已说了多遍了。至于他们除马列主义外，还杂有一些别的不良思想，他们自己会觉悟，我们不必当作严重问题和外国同志交谈。只要看我们党的历史经过多少错误路线的教育才逐步走上正轨，并且至今还有问题，即对内对外都有大国沙文主义，必须加以克服，就可知道了。"

12月8日　经毛泽东审阅同意，中共中央发出《关于西藏社会主义改造问题的指示》。指示说：原则上同意西藏地区在完成民主改革的基础上，有领导、有计划、有步骤地实现人民公社化。指示要求划分阶级要认真注意政策，掌握一个“准”字。人民公社所有制，可以是两级，也可以是三级；生产队的规模不宜一律规定三十户，可以大一点，也可以小一点，要因地制宜。

12月上旬 阅周恩来十二月八日报送的《国务院关于召开全国计划会议的通知》稿，批示：“照发。”全国计划会议于十二月十五日起在北京召开，讨论一九七一年国民经济计划草案和“四五”计划设想等。

12月11日 经毛泽东审阅同意，中共中央转发《国务院关于北方地区农业会议[1]的报告》。报告提出：农业学大寨，就是要像大寨党支部那样，用伟大的毛泽东思想教育农民。这是大寨经验中根本的东西，第一位的东西。至于大寨在经营管理、生产技术方面的一些具体办法，那是第二位的东西，决不能不顾自己的条件，照抄照搬。要批判靠天、靠国家的依赖思想，坚持自力更生、艰苦奋斗的方针；批判右倾保守思想和懦夫懒汉世界观，鼓足干劲，力争上游；肃清浮夸风、瞎指挥等，把冲天干劲和实事求是的精神结合起来。要正确执行党的政策，毛主席亲自主持制定的人民公社“六十条”中关于人民公社现阶段的基本政策，仍然适用，必须继续贯彻执行。要加速实现农业发展纲要，尽快扭转南粮北调，下苦功夫，大搞农田基本建设，努力增加肥料，全面实行土、肥、水、种、密、保、管、工的农业“八字宪法”，农业的根本出路在于机械化。中央批语指出：希望各省结合当地实际情况，参照执行。

---

〔1〕 北方地区农业会议，于1970年8月25日在山西昔阳开幕，8月31日回到北京继续开会，10月5日结束。会议第一阶段是在大寨大队和昔阳县参观；第二阶段进行路线分析，总结和交流各地学大寨的经验，主要解决学大寨学什么和怎么展开的问题；第三阶段分组讨论实现农业发展纲要的措施和农村各项政策问题。

同日 经毛泽东审阅同意，中共中央发出《关于加强安全生产的通知》。通知指出：今年以来，特别是下半年以来，有些地方不断发生重大事故，给人民的生命财产造成严重损失，在政治上带来不良影响。通知提出了加强安全生产的五条具体要求。

12月16日 阅三十八军党委十二月十日关于检举揭发陈伯达反党罪行给中央军委办事组并报中共中央的报告。报告从突出自己树立个人威信、插手军队搞宗派活动、处理保定问题搞分裂等三个方面，揭发了陈伯达从一九六七年到一九七〇年在北京军区和华北各省区的一些活动情况，并附送了五个相关材料。毛泽东批示："林、周、康及中央、军委各同志：此件请你们讨论一次，建议北京军区党委开会讨论一次，各师要有人到会，时间要多一些，讨论为何听任陈伯达乱跑乱说，他在北京军区没有职务，中央也没有委任他解决北京军区所属的军政问题，是何原因陈伯达成了北京军区及华北地区的太上皇？林彪同志对我说，他都不便找三十八军的人谈话了。北京军区对陈伯达问题没有集中开过会，只在各省各军传达，因此没有很好打通思想，全军更好团结起来。以上建议，是否可行，请酌定。"

同日 阅汪东兴十二月十四日报送的莫文骅[1]给汪东兴的信。信中说，对自己的问题至今还未作出政治结论，由于问题已上交中央军委处理，所以恳请快些解决。信中提出将信转报毛泽东阅。毛泽东批示："此事请林彪同志酌量处理。莫文骅似乎不算坏人，由于不会团结人，所以得罪人不少。我不熟此人底细，应请军委处理。"

12月17日 圈阅周恩来本日报送的中共中央政治局十六日晚开会讨论毛泽东对三十八军党委报告的批示的情况报告。报告

---

〔1〕 莫文骅，原任中国人民解放军政治学院院长，1969年下放农场劳动。

说：主席对三十八军党委报告的批示和林副主席的批示及报告，大家一致拥护，并已印成文件。会中商定，先约郑维山、李雪峰、吴德、解学恭、陈先瑞等军区常委同志于十八日来中央开会，商量召开北京军区党委会议问题。

12月18日 上午九时，在中南海游泳池住处会见斯诺。关于中国的文化大革命，毛泽东说：全面内战，到处打，分两派，每一个工厂分两派，每一个学校分两派，每一个省分两派，每一个县分两派，每一个部也是这样。外交部就是两派，闹得一塌糊涂，有一个半月失去了掌握，这个权掌握在反革命手里。一九六七年七月和八月两个月不行了，天下大乱了。这一来就好了，他就暴露了，不然谁知道啊！多数人还是好的，有少数人是坏人。斯诺问：你什么时候明显地感觉到必须把刘少奇这个人从政治上搞掉？毛泽东说：那就早啰。一九六五年一月，“二十三条”发表。“二十三条”中间第一条就是说“四清”的目标是整党内走资本主义道路的当权派，当场刘少奇就反对。斯诺问：你是不是在那时感到必须进行一场革命的？毛泽东说：嗯。一九六五年十月[1]就批判《海瑞罢官》。一九六六年五月十六日中央政治局扩大会议就决定搞文化大革命，一九六六年八月召开了十一中全会，“十六条”搞出来了。这个文化大革命中有两个东西我很不赞成，一个是讲假话，一个是捉了俘虏虐待（指武斗中的现象——编者注），我很不高兴的。斯诺说：为了澄清我自己的思想，我想简单地谈谈我对文化大革命的一些想法。毛泽东说：你说的那个城乡人民冲突的问题不严重，基本上是修正主义跟反修正主义的问题。要搞修正主义就要跟苏联妥协。至于城乡资本主

〔1〕 应为1965年11月。姚文元《评新编历史剧〈海瑞罢官〉》一文，是1965年11月10日在《文汇报》发表的。

义因素的发展，那是当然要发展的，现在还在发展。中国是贫农多，占百分之六七十，还要加上中农，要团结中农。至于富裕中农，他们每日、每时、每刻都在产生资本主义。这是列宁说的话，不是我们创造的。中国是一个小资产阶级的汪洋大海，农民这么多啊。工人阶级人数不那么多，工人阶级也年轻。关于个人崇拜问题，毛泽东说：说我是个人崇拜。你们美国人才是个人崇拜多呢！你们的国都就叫作华盛顿。你们的华盛顿所在的那个地方就叫作哥伦比亚区。总要有人崇拜嘛！你斯诺没有人崇拜你，你就高兴啦？你的文章、你的书写出来没有人读你就高兴啦？总要有点个人崇拜，你也有嘛。你们美国每个州长、每个总统、每个部长，没有一批人崇拜他怎么混得下去呢？谈到一九六六年发动文化大革命时的情况，毛泽东说：那个时候的党权、宣传工作的权、各个省的党权、各个地方的权，比如北京市委的权，我也管不了了。所以那个时候我说无所谓个人崇拜，倒是需要一点个人崇拜。现在就不同了，崇拜得过分了，搞许多形式主义。比如什么“四个伟大”，“Great Teacher，Great Leader，Great Supreme Commander，Great Helmsman”（伟大导师，伟大领袖，伟大统帅，伟大舵手），讨嫌！总有一天要统统去掉，只剩下一个Teacher，就是教员。因为我历来是当教员的，现在还是当教员。其他的一概辞去。过去这几年有必要搞点个人崇拜。现在没有必要，要降温了。斯诺说：我有时不知那些搞得很过分的人是不是真心诚意。毛泽东说：有三种，一种是真的，第二种是随大流，第三种是假的。你才不要相信那一套呢。在谈到有些外国友人对文化大革命中的一些错误做法不敢讲，怕说错了话时，毛泽东说：我不怕说错话，我是无法无天，叫“和尚打伞”，无发（法）无天，没有头发，没有天。关于中国的建设情况，毛泽东说：我看你这次来访问比较前几次要深。你接触了工厂、农村、学校，这就是研究社会。中国的农业还是靠两只手，靠锄头和牛耕种。现在有些进步了，但还很落后，识字的人还不多，女人节育的还不多。斯诺说：我去看了一些我十年前参观过的公社。这些公社都取得了很大进步。毛泽东说：说有所进步，我赞成；很大的，不能讲，要谨慎。我对中国的进步不满意，历来不满意，当然不是说没有进步。三十五年前（指斯诺一九三六年在保安第一次采访毛泽东的时候——编者注）同现在比较，总进步一点吧。过去叫南粮北调，现在各省市逐步在解决。再一个就是北煤南运，说是湖北、湖南、广东、福建、浙江，还有江苏的南部没有煤炭，所以要从北边运来。现在都有了。就是要有两个积极性，中央的积极性和地方的积极性，让地方自己去搞，中央不要包办。统统抓在中央手里不行啊，管不了那么多啊！要学你们美国的办法，分到五十个州去。中央一个积极性，地方一个积极性，讲了十几年了，就是不听，有什么办法？现在听了。世界上的事情就是这样，要走弯路，就是S形。关于中美关系，毛泽东说：我是不喜欢民主党的，我比较喜欢共和党，我欢迎尼克松上台。为什么呢？他的欺骗性也有，但比较地少一点，你信不信？他跟你来硬的多，来软的也有。他如果想到北京来，你就捎个信，叫他偷偷地，不要公开，坐上一架飞机就可以来嘛。谈不成也可以，谈得成也可以嘛。何必那么僵着？但是你美国是没有秘密的，一个总统出国是不可能秘密的。他要到中国来，一定会大吹大擂，就会说其目的就是要拉中国整苏联，所以他现在还不敢这样做。整苏联，现在对美国不利；整中国，对于美国也不利。现在我们的一个政策是不让美国人到中国来，这是不是正确？外交部要研究一下。左、中、右都让来。为什么右派要让来？就是说尼克松，他是代表垄断资本家的。当然要让他来了，因为解决问题，中派、左派是不行的，在现时要跟尼克松解决。他早就到处写信说要派代表来，我们没有发表，守秘密啊！他对于波兰华沙那个会谈不感兴趣，要来当面谈。所以，我说如果尼克松愿意来，我愿意和他谈，谈得成也行，谈不成也行，吵架也行，不吵架也行，当做旅行者来谈也行，当做总统来谈也行。总而言之，都行。我看我不会跟他吵架，批评是要批评他的。我们也要作自我批评，就是讲我们的错误、缺点了，比如我们的生产水平比美国低，别的我们不作自我批评。尼克松要派代表来中国谈判，那是他自己提议的，有文件证明，说愿意在北京或者华盛顿当面谈，不要让我们外交部知道，也不要通过美国国务院。神秘得很，又是提出不要公开，又是说这种消息非常机密。一九七二年美国要大选，我看，这年的上半年尼克松可能派人来，他自己不来。要来谈是那个时候。他对那个台湾舍不得，蒋介石还没有死。台湾关他什么事？中美两国总要建交的。中国和美国难道就一百年不建交啊？我们又没有占领你们那个长岛。关于中苏关系，毛泽东说：俄国的问题总也要解决嘛。世界上各国的问题都总是要解决的呀！总要双方都愿意才行，只一方愿意不行。中国挖防空洞，他们也害怕。这有什么好怕的呢？挖防空洞是防你来嘛，我钻洞嘛，又不打出去。中国批评他们的修正主义，他们也怕。那末是谁先批评我们的呢？这场战争是谁开始打第一枪的呢？他们叫我们教条主义，我们叫他们修正主义。我们不怕他们叫我们教条主义，我们把他们批评我们教条主义的文章在我们的报上发表。他们就不敢发表我们批评他们的文章，他们就怕。这些俄国人看不起中国人，看不起许多国家的人，他们以为只要他一句话，人家就都会听。谁知道，也有不听的，其中一个就是鄙人。关于当前的世界形势，毛泽东说：你们美国有个记者叫卡诺，过去在香港，现在在苏联，他说美国人很蠢，煽动全世界人民觉悟。我喜欢世界上最反动的人。我不喜欢什么社会民主党，什么修正主义。修正主义有它欺骗的一面，西德现在的政府也有它的欺骗性。十二月二十五日，《人民日报》头版头条发表毛泽东会见美国友好人士埃德加·斯诺的消息，并刊载毛泽东和斯诺十月一日在天安门城楼的合影照片。一九七一年五月三十一日，中共中央印发《毛主席会见美国友好人士斯诺谈话纪要》。

12月19日 审阅周恩来本日报送的中共中央政治局十二月十八日晚召开扩大会议商议开好北京军区党委扩大会（通称华北会议）〔1〕的情况报告。报告说：政治局会议传达和讨论了主席对三十八军报告的批示和林副主席批示。大家一致拥护主席要北京军区党委召开扩大会的建议，集中讨论北京军区和华北地区对陈伯达问题的认识和揭发，人要多一些，时间要长一些。为开好这个会，先以三天时间（十九、二十、二十一日）开北京军区党委常委会议，初步统一认识，利于接受大家批判。在会上，要从揭发批判达到团结。毛泽东批示："照办。要有认真的批评，从批评达到团结的目的。建议李德生、纪登奎二同志参加会议。永

〔1〕 中国人民解放军北京军区党委扩大会议，于1970年12月22日至1971年1月24日在北京召开，参加会议的有北京军区、华北各省军区、北京卫戍区、天津警备区及华北地区有关单位负责人共499人。从1971年1月9日起，出席中央军委座谈会的143人也参加会议。会议分小会、中会、大会三种形式。小会是北京军区、北京、天津、河北省负责人参加；中会是省市区和军以上干部参加；大会是全体人员参加。会议前期由李雪峰、郑维山主持，毛泽东认为批陈不痛不痒，提出重点在批陈，其次才是整风。会议随即改组，由周恩来代表中央主持，同期召开的中央军委座谈会也被并入。会议结束时周恩来代表中央作了结论性讲话。这次会议后，李德生被任命为北京军区司令员，谢富治任第一政治委员，纪登奎任第二政治委员。免去李雪峰、郑维山的职务。此后，全国开展了批陈整风运动。1979年12月6日，中共中央发出《关于为所谓"华北山头主义"平反的通知》，为李雪峰、郑维山平反。

胜、作鹏应同德生、登奎一道参加华北会议。这次会议在全军应起重大作用，使我军作风某些不正之处转为正规化。同时对两个包袱[1]和骄傲自满的歪风邪气有所改正。”

同日 和林彪、周恩来致电阮友寿等，祝贺越南南方民族解放阵线成立十周年。贺电说：印度支那各国人民在抗美救国战争前进的道路上，不论遇到什么艰难险阻，也不论美国侵略者进行怎样疯狂的军事冒险，七亿中国人民坚决与你们站在一起，全力以赴地支援你们，直到取得抗美救国战争的彻底胜利。

12月22日 阅新华社本日编印的《参考消息》第四三七七期上的头条文章《坦克的履带镇压不了波兰人民的愤怒和仇恨》，批示：“姚文元同志：这篇文章很好，可以全文转载，并翻成外文广播。另将哥穆尔卡[2]下台及一星期斗争过程写一详细报道发表。”该文原载十二月十九日阿尔巴尼亚《人民之声报》。文章对十二月十四日、十五日发生在波兰北部城市格但斯克、格丁尼亚和索波特的罢工和示威情况进行了报道和分析。《人民日报》十二月二十二日转载了这篇文章。

12月25日 阅周恩来本日报送的关于华北会议情况的报告。报告说：北京军区党委扩大会议已开会三天，到会四百三十三人，现在还处在学习和表态的开始阶段。政治局会议在讨论时，认为华北会议的认真批评和彻底揭露的精神还没形成。参加会议的政治局同志今（二十五）日起，要在几个主要小组会上打通思想，突破缺口，以影响大会。估计形势打开，将在年底年

---

〔1〕 指当时所说的在战争年代立下的“战功”和在“文化大革命”中立下的“新功”这两个包袱。

〔2〕 哥穆尔卡，原任波兰统一工人党中央第一书记，1970年12月20日辞职。

初。毛泽东批示："同意。"

12月26日 审阅周恩来十二月二十四日报送的中共中央关于兴建葛洲坝水利枢纽工程给武汉军区、湖北省革委会的批示稿。武汉军区和湖北省革委会十月给中央的报告中，建议兴建葛洲坝水利枢纽工程，并就工程规模、工程效益、工程保证、施工准备各方面作了说明。中央的批示稿表示同意。周恩来在送审报告中说：去年十月，主席在武汉曾对修建三峡大坝的提议说到在目前备战时期不宜作此想。后来他们转而设想修建下游宜昌附近的葛洲坝低坝，采用径流发电，既可避免战时轰炸影响下游淹没的危险，又可争取较短时间加大航运和发电量。武汉军区和湖北省革委会十月就提出报告请中央列入"四五"计划。中央政治局十一月会议讨论原则批准。毛泽东批示："赞成兴建此坝。现在文件设想是一回事。兴建过程中将要遇到一些现在想不到的困难问题，那又是一回事。那时，要准备修改设计。"十二月三十日，葛洲坝工程开工典礼举行。

12月29日 阅姚文元关于最近学习情况等问题的报告，批示："都同意。你的学习进程较好较快，坚持数年，必有好处。我的意见二百五十个中央委员〔1〕，及一千以上的高、中级在职干部都应程度不同地认真看书学习，弄通马克思主义，方能抵制王明、刘少奇、陈伯达一类骗子。《人类在自然界的位置》请找一本给我。《天演论》前半是唯物的，后半是唯心的。"一九七一年一月六日，中共中央发出通知，要求全体中央委员、候补中央

〔1〕 中央委员，此处指中共中央委员和候补中央委员；1969年4月24日，中国共产党第九次全国代表大会当选中央委员170名、候补中央委员109名，共279名。至毛泽东写这个批语时，因有中央委员会成员逝世等原因，当时实有中央委员、候补中央委员274名。

委员，全国高、中级在职干部，认真照主席的批示进行学习，指出毛主席的批示“极为重要，是我党思想建设的最根本问题”。

12月30日　阅新华社本日编印的《参考消息》摘登的英国《卫报》的《争夺东海的石油》一文，批示：“送总理及外交部研究，此文可否可以在《人民日报》转载。”该文说：日本、南朝鲜和台湾当局正在忙着出让深海开采权，其中有些深海开采权在法律上是有争执的。这种开采活动是在中国的大陆架进行的，但是却没有同中国商量。中国人本月打破了在这个问题上的沉默，强烈声称他们对东海大陆架拥有主权。这是北京第一次公开表示这样的态度。还有一些远离日本和朝鲜的广大地区，在这些地区，只有中国才可以合法地被认为是沿海国。一九五八年关于大陆架的日内瓦协议规定，沿海国家对“水深二百米或超过这个深度而水深允许开发天然资源”的大陆架行使主权。东海大部分地区是在二百米的深度以内，何况协议的规定还超过这个深度。十二月三十一日，《人民日报》摘要转载这篇文章。

12月下旬　在中南海游泳池住处同李德生谈话，调他任北京军区司令员。李德生问：总政的事还管不管？毛泽东说：管。但要把主要精力放在北京军区，把屁股坐在北京军区，兼管总政的工作。毛泽东说：你看过顾祖禹的《读史方舆纪要》吗？这是一部军事地理的参考书，要找来看看，先读有关华北部分。你知道北京为什么叫燕京，北京最早的居民点在哪里？当北京军区司令员，要了解北京的历史地理，了解华北的历史地理。最后说：你先去参加华北会议，等公布了北京军区司令员的任命后，就到职上任。

1971年　七十八岁

1月1日　两报一刊发表元旦社论《沿着毛主席革命路线胜利前进》。社论说：一九七一年，将是我国人民在无产阶级专政下继续革命的重要的一年，将是无产阶级文化大革命斗、批、改运动更加深入的一年，是实行发展国民经济第四个五年计划的第一年。

1月5日　晚上，在中南海游泳池住处召集周恩来等开会，谈如何开好华北会议以团结全军的问题。谈话中对李雪峰、郑维山进行了批评。

1月6日　对是否印发江青在华北会议的讲话记录稿作批示："讲话不要印发。"江青于一九七〇年十二月三十日和一九七一年一月三日两次在华北会议上发表长篇讲话，未经中央讨论，牵强附会地批判李雪峰、郑维山，并随意点名批评其他人。

1月7日　阅周恩来本日报送的关于如何开好华北会议的请示报告。报告对落实毛泽东一月五日晚关于开好华北会议的指示，作出六项具体安排。其中第六项说：为集中大家注意力，拟印发毛主席、林副主席十二月十六日、十九日两次批示和有关报告，及中央有关文件，编印华北会议的材料七件。另拟将江青同志两次讲话录音，加以删减，给大区同志放听。毛泽东批示："照办。江青录音是否放听，请先将文字送我看过再定。"十三日，阅江青讲话整理稿后，批示："不要放听，也不要印发，可作内部材料保存。"

1月8日 阅济南军区政治部一月五日报中共中央军委办事组和总政治部的《关于学习贯彻毛主席“军队要谨慎”指示的情况报告》。报告说：在贯彻毛主席“军队要谨慎”的指示中，主要抓了以下三个问题：一是破“一贯正确论”，立一分为二的世界观。二是破“领导高明论”，立群众是真正的英雄的观念。三是破“骄傲有资本论”，立为人民要立新功的思想。毛泽东批示：“林、周、康三同志：此件很好，从理论和实践的结合上讲清了问题。请你们看一下，是否可以转发全军。如同意，请总理在一次政治局会议上宣读、讨论、通过，并加上中共中央、中央军委和军委总政治部的几句指示，即可发出。除军外，中央机关和地方党、政机关也要发出。我军和地方多年没有从这一方面的错误思想整风，现在是进行一场自我教育的极好时机了。”毛泽东对报告中的“无限的精力”一语，批注：“改为充沛的精力较好，因为人的精力并不是无限的。”

1月11日 经毛泽东审阅同意，中共中央、中央军委、总政治部发出《关于贯彻执行毛主席一月八日重要批示的通知》。通知指出：多年来，军队和地方以及中央机关没有从反对居功骄傲这一方面进行整风。有些干部存在着居功自恃、骄傲自满、军阀主义、自以为是、一言堂、讲假话、不走正道等歪风邪气，对内对外的大国沙文主义，这对于执行毛主席的革命路线妨碍极大。通知要求军队、地方和中央机关，都要学习济南军区报告的“三破三立”，以毛主席的批示为纲，利用当前极好时机，开展一场反对骄傲自满、提倡谦虚谨慎的自我教育运动。

1月中旬 圈阅周恩来报送的关于华北会议十三日至十七日开会情况和十七日至二十日会议安排的报告。

1月20日 阅周恩来本日报送的关于华北会议及北京军区司令员等人选问题的请示报告。报告说：华北会议大会发言，已于昨日讲完。政治局昨夜开会认为，会议可以准备结束，最后政治局需要有人讲话，已商定由黄永胜、李作鹏、纪登奎三同志今日拟一讲话提要，报请主席批准后再讲。报告还说：即使中央指出李雪峰、郑维山错误，还不应与陈伯达放在一起，成为陈、李、郑反党集团，但用二分法清理他们错误在华北所遗留的后果，确需在会后进行一段艰苦的教育工作。报告建议李德生任北京军区司令员，河北以郑三生去加强，内蒙古前指以尤太忠[1]主持，总政主任调张才千担任[2]。毛泽东批示："照办。"对报告中的"在一两天内，希望主席能约我们一谈"一句，毛泽东批注"大约可以"。

1月22日 阅周恩来报送的准备在华北会议结束时的讲话提纲稿，批示："已看一遍，大体可用。明天可能谈一次。"

1月23日 晨，同周恩来、黄永胜、李作鹏、李德生谈周恩来在华北会议结束时的讲话提纲。根据毛泽东的意见，周恩来对提纲作修改后，于当夜再送毛泽东审阅。毛泽东批示："完全同意。"

1月24日 周恩来代表中共中央在华北会议全体会议上作总结讲话。讲话系统地揭露和批判了陈伯达，同时宣布中央关于改组北京军区领导班子的决定：李雪峰、郑维山调离原职，继续进行检查学习，待有成效后，再由中央另行分配工作；任命李德生为北京军区司令员，谢富治为第一政治委员，纪登奎为第二政治委员。同时宣布了中央关于河北省和内蒙古自治区的党、政、军主要领导人的任命。

1月 阅李德生报送的浙江省军区原司令员张秀龙一九七〇

---

〔1〕 尤太忠，当时任河北省革委会副主任（至1971年5月）、中国人民解放军北京军区副司令员。1971年5月又任中共内蒙古自治区委员会第一书记、内蒙古自治区革委会主任、中国人民解放军内蒙古军区司令员。

〔2〕 张才千后来没有担任中国人民解放军总政治部主任，总政治部仍由李德生担任。

年十一月十七日写给毛泽东的信。信中说：主席一九六七年九月视察浙江省时讲，张秀龙犯了错误应帮助他站出来。可是数年来我都在靠边站，现在湖北省军队农场锻炼已有年余。请主席要军委办事组了解一下我在此地锻炼的情况，指出我的努力方向。毛泽东批示："请林交军委一议。"毛泽东批示后不久，张秀龙复出担任湖北省军区副司令员。

2月6日 阅周恩来本日报送的关于中共中央政治局同志与内蒙古前指等的负责人座谈情况的报告。报告说：昨（五日）晚政治局同志同内蒙古前指、华北驻军和天津市的负责人谈了一夜，谈得甚好。由于去年以来内蒙古形势大好，革命、生产、备战都好，工农业生产有大幅度增加，各族人民都不愿再有反复。少数坏人捣乱，老造反派想再拉山头，只要把中央意见告诉他们，特别是把毛主席声音传出，绝大多数人都不愿再听他们的了。目前的问题是要把华北会议传达好，批陈整风搞得好，而军队团结又是关键问题。毛泽东批示："同意。"

2月7日 阅周恩来报送的国家旅游局《关于一九七一年接待外国人来华旅行的请示报告》。报告说：截止到一九七〇年十二月底，申请在一九七一年来华旅行的外国人有两千八百多，一九七一年我们计划接受外国人来华旅行的人数拟控制在八百至一千人以内。接待的对象仍以左派和对我友好的工农、学生、教职员为主。对上层友好人士，从国际统一战线需要出发，有计划、有选择地少量接受。毛泽东批示："人数可略增加，右派也可来一点。"

2月8日 经毛泽东审阅同意，中共中央发出《关于建立"五一六"专案联合小组的决定》。决定指出：在清查"五一六"反革命阴谋集团的过程中，要防止扩大化，又不要一风吹，就必须集中力量抓"五一六"反革命阴谋集团的一系列罪行，将它一个一个落实，而不要一开始就笼统地追查组织关系和是否填了表格。在核实罪行上，要首先分清是非，要查清时间地点，重人证、物证和旁证，而不要轻信口供，不许使用逼供信和诱供、指供。在处理罪行上，要清出坏头头、主谋者和幕后操纵者，要区别主犯、从犯和被胁从、受蒙蔽的人；要区别敌我和人民内部的两类矛盾，坚持“坦白从宽，抗拒从严”的方针；要强调和认真执行毛主席的无产阶级“给出路”的政策。“五一六”专案联合小组以吴德为组长。

2月19日 阅周恩来本日报送的关于全国计划工作会议及会后安排等问题的请示报告。报告说：为广泛深入地听取意见，今晚（十九日）拟开政治局会议，约大区和各省、市、区主要负责同志见面，再征求他们对今年计划和各项工作的意见，同时还拟谈谈批陈整风的传达问题。现在华北各地各军区按主席批准的北京军区党委建议的范围传达，效果甚好，全国亦拟在他们明后日回去后照华北传达范围办理。毛泽东批示：“都同意。请告各地同志，开展批陈整风运动时，重点在批陈，其次才是整风。不要学军委座谈会，开了一个月，还根本不批陈。更不要学华北〔1〕前期，批陈不痛不痒，如李、郑〔2〕主持时期那样。”

2月20日 阅中共中央军委办事组本日报送的关于学习讨论毛泽东“重点在批陈”指示情况的报告，批示：“你们几个同志〔3〕，在批陈问题上为什么老是被动，不推一下，就动不起来。这个问题，应该好好想一想，采取步骤，变被动为主动。周、康阅后，退军委。”报告说：“这次军委座谈会，由于我们对‘批陈’

〔1〕 指华北会议。

〔2〕 李、郑，指李雪峰、郑维山。

〔3〕 指黄永胜、吴法宪、叶群、李作鹏、邱会作。

的重要性认识不足，因此，在‘批陈整风’时，对‘批陈’没有作为重点来进行。”毛泽东批注：“为什么老是认识不足？三十八军的精神面貌与你们大不相同，原因何在？应当研究。”报告说：“我们已将主席关于‘开展批陈整风运动时，重点在批陈，其次才是整风’的重要指示，向正在开会的各总部、各军兵种作了传达，要求他们首先切实抓好‘批陈’，坚决把反党分子陈伯达从政治上、思想上、路线上、理论上批深搞臭，彻底肃清其流毒，提高全军阶级斗争和路线斗争的觉悟。”毛泽东批注：“这些话好。”

2月中旬 阅周恩来二月十八日报送的外交部《外事活动简报》第二十九期关于古巴驻中国大使馆临时代办加西亚访问延安、南昌、井冈山等地后的几点反映，批示：“第四条提得对，应对南昌起义和两军会合作正确解说。”加西亚反映的第四点是：访问井冈山时，讲解的同志不提南昌起义和朱德上井冈山这两段历史。加西亚向江西外事组的同志建议，这两件事应该提，不提对中国人来讲可能容易理解，但外国人不容易理解。

2月21日 阅周恩来本日报送的报告。报告说：为不使中央和各地领导同志有任何误解和不能深刻领会，现再将主席批示全文印发给他们。如主席认为这种方法仍不够郑重，可改以中央名义发出。毛泽东批示：“同意。用中央名义较好。”二十三日，中共中央发出《中央转发毛主席关于批陈整风的指示》。

2月 阅周恩来二月十九日报送的外交部关于美国人来华问题的请示报告。报告说：一九六九年尼克松上台后，两年来美国已约有八百三十余人通过各种途径申请访华。毛主席发出“美国人左、中、右都让来”的重要指示，改变了过去一般不允许美国人来华的做法。在处理美国人来华问题上，拟遵循以下原则：以我为主，有选择、有计划、有步骤地批准一些美国人来华，除对我友好的进步人士和有声望、有影响的中间派人士外，还可视情况批准某些有作用的右派人士来访。报告建议恢复外交学会，从事对外活动。毛泽东批示："大体可以。凡没有主动申请访华者不邀。"

3月1日 阅中共中央军委办事组关于传达毛泽东批陈整风指示的报告。报告说：军委办事组二月二十二日晚召集各总部、各军兵种、国防科委、军委直属院校和北京卫戍区主要负责人开会传达、讨论毛泽东关于批陈整风"重点在批陈"的指示。这次军委座谈会，由于我们没有抓住批陈这个重点，结果会议开了一个月，还根本不批陈，这是一个严重的政治错误。我们军委办事组有几个同志在九届二中全会上犯了方向、路线错误，本应在军委座谈会上联系自己的错误，通过批陈进行自我教育，清理思想，但没有这样做，造成被动，一错再错。这几个同志表示要在批陈整风运动中认真检查自己。毛泽东批示："已阅，很好。有了主动，力求贯彻。"

3月3日 阅周恩来关于"实践一号"科学实验卫星的现场测试与准备情况的报告，批准发射。当晚八时，这颗卫星成功发射。十六日，对周恩来关于发表"实践一号"科学实验卫星的新闻报道的请示报告，批示"照办"，并删去新闻稿中"这是毛泽东思想的伟大胜利，是毛主席无产阶级革命路线的伟大胜利，是无产阶级文化大革命的又一丰硕成果"一句。这篇报道在三月十七日《人民日报》发表。

3月上旬 阅周恩来三月五日晨四时半报送的出访越南期间中央工作安排的报告。报告说：三月四日晚政治局会议商定，在周恩来三月五日至八日访越期间，中央日常事务分别由姚文元、李先念、吴法宪主持处理，由汪东兴联系，要事需面商的可向康生报告，事关重大的直接向主席请示。毛泽东批示："同意。"又阅周恩来三月五日晨五时报送的请示报告。报告说：计划工作会议后，拟解决的各省问题基本落实，现在只剩下西藏问题，也拟在月中解决。全国棉花、油料、糖料重点产区会议已开，华国锋同志已来京参加主持〔1〕。毛泽东批示："同意。"

3月10日　阅中苏边界谈判简报第一〇八期《中苏边界谈判第十六次全体会议情况》。周恩来在送阅报告中说：苏方在边界谈判中提出，搞一个条约，搞一个临时协议，我方须坚持只能把这两个文件合成为一个临时措施的协议，才能对讨论边界走向和结成边界新的条约有所促进。毛泽东批示："同意。决不能掉进对方陷阱里去。"三月中旬，审阅周恩来三月十六日关于中苏边界谈判的报告及《中华人民共和国政府、苏维埃社会主义共和国联盟政府关于维持边界现状、防止武力冲突和谈判解决边界问题的协定（草案）》。报告说：我方起草的合二为一的新的协定，基本精神和条款仍应以一九六九年中苏两国总理会谈时确定的原则和谅解，以及中方两次提案的内容为主，并吸收苏方提出的合理的意见。毛泽东批示："已阅，照办。"

3月15日　上午九时，阅两报一刊纪念巴黎公社一百周年的编辑部文章《无产阶级专政胜利万岁》送审稿，批示："看了一遍，觉得可用。只在十八页上去掉一个词，以便突出马列。十七页上已有了这个词，也就够了。我党多年来不读马、列，不突出马、列，竟让一些骗子骗了多年，使很多人甚至不知道什么是唯物论，什么是唯心论，在庐山闹出大笑话。这个教训非常严重，这几年应当特别注意宣传马、列。"送审稿第十八页写道：

---

〔1〕 1971年2月19日，周恩来关于全国计划工作会议情况等问题给毛泽东的报告中曾提出：华国锋同志，拟约他在3月上旬中央抓棉花、油料、糖料作物的会议时来京参加指导，逐步使他熟悉全国性工作，便于今后以一半时间来中央工作。

“要让马克思主义、列宁主义、毛泽东思想这个最锐利的武器为党员、干部和广大群众所掌握。”毛泽东删去“毛泽东思想”一词。三月二十三日，中共中央办公厅以一九七一年二十三号文件发出中央《关于认真执行毛主席三月十五日重要批示的通知》。

同日 阅周恩来本日报送的关于中国乒乓球队赴日本名古屋参加第三十一届世界锦标赛的请示报告。报告说：此次出国比赛，已成为一次严重的国际斗争，也是我向日本反动派的一次动员日本群众发展中日友好的示威。我方提出“友谊第一，比赛第二”，败了也不要紧，反正政治上占了上风。我球队如去，当做好各种警戒准备。毛泽东批示：“照办。我队应去，并准备死几个人。不死更好。要一不怕苦，二不怕死。”

3月21日 中国乒乓球代表团抵达日本名古屋，参加于二十八日开幕的第三十一届世界乒乓球锦标赛。毛泽东要身边工作人员每天把各通讯社对代表团的反应逐条地给他讲。

3月22日—24日 林彪之子林立果与周宇驰、于新野[1]在上海秘密制定反革命武装政变计划《“五七一工程”纪要》。此前，三月十八日林立果和于新野从杭州到上海。当天晚上，林立果在住处对于新野、李伟信[2]说：“根据目前局势，要设想一个政变计划。”“刚才已经把我们在杭州研究的情况，给‘子爵号’（叶群的代号——编者注）说了一下，她说在上海要注意荫蔽、安全。”三月二十日林立果召集周宇驰、于新野、李伟信开会时说：“这件事与首长（指林彪——编者注）谈过，首长叫先搞个计划。”《“五七一工程”纪要》宣称：九届二中全会以来国内“政局不稳”，“军队受压”，“对方目标在改变接班人”，“要以暴力革命的突变来

〔1〕 于新野，当时任中国人民解放军空军司令部办公室副处长。

〔2〕 李伟信，当时任中国人民解放军空军第4军政治部秘书处副处长。

阻止和平演变式的反革命渐变”，“如其束手被擒，不如破釜沉舟”。《纪要》还规定了武装政变的实施要点、口号和策略，提出“军事行动上先发制人”，“利用上层集会一网打尽”，或利用“轰炸、五四三（一种导弹代号——编者注）、车祸、暗杀、绑架、城市游击小分队”等“特种手段”，实现“夺取全国政权”或形成“割据局面”。

3月22日 晚上，将黄永胜、李作鹏、邱会作关于在九届二中全会所犯错误的书面检讨送周恩来等阅，并让江青转告说，由周恩来、康生、江青先商量一下，给黄永胜等人创造一次机会，让他们在一定范围内作检讨，不要再失去机会了。当天晚上，江青告黄、李、邱，说毛泽东对他们的书面检讨比较满意。他们表示希望能得毛泽东的亲笔批示。二十三日下午，周恩来、康生、江青讨论黄永胜等三人的书面检讨，并提出召开一次批陈整风汇报会议，让黄、吴、叶、李、邱在会上作检讨。周、康、江于二十三日将上述有关情况书面报告毛泽东，并将黄、李、邱的书面检讨送还毛泽东。

3月24日 在黄永胜的书面检讨上批示：“黄永胜、邱会作、李作鹏三同志的检讨都看了，我认为写得都好。以后是实践这些申明的问题。”

同日 下午，在中南海游泳池住处同周恩来、康生、黄永胜、吴法宪、李作鹏、邱会作、纪登奎、李德生、汪东兴谈批陈整风问题。毛泽东说：我捡了两块石头，一是三十八军的报告，砸了一家伙，这一下与陈伯达划清了界限。这块石头，我砸出去以后，起了一些作用。真理不一定在我们这一边，往往在下边，三十八军做了很好的调查研究，他（指陈伯达——编者注）讲了几次话，文件在那里，都清清楚楚。我看了济南军区的报告，又砸了出去，砸了骄傲自满的人。又说：积代会〔1〕这么多不好，有的青年人去讲假话，不联系实际。没有调查就没有发言权，这次事情（指一九七〇年庐山会议发生的事情——编者注）就出在没有调查。毛泽东同意召开一次批陈整风汇报会议，提出吴法宪、叶群二人需重写检讨，让周恩来把黄永胜、李作鹏、邱会作的书面检讨及毛泽东的批示送林彪阅，并要求在场的人，除康生外，乘火车去北戴河向林彪作一次汇报，时间在林彪看完黄、李、邱的检讨之后。

3月26日 经毛泽东审阅同意，中共中央转发《一九七一年全国计划会议纪要》。国务院于一九七〇年十二月十六日至一九七一年二月十九日召开全国计划会议。会议制定了一九七一年发展国民经济的任务和主要指标，提出大办农业，狠抓三线基本建设，加强国防工业，大搞原材料工业，广泛开展技术革新，搞好综合平衡，使国民经济各部门协调发展，继续做好经济管理体制的改革，学会经济工作等。

3月29日 和林彪、周恩来致电老挝、柬埔寨、越南民主共和国、越南南方共和临时革命政府三国四方领导人，祝贺印度支那三国人民在抗美救国的各个战场上，尤其是在九号公路战役中取得的伟大胜利。

同日 阅周恩来本日报送的工作报告。报告中汇报了三月二十四日至二十九日几次中共中央政治局会议的讨论内容，并告知二十九日晚准备和黄永胜等中央军委办事组成员前往北戴河，向林彪汇报。毛泽东批示："同意。"

3月30日 阅河北省批陈整风会议综合简报第二十一期《刘子厚同志在大会上作检查》，批示："此件留待军委办事组各同志一阅。上了陈伯达贼船，年深日久，虽有庐山以来半年的时

〔1〕 积代会，指学习毛泽东思想积极分子代表大会。

间，经过各种批判会议，到三月十九才讲出几句真话，真是上贼船容易下贼船难。人一输了理（就是走错了路线），就怕揭，庐山会议上的那种猖狂进攻的勇气，不知跑到哪里去了。”在刘子厚检查的最后一页又批注：“这还只是申明。下文如何，要看行动。”四月二十一日，阅刘子厚来信。信中说：我反复学习了主席三月三十日对我的检查所作的重要批示，受了深刻的教育。我过去长时间就怕揭，总想捂住自己错误的盖子。这次在河北省召开的批陈整风会议上，才开始检查和改正所犯的路线错误。毛泽东批示：“很好。印发到会同志，请总理处理。”

3月30日、31日 周恩来、黄永胜、吴法宪、李作鹏、邱会作、李德生、纪登奎，在北戴河向林彪汇报批陈整风几次会议的情况，毛泽东对批陈问题的多次批示和谈话，以及准备召开中央批陈整风汇报会的安排等。同时还介绍了陈伯达的历史情况和他在文化大革命中的严重问题。林彪表示：完全拥护毛主席自庐山会议以来的一系列指示、工作部署和今后工作方针、措施，对军委办事组几位同志的检讨很高兴，要法宪、叶群同志重新写一次书面检讨，完全同意中央召开批陈整风汇报会议，把批陈引向深入。

3月31日 林立果等在上海召开秘密会议，讨论政变问题。参加会议的有：南京军区空军政治委员江腾蛟〔1〕、空四军（七三四一部队）政治委员王维国、空五军（七三五〇部队）政治委员陈励耘、南京军区空军副司令员周建平。这个会议他们自称

〔1〕 江腾蛟在“文化大革命”中参与林彪反革命集团夺取党和国家最高权力的阴谋活动。1973年被开除党籍，撤销党内外一切职务。1981年1月最高人民法院特别法庭确认江腾蛟为“林彪、江青反革命集团案”的主犯，判处有期徒刑18年，剥夺政治权利5年。

“三国四方”会议，“三国”，指上海、杭州、南京，“四方”，指参加会议的上述四个人。

4月1日 圈阅周恩来本日报送的三月三十日、三十一日到北戴河向林彪汇报工作的情况报告。同日，听取周恩来、黄永胜、吴法宪、李作鹏、邱会作等汇报北戴河之行情况。

4月5日 阅周恩来四月四日晚报送的中共中央关于召开批陈整风汇报会议的通知稿，批示：“照发（时间暂定七天为好，实际上可能延长）。”通知指出，中央决定从四月十五日起召开一个全国性的批陈整风汇报会议。

4月7日 晨，让身边工作人员给外交部打电话，告知邀请正在日本名古屋参加第三十一届世界乒乓球锦标赛的美国乒乓球队访问中国。此前，四月三日，外交部、国家体委就是否邀请美国乒乓球队访问中国问题〔1〕，写报告给周恩来，认为目前时机还不成熟。四日，周恩来对这个报告批示“拟同意”后报送毛泽东，毛泽东于六日圈阅退回。七日，毛泽东作出新的决定，邀请美国乒乓球队访问中国。周恩来立即告外交部以电话通知在日本的中国乒乓球代表团负责人，对外宣布正式邀请美国乒乓球队访问中国。八日晨，周恩来在请示报告上批注：电话传过去后，名古屋盛传这一震动世界的消息，超过三十一届国际比赛的消息。十四日，周恩来会见参加第三十一届世界乒乓球锦标赛后应邀访问中国的美国、加拿大、哥伦比亚、英格兰、尼日利亚的乒乓球代表团。在同美国乒乓球代表团谈话时说：中美两国人民过去的来往是很频繁的，以后中断了一个很长的时间。你们这次应邀来访，打开了两国人民友好往来的大门。我们相信中美两国人民的

〔1〕 在第31届世界乒乓球锦标赛期间，中国和美国运动员进行了友好接触，美国乒乓球队向中方提出访问中国的请求。

友好往来将会得到两国人民大多数的赞成和支持。

同日　经毛泽东同意，中共中央决定纪登奎、张才千为中央军委办事组成员。

4月11日　阅吴法宪、叶群重写的检讨，批示："恩来同志：吴法宪、叶群二同志重写过的自我批评，我已看过，可以了。请连同黄、李、邱三同志的自我批评，向政治局会议报告，作适当处理。"

同日　经毛泽东审阅同意，中共中央转发国务院《关于全国棉花、油料、糖料生产会议的报告》。中央批语中指出：各地在执行棉花、油料、糖料的生产和收购政策时，要因地制宜，合理布局，不要千篇一律，生搬硬套，瞎指挥。

4月12日　经毛泽东审阅同意，中共中央、国务院、中央军委转发中央军委国防工业领导小组《关于国防工业管理体制的报告》。报告说：根据毛主席、林副主席提出的对国防工业的管理要由军队牵头，实行使用、生产、科研（教学）三结合方针，为此，以空军、海军、总参、总后为主成立了航空、造船、电讯、常规兵器工业领导小组，以彻底改变过去各国防工业部门条条专政、脱离地方党的领导和军区领导的错误做法，对国防工业实行中央和地方双重领导。

4月15日　阅周恩来本日上午九时报送的中共中央政治局会议商定的中央批陈整风汇报会议安排的报告。报告请示在中央批陈整风汇报会上印发黄永胜、李作鹏、邱会作、吴法宪、叶群五人的检讨和毛泽东的批示的问题。关于出席会议的人员，报告说遵照主席指示，增加了中央军委副主席陈毅、徐向前、聂荣臻三同志。毛泽东批示："同意。"

4月15日—29日　中共中央召开批陈整风汇报会议，中央和地方及军队的负责人共九十九人参加。

4月15日 晚上，批陈整风汇报会议举行第一次全体会议，周恩来报告会议筹备经过并传达毛泽东的有关指示，黄永胜、吴法宪作了简短的表态性发言。当晚，周恩来将会议情况书面报告毛泽东，毛泽东批示："同意。"

4月18日 阅周恩来本日晚报送的中央批陈整风汇报会议情况的报告。报告说：批陈整风汇报会议各小组会议除表态外，多数联系到自己在庐山会议上受骗上当的错误，这些发言只要是属于"惩前毖后，治病救人"的目的，拟一律登简报，通过批评和自我批评，实现团结。如其中有别有用心的，也正好暴露；如属认识错误的，仍应进行教育。妥否，请主席批示。毛泽东批示："同意。会议时间（原定七天）不够，应延长。"

4月19日 晚上，阅周恩来本日报送的中央批陈整风汇报会议情况的报告。报告说：反党分子陈伯达罪行第二批初稿，已经多次修改，拟作初稿印送政治局同志审阅。现分呈主席、林副主席各一份，请予亲阅，看是否可以在二十日晚先印发会议备用。毛泽东批示："同意。"报告说：这两天（十九、二十两日）仍先集中揭发、讨论庐山会议及其前后问题，以加深认识和检讨，并利团结。毛泽东批示："这样好。如不够，时间延长。"

同日 林彪从北戴河回到北京。二十日，周恩来将中央批陈整风汇报会议文件及毛泽东有关批示送林彪阅，并示意林彪到会并讲话。林彪没有出席会议的意思。

4月中旬 阅周恩来关于当前外交政策的报告。报告说：自从主席决定邀请美国乒乓球队来访后，十多天中，世界形势的连锁反应非常突出。目前首先要解决的问题是：在美国乒乓球队来访时，我强调中美人民的友好往来重新开始；我们支持世界各国人民革命斗争的立场永远不会改变；表示欢迎美国政府派人来公开地谈，如时机尚未成熟，可待他日，但不要丧失时机。这个部署，势必要给台湾蒋介石打一招呼，告以台湾坚持反对“两个中国”或“一中一台”的立场是值得称许的，我方也坚持这一主张。毛泽东批示：“已阅。同意照此部署。”

4月24日　阅李德生四月二十三日报送的关于解决浙江舟山问题和军队之间团结问题同许世友谈话情况的报告，批示：“林、周、康阅后退李德生同志存（可转许世友诸同志一阅）。”报告说：遵照您的指示，四月二十日上午，我向许世友同志转达了主席关于请他抓一下浙江舟山问题和军队之间团结问题的指示。他表示坚决照主席的指示办。同时也谈了他过去没有抓这两方面的问题，主要是为了避免嫌疑。他要我同浙江的同志谈一下，我已经同南萍、熊应堂〔1〕同志谈了，他们说早就有这个愿望，当即表示希望许世友同志遵照主席指示抓一下。毛泽东批注：“这样就好。事关大局，出以公心，不应当避嫌。我历来认为，同志之间有隔阂，有问题，应当耐心商量，多做谈心工作，不宜急躁，也不应久拖不决。工作不顺利，有中央帮助，总会解决。”

同日　阅周恩来本日晨七时半报送的关于中央批陈整风汇报会议情况的报告，批示：“已阅。基本同意。”报告介绍了批陈整风汇报会议九天来的情况。在报告说到要商定批陈整风如何向基层党员传达问题处，毛泽东批注：“暂时似还不必向基层党员传达。”报告说会议希望主席、林副主席能见大家一次，毛泽东批注：“我这几天不出门。”在报告说“如主席还有新的设想，亦请批告，如能约我们一谈，更所盼望”处，毛泽东批注：“可以不

〔1〕　熊应堂，当时任中共浙江省委书记、浙江省革委会副主任、中国人民解放军南京军区副司令员兼浙江省军区司令员。

要谈了。”

4月28日 阅周恩来《在批陈整风汇报会上的讲话提纲》，批示：“看了一遍，觉得可以。先同六人小组[1]商酌，再同政治局各同志（包括各大组负责人及犯错误的五同志）商酌，取得同意，或加修改，然后去讲。”

4月29日 周恩来在批陈整风汇报会议全体大会上，代表中共中央政治局作总结讲话。会后，经毛泽东批示同意，中共中央印发周恩来《在批陈整风汇报会上的讲话提纲》和发出《中共中央关于把批陈整风运动推向纵深发展的通知》。

4月下旬 阅《一九七一年纪念五一国际劳动节口号》，批示：“同意公开发布。”口号共三十二条，其中，第二十条是：“批修整风，深入进行思想和政治路线方面的教育！”第二十五条是：“用新的胜利，迎接中国共产党诞生五十周年！迎接‘四届人大’的召开！”口号于四月二十六日发出。

5月1日 晚上，在天安门城楼观看节日焰火。在城楼上，同柬埔寨国王西哈努克谈话。接见陈毅、聂荣臻，嘱他们好好养病，保重身体。和毛泽东坐在同一桌的林彪，一直沉默不语，几分钟后即不辞而别。

5月27日 阅周恩来本日报送的几份外事材料和他的附信。材料包括：中共中央对外联络部五月十日编印的《越南劳动党代表团访华简报》之三，其中有勃列日涅夫希望到中国来谈事情的一个口信；周恩来五月十一日同黎笋会谈纪要；周恩来五月十二日关于同黎笋会谈情况给毛泽东等的报告。毛泽东批示：“已过细看了一遍。”周恩来附信中汇报了二十六日晚政治局会议讨论

〔1〕 指由周恩来、江青、张春桥、黄永胜、姚文元、纪登奎6人组成的批陈整风汇报会议总结讲话大纲起草小组。

中美会谈问题[1]的情况，说：大家发表了一些意见。我将写出带方案性的报告，经大家审议后，再送主席、林副主席考虑。毛泽东在“经大家审议后”一语下画横线，批示：“这样好。”

5月底　阅周恩来五月三十日报送的中共中央政治局《关于中美会谈的报告（送审稿）》，批示：“同意。”报告回顾了自第二次世界大战以来中美关系演变的过程，估计了同基辛格的预备会谈和尼克松访华一事可能出现的各种情况，并拟出相应的对策。报告提出中美会谈的八点方针，主要是：美国一切武装力量和军用设施，应规定限期从中国台湾省和台湾海峡撤走；台湾是中国的领土，解放台湾是中国的内政，外人不容干预；中国人民力争和平解放台湾；中国政府和人民坚决反对进行“两个中国”或“一中一台”的活动；美国如欲同中国建交，必须承认中华人民共和国是代表中国的唯一合法政府。报告还有针对性地回答了一些对中美会谈存有疑虑的问题。

6月2日　阅周恩来关于六月一日中共中央政治局会议情况的报告。报告说：中央政治局会议商定召开中央工作会议，传达和讨论中美关系及国际问题。为使这一问题讨论得更深入更广

---

[1] 1971年4月21日，周恩来通过中国驻巴基斯坦大使馆转告美国政府：“要从根本上恢复中美两国关系，必须从中国的台湾和台湾海峡地区撤走美国一切武装力量。而解决这一关键问题，只有通过高级领导人直接商谈，才能找到办法。因此，中国政府重申，愿意公开接待美国总统特使如基辛格博士，或美国国务卿甚至美国总统本人来北京直接商谈。”4月24日，巴基斯坦总统叶海亚·汗将此口信转达给尼克松，尼克松以口信方式回复周恩来，表示接受中方的邀请。5月17日，尼克松又通过巴基斯坦驻美大使正式答复中方：他“准备在北京同中华人民共和国诸位领导进行认真交谈，双方可以自由提出各自主要关心的问题”。还提议：“由基辛格博士同周恩来总理或另一位适当的中国高级官员举行一次秘密的预备会谈。基辛格在6月15日以后来中国。”

泛，政治局同志赞成这次会议要比四月的批陈整风汇报会议参加的人更多一点，面更广一点。为争取时机，政治局商定在六月四日至九日开会。毛泽东批示："都同意。会议时间改为十天。"并将会期"六月四日至九日"改为"六月四日至十四日"。

6月3日 上午，在人民大会堂会见由罗马尼亚共产党中央总书记齐奥塞斯库率领的党政代表团，林彪、周恩来、康生、黄永胜、姚文元、李先念等在座。谈到中美关系，毛泽东说：我们最近打了一个乒乓球过去。我最近看布达佩斯报纸上一篇文章，它也赞成。你们赞成，我也未料到。国家无论大小，都应该建立平等关系。比如圣马力诺，一万六千人口，我们不胜荣幸之至，跟这个国家建立了外交关系。谈到中国的国内情况，齐奥塞斯库说：你们关心教育改革，使教育同生产、生活、社会主义建设更密切地联系起来，这一点给了我们很深的印象。毛泽东说：想是这么想，在这里试验。对旧的资产阶级教授也还得用，不然我们没有啊。不过他们也应该听工人的话，听农民的话。这就要时间，慢慢来。已经二十一年了，过去也有一些进步，在教育方面不能讲完全不对。但是，你刚才讲的这一条，就是教育从根本上来一个革命，在最近几年才开始。

6月4日 在中南海游泳池住处听取谢静宜〔1〕汇报她准备在全国教育工作会议〔2〕上的发言提纲。谢静宜问对十七年的教育战线应如何估价？毛泽东说：对十七年教育战线的估价，不要

〔1〕谢静宜，当时任中共北京市委常委（1973年5月任市委书记）、清华大学党委常委（1972年1月任副书记）。1973年5月又任北京市革委会副主任。

〔2〕全国教育工作会议于1971年4月15日至7月31日在北京召开，出席会议的有各省市自治区、国务院各部委和军队各部门主管教育工作的负责人，全国198所高等院校的负责人，共631人。

讲得过分。可以说是在无产阶级专政下执行了错误路线，不是大多数人，是一少部分人。当谢静宜读到发言提纲中说大多数知识分子是好的和比较好的，是拥护党、拥护社会主义制度的时，毛泽东说：大多数知识分子是好的和比较好的，是拥护党、拥护社会主义制度的，是有进步的，也是赞成教学要改革的。不好的是少数，执行封、资、修路线的还是少数人，他总没有公开反对共产党吧？他总没有公开反对社会主义制度吧？他也没有公开打出青天白日旗吧？当然，也总有那么极少数人一遇风浪总想出来跳一下，想翻案。一个游鱼三个浪，三个游鱼九个浪，三十条游鱼才九十个浪，翻得起来吗？谢静宜汇报说，会上对“高教六十条”看法不一，应当怎样定论？毛泽东说：总有它对的地方吧，难道没有一点对的地方吗？不可能全错，要是全是错误的，他们就不敢拿出来了。总之，对的不批，不对的就批，批它错误的地方。谢静宜汇报说，现在社会上流传一种说法，说个别大学生“一年土，二年洋，三年不认爹和娘”。毛泽东说：一年土，二年洋，三年不认爹和娘，还是认的，自己的爹娘能不认吗？就是爱面子，当着人的面不好意思就是了。当着人的面不认，背地还是认的，只不过有资产阶级思想，过后还是要认的。谢静宜汇报说，清华大学一位教授出错了一道题，学生费很多时间也计算不出来，当知道是题出错了时就想批这位教授。毛泽东说：要尊敬老师。人家是老师，能不尊敬他吗？哪能都讲得对呀？讲得不对没关系，讲错了也没关系，大家共同研究嘛，怎么能一下子都讲得对，不可能嘛。我看，老师讲对一半就不错了，都讲对了还要你们学生干什么？很多学识问题，是要老师、学生共同研究的啊！谢静宜汇报说，发言提纲讲到反对走后门上大学，其中有一句话是“在一个人身上失去原则，就会在千万人身上失去说服力”。毛泽东说：在一个人身上失去原则，在第二个人身上就把它改过来。毛泽东还说：教育革命要大胆实践，实践对了就干，实践错了就改。

6月4日—18日 中共中央工作会议在北京召开。

6月5日 阅周恩来关于中央工作会议安排的报告，批示："同意。"报告说：中央工作会议全体会议已于四日晚开过，在会上我宣读了政治局关于中美会谈的报告，并作了若干解释。

6月14日 阅周恩来本日报送的中央工作会议讨论情况综合简报和关于会议延期三天的请示报告。报告说：政治局会议和中央工作会议各小组召集人均认为，毛主席与斯诺谈话纪要应为传达这次会议的主题。为使参加这次会议的同志能够回去向各级领导干部谈清楚这次工作会议的精神，并能预见到一些问题的发展，大家同意以三天时间（十四至十六日）专门学习和讨论毛主席与斯诺的谈话纪要，并印发斯诺发表的七篇文章的摘要作参考，然后再以一天时间（六月十七日）结束这次会议。毛泽东批示同意会议延期三天。

7月1日 两报一刊发表经毛泽东审阅的"七一"社论《纪念中国共产党五十周年》。社论说：中国共产党五十年的历史证明：一个政党的成功或失败，决定于路线是否正确。当前，特别需要在全党开展批修整风，进行思想和政治路线方面的教育。

7月初 林彪、叶群离开北京去北戴河。

7月初 批准陈云提出的七月五日至九月五日从江西回北京照料家事并避暑休养的电报请示。

7月4日或5日 阅周恩来七月四日报送的《中美预备性会谈中几个关键问题》（修改送审稿）以及附送的两个公告初稿，批示："同意。"中美预备性会谈中几个关键问题是：一、美国承认中华人民共和国与蒋帮地位问题。我方必须揭穿"台湾归属未定论"的阴谋。二、美国同意从台湾和台湾海峡撤兵与解放台湾问题。三、恢复我国在联合国合法权利与蒋帮代表权问题。只要蒋帮代表中国或只代表台湾留在联合国，我方决不进入。四、五核大国会议问题。中国不赞成苏联提议的五核大国会议。五、美国从印度支那、南朝鲜、日本和东南亚撤兵问题。六、设美国谈判机构问题。七、尼克松访华及预发公告问题。

7月9日—11日 美国总统国家安全事务助理基辛格秘密访华。三天内，周恩来、叶剑英等同基辛格进行了六次会谈，着重就台湾问题和尼克松访华安排等进行磋商。

7月9日 晨零时，在中南海游泳池住处同周恩来谈话。晚十时，听取周恩来汇报同基辛格进行的前两次会谈情况。

7月10日 阅周恩来本日晨七时报送的关于同基辛格会谈事项的请示报告。

7月11日 上午九时二十分，在中南海游泳池住处同周恩来谈话。十时半，周恩来同基辛格进行第六次会谈。

7月14日 晚上，在中南海游泳池住处同周恩来谈话。此前，周恩来于十三日乘飞机到河内，同黎笋、范文同会谈，通报中美会谈情况。

7月16日 中美双方发表基辛格访问中国公告："周恩来总理和尼克松总统的国家安全事务助理基辛格博士，于一九七一年七月九日至十一日在北京进行了会谈。获悉尼克松总统曾表示希望访问中华人民共和国，周恩来总理代表中华人民共和国政府邀请尼克松总统于一九七二年五月以前的适当时间访问中国。尼克松总统愉快地接受了这一邀请。中美两国领导人的会晤，是为了谋求两国关系的正常化，并就双方关心的问题交换意见。"

同日 晚上，在中南海游泳池住处同周恩来谈话。此前，周恩来于十五日乘飞机到平壤，同金日成会谈，通报中美会谈情况。

8月7日 晚上，在人民大会堂会见缅甸总理奈温，周恩来、李先念等在座。在讲到中缅两国关系比较好时，毛泽东说：

有一段时间，一九六七年，我们控制不住我们的外交部，管不了了。有那么两个月，天下大乱，把英国代办处烧了。现在我们给他们修，而且向他们赔不是，认错。那时候也是无政府主义。烧使馆那两个月，都是极左派当权，他们自己向国外发电报，破坏国际关系，破坏文化大革命。当奈温谈到不结盟国家会议问题时，毛泽东说：搞双边比较好，多边或者什么会议总有一些强制性，强加于人。不结盟总的方向就是在两个超级大国之间、两个军事集团之间搞一个中间势力，其中各有各的目的。

8月12日 在中南海游泳池住处听取本日下午回京的周恩来汇报陪奈温前往广州参观访问情况。毛泽东提出在国庆节后召开第四届全国人民代表大会。当天，周恩来主持中共中央政治局会议，传达讨论毛泽东的意见。会议决定由张春桥、纪登奎、李德生组成筹备小组，着手召开四届人大的各项准备工作。会议同意周恩来等在近期内去北戴河向林彪作一次工作汇报。

8月13日 经毛泽东审阅同意，中共中央转发国务院《关于出版工作座谈会的报告》。报告说：毛泽东在会议期间批示同意出版口领导小组关于《整理出版二十四史及〈清史稿〉的请示报告》，会议据此提出：在继续重印出版马克思、恩格斯、列宁、毛泽东的著作和相关参考读物的同时，要出版一批中外历史书和科学方面的工具书，恢复和创办一些理论、文学艺术、科学技术、学术研究、文教卫生、体育等期刊。报告还提出恢复稿酬制度。

同日 经毛泽东审阅同意，中共中央转发《全国教育工作会议纪要》。全国教育工作会议于四月十五日至七月三十一日在北京召开。会议纪要由迟群〔1〕执笔，张春桥、姚文元修改审定。

〔1〕迟群，当时任清华大学党委副书记。1972年1月、7月又先后任清华大学党委书记和革委会主任、国务院科教组负责人。

纪要指出：解放后十七年，“毛主席的无产阶级教育路线基本上没有得到贯彻执行，教育制度、教学方针和方法几乎全是旧一套”。原有教师队伍中，“大多数是拥护社会主义，愿意为人民服务的，但是世界观基本上是资产阶级的”。这两句话后来被称为对十七年教育战线的“两个基本估计”。〔1〕

8月13日或14日 阅周恩来八月十三日的报告。报告说：昨晚开政治局会议，大家都同意国庆节后开四届人大的设想。从八月下旬起就要开始准备报告。大家同意在两三天后，由恩来、春桥、永胜、先念、登奎五人去北戴河向林副主席作一次报告。毛泽东批示：“已阅。”

8月14日 经毛泽东审阅同意，中共中央印发《国务院关于调整部分工人和工作人员工资及改革临时工制度问题的报告》、《国务院关于调整部分工人和工作人员工资的通知（草案）》、《国务院关于改革临时工、轮换工制度的通知（草案）》和中央通知。报告提出：从七月一日起为符合条件的一千三百四十万职工提高工资，占全国职工总人数的百分之二十八左右，一年约需增加工资总额十一亿元左右，同时将符合条件的六百多万临时工转为正式工。中央通知要求各地各部门召集若干企业的负责干部和工人同志对两个草案加以讨论，讨论情况于九月中旬报告中央，由国务院根据各地意见修改后，下达执行。

同日 审阅中共中央关于同意国家计委《关于一九七一年物价调整方案的报告》的批语稿，毛泽东批示：“照发。”报告提出：为了巩固工农联盟，考虑财政收支平衡，今年对物价拟基本上不作大的调整，着重提高油料、糖料等农副产品的收购价格，

---

〔1〕1979年3月19日，中共中央转发中共教育部党组报告，宣布撤销《全国教育工作会议纪要》。

降低化肥、农药等支援农业产品和一些机械产品的出厂价格和销售价格。

8月15日 下午一时，乘专列离开北京，到南方视察。

8月16日 到达武昌，住东湖客舍。当天同刘丰谈话，十七日同刘建勋、王新[1]谈话，汪东兴等参加。两次谈话主要内容是：你们要搞马列主义，不要搞修正主义；你们要团结，不要分裂，不要搞宗派主义、山头主义；要光明正大，不要搞阴谋诡计。中国也怪，中国的党没有分裂，已经历五十年，没有分裂过。苏联党分裂过，分裂成布尔什维克和孟什维克。有人要分裂我们这个党是困难的，曾有多次分裂，都没有得逞。在讲述党的历史上历次路线斗争的情况后说：去年庐山会议，他们搞突然袭击，搞地下活动。为什么不敢公开呢？可能是心里有鬼。这次在庐山搞突然袭击，是有计划、有组织、有纲领的，就是反对九大路线，推翻九届二中全会的三项议程。有人看到我年纪老了，快要上天了，他们急于想当主席，要分裂党，急于夺权。这次庐山会议，是两个司令部的斗争。搞突然袭击的一些情况，至今也还不清楚。前途有两个：一个是可能改，一个是可能不改。犯了大的原则的错误，犯了路线方向错误，改也难。现在我要抓军队的事。有人说军队是我缔造的，但不能指挥。我不相信我们的军队会造反。军下边还有师、团，还有司、政、后机关，他们调不动军队搞坏事。庐山会议后，我采取三个办法，一个是挖墙脚，一个是摔石头，一个是掺沙子，军委办事组沙子掺得还不够，拟叫李先念同志参加。我和林彪同志谈过一次话，一个问题是他有些话说得不妥当，如“全世界几百年、中国几千年才出现一个天

〔1〕 王新，当时任中共河南省委书记、河南省革委会副主任、中国人民解放军武汉军区副政治委员兼河南省军区第二政治委员。

才”，马克思、列宁呢？还有恩格斯呢，斯大林呢？中国历史上还有陈胜、吴广、洪秀全、孙中山呢。这不符合实际。还有“一句顶一万句”，这句话是不对的。通常一句只能顶一句，有时半句也不顶，陈伯达的话一句顶一万句。另一个问题，要培养接班人的问题。我说我们都是六十岁以上的人了，要培养六十岁以下、三十岁以上的人，像李德生、纪登奎同志等。这次谈话后，至今还没有什么反应。不要把自己的老婆当自己工作单位的办公室主任、秘书。林彪同志那里，是叶群同志当办公室主任。要自己动手，不要靠秘书，不要把秘书搞那么大的权。我的秘书，只搞收收发发，文件拿来自己选，都是自己看，要办的自己写，免得误事。谈话结束时，毛泽东让刘丰、刘建勋、王新、汪东兴四人讨论一下。

同日　根据毛泽东指示，周恩来、张春桥、纪登奎、黄永胜到北戴河向林彪汇报工作，通报了根据毛主席提议，党中央决定国庆节前后召开九届三中全会，然后召开四届人大，现在各项准备工作正在逐步就绪。

8月20日　经毛泽东审阅同意，中共中央转发《广州军区三支两军政治思想工作座谈会纪要》。纪要分四个部分：一、关于深入进行思想和政治路线教育的问题；二、关于接受地方党委一元化领导的问题；三、关于向地方学习的问题；四、关于改进对“三支两军”人员的组织领导和管理问题。中央批语中说：“这个《纪要》提出的问题，符合当前‘三支两军’的实际情况，改进措施较好。望你们认真研究，参照执行。”二十五日，毛泽东同华国锋谈话时说：批了广州军区“三支两军”座谈会纪要，在中央批语中我加了“认真研究”四个字，不加怕各大军区马虎过去。

同日　晚九时半，审阅周恩来本日晨七时报送的针对美国关于“两个中国”的提案准备发表的外交部声明稿和新华社的两篇报道稿[1]，并阅附送的阿尔巴尼亚、阿尔及利亚等国致联合国秘书长的信。周恩来在送审报告中说：尼克松政府关于“两个中国”的提案，由于没有任何其他国家愿意同它一起提议，只好凭它自己，单枪匹马，赤膊上阵，在十七日晚间写给吴丹[2]一封信提了一个议题，附了一份备忘录，说明要使“两个中国”在联合国同时存在。为反击这一提案，我同外交部和其他部门有关同志议了两次，起草了新华社两篇报道和外交部一个声明。今日下午拟提请政治局开会讨论。如通过无改动或无大改动，将以电话告东兴报告主席。如得批准，当于今（二十日）晚广播，明日见报。毛泽东批示：“照政治局修改稿发表。”

8月21日 下午，听取汪东兴汇报对毛泽东两次谈话的讨论情况。毛泽东说：论天才是他们的纲领，这是帮大倒忙，唯心主义先验论。如果不是他（指林彪——编者注）交代叫听她（指叶群——编者注）的，为什么四个人（指黄、吴、李、邱——编者注）都要经过她呢？为什么讲话稿不请示我呢？检讨为什么要请示？这个问题要解决。

同日 经毛泽东审阅同意，中共中央发出关于实行粮食征购任务一定五年的通知。通知说：从一九七一年起，粮食征购政策改一定三年为一定五年。各省、市、自治区在这个期间内，对有的社队由于国家投资兴修水利后，增产幅度较大，或发现少数社队畸轻畸重时，可经过协商作适当调整。各省、市、自治区向下

---

〔1〕这两篇报道稿是：《阿尔巴尼亚、阿尔及利亚等十八国向联合国提出决议草案，要求恢复我在联合国的一切合法权利并立即驱逐蒋帮》，《美国政府向联合国递交信件和备忘录，公然推行“两个中国”的阴谋》。

〔2〕吴丹，当时任联合国秘书长。

分配任务时，可以在中央确定的征购基数基础上，增加百分之五的机动数，用以调剂受灾减免，保证完成国家计划。

8月22日　和林彪、周恩来致电齐奥塞斯库、毛雷尔，祝贺罗马尼亚解放二十七周年。贺电说：罗马尼亚人民一贯主张大小国家一律平等，坚决反对帝国主义的强权政治和侵略威胁，勇敢地捍卫民族独立和国家主权。我们对兄弟的罗马尼亚人民这种正义的立场和敢于斗争的精神表示支持和赞扬。

8月25日　晚十时至次日晨一时，在武昌东湖客舍同华国锋谈话，汪东兴参加。看到华国锋戴着毛泽东像章，说：你还戴着？看见就讨嫌，不要戴了。华国锋汇报农业生产情况，讲到正在召开的全国农业机械化会议反映全国化肥生产情况不好时，毛泽东说：要抓化肥的生产建设。讲下放十几年了，下放不了，条条专政就是改不了，地方生产的钢也不分成，统统拿走，拖拉机也不让省里搞，这样大的国家，这样多的人，部里能管得了？条条专政害死人，我就主张靠省里管。天天叫下面报积肥数字，官僚主义。粮食产量，我历来赞成农民少报百分之十到二十。群众多留点粮食，无非是多吃一点，储备一点，卖出去一点，或拿来喂猪。华国锋还汇报了农村多种经营、粮食征购等问题。毛泽东说：你满脑子是农业，我满脑子是路线斗争，两个司令部的问题。要抓路线。路线不对，抓了农业也不行，脑袋掉了还不知为什么。在庐山搞突然袭击，是有计划有组织有纲领的。发难不是一天半，而是二十三、二十四、二十五三天，是否定九大路线，否定已通过的二中全会三项议程，要改成讨论天才和要当主席。他们名为反张春桥实际是反我，我把天才划掉，我提不设国家主席。我不是天才。我读了六年孔夫子的书，读了七年资本主义的书，到一九一八年才读到马列主义。说大有炸平庐山之势，是有用意的，空军才能炸平。他们发“称天才”的语录，连李德生也不发。不要搞山头主义，山头主义害死人。全国都要团结。谈话结束时说：汪东兴、华国锋你们明天和刘丰再议一下，汪、华可以先到湖南找刘兴元、丁盛[1]、韦国清、卜占亚先吹吹风，我也要和他们见一下。

8月27日 离开武昌前同刘丰谈话。毛泽东说：全国胜利以后，军队的事情我管得不多。我要管军队了。我光能缔造就不能指挥了吗？我就不相信。李先念这个人比较正派，比较好。我要李先念同志也参加军委办事组，考虑再增加一些人，掺沙子。是不是其他军区也参加些人。对路线问题、原则问题，我是抓住不放的。重大原则问题，我是不让步的。谈话结束后，刘丰陪毛泽东上车。在专列上毛泽东让工作人员拿来《国际歌》歌词，大家唱一段，他讲解一段，并说：这首歌，完全是马克思主义的。究竟是英雄创造世界，还是奴隶们创造世界？我是历来主张奴隶们创造世界的。《国际歌》就是讲要团结，讲全世界无产阶级要团结。唱完《国际歌》，又唱《三大纪律八项注意》，并对刘丰说：就是要步调一致嘛！不一致还行呀？

同日 下午，到达长沙。晚上，在专列上同华国锋、卜占亚谈话，汪东兴参加。先询问卜占亚的简历，又问汪东兴是否向刘兴元、丁盛、华国锋、韦国清传达清楚了他在武汉的谈话内容。在讲述党的历史上历次路线斗争和社会主义革命过程中的一些情况后，说：要研究民主党派的问题，民主党派这些人还在，他们

---

〔1〕 刘兴元，当时任中共广东省委第一书记、广东省革委会主任、中国人民解放军广州军区第二政治委员。1972年3月任中共四川省委第一书记、四川省革委会主任、中国人民解放军成都军区第一政治委员。丁盛，当时任中共广东省委书记（1972年3月任第一书记）、广东省革委会副主任（1972年3月任主任）、中国人民解放军广州军区司令员。1973年12月任中国人民解放军南京军区司令员。

没有搞翻案，还是可以存在的。当然，作为民主党派内部的个人来说，他们中间也有左派，也有中间派，也有右派，对右派也要批判。人大召开以后，再拖个年把，到那时候什么“五一六”的问题也搞清楚了，斗批改也差不多了，把民主党派的牌子再挂出来。谈话中，毛泽东同在场的人一起唱《三大纪律八项注意》，边唱边解释，说：你们不仅要唱《三大纪律八项注意》，你们还要讲解，还要按照去做。步调不一致，分成两派，怎么能得胜利呢？你们明天也把《国际歌》念一念，议一议，谈一谈。不要每一句都搞对照，照目前最需要的去做。我们唱了五十年《国际歌》，结果我们党搞了十次分裂。到了共产主义就没有斗争了？到那个时候，也还是有斗争的，只是新与旧、正确与错误的斗争就是了。对犯错误的，不要杀人。搞斗、批、改，也要搞得温和一些。

同日　《人民日报》发表社论《我们党在朝气蓬勃地前进》。社论说：全国各省、市、自治区（除台湾省外）相继召开了党的代表大会，选举产生了新的省委、市委和自治区党委。

8月28日　晚上，在长沙同刘兴元、丁盛、韦国清谈话，汪东兴参加。毛泽东说：你们应当了解党内历史上的路线斗争问题。我们这个党已经有五十年历史了。中国这么大，山头又那么多，可就是没有分裂。五十年大的路线斗争算起来有十次了。在讲述党的历史上历次路线斗争时，毛泽东说：张国焘搞分裂，叶剑英同志在这件事上立了一大功，张国焘打电报给陈昌浩〔1〕说，坚决南下，否则彻底解决。〔2〕当时叶剑英同志当参谋长，他把

〔1〕陈昌浩，1935年9月任中共中央政治局委员、中国工农红军总政治部主任、前敌指挥部政治委员、第四方面军政治委员兼政治部主任。

〔2〕1937年3月30日，毛泽东在中共中央政治局扩大会议上说，张国焘发给陈昌浩的密电中说“南下，彻底开展党内斗争”。

这个电报拿出来先给了我，我们才走了的。叶剑英同志在这个关键时刻是有功劳的，所以你们应当尊重他。又说：钟赤兵[1]这个人被敌人打掉了一条腿，你们可不要歧视他。他是打娄山关负的伤。这个人是否可以到你们广州军区，在科委有人歧视他。谈到去年庐山会议时，毛泽东说：我看他们的地下活动、突然袭击是有组织、有计划、有纲领的。纲领就是“天才论”和要设国家主席，就是推翻二中全会的议程和反九大路线。有组织就是瞒着人，搞得中央常委三个人都不知道，也瞒着政治局，除了那几个大将以外，搞了那么长时间。二中全会前一段开得不好，后一段开得好的，引起了大家对读书学习的重视。近一个时期以来，我的方针有三条：要团结起来；不要搞山头主义；惩前毖后，治病救人。办法也有三条：一是打石头，二是掺沙子，三是挖墙脚。干部大多数是好的，不好的总是极少数。不好的要给以适当批评。好的要表扬，但也不能过分，不能捧得太高，比如有的说“超天才”（吴法宪等吹捧林立果的话——编者注），对二十几岁的人就这么捧，这没有什么好处，其实是害了他。军队要谨慎，不能骄傲，一骄傲就犯错误。我很久没有抓军队工作了，现在我要抓军队工作。抓军队无非就是路线学习，纠正不正之风，不要搞山头主义，要讲团结这些事情。第一军队要谨慎，第二地方上也要谨慎。《三大纪律八项注意》那个歌，你们要注意三大纪律第一条一切行动听指挥，八项注意的第一项说话态度要和气、第五项不许打人和骂人。为什么呢？要有重点，没有重点就没有政策。最后谈到学习问题说：你们要认真读书。高级干部连什么是唯物论、什么是唯心论都不懂，怎么行呢？读马列的书，不好

〔1〕 钟赤兵，当时任中国人民解放军国防科学技术委员会副主任。1971年10月任中国人民解放军广州军区副司令员。

懂，也是有办法的，可以请先生帮。

8月29日　在长沙听取汪东兴汇报同刘兴元、丁盛、韦国清讨论毛泽东二十八日谈话的情况。

8月30日　上午，在长沙同刘兴元、丁盛、韦国清、华国锋、卜占亚谈话，汪东兴参加。在各人简要汇报两天中讨论的情况后，毛泽东说：你们吹了两天啦，现在不要作结论，结论要由中央做。九十九人的会议[1]，你们都到了，总理也作了总结讲话，发了五位大将的检讨。都认为这个问题解决啦，作了总结嘛，其实还没有解决。庐山这一次比前九次不同。前九次都作了结论，这次保护林副主席，没有做个人结论，他当然要负一些责任。对这些人怎么办，还是教育的方针，就是"惩前毖后，治病救人"。对林还是要保。我看他那一些人帮了他的倒忙。那些人也不和我通气。我这一次也是给你们通气吧。要把脑子里的东西向人家讲出来，把正确的、错误的都讲出来，就舒服了。我说的这些，不过是当作个人意见提出来。比如华北组的简报，究竟是革命的还是反革命的，还应该讨论，总而言之不太好就是了。不然的话，为什么往回收呢？有几位大将在各组放风，也不是那么妥当吧？可是一说不行又慌了手脚。起先有那么大的勇敢，大有炸平庐山、停止地球转动之势。可是过了几天之后，又赶快收回。你看才几天嘛，翻来覆去的，说明他们空虚恐慌。既然有理由为什么要收回呢？讲到天才问题时，毛泽东说：什么论天才，二中全会做了相当的结论，《我的一点意见》就是专批天才的。我并不是不要说天才，天才就是比较聪明一点，天才不是靠一个人几个人，天才靠一个党，党是无产阶级先锋队。我的意见都是下边供应的。下面供应材料，经过我的脑子加工，这一总结，就

[1] 指1971年4月15日至29日中共中央召开的批陈整风汇报会议。

说什么英明领导啦，了不起啦，其实我算什么英明领导。一说英明领导，我就不寒而栗，不过是在下边来的报告上批上几个字，写上几句话。当然，没有领导也不行。“大树特树”不妥当，名曰树我，不知树谁人，其实是树他自己。关于这次谈话内容，毛泽东说：这次我给你们高级干部吹吹风，回去能吹的就吹，不能吹的就守纪律，你们试试看效果如何。不要普遍搞，个别的吹风。不要公开地去讲这次庐山会议，因为中央还没有作结论。军队历来讲雷厉风行的作风，我赞成。但解决思想问题，不能雷厉风行，一定要摆事实讲道理，谁有道理听谁的。

8月31日 中午，离开长沙前，让汪东兴乘飞机先到南昌向许世友、韩先楚、程世清传达在湖北、湖南的谈话内容。晚九时到达南昌，晚十时在住处同许世友、韩先楚、程世清谈话。毛泽东说：汪东兴向你们传达了武汉、长沙谈话的内容，讲了庐山会议的问题。缔造人民解放军、领导我们军队的人，能缔造、能领导，就不能指挥吗？他们把缔造和指挥分开，难道缔造者就不能指挥呀？我们这个军队是不是哪一个人缔造出来的呢？或者是哪几个人缔造出来的？我看不是。缔造者、领导者也不是少数人，也不是我毛泽东一个，也不是林彪一个。我们党内还有很多同志是领导兵暴的、领导军队的，人多着呢。朱德、恩来、贺龙、刘伯承、叶挺，这么多人发动的南昌起义，他们就不能指挥了吗？最后，毛泽东说：现在有个口号叫工业学大庆，农业学大寨，全国人民学人民解放军，要加一条，人民解放军学全国人民。

9月1日 和林彪、周恩来致电孙德胜、黎笋、长征〔1〕、范文同，祝贺越南民主共和国成立二十六周年。贺电指出：美国

〔1〕 长征，当时任越南劳动党中央政治局委员、越南民主共和国国会常务委员会主席。

侵略者推行的所谓“尼克松主义”和“战争越南化”的阴谋已经破产。尽管美帝国主义还在竭力挣扎，但是，它的失败已成定局，是任何力量也无法改变的。胜利一定属于印度支那三国人民。

9月2日 和林彪、周恩来致电孙德胜、黎笋、长征、范文同，就越南北方遭受严重水灾向越南党、政府和越南人民表示最深切的慰问，说中国当尽一切可能，大力支援兄弟的越南人民战胜这次水灾。

同日 上午，在南昌同许世友、韩先楚、程世清等谈话。午饭后，离开南昌前往杭州。

9月3日 晨零时，到达杭州。在专列上同南萍、熊应堂、陈励耘等谈话。毛泽东说：庐山会议那份简报，影响最坏，是一个反革命的简报。我也搞不清，他们为什么这样搞？他们有话，不拿出来说。大概总认为他们有什么把握了，好像会成功了。可是一说不行，就又慌了手脚。我看他们是恐惧。我看前途有两个，一个是改，一个是改不了。他们可能改，有的不一定能改。林彪同志那个讲话，没有同我商量，也没有给我看。庐山这件事，还没有完，还不彻底，还没有总结。光开不到一百人的会议〔1〕不行，军队可以扩大到军长、政委参加，地方也要有相当这一级的同志参加。现在我要管军队的事，我不相信军队要造反。军队要统一，军队要整顿。对林还是要保。谈到“天才”和“伟大”的提法时，毛泽东说：庐山会议，主要是两个问题，一个是国家主席问题，一个是天才问题。说反天才就是反对我，那几个副词，我圈过几次了。八届十一中全会，有三个副词。当时

〔1〕 指1971年4月15日至29日中共中央召开的批陈整风汇报会议，参加会议的共99人。

兵荒马乱，那时需要嘛！九大不同了，要团结起来，争取更大的胜利。现在就要降温。到处立像，日晒雨淋，可怜噢！还有那四个伟大，我就有四个伟大，你们就一个没有啊！伟大的导师就是一个教员嘛，当然导师比教员更高明一点。九大党章草案上那三个副词，我就圈去了。九大党章已定了，你们为什么不翻开看看。这次庐山会议上，什么是唯物主义、什么是唯心主义都不懂，都搞不清楚。要学习马列的书，现在学六本，文化高些的，有人可能突破，明年再学几本。

9月4日、5日　根据毛泽东的指示，汪东兴向南萍等人传达毛泽东这次南下途中的前几次谈话内容，并进行座谈讨论。

9月5日　晚上，广州军区空军参谋长顾同舟将毛泽东在南方的谈话内容密报给在北京的林立果“联合舰队”成员于新野，于作了十五页的记录，次日由周宇驰报告在北戴河的林彪、叶群。

9月6日　武汉军区政委刘丰将毛泽东在南方的谈话内容告诉陪同朝鲜军事代表团到武汉访问的李作鹏。李作鹏当天回京后，即向黄永胜讲了他听到的情况。当晚，黄永胜打电话告诉在北戴河的叶群。

9月7日　林立果向“联合舰队”下达“一级战备”的指令。

9月8日　林彪亲笔写下手令：“盼照立果、宇驰同志传达的命令办。”晚上，林立果从北戴河乘飞机回到北京，随即同周宇驰、江腾蛟、李伟信策划谋害毛泽东的具体方案，宣称：现在首长下了命令，要主动进攻，要把B-52〔1〕搞掉。当晚，于新野到杭州，陈励耘报告了毛泽东在杭州同他们的谈话内容，于向陈

〔1〕这是《571工程纪要》中给毛泽东起的代号。

传达了在杭州、上海、南京一带谋害毛泽东的方案。[1]

同日 晚上，毛泽东得知杭州有人在装备飞机，有人指责专列停靠在杭州笕桥机场的支线上碍事等异常情况，随即提出转移地点。九日凌晨，专列转到靠近绍兴的一条专线上。

同日 经毛泽东审阅同意，中共中央转发国务院出版口领导小组《关于收集、翻译、出版世界各国历史书籍的情况》的报告。报告提出了对翻译出版各国历史书籍的初步意见，包括：对已出版的二十九个国家的八十四种国别史，选择有参考价值的重印；年内出版已有译稿尚未出版的七个国家的国别史；组织翻译

〔1〕 关于根据林彪手令林立果策划的在杭州、上海、南京一带谋害毛泽东的具体方案，王飞1971年9月28日的亲笔供词中说："1971年9月8日晚，林立果、周宇驰要我去空军学院，林立果说，现在情况紧张，有人要害林副主席，火药味已经很浓了。我说，我们坚决保卫林副主席，然后林立果拿出一张纸给我看，上面写着：'希望按照立果、周宇驰传达的命令办事。林彪9月×日'（具体话记不准了）。林立果说，要坚决把反林副主席的人除掉。有一坨在南方，有一坨在北京，要同时干掉。南边的由江腾蛟负责，北京的由你和周宇驰负责。他们都在钓鱼台，好搞。估计南边江腾蛟那里没有什么问题，就看你们这里了。""11日下午，林立果、周宇驰找江腾蛟和我，中间又加关光烈，在西郊机场进一步策划谋害毛主席和中央首长。林立果说，林副主席的决心已定，提出'南线'先搞，北京接着搞，并提出了通信联络的方法和密语。"鲁珉1971年9月18日的亲笔供词中说："1971年9月11日晚约八点半钟，我被江腾蛟用汽车拉到西郊机场的平房里，林立果看到我就说：现在要进攻啦，副统帅有命令，拿出来给他们看看，周宇驰就拿来一张硬白纸林立果递给了我，我看到是用红铅笔写的：盼照立果宇驰同志的命令办 林彪 月 日。林立果说：现在情况很紧张，马上要召开三中全会，会一开林副主席就不占优势了，副统帅下了命令，要主动进攻，江腾蛟你这个歼-7在上海打头阵，争取在上海搞掉（指谋害伟大领袖毛主席），不成就看鲁部长的第二次攻击了，有的是炸药，在铁路上一放，就是第二个皇姑屯事件，再不成就让陈励耘派伊尔-10轰炸。"

尚未译成中文的六十八个国家和地区的历史；对尚未搜集到的八十四个国家和地区的历史，拟请外交部、外贸部和外文书店从速引进，然后组织翻译。鉴于编写《世界通史》需要一个相当长的时期，准备先将苏联出版的《世界通史》出齐，供各地批判地使用。并拟将国内周一良等编著的《世界通史》修订再版，以供目前干部学习历史参考。摩尔根的《古代社会》可以再版。海思、穆恩、威兰合著的《世界通史》，观点是资产阶级的，有叙事简明、纲目清楚、地图详细的特点，也可供干部批判地阅读。

9月9日 阅周恩来九月五日报送的林彪八月十六日关于当前战备工作的谈话记录。周恩来在送审报告中说，他和张春桥、黄永胜、纪登奎四人于八月十六日到北戴河向林彪汇报工作时，林彪对战备工作谈了一些意见，经整理送阅。如可用，拟以中央军委名义发给各大军区、省军区、各总部和军兵种讨论实施。毛泽东批示：“同意。”

同日 于新野到上海，同王维国密商谋害毛泽东的实施方案后，乘飞机回北京向林立果报告。林立果等人再次策划谋害毛泽东的办法，并向在北戴河的林彪、叶群汇报。

9月10日 下午二时半至三时半，同南萍、熊应堂、陈励耘、白宗善[1]谈话，汪东兴参加。毛泽东说：听说你们批陈整风搞了两次，还不错。汪东兴同你们谈了一次，座谈了一次，对庐山会议认识深了些，对《国际歌》、《三大纪律八项注意》你们学了。陈伯达周游华北，到处游说。我这次就是学他的办法，也是到处游说。我是党的主席、军委主席，我能不能到处游说？陈伯达搞的是反革命游说，我搞的不同。谈到党的历史问题时说：邓小平不同于刘少奇，要有区别。百万雄师过大江，当时有个前

〔1〕 白宗善，当时任中国人民解放军空军第5军军长。

委，主要还是邓小平起作用的。谈到南萍与许世友的矛盾问题时说：你们和南京军区的关系，我说了两年，还没有解决。我这边也讲，那边也讲，给你们讲的我都可公开讲。你们同许世友同志不要针锋相对。我同许世友同志在江西谈了两次，这次还要谈。许世友同志是可以交朋友的，有时还可抓住主要问题，把道理说清楚。你们空军受不受许的指挥啊？谈到接班人问题时说：要培养年轻人到中央，如李德生、纪登奎、华国锋那样的，光是老将不行。上海王洪文这个同志你们熟悉不熟悉，了解不了解？这个同志怎么样？最后说：把我的像到处挂，我已说过多少次了，不要这样做了。“万岁”，英文翻译为 Long Live，是长寿的意思，对年轻人可喊，对年纪大的就不要喊了。

同日　下午四时左右，乘专列离开杭州。临行前让汪东兴电话告诉上海王洪文，并让王洪文通知许世友到上海，准备找他们谈话。傍晚六时十分抵达上海。晚上，在专列上见王洪文。毛泽东问：东兴同志打电话给你，要你通知许世友到上海来，怎么没有见他来呀？王洪文答：电话我打了，南京说他可能下乡了，正在设法同他联系。毛泽东说：等许世友来了一起谈。王洪文随即下车离开。

同日　在北戴河的叶群同黄永胜通电话五次，询问毛泽东在杭州的情况。本日，林彪致信黄永胜：“永胜同志：很惦念你，望任何时候都要乐观，保护身体，有事时可与王飞同志面洽。”

同日　阅周恩来本日晨四时报送的关于召开中共九届三中全会的请示报告。报告说：在四届人大召开前有几件事要请主席批示，方好着手准备。一、国庆节前，是否需先开一次党的九届三中全会？二、陈伯达可否在三中全会宣布永远开除党籍？或先将他的国民党右派、叛徒、特务的罪证写好备用。三、三中全会上可否补选几名中委（如姬鹏飞）？报告还说，四届人大的《政府工作报告》已经写出初稿，拟从十一日起由政治局确定几位同志用十天时间改好送主席、林副主席审阅。毛泽东批示："都同意。还要补选常委。"

9月11日 上午十时，在专列上同许世友、王洪文谈话，汪东兴参加。毛泽东对许世友说：你下乡调查，去那么远，怎么连家都不回呀？一天到晚，你这个司令员随便离开岗位怎么行？向谁请了假呀？要是万一发生问题怎么办？连南京军区都找不着你。将来这样的情况你要注意。许世友汇报说：今年农业可能大丰收，庄稼长势很好，丰收在望。毛泽东说：那好嘛，你去看看农业也好嘛。许世友汇报说：军队的情绪很好，军队里比较稳定，乱哄哄的情况也过去了。毛泽东说：不能把领导机关搞乱了，更不能把军队搞乱了。谈到庐山会议的问题，毛泽东说：对庐山会议你们想得如何？是不是在思想上解决了问题？犯点错误是不要紧的，有的属于认识问题。现在有的同志对有些问题还认识不到，那就等待，而且耐心地等待。认识一点就写出来，以便改正错误。犯了错误，也不认识，也不去想办法认识，在那里顶着，这个不好，不仅会使错误不能被认识出来，而且会加深的，甚至把错误当作包袱的。犯错误的包袱，常常是越背越重。要把这个包袱甩掉，轻装上阵，那样人就会觉得舒服了。王洪文汇报说，上海的五六位中委和革委会的主任、副主任，针对庐山会议出现的问题座谈了一次。毛泽东问王洪文对庐山会议华北组六号简报的性质有什么看法后，说：这个简报现在还没有做结论，这个结论将来由中央来做。六号简报是错误的，是有人捣鬼，有人在搞阴谋诡计，不搞光明正大，不搞团结，是搞分裂。下午一时十二分，毛泽东乘专列离开上海，直返北京。

同日 晚十时左右，林立果等人在策划谋害毛泽东的实施方案时，接到上海王维国的电话，说毛泽东已离开上海。

9月12日 下午一时十分，乘专列到达北京丰台车站。在专列上同李德生、纪登奎、吴德、吴忠[1]谈话，汪东兴参加。谈到党的历史上的路线斗争情况时，毛泽东说：我们的方针是路线决定一切。人多，枪多，代替不了正确的路线。路线正确就有一切，路线不正确有了人和枪也可能丢掉。路线是个纲，纲举目张。我今天是讲纲。我们这个党已经有五十年的历史了，大的路线斗争有十次。没有一次把党给分裂了的。去年庐山会议搞突然袭击，五个常委隐瞒了三个，一点气都不透，来了个突然袭击，出简报煽风点火。这样搞总有个目的嘛！我那个文章[2]，是找了一些人谈话，作了一点调查研究，第五天才写的。天才问题是个理论问题，他们搞唯心论。我并不是不说天才，天才就是比较聪明一点。天才不是靠一个人、靠几个人，是靠一个党，党是无产阶级先锋队。天才是靠群众路线，靠集体智慧。我同林彪谈过，你说欧洲几百年，中国几千年才出一个天才，不符合事实嘛！马克思、恩格斯是同时代的人，到列宁、斯大林一百年都不到，怎么说几百年才出一个呢？中国有陈胜、吴广、洪秀全、孙中山，怎么能说几千年才出一个天才呢？犯错误的人，允许改正错误。但发声明是容易的，无非是讲在口上，写在纸上，问题在于实践他的声明，改正错误。五个人在批陈整风汇报会上的检讨，承认在政治上是方向路线错误，组织上是宗派主义的。但是他们的检讨后头是吞吞吐吐，因而使人怀疑他们能否改好。陈伯达问题算不算一次路线斗争，还要看一看。黑手不只陈伯达一个，还有黑手。我一向不赞成自己的老婆当自己的秘书、办公室主任，你们是不是夫人专政啊？林彪要给我打电话、写信，说是被他的身边人阻止了。

---

〔1〕 吴忠，当时任中共北京市委书记、中国人民解放军北京卫戍区司令员。
〔2〕 指毛泽东《我的一点意见》。

最后，毛泽东单独向李德生交代，从三十八军调一个师到南口。下午三时余谈话结束。四时零五分到达北京站，即回中南海。

同日 下午，林立果等在北京策划南逃方案。林立果随后乘飞机到北戴河。晚上，林彪之女林立衡向有关部门报告，林彪、叶群明日飞广州，并说有一架飞机在山海关机场。正在人民大会堂主持讨论四届人大政府工作报告的周恩来得悉后，要吴法宪查询停留在山海关机场的二五六号三叉戟飞机的情况，并与叶群通电话，叶称林彪要“动一动”，是“天上动”。周恩来以夜航不安全为由劝阻，随即令李作鹏：山海关机场的专机不要动，要动须由周恩来、黄永胜、吴法宪、李作鹏四人一起下令才能放飞。林彪等感到阴谋败露，改变南逃计划，于晚十一时四十分，不顾警卫部队的阻拦，从北戴河乘车疾驰山海关机场。十三日晨零时三十二分，乘二五六号三叉戟飞机强行起飞北逃。

9月13日 晨，在中南海游泳池住处听取周恩来汇报林彪、叶群、林立果乘飞机出逃的情况。在二五六号三叉戟飞机起飞三十多分钟快接近中国和蒙古国边境时，有人请示是否派飞机拦截，毛泽东说：林彪还是副主席嘛，天要下雨，娘要嫁人，由他去吧！随后，批准发出全国禁空令，并要周恩来在人民大会堂召开在京中央政治局成员紧急会议，通报林彪外逃情况并研究部署应变措施。在周恩来安排下，毛泽东转移到人民大会堂一一八厅暂住。

同日 晨三时许，接到空军司令部报告说，北京沙河机场有一架军用直升机起飞，机上有周宇驰、于新野、李伟信，现正向北飞行。毛泽东、周恩来当即指示：下命令，要空军派飞机拦截。这架直升机在怀柔被迫降。

同日 晚上，阅周恩来报送的为应对林彪出逃事件中共中央政治局和中国人民解放军总参谋部拟定的紧急战备指示，批示：“照办。”周恩来在送审报告中还说：“附上两张情报，值得一阅。

也许三叉戟飞机逃出去后真烧死了，也许是敌人迷惑我们。”所附情报是空军司令部的工作报告，内称：九月十三日十八时零四分，蒙古国雷达团团长向所属各连发报说，凌晨二时半，有一架不明作战飞机在温都尔汗东北方向六十公里处着火掉下来了，按照国防部长命令从十八时起进入一等戒备。〔1〕

9月14日 中午十二时二十分，中国驻蒙古人民共和国大使将蒙古外交部告知的一架中国飞机在蒙古国失事机毁人亡的情况，用专线电话报告中国外交部。外交部立即报告周恩来。周恩来获知后，即到人民大会堂一一八厅向毛泽东报告。周恩来代外交部起草致中国驻蒙古国大使许文益特急电。电报要许大使即约见蒙外长，告以奉命通知：对中国失事飞机误入蒙境表示遗憾，请蒙方协助中国使馆人员前往失事现场视察，交还死者骨骸和其他遗物。毛泽东批示：“照发。”

同日 根据查获的材料判明，黄永胜、吴法宪、李作鹏、邱会作四人同林彪、叶群等关系密切，对周恩来说：看他们十天，叫他们坦白交代，争取从宽处理。老同志，允许犯错误，允许改正错误，交待好了就行。

---

〔1〕 关于林彪机毁人亡的情况，当时中国驻蒙古人民共和国大使许文益在《历史赋予我的一项特殊使命——视察林彪机毁人亡现场和对外交涉》一文中说：“飞机着陆点以南约30米长的草皮被机腹擦光，西侧平行处，是右机翼划出的深约20厘米的一道槽沟。再往南，擦地痕迹消失了，进入燃烧区，飞机碎片越来越多，越来越大，面越来越广。”又说：“1972年5月，中央专案组邀请有关方面专家，对飞机坠毁原因作了系统分析研究，得出了如下结论：飞机是有操纵地进行野外降落没有成功而破碎烧毁。”“首先，降落场地是经过选择的。”“其次，飞行员作了野外降落的准备。”“再次，机上人员似都做了降落的准备。每具尸体腕上都无表，脚上没有鞋子，这是迫降前为避免冲撞扭伤而作的准备。”

9月15日 下午二时半，在中南海游泳池住处同周恩来谈话。

9月17日 晚八时半，在中南海游泳池住处同周恩来谈话。审阅周恩来报送的中共中央关于林彪叛国出逃的通知稿，批示："照发。"通知说：中共中央正式通知，林彪于一九七一年九月十三日仓皇出逃，狼狈投敌，叛党叛国，自取灭亡。林彪叛党叛国，是长期以来，特别是党的九届二中全会以来阶级斗争和两条路线斗争的继续，是林彪这个资产阶级个人野心家、阴谋家的总暴露、总破产。通知目前只传达到省市自治区党委常委以上的党组织。通知在强调清查与林彪事件有关的人和事的政策问题时指出：在毛主席的领导下，按照正确路线和政策，惩前毖后，治病救人。经过批评和自我批评，犯了路线错误的好人，绝大多数是可以回到正确路线方面来的。跟着林彪走绝路的只能是极个别的。中央号召全党同志首先是高级干部同林彪划清界限。中央对于坚决同林彪划清界限的同志，不论他过去是否受过林彪的影响，是否犯过错误，都是同样爱护而不会轻易怀疑的。这个通知于九月十八日传达到省、军级。二十九日，经毛泽东批示，中共中央决定将这个通知的传达范围扩大到地、师级党委。

9月18日 晚十时，在中南海游泳池住处召集周恩来、许世友、王洪文等开会，要许、王把中共中央关于林彪叛国出逃的通知带回去，解决空四军、空五军的问题。

9月21日 晨二时半，在中南海游泳池住处召集周恩来等开会。

同日 阅周恩来本日报送的汪东兴关于成立林彪、陈伯达专门小组的报告。周恩来在送审报告中说：拟同意汪东兴的报告，在中央政治局下设一林、陈专案工作小组，掌握和整理全部案件材料，分类摘要呈送主席和政治局同志审阅。这个工作小组以纪登奎为主、汪东兴为副，领导进行工作。毛泽东批示："同意。"

9月23日　让汪东兴向周恩来了解黄永胜等人情况。晚十一时半，在中南海游泳池住处听取周恩来和汪东兴汇报，得悉黄永胜等人正在拼命烧材料时说，他们是在毁灭证据，这些人是要顽抗到底了！

9月24日　周恩来召集中共中央军委办事组成员开会，代表中央宣布对黄永胜、吴法宪、李作鹏、邱会作四人实行离职反省。在此前后，林立果"联合舰队"在各地的骨干分子相继被捕归案。

同日　晚十一时，在中南海游泳池住处同周恩来谈话。

9月26日　经毛泽东审阅同意，中共中央发出向群众解释今年不举行国庆节游行的材料，决定今年国庆节不举行游行，也不放焰火，而改为各种形式的分散性的庆祝活动。

9月26日—10月15日　中共中央召集部分老同志揭发批判林彪的座谈会。座谈会开了九次，由李富春主持，陈毅、聂荣臻、徐向前、蔡畅、邓颖超、邓子恢、张云逸、张鼎丞、曾山、王震等出席。朱德和刘伯承也分别写信或谈话，揭发林彪历史上的问题。

9月29日　经毛泽东审阅同意，中共中央发出关于黄永胜等离职反省的通知。通知宣布：中央鉴于黄永胜、吴法宪、李作鹏、邱会作参加林陈反党集团的宗派活动，陷入很深，实难继续现任工作，已令他们离职反省，彻底交待。军委日常工作由军委副主席叶剑英同志主持，并筹组军委办公会议，进行集体领导。

9月30日　晚九时，在中南海游泳池住处召集周恩来等开会。十时十五分，周恩来主持召开中共中央政治局会议。

10月2日　阅周恩来本日报送的九月三十日晚中共中央政治局会议商定的军委办公会议、军委各单位、国务院业务组、国防科委和中央林陈反党集团专案组的人事安排与调配情况的报告，批示："均同意。"

10月3日 经毛泽东审阅同意，中共中央发出《关于撤销中央军委办事组的通知》。通知宣布：中央决定撤销军委办事组，成立军委办公会议。军委办公会议由军委副主席叶剑英同志主持，并由叶剑英、谢富治、张春桥、李先念、李德生、纪登奎、汪东兴、陈士榘[1]、张才千、刘贤权十人组成，即日成立，在中央军委领导下负责军委日常工作。

同日 经毛泽东审阅同意，中共中央发出关于成立林陈反党集团专案组的通知。通知宣布：为彻底审查、弄清林陈反党集团的问题，决定成立中央专案组，集中处理有关问题。中央专案组由周恩来、康生、江青、张春桥、姚文元、纪登奎、李德生、汪东兴、吴德、吴忠十人组成。在专案组领导下，设立工作机构，由纪登奎、汪东兴负责进行日常工作。

同日 经毛泽东审阅同意，中共中央发出关于决定增补华国锋为国务院业务组成员并任副组长的通知。

10月4日 晚上，接见新成立的中共中央军委办公会议成员，周恩来陪同。毛泽东说：我这次到外边一个多月[2]，是周游列国，到了四个军区[3]，找了各路诸侯，见了他们就讲路线问题。路线对了，没有人可以有人，没有政权会有政权。路线错了就丧失一切。林、陈阴谋活动，蓄谋已久，目的就是要夺权。对于他们这个阴谋集团的办法，就是三句话、九个字：甩石头、掺沙子、挖墙脚。甩石头，在九届二中全会上写的《我的一点意见》就是甩石头。华北会议后，派李德生、纪登奎到北京军区，

〔1〕 陈士榘，当时任中共中央军委委员、中国人民解放军工程兵司令员。

〔2〕 毛泽东这次到南方视察，近一个月时间，1971年8月15日离开北京，9月12日回到北京。

〔3〕 毛泽东这次在南方视察期间，先后同武汉、广州、南京、福州4个军区的负责人谈话。

改组北京军区，对军委办事组也增加人，掺进沙子。挖墙脚，对他们这个集团的一些人，高级干部，能争取的尽量争取，能拉的尽量拉。反党集团，他们就是空军几个单位，人数就是那么几个人，有什么了不起嘛！把他们挖出来就是一件大好事。谈到军队问题时说：军队要提高理论水平，人们的印象，军队干部头脑简单化，干革命不用马列主义武装头脑不行。军队干部头脑要复杂化，不要那么简单化。要整军，肃清林陈反党集团的影响。政治教育，主要是抓路线教育。讲政治讲那么多，就是不讲路线。把部队作风带坏了，要改变。军队训练也有形式主义，训练要严格要求，才能打仗。军队靠平时训练，靠打仗。谈到老同志问题时，毛泽东说：文化大革命，整几位老帅，是林彪搞的。陈毅同志有错误，他在华东工作是很有功的。（对叶剑英）你们那时为啥不来找我嘛，你们写写，我写上几句嘛。整他们是林、陈搞的。谈到军委办公会议的工作时，毛泽东说：这次是叫改组，不是掺沙子。今后办公会议要研究大事，过去批评黄永胜不管大事，一不参，二不谋。要接受他们的教训。凡讨论重大问题，要请总理参加。下达指示，要用军委名义，不要用办公会议。政治局讨论的问题，是用中央的名义嘛。要好好准备，开次军委全会，各大区同志来参加，征求他们意见。

10月6日 经毛泽东审阅同意，中共中央发出关于传达林彪叛党叛国事件后各地讨论情况的通知。通知列举了初步查明的林彪集团企图谋害毛泽东和另立中央的事实，并决定在十月中旬将传达范围扩大到地方党支部书记、副书记和军队连级党员干部等。经毛泽东审阅同意，十月二十四日中共中央发出关于将林彪叛党叛国事件向全国广大工农兵群众传达的通知。二十九日，中共中央发出关于向爱国人士、归国华侨和加入中国籍的外国人传达林陈反党集团问题的通知。

10月8日 下午，在人民大会堂会见埃塞俄比亚皇帝塞拉西，周恩来、姬鹏飞、吴德、萧劲光等在座。谈到中国和埃塞俄比亚合作前景时，毛泽东说：非洲国家中，除了少数跟着帝国主义跑的国家，多数国家都可以往来，都可以合作，可以做朋友。塞拉西希望毛泽东能到埃塞俄比亚访问，毛泽东说：这一点恐怕有困难，会让你失望。早几个星期前，我因心脏病死了一次，上天去了，见了一次上帝，现在又回来了。

10月9日 晚上，同周恩来谈话。

10月14日 下午，同周恩来谈话。

10月18日 晚上，同周恩来谈话。

10月19日 阅周恩来报送的关于基辛格第二次访问中国的接待方案，批示：基本同意。某些地方可能要在会谈中临时修改。

同日 晚上，在中南海游泳池住处召集周恩来等开会。

10月20日—26日 基辛格第二次访问中国，为尼克松总统访华作具体安排，并就中美联合公报问题进行谈判。

10月20日 下午四时，周恩来等同基辛格进行会谈。晚十时，毛泽东在中南海游泳池住处召集周恩来、叶剑英、姬鹏飞、熊向晖、章文晋〔1〕、王海容、唐闻生等开会。毛泽东说：联合国大会前天开始辩论中国代表权问题。为什么尼克松让基辛格在这个时候来北京？叶剑英说：大概他认为美国的两个提案稳操胜券。毛泽东说：美国是“计算机的国家”，他们是算好了的。在基辛格回到美国的那一天或者第二天，联合国就会表决通过美国的两个提案，制造两个中国的局面。所以，还是那句老话：我们绝不上“两个中国”的贼船，今年不进联合国。

10月22日 晚九时，在中南海游泳池住处召集周恩来等开

〔1〕 章文晋，当时任外交部欧美司司长。

会。此前，周恩来等于二十一日、二十二日同基辛格进行三次会谈。

10月23日 晚九时，周恩来等同基辛格进行会谈。十时二十分，毛泽东在中南海游泳池住处召集周恩来等开会。

10月24日 上午十时四十分，周恩来等同基辛格进行会谈。下午五时半，毛泽东在中南海游泳池住处召集周恩来等开会。

10月25日 圈阅周恩来本日下午二时报送的同基辛格谈判情况的报告以及美方提出的中美联合公报草案和我方提出的中美联合公报草案；圈阅周恩来本日下午四时报送的同基辛格谈判进展情况报告和我方提出的中美联合公报草案第二稿。周恩来在下午四时的报告中说："我们根据美方第二次提出的方案，经过大家讨论，改变了我们原来设想的公报结构，将各自立场和主张，包括过去双方对印支、朝鲜、日本、印巴问题的态度〔1〕，而避免了双方难以求得的共同点，并不对第三方承担义务。只对中美关系所承担的解决台湾问题的步骤，写得具体些。"周恩来还说：请主席审阅后约我们一谈，以便再同美方见面。

同日 第二十六届联合国大会以七十六票赞成、三十五票反对和十七票弃权的压倒多数，通过了阿尔巴尼亚、阿尔及利亚等二十三国关于恢复中华人民共和国在联合国的一切合法权利和立即把台湾国民党集团的代表从联合国及其所属一切机构中驱逐出去的提案。毛泽东得知这个消息后说：主要是第三世界兄弟把我们抬进去的。

10月26日 联合国秘书长吴丹致电中国政府外交部代部长姬鹏飞，正式通知第二十六届联大通过的恢复中华人民共和国在联合国的一切合法权利的决议，并邀请中国政府派出代表团出席

---

〔1〕 原文如此，似缺字。

本届联合国大会。

同日 晚十时，在中南海游泳池住处召集周恩来、叶剑英、姬鹏飞、乔冠华、熊向晖、章文晋、王海容、唐闻生开会，研究立即组织代表团出席第二十六届联合国大会。周恩来说：我们刚才开过会，都认为这次联大解决得干脆、彻底，没有留下后遗症。只是我们毫无准备。我临时想了个主意，让熊向晖带几个人先去联合国，作为先遣人员，就地了解情况，进行准备。毛泽东说：那倒不必喽。联合国秘书长不是来了电报吗？我们就派代表团去。让乔老爷（指乔冠华——编者注）当团长，熊向晖当代表，开完会就回来，还要接待尼克松嘛。派谁参加安理会，你们再研究。那么多国家欢迎我们，再不派代表团，那就没有道理了。不高兴的人也有，蒋委员长就是头一个。美国国务院说要发表声明，还没有看到，不过是一篇“吊丧文”。毛泽东说：今年有两大胜利，一个是林彪倒台，一个是联合国恢复我国的席位。这两大胜利，我都没有想到。林彪搞鬼，我有觉察，就是没有想到他跑到外国，更没有想到他坐的那架三叉戟飞机，摔在蒙古，折戟沉沙。

同日 圈阅周恩来本日上午十时报送的同基辛格谈判情况的报告和中美联合公报的初步商定稿。

10月28日 《人民日报》刊登列宁的文章《欧仁·鲍狄埃——为纪念他逝世二十五周年而作》和《国际歌》、《三大纪律八项注意》两首歌的词曲，同时发表《人民日报》、《解放军报》评论员文章《唱好两首革命歌曲》。文章说：唱好两首革命歌曲，对加强官兵团结、军民团结，不断加强革命纪律性，提高我们的共产主义、国际主义觉悟，提高执行和捍卫毛主席革命路线的自觉性，都具有很重要的意义。

10月29日 阅周恩来本日晚七时报送的关于二十七日政治局议事报告。报告说：政治局会议讨论各地揭发批判与林彪事件有关的人和事的情况，一致认为，武汉、成都两个军区问题较大，需要中央给予帮助。根据会前与毛泽东商定的设想，中央政治局准备在北京召开武汉、成都两地区党政军负责人座谈会。会议提出中央帮助解决问题的总的方针是："遵照主席指示，治病救人，以利团结和工作。"毛泽东批示："可以。"

同日 晚十一时半，在中南海游泳池住处召集周恩来等开会。

10月 周恩来指示谢静宜到玉泉山去陪伴从北戴河回到北京的林立衡和林的丈夫张清林，向他们传达中央文件和林彪逃跑摔死在温都尔汗的事情。谢静宜报告了毛泽东。毛泽东说：这事我知道了，是总理交给你的任务，总理给我说过了，我同意。又说：你见了林豆豆代我向她问好。她和她父母是有区别的，父母是父母，子女是子女，父母的问题不应该由子女来承担。父母革命，不见得子女就革命；父母是反革命，不见得子女就是反革命。何况林豆豆是在她父母逃走之前就向中央报告了，她是有功的。

11月2日 晨零时，在中南海游泳池住处同周恩来、叶剑英、姬鹏飞、乔冠华、熊向晖、章文晋、王海容等谈话。

同日 下午五时，会见金日成，周恩来在座。

11月6日 阅外交部本日报送的关于出席第二十六届联大代表团的送行计划报告。报告说：以乔冠华为团长、黄华〔1〕为副团长的代表团预计十一月九日离京经上海、巴黎去纽约。代表团离京时，建议请姬鹏飞等及外交部党的核心小组其他同志、有关司负责人、与外交有关的其他部门负责人送行。毛泽东批示："规格似宜高一点，今晚可谈一下。"当天晚上，同周恩来等商定，代表团离京时，周恩来、叶剑英等在京中央政治局委员到机

〔1〕 黄华，当时任中国驻加拿大大使。1971年11月初任中国常驻联合国安理会代表。

场送行。

11月7日 晚上，在中南海游泳池住处同周恩来谈话。

11月8日 审阅外交部本日报送的关于中国代表团参加联合国工作的请示报告。报告说：联合国情况复杂，而我们对联合国所知甚少。在开始阶段，中国代表团以参加本届联合国大会及其主要委员会和安理会的工作为主。对联合国讨论的问题，应根据我国有关对外方针政策，结合实际情况，考虑对策。争取事先与有关国家进行充分协商，把平等协商的精神带到联合国去。对原则问题要旗帜鲜明；对具体问题的表态不宜说得太死，以免陷于被动。在安理会行使否决权要慎重，不宜过多。毛泽东批示："同意。"

同日 审阅外交部本日报送的对本届联合国大会将讨论的几个问题的预案，批示："同意。"预案对本届联合国大会将讨论的中东冲突、南非种族歧视、任命新的联合国秘书长等六个主要问题，提出我方的基本态度。

同日 审阅中国政府代表团团长乔冠华准备在第二十六届联合国大会上的发言稿，批示："同意。"发言稿说：恢复中华人民共和国在联合国的一切合法权利，并立即把蒋介石集团的代表从联合国及其所属一切机构中驱逐出去，这是敌视、孤立和封锁中国人民的政策的破产，是美国政府伙同日本佐藤政府妄图在联合国制造"两个中国"的计划的失败，是毛泽东主席的外交路线的胜利，是全世界人民的共同胜利。我代表中华人民共和国政府在这里重申：台湾是中国领土不可分割的一部分，任何企图把台湾从祖国分割出去的阴谋，都是我们坚决反对的。中国人民一定要解放台湾，这是任何力量也阻挡不了的。中国仍然是一个经济上落后的国家，也是一个正在发展中的国家。中国与绝大多数亚、非、拉国家一样，是属于第三世界的。我们一贯主张，国家无论大小，应该一律平等，和平共处五项原则应该成为国与国之间的关系准则。各国人民有权按照自己的意愿来选择本国的社会制度，维护本国独立、主权和领土完整。任何国家都无权对另一个国家进行侵略、颠覆、控制、干涉和欺负。我们反对大国优越于小国、小国依附于大国的帝国主义和殖民主义理论，反对大国欺侮小国、强国欺侮弱国的强权政治和霸权主义。我们主张，任何一个国家的事，要由这个国家的人民自己来管；全世界的事，要由全世界各国来管；联合国的事，要由参加联合国的所有国家共同来管，不允许超级大国操纵和垄断。中国现在不做、将来也永远不做超级大国。

同日　阅周恩来本日（十一月八日）报送的外交部关于中英交换大使以及同英方签署换文问题的请示报告。报告说：十月五日，英国代办谭森来见乔冠华副部长，就中英交换大使问题表示：英国政府接受中国政府关于台湾是中华人民共和国的一个省的立场，决定于签字日期撤销其在台湾的官方代表机构；关于中方要求英方口头保证不再提倡和支持“台湾地位未定”论问题，英政府可口头保证不提倡“台湾地位未定”论，不谋求说服别国政府接受这样的观点，但如被公开问及其对于台湾问题的立场，例如在议会中答复问题时，英政府仍将表示其立场未变。我们认为，英方在换文问题上已接受我意见，但在关于台湾问题的口头保证中，仍然留有“台湾地位未定”的尾巴。我对此可有两种做法：一、再就此问题打一个回合，对英口头保证中留下的“台湾地位未定”的尾巴，予以驳斥，要它收回，否则宁可拖下去。二、鉴于经过几番回合英方已作了一定让步，也可考虑同英方就此达成协议，但作适当保留。在答复中对英方口头保证不提倡台湾地位未定一节可予以肯定，但对它留下的尾巴，表明不满意，并保留作出反应的权利。两种做法各有可取之处，我们比较倾向于第二种做法。毛泽东批示："英国无理，再拖几年。"

同日 在中南海游泳池住处接见中国出席第二十六届联合国大会代表团全体成员。

同日 邓小平写信给毛泽东。信中说：我到江西来整整两年了，由于组织上的照顾，没有什么困难。我个人没有什么要求，只希望有一天还能为党做点工作。我们身体还好，还可以做几年工作再退休。此外，我希望能和子女们靠近一些，特别是两个较小的孩子，能分配到我工作的附近。这些就是我的一些心事，顺便向主席诉说。毛泽东批示："印发政治局。他家务事请汪办一下。"

11月13日 阅周恩来本日报送的中共中央政治局会议情况报告和附送的梁兴初、陈仁麒〔1〕的检讨。报告说：十二日政治局会议听取了来京参加成都地区座谈会的成都军区和四川省党、政的负责人关于揭批林彪反党集团的情况汇报，并对成都地区有关负责人进行了批评帮助，要求他们回四川之后，继续揭批林彪一伙，并敢于接受批评，加强领导，搞好团结。他们拟明后日回川，主席能否在今明两日见他们一次，给以教育和鼓励。毛泽东批示："待议。"

11月14日 晚上，接见来京参加成都地区座谈会的成都军区和四川省党、政的负责人张国华、梁兴初、李大章、陈仁麒等，周恩来、叶剑英、张春桥、李德生参加。谈话开始后，叶剑英到会。毛泽东说：你们再不要讲他"二月逆流"了。"二月逆流"是什么性质？是他们对付林彪、陈伯达、王力、关锋、戚本禹。那个王、关、戚，要打倒一切，包括总理、老帅。老帅们就有气嘛，发点牢骚。他们是在党的会议上，公开的，大闹怀仁堂嘛！缺点是有的，你们吵一下也是可以的，同我来讲就好了。那

〔1〕 陈仁麒，当时任中国人民解放军成都军区政治委员。

时候我们也搞不清楚。王、关、戚还没有暴露出来。有些问题要好多年才搞清楚。毛泽东问：杨勇是怎么一回事？廖汉生为什么要抓？（周恩来：廖汉生是与贺龙有关系，就是对贺龙，主席当时也不同意这样搞。）杨勇这个事是林彪支持搞的，林对我说过，后又不承认。谈到林彪集团时，毛泽东说：那时，谁知道他是反革命呢？是副统帅，接班人嘛。《我的一点意见》当时没有题目，撇开一些问题，中心是个主席问题，我就撇开。那个司令部让我当国家主席是假，林当主席是真。也有一些人是真心要我当国家主席，和林彪不一样。有人说，我不当主席，老百姓通不过。我说，我不当主席有十几年了嘛。我这个人，同你们吹一吹是可以的，要我当国家主席，天天去迎接外宾，什么国书啊，那一套，无非是催我见上帝。许多现象与本质不同。林彪的现象是拥护我，其实大树特树他自己。周恩来问《“五七一工程”纪要》是否可印发大军区和省委常委，毛泽东表示同意，并说：他们也幼稚得很，那样搞，怎么搞得成呢？谈到成都地区问题，毛泽东说：你们的事，我也有责任，没有找你们谈，当然，东北、西北也没有谈，他们没有出事。广州陷得深，我和他们谈了，他们很主动，回去后马上就开会，把我同他们谈的问题都讲了。你们那里也是个别同志嘛，冲一下也必要，这是大是大非问题，要分清。我看你们比武汉爽快，武汉的报告还未写出来，他们有点顶牛。顶牛也好，不做墙头草。林的事发生已经两个多月了。你们开了半个月的会，我看你们的报告不错，写得好，不拖泥带水。回去开开会，继续做工作。没有什么问题了，错了改了就好。

同日 经毛泽东审阅同意，中共中央发出《关于印发反革命政变纲领〈“五七一工程”纪要〉的通知》。通知说：中央在审查林陈反党集团案件中，从林彪的儿子林立果在北京空军学院的秘密据点里，查获了林彪一伙制定的反革命政变纲领《“五七一工程”纪要》。这个纪要证明，林彪一伙发动这次反革命政变是早有预谋的。

11月中旬 阅周恩来十一月十二日报送的关于方毅出访阿尔巴尼亚时如何回答阿方问及林、陈事件的请示报告。报告说：方毅到阿尔巴尼亚签贸易协定，若在见霍查或谢胡同志时，他们问到林、陈事件，是否略谈一二。因为方毅是中央候补委员，与阿方关系很熟，一点不谈，也不好。毛泽东批示：“同意略谈一二。”

11月19日 下午，在中南海游泳池住处召集周恩来等开会。

11月20日 晚上，接见来京参加武汉地区座谈会的武汉军区和湖北省党、政的负责人曾思玉、王六生〔1〕、刘建勋等，周恩来、张春桥、李先念等参加。谈到对待犯错误的同志时，毛泽东说：我们党历来的方针，对犯错误的同志以教育为主，惩前毖后，治病救人。目前有那么一些人，跟着副统帅，跟着他上当，不光彩。还是跟着党，不要跟着个别人。统帅也好，副统帅也好，个别人容易起变化。五十年起了十次变化嘛，有许多都是跟着个别的人。我跟的是路线，你领导者路线正确，我跟，至于你路线不正确，我不跟。有人提出了新名词说“紧跟”，我不愿听这个话，什么紧跟？对于犯错误的同志要让他们改，表示欢迎的态度。比如对在林彪下面的几十个工作人员和秘书，那些人都不用了？我看那不行吧。要搞清楚，要教育，给他们工作做，不能不用。有些人是跟错了人觉得面上无光，连八三四一部队在毛家湾（林彪住处——编者注）的那个中队也觉得无光了。这种思想要解释，是党给的任务，是组织派到他那里去工作的嘛，他那时是副统帅嘛，你怎么知道林彪要叛党呢？要说无光，是中央脸上

〔1〕 王六生，当时任中国人民解放军武汉军区第一政治委员。1972年2月又任中共湖北省委第二书记。

无光，也是整个党无光嘛，哪是一部分人脸上无光？谈到个人崇拜问题时，毛泽东说：马列主义的党，对人民不利的事不要办，对人民不利的名词要改。“四个伟大”改了吗？（周恩来：只用一个。）“三忠于”我就不懂。你们开会讨论一下，把不适当的名词、形容词废掉，不要搞了。国民党是一个党，一个主义，一个领袖。过去骂国民党“党外无党，帝王思想。党内无派，千奇百怪”，这个话也适用于共产党。保留民主党派比较有利。对个别人说，斗批改是要参加的。对于党，比如民盟、民革还要保留。我劝同志们看看鲁迅的杂文。鲁迅是中国的第一个圣人。中国第一个圣人不是孔夫子，也不是我。我算贤人，是圣人的学生。谈到武汉的问题时说：你们回去开个扩大会，要讲一遍，无非是北京这一遍，检讨我看可以了，允许人家讲。要注意政策，还是宽大为怀嘛。整人要少，打击面要小，教育面要大，只要坚持这个倒不了的。

11月22日　晚上，在人民大会堂会见范文同，周恩来、叶剑英、李先念等在座。双方主要讨论正在进行的越南和美国的谈判问题。谈到国际形势时，毛泽东说：天下大事，我看只有一个字就是“乱”，或者叫天下大乱，我要总理告诉基辛格现在天下大乱，你信也可以，不信也可以。所谓乱者，就是到处吵架，或者是打仗，或者是别的形式。谈到解决台湾问题时，毛泽东说：我看也是一个长期的问题。蒋介石有六十万军队，中间隔了一个海峡，我们又不能去，他还是要呆在那个地方。扫帚不到，灰尘照例不会跑掉。你们条件好，越南北方和南方中间没有隔一个海。谈到文化大革命以来的国内形势时，毛泽东说：那时中国乱得很哪！现在好一点。真正讲党内矛盾解决得比较好一点的就是现在这个时候。军队可以统一了。现在各国都在猜想中国出了什么大问题。中国出了大问题是在一年以前庐山会议上，在那以后逐步解决了。过去几十年我管打仗，那时候管军队建设。进了城以后，事情多了，我就不管了，结果就闹山头主义，也闹宗派主义。你们现在有战争，在打仗，所以你们注意军队，注意军事。将来和平了，不要学我们犯错误。

12月11日 经毛泽东审阅同意，中共中央发出关于传达、讨论《粉碎林陈反党集团反革命政变的斗争（材料之一）》的通知。这个材料主要讲从一九七〇年三月毛泽东提出召开四届人大和修改宪法，到一九七一年四月中央召开批陈整风汇报会这段时间里的斗争情况。

12月17日 经毛泽东审阅同意，中共中央发出《关于高级干部离职审查批准程序的通知》。通知说：在揭发批判林陈反党集团罪行的过程中，牵涉到个别高级干部有严重问题需要进行离职审查的，凡中央委员、候补中央委员，应报中央批准；凡省、市、自治区一级的领导干部，由省、市、自治区党委讨论决定，报中央备案；省军区、野战军军职干部应报大军区党委批准，并报中央军委备案。对以上人员的审查结论和处理意见，均要报中央批准。

12月19日 和董必武、周恩来致电阮友寿、黄晋发〔1〕，祝贺越南南方民族解放阵线成立十一周年。贺电指出：只要美帝国主义一天不停止侵略，只要越南人民和印度支那各国人民的民族愿望一天没有实现，中国人民就全力支持你们的斗争，直到彻底的胜利。

12月22日 晚上，在中南海游泳池住处和周恩来听取参加第二十六届联合国大会归来的中国代表团汇报。

---

〔1〕 黄晋发，当时任越南南方民族解放阵线中央主席团副主席兼秘书长、越南南方共和临时革命政府主席。

12月26日 经毛泽东审阅同意，中共中央发出《关于农村人民公社分配问题的指示》。指示说：为了进一步搞好农村人民公社的分配工作，必须切实解决好以下几个问题：一、正确处理集体积累和社员分配的关系；二、认真搞好粮食分配；三、坚持“各尽所能，按劳分配”的社会主义原则；四、认真贯彻勤俭办社的方针，发扬自力更生、艰苦奋斗的精神；五、切实解决超支户的问题；六、贯彻执行“以粮为纲，全面发展”的方针。

1972年　七十九岁

1月3日　美国总统国家安全事务副助理黑格率先遣组到达北京，为尼克松总统访问中国作技术安排。

同日　晚十时，同周恩来谈话。四日晨零时，周恩来会见黑格。

1月4日　上午，听取周恩来汇报同黑格会谈情况。黑格带来尼克松和基辛格的口信，主要内容有印巴问题、美苏关系、越南问题等。

1月6日　中午，同周恩来、叶剑英谈外事工作。周恩来把《对美方口信的答复》稿交毛泽东审阅，毛泽东说：好，我看可以给他讲。讲了以后，无非是吹了。他二十二年都没有来，再等一百年嘛！你不顶他一下，他就不舒服。总而言之，无非是吹了。我看啊，过不了几年他还是要来的。最后，周恩来问：联合公报草案，除台湾问题外，美方没提，是不是就不动了？毛泽东说：就不动，要动就动一点，把人民要进步改成人民要革命。他们就是怕革命，他们愈怕，我们愈要提。其实这个公报没把基本问题写上去。基本问题是，无论美国也好，中国也好，都不能两面作战。口头上说两面、三面、四面、五面作战都可以，实际上就是不能两面作战。当然写进去也不好喽！谈完外事工作后，毛泽东又说："二月逆流"经过时间的考验，根本没有这个事，今后不要再讲"二月逆流"了。请你们去向陈毅同志传达一下。谈话结束后，叶剑英即赶往医院向病危的陈毅传达毛泽东的意见。

周恩来于当晚十一时半同黑格进行第二次会谈，按照《对美方口信的答复》，对尼克松和基辛格的口信作了答复。

中方《对美方口信的答复》的要点是：一、随着中美领导人会谈的临近，某些敌对势力不断加紧破坏，中国对此已有准备。二、尼克松访华《公告》发表后，苏联在欧、亚的动作更暴露出它的扩张主义的面目，次大陆也将从此动荡不已。三、在越南问题上，中美之间有根本分歧，美国现行对越政策对于总统访华也带来不利因素。四、美方对中国的“生存能力”表示怀疑，并声称要“维护”中国的“独立”和“生存能力”的说法，令人惊讶。中国认为，任何国家绝不能靠外力维护其独立和生存，否则只能成为别人的保护国或殖民地。社会主义的新中国是在不断抗击外来侵略和压迫的斗争中诞生和成长起来的，并一定会继续存在和发展下去。五、中美关系并未正常化，但中国方面将以应有的礼仪接待尼克松总统，并将为谋求中美高级会谈取得积极成果作出自己的努力。六、关于台湾问题，中方在公报草案中已尽力照顾到美方的困难。在这个问题上，中国人是有着非常强烈的感情的。如果美方真有改善中美关系的愿望，就应该对中美关系的这个关键问题采取解决问题的积极态度。

同日 中共中央委员、国务院副总理兼外交部部长、中央军委副主席、全国政协副主席陈毅在北京去世，终年七十一岁。

1月8日或9日 审阅周恩来报送的对陈毅的悼词稿，批示：“基本可用。删去两段。”删去的两段是悼词稿中有关陈毅功过的文字，毛泽东批注：“前面已作了结论，后两段均可不要。功过的评论，不宜在追悼会上作。”

1月10日 下午，临时决定前往八宝山公墓礼堂参加陈毅追悼会。中共中央政治局原决定陈毅的追悼会由中央军委出面组织，只请内宾不请外宾，叶剑英致悼词。得悉毛泽东要出席后，周恩来迅即决定提高规格，请西哈努克亲王和夫人参加，并改由周恩来致悼词。追悼会开始前，毛泽东对陈毅家属说：陈毅同志是一个好人，是一个好同志。他为中国革命、世界革命作出贡献，立了大功劳的，这已经作了结论嘛。他跟项英不同。新四军九千人在皖南搞垮了。当然喽，后来又发展到九万人。陈毅同志是执行中央路线的。陈毅同志是能团结人的。林彪是反对我的，陈毅是支持我的。要是林彪的阴谋搞成了，是要把我们这些老人都搞掉的。又说，邓小平的问题属于人民内部矛盾。

1月13日 经毛泽东审阅同意，中共中央发出关于印发《粉碎林陈反党集团反革命政变的斗争（材料之二）》的通知。这个材料主要讲一九七〇年九届二中全会以后林彪集团的阴谋活动，附有《反革命政变纲领〈“五七一工程”纪要〉》（影印件）、《反革命政变纲领〈“五七一工程”纪要〉》（原文印件）、《李伟信的笔供》三个材料。中央通知要求立即组织传达和讨论，传达讨论的重点是批判林彪一伙炮制的《“五七一工程”纪要》反革命纲领。

同日 经毛泽东审阅同意，中共中央发出关于印发林彪在中共九届二中全会开幕会上的讲话（根据录音整理）的通知。

1月19日 阅吴冷西一九七一年十二月十六日来信，批示：“此件已阅。欢迎进步。退人民日报存。”吴冷西在信中汇报了自己在人民日报社五七干校劳动一年的思想收获。

1月中旬 阅叶剑英一月十七日关于召开中共中央军委扩大会的报告。报告说：曾在一九七一年十月四日得到主席面示，军队要整顿。要开好一次军委会（扩大到军一级），要准备好一个报告。主席还指示会议只讨论一两个问题，不要太多，要抓路线斗争，开会时间在一二月间。报告提出，会议要从批判林彪主持军委日常工作所进行的反革命军事路线开始，由于会议材料还在准备之中，时间拟推迟到三月。毛泽东批示："同意三月开。题目不要多。"

同旬 阅李卓然[1]一月十六日来信，批示："总理阅处。"李卓然在信中表示很想抓紧晚年期间做些力能胜任的工作。

1月下旬 阅周恩来一月二十五日来信，批示："同意。"周恩来在信中说：您的健康，大家都在关怀。治疗情况，我和东兴、耀祠等同志亦常商酌。建议主席多注意休息。这段时间，毛泽东因心律失常导致严重缺氧。

1月31日 晚上，同周恩来谈话。

2月1日 晚上，在中南海游泳池住处会见巴基斯坦总统布托，周恩来在座。谈话中，布托说中东国家的人十分欣赏中国的政策，甚至苏联在那里的朋友也批评苏联，夸奖中国。毛泽东说：所谓中国的政策，就是你们中等国家，还有一些小国，全世界人民的意见集合起来形成的政策嘛。布托说：近年来中国同欧洲的许多国家比如法国建立了关系，但在这以前，中国的思想和信念却早已传过去了。周恩来插话说：他（指布托——编者注）还提到了一些所谓的毛主义分子，其实与我们毫无关系。毛泽东说：那个恐怕跟我们不相干。

2月2日 圈阅中国与巴基斯坦的联合公报。公报陈述了两国关于印巴冲突及其后果、重大国际问题和进一步巩固中国和巴基斯坦之间的友好合作关系等方面所取得的共识。三日，《人民日报》发表中巴联合公报。

2月4日 晚上，同周恩来谈话。

---

〔1〕 李卓然，原任中共中央宣传部副部长，"文化大革命"中被打倒。1979年任中共中央宣传部顾问。

2月6日 圈阅周恩来二月五日报送的国家计委《关于进口成套化纤、化肥技术设备的报告》。李先念、华国锋、余秋里在送阅报告中说：鉴于我国棉花播种面积今后再扩大有限，同时这几年来，由于工作跟不上，棉花产量一直在四千二百至四千七百万担之间。为了保障人民生活和适应工业生产、出口援外的需要，除了继续抓好棉花生产外，根据国外经验，必须大力发展石油化工，把化纤、化肥工业搞上去。因此，经国家计委与有关部门商量，拟引进化纤新技术成套设备四套，化肥设备两套，以及部分关键设备和材料，约需四亿美元，争取五六年内全部建成投产。投产后，一年可生产化纤二十四万吨、化肥四百万吨。

2月11日 晨，同周恩来谈话。

2月12日 晨，突然休克。晨二时周恩来赶到。经抢救后苏醒。

2月16日 致电斯诺夫人，对斯诺去世〔1〕表示沉痛的哀悼和亲切的慰问。唁电说："斯诺先生是中国人民的朋友。他一生为增进中美两国人民之间的相互了解和友谊进行了不懈的努力，作出了重要的贡献。他将永远活在中国人民心中。"

同日 晚上，同周恩来谈话。

2月17日 晚八时三十分，同周恩来谈话。晚十时，周恩来召开中共中央政治局会议。会议结束后，周恩来和江青到中南海游泳池向毛泽东汇报。

2月18日 晚上，同周恩来谈话。

2月19日 晚上，同周恩来谈话。

---

〔1〕 美国进步记者、作家埃德加·斯诺因患癌症，于1972年2月15日在瑞士去世，终年66岁。斯诺患病期间，毛泽东、周恩来曾派陈志方、黄华等前往日内瓦看望，并派去一个医疗小组协助护理。

2月21日　晨零时，同周恩来谈话。

同日　中午，美国总统尼克松到达北京，开始对中国进行正式访问。周恩来、叶剑英、李先念、郭沫若、姬鹏飞到机场迎接。

同日　下午二时四十分至三时五十分，在中南海游泳池住处会见尼克松，周恩来、基辛格在座。这是中华人民共和国成立后中美两国最高领导人的首次会晤。原定十五分钟的会见时间延长到七十分钟。会谈中，毛泽东说：昨天你在飞机上给我们出了一个难题，说是我们几个要吹的问题限于哲学方面。尼克松说：我之所以这样说，是因为读了主席的诗词和讲话，我知道主席是一位思想深刻的哲学家。主席的著作感动了全国，改变了世界。毛泽东说：没有改变世界，只改变了北京附近几个地方。我们共同的老朋友，就是说蒋介石委员长，他不赞成。他说我们是"共匪"，彼此叫匪，互相对骂。其实，我们跟他作朋友的时间比你们跟他作朋友的时间长得多。谈到美国的总统竞选时，毛泽东说：讲老实话，民主党如果再上台，我们也不能不同它打交道。你当选我是投了一票的。尼克松说：我想主席投我一票，是在两个坏东西中间选择好一点的一个。毛泽东说：我是喜欢右派，人家说你们是右派，你们共和党是右派，说英国的希思首相是右派，说西德的基督教民主党也是右派。我是喜欢右派，比较高兴这些右派当政。谈到中美关系正常化的问题时，毛泽东说：来自美国方面的侵略，或者来自中国方面的侵略，这个问题比较小，也可以说不是大问题，因为现在不存在我们两个国家互相打仗的问题。你们想撤一部分兵回国，我们的兵也不出国。可是我们两家也怪得很，过去二十二年总是谈不拢，现在的来往从打乒乓球算起只有十个月，如果从你们在华沙提出建议时算起，有两年多了。我们办事也有官僚主义。你们要搞人员往来这些事，要搞点小生意，我们就死也不肯。十几年，说是不解决大问题，小问题就不干，包括我在内。后来发现还是你们对，所以就打乒乓球。在尼克松谈到中国并不威胁美国的领土时，毛泽东说：也不威胁日本和南朝鲜。周恩来说：任何国家都不威胁。谈到中国当时常用的“全世界团结起来，打倒帝、修、反”的口号时，毛泽东说：你可能就个人来说，不在打倒之列。可能他（指基辛格——编者注）也不在内。都打倒了，我们就没有朋友了嘛。谈话结束时，毛泽东称赞尼克松的《六次危机》写得不错。尼克松说你读得太多了。毛泽东说：读得太少，对美国了解太少了，对美国不懂，要请你们派点教员来，特别是历史教员和地理教员。我跟早几天去世的记者斯诺说过，我们谈得成也行，谈不成也行，何必那么僵着呢？一定要谈成？一次没有谈成，无非是我们的路子走错了。那我们第二次又谈成了。

2月22日 下午二时，周恩来同尼克松会谈。〔1〕

2月23日 晨一时，听取周恩来汇报。下午二时，周恩来同尼克松会谈。晚十一时半，毛泽东听取周恩来汇报。

2月24日 下午五时，周恩来同尼克松会谈。次日晨零时四十分，毛泽东听取周恩来汇报。

2月25日 中午十二时，同周恩来谈话。下午五时半，周恩来同尼克松会谈。晚十时，周恩来主持召开中共中央政治局会议。

2月26日 周恩来陪尼克松到杭州访问。二十七日，陪尼克松到上海访问，中美双方就联合公报达成协议。

2月28日 尼克松结束对中国的访问，从上海回国。《人民

---

〔1〕 周恩来1972年3月初在一次传达尼克松访华及宣传报道问题的会上说：基辛格在上海吹风会上说，尽管尼克松见毛主席只一次，但是尼克松跟中国总理会谈，中国总理每一个步骤都向毛主席报告了，所以等于毛主席亲自参与了这个会谈。他说的是合乎事实的。

日报》发表中美联合公报。公报说："中美两国的社会制度和对外政策有着本质的区别。但是，双方同意，各国不论社会制度如何，都应根据尊重各国主权和领土完整、不侵犯别国、不干涉别国内政、平等互利、和平共处的原则来处理国与国之间的关系。国际争端应在此基础上予以解决，而不诉诸武力和武力威胁。美国和中华人民共和国准备在他们的相互关系中实行这些原则。""中国方面重申自己的立场：台湾问题是阻碍中美两国关系正常化的关键问题；中华人民共和国政府是中国的唯一合法政府；台湾是中国的一个省，早已归还祖国；解放台湾是中国内政，别国无权干涉；全部美国武装力量和军事设施必须从台湾撤走。中国政府坚决反对任何旨在制造'一中一台'、'一个中国、两个政府'、'两个中国'、'台湾独立'和鼓吹'台湾地位未定'的活动。美国方面声明：美国认识到，在台湾海峡两边的所有中国人都认为只有一个中国，台湾是中国的一部分。美国政府对这一立场不提出异议。它重申它对由中国人自己和平解决台湾问题的关心。考虑到这一前景，它确认从台湾撤出全部美国武装力量和军事设施的最终目标。"

2月29日　下午，周恩来回到北京。次日晨，到中南海游泳池向毛泽东汇报。

3月5日　阅苏振华一九七一年十二月十三日来信，批示："此人似可解放了。如果海军不能用他，似可改回陆军（或在地方）让他做一些工作。可否，请中央酌定。请汪印发各同志。"苏振华在信中表示自己有决心回到毛主席的革命路线上来，争取晚年为人民做一点有益的工作。

3月6日　审阅修改周恩来三月五日报送的外交部关于中美联合公报向驻外使领馆、代办处和驻联合国代表团的通报稿。通报稿说：美国总统尼克松的访华和中美联合公报的发表，在美国引起了强烈反响，在国际上震动也很大。这是国际关系中的一个转折，其影响是十分深远的。但同时也必须看到，这些协议还是纸面上的，能否实现还要看美国今后的实际行动。今后事态发展还会有曲折反复，我们必须有所准备。对外表态时要谨慎从事，说话不要过头，特别是不宜由我正面宣传联合公报是我们的胜利，美国的失败。同美驻外官方人员的接触，我不主动，也不回避，应掌握不冷不热、不亢不卑的精神，注意礼貌、落落大方。毛泽东批示："此件很好，国内似也适用，但应略作修改和补充。"审阅时删去"在公报的冲击下，苏修忧心忡忡，佐藤不知所措，蒋帮丧魂落魄"等语。

同日 审阅新华社、人民日报社三月三日关于编发尼克松访华和中美联合公报的国际反映的请示报告。报告提出着重编发以下几项内容：一、一般欢迎中美会谈和联合公报的内容。二、关于尼克松访华是战后美国历届政府敌视中国政策的破产的言论。三、适当摘发指出中美之间存在原则分歧的言论。四、敦促尼克松政府用实际行动履行联合公报的内容。五、驳斥苏修对我造谣诬蔑的言论。毛泽东批示："似可不必这样编发，近似张扬，并且都是资本主义国家的，显出苏修和阿、越的不一致。如何请再酌。我们有内部刊物，似可弥补此缺点。"

同日 晚八时半，在中南海游泳池住处同周恩来谈话。此前，周恩来于三月四日访问越南，向越南党政领导人通报尼克松访华情况。五日回到北京。

3月10日 晨零时三十分，在中南海游泳池住处同周恩来谈话。此前，周恩来于三月七日访问朝鲜，向朝鲜党政领导人通报尼克松访华情况。九日回到北京。

3月16日或17日 审阅周恩来三月十六日报送的《毛主席在南方巡视期间同沿途各地负责同志的谈话纪要》稿及中共中央

印发此件的通知稿，批示："同意。有少许修改。"对谈话纪要稿的主要修改是：一、将"一九七〇年庐山会议，他们搞突然袭击，搞地下活动，为什么不敢公开呢？可能是心里有鬼"一句中"可能是心里有鬼"改为"可见心里有鬼"。二、在"我不是天才。我读了六年孔夫子的书，又读了七年资产阶级的书，到一九一八年才读马列主义"一段后，加写"怎么是天才？"三、在文中两处"林彪"后，加"同志"二字。中央的通知说：毛主席的谈话，是进行思想和政治路线教育，加强党的建设和军队建设的纲领性文件，是粉碎林陈反党集团的有力武器。此件于三月十八日以中共中央文件发出。

3月17日　晨零时，同周恩来谈话。

3月20日　阅周恩来本日关于广东、广西、湖南诸省区负责人来京开会情况的报告。报告说：两广和湖南会议十九日晚结束了，十八日晚政治局会议也与他们谈了。广东会议开得好，他们表示有信心在毛主席的无产阶级革命路线和"三要三不要"的原则上更好地同各方面革命力量团结起来。湖南没有什么要解决的事。广西韦祖珍同志的检查比初来大进了一步。毛泽东批示："同意。"

3月23日　经毛泽东审阅同意，中共中央发出对四川省委、成都军区党委负责人关于继续深入开展反对林陈反党集团斗争问题的请示报告的批语。中央批语指出：对犯错误的同志，要遵照毛主席"惩前毖后，治病救人"的一贯方针，既要弄清思想，又要团结同志。要排除资产阶级派性的干扰。要认真地区别敌我之间和人民内部这两类不同性质的矛盾。要加强党的一元化领导。增强军政、军民、军队之间的团结。

3月25日　阅杨成武的女儿杨俊生三月十八日来信，批示："请汪印发政治局同志研究。此案处理可能有错，当时听了林彪一面之词。”杨俊生在信中说，杨成武是忠于毛主席的，他受了林彪、陈伯达、叶群的政治陷害，希望能让他回到社会实践中。

4月14日 和周恩来发出祝贺金日成六十寿辰的电报。贺电说：在您的领导下，朝鲜劳动党和朝鲜人民，贯彻执行“政治上自主，经济上自立，国防上自卫”的方针，把一个落后的殖民地国家建设成为坚强的社会主义国家，挺立在反帝斗争的东方前哨，为全世界人民的反帝革命事业作出了重大贡献。中朝两党、两国人民，在反对共同敌人的长期斗争中，用鲜血凝成了伟大友谊和战斗团结。

4月18日 圈阅周恩来本日报送的外交部给美方的紧急口信。周恩来在送阅报告中说：美国有意在十六日轰炸海防、河内，使正在美国访问的中国乒乓球代表团在十八日会见尼克松感到为难。现与外交部研究商定，以口信通知美方，拒绝见美总统。上午，毛泽东约见周恩来，说：我乒乓球队访美系民间来往，去年美队来华时我政府领导人接见，今年我队去美如拒绝美总统接见，会给美人民以失礼印象。美轰炸南北越，矛头指向苏修，实际是撤兵前的争取面子的一手。美人民对此反应也不强烈。我方表态已够。故我乒乓球队在美日程和赠送熊猫，代表团可按原计划进行。乒乓球队安全美方自会照顾，不必再提。周恩来随后修改了外交部致黄华转美方口信的内容，指示立即电告我乒乓球队，十八日各项活动包括尼克松接见照常进行。

4月25日 经毛泽东审阅同意，中共中央发出对浙江省委和驻浙部队来京开会的同志关于继续深入开展反对林陈反党集团斗争的请示报告的批语。中央批语说：驻浙部队、浙江省的广大干部群众是热爱毛主席的，是坚决执行毛主席革命路线的。参与林陈反党集团的反革命活动的，只是陈励耘等一小撮。在斗争中，要严格区分两类不同性质的矛盾。周恩来在送审报告中提出：主席今晚能否约见许世友、王洪文两同志一谈，或也约南萍、熊应堂、铁瑛[1]、谭启龙四同志参加。晚上，毛泽东在中南海游泳池住处同准备到浙江帮助贯彻中央精神、解决浙江问题的许世友、王洪文谈话，周恩来参加。

4月27日 经毛泽东审阅同意，中共中央发出对江西省委和驻江西部队来京开会同志关于继续深入开展粉碎林陈反党集团斗争的请示报告的批语。中央批语说：对于犯错误的同志，要本着毛主席“惩前毖后，治病救人”的一贯方针，既要弄清思想，又要团结同志。在纠正错误的同时，要认真调查研究，分别轻重缓急，有步骤、有计划地进行。

5月1日 经毛泽东审阅同意，中共中央发出《关于杜绝高等学校招生工作中“走后门”现象的通知》。通知说：自一九七〇年招生试点以来，有少数干部，利用职权，违反规定，将自己、亲属和老上级的子女送进高等学校。通知规定，各级领导部门要加强对招生工作的领导，切实执行“自愿报名，群众推荐，领导批准，学校复审”的原则。对干部子女和广大工农群众子女一样看待，按招生条件办事。

5月3日 向周恩来提出，召开中央批林整风汇报会。当天，周恩来主持召开中共中央政治局会议进行讨论。

5月6日 审阅周恩来报送的中共中央《关于召开批林整风汇报会议的通知》稿，批示：“照发。”通知说：我党同林彪反党集团的斗争，是我党路线斗争中最严重的一次。通知概述了从一九七一年九月十三日林彪叛国出逃事件发生以来，毛泽东和中共中央采取的主要措施。

5月9日 圈阅周恩来本日报送的关于尼克松五月八日晚就

[1] 铁瑛，当时任中共浙江省委书记、浙江省革委会副主任。

美国军队对越南北方采取军事行动发表广播讲话的情况报告。报告说：尼克松在发表广播讲话前一小时通过不公开渠道送了一封信来，现正约外交部同志一谈。拟今晚约剑英、春桥、文元、先念、登奎五同志到主席处面报请示。五月八日，美国军队对越南港口布雷，切断越南北方的水陆交通，并加强海空袭击。尼克松当晚的广播讲话称："我们对北越的大规模军事攻势所作的反应是作出广泛的新的和平努力，目的是通过谈判结束这场战争。"当天晚上，毛泽东在中南海游泳池住处听取周恩来、叶剑英等汇报。五月十一日《人民日报》发表了尼克松的讲话。

5月11日 圈阅周恩来本日报送的关于苏联援越物资过境转运的报告。报告说：昨夜苏大使转达柯西金信件，说在美国封锁越南情况下，要求将苏联援越物资，经中国口岸卸下转运。待读了柯信后，再驳复他。越南政府已发表声明，谴责美帝这一战争升级罪行，并表示坚持战斗决心。我拟发表响应越南、谴责美帝的政府声明，今晚送批。当晚，毛泽东在中南海游泳池住处召集周恩来等开会。

5月12日 《人民日报》发表中华人民共和国政府五月十一日声明，强烈谴责美国封锁越南领海和港口的行为。声明说："美国政府宣称，他们干的这一切不是扩大战争，不是战争升级，而是结束战争。这种伪善的说法，充分暴露了美国侵略者的虚弱本质。""美帝国主义的这种战争升级行动，严重侵犯了越南民主共和国的领土和主权，粗暴破坏了国际航行和通商自由，恣意践踏了联合国宪章和国际公法。这不仅是对越南人民的挑衅，也是对全世界人民的挑衅。中国政府和中国人民对此表示极大的愤慨和强烈的谴责。""中国政府重申：'七亿中国人民是越南人民的坚强后盾，辽阔的中国领土是越南人民的可靠后方。'不管出现什么情况，我们这个立场是坚定不移的。"

5月19日 审阅周恩来本日报送的《粉碎林彪反党集团反革命政变的斗争（材料之三）》。周恩来在送审报告中说：这个材料经过专案组多次编写，又经江青、春桥、文元、登奎、东兴等同志多次讨论和修改，最后在政治局会议上通读了一遍，并又作了修改，成为送审稿。如大体可用，请批示印发这次批林整风会议。会中会后，还可修改，再发全国。毛泽东批示："同意印发，征求意见。"材料共三个部分：林彪反党集团在党的九届二中全会期间发动反革命政变的罪证；林彪反党集团准备发动反革命武装政变的罪证；林彪反党集团妄图谋害伟大领袖毛主席，另立中央，发动反革命武装政变和失败后叛国投敌的罪证。七月二日，经毛泽东审阅同意，中共中央发出关于印发《粉碎林彪反党集团反革命政变的斗争（材料之三）》的通知，发至基层组织。

同日 汪东兴传达毛泽东关于老干部站出来工作的指示。指示说：有些问题是逼供信搞出来的，我早就说过不能搞这个东西，逼供信过去在中央苏区搞过，在延安也发生过。逼供信搞出来的不可信，不能算。我们一些干部的看法不对，有的是形而上学，把干部一时的错误说是一贯的错误，这样不能正确地认识一个干部。

5月21日 晨，在中南海游泳池住处同周恩来谈即将召开的批林整风汇报会议。谈话中对《粉碎林彪反党集团反革命政变的斗争（材料之三）》的前言提出修改意见，说"继续审查"那句话可以不写。大的罪状已经很够了，再多就是补充了。周恩来请示可否将毛泽东一九六六年七月八日写给江青的信印发中央批林整风汇报会，毛泽东表示可以印发。

5月21日—6月23日 中共中央在北京召开全国批林整风汇报会议，中央党政军各部门和各省、市、自治区的负责人三百一十二人参加会议。周恩来五月二十一日在第一次全体会议上的讲话中说：批林整风的主要矛头就是要批判、揭露、粉碎林彪这个反党集团，教育大批干部，团结大批干部，是这样一个精神。在会议召开期间，周恩来曾四次写信向毛泽东汇报会议进行情况。

5月30日 周恩来致信毛泽东说："二十七日晚，从主席处出来后，在政治局会议上说，我要在批林整风会上，根据主席去年视察外地谈话纪要上着重提到的中国党十次路线斗争问题，讲一点个人的今天认识和我个人在历史上所犯的路线错误。""二十九日政治局会议上，大家要我多讲点历史事实。我现在正写一个讲话要点，写成后将先送主席审查，并请约我一谈，好当面请示。"六月十日至十二日三天晚上，周恩来在中央批林整风汇报会上作《对我们党在新民主主义革命阶段六次路线斗争的个人认识》的报告。

5月31日 阅中共中央办公厅信访处五月二十七日编印的《要信摘报》第一一〇号。摘报说：一机部原副部长白坚的儿子白克功给毛泽东写信，说白坚一九六八年被隔离审查，当年十二月十一日，因得不到适当的抢救而病死于北京复兴医院。现在他的问题仍没有组织结论，家属负担很重，希望中央早日为他作出政治结论。毛泽东批示："送总理阅处。白坚在我的印象里不错，应为他做出政治结论。"六月一日，周恩来即批示有关部门，遵照毛泽东指示，为白坚作出政治结论。

6月2日 晚九时，同周恩来谈话。十时五十分，周恩来主持召开中共中央政治局会议。

6月8日 晨零时半，同周恩来谈话。之前，周恩来于七日上午主持召开中共中央政治局会议。

同日 中共中央办公厅印发毛泽东《关于对外宣传工作的指示》，作为批林整风汇报会议文件之六。《指示》汇集了毛泽东一九六七年三月至一九七一年三月在一些文电上的批示和修改的文字，共三十三条。主要内容有：在对外宣传工作中，不要强加于人，不要自吹自擂，不要干涉外国党的内部事务，反对以我为核心的错误思想等。[1]

6月15日 阅中共中央办公厅信访处六月十三日编印的《要信摘报》第一三〇号。摘报说：甘肃省农业大学原校长李克如[2]来信称，他一九二六年入党，参加过秋收暴动，后随陈毅上井冈山。文化大革命中，因被人制造“叛徒”假案，受到冲击。现在年近七十，迫切要求解决他的问题，并给他安排工作。毛泽东批示：“请中央组织部酌处。”

6月17日 晚上，在中南海游泳池住处主持召开中共中央政治局会议。谈到空军问题时，问起此前被吴法宪立案停职审查的空军副司令员刘震、成钧的情况，提出要派人去了解。随后，李德生派人去了解了情况，写报告建议应当让刘震穿上军装，戴帽徽领章。八月二十一日，毛泽东批示：“退李德生照办。”

6月19日—23日 美国总统国家安全事务助理基辛格一行访问中国。周恩来同基辛格就促进中美关系正常化和共同关心的问题举行了五次限制性会谈。十九日晚十时，周恩来同基辛格举行第一次会谈。二十日晨零时，毛泽东听取周恩来汇报。二十日下午二时，周恩来同基辛格举行第二次会谈。晚十时，毛泽东召集周恩来等开会。二十四日，中美双方发表公告，一致认为：一九七二年二月《中美联合公报》所拟议的这种磋商是有益的，继续这种磋商是可取的。

6月28日 晚上，在中南海游泳池住处会见斯里兰卡总理班达拉奈克夫人，周恩来在座。谈到中国的文化大革命时，毛泽

---

〔1〕 毛泽东的这些批示和修改的文字，已分别写入本书有关条目中。

〔2〕 李克如，1974年任甘肃师范大学党委副书记。“文化大革命”结束后，先后任甘肃省政协副主席、甘肃省人大常委会副主任。

东说：我们的“左”派是些什么人呢？就是火烧英国代办处的那些人。今天要打倒总理，明天要打倒陈毅，后天要打倒叶剑英。这些所谓“左”派现在在班房里头，有的年轻人是受骗的。我们这里早几年天下大乱，全国各地都打，全面内战，现在好多了。外交部被那些“左”派夺了权，有一个半月权不在我们手里，在那些所谓“左”派手里。这些所谓“左”派，其实就是反革命。会见后，同周恩来谈话。

同日 阅贺诚〔1〕六月二十六日请求分配工作的来信，批示：“贺诚同志来信请中央处理。我意应给予工作。”

7月2日 经毛泽东审阅同意，中共中央发出关于组织传达陈伯达的反革命历史罪行审查报告和反革命历史罪证的通知。

7月7日 阅中共中央办公厅信访处本日编印的《来信摘要》一九七二年第四六五号。摘要说：廖汉生的子女七月一日给毛主席写信称，其父一九六七年被隔离审查后，毛主席曾几次提到要他出来工作，但至今未见任何动静。请求让其父回京，在家休养治疗，等待组织结论。毛泽东批示：“送总理阅处。我看廖汉生和杨勇一样是无罪的，都是未经中央讨论，被林彪指使个别人整下去的。此件你阅后请交剑英、德生一阅。”一九七三年十二月，廖汉生出任中国人民解放军军事科学院政治委员。

7月10日 晚上，在中南海游泳池住处会见法国外交部部长舒曼，周恩来在座。舒曼转达了法国总统蓬皮杜访华的意愿。毛泽东说：十分欢迎，十分欢迎啊！他来的时候，礼节比欢迎尼克松还要高一点。谈到欧洲局势时，毛泽东说：总是闹别扭，几个大国，我们不希望你们那么乱。你们现在和英国搞好，我赞

〔1〕 贺诚，原任中国人民解放军军事医学科学院院长。“文化大革命”中受到迫害。1975年5月任中国人民解放军总后勤部副部长。

成。英法这两个国家就有一亿多人口，要团结起来才好。吵架嘛，总是要吵的。总是要大团结，小吵架。谈到中国和苏联的紧张关系时，毛泽东说：它打中国也好，我们是下了决心的，你打你的，我打我的，我们用从前打蒋介石那个办法，打日本人的办法。我不打多了，我用十个指头吃你一个指头，这个办法就是现在越南的办法。原子弹没有苏联多啊，而天上放卫星，我们也只放了两个啊。要靠那个比较原始的办法，老鼠钻洞。我们不打第一枪，打来了呢，我跟你打到底，防止可能的原子打击。当舒曼称赞毛泽东改变了世界时，毛泽东说：没有改变多少，改变了一点，十个指头改变了一个指头，把这个北京改了一改。最近我们也把一个叫林彪的改造了。这个林彪啊，他天天吹我，说我怎么了不起，而实际呢，就要杀我的头。他专了两天半的政。我们开了那个庐山会议，一九七〇年八月二十三号一天，二十四号一天，二十五号半天。第三天的下午，我就说不行了，不能干了，下了一滴酒精。一滴酒精下去，细菌就不活动了。结果庐山会议到去年，一年多一点，他就呆不住了。谁也没有赶他，谁也没有料到他会跑，坐一架飞机就上天了。他想到苏联去。最后，毛泽东谈到法国的历史。他说：对于西方历史，我是比较熟悉你们法国。法国十八世纪末的大革命，砍了路易十六的头，欧洲的国家一起联合起来反对你们。当时出了个英雄——山岳党领袖罗伯斯庇尔，此人是个乡下的小律师。他依靠那个长裤党，就能够打败所有的敌人。后头拿破仑占领了差不多整个欧洲，他后来犯了错误，政策也不大对头了。第一不该去占西班牙，第二不该打俄国，又是冬天。他打莫斯科，不打彼得堡，没有一下子把沙皇抓住。

7月上旬 阅外交部七月一日关于回答美国友人等询问林彪问题的请示报告，批示：“谁人问都应直告，不应躲躲闪闪。应发一个通知给国内各级党委和涉外人员及驻外使领馆。”

7月13日 为王季范[1]追悼会写挽词：“九哥千古”。

7月16日 经毛泽东审阅同意，中共中央转发新疆维吾尔自治区党委、新疆军区党委《关于贯彻在北京召开的新疆工作会议精神的情况和今后意见的报告》和《赛福鼎同志在两个党委扩大会议上的讲话》。中央批语说，新疆地处反修斗争前线，要百倍提高警惕，切实加强战备，团结起来，共同对敌，一切都应从这个大局出发。

7月18日 圈阅周恩来本日关于近期工作的报告。报告说：这一周除解决新疆问题和讨论修改《批判林彪资产阶级军事路线的若干问题》那本文件外，主要在做外事工作。希望主席能在当晚就一些外事问题，约见政治局在京同志。当天晚上，毛泽东在中南海游泳池住处召集周恩来、叶剑英、张春桥、李先念、李德生、纪登奎、汪东兴等开会，商讨有关中日邦交正常化的谈判程序、中国和联邦德国建交程序、越南和美国的巴黎谈判以及对苏联表态等问题。

7月22日 阅陈云七月二十一日来信。信中请中央根据他的身体状况，给他分配力所能及的工作。如果没有适当的工作可分配，希望能参加北京老同志学习班，在春秋季节到外地去看看，可否破例在往返的路上给一个能烧暖气的公务车。毛泽东批示：“印发。请中央商定。我看都可以同意。”“请总理办。”不久，陈云即参加国务院业务组，协助周恩来考虑经济特别是外贸方面的一些方针、政策问题。同时，参加了在京老同志学习班。

7月24日 晚上，在中南海游泳池住处召集周恩来、姬鹏

---

〔1〕王季范，毛泽东的表兄。生前任全国人大代表。1972年7月11日去世。

飞、乔冠华、王殊[1]等谈国际问题。针对当时西方一些人讨论苏联的战略是向西还是向东，还是声东击西这个问题，毛泽东说：西方从第一次世界大战起就想推德国向东，不使它向西。现在，包括美国、英国、法国、西德都想推动苏联向东，推苏向华，西方无战事就好。两个德国应该统一，搞两个干什么呢？无非是雅尔塔搞的。我讲过多次，中国是一块肥肉，谁都想吃的。但现在要吃呢，要用文的，用武的难，过去可以，过去清朝、北洋军阀、蒋介石的时候都可以。在两个超级大国之间可以利用矛盾，就是我们的政策。两霸我们总要争取一霸，不两面作战。不过我也不大相信会打，但准备打。苏联原来搞威胁，威胁不灵，威胁不搞了，只搞演习。如果是真要打，就不搞演习。如果打游击我们就要准备，黄河以北它占不了好多，大城市我们也不放弃，在洞子里头照样打。如果俄国人真打中国，它就失败了。横直我们是打游击，不损失主力。你打你的，我打我的，我能吃下的就吃一口，至于你要打我，横竖我就两条腿走路。我的看法，苏联是声东击西，口里讲是整中国，实际上是向欧洲和地中海。有个英文刊物叫《新闻周刊》，有篇文章算了一笔账，说苏联是整欧洲的。它在欧洲那边包括在东欧驻扎的部队，有九十一个师，国内靠西边还有八十个师，对中国这边不过四十多个师。这种估计只当一种想法，你们外交部研究一下。我出点题目，究竟是声东击西，还是真正向东？准备它是要打。可以请一些人来，也可以派一些人出去，要搞些调查研究，情况弄得确实一些。我们下一代要多找些人学外国语，把外国的好的东西学过来，坏的东西不要，好的东西批判地吸收。关于中国的对外政策，毛泽东

---

〔1〕王殊，当时任新华社波恩分社记者。1972年11月任中国驻德意志联邦共和国大使馆临时代办（1974年9月任大使）。

说：我们外交部有条路线，中左路线，喜欢左派和中间派，就不喜欢右派。世界上就是右派当权，你怎么办呢？而我呢，都喜欢，特别喜欢右派，尼克松一类人，我就说服我周围的这些人。谈到国内问题时，毛泽东说：这次我们国内开了三百多人的会（指批林整风汇报会议——编者注），他们都没有注意我的那几句话："在跌了几跤之后，我亦往往如此。可是同志们往往不信。"什么叫"跌了几跤之后"呢？包括开除党籍[1]，开除出政治局，赶出红军三四次，等等。我总是每一次就声明，要么就听我的，我就干下去，就要怎么怎么。要不然，我就滚蛋。你们再需要我来呢，那我就再来吧。外国说我们现在年纪大了，寄希望于年轻人，说是我们死了就会变修。怎么办？我的意见就是要搞一点年轻人来当共产党副主席、军委副主席。所谓年轻人，就是年龄在三十至四十之间，要工人和农民，老年、中年也要。你们多找找，南方北方都找。文化水平低一点，用一批知识分子扶助。在这次谈话中，毛泽东还提到避孕措施的问题，说：关于避孕，我看要送上门去，避孕药物、器械这些东西，免费，挨家送，因为人家不好意思来领嘛。人体的八大系统都要研究，包括男女关系这种事，要编成小册子，挨家送，不然人家不好意思啊。

7月26日 晚上，在中南海游泳池住处听取周恩来和姬鹏飞、乔冠华、廖承志、韩念龙[2]等汇报中日邦交正常化问题。

7月27日 经毛泽东审阅同意，中共中央、中央军委转发北京军区党委、六十六军党委、天津警备区党委分别关于在批林

---

〔1〕 1928年3月，中共湘南特委代表周鲁到井冈山根据地传达1927年11月中央临时政治局扩大会议决议，将开除毛泽东中央临时政治局候补委员误传为"开除党籍"。

〔2〕 廖承志，当时任外交部顾问、中国日本友好协会会长。韩念龙，当时任外交部副部长。

整风运动中整顿军队纪律、纠正不正之风的报告。中央和军委的批语指出：人民解放军在文化大革命中立了新功，因而有一部分同志滋长了骄傲自满的情绪，闹名誉、闹地位、贪图享受多起来了，这是一种危险的倾向。

7月27日—29日 周恩来和廖承志等三次会见受日本首相田中角荣委托来中国的日本公明党委员长竹入义胜，就中日邦交正常化及《中日联合声明要点（草案）》进行谈判。

7月28日 圈阅周恩来本日报送的《中日联合声明要点（草案）》。周恩来在送审报告中说：这个草案是按照前日在主席处所谈，和昨日与竹入交换了意见，然后于昨晚在政治局会议上报告讨论过，同外交部日本组商量起草的。今晚还要与竹入再作一次探讨性谈话。晚九时后，当到主席处请示，以便明日正式答复竹入。当天晚十时至次日晨一时半，毛泽东在中南海游泳池住处听取周恩来和姬鹏飞、乔冠华、廖承志、韩念龙等汇报。

7月30日 晚上，在中南海游泳池住处接见上海京剧团演员、现代京剧《龙江颂》女主角的扮演者李炳淑。对几部现代京剧样板戏作了评价，说：《龙江颂》这个戏不错，我看过四次电视，一次电影。五亿农民有戏看了，你回去告诉他们，说我感谢他们为五亿多农民创作了一出好戏。现在结尾不好。《海港》太平，矛盾不突出，玻璃纤维吃了能有生命危险，人们都不知道，那个女演员太过分了。《红灯记》我原想一家三口都不要死，看了太悲，可那个时候的情况确实如此。日本人、国民党对我们的残杀是很厉害的，都改掉可能不行。《沙家浜》里阿庆嫂比较好，也讲斗争，但未死人，一般人爱看。《智取威虎山》没有戏，只有一场“打虎上山”有戏，还是学的“林冲夜奔”，其实都是过场戏，特别是“定计”就是过场戏，大段唱腔搞得那么长。杨子荣上山孤军作战，八大金刚一个金刚也没有分化过来，杨子荣孤立得很。后来栾平跑上山，差点把他搞掉，为什么“定计”那一场不让少剑波审他而让杨子荣审他，结果又跑上山，人为地紧张。我看能够流行的还是《龙江颂》、《沙家浜》。又说：现在剧太少，只有几个京剧，话剧也没有，歌剧也没有。以前说人家演样板戏是反样板戏，我说不要那么讲嘛，要允许人家有一个学习的过程，只要脸上不抹白鼻梁就行了。样板戏能有几个人看，大家都演了，看的人就多了。《龙江颂》拍成电影就好了，广大农民就可看到了。

7月31日 陈云、王震、滕代远〔1〕、陈再道等一批在文化大革命中受到冲击的老干部出席国防部为庆祝建军四十五周年举行的招待会。

8月11日 阅中共中央办公厅信访处八月十日编印的《来信摘要》一九七二年第五四五号。摘要说：原中共中央高级党校校长林枫的子女八月五日给毛主席写信，说他们四日去秦城监狱见了林枫一面，林枫现患心脏病、糖尿病，身体枯瘦，请求让他出来治疗休养。毛泽东批示：“连原信一起，请汪印发政治局各同志。我意放他出来治病。林枫问题过去没有弄清楚，有些证据不足，办案人员似有一些逼供信。”

同日 圈阅周恩来本日关于安排林立衡、张清林参加学习的情况的来信。来信说：遵主席前次面嘱，我拟同李德生、谢静宜两同志约林、张面谈一次，要他们好好学习中央文件、马列和主席著作，积极参加批林整风会议。九月三日，周恩来再次致信毛泽东，说约李德生、纪登奎、汪东兴等再次同林、张二人谈话，二人认识和表态尚好，愿意与群众一道学习。毛泽东圈阅了这

---

〔1〕滕代远，原任全国政协副主席、铁道部部长，“文化大革命”中被打倒。1974年12月1日去世。

封信。

8月14日 阅邓小平八月三日来信，批示："请总理阅后，交汪主任印发中央各同志。邓小平同志所犯错误是严重的。但应与刘少奇加以区别。（一）他在中央苏区是挨整的，即邓、毛、谢、古四个罪人之一，是所谓毛派的头子。整他的材料见《两条路线》、《六大以来》两书。出面整他的人是张闻天。（二）他没历史问题。即没有投降过敌人。（三）他协助刘伯承同志打仗是得力的，有战功。除此之外，进城以后，也不是一件好事都没有做的，例如率领代表团到莫斯科谈判，他没有屈服于苏修。这些事我过去讲过多次，现在再说一遍。"邓小平在信中揭发批判林彪，同时提出愿做一点工作。

8月17日 经毛泽东审阅同意，中共中央发出对《四川省委、成都军区党委扩大会议总结提纲》的批语。中央批语说：四川是祖国的战略大后方，是三线建设重点。中央希望你们牢牢掌握革命斗争大方向，把批林整风搞好，把各项工作做好。

8月21日 圈阅周恩来本日报送的国家计委《关于进口一米七连续式轧板机问题的报告》。

同日 经毛泽东审阅同意，中共中央、中央军委发出关于征询对"三支两军"若干问题决定草案的意见的通知。通知说：最近，毛主席建议中央认真研究一次"三支两军"问题。中央责成总政治部、中央组织部作了一些调查研究，经军委办公会议讨论，代中央、中央军委起草了这个决定草案。决定草案说：不可低估"三支两军"工作在文化大革命中的作用，但在地方党委成立以后，"三支两军"必须适应变化了的情况，军队工作除接受军事系统垂直领导外，省军区、军分区、县人武部必须纳入地方党委的一元化领导，驻地方的野战军在与地方相关的工作上也必须接受所在省、市、自治区党委的领导。在地方和单位的党委成立后，军管即可撤销，军宣队也撤回部队，支左领导机构也撤销。

8月22日 和董必武、周恩来致电齐奥塞斯库、毛雷尔，祝贺罗马尼亚解放二十八周年。贺电指出：在反对帝国主义和建设社会主义的斗争中，我们两国人民将一如既往，互相同情，互相支持，互相帮助。

同日 晚十时，在中南海游泳池住处会见本日下午到达北京进行内部访问的金日成，周恩来在座。毛泽东谈了原则性政策和党内路线斗争等问题。

8月下旬 阅周恩来八月二十一日报送的外交部关于中国同德意志联邦共和国建交及联邦德国外交部部长谢尔访华复新华社波恩分社的电报稿。复电稿说：关于谢尔访华日期可明告对方，日首相田中访华的具体日期尚未商定，如对方确有愿望在九月底来访，请告我具体日期，以便考虑。毛泽东批示："宜让田中先来，谢尔后到。"据此，周恩来删掉了上述这些话。

8月 同意周恩来的提议，将朱穆之从五七干校调回，参加新华社领导班子。

9月1日 和董必武、朱德、周恩来致电孙德胜、黎笋、长征、范文同，祝贺越南民主共和国成立二十七周年。贺电说：经过长期革命战争考验的越南人民，同老挝人民、柬埔寨人民团结战斗，一定能够打败美帝国主义的侵略，取得抗美救国战争的彻底胜利。越南人民在抗美救国战争中，不论还会遇到什么艰难险阻，中国人民都和你们站在一起，全力支援你们的正义斗争。

9月4日 赠周世钊线装本《两般秋雨庵随笔》一书，在封面上题写："两般秋雨庵随笔　惇元兄阅存。"在附信中说：旅夜无聊，奉此书，供消遣之用。此书写得不大好，但读来也还有味。

9月8日 和董必武、朱德、周恩来致电金日成、崔庸健，祝贺朝鲜民主主义人民共和国成立二十四周年。贺电说：中国人民将一如既往，坚决支持兄弟的朝鲜人民反对美帝国主义侵略、争取实现祖国自主和平统一的正义斗争，直到取得完全胜利。中国人民十分珍视中朝两党、两国人民在长期的共同革命斗争中用鲜血结成的伟大友谊和战斗团结。

同日　经毛泽东审阅同意，中共中央转发外交部《关于接待日本田中首相访华的内部宣传提纲》。宣传提纲说：日本内阁首相田中角荣即将来华访问，与我国领导人谈判并解决中日邦交正常化问题，这是当前我国外交战线上的一个重大事件。邀请田中首相访华，谈判并解决中日邦交正常化问题，是毛主席、党中央的一个重要战略部署。

9月13日　阅何长工[1]八月三十日来信。信中请求恢复他的党组织生活，向他传达中央有关文件。毛泽东批示："何长工的信。总理阅处。"

9月15日　经毛泽东审阅同意，中共中央转发《贵州省地、师级干部批林整风汇报会议总结提纲》。中央批语说：要加强党的一元化领导，加强军政、军民、军队内部和各族人民之间的团结，搞好生产救灾，加强三线建设。

9月20日　圈阅周恩来本日关于日本首相田中角荣访问中国的报告。报告说：外交部礼宾司司长韩叙同为日本首相田中角荣访华作具体准备工作的先遣队会谈后，双方已达成协议，公告照我们修改稿，发表时间定在九月二十一日上午。周恩来还简要报告了田中角荣一行访华的日程安排。

同日　阅中央专案组工作组关于整顿对审查对象和学习班人员管理工作的请示。请示说：拟对与林彪一案有关的审查对象和

---

〔1〕何长工，原任中共地质部党组书记、地质部副部长，"文化大革命"中被打倒。1975年10月任中国人民解放军军政大学副校长。

学习班人员分别情况，采取不同措施，或回原单位、或分配工作、或继续隔离审查、或关押。毛泽东批示：“同意。”

9月中旬 提议将王洪文由上海调来北京参加中央工作。二十日，周恩来致信毛泽东，告知中共中央政治局成员同意毛泽东的这个提议。

9月21日 中日双方发表公告：“日本国内阁总理大臣田中角荣愉快地接受中华人民共和国国务院总理周恩来的邀请，将于九月二十五日至三十日访问中国，谈判并解决中日邦交正常化问题，以建立两国之间的睦邻友好关系。”

9月25日 日本首相田中角荣于上午到达北京，开始访问中国。下午，周恩来同田中角荣举行第一次限制性会谈，会谈后为田中举行欢迎宴会。晚上，毛泽东听周恩来汇报同田中角荣会谈情况。

9月26日 下午，周恩来同田中角荣举行第二次限制性会谈。晚上，毛泽东在中南海游泳池住处召集周恩来等开会。

9月27日 晚八时半至九时三十五分，在中南海游泳池住处会见日本首相田中角荣、外务大臣大平正芳、官房长官二阶堂进，周恩来、姬鹏飞、廖承志在座。一见面，田中角荣、大平正芳、二阶堂进分别说了自己的姓名，并说能见到毛主席感到很荣幸。毛泽东用日语说：“谢谢！”接着他问：怎么样？吵了架吗？田中说：吵是吵了一些，但是已经基本解决了问题。毛泽东说：吵出结果来就不吵了嘛。周恩来说：两位外长很努力。田中说：是的，两国外长很努力。我们进行了非常圆满的会谈。毛泽东说：那就好了，天下太平。你们那个“添麻烦”的问题怎么解决了？田中说：我们准备按中国的习惯来改。[1] 毛泽东说：你们到北京这么一来，全世界都战战兢兢，主要是一个苏联，一个美国，这两个大国，它们不大放心了，晓得你们在那里捣什么鬼啊。田中说：美国声明支持我们到中国来。毛泽东说：美国好一点，也有一点不那么舒服，说是他们今年二月来了没建交，你们跑到他们前头去了，心里总有点不那么舒服就是了。毛泽东问：你看这个世界怎样呢？田中说：自从第二次世界大战以后，一些大国想用实力政策进行侵略的做法到极限了，所以现在世界进入了新的谋求和平、以谈判解决问题的时代。毛泽东说：不错。田中说：尼克松也承认日本来访中国是符合世界潮流的必然发展趋势的。毛泽东说：是啊，他先来了嘛。毛泽东问：两国联合声明什么时候发表？周恩来说：可能明天，今天晚上还要共同研究定稿。毛泽东说：你们速度很快啊。可以几十年、百把年达不成协议，而在几天之内解决问题。现在彼此都有这个需要，这也是尼克松总统对我讲的。田中说：看来毛主席身体很健康。毛泽东说：不行了，我这个人要见上帝了。周恩来说：他每天读很多文件，你看有这么多书。田中说：今天使我感到不能借口忙就不读书了，要好好读书才好。毛泽东说：我是中了书的毒了，离不了

〔1〕 1972年9月25日，在欢迎田中角荣一行的宴会上，田中在致词时谈到日本历史上侵华战争问题时表示："我国给中国国民添了很大的麻烦，我对此再次表示深刻的反省之意。"第二天会谈时，周恩来指出：田中首相表示对过去的不幸的过程感到遗憾，并表示要深深的反省，这是我们能够接受的。但是，"添了很大的麻烦"这一句话，引起了中国人民强烈的反感。田中解释，从日文来说，"添麻烦"是诚心诚意地表示谢罪之意。周恩来强调，"麻烦"在汉语里意思很轻。田中表示，我们两国之间需要互相理解，应当寻找能为两国国民所接受的表达方式。《中日联合声明》中的正式表述为："日本方面痛感日本国过去由于战争给中国人民造成的重大损害的责任，表示深刻的反省。"

书，你看（指周围书架及书桌上的书——编者注）这是《稼轩》，那是《楚辞》。（田中等都站起来，看毛泽东的各种书）没有什么礼物，把这个（《楚辞集注》）送给你。

9月28日 审阅周恩来报送的《中华人民共和国政府和日本国政府联合声明》（草案）。周恩来在送审报告中说："中日联合声明已搞成，我们所要求的都写上。只是派出大使写成尽快，田中、大平说对台湾必断，日使馆必撤，蒋使如不撤，他将采取措施使他们走，要求我们不规定太死，万一超出一些时间就失信了，故望相信他们在半年内越早越好地解决这一问题。建交则自签字之日起，今日不签，明早必签，因田中力主在北京签。因此，就要考虑在声明宣布后就建交。"毛泽东批示："同意。"

9月29日 上午，《中华人民共和国政府和日本国政府联合声明》在北京签字。联合声明说："日本方面痛感日本国过去由于战争给中国人民造成的重大损害的责任，表示深刻的反省。日本方面重申站在充分理解中华人民共和国政府提出的'复交三原则'的立场上，谋求实现日中邦交正常化这一见解。中国方面对此表示欢迎。中日两国尽管社会制度不同，应该而且可以建立和平友好关系。两国邦交正常化，发展两国的睦邻友好关系，是符合两国人民利益的，也是对缓和亚洲紧张局势和维护世界和平的贡献。"联合声明有九条具体内容，其中包括："自本声明公布之日起，中华人民共和国和日本国之间迄今为止的不正常状态宣告结束"；"日本国政府承认中华人民共和国政府是中国的唯一合法政府"；"中华人民共和国政府重申：台湾是中华人民共和国领土不可分割的一部分。日本国政府充分理解和尊重中国政府的这一立场，并坚持遵循波茨坦公告第八条的立场"；"中华人民共和国政府和日本国政府决定自一九七二年九月二十九日起建立外交关系"。

同日 圈阅周恩来本日报送的《人民日报》社论稿《中日关系

史的新篇章》。三十日，《人民日报》发表这篇社论。社论说：中日之间战争状态的结束，邦交正常化的实现，揭开了两国关系史上的新篇章。瞻望未来，我们深信中日友好有着广阔的发展前途，中日两国伟大的人民一定能够排除各种障碍，世世代代友好下去。

9月30日 圈阅周恩来报送的两报一刊国庆社论稿《夺取新的胜利——庆祝中华人民共和国成立二十三周年》。社论说：国际国内的大好形势要求我们加快社会主义建设的步伐。各条战线的同志都要鼓足干劲，力争上游，努力做好各项工作。要全心全意地依靠工人阶级和它的最可靠的同盟军贫下中农，继续全面地落实毛主席的干部政策、知识分子政策、经济政策等各项无产阶级政策，团结一切可以团结的力量，调动一切积极因素。要坚定不移地执行以农业为基础、以工业为主导的发展国民经济总方针，全面完成国民经济计划。

9月 对正在举行的海军党委四届五次全会扩大会议[1]如何开展批林整风作出指示："海军的会议，纠缠着历史问题。在批林整风运动中，在历史的旧账上纠缠，容易走偏方向。""首先是批林，其次才是整风。"九月二十一日，周恩来主持中共中央政治局会议，约海军负责人谈话，传达了毛泽东的指示。九月二十三日，周恩来致信毛泽东，汇报批林整风中的云南问题和海军问题。毛泽东圈阅了这封信。

同月 指示有关人员注释和印制大字本的《晋书》中的谢安传、谢玄传、桓伊传、刘牢之传。

10月2日 晚上，在中南海游泳池住处同周世钊谈话。谈到林彪时，念起明代李攀龙的《怀明卿》一诗："豫章西望彩云间，九派长江九叠山。高卧不须窥石镜，秋风憔悴侍臣颜。"说

〔1〕 这次会议于1972年7月17日至1973年2月20日在北京举行。

如将诗中“侍臣”改为“叛徒”，此诗送给林彪是最恰当不过的了。随后，又念起杜甫的《咏怀古迹》一诗中的几句：“群山万壑赴荆门，生长明妃尚有村。一去紫台连朔漠，独留青冢向黄昏。”念罢还说，“明妃”指的是林彪。

10月10日 阅欧阳毅〔1〕来信，批示：“请李德生同志酌处。”

10月14日 经毛泽东审阅同意，中共中央转发上海市委《关于筹建共青团上海市委的报告》。中央批语说：经过整团建团，在绝大部分基层团组织建立的基础上，可以建立县、地两级共青团委员会，并积极筹备，在条件具备的时候，把省、市、自治区一级的团委建立起来。

10月15日 阅北京工业学院教师邵金荣九月二十七日关于国防工业高等院校当前存在问题及改进意见的来信。来信建议：废除现在由国防工业部管国防院校的状况，恢复原来国防科委统一管理国防院校的体制；认真落实知识分子政策，对有所发明创造的应予鼓励；具体工作要尽快解决为好。毛泽东批示：“这个问题很大。请汪主任印发中央和军委各同志研究酌处。”

10月16日 阅中共中央办公厅信访处十月十四日编印的《来信摘要》一九七二年第七二三号。摘要说：中共中央统战部原副部长许涤新的儿子来信说，一九六七年十二月，许涤新被关在部内实行群众专政，不准回家，失去自由，请求批准其回家治病。毛泽东批示：“纪、汪〔2〕酌处。”十二月，中组部业务组提出，许涤新问题属人民内部矛盾，建议解除群众监督，恢复党的组织生活，分配适当工作。

---

〔1〕 欧阳毅，原任中国人民解放军炮兵副政治委员，“文化大革命”中被打倒。1975年5月恢复炮兵副政治委员职务。

〔2〕 纪、汪，指纪登奎、汪东兴。

同日 阅中共中央办公厅信访处十月十四日编印的《要信摘报》第二四五号。摘报说：范长江妻子沈谱来信反映，一九七〇年十月二十四日范长江专案组负责人通知她，说范长江于十月二十三日在河南确山全国科协五七干校投井自杀。她要求给范长江作出政治结论。毛泽东批示："纪、汪酌处。"[1]

10月20日 阅原中共甘肃省委书记处书记霍维德八月三十日要求复查他的问题的来信。霍维德在"文革"前被撤销甘肃省委书记处书记职务，调任山东省政协副主席。他在信中申述说，一九六二年甘肃省委批判他反对省委、反对西北局和在甘肃进行反党活动等是错误的。甘肃省委的负责人表示没有中央的批示不便复查。为此特写信给主席，盼能批转甘肃省委给予复查。毛泽东批示："纪、汪酌处。请商组织部，并问一下一炮[2]司令张达志同志对霍维德同志有何意见。然后转甘肃省委征求意见。"

10月31日 下午，在中南海游泳池住处会见金日成，周恩来在座。金日成一行是为祝贺西哈努克五十岁生日于十月三十日下午到达北京的。

10月 周恩来根据毛泽东的意见，多次过问音乐家贺绿汀的问题，催促尽快结案。一九七三年一月，贺绿汀被解除监禁。

11月4日 阅华罗庚[3]十月二十五日来信。信中说："交通部大连车辆工厂赠我一件宝贵礼物，却之，恐拂工人阶级迎归之意；受之，又太欠自知之明。饮水思源，别旧我，登新途，端赖您的指引教导，因此转献给您，表心意，代汇报。"毛泽东批

---

〔1〕 1978年12月，中共中央为范长江平反昭雪。

〔2〕 指中国人民解放军炮兵。

〔3〕 华罗庚，数学家。当时任全国人大常委会委员、中国科学院物理学数学化学学部副主任、中国科学院数学研究所所长、中国科技大学副校长兼应用数学系主任、中国民主同盟中央常委。

示："此信及附件照片一本，退还给华罗庚同志保存，比放在我处为好。感谢华同志的好意。"

同日 阅中共中央办公厅信访处十一月三日编印的《要信摘报》第二七〇号。摘报说：原马列主义研究院学习班郭冲等八人及该院原秘书长柴沫的妻子王若林写信给毛主席，反映柴沫受陈伯达迫害，被迫自杀。现在陈伯达已揪出两年多，该院学习班也办了一年零七个月，可是对陈伯达迫害柴沫的罪行还没有得到清算，对柴沫也未作出正确结论。为此，恳请主席责成有关部门为柴沫平反，恢复名誉，作出正确结论。毛泽东批示："纪、汪酌处。"十一月三十日，王若林再次来信说，对主席关于柴沫问题的批示无比感谢。军代表已向她传达了关于柴沫问题的结论，肯定他是受陈伯达等迫害的，同时又指出柴系自杀，不够党员条件，应党内除名。王若林认为，柴沫是在陈伯达等的逼迫下自杀的，故不应党内除名。王若林这次来信，摘登在十二月二日编印的《来信摘要》第八五八号，毛泽东十二月五日批示："纪、汪处理。似不应除名（逼死了人，还要开除吗?）。"中央组织部业务组十二月六日《关于柴沫同志的调查报告》正式决定：对柴沫同志仍按革命干部对待，"党内不应除名，也不给任何处分"。

同日 经毛泽东审阅同意，中共中央发出对《河南省委关于继续深入开展批林整风运动的请示报告》的批语。中央批语说：在批林整风运动中，跟着犯了某些错误的同志，只要彻底揭发批判，认真作自我批评，改了就好。不要搞人人过关，层层检查，不要揪住不放。

11月12日 阅北京大学革委会副主任周培源十一月七日来信。信中说：在落实知识分子政策和教育革命中，有一个问题急待解决，就是如何处置六六届至七〇届的大专毕业生。六六届已经毕业六年之久，至今仍未转正定级。目前这些大学生全国有八十万左右，处理好他们的问题关系重大。信中提出了几点建议：鉴于我国科学文化急需加速发展，大学生还要继续培养，而且要培养质量更高的，他们的资格尤其是经济地位不能过低。老五届毕业生的待遇不能比六五年以前的毕业生降一级。大学生待遇改革应从新招的工农兵大学生算起。工资转正定级工作宜速完成，不要拖到参加工作七八年以后。毛泽东批示："此事关系很大。印发政治局各同志，国务院文教组及北京市委各同志研究。请中央考虑作出决定。"

同日 阅中南海门诊部十一月十一日关于周恩来身体状况给叶剑英等人的报告。报告说：昨晚再次组织了有关的心脏科医生会诊，大家一致认为，恩来同志的心脏病发展是比较重的，要及时严重注意。平时虽随时研究病情，调整治疗，但药物的力量毕竟有限，宜特别注意休息，增加睡眠，采取减轻工作和其他一些可行的办法，希望中央领导同志考虑，并给以指示。毛泽东批示："应当休息、节劳。不可大意。"

11月17日 晚上，在中南海游泳池住处会见尼泊尔首相比斯塔，周恩来在座。双方交谈南亚的一些政治情况。当比斯塔说这是第三次见毛泽东时，毛泽东说：没有第四次了，我要到阎王那里去搞革命了，把地狱中的制度破坏一下。

同日 阅江一真〔1〕十一月一日来信。信中说：一九六九年您在一次讲话中提到我还年轻，还可以工作，今年八月又解除对我的监护，使我的病情逐日好转。请求尽快给我作出政治结论，让我回到党组织中来。毛泽东批示："纪、汪酌办。"

11月 针对张春桥、江青认为萧劲光上了林彪贼船的说法，提

---

〔1〕 江一真，曾任中共福建省委书记处书记、福建省省长，后任农业部代理部长。"文化大革命"中被打倒。1973年4月，中共中央组织部正式提出恢复其党的组织生活，由农林部负责安置。

出：萧劲光是个老同志，他上的什么贼船？萧劲光还要当海军司令，海军司令不要易人。周恩来打电话将毛泽东的话告诉了萧劲光。

12月2日 阅中共中央监察委员会驻外贸部监察组原组长李一夫的妻子张明晖来信。信中说，她和孩子们探望了李一夫，李的精神状态还好，但身体状况确实很坏，希望能批准李住院就医。毛泽东批示："纪、汪处理。"

12月4日 下午四时十五分至晚七时十五分，在中南海游泳池住处同周恩来谈话。晚九时，周恩来主持召开中共中央政治局会议。

12月6日 让江青将人民日报社王若水来信转给周恩来、张春桥、姚文元等，提出由他们一起找王若水谈话，解决一下信中所提问题。王若水在十二月五日给毛泽东的信中说：当前报纸宣传遇到了一个很大的问题，我们希望能得到您的指示。报纸上一直是提"排除'左'右干扰"，这个提法，没有回答这样一个问题：究竟"左"的干扰是主要的还是右的干扰是主要的呢？批修整风，也就是批林整风，究竟主要是批"左"的方面还是右的方面呢？今年八月一日，总理在一次谈话中指示：人民日报等单位，极左思潮没有批透，"左"的不批透，右的东西也会抬头。我很同意总理这个提法。八月八日，春桥、文元同志接见人民日报几个同志时，春桥同志讲了一段话。他的用意显然是提醒我们，不要批"左"过了头，转到右的方面去。这当然是值得我们注意的。但当前批极左主要是批过了头呢？还是批得不透呢？这个问题却没有解决。来信认为，这不单单是一个宣传方针的问题，而且是整个批林整风如何进行的问题。十二月十五日、十六日，周恩来主持召开中共中央政治局会议，讨论王若水的信和对批极左问题的认识。

12月10日 经毛泽东审阅同意，中共中央转发《国务院关于粮食问题的报告》。中央批语说："毛主席最近又一次指出，当前国内外形势大好，各级领导同志要谦虚谨慎，不要因为胜利就忘乎所以。毛主席讲了《明史·朱升传》的历史故事。明朝建国以前，朱元璋召见一位叫朱升的知识分子，问他在当时形势下应当怎么办。朱升说：'高筑墙，广积粮，缓称王。'朱元璋采纳了他的意见，取得了胜利。根据我们现在所处的国内外大好形势和我们所坚守的社会主义制度和无产阶级立场，毛主席说：我们要'深挖洞，广积粮，不称霸'。毛主席的这一指示，使'备战、备荒、为人民'的伟大战略方针更加具体化了。"

12月上旬 指示有关人员注释和印制大字本的《旧唐书·傅奕传》。

12月11日 阅中共中央办公厅信访处十二月编印的《要信摘报》一九七二年第三〇七号。摘报综合了五机部、海军第七研究院第七二四所和空军六十三团等单位一些干部、技术人员给毛泽东和周恩来信的内容。这些信中提出国防科研单位存在的一些问题，主要是：体制、任务多变，影响了科研项目的完成；有的单位几年来基本处于搬迁和基建状态，没有搞出一项新产品；基本建设贪大求洋，摊子铺得很大，战线太长，建设速度缓慢，有的建厂多年没出产品；科技队伍比较混乱，有的地方不少科技人员至今仍处在人人自危状态，情绪消沉，不肯搞设计等。有的来信建议，把武器装备研究院、所统一起来，凡应留军队的院、所都列入军队编制。国防科研要搞好工人、技术人员、领导干部三结合和科研、生产、使用三结合，既抓当前急需的武器装备，又搞探索性课题、理论研究和技术储备。国防工业在确保完成军工产品任务的原则下，尽可能生产一定品种和数量的民用产品等。毛泽东批示："连原信都送总理，交国务院有关组织研究。"

12月12日 阅十二名原马列主义研究院批陈整风学习班学员十二月九日来信。来信说：我们十几个同志，是一九六四年、六五年毕业的不同专业的研究生，于同年度被分配到原中央马列主义研究院工作。一九六九年研究院解散后被分到各地，普遍存在着学非所用、用非所学的状况。一九七一年，来京参加原马列主义研究院批陈整风学习班，现在快要结束了。来信提出希望在学习班结束时，根据党的干部政策，结合他们的专业，调整他们的工作。毛泽东批示："请姚文元同志查明酌处。"[1]

12月17日 晚上，在中南海游泳池住处召集周恩来、张春桥、姚文元等开会。谈到文化大革命时，毛泽东说："二月逆流"，当时实在搞不清楚，光看现象不行。谭震林，要出来。那时他乱放炮，也不策略。谈到当前的形势时，毛泽东说：批极左，还是批右？批极左思潮，少批一点吧。王若水那封信，我看不对。天下大势，是一团漆黑，还是略有光明？有人认为是一团漆黑，说光明还出林彪？没有光明，还有一片之明嘛。动不动说大好形势，没有漆黑，那也不对。林立果、林彪，不要称为"贼"。林彪路线的实质是极右，修正主义，分裂，阴谋诡计，叛党叛国。[2] 谈到中国历史问题时，毛泽东说：郭沫若的《奴隶时代》、《青铜时代》值得看。《十批判书》，看了几遍，结论是尊儒反法，人本主义。学术界一批人不赞成，赵纪彬、杨荣国都是批郭的，认为孔是复周朝的奴隶制。历史要多读一些。历史中有哲学史，其中分派。儒法两派都是剥削本位主义，法家也是剥削，进了一步。杨荣国没有讲清，新的势力兴起，还是剥削。

---

〔1〕 1973年1月29日，中共中央组织部业务组研究决定，学习班结束后，已经分配工作的研究生和其他人员仍回原单位。建议他们所在的省、市和中央各有关部门，根据工作需要和他们的专长，适当调整他们的工作。

〔2〕 1972年12月19日，周恩来和江青、张春桥、姚文元等约人民日报社负责人谈话，传达了毛泽东的这些指示。

12月18日 周恩来根据毛泽东十二月十七日谈话中有关谭震林的意见，致信纪登奎、汪东兴："昨晚主席面示，谭震林同志虽有一时错误（现在看来，当时大闹怀仁堂是林彪故意造成打倒一批老同志的局势所激成的），但还是好同志，应该让他回来。"信中还要纪、汪考虑一下邓小平要求做点工作的问题，说主席也曾提过几次。二十七日，纪、汪报告周恩来，提出谭震林调北京安排工作，邓小平仍任副总理。周恩来阅后表示：谭事可先办，邓事待请示主席后定。

12月19日 阅周恩来十二月十八日报送的王稼祥十日给周恩来的信。信中说：我想做一点点工作。我虽长期有病，听力又很差，但我脑力每天还能使用几个小时，阅读能力还有一些。解放后，我搞了一个时期的外事工作，而别的工作部门，我是一点都不熟悉。因此我特函请总理在万忙中考虑我的上述情况，能否分配给我一点外事调查研究的工作。周恩来在送阅报告中说："我意，稼祥同志可以做外事调研工作，如主席同意，请批示，以便向中央报告。"毛泽东批示："可试行。"一九七三年八月，王稼祥在中共十大当选中央委员。

12月中旬 阅王海容、唐闻生转送的铁道部原副部长刘建章的妻子刘淑清七月二十日来信。信中说：刘建章一九六八年二月被拘留审查，至今已近五年。一九七二年六月八日，中央专案组通知我们家属到狱中探视，发现他体质很坏，面黄肌瘦，连说话有时也咬字不清。监狱生活条件差，每天饮水只有三杯的定量，每日放风也只有三十分钟的时间，有关政治上的大事更是不得而知。信中请求改变目前这种审查方式，允许家属经常探望，或准许刘建章回家等待审查结论并治病。毛泽东批示："请总理办。这种法西斯式的审查方式，是谁人规定的？应一律废除。"十二月十八日，周恩来向公安部革委会主任李震、交通部革委会主任杨杰、国务院办公室负责人吴庆彤作出三点指示：一、将刘建章保外送医院就医，并通知其家属前去看望。二、将刘建章全案结论抽出送国务院李先念、纪登奎批。三、请公安部会同卫戍区将我在国务院提出的要清查北京监狱待遇问题，在年内再做一次彻底清查。凡属主席指出的“这种法西斯式的审查方式”和虐待、殴打都需列举出来，再一次宣布废除，并当着在押犯人公布，如有犯者，当依法惩治，更容许犯人控诉。各事办好，请分别报来。

12月22日 阅中共中央办公厅信访处十二月编印的《要信摘报》第三一六号。摘报说：锦西化工厂原副厂长谭生彬给主席写信，希望安排工作。谭生彬信中说，他一九六二年任中共青海省委书记处书记时，受到错误批判，被撤销职务，调中央党校学习三年，一九六五年分配到锦西化工厂任副厂长，文化大革命中又靠边站，迄今六年无工作，希望能予解决。毛泽东批示：“纪登奎同志阅后，交中组部处理。”

12月23日 阅周恩来报送的十二月二十二日晚中共中央政治局会议议事情况的报告。报告中说：政治局听取了李德生、王洪文汇报新疆问题，他们认为，新疆问题中心是大抓路线斗争，加强领导工作，团结起来，共同对敌。关于华东问题，大家遵照主席指示，拟在小范围内先后同许世友、韩先楚谈话，再扩大范围。毛泽东批示：“同意。”报告中说：许世友马上要来北京，是否在许来前，还需约我们谈谈办法。毛泽东批注：“你们谈后再说。”

12月29日 晚上，在中南海游泳池住处会见越南南方共和临时革命政府外交部部长阮氏萍，周恩来在座。双方讨论越南局势和正在巴黎举行的美国政府同越南南方共和临时革命政府的谈判问题。毛泽东说：我们总是一家人啊！你们北方、南方，印度支那，还有朝鲜，我们这一家，互相支持。越南总是越南人的，柬埔寨是柬埔寨人的，老挝是老挝人的，难道是美国人的？尼克松在越南干不下去了，他想走，他要装腔作势，所以要给点面子嘛。阮文绍就怕停火，如果停火了，他自己就会垮台，他们的人员、军队就会垮台。现在一些所谓共产党人就说你们不应该谈判，应该打下去，打他一百年，就叫作革命，不然那就是机会主义者。有些“左”派就这样讲，他也不敢公开讲，在私下讲一讲。问题相当复杂，不能那样简单地看待。我看越南总是你们的。你不信啊？我可以签字。如果你们谈好了，那么不但南越，而且北越，可能跟美国人搞成某种程度的正常化。我看能够达成协定，能停火嘛，停半年或一年也好，要打将来再打。不过，打也应该让阮文绍先打。我对于世界是比较乐观的，无非是天下大乱嘛。毛泽东对越南驻中国大使说：你看了我们的文化大革命。那个时候天下大乱啊，他们外交部有一个半月我也管不了啦，总理也管不了啦，那个时候的外交部长陈毅同志也管不了啦，他（指姬鹏飞——编者注）当副部长，也管不了啦。结果有一派人就掌握了权力，一下子把英国代办处烧掉了。好处是这一下暴露了坏人。

同日 周恩来在一次讲话中传达毛泽东近期关于国际形势的谈话。主要内容有：现在是两霸争夺，就像夹肉面包。肉很多，都要争。一块肉是西欧，几个国家的共同市场，十七个国家的自由贸易市场，都和苏联对抗，它要依靠美国，所以苏联就拼命地挤进去。一个苏修，一个美帝，称霸欧洲，所以欧安会也没有开成。东边日本也是一块肉，不甚肥，既没有原料，也没有市场。第三块是中国，是块肥肉，也是美苏争夺的。这块肉是肥肉，这块肥肉很多人都想争。还有第三世界，亚非拉，那是更大的肥肉。第二次世界大战后，美国、苏联不可一世，五十年代后，氢弹爆炸、卫星上天，苏联一天天膨胀起来，变成两霸争夺世界，但争夺不下来。现在是这么一个局面。究竟苏联的布局是向东，还是声东击西？

12月30日 让汪东兴转告周恩来和江青，去看望在北京住院的许世友。三十一日，周恩来、江青和王洪文等人前往医院看望许世友。周恩来随后将看望许世友的情况写信报告毛泽东，毛泽东圈阅了这个报告。

12月下旬 指示有关人员注释和印制大字本的屈原《天问》、柳宗元《天对》、《史记·项羽本纪》、《三国志·魏书·夏侯渊传》、《三国志·吴书·吕蒙传》、《明史·朱升传》。

1973年　八十岁

1月1日　两报一刊发表社论《新年献词》，提出林彪反党集团推行的是一条反革命的修正主义路线，一定要抓住这个实质，进行深入的批判，批修整风，首先是批修，其次才是整风。社论发表了毛泽东“深挖洞，广积粮，不称霸”的指示。

1月2日　阅谭震林一九七二年十二月二十六日从广西桂林写来的两封信，批示：“印发政治局各同志。第二信所提问题，请纪、汪办。”谭震林在第二封信中说：“七月二十四日不幸把右腿跌断了，我希望回京检查一次。葛慧敏[1]需要回京治疗，在我身边的两个小孩也要回京好安置他们继续上学，或者进工厂做工，或者到国营农场去劳动。”八月，谭震林在中共十大当选中央委员。

同日　周恩来根据毛泽东关于各地参观场所不要请中外参观者题词、留言和提赞扬意见的指示，起草中共中央通知，指出：“毛主席指示的主要精神，就是要我们努力做到实事求是，谦虚谨慎，不要把自己的意见强加于人。”中央通知于一月四日发出。

同日　国家计委向国务院报送《关于增加设备进口，扩大经济交流的请示报告》。报告提出在今后三五年内引进四十三亿美元的成套设备和单机的方案（通称“四三方案”）。这个方案，经毛泽东、周恩来批准后实施。这是新中国第二次大规模引进成套技术设备，也是“文化大革命”以来首次批准实施的大宗进口成

〔1〕　葛慧敏，谭震林的妻子。

套设备方案。

1月初 圈阅周恩来一月一日报送的外交部、国家计委《关于同日本谈判建设中日海底电缆有关问题的报告》。五月四日，中日海底电缆建设工程协议在北京签字。

1月3日 复信海伦·福斯特·斯诺[1]："你的信和你写的《革命生涯》一书都已收到。信写得很好，我在很久以前看过这本书。非常感谢。我祝你在回国途中一路平安。如果你想再次访问中国，你将受到欢迎。祝你新年快乐。"一九七二年十二月，海伦·斯诺应邀重访中国，十二月下旬，她在北京给毛泽东写信说："我不知道您是否读过我描写延安的书——一九三八年在上海出版的《中国红区内情》。我在同一时期还写了一本书，并且带到北京来了。自那时以来，我出版了七本书，加上六本油印的书。在尼克松访华后，这些书都再版重印了。"

1月7日 周恩来向毛泽东报送各地批林整风情况的报告。报告说：山东问题昨晚已经结束。新疆问题现在转变较快。河南、湖北批林整风大有进展，曾思玉、刘建勋同志配合得较好。云南正在按中央日前指示，深入批林。王洪文拟回沪一行，还拟往浙江一行，说服省委主要领导同志，要看运动主流，不要纠缠历史旧账，助长派性，放松批林的思想深入。乘洪文没走前，建议主席召开一次政治局会，与大家谈谈。九日晨零时四十五分，毛泽东在中南海游泳池住处主持召开中共中央政治局会议，研究浙江等地批林整风运动问题。

1月10日 阅江青一月九日报送的何长工一九七二年十二月一日给她的信。何长工主要申述他从一九二七年湖南"马日事变"到他参加武汉警卫团这段时间的经历。信中说：专案组在审

---

〔1〕 海伦·福斯特·斯诺，美国进步记者，是埃德加·斯诺的前妻。

查我的历史过程中，违反党的无产阶级革命路线和政策，违背历史事实。现向党中央、毛主席申述，恳切希望中央对于我的问题能直接派人进行审查和核实。毛泽东批示："请纪、汪酌处。"

1月上旬　在王洪文去上海前，嘱其读《后汉书·刘盆子传》[1]。

1月12日　阅中共中央办公厅信访处一月六日编印的《来信摘要》一九七三年第二十七号。摘要说，李一氓[2]的妻子和女儿四日给毛泽东写信，希望让李一氓出狱就医。毛泽东批示："纪、汪酌处。"

同日　圈阅周恩来一月十一日夜关于扎伊尔[3]总统蒙博托来访事宜的报告。报告说：蒙博托总统到来两天，他多次提到想见主席。今（十一日）晚蒙博托的演说，有些见解可以一阅，现附上。蒙博托本人也说，他有些话要与主席面谈。

1月13日　下午，在中南海游泳池住处会见蒙博托，周恩来、姬鹏飞在座。毛泽东说：各国革命，各有各的方式。你们搞你们的方式，我们搞我们的方式。不隐瞒自己的观点，不讲假话。比如我们跟尼克松达成的公报，就是各讲各的。有几处共同的，可以合作的。蒙博托说：当我们同台湾断绝关系时，说得很清楚，这是为了促进中国的重新统一。毛泽东说：我觉得你这个人办事爽快，处理台湾这件事快得很。你的那篇讲话（指蒙博托在周恩来举行的欢迎宴会上的讲话——编者注），我看不错，可能有些人不大高兴。谈话

---

〔1〕据《后汉书·刘盆子传》载，西汉末年的赤眉农民起义军打到潼关后，采取抽签的方式在刘氏宗室中选出15岁的放牛娃刘盆子做皇帝，但因脱离不了放牛娃的习性而失败下台。

〔2〕李一氓，原任国务院外事办公室副主任，"文化大革命"中被打倒。1975年8月任中共中央对外联络部副部长。

〔3〕扎伊尔，当时称扎伊尔共和国，现名刚果民主共和国。

中问翻译齐宗华的法语是怎样学的，说：我看要送些小孩到外国去，比如十岁左右，白天学外文，晚上学中文。

1月23日 审阅周恩来起草的外交部对美国关于基辛格访华口信的复电稿。美方一月二十二日的口信说，美方希望基辛格博士在二月十一日至十三日期间访问中国，设想这次讨论内容，将包括关系正常化，目前世界形势和战后时期在南亚和东南亚的未来政策。外交部的复电稿说：我们欢迎博士二月十三日至十七日访华，同意会谈主要目的，并可谈双方关心的问题。毛泽东批示："同意。"

1月29日 和董必武、朱德、周恩来致电孙德胜、黎笋、长征、范文同、阮友寿、黄晋发，祝贺越南问题巴黎协定的签订。贺电说：英雄的越南人民为了祖国的独立和民族的解放，高举胡志明主席"决战决胜"的旗帜，同美帝国主义进行了十余年浴血战斗，终于促使美国政府签订越南停战和平协定，同意限期撤出美国及其盟国的全部武装力量，并且确认越南人民的基本民族权利和越南南方人民的自决权，从而为越南人民在没有外来武力干涉的情况下解决自己的问题创造了条件，为实现越南的和平、独立、统一、民主和繁荣开辟了前景。

2月1日 晚上，在中南海游泳池住处会见越南劳动党中央政治局委员黎德寿和越南劳动党中央政治局委员、越南民主共和国政府副总理兼外交部部长阮维桢，周恩来、张春桥、姬鹏飞在座。黎德寿说：毛主席和中国党在我们整个抗美救国战争中都给了我们很大的帮助和鼓舞。为此我们要转达我们党和我国人民的感谢。毛泽东说：要感谢你们了，我们帮助很少。打了十几年吧。世界是打出来的。黎德寿说：看到毛主席身体很健壮。毛泽东说：我是虚有其表，害了一年多的病，主要是肺气管有病，还有腿关节炎。快了，要消灭了。你们跟我放点空气出去，就说我现在还可以，但是不行，有病，不要瞒着。现在我们政治局就瞒着中国人，凡是外国说我有病的，报纸上、《参考消息》上就不登。你们过去总是讲美国人顽固得很。我看美国人不那么顽固，没有料到居然谈出这样一个协定，听说是美国历史上少有的，事实上承认自己失败了嘛。它顽固不下去，早已是这样。至于美国，中国有句古话，叫做“百足之虫，死而不僵”。那个时候，我们有些朋友们不理解为什么我们要请尼克松到北京来。美国困难大得很，别的地方紧张起来了，它一定要使东方有个缓和的局面才能够把主要的注意力放在它的国内，放在欧洲和地中海。他跑到北京的目的就是这个。他们天天讲平衡，而这个世界就是不平衡，整个世界力量就是不平衡。天天讲从实力地位出发，实际上就是想跑嘛。其所以想跑，是因为在这个地方实在吃亏，再呆下去不好办，再就是别的地方紧张。现在基辛格要到河内，听说是要谈正常化。所谓正常化，是要承认你们，建立外交关系嘛。他这次先到你们那里，再到我们这里，也是要讲正常化。我们这个正常化，我也想了一想，也不那么容易啊。他这里这位老朋友就叫蒋介石，他要保他。谈到《巴黎协定》签订后的越南形势时，毛泽东说：暂时休整一个时间，很有必要。有些左派共产党就是不赞成啊，说最好你们再打下去，没有喘息的时间。这种话，就是不好听，不好相信了。并不是不革命，哪有不革命的？停他半年、一年或者一年半就叫不革命？阮维桢说：现在确实需要有一段休整时间，解决结束美国卷入的问题，然后再回过头来解决政治问题。毛泽东说：对。只能是这样的方针，列宁从前就是这么做的。列宁那时候比你们弱得多，那时候有个人名叫托洛茨基，他反对同德国人妥协。列宁跟德国订布列斯特和约，那时候苏维埃刚取得政权，也看到德国要垮了。美国整个垮还不是眼前的事，可是阮文绍垮，那是可靠的啊。一两年之后或者什么时候，所谓一段时间，阮文绍要垮。我看将来还是多搞乡村和中小城市，让阮文绍把大城市占领了，让他被陷在那里，分散之，然后逐步吃那些大城市。

2月上旬 指示有关人员注释和印制大字本的《三国志·魏书》中的张辽传、张郃传和《旧唐书·李愬传》。

2月14日 下午，在中南海游泳池住处同周恩来谈话。

2月15日—19日 美国总统国家安全事务助理基辛格访问中国。十五日下午，周恩来同基辛格会谈。晚上，毛泽东在中南海游泳池住处召集周恩来等开会。

2月16日 下午，周恩来同基辛格会谈。晚上，毛泽东在中南海游泳池住处听取周恩来汇报会谈情况。

2月17日 晚十一时三十五分至次日晨一时十五分，在中南海游泳池住处会见基辛格，周恩来在座。基辛格说：我们同别的国家从未像同你们这样开诚布公和诚实地谈话。毛泽东说：不要讲假话，不要搞鬼。你的文件我们是不偷的，你故意放在那里试试看嘛。我们也不搞窃听器那一套，搞那些小动作没用，有些大动作也没用。你的事情干得好，到处飞。你是燕子，还是鸽子？越南问题可以算是基本解决了。基辛格说：我们感觉是这样，我们现在需要一个走向平静的过渡时期。毛泽东说：我们也需要嘛。你们的总统坐在这里讲的，我们两家出于需要，所以就这样，（把两只手握在一起）HAND—IN—HAND（手携手）。基辛格说：我们双方都面临同样的危险，我们可能有时不得不运用不同的方法，但目标相同。毛泽东说：只要目标相同，我们也不损害你们，你们也不损害我们。有时候我们也要批你们一回，你们也要批我们一回。你们总统说是叫“思想力量”的“影响”，就是说，“共产党去你的吧！共产主义去你的吧！”我们就说，“帝国主义去你的吧！”谈到国际形势和中苏关系时，毛泽东说：

我们希望你们跟欧洲、跟日本合作。有些事情吵吵闹闹可以，但是根本上要合作啊。我跟一个外国朋友谈过，说要搞一条横线，就是纬度，美国、日本、中国、巴基斯坦、伊朗、土耳其、欧洲。基辛格说：我们的观念十分相似。毛泽东说：你们西方历来有条政策，两次世界大战开始都是推动德国打俄国。基辛格说：推动俄国打中国不是我们的政策。毛泽东说：我正是要讲这句话，是不是你们现在是推动西德跟俄国讲和，然后又推动俄国向东进。我怀疑整个西方有这么一条路线。向东，主要向我们，而且向日本，也有一部分向你们，在太平洋和印度洋。如果有什么俄国人打中国，我今天对你讲，我们的打法是打游击，打持久战。他要去哪里，就去哪里，让他去。欧洲和你们以为这一下可好了，总希望这股祸水到中国那里去哩。世界上的事难说啊，我们宁可这么想比较好，从坏处想。基辛格说：如果进攻中国，出于我们自己的原因，我们肯定也会反对他们的。谈到中美贸易问题时，毛泽东说：你们总统现在又好像要把中国的长城搬到你们美国去（指关税壁垒——编者注）。我们两国之间的贸易现在可怜得很喽，要逐步发展。谈到民族包容性问题时，毛泽东说：中国人排外得很。你们可以容纳很多民族，我们中国没有几个外国人。我也不知道是什么道理，你们研究一下吧。基辛格说：这是因为历史上你们同外国人打交道不幸运。毛泽东说：有这么点理由。恐怕过去一百年，主要是八国联军，后来日本人侵略中国十四年，占领大部分领土。现在我们对日本，不要它赔偿，他们赔不起。（周恩来：一赔就要增加人民负担。）也只有这样，人民之间才能由敌对变成和缓。谈到翻译人员时，毛泽东说：我们的翻译不够，送一批人去你们那里学习，送小的。如果一百个人中能有十个，就是十分之一，学得好，那就十分了不起了。如果里边有几十个不回来，也可以。又说：我这么多书，外文书就很少，只有那里有那么一点（指客厅书架上的英文字典），其他都是中文书。

2月22日 邓小平根据中共中央的通知，从江西回到北京。

同日 中美两国发表基辛格访问中国的公报。公报说："双方回顾了尼克松总统访问中华人民共和国一年以来两国关系的发展以及其他共同关心的问题。他们重申了一九七二年二月在上海发表的联合公报的各项原则和他们为实现关系正常化所共同承担的义务。他们认为，这段时期内取得的进展是对两国人民有益的。双方一致认为现在是加速关系正常化的适宜时机。为此目的，他们约定要扩大他们在各方面的接触。他们商定了一项扩大贸易以及科学、文化和其他方面交流的具体计划。为了便利这一过程并改善联络，经商定每一方将在不久的将来在对方的首都建立一个联络处。其细节将通过现有渠道拟就。双方一致认为，美国和中华人民共和国之间关系的正常化将对和缓亚洲和世界紧张局势作出贡献。"

2月23日 阅北京电视台（今中央电视台）准备试播彩色电视节目的工作简报。五月一日，北京电视台彩色电视节目开始试播，毛泽东观看了试播的节目。

2月24日 经毛泽东审阅同意，中共中央转发海军党委四届五次全会扩大会议情况报告。报告说：会议开得比较长，其间由于纠缠海军历史问题，偏离了大方向。会议的经验教训是要掌握批林整风的大方向，必须充分认识第十次路线斗争的严重性和复杂性，关键在于领导。今后要继续抓好批林整风这个头等大事，认真搞好清查工作，同时对清查对象要具体分析，区别对待，扩大教育面，缩小打击面，领导班子建设要反对山头主义、宗派主义。

2月25日 经毛泽东审阅同意，中共中央转发外交部关于基辛格访问中国的通报。通报说："经商定，双方将互设的联络处，不是外交代表机构，但作为默契将互相给予外交豁免，享有外交特权。设立这样一个联络处，并不影响我反对‘两个中国’的一贯立场。”“在坚持我为代表中国的唯一合法政府、台湾是中国的一个省的原则下，我在华盛顿设立联络处，将有助于扩大我在美国人民中的影响。”

2月　在中南海游泳池住处同张春桥谈话时说：我看贺龙没有问题，策反的人〔1〕贺把他杀了。我有缺点，听一面之词。并指示要为贺龙平反。毛泽东的指示，张春桥未向中共中央政治局传达，也没有着手为贺龙平反。

3月1日　晚上，在中南海游泳池住处主持召开中共中央政治局会议，听取浙江、湖南等地及海军批林整风运动情况的汇报。

3月5日　听取叶剑英汇报周恩来病情发展、急需检查治疗的情况，同意周恩来检查治疗。

3月6日　经毛泽东审阅同意，中共中央转发华国锋、张平化、卜占亚等关于湖南省深入开展批林整风运动的报告。中央批语说：希望你们充分认识这场斗争的长期性和复杂性，继续把批林整风这个头等大事抓紧抓好，牢牢掌握斗争大方向，把粉碎林彪反党集团的斗争进行到底。为了加强湖南省的领导，中央决定调张平化同志任湖南省委书记、湖南省军区政治委员。

同日　晚上，在中南海游泳池住处召集周恩来等开会，听取姬鹏飞有关外事情况的汇报。会前，周恩来对毛泽东谈了自己病情及检查治疗的安排等。

3月9日　审阅周恩来本日报送的《中共中央关于恢复邓小平同志的党的组织生活和国务院副总理的职务的决定》稿，批示：“同意。”周恩来在送审报告中说：“关于恢复邓小平同志的国务院副总理职务问题，政治局会议几次讨论过，并在主席处开

〔1〕　指1933年12月蒋介石派去策反贺龙的政客熊贡卿。

会时报告过。现在小平同志已回北京。为在全国树立这样一位高级标兵，政治局认为需要中央作出一个决定，一直发到县团级党委”。中央决定说：一九七二年八月十四日，在邓小平同志写给主席的一封信上，毛主席作了重要批示。中央政治局认真讨论了毛主席的批示和邓小平同志的问题。遵照批示精神，中央决定：恢复邓小平同志的党的组织生活，恢复他的国务院副总理的职务，由国务院分配他担任适当的工作。这个决定于三月十日发出。

同日 审阅周恩来报送的外交部关于向美方转达口信给黄华的电报稿，周恩来送审报告说：“美说派高级外交官来任驻京联络处主任，我拟相应地派黄镇大使去任驻华盛顿我联络处主任，使世人出乎意外，以利推动工作发展。”毛泽东批示：“照发。”

同日 阅外交部就中国政府提前释放美国籍犯人约翰·唐奈给中国驻联合国代表团的电报稿，批示：“照办。”

3月10日 阅周恩来请假治病的报告，批示：“同意。”周恩来报告说：昨晚开政治局会议，遵主席指示，简单地说明我的便血情况，需检查一次，分两步走，不要毕其功于一役，防止促进恶化。我向政治局请假，不管检查情况如何，我都留在山上两星期。一切外宾都可不见，会议可不参加。政治局会议和报告，请剑英同志主持和签署。组织宣传事请江青、春桥同志批办或上报。军委事请剑英同志处理或上报。政府事请先念同志和国务院业务组处理或上报。干部处理请登奎、德生、东兴同志提出先易后难的方案。周恩来从三月十日至二十四日在玉泉山做全面检查治疗。

3月12日 经毛泽东审阅同意，中共中央转发兰州军区和陕、甘、宁、青四省区来京参加批林整风汇报会议的负责人《关于进一步深入开展批林整风运动的报告》。中央批语说：希望你们充分认识这场斗争的尖锐性、复杂性，继续把批林整风这个头等大事抓紧抓好。兰州军区和陕、甘、宁、青四省区是三北地区之一，战略地位十分重要。你们一定要坚决贯彻执行毛主席“深挖洞、广积粮、不称霸”和“备战、备荒、为人民”的伟大战略方针，加强备战，把各方面的工作做好。

3月26日 圈阅周恩来本日报送的关于会见喀麦隆总统的报告。报告说：昨晚与喀麦隆总统会谈两小时，谈得尚好。已与他谈好只他一人拜会主席，日期时间由我们定。

同日 下午，在中南海游泳池住处会见喀麦隆总统阿希乔，周恩来在座。毛泽东说：你们非洲有一个国家元首（指索马里最高革命委员会主席西亚德——编者注）我没有见，非常没有礼貌。我那个期间害病。你如果看到他，替我问候他。亚洲、非洲、拉丁美洲都叫第三世界，但是日本除外。阿希乔说：所有的国家都同美国和苏联有问题，至少同其中一个有问题。毛泽东说：经济是一方面。这个世界上，问题多得很，我看会要天下大乱，亚、非、拉应该有所准备。

3月28日 晚上，周恩来同江青、李先念约见邓小平。这是邓小平恢复职务后第一次正式的工作谈话。

3月29日 下午三时，在中南海游泳池住处同周恩来、邓小平谈话。毛泽东同邓小平握手时说：“努力工作，保护身体。”毛泽东问起这些年是怎么过来的，邓小平说：“等待。”这是毛泽东同邓小平分别六年后的第一次会面。晚九时，周恩来根据毛泽东的意见，主持召开中共中央政治局会议，邓小平参加。会议决定，邓小平正式参加国务院业务组工作，并以国务院副总理身份参加对外活动；有关重要政策问题，邓小平列席政治局会议参加讨论。

3月30日 阅周恩来报送的三月二十九日晚中共中央政治局议事情况的报告。报告汇报了中央政治局会议关于邓小平工作安排的决定，又说“其他老同志和九届三四十岁的工农兵出身的中委和候补中委参加中央工作和学习问题，待安排方案拟定后再报”。报告还谈到关于党的十大筹备问题和关于召开四届人大和五届政协问题。毛泽东批示：“同意。”

同日 中华人民共和国政府任命黄镇为中国驻美国联络处主任，韩叙为副主任。

3月 在《文字改革简报》副刊第二期上批示，同意恢复《光明日报》的《文字改革》专刊。

4月2日 阅舒同〔1〕三月来信，批示：“纪、汪酌处。”舒同信中提出，希望组织上早日对他的问题作出正式结论，恢复组织生活，参加一定的工作。

4月11日 经毛泽东审阅同意，中共中央转发北京市委、上海市委《关于召开工会代表大会的请示报告》。中央批语提出，在工人运动基本上实现革命大联合等条件具备的时候，首先召开省市自治区和工业集中的大中城市的工会代表大会，将省市自治区和大中城市的工会组织建立起来。

同日 晚上，在中南海游泳池住处同驻美国联络处负责人黄镇、韩叙和赴日访问的中日友协代表团廖承志、张香山谈话，周恩来参加。

4月12日 周恩来举行宴会，欢迎柬埔寨国家元首西哈努克亲王和夫人视察柬埔寨解放区并访问越南后回到北京。出席作陪的邓小平是自“文化大革命”中被打倒后第一次在公开场合同中外人士见面。王洪文和华国锋也第一次作为党和国家领导人参加外事活动。

同日 阅谭震林四月四日来信，批示：“请汪处理。”谭震林

---

〔1〕 舒同，原任中共陕西省委书记处书记。“文化大革命”中受迫害。1977年9月任陕西省革委会副主任。1978年5月任中国人民解放军军事科学院副院长。

信中主要谈对林彪的认识。

4月20日 阅周恩来本日晨四时报送的关于会见墨西哥总统的请示报告。报告说：昨日接待了墨西哥总统，总统和夫人对中国人很热情，他们都关心和盼望主席能够接见。

同日 晚上，在中南海游泳池住处会见墨西哥总统埃切维里亚，周恩来、熊向晖在座。当埃切维里亚谈到当前生活富裕的青年人看不到明确的道路，不愿意打仗时，毛泽东说：我们青年时代也没有想到要革命啊。读孔夫子的书，我变成封建主义者。然后读资本主义的书，变成资本主义者了。到二十几岁我还不知道世界上有马克思主义。十月革命后我才知道世界上有什么马克思、马克思主义，列宁、列宁主义。我开始就搞些城市的工人运动，搞农民运动，此外搞些学生运动，搞些跟国民党合作的运动，就是没有准备打仗。要感谢我们现在在台湾的那位先生，他让我上山去打游击。他到处杀人，城市里头我们呆不下去，没有法，只好上山，一打就是十年，打到延安。后来日本人来了，又跟日本人打。日本人打完了，又跟蒋介石打。你看，我是一个教书的，教小学的，一不知道马克思，二不知道打仗。这就是环境逼使人，不以我的意志办事。那个环境逼得我去看马克思的书，去打仗。现在呢，环境又逼得我走“右倾机会主义”的道路，请了尼克松到这个地方，又请了日本首相田中到这个地方，于是我的名誉就不好了。不晓得哪一天要“左倾”起来，恐怕要没有机会了，我八十岁了。不以人的意志为转移，依环境，依大势，跟着跑。一卷进去，就主观起作用了。谈到世界形势时，埃切维里亚说：现在世界有条件可以开始过和平的日子了。你不这样认为吗？毛泽东说：我认为不是这样。要打！天下大乱。你说，我们跟美国没有建交，吵了二十几年，尼克松为什么到这里来啊？就是他那个事情不大好办了，要找我们啊，然后跑到莫斯科去，压苏联一下。他自己不承认。今年二月基辛格来，我就跟他说了。他说，不是。我说，你们踩了中国人的肩膀跑莫斯科。你看，那么一个大国，打朝鲜没打胜，打越南也没打胜。现在算是和了，又是吵得一塌糊涂。还是要依靠美国人民。埃切维里亚说：我一下飞机就看到几千个孩子和青年载歌载舞，精神愉快，显示出新的面貌。毛泽东说：那是做给你们看的。过去我们公安部门不让群众跟外国人接触，现在解放了一点。你搞点突然袭击，没准备的，那个是真的，机场上啊，半真半假。埃切维里亚说：大约六个月以前，有一位墨西哥名医来向我介绍中国赤脚医生的经验，我们准备几个月后，在墨西哥推广。毛泽东说：也是个穷办法，没有别的办法，学那么几个月就去当医生，在治病过程中学习。一般普通的病能看，严重的病就要到城市了。中国还没有普及赤脚医生，如果一半的农村有赤脚医生，那就了不起了。（对熊向晖）你这个大使，不要跟总统回去，到中国农村跑一下，不然人家问你什么是赤脚医生，你还不知道。不要老住在城市，到中国的乡下，墨西哥的乡下，研究社会情况、社会问题嘛。（对墨西哥驻华大使安吉亚诺）你也是一样，要到外面去跑跑，到乡下去跑一跑，不要每天呆在北京。在北京没有好多事情，到处跑跑嘛。也有进步的地方，大部分是落后的地方。

4月24日 晚上，在中南海游泳池住处同周恩来谈话。谈到以专机送章士钊赴香港探亲，并为他在香港找一个安全住宅，以方便章士钊养病会客。

4月25日 复信福建省莆田县城郊公社下林小学教师李庆霖：“寄上三百元，聊补无米之炊。全国此类事甚多，容当统筹解决。”李庆霖一九七二年十二月二十日来信说：在国家对上山下乡知识青年的口粮供应和生活费停发后，我插队的孩子劳动分得的口粮年年不够吃，每一个年头里都要有半年或更多一些日子要靠回家里吃黑市粮过日子。我的孩子在山区终年参加农业劳动，不但粮食不够吃，而且没有一分钱的劳动收入。吃油吃菜问题、穿衣问题、疾病问题、住房问题、学习问题以及一切日常生活问题，党和国家应给予一定的照顾，好让孩子在山区得以安心务农。信中还反映了上山下乡知识青年招工、招生、招干工作中存在的拉关系、走后门情况。

4月30日　阅周恩来本日报送的关于几次中共中央政治局会议议事内容的报告以及附送的《关于北京市上山下乡知识青年座谈会的情况报告》和国务院《关于组织调查知识青年上山下乡工作情况的简报》。周恩来的报告说：二十六日晚开政治局会议，讨论主席二十五日批给莆田李庆霖同志的信。二十七日晚，听了国务院关于安置上山下乡知识青年的工作报告。二十八日晚政治局会议讨论中央学习班问题，并接见已到京的二十二位同志。二十九日晚政治局会议，讨论五月工作会议拟发一通知（另报），并谈了各省工作安排（另报）。

5月初　阅谭政〔1〕四月二十八日来信。信中说：我年已六十有七，身体日见衰老，病痛日见增加。希望对我的问题从宽处理，于最近期内，把我解放出来。毛泽东批示："纪、汪酌处。同时印发政治局各同志。"

5月20日—31日　中共中央工作会议在北京举行。这次会议为中共十大的召开作准备。根据毛泽东的意见，会议宣布解放

---

〔1〕谭政，原任中共中央书记处书记、中央军委常委、中国人民解放军总政治部主任、国防部副部长。1960年10月在中央军委扩大会议上受到林彪陷害，后被横加"在总政结成反党宗派集团"等罪名。"文化大革命"中继续受到迫害。1975年8月任中共中央军委顾问。1979年3月21日，中共中央、中央军委发出通知，同意总政治部《关于为"谭政反党宗派集团"冤案彻底平反的决定》。

谭震林、李井泉、乌兰夫、李葆华、廖志高〔1〕、江华、江渭清、王稼祥、秦基伟〔2〕、李成芳、方强、陶鲁笳、曾希圣〔3〕十三位老干部。会议还宣布，经毛泽东提议，中央政治局决定，王洪文、华国锋、吴德列席中央政治局会议并参加政治局的工作。

5月21日 根据毛泽东关于十大代表人数应较九大少一些的意见，周恩来本日在关于党的十大代表产生的决定草案的送审报告中说：这个决定草案已在政治局讨论多次，总人数从九大一千五百人减为一千二百人自然有些困难，但是可以解释的。报告提出，在九届的二百七十九名中央委员和候补中央委员当中，有二百二十三人均拟继续推选为十大代表。毛泽东圈阅了这个报告。

5月25日 阅周恩来本日上午报送的关于中共中央工作会议情况的报告。周恩来说：会议开了五天，大体还好。关于批林整风三天半会议，多数简报亦已送出。昨日讨论十大召开和关于产生代表的决定和修改党章的原则，今日下午再讨论一次就可结束。明日拟开始讨论计划。估计本月三十日或三十一日大概可以

---

〔1〕李葆华，原任中共中央华东局第三书记、安徽省委第一书记等职。“文化大革命”中受迫害。1973年9月任中共贵州省委第二书记、贵州省革委会副主任。廖志高，原任中共中央西南局书记处书记、四川省委书记处书记等职。“文化大革命”中受迫害。1974年11月任中共福建省委第一书记、福建省革委会主任。

〔2〕秦基伟，原任中国人民解放军昆明军区司令员。“文化大革命”中受冲击。1973年7月任中国人民解放军成都军区司令员。

〔3〕方强，原任国务院国防工业办公室副主任、第六机械工业部部长、中国人民解放军海军副政治委员。“文化大革命”中受冲击。1973年7月任国务院国防工业办公室主任。陶鲁笳，原任国家经济委员会第一副主任。“文化大革命”中受迫害。1973年7月任中国人民解放军国防科学技术委员会主任。曾希圣，原任中共中央西南局书记处书记。“文化大革命”中受迫害。1968年7月15日在北京去世。1978年7月得到平反。

结束。今晚如主席认为可以，建议在主席处开一次政治局会议，谈谈批林整风、十大和计划问题。

同日　晚上，在中南海游泳池住处主持召开中共中央政治局会议并讲话。谈到批林整风问题时，毛泽东说：要批判从严，处理从宽，以“九一三”为线。以前就是有错误，允许改正，犯过错误的，应该向党说清楚。今天不认识，可以等待明天，明天不认识，还可以等待。犯了错误的，只要自己承认了，允许改。人要能上能下，我们的人就只能上不能下。我就是多次又上又下，正因为这样子，所以有时候就能够得到机会读书。即使不是自己犯了错误而是被错怪了的，那也要安心读书，得机会嘛。谈到文化大革命时，毛泽东说：有人说文化大革命失败了，怎么能这样说。把刘少奇这个集团揪出来了嘛，又把林彪这个集团揪出来了嘛，这是个伟大胜利。一面要坚持原则，一面水又不可太清。一点错误也没有，没有这样的人。哪有那么清的，水至清则无鱼。谈到历史上的托派问题时，毛泽东说：不要忙于叫他们写东西，他们不愿意写拉倒，也不要叫他们改造思想。刘仁静〔1〕那么大年纪，他怎么改啊？他不改拉倒。郑超麟〔2〕出来了，他说他的思想不能改，不能改很好嘛，你写点东西好。有的，如杜畏之〔3〕，态度比较好一些，写点材料，讲托派怎么发展。但对他本人并不需要他检讨什么。他自觉地要检讨，并不是我们要的，那不管了。谈到学习历史时，毛泽东说：政治局委员要懂得一点

---

〔1〕 刘仁静，中共一大代表，1929年8月回国后组织托派“十月社”、进行托派活动并脱党。1967年6月被捕，1978年底被释放。

〔2〕 郑超麟，曾任中共湖北省委宣传部部长，1929年因参加托派活动被开除出党。1952年底被捕，1979年6月被释放。

〔3〕 杜畏之，曾任共青团中央组织部秘书，1930年因参加托派活动被开除出党。1952年底被捕，1972年10月被释放。

历史，不仅中国史、世界史，分门别类的政治史、经济史、小说史也要懂一点。从乌龟壳[1]到共产党这一段历史应该总结。中国小说，艺术性、思想性最高的，还是《红楼梦》。读《红楼梦》，不读五遍，根本不要发言，因为你不能把它的阶级关系弄清楚。《红楼梦》的作者，是生在康熙、雍正之后的曹雪芹。在雍正年代他家是受整的，抄了家的。

6月2日 阅中国远洋公司广州分公司原党委副书记兼政治部主任田明的妻子邵炳月的来信。来信对田明的问题提出申诉，同时寄来田明一九七二年十二月二十九日从广州沙河监狱写给毛泽东和政治局同志的信，反映他被黄永胜关押并打成反革命分子的情况。毛泽东批示："纪、汪酌处。"

同日 圈阅周恩来本日报送的关于结束中共中央工作会议的报告和附送的《中央政治局关于修改党章问题的请示》和《中共中央关于党的第十次全国代表大会代表产生的决定草案（修改稿）》。周恩来报告中谈到国民经济计划问题时说：要继续深入批林整风，坚持两个积极性，实行党的各级一元化领导，做好企业、事业下放的准备和协助工作，分批建立大区协作区（先东北、华北，次华东、中南，后西北、西南），推广鞍钢宪法，依靠地方和群众有重点地调整和落实"四五"计划后两年半的生产指标和基建项目，争取最大可能完成和超额完成。

6月5日 下午，在中南海游泳池住处会见越南劳动党中央第一书记黎笋、越南民主共和国政府总理范文同，周恩来、叶剑英在座。黎笋说：有一次见到毛主席时，毛主席说越南同志掌握了战争规律，你们要取得胜利的。美国已从我国土地上撤走，主席的预见非常正确。毛泽东说：整个越南是越南人的，不是越南

---

〔1〕 这里指使用甲骨文的商周时代。

反动派的嘛，更不是帝国主义的或者别人的嘛。我们外交部发过通报，说美国的战略中心是在亚洲、太平洋。后头我得到这个消息，我说不一定。它在欧洲、中东，还有美国本土，问题不少。它总要抽一部分兵力走，不能老在亚洲、太平洋。它管的地方太多，要收缩一点，而且在你们那里吃了亏了，花了一千二百亿美元，打了十一年。一个不能讲越南话的美国兵，离开美国多少公里，跑到越南送死，那个能持久啊？其所以能打十一年，就是军火商人拼命要消耗那些B-52之类。这次黎德寿同志在巴黎谈判，会有结果的。美国不想打了，它被你们越南人吓得也没有办法呢。现在剩下一个阮文绍，比较孤单。你们过去，十年以前，在南方没有兵，没有根据地。现在在南方打出了一个根据地，而且有几十万军队。我说的是包括正规军、地方部队、游击队。黎笋说：过去毛主席对胡主席说过，越南应该搞几个比较强的几万人的兵团。我们已经实现了毛主席的这个意见。毛泽东说：就是要组织游击战进入运动战、阵地战的那种规模。双方都吹胜利，那个美国的“胜利”，它自己晓得啊，是怎么个“胜利”法！不过，越南还没有最后胜利。分两步走，并一步走美国人不会答应的。问题是阮文绍政府手里还有几十万军队啊，那只有用战争才能解决。我对黎德寿、阮氏萍讲过，哪怕休息半年也好，停战，如果有一年，那就更好了，可以恢复士气人心，恢复疲劳。美国也不希望永远维持和平的。反正主动权在你们手里，你们要维持多久就维持多久。有没有可能，你们跟华盛顿建立正常的外交关系？（黎笋：有这个可能。）现在美国人民还不能推翻统治阶级、垄断资本，还得同它打交道。

6月7日或8日 批准周恩来六月七日报送的中国政府一九七四年向越南提供无偿援助的方案。周恩来在送审报告中说：我们从越南实际出发，告以恢复和发展经济不是一年做得到的，要用几年时间计算。故现在先定一金额为二十五亿元（包括一点三亿美元在内）援助计划，然后再分类计算。该项计划已同越方商定。

6月16日 晚上，同周恩来谈话。谈到党的十大政治报告起草问题时说：政治报告中要指出时代的特点，现在仍处于帝国主义和无产阶级革命时代，这个时代与列宁所处的时代相同，要引用列宁在《帝国主义论》中所说过的话为证。报告中要指出注意一种倾向常常掩盖另一种倾向。此外，应多引用一些马、列的话。

同日 经毛泽东审阅同意，中共中央转发《空军党委四届五次全会扩大会议情况报告》。报告说：空军党委四届五次全会扩大会议于一九七三年三月十八日至五月十八日在北京召开，主要内容是揭发批判林彪反党集团在空军的罪行，着重解决空军党委主要领导人在第十次路线斗争中的问题。中央批语说：会议开得很好，弄清了路线，改组了空军领导班子。在批林整风运动中，要严格区分两类不同性质的矛盾，达到既要弄清思想又要团结同志的目的。

6月17日 周恩来约眼科医生谈毛泽东眼疾治疗问题。

6月20日 阅林铁六月十一日来信。信中说：今年我六十八岁，身体还好，希望党分配我力所能及的工作，为党为人民的革命事业继续工作。毛泽东批示："总理酌处。"

6月中旬 指示有关人员注释和印制大字本的《史记·汲郑列传》、司马迁《报任安书》。

6月21日 经毛泽东审阅同意，中共中央转发天津市委《关于召开妇女代表大会的请示报告》。中央批语说：各省、市、自治区在整顿共青团和工会组织的同时，应当有计划、有步骤地抓紧把各级妇女组织建立健全起来。当前还有一件值得注意的事情，各级党委要切实加强对知识青年上山下乡工作的领导，各级妇女组织要在党的领导下，特别关心上山下乡女知识青年的教育和成长。

6月22日　圈阅周恩来本日报送的关于会见马里国家元首兼政府总理特拉奥雷的请示报告。报告说，马里国家元首在来访前即提出要见主席，来后每次讲话都提到主席，建议主席见他。

同日　晚上，在中南海游泳池住处会见特拉奥雷，周恩来在座。毛泽东说：我们都是叫作第三世界，就是叫作发展中的国家。你不要看中国有什么展览会啊，其实啊，是一个很穷的国家。西方国家呢，不大行了，但无论怎么样，这些西方资本主义国家是创造了文化，创造了科学，创造了工业。现在我们第三世界可以利用他们的科学、工业、文化的好的部分。特拉奥雷说：我们马里共和国的人都认为你是一个天才，而且是有史以来唯一的天才。毛泽东说：你把我吹得太高了。特拉奥雷说：法国人教导我，拿破仑是有史以来唯一的天才，但我认为同毛主席对世界的贡献相比，拿破仑不及毛主席的三分之一。毛泽东说：拿破仑，无论怎么样，后人是对他表示尊敬的。你不要说我是天才，你说拿破仑好了。这个人相当聪明，他所以能创造法国的法典，就是因为他读过罗马法典。拿破仑晚年的政策不那么高明，一不该占领西班牙，引起广大的农民游击战争反对他；二不该去打俄国。特拉奥雷说：我说一个人是天才，就是指他的思想。毛泽东说：我是地才，地就是土地吧。特拉奥雷说：我看了你的军事和政治著作。毛泽东说：都是人民群众的经验，我作的总结。没有人民，啥事都干不成啊！请你少吹一点了，我的好朋友啊，你也不要强加于我。特拉奥雷问：你们的无产阶级文化大革命什么时候结束的？毛泽东说：还有一点尾巴。

6月24日　阅周恩来本日报送的外交部六月二十二日关于建议周恩来就苏美签订核协议会见布鲁斯的请示报告。报告说：美国驻华联络处主任布鲁斯二十日紧急约见我外交部负责人，面交尼克松致周恩来信的副本（正本已于六月十九日由基辛格交给黄镇），并提出希望周恩来接见的请求。尼克松来信，主要向我国解释美国拟同苏联签订防止核战争协定的理由，表示希望我国表达反对该协定的意见的方式不要使美国政策“复杂化”。毛泽东阅后，让王海容转告周恩来、姬鹏飞、乔冠华：“与资联合常忘掉斗争。”根据毛泽东指示，周恩来于二十五日会见布鲁斯，提出：我们对美苏签订的核协定持怀疑态度，中国政府仍坚持中美上海公报的立场。历史表明，签订这类协定是靠不住的，现苏联领导人访美给人以两个大国主宰世界的印象。我们不怕孤立，首先我们不丧失立场，同时我们又是现实主义者。说许多空话，不如做一件实事。二十六日，毛泽东看过周恩来同布鲁斯谈话要点后，当晚让王海容、唐闻生转告周恩来：“这下腰杆硬了，布鲁斯就舒服了。”

6月25日 阅叶飞六月十八日来信。信中说：最近，中央两次批准我住医院治病，并批准家属来京探望，党这样的关怀照顾，我十分感激。现在我恳切请求中央批准我解除监护，批准阅读党内文件。毛泽东批示：“纪、汪酌处，此人似可解放，分配工作。”

6月27日 我国在本国西部地区上空，成功地进行一次氢弹试验。

7月1日 晚上，阅外交部六月二十八日编印的内部刊物《新情况》第一五三期刊登的题为《对尼克松—勃列日涅夫会谈的初步看法》一文。该文分析了美苏签订防止核战争协定以后的世界形势，认为美苏会谈所表现出的特点是“欺骗性更大”，“美苏主宰世界的气氛更浓”。二日，毛泽东让王海容向外交部党的核心小组转达他对该文的批评意见。

7月4日 阅周恩来本日报送的关于十大准备工作的报告。报告说：各地各单位代表选举已全部结束，不日将在政治局讨论。

接受许多下乡知识青年党员要求，增选了一名下乡上山青年党员作十大代表。报告在谈到政治报告草稿和党章修改稿的讨论、修改情况时说，在讨论党章时董老、朱德两同志参加了讨论。

同日　晚上，同张春桥、王洪文谈话。毛泽东说：你们两位是负责起草十大报告和修改党章的，今天找你们来谈几件事。大概你们也知道吧？美、苏两家开了两次会。外交部有一个什么《新情况》，先说大事不好，一说欺骗性更大，又说美苏主宰世界的气氛更浓。与中央历来的、至少几年来的意见，不相联系。对于越南问题，有人说美国战略重点东移，我就提出重点西移。究竟重点东移，还是西移，你们讨论一下。我看多少西移一点吧。经常吹什么大动荡、大分化、大改组，忽然来一个什么大欺骗、大主宰。总而言之，在思想方法上是看表面，不看实质。在讲到郭沫若的《十批判书》时说：郭老不仅是尊孔，而且还反法，尊孔反法。国民党也是一样啊！林彪也是啊！我赞成郭老的历史分期，奴隶制以春秋战国之间为界。但是不能大骂秦始皇。早几十年中国的国文教科书，就说秦始皇不错了，车同轨，书同文，统一度量衡。就是李白讲秦始皇，开头一大段就说他了不起，“秦王扫六合，虎视何雄哉。挥剑决浮云，诸侯尽西来”一大篇，只是屁股后头搞了两句“但见三泉下，金棺葬寒灰”，就是说他还是死了。你李白呢？尽想做官！结果充军贵州。毛泽东最后说：结论是四句话：大事不讨论，小事天天送。此调不改动，势必搞修正。将来搞修正主义，莫说我事先没讲。

7月5日　阅周恩来本日报送的外交部党的核心小组七月四日给毛泽东、周恩来的检讨报告和周恩来三日关于《新情况》问题给外交部的信，批示：“此种顽症，各处都有，非个别人所独有，宜研究改正方法。”周恩来给外交部的信中说：你们和美大司没能认真研究，在六月二十八日写了那个不对头的《新情况》

（一五三号）。我应对此事负主要责任。在美苏会谈后，我们没认真研究讨论一次。望你们也应以此为鉴，发挥钻研商讨的积极性，有时也可要求我召集短小的会来交换意见。外交部的检讨报告说：这次错误地认为美苏会谈"欺骗性更大"，"美苏主导世界的气氛更浓"，说明我们对形势的看法是右的。对如此大事，核心小组既没有认真讨论，也未向中央报告。核心小组进行了几次讨论，决心从错误中汲取教训，一定要紧抓大事，认真研究问题，坚决贯彻执行毛主席的革命外交路线。

同日 周恩来主持召开中共中央政治局会议，张春桥传达毛泽东七月四日谈话内容，周恩来详述六月下旬以来毛泽东对外交部工作的批评、批示内容。会议根据毛泽东关于国际问题的多次指示精神，对十大政治报告草稿中国际形势和任务部分进行讨论，提出修改意见。

7月7日 审阅中共中央政治局七月六日送审的中国共产党第十次全国代表大会政治报告稿，批示："原则同意。"

7月10日 阅周恩来本日晨报送的关于十大筹备工作的报告。报告说：七月八日晚政治局会议已讨论通过党章修改稿和关于林彪反党集团反革命罪行的审查报告。今日拟请主席召开政治局会议，有国内外大事（十大召开日期及会前的九届三中全会，柬埔寨问题及八月中美会谈，对苏修互不侵犯条约的回答，等等）需请主席定夺。

同日 晚上，在中南海游泳池住处主持召开中共中央政治局会议，商定十大召开日期及讨论其他国内外大事。会上谈到由谁作党的十大政治报告问题。之后，张春桥在一次政治局会议上提出，十大政治报告可由王洪文来作。

同日 阅林枫七月七日来信，批示："纪、汪酌处。"林枫在信中提出希望能够早日恢复他的党组织生活。

7月15日 阅周恩来本日报送的外交部《〈新情况〉一五三号错误何在?》一文，删去文中“受到中央的严厉批评”一句中的“严厉”二字。周恩来在附信中说：“关于错误的检讨，我当另写报告。”毛泽东批示：“检讨不要写了。”

同日 阅徐悲鸿的妻子廖静文七月六日关于恢复徐悲鸿纪念馆的来信。信中说：一九六五年夏，因修地下铁道，徐悲鸿纪念馆被拆除，名义上却说还保留纪念馆，但一直不作安排，事实上连名义也没有了。由家属捐献的一千多幅悲鸿的作品，二千多件美术收藏，一万多件美术图片都被尘土覆盖，分散几处。在八宝山革命公墓的悲鸿墓碑也被捣毁，我曾多次向有关部门请求修复，但至今无人过问。毛泽东批示：“请总理派人查明恢复。”十六日，周恩来致信吴庆彤[1]并转吴德，提出将原徐悲鸿纪念馆所藏作品、美术文献、图片资料等分别查清，并与王冶秋[2]或国务院文化组议定徐悲鸿纪念馆恢复方案，进行筹办。另致信廖静文，告毛泽东批示内容并与之商洽恢复办法。

7月17日 下午，在中南海游泳池住处会见美籍华人物理学家杨振宁，周恩来、周培源在座。谈到物理学时，毛泽东说：物质是无限可分的。如果物质分到一个阶段，变成不可分了，那么一万年以后，科学家干什么呢？有人说公孙龙是诡辩论，还有惠施。但是有“一尺之捶，日取其半，万世不竭”之说，这就是物质无限可分的意思。还有“飞鸟之景，未尝动也”。地球哪里算中央呢？惠施说过“我知天下之中央，燕之北、越之南是也”。公孙龙说过“白马非马”。马有白马、黑马、大马、小马，但是看不见“马”。又比如人，有男人、女人，看不见“人”。我经常

〔1〕 吴庆彤，当时任国务院办公室负责人。
〔2〕 王冶秋，当时任国家文物事业管理局局长。

吹这些，你们大概不愿意听。谈到杨振宁与李政道提出的宇称不守恒原理时，毛泽东说：宇称守恒，宇称又不守恒。我是赞成宇称守恒又不守恒。我是搞政治的，不懂科学。谈到毛泽东的诗词时，杨振宁说：我读了主席的《长征》诗，“红军不怕远征难，万水千山只等闲”，特别是“金沙水拍云崖暖，大渡桥横铁索寒”，我很想去看看。毛泽东说：那是长征快完时写的。讲了一个片面，讲不困难的一面，其实里边有很多斗争，跟蒋委员长斗争、跟内部斗争。有些注释不大对头。如《诗经》，两千多年以前的诗，后来做注释，时代已经变了，意义已不一样。我看，过百把年以后，对我们这些都不懂了。谈到中国历史时，毛泽东说：我们郭老，在历史分期这个问题上，我是赞成他的。但是他在《十批判书》里边，立场、观点是尊儒反法的。法家的道理就是厚今薄古，主张社会要向前发展，反对倒退的路线，要前进。杨振宁问：秦始皇对中国是不是有贡献？毛泽东说：他是统一中国的第一个人。谈到中苏两党关系时，毛泽东说：苏联说我们是教条主义，我们说他们背叛了马列主义。我见了柯西金说，你们叫我们是教条主义，我们说你们是修正主义，两家都不是马克思主义。我们在过去一段时间里反对教条主义。我那一篇文章，叫《矛盾论》，其中一段叫“矛盾的特殊性”。矛盾的普遍性并不单独存在，就存在于特殊性之中。人类是看不见的，看到姓杨的、姓周的，看到大人、小孩，但是看不见“人”。会见结束时，毛泽东说：感谢你这位自然科学家，你对世界是有贡献的。杨振宁说：我也要祝毛主席万寿无疆。毛泽东说：你不要讲，这句话不对，不科学。

7月29日 晚上，在中南海游泳池住处会见刚果人民共和国总统恩古瓦比，周恩来在座。毛泽东说：中国跟你们非洲国家差不多，全世界的帝国主义都压迫我们。现在苏联，我们也说它是帝国主义，因为它也压迫我们。我们希望你们非洲国家和地区一个个统统独立，非洲国家逐步团结起来，急了也不行。还有拉丁美洲、亚洲（日本除外，它不属于所谓的第三世界），我们也是这么希望。当恩古瓦比谈到新殖民主义问题时，毛泽东说：我也不知道我们的大使馆在非洲各国犯过错误没有，我也不知道什么叫新殖民主义。如果中国人在你们国家，在一切非洲独立国家，称王称霸，自以为了不起，就是不对的。毛泽东说：我们是有偏向的，比如就在你们国家，我们偏向你们国家的人民同他们的政府。应该偏向代表多数人的政府，如果偏向代表少数人的人，那就不大妥了。有时候在外交政策上也不得不搞，比如美国，他们是少数人统治多数人，但是我们跟它往来。因为现在那个左派好是好，但是没有权力，中间派也没有权力，就是这个右派，反共最厉害的，尼克松，他有权力。现在这个世界，不要相信是平安无事。现在局势是“山雨欲来风满楼”。但是这个山雨要来还没有来呢，可是风来了，而且风很急啊！会见恩古瓦比后，同周恩来谈党的十大筹备工作。

7月 指示有关人员注释和印制大字本的《史记》中的陈丞相世家、绛侯周勃世家、黥布列传、灌婴传、陆贾传，《晋书·刘元海载记》，《旧五代史·李袭吉传》。

8月2日 晚上，在中南海游泳池住处会见青年时代的朋友、美籍华人医生李振翩和夫人汤汉志。谈到身体状况时，毛泽东说：我这个人不行了，腿也不行了，气管也不行了，眼睛也不行了，耳朵还可以。两个月前我还能看书，两个月以来就困难了，比如对你们吧，大致看得清楚，细部我就看不清了。李振翩说：主席的一举一动都同全世界有关系。毛泽东说：自从尼克松总统到中国，就在这个地方（用手指汤坐的位置），跟他谈了一次话，还有基辛格博士，后头又跟基辛格谈了一次，从此名声就不好了，说我是右派，右倾机会主义，勾结帝国主义。我喜欢美国人民。我跟尼克松也讲过，我们的目的是打倒帝国主义、修正主义、各国反动派，帮助各国人民起来革命。我是个共产党员，目的就在于打倒帝修反。现在还不行，大概要到下一代。李振翩说：现在中国人地位提高了，我们在国外也觉得他们看得起中国人一些了。毛泽东说：其原因之一就是中国赶跑了日本帝国主义。第二就是打败了美国的走狗蒋介石，他跑到台湾去了。再就是派志愿军到朝鲜，打败了美国人。

8月4日 阅郭化若七月二十日来信。信中说：自己在介绍《孙子兵法》时写了错误严重的“代序”。无视当时历史条件，任意夸张《孙子》，把《孙子》现代化，又不积极修改赶早改版，一任坏影响扩展。信中还向毛泽东请求分配工作。毛泽东致信周恩来、叶剑英：“请考虑可否给郭化若分配工作。并希将孙子序言改版，写一篇批判吸收性的序言。此信并请告郭。”本年，郭化若任中国人民解放军军事科学院副院长。

8月5日 同江青谈话。谈到中国历史上儒法斗争的情况时说：历代有作为、有成就的政治家都是法家，他们都主张法治，厚今薄古；而儒家则满口仁义道德，主张厚古薄今，开历史倒车。接着念了新写的《七律·读〈封建论〉[1]呈郭老》一诗：“劝君少骂秦始皇，焚坑事业要商量。祖龙魂死秦犹在，孔学名高实秕糠。百代都行秦政法，十批不是好文章。熟读唐人封建论，莫从子厚返文王。”次日，江青在中共中央政治局会议上传达毛泽东有关儒法斗争的谈话及所写七律诗，并要求将此内容写入十大政治报告。周恩来表示：对此需理解、消化一段时间，不必马上公布。

8月7日 《人民日报》发表中山大学历史系教授杨荣国的

---

〔1〕《封建论》是唐代文学家、思想家柳宗元（字子厚）的史论文章，阐发设置郡县、废除分封、加强中央集权、反对藩镇割据的政治主张。

文章《孔子——顽固地维护奴隶制的思想家》。这篇文章得到毛泽东的肯定。此后，一些报刊开始发表批孔的文章和评论。

同日 晚上，在中南海游泳池住处召集周恩来等开会，讨论十大筹备工作。

8月10日 《人民日报》转载七月十九日《辽宁日报》发表的《一份发人深省的答卷》。这是辽宁兴城县白塔公社枣山大队第四生产队插队知青张铁生六月三十日在参加当年工农兵学员招生考试时写的一封信。信中说："对于几何题和今天此卷上的理化题眼瞪着，真是心有余而力不足。说实话，对于那些多年来不务正业、逍遥浪荡的书呆子们，我是不服气的，而有着极大的反感，考试被他们这群大学迷给垄断了。在这夏锄生产的当务之急，我不忍心放弃生产而不顾，为着自己钻到小屋子里面去，那是过于利己了吧。如果那样，将受到自己与贫下中农的革命事业心和自我革命的良心所谴责。"《辽宁日报》的编者按说：张铁生"对物理化学这门课的考试，似乎交了'白卷'，然而对整个大学招生的路线问题，却交了一份颇有见解，发人深省的答卷。""文化考核的目的，主要是了解分析问题、解决问题的能力，还是检查记住多少中学课程？录取的主要标准，是根据他在三大革命运动实践中的一贯表现，还是根据文化考试的分数？是鼓励知识青年积极接受贫下中农和工人阶级再教育，努力钻研和完成本职工作，还是鼓励他们脱离三大革命运动实践而闭门读书？"《人民日报》转载时的编者按说："这封信提出了教育战线上两条路线、两种思想斗争中的一个重要问题。"之后，各地报刊均加以转载，并就恢复高考制度问题发表文章、评论，指责高校招生中进行文化考试是"复辟"，是"资产阶级向无产阶级反扑"。

8月上旬 指示有关人员注释和印制大字本的柳宗元《封建论》。至八月下旬，相继指示注释章炳麟的《秦献记》、《秦政记》，王夫之《读通鉴论·秦始皇》（节录），韩愈《石鼓歌》（附《石鼓文》）。

8月13日或14日 圈阅周恩来、王洪文八月十三日报送的关于十大筹备工作的报告以及附送的十大选举准备委员会名单和十大主席团名单的草案。

8月14日 下午五时十五分至晚八时，在中南海游泳池住处召集周恩来等开会。晚八时半，周恩来主持召开中共中央政治局会议。

8月16日 下午三时半至五时半，在中南海游泳池住处召集周恩来等开会。晚九时，周恩来主持召开中共中央政治局会议。

8月18日 在中南海游泳池住处召集中央政治局部分成员开会，讨论十大召开问题。毛泽东说：希望这次会议开成真正是团结的、胜利的大会。

8月19日或20日 圈阅周恩来、王洪文八月十九日报送的第十届中央委员、候补中央委员、中央政治局委员的名额及名单初稿。

8月20日 阅十大政治报告稿，批示："原则同意。"并确定由周恩来作政治报告。

同日 圈阅周恩来、王洪文本日上午八时报送的新改印的十届中委、候补中委名单。送审报告说：昨晚政治局会议又对十届中委、候补中委名单讨论了一次，总人数加至三百一十四名，较昨日下午送上的名单又加了五名。

同日 下午，在中南海游泳池住处召集周恩来、张春桥等开会，对十大筹备工作作指示。

同日 晚上，周恩来主持召开十大选举准备委员会第一次全体会议，介绍五月中央工作会议以来十大各项筹备工作情况，他说：关于政治报告，这是最短的一个报告。但主席的要求还要严，他说最好写个五千字的报告，我们写了将近一万字，比起历来的报告还是最短的一个。又说：主席常说，能上能下，我们要做这个工作。九大本来就是这个目的，后头被林彪在二中全会上这一闹，妨碍我们的工作进行。现在，工作应该加紧进行。主席说，今后的中央委员会包含政治局，都要三四十岁的人多一点才好。

8月22日 下午四时，在中南海游泳池住处听取周恩来汇报中共中央政治局选举筹备小组关于十大组织人事安排的酝酿结果。晚十时，周恩来主持召开政治局会议。

8月23日 圈阅周恩来关于十大准备工作的报告。报告说：昨日晚间开政治局会，先议主席团名单，继议十届中委和候补中委名单，再议有关主席团和十届中央委员会的关键问题。最后，议政治局常委，因主席、副主席六人为当然常委，春桥同志为政治局常委只一人，可否再加两人共九人。主席指示可提董、朱二老为政治局常委，大家认为好。

同日 圈阅周恩来、王洪文报送的《中国共产党第十届中央委员会主席，副主席，政治局委员和政治局常委的预选名单（草案）》。

同日 周恩来在中共中央政治局召集的省市自治区和中央党政军直属机关负责人会议上讲话。在讲到毛泽东强调提拔中青年干部问题时，周恩来说：主席这几年苦心苦意想国家前途、想世界前途。又说：邓小平同志说过，老同志身体不好可以做顾问。主席对小平同志的意见很重视，提出组织一个顾问委员会，他当主席。这件事主席跟我一个人讲，我说不行。他又跟政治局的同志讲，大家也都不同意。主席说，你们大家不赞成，我只好鞠躬尽瘁。二十四日上午八时半，周恩来将会议情况书面报告毛泽东。报告说：昨晚政治局约集各省、市、自治区第一书记和中央党政军直属机关有代表性的同志座谈，提到老中青三结合时，说主席在九大后，特别在庐山会议和“九一三”后多次说要提工农出身的同志为党的副主席、常委，并且具体提到洪文同志。今日下午在京西宾馆开大会预备会议。拟在今晚九时半过后，于人民大会堂请主席主持大会开幕。

8月24日—28日 中国共产党第十次全国代表大会在北京举行。出席大会的代表一千二百四十九人，代表全国二千八百万党员。

8月24日 下午四时半，周恩来在京西宾馆主持中共十大预备会议。会议通过十大主席团一百四十八人名单和十大的三项议程：（一）周恩来代表中共中央作政治报告；（二）王洪文代表中共中央作关于修改党章的报告；（三）选举第十届中央委员会。会上，周恩来说：我们最近一次在主席那里开政治局会议的时候，主席说，希望这一次大会真正能开成一个团结的、胜利的大会。希望我们这次大会，大家团结起来，不搞阴谋诡计。我们要团结一切能够团结的人，既要坚持原则，又不排除必要的灵活性。在任何一级党组织内，大多数决定了，少数就应该服从多数。这是中央政治局在主席那里开会时主席作的指示。

同日 晚十时，中国共产党第十次全国代表大会在人民大会堂开幕，毛泽东主持会议。周恩来作政治报告。报告分三个部分：一、关于九大路线；二、关于粉碎林彪反党集团的胜利；三、关于形势和任务。当周恩来讲到“时代没有变，列宁主义的基本原则没有过时，仍然是我们今天指导思想的理论基础”时，毛泽东说：“不错。”当周恩来讲到“应当强调指出：有不少党委，埋头日常具体的小事，而不注意大事，这是非常危险的”时，毛泽东说：“对。”王洪文作关于修改党章的报告，并宣读《中国共产党章程》的总纲。毛泽东宣布散会后，已不能扶着椅子把手站起来离开，代表们长时间鼓掌欢呼，不愿意离开会场。毛泽东只好说：“你们不走，我也不好走。”周恩来到台前宣布：

毛主席目送各位代表退场，请大家行动起来，分成各路退场。

8月27日　圈阅周恩来、王洪文本日报送的关于十大会议进行情况的报告。报告说：在今日下午主席团会前或会后，主席如能约我们（周、洪文、剑英、德生、春桥五人，康老可不到）一谈，更便于解决问题，得到主席指示。

同日　下午二时半，在中南海游泳池住处召集周恩来等开会，听取周恩来汇报十大各项议程进行情况。毛泽东表示将不参加十届一中全会。

8月28日　下午三时半，周恩来主持召开中共十大主席团会议，传达毛泽东的谈话内容。周恩来说：主席最近给我们说过，我们老一辈子人是过渡时期的人。不要总出台唱戏呀，我们出台转一转就行了，像《西厢记》上的老夫人，要让红娘去演戏。有些事情领导还是起作用的，但领导像导演似的，看戏哪能看见导演呀？关于一九七一年南巡谈话，主席说，这是转折点，是个关键。如果是听话的，应该认为他们是向好的转，还要帮，所以不能等同。关于十大选举工作，主席说，准备工作我们已经在各省做了那么长了，政治报告基本同意，党章也修改好了，在选举方面，有一个选举准备委员会也协商通过了，每省都有人了，当然会有遗漏的，不要紧，选进来不恰当的，他如果改造得好，我们欢迎，如果改造不好，他自己暴露，不可能十全十美。

同日　晚九时，中国共产党第十次全国代表大会举行闭幕会议，周恩来主持会议。大会通过政治报告、修改党的章程的报告和《中国共产党章程》，选举出第十届中央委员会。毛泽东、周恩来、朱德、董必武、叶剑英、李先念、陈云、李富春、徐向前、聂荣臻以及在“文化大革命”中被打倒的邓小平、王稼祥、乌兰夫、李井泉、谭震林、廖承志等均当选中央委员。同时，王洪文、康生、江青、张春桥、姚文元以及他们的一些亲信也进入中央委员会。全体代表一致拥护中共中央的决议：永远开除林彪、陈伯达的党籍，撤销其党内外一切职务；一致拥护中共中央对林彪反党集团其他主要成员的处理和所采取的措施。

8月29日 圈阅王洪文、张春桥本日上午报送的《中国共产党第十次全国代表大会新闻公报》稿。

8月30日 圈阅周恩来、王洪文本日上午八时报送的《中国共产党第十届中央委员会第一次全体会议新闻公报（草稿）》和中国共产党第十届中央委员会主席，副主席，政治局委员和政治局常委名单（草案）。

同日 下午三时半，周恩来主持召开中共十届一中全会预备会议，通报毛泽东不准备出席十届一中全会，说：大的事情主席还是自己抓的。

同日 晚七时半，周恩来主持召开中共十届一中全会。全会选举毛泽东为中共中央主席，周恩来、王洪文、康生、叶剑英、李德生为中共中央副主席。选举中央政治局委员二十一人，中央政治局常委九人（按姓氏笔画排序）：毛泽东、王洪文、叶剑英、朱德、李德生、张春桥、周恩来、康生、董必武。宣布选举结果后，周恩来说：党的第七次代表大会在延安开的时候，当宣布当选的中央委员名单后，毛主席说，你们当选了中央委员，不要以为当了官，只是加重了为人民服务的责任。这是一次。八届一中全会的时候，毛主席说，当选了中央委员的，不一定比不当选的强，有些没能当选的，因为工作的关系，分配不能那样十全十美，总是有缺点的。同样的意思可以用在当了政治局委员的、当了政治局常委的，当了中央委员会副主席的也是一样。主席在九届一中全会上又说，你们不要当了中央委员，做了官样子，一时心血来潮，忘乎所以。全会还批准八月二十九日由中央军委提出的新的军委组成人员名单。

8月31日 圈阅周恩来本日报送的《在中国共产党第十次全国代表大会上的报告》最后定稿。

9月7日 经毛泽东审阅同意，中共中央发出《关于认真学习十大文件的通知》。通知说：这次大会以马克思主义、列宁主义、毛泽东思想为指导，分析了国内外大好形势，总结了党内十次重大路线斗争的经验，特别是第十次路线斗争的新鲜经验，充分肯定了九大路线的正确，进一步明确了无产阶级专政下继续革命的方向和任务，大会通过的文件是全党全军全国人民的战斗纲领。通知要求各级党委立即向党内外群众广泛传达中共中央一九七三年八月二十日的决议〔1〕和中央专案组《关于林彪反党集团反革命罪行的审查报告》。

9月8日 和董必武、朱德、周恩来致电朝鲜劳动党中央委员会总书记、朝鲜民主主义人民共和国主席金日成和朝鲜民主主义人民共和国政务院总理金一，祝贺朝鲜民主主义人民共和国成立二十五周年。贺电说：任何妄图使朝鲜的分裂永久化的阴谋，都是不能得逞的。中国人民将一如既往，坚决支持朝鲜人民争取自主和平统一祖国的正义斗争，直到取得完全的胜利。

9月11日 经毛泽东审阅同意，中共中央发出《关于准备召开四届人大的通知》。通知说：中央决定最近召开第四届全国人民代表大会，为了便于议事，在一九七一年全国经过调整选举上报的三千六百零四名代表的基础上，减少三分之一。各省、市、自治区和军队调整选举的名单和简历，应在一九七三年九月底以前报送中央。

9月12日 圈阅周恩来本日晨六时报送的同法国总统蓬皮

〔1〕指1973年8月20日中共中央批准中央专案组《关于林彪反党集团反革命罪行的审查报告》的决议。

杜会谈情况的报告和接待蓬皮杜访华情况简报。周恩来报告说：蓬皮杜访华主要是想在国内巩固他的地位，认为最大的荣誉就是主席见他。

同日　下午五时，在中南海游泳池住处会见蓬皮杜，周恩来、王洪文在座。毛泽东说：我看了德国人阿登纳[1]的回忆录，他批评我们，说我们骄傲，说我们太骄傲了。那个时候全世界都反对我们，那不骄傲一点也不行呢。主要是两个国家，一个美国，一个苏联。美国说我们比希特勒还要坏。赫鲁晓夫一九五四年到中国，一九五五年就跟阿登纳讲，请他帮助反对中国。阿登纳把这个话讲给戴高乐将军，讲给杜勒斯，总而言之逢人就讲。他高兴赫鲁晓夫反对中国。所以我们总感觉西方各国有一股潮流要推动苏联向中国。苏联野心很大呢。整个欧洲、亚洲、非洲，它都想拿到手。阿登纳反反复复讲，苏联要把美国的军队挤出欧洲，把德国拿到自己手里，然后把法国、意大利也拿到手里。当蓬皮杜说你很了解中国人民时，毛泽东说：了解一些，不完全了解。我年纪大了，搞了一些官僚主义。打了二十几年仗了，把精力也耗费得差不多了。我是小学教员，形势把我逼去打仗。后头还跟美国人在朝鲜打了一仗。中国人打游击战争可以。现在就是两个大国了，我形容叫作夹肉面包。当蓬皮杜说美苏两国的领导人有理由在现在成为爱好和平的人时，毛泽东说：我不信。战争总有一天是要打的。宁可放在这个“打”字上，第二个才放在和平上，不然就要丧失警惕。谈到欧美国家的制度和政策时，蓬皮杜说现在美国国会有相当的孤立主义。毛泽东说：这个美国人到底搞不搞孤立主义，我是怀疑的。两次大战，它都是后参加的。不是孤立主义，但是后头才参加。美国总统话太多，英国领导人

〔1〕 阿登纳，1949年9月至1963年10月任德意志联邦共和国总理。

说话很少，法国也很少，意大利也很少，德国也很少。谈到法国的历史和拿破仑时，毛泽东说：法国人的历史，我们感兴趣，特别是对法国大革命。法国人，把欧洲的封建制度扫得差不多了。几十年前我们在延安的时候，那个时候有个苏联人，我问过他对于拿破仑的认识怎么样。他表示很尊敬，说拿破仑是了不起的。马克思、恩格斯对于拿破仑的前一段都是肯定的。就是他反对英国，封锁英国的货物的政策搞得不好，结果封锁不了，主要是棉布、白糖、咖啡这些物资。再呢，海军不该跟英国海军打。占领西班牙也不大妥呢，进攻俄国也是不妥呢。这个都是为了封锁。如果保存海军，拿破仑最后失败了，也可以跑到美国去。把三万法国人的军队放在埃及，也是不妥当的。会见结束后，毛泽东听取周恩来、王洪文汇报四届人大筹备情况。

9月14日 圈阅周恩来本日上午九时报送的陪蓬皮杜去外地访问期间中央工作安排的报告。报告说：不在时，拟请剑英同志代理我的工作，大事需开政治局会，小事要商量，可约李德生、张春桥、先念同志三人面谈。更紧急的大事，需直接报告主席。

同日 圈阅周恩来本日报送的关于四届人大筹备会议各项工作情况的报告。报告说：四届人大筹备工作，拟先在政治局组成三个小组进行：组织工作小组暂定六人：王洪文（组长）、李德生、李先念、纪登奎、吴德、汪东兴。宪法修改小组六人：康生（组长）、张春桥（代组长）、江青、纪登奎、苏振华、倪志福〔1〕。政府工作报告起草小组七人：周恩来（组长）、王洪文、叶剑英、张春桥、姚文元、李先念、华国锋。以上三组工作，均须在十月五日前进行完毕。

---

〔1〕 倪志福，当时任中共中央政治局候补委员、北京市委书记、北京市革委会副主任、北京市总工会主任。

9月23日 圈阅周恩来本日上午八时半报送的会见埃及副总统沙菲的情况报告。报告说：沙菲前天到，由他介绍同以色列斗争的简单经过。埃方两次提出，希望主席能会见沙菲。埃及现在要准备同以色列进行第二阶段的斗争，大国都不愿让埃及拥有自己的重要力量，也不愿阿拉伯各国人民团结起来，所以他们要搞长期消耗战。殷切希望中国人了解他们的观点，提出自己的见解，并期待中国所提供的一切合作。沙菲指出，国际和解，只要对第三世界失其公道，就不能持久，就不能有真正的和平。如主席能见他，会使他得到最大的鼓舞。

同日 下午四时，在中南海游泳池住处会见埃及副总统沙菲，周恩来、王洪文在座。毛泽东详细询问埃及的历史和一九五二年纳赛尔等自由军官发动革命的情况。谈到中国的历史时，毛泽东说：我们过去叫CHIN（秦），加一个A，变为CHINA（中国）。秦始皇在中国是有名的，就是第一个皇帝。中国历来分两派，讲秦始皇好的是一派，讲秦始皇坏的是一派。我是赞成秦始皇，不赞成孔夫子。因为秦始皇是第一个统一中国的，统一文字，修筑宽广的道路，不搞国中有国而用集权制，由中央政府派人去各个地方，几年一换，不用世袭制度。谈到埃及的外债问题时，毛泽东说：卖军火，这不是列宁主义，我们从来不出卖军火的。我看你们自己搞，自己重新来制造武器。外国想控制你们，不让你们自己生产。谈到美苏关系时，毛泽东说：他们不一致。一致是表面的、骗人的，也能骗一些人就是了，而不一致是本质的、根本的。你们对美国要采取分化政策。我们受过八国联军的苦，特别是受日本的苦，但是现在我们跟日本搞得比较好。其次是美国和苏联，受他们两家的苦。现在跟美国又比较好一点，比较接近一点，跟苏联还僵着。我们两国人民，以及第三世界人民，以及全世界人民，总是要团结的。

9月下旬 指示有关人员注释和印制大字本的柳宗元《咏荆轲》。

10月1日 两报一刊发表国庆社论《认真学习，继续前进》。社论发表毛泽东的最近指示："要办好工农兵干部的学习班，每期三个月，一年办四期，一面读书，一面参加工作。"

10月上旬 指示有关人员注释和印制大字本的李贽《藏书·世纪列传总目前论》。

10月12日或13日 圈阅周恩来十月十一日报送的同加拿大总理特鲁多会谈情况的报告以及附送的两期会谈简报和特鲁多所著《两个天真人游红色中国》一书简介。报告说：《两个天真人游红色中国》对中国还有一些认识，主张承认中国。特鲁多急于想见主席。

10月13日 下午，在中南海游泳池住处会见特鲁多，周恩来、王洪文在座。毛泽东询问加拿大的南北纬度和农业生产、中加两国贸易的情况，双方详细讨论中东形势。特鲁多问：毛主席是否认为世界上会有持久和平？毛泽东说：没有，永远也没有。就是说在现在的制度的条件下，把人分为阶级，建立国家，那就非打不可。我讲"永远"不是讲一万年，只是讲一两百年。总而言之，这个世界不安宁，口里讲和平，实际准备打，所以你们也要注意啊！

10月20日 圈阅周恩来本日报送的四届人大筹备工作报告。报告说：政治局开了三次会，政府工作报告已基本通过，现正作文字修改。四届人大两千七百名代表，除尚有两名机动数外，均已协商选出。人大主席团和人大常委两名单已由洪文同志为组长的组织小组拟出初步草案，待两个报告审批后，当在政治局议论后送批。

10月中旬 指示有关人员注释和印制大字本的《韩非子·

五蠹》。

10月24日 下午六时，在中南海游泳池住处召集周恩来等开会。晚九时，周恩来主持召开中共中央政治局会议。

10月27日 晚七时半，在中南海游泳池住处召集周恩来等开会。晚十时，周恩来主持召开中共中央政治局会议。

10月 在一次谈话中说：你们要关心刘诗昆[1]，要让他搞些民族的钢琴的东西，要让他继续演出。

同月 指示有关人员注释和印制大字本的章炳麟《驳康有为论革命书》。

11月2日 下午，在中南海游泳池住处会见澳大利亚总理惠特拉姆，周恩来、王洪文在座。当惠特拉姆谈到中共十大后的人事情况时，毛泽东说：十大解决了林彪的问题。他准备搞政变。王洪文是党的代表大会选出来的，总理一九二七年搞上海暴动和南昌起义时二十九岁。中央委员会妇女的比例太少了。惠特拉姆问：在台湾省重新统一于中国的问题上，你们预期会发生一些什么事情？毛泽东说：我们还要看一看，我们不忙。那些人要解决相当困难，我讲的是从大陆去的这二百万人。它军队中的兵都是台湾人，现在就是下级干部恐怕也是台湾人多。总而言之，都是中国人。谈到禁止核试验问题时，毛泽东说：你们、新西兰、日本，你们三家站在一边，反对中国和法国爆炸原子弹的试验。这是一种例行公事，我们也不在乎。英国、美国、苏联，强迫通过部分禁试条约，强迫各国签字。法国就不签，中国就不签，还有不签的。据我看，核武器这种东西没啥用，真正打仗还是常规武器。谈到中国的现状和未来时，毛泽东说：我做的事很

---

〔1〕 刘诗昆，钢琴演奏家。1967年4月被打成反革命分子，同年9月被捕。1973年5月被释放。

小。中国到现在还是一个贫穷的国家，用美国总统的话讲叫作“潜在力量”，发展中的国家。可见我的工作不行啊！

11月7日 下午五时半，在中南海游泳池住处会见塞拉勒窝内（今译塞拉利昂）总统史蒂文斯和外交部部长卢克，周恩来、王洪文在座。毛泽东说：非洲国家同我们建交的不少，我们也很高兴接待你们。非洲国家人民总是要起来的，第一次世界大战后非洲国家起来的还不多，第二次世界大战后就多起来了。庆贺你们整个非洲都发展起来，非洲发展起来了，对于整个世界都有好处。会见后，同周恩来谈话。

11月10日—14日 美国国务卿兼总统国家安全事务助理基辛格访问中国。

11月10日 晚九时半，周恩来和叶剑英等同基辛格会谈。十时半，毛泽东在中南海游泳池住处听取周恩来等汇报会谈情况。

11月11日 晚上，在中南海游泳池住处听取周恩来本日下午同基辛格会谈情况的汇报。

11月12日 下午五时四十分至晚八时二十五分，在中南海游泳池住处会见基辛格，周恩来、姬鹏飞在座。当基辛格说目前中东的问题是防止苏联取得统治地位时，毛泽东说：统治不了，野心很大，能力不够。我们现在跟你们有一点不同，我们什么问题都挡回去。你们是打中国式的太极拳，我们是打少林拳。你们总是说，我们自己也这么说，你们跟我们观点差不多一样，就是苏联要打中国，有这个可能。基辛格说：我认为现在有更大的现实可能性，他们特别要摧毁你们的核能力。毛泽东说：我们的核能力不过只有一个苍蝇那么一点。一个国家要兴起来，短时间是不可能的。基辛格说：我们认为，如果出现这种事情，将会对我们大家都产生严重后果，所以我们决心加以反对。我们已经决定不允许中国的安全遭到破坏。毛泽东说：苏联那个野心跟它的能力是矛盾的，它要对付这么多方面，从太平洋讲起，有美国，有日本，有中国，有南亚，往西有中东，有欧洲。统共只有一百多万兵，守也不够，何况进攻？要进攻，除非你们放它进来，把中东、欧洲让给它，它才放心。这样才能把兵力往东调。我们也牵制他们一部分兵力，也有利于你们、欧洲、中东。比如在蒙古，它就驻了兵。我的意见是这个苏联野心很大，就是欧洲、亚洲两个洲都想霸占，甚至非洲北部，但是力量不够，困难很大。谈到台湾问题和中美建交问题时，毛泽东说：要把美国跟我们的关系问题，同我们跟台湾的关系问题分开。只要你们跟台湾断绝外交关系，我们两国就可能解决外交关系问题，就是说，像日本那样。至于我们跟台湾的关系问题，那就复杂了。世界上的事情不要看得那么死，那么着急干什么呢？至于你们同我们的关系（指建立正式外交关系——编者注），我想不要一百年。你们如果有需要，就办，如果还不行，就推迟下去。基辛格说：从我们的观点来看，我们是要同人民共和国建立外交关系的，我们的困难在于，不能立即断绝同台湾的外交关系，这同我们国内形势有部分关系。但是我已告诉总理，我们希望在一九七六年期间完成这个过程。毛泽东说：这个问题不是一个什么重要的问题，整个国际问题是重要问题。最后，毛泽东说：有一个问题想谈一下，我相当怀疑你们那个民主党如果登台会搞孤立主义。基辛格说：这是一个严重的问题。我认为目前在知识分子和一些民主党人中，有孤立主义的倾向，一是要从欧洲撤军，二是在挑衅面前不愿采取迅速而残暴的行动。毛泽东说：所谓残暴就是指打仗吧？基辛格说：如果受到苏联的进攻，我们将进行战争。毛泽东说：打仗也是不打原子弹，打原子战争我也不赞成。你们两家打原子战争，我也觉得不大好。要打，你们去打常规武器好了。原子弹，核武器，那个东西放到核武器库，不要动，吓人的呢。

11月13日　圈阅周恩来本日报送的中美会谈公报（中方修改稿）。周恩来的送审报告说：美方昨日会见主席后，提议发表一个公报。我们说可以考虑，请美方起草一个稿子。当美方稿子于昨夜交来后，外交部同志修改成现在这个稿子，拟予同意。

11月14日　圈阅周恩来本日上午九时半报送的中美会谈公报稿。周恩来的送审报告说：根据昨晚主席、中央批准的我方公报修改稿，双方进行协商，今晨三时半定稿。在这稿上，加了三句话，已用红杠标出。新加的三句话是："基辛格国务卿转达了尼克松总统的问候，毛泽东主席向总统表示问候。""双方商定，应该继续扩大联络处的工作范围。"另外一句是加在"双方官员就共同关心的双边问题举行了对口会谈"之后的"取得了良好进展"。

同日　中美双方发表基辛格访问中国的公报。公报说："双方回顾了一九七三年二月基辛格博士访问中华人民共和国以来国际事态的发展。他们注意到国际关系正处于激烈变动的时期。他们重申信守上海公报中确定的各项原则，并重申应在尊重各国主权和领土完整、不侵犯别国、不干涉别国内政、平等互利、和平共处的原则基础上解决国与国之间的争端而不诉诸武力或以武力相威胁。他们特别重申任何一方都不应该在亚洲、太平洋地区或世界的任何其他地区谋求霸权，每一方都反对任何其他国家或国家集团建立这种霸权的努力。""双方回顾了一九七三年期间双边关系的进展。美国方面重申，美国认识到，在台湾海峡两边的所有中国人都认为只有一个中国，台湾是中国的一部分，美国政府对这一立场不提出异议。中国方面再次表示，中美两国关系的正常化只有在确认一个中国的原则的基础上才能实现。""在过去一年里，两国贸易有了迅速发展。双方认为，采取措施为在平等和互利的基础上进一步发展贸易创造条件，是符合两国利益的。"

11月17日　上午，在中南海游泳池住处召集周恩来、乔冠华、王海容、章含之、沈若芸[1]、唐闻生等谈对这次中美会谈的看法。毛泽东说：美国说苏联要打我们，才不要信他的话呢！我那篇谈话[2]，意思就是把他的球踢回去。当心！北极熊要咬你们，要向西，到欧洲、中东和美国，对付他的"当心！北极熊要整中国"。对美国要注意，搞斗争的时候容易"左"，搞联合的时候容易右。我看不跟它搞什么军事同盟一套。什么不称霸！什么不对付第三国！就是反对苏联。这回不提台湾，不提尼克松访华。台湾，我们必须提，一百年也要提。这回这个公报，我就欣赏一句话"世界是在激烈的变动中"，美国人起草的。帝国主义自己承认世界是在激烈地变动。世界上的事要看嘛，一百年。建交，意思无非是推迟。美国人甚至于可以承认不称霸呢！今天在座的，有年老的同志、中年的同志，青年同志占多数，要保持清醒的头脑，这个事要用点脑筋，有所分析。但是乱战一气，也不行。苏联的日子就那么好过？它野心很大，力量不够。切忌不要忘记凤姐讲的话：大有大的难处。谈到《红楼梦》时，毛泽东说：是部政治小说。从康熙到乾隆年间，有两大派，一派胜利者即雍正皇帝，抄另一派失败者的家。写的是从兴盛到灭亡，贾、史、王、薛四大家族的兴亡史。"坐山观虎斗"也是凤姐的话。"大有大的难处"，特别对我们有用。"千里搭长棚，没有不散的筵席"，美国、苏联就是"千里搭长棚"。"不是东风压倒西风，就是西风压倒东风"，出自林黛玉，没有调和的余地。这也是路线斗争呢！你们这些娃娃（指在座的年轻人——编者注）要读一点古代的东西。

11月18日　圈阅周恩来本日报送的关于召开中共中央政治局会议讨论毛泽东十七日谈话的报告。周恩来说：昨晚召开政治

---

〔1〕章含之，当时任外交部亚洲司副司长。沈若芸，当时是外交部翻译。

〔2〕指毛泽东1973年11月12日同基辛格的谈话。

局会议，传达了主席对中美这次会谈的意见和指示。十九日晚再开政治局会议讨论。

11月19日　下午，在中南海游泳池住处会见越南南方民族解放阵线中央委员会主席团主席阮友寿、外交部部长阮氏萍等，周恩来、李德生、张春桥在座。毛泽东询问越南南方的人口、领土、战局等，并同外宾讨论柬埔寨的形势，他说：看来这个斗争还是长期的，无论是越南，还是柬埔寨，还是老挝，最后胜利还是人民的。阮友寿说：我们那里交通运输困难，在南方和北方都一样，这件事我们当前摆在头等的、优先的地位来解决。毛泽东说：这个应该帮助，只要我们有可能。二十日，中国政府给予越南南方无偿经济援助协定在北京签字。

11月20日　阅罗瑞卿十一月十五日来信。信中说：我现在满身是病，两腿伤残。加上年龄条件，特别是我思想上、政治上的极端愁苦，恳求主席和党解除对我的监禁，给我一定限度的自由。毛泽东批示："似可释放。请中央酌定。"不久罗瑞卿被解除监禁，一九七五年六月恢复党的组织生活，八月任中共中央军委顾问。

11月21日—12月初　中共中央政治局根据毛泽东十一月十七日的谈话，连续开会批评周恩来和叶剑英。毛泽东十七日的谈话，是根据不可靠的汇报误认为周恩来在十一月中旬同基辛格会谈时讲错了话。政治局会议上，江青、姚文元对周恩来和叶剑英进行围攻，斥责此次中美会谈是"丧权辱国"、"投降主义"。还提出这是"第十一次路线斗争"，诬蔑周恩来是"错误路线的头子"，是"迫不及待"地要代替毛泽东。之后，江青将要求增补她本人和姚文元为政治局常委的意见，报告毛泽东。对此，毛泽东表示："增补常委，不要。"十二月九日晚上，毛泽东在中南海游泳池住处先后同周恩来、王洪文等谈话。毛泽东说：这次会开得好，就是有人讲错了两句话。一个是讲“第十一次路线斗争”，不应该那么讲，实际上也不是；一个是讲总理“迫不及待”，总理不是迫不及待，她（指江青——编者注）自己才是迫不及待。

11月21日 阅上海市崇明县堡镇酱酒二厂一名党员的来信。来信对张春桥是不是真正的马克思主义者表示怀疑，认为张做一个中央委员基本可以，做一个政治局委员是十分勉强的，做一个政治局常委是根本不行的。毛泽东批示：“印发政治局。此种攻击不妥。但知有此类意见是必要的。”

同日 阅署名“一个普通的共产党员”批评江青的来信，批示：“印发政治局各同志。有些意见是好的，要容许批评。”来信提出八点意见：第一，我国的文化艺术工作，和其他各条战线比起来还显得落后，还不能满足广大人民群众的需求。究其原因，是怕放，怕乱，只依靠少数人，冷冷清清，代表这种领导思想的，是江青同志。第二，江青同志相信自己多，相信群众少；民主作风较差，不太善于走群众路线。第三，由于江青同志所处的地位，有时把文艺工作的重要性强调得过了分。现在，还常常听到这样的口号：“一切为样板戏让路!”恐怕也是不恰当的。第四，对革命样板戏的赞扬声中，言过其实的地方多了，要允许别人批评。第五，现在有两种偏向：一种是对地方的文艺工作不管；另一种是地方党委领导搞出东西来了，送到中央，又往往是一个人或几个人说一两句话就给否定了。文艺创作，必须坚决采取放的方针。第六，有些同志不作具体分析，只要有谁对某人、某部门或某些作品提出意见，就判他是“黑线回潮”，或是“黑线人物”，这是不科学的。第七，今年一月一日，江青同志批评和自己一起搞过样板戏创作的一些同志时提到“亲者严，疏者宽”这两句话，是不恰当的。江青同志是作为政治局的成员接见大家的，“亲者”不应该只是少数人。第八，要加强党对文艺工作的领导，设立统管全国文艺工作的机构，重申和切实执行“百花齐放、百家争鸣”的方针。

12月8日 经毛泽东审阅同意，中共中央军委转发全军院校调整领导小组《关于全军恢复和增建四十一所院校的报告》。

12月9日 圈阅周恩来本日晨五时半报送的会见尼泊尔国王比兰德拉的请示报告和两期接待简报。周恩来报告说：国王态度，跟其父一样，甚明朗，亟愿见主席。

同日 下午，在中南海游泳池住处会见尼泊尔国王比兰德拉、王后艾什瓦雅和外交大臣卡尔基等，周恩来、王洪文在座。谈到中尼关系时，毛泽东说：你们国家是个好国家，可惜我们没有能帮助好多。因为我们现在还没有能力修一条铁路到你们边境，修了一条公路也没有多少用处。你们跟我们的西藏做生意很少，要跟北京做生意就得要修一条铁路到你们边境才有可能。我就是想修铁路这件事。卡尔基说：你对于建立我们之间的友谊和关系作出了很多贡献。在未来的岁月中，尼泊尔和中国也将保持和现在一样良好的友谊。毛泽东说：不能欺负小国，要帮助它们。不要干涉别国的内政呢。至于对大国呢，要顶它几下，尤其是两个原子弹大国。谈话中，毛泽东建议各国驻华大使到中国各地去看看，说：向第三世界开门，第二世界也可以去。到处走一走啊！我看可以去珍宝岛、沈阳、辽宁、吉林、黑龙江、大连、内蒙古、新疆，还包括四川、贵州这些偏僻地方。看工厂，要看个好的，看个中等的，看个不像样子的，坏的，看公社也是，不要怕出丑。只限制人家看好的就不好了。中国这个地方，有的地方有些事办得好，有些事办得不好呢，说都是好的，那是吹的。谈到自己的身体状况时，说：我也有心脏病，你去宣传一下。中国人民都不知道我害病啊。政治局讨论一下，要宣传，造舆论嘛。突然有个死亡就不好了。两年之前，我几乎见上帝去了。上帝请我喝烧酒，他那里也有茅台酒呢。

12月12日 晚七时至八时，在中南海游泳池住处同周恩来、王洪文谈话。八时半，主持召开中共中央政治局会议并讲话。毛泽东说：我和剑英同志请邓小平同志参加军委，当委员。是不是当政治局委员，以后开二中全会追认。你（指邓小平——编者注）呢，我是喜欢你这个人的，咱们中间也有矛盾啊，十个指头有九个没有矛盾，就是一个指头有矛盾。你（指叶剑英——编者注）以后胆子大一点吧。政治局要议政。军委要议军，不仅要议军，还要议政。军委不议军，政治局不议政，以后改了吧。你们不改，我就要开会，到这里来。我毫无办法，我无非是开个会，跟你们吹一吹，当面讲，在政治局。我主张找各大军区的司令员来。议什么事，要议军。我提议，议一个军事问题，全国各个大军区司令员互相调动。你（指叶剑英——编者注）是赞成的，我赞成你的意见。我代表你说话。我先找了总理、王洪文两位同志，他们也赞成。第一条三大纪律八项注意（让大家唱《三大纪律八项注意》歌），步调要一致，不一致就不行。陈锡联同志当北京军区司令员，李德生同志到沈阳军区去；杨得志同志跟曾思玉同志对调；许世友同志跟丁盛同志对调；韩先楚同志跟皮定均〔1〕同志对调；新疆、成都、昆明，他们都刚去，不要动。一个人在一个地方搞久了，不行呢，搞久了油了呢。有几个大军区，政治委员不起作用，司令员拍板就算。我想了好几年了。主要问题是军区司令员互相调动，政治委员不走。

12月13日 同几位政治局委员谈话，说：在一个地方太久了，不好。相互调动，又不开除你的政治局委员、中央委员、军

---

〔1〕 皮定均，当时任中共中央军委委员、甘肃省委书记、甘肃省革委会副主任、中国人民解放军兰州军区司令员。

区司令员，照样做官嘛，照样革命嘛，换个地方革命嘛。再次强调：政治局要议政。军委要议军，不仅要议军，而且要议政。不议政，军队政治思想工作就提不起纲来。

12月14日 上午，在中南海游泳池住处召集周恩来等开会。晚上，在中南海游泳池住处同部分政治局成员谈话。谈到大军区司令员对调时，毛泽东说：大军区司令员调动，你们商量了吗？看有没有这个必要。一个人在一个地方做久了，就不大好了。一调动也有问题，各省都要做工作，分两派的地方要打一点招呼。我看呢，要招呼各地的政治委员，要欢迎呢。军事机关干部，找来一二百人，不要太多，总之要欢迎。不然，“冷冷清清凄凄惨惨戚戚”，不大好呢。要开一个军长、政委，师长、政委见面的会吧。不认识一下呢，也不大好吧。现在，请了一个军师，叫邓小平。发个通知，当政治局委员、军委委员。政治局是管全部的，党政军民学，东西南北中。我想政治局添一个秘书长吧，你（指邓小平——编者注）不要这个名义，那就当个参谋长吧。他们（指各大军区司令员——编者注）到了，开门见山，讲互相对调，不要吞吞吐吐。共产党员不要吞吞吐吐，我们都是共产党员，为什么要吞吞吐吐呢？就是直说。

12月15日 晚上，在中南海游泳池住处主持召开中共中央政治局扩大会议，部分政治局成员和北京、沈阳、济南、武汉军区负责人参加。谈到大军区司令员对调问题时，毛泽东说：在一个地方搞久了，也不大好。要革命，哪个地方都可以革命嘛。从一个地方一走，有一派就要起梗子，要贴大字报。这个事情，要好好研究。互相对调，这个办法就是河南人发起的。这个军分区呆不了，就调得远一点去，那个军分区就欢迎。从那个军分区调到这里，也欢迎。谈到听不同意见时，毛泽东说：老吹不是一个好办法，要少吹多批。有些同志专批人家，人家批他一句都不行，像挖了他三代的祖坟呢！动不动就说人家是“三反[1]分子”、“五一六”。真是三反分子也不要紧嘛。中国人有那么多，有那么几万、几十万坏人，让他去吧，人民会管他们的，有什么要紧。我们这个党不要杀人，包括反革命。犯点错误呢，改掉就好。那个乡村里头，工厂里头批起来也厉害，动不动就说人家“三反分子”、“五一六”。甚至福建李庆霖的那一封信，有人说那里头有刺，我看了相当好啊，就是要有刺呢！我摆在这里几个月，经常看，看了三遍半，这才下决心写回信。辽宁发表了张铁生的一封信，也有人发议论，说是不对的。后头不是在《人民日报》登了吗？也说是不对的。会上，毛泽东再次指挥大家唱《三大纪律八项注意》歌，并向大家介绍邓小平说：我们现在请了一位总参谋长。他呢，有些人怕他，他是办事比较果断。他一生大概是三七开。你们的老上司，我请回来了，政治局请回来了，不是我一个人请回来的。你呢，人家有点怕你，我送你两句话，柔中寓刚，绵里藏针。外面和气一点，内部是钢铁公司。过去的缺点，慢慢地改一改吧。不做工作，就不会犯错误，一做工作，总要犯错误的。不做工作本身也是一个错误。

同日 圈阅周恩来本日晨五时报送的中共中央政治局会议对毛泽东十三、十四日两次谈话讨论情况的报告。报告说：到会同志均表示完全拥护主席指示，坚决执行。会议商定，拟电十一个大军区和广西，约司令员和第一政委于十六日来京开军委会。关于大区司令员兼省委书记问题，拟乘此调动机会，确定一律不兼。关于调动执行时的欢迎、欢送和向各群众组织代表人物打招呼等事，当按主席指示精神落实。

12月17日 圈阅周恩来、王洪文十二月十六日夜报送的关

---

[1] 这里指反党、反社会主义、反毛泽东思想。

于十五、十六日两次政治局会议讨论八大军区司令员调动情况的报告。

12月21日　圈阅周恩来、王洪文本日晨二时报送的十九、二十两天政治局成员参加中央军委会议议事情况的报告。报告说：政治局商定二十一日休会一天，由对调的大军区分四组开会，双方介绍主要情况，并协商欢迎、欢送和对各派做工作、打招呼的办法。拟在二十二日开全体会宣告结束。

同日　下午，在中南海游泳池住处接见参加中共中央军委会议全体成员。接见开始时，毛泽东同杨得志、白如冰、许世友、杜平、韩先楚、丁盛、韦国清、皮定均、冼恒汉、王六生、刘兴元、秦基伟、赛福鼎、杨勇、王必成〔1〕、周兴、徐向前、聂荣臻、张宗逊〔2〕、刘贤权、田维新、马宁〔3〕、陈士榘、朱德、邓小平一一握手。同许世友握手时说：我送你一本书，这本书比较好，叫作《天体运行论》。你到南京紫金山天文台去给我搞一本天文学的书，把字放大一点，放大一倍。同徐向前握手时说：向前同志，身体还好吗？你是好人啊！同聂荣臻握手时说：荣臻同志，你是好人啊！你现在还好吗？同陈士榘握手时说：你还好吗？你是井冈山时候的，现在井冈山的没有几个人了。现在四方面军的人最多，华北的人最多，井冈山的人不多了。同朱德握手时说：老总啊，你好吗？你是红司令啊！人家讲你是黑司令，我总是批他们，我说是红司令，还不是红了吗？一一握手后，毛泽东说：我今天一晚没睡觉，我想看看同志们。你们呢，要交好班

〔1〕王必成，当时任中共云南省委第二书记、云南省革委会副主任、中国人民解放军昆明军区司令员。

〔2〕张宗逊，当时任中国人民解放军总后勤部部长。

〔3〕田维新，当时任中国人民解放军总政治部副主任。马宁，当时任中国人民解放军空军司令员。

呢。有困难啊，人生地不熟。有些人就批你们，大多数呢，舍不得你们走。到一个新地方有很多困难呢，党、政、军、民都不熟。党政军民学，东西南北中，慢慢来，就会顺手。心要宽，胆要大，无非是做官嘛，革命嘛，一个不撤，一个不批。你们想一想，总是有点缺点。我错误大呢，比你们大。谈到《红楼梦》时，毛泽东说：要看五遍才有发言权呢。它那是把真事隐去，用假语村言写出来，所以有两个人，一名叫甄士隐，一名叫贾雨村。真事不能讲，就是政治斗争，吊膀子这些是掩盖它的。第四回里边有一张“护官符”，那上面说：“贾不假，白玉为堂金作马。阿房宫，三百里，住不下金陵一个史。东海缺少白玉床，龙王来请金陵王。丰年好大雪，珍珠如土金如铁。”中国古代小说写得好的是这一部，最好的一部，创造了好多文学语言呢。（对许世友）你就只讲打仗。你这个人以后搞点文学吧。“随陆无武，绛灌无文。”绛是说周勃。周勃厚重少文，你这个人也是少文。你能够看懂《红楼梦》吗？要看五遍。《水浒》不反皇帝，专门反对贪官，宋江后来接受了招安。谈到文化大革命中一些受到冲击的老同志时，毛泽东说：（对朱德）朱毛啊，你是朱（猪），我是朱（猪）身上的毛。红司令，现在没有人骂你了吧？（朱德：没有了。）那好些了。这位同志（指朱德——编者注）跟我们一起几十年了，我跟你，四十多年了，这位同志（指邓小平——编者注）也是。邓小平现在是中央政治局委员，军委委员了。他呢，我喜欢他，有些人有点怕他。打起仗来呢，此人还是一个好人啊！我看贺龙同志搞错了，我要负责呢。当时我对他讲了：你呢，不同，你是一个方面军的旗帜，要保护你。总理也保护他呢。要翻案呢，不然少了贺龙不好呢，杨、余、傅也要翻案呢，都是林彪搞的。我是听了林彪一面之词，所以我犯了错误。小平讲，在上海的时候，对罗瑞卿搞突然袭击，他不满意。我也是听了林彪的话，整了罗瑞卿呢。有几次听一面之词，就是不好，向同志们做点自我批评。谈到中外关系时，毛泽东说：我同基辛格讲了差不多三个小时，其实只有一句话：当心！北极熊要整你美国！一整太平洋的舰队，第七舰队，二整欧洲，三整中东。苏联现在跟我们又在拉关系。最近有个什么文化部的招待会上，他们跟我们驻苏联大使馆武官处的人谈话。我们的条件，主要是两条：一要撤兵，撤到赫鲁晓夫时候那样。二要承认错误，从布加勒斯特会议开始。（问邓小平）那次会议你去了吧？邓小平说：那次我没有去，彭真、康生去了。毛泽东说：彭真对于整苏联还是有功的。接见最后，周恩来提议大家唱《三大纪律八项注意》歌第一段。毛泽东说：不错，就是这一条要紧。还有八项注意，第一项注意，第五项注意。第一项注意，说话要和气。第五项注意是，军阀作风不要呢。

12月22日 圈阅周恩来本日晨报送的《中国共产党中央军事委员会命令（草稿）》。命令说：为了加强军队建设和反侵略战争的准备，为了使军区主要领导干部交流经验，熟习更多地区的情况，经毛主席、党中央决定，北京与沈阳、南京与广州、济南与武汉、福州与兰州八个军区司令员相互对调。命令于本日发出。二十三日，中央确定，对调的大军区司令员于一九七四年一月一日都到新的岗位上工作。

同日 中共中央发出通知：遵照毛主席的提议，中央决定：邓小平同志为中央政治局委员，参加中央领导工作，待十届二中全会开会时请予追认；邓小平同志为中央军事委员会委员，参加军委领导工作。此通知下达到县团级党委，并传达到党内外群众。

12月下旬 圈阅姚文元、周恩来十二月二十七日报送的两报一刊一九七四年元旦献词送审稿。送审报告说：文中关于解放台湾，用了一个新的提法，不知合适否？这个新提法是："要提高警惕，保卫祖国，随时准备歼灭入侵之敌和解放台湾。解放台湾是包括台湾省人民在内的全国人民的共同愿望和神圣义务。我们一定要解放台湾！"

冬 嘱护士长吴旭君把自己的全部诗词用毛笔誊抄了一遍，并亲自校改。

1974年　八十一岁

1月4日　晚上，在中南海游泳池住处听取周恩来汇报同来中国访问的日本外务大臣大平正芳会谈情况。周恩来讲到日本复活军国主义的动向时，毛泽东说：大变化还不会，这一两年，就是打仗还不会，离开美国的核保护伞，它还不会。明天准备见大平一下，如果在上午，就等你还没有睡的时候。日本人只见大平一个人就行了，请他讲，天上地下，九州方圆，随便扯。谈到国内经济情况时，毛泽东说：二十四年了，钢过去总是徘徊在一千八百万吨，现在是两千五百万吨了。这个能源总有一天要发生变化，现在就是一个煤，一个石油，一个木头，还有水。太阳能目前只是讲讲而已，地热只有意大利搞了一点。谈到哲学问题时，毛泽东说：能量转变是很独特的。还有绝对真理和相对真理，没有离开相对真理的绝对真理。地球的公转就在自转里边。林彪这些人怪得很，要搞什么绝对论，杨成武的文章其实是林彪叫他写的。哪有什么绝对权威？相对权威是有的，绝对在相对之中。事物都是两部分，一部分相对，一部分绝对。等于人犯错误一样，正确和错误总是经常有的。我常讲，罗瑞卿的问题，杨、余、傅的问题，都搞错了。最大的一个缺点，不讲分析。对一些同志要帮助，不要一棍子打死。历来的哲学家都讲分析，讲到综合就没有多少话了。还说：江青没有多少学问，又捞了一个左派的名声，我看也不大好。

1月5日　上午，在中南海游泳池住处会见日本外务大臣大平正芳，周恩来、王洪文在座。谈到世界形势时，毛泽东说：我看，美国、日本、中国、巴基斯坦、伊朗、土耳其，阿拉伯世界，欧洲，都要团结起来呀。一大片的第三世界要团结。这个苏联靠不住呢！我们受它的气很多。它讲的不算数。谈到中日航空协定谈判时，毛泽东说：卡就卡在台湾问题上。这个台湾早晚是要归中华人民共和国的。美国人非要台湾不可，不想放呢。谈到中日两国关系时，毛泽东说：各有长处，各有短处，我们两国两种制度。好多东西我们要向你们学习，什么钢铁、化肥生产，特别是造船业。

1月中旬 阅王洪文、江青一月十二日报送的《林彪与孔孟之道（材料之一）》。王、江的送阅报告说：我们看了北大、清华汇编的林彪与孔孟之道材料，觉得这份材料对当前继续深入批林、批孔会有很大帮助。我们建议是否可以把这份材料转发全国各省、市，各大军区、省军区，军委各总部，国务院各部，供批林、批孔时参考。毛泽东批示："同意转发。"一月十八日，中共中央在转发这个材料的通知中说：林彪"和历代行将灭亡的反动派一样，尊孔反法，攻击秦始皇，把孔孟之道作为阴谋篡党夺权、复辟资本主义的反动思想武器。北京大学、清华大学选编的这个材料，对于继续深入批林，批判林彪路线的极右实质，对于继续开展对尊孔反法思想的批判，对于加强思想和政治路线方面的教育，会有很大帮助"。

1月18日 中共中央政治局召开会议。会议提议中央军委成立以叶剑英牵头，有王洪文、张春桥、邓小平、陈锡联参加的五人小组，讨论处理军委的大事及紧急作战事项。二十日，中央政治局正式向毛泽东提出这个建议时，将原五人小组增至六人，加上苏振华，并确定：军委六人组"大事视情况或直报主席或经过中央政治局讨论后再报主席"，"对内对外不行文，一律以军委名义下达”。毛泽东表示同意。

1月21日 圈阅周恩来本日报送的关于中国人民解放军取得西沙群岛自卫反击作战胜利的情况报告。一月十五日以来，南越西贡当局接连出动海空军入侵中国南海西沙群岛领海、领空，撞坏中国渔轮，强占中国岛屿。经毛泽东同意，周恩来、叶剑英迅即制定了加强巡逻和相应的军事措施，以保卫西沙群岛。十九日，南越西贡当局军队向中国驻岛部队发起武装进攻，其海军也首先向中国舰艇开火。中国人民解放军被迫自卫还击。二十日，西沙海战结束，中国人民解放军胜利地保卫了西沙群岛领土。周恩来在报告中说，二十日晚政治局开会，主要谈西沙群岛问题。西沙战斗还可能有反复。我们不能松懈，随时准备西贡当局的海、空、陆军再来较量几次。

1月22日 中共中央发出《补充通知》，提出在传达、学习、讨论《林彪与孔孟之道（材料之一）》时，增加毛主席《我的一点意见》、《毛主席致江青同志的信》、《毛主席在外地巡视期间同沿途各地负责同志的谈话纪要》、九大和十大的政治报告、《鲁迅批判孔孟之道的言论摘录》、《粉碎林彪反党集团反革命政变的斗争》（材料之一、之二、之三），以及《五四以来反动派、地主资产阶级学者尊孔复古言论辑录》等文件和材料。

1月24日 江青等人在首都体育馆召开有一万多人参加的驻京军事机关和部队批林批孔动员大会。

1月25日 江青等人在首都体育馆召开有一万多人参加的中共中央直属机关和国务院各部门批林批孔动员大会。在江青策划下，迟群、谢静宜在会上发表长篇煽动性讲话，将批林批孔与批判修正主义教育路线、批判军队系统对于批孔无动于衷和批判走后门等联系起来，矛头指向周恩来、叶剑英等一批党政军领导干部。其间，江青、姚文元不断插话，说：“不准批孔就是不准批林”；“要反对折中主义”，“凡是主张中庸之道的人，其实是很毒辣的”。江青还在大会上点名批判郭沫若。毛泽东知道这次大会及其内容后，表示很不满意，指示大会的讲话整理稿和录音不要下发。

2月9日 阅江青报送的谢静宜、迟群给她的一封信及反映批林批孔问题的材料，批示：“除少数外大都未看。近日体温升高两度，是一场大病！一切人不见，现在恢复中，你有事应找政治局。”

2月15日 阅叶剑英一月三十日来信。叶剑英在信中根据江青等人在一月二十五日批林批孔动员大会上批判走后门的情况，提出将在空军三十四师当飞行员的孩子调回原部队下放农村劳动锻炼，孩子已表示听主席的话到农村中去。毛泽东批示：“剑英同志：此事甚大，从支部到北京牵涉几百万人。开后门来的也有好人，从前门来的也有坏人。现在，形而上学猖獗，片面性。批林批孔，又夹着走后门，有可能冲淡批林批孔。小谢〔1〕、迟群讲话有缺点，不宜向下发。我的意见如此。”二月二十日，中共中央根据毛泽东的意见发出通知，提出“对来自群众的批评，领导干部首先应当表示欢迎”。对走后门问题应进行调查研究，确定政策，放到运动后期妥善解决。

2月22日 下午，在中南海游泳池住处会见赞比亚总统卡翁达，周恩来、王洪文在座。谈到世界形势时，毛泽东说：希望第三世界团结起来。第三世界人口多啊。我看美国、苏联是第一世界。中间派，日本、欧洲、澳大利亚、加拿大是第二世界。咱们是第三世界。美国、苏联原子弹多，也比较富。第二世界，欧洲、日本、澳大利亚、加拿大，原子弹没有那么多，也没有那么富，但是比较第三世界要富。第三世界人口很多。亚洲除了日

〔1〕 指谢静宜。

本，都是第三世界。整个非洲都是第三世界，拉丁美洲也是第三世界。又说：我们是共产党，是要帮助人民的。如果不帮助人民，就是背叛马克思主义。你呢，我们希望也是要帮助人民，我劝你对人民要好啊！没有人民就会垮台。当卡翁达谈到赞比亚支持世界的反帝反殖斗争和在国内反对剥削时，毛泽东说：你现在不能当共产党，你当共产党，人家就都反对你，但是你可以看一点马克思的书。当卡翁达称赞中国参加援赞工程的人员时，毛泽东说：我们是共产党啊，应该好一点！我们的人也犯了一些错误呢，要教育。共产党内也有大国沙文主义。有一些人看不起第三世界一些国家的人民，所以应该教育。我委托你教育中国的工程人员，还有尼雷尔总统也应该这样做。在你们那里工作的，世界上的人做了坏事，不管哪个国家的都应该教育、处分或者把他们赶回去。不然那些人就把尾巴翘到天上，帮助你们修了铁路，了不起呀。毛泽东还说：非洲最好统一起来，南部非洲难啊！中部和北部的慢慢地统一起来。你们应该发展人口，中国人口太多，非洲人口还不够。

2月25日 晚上，在中南海游泳池住处会见阿尔及利亚革命委员会主席布迈丁，周恩来、王洪文在座。毛泽东说：中国属于第三世界，因为政治、经济等各方面，中国不能跟富国、大国比，只能跟一些比较穷的国家在一起。当布迈丁问到美苏是否达成某种协议以及战争问题时，毛泽东说：协议可能有，但是我看不那么巩固。一是暂时的，同时是骗人的。骨子里头还是争夺为主。争夺的结果最后可能会武力解决，暂时还不会，现在都在讲和平。现在世界上的舆论我看要研究一下，就是不要真正相信所谓的永久和平。这个社会制度不改变，战争不可避免，不是相互之间的战争，就是人民起来革命。这个世界上是有帝国主义存在，俄国也叫社会帝国主义，这种制度也就酝酿着战争。不是你们要打世界战争，不是我们要打，不是第三世界要打，也不是这些富国的人民想要打世界战争，这种东西是不以人们的意志为转移的。谁想到希特勒几乎统一了欧洲，又失败了。谁想到第一次世界大战中间又产生了十月革命。中国在第二次世界大战结尾把日本赶走了，后来又把蒋介石赶到台湾了。至于打不打原子武器，可能打，也可能不打。第二次世界大战，美国对日本打过，但是后头在朝鲜战争就没有打，在越南战争也没有打。在中东，以色列也好，埃及也好，美国人跟俄国人也没有援助他们原子武器。布迈丁说：我们国家太小了，没有办法对付大国。毛泽东说：你们不小，你们把法国人赶走了，越南人也把美国问题解决了，朝鲜民主主义人民共和国也把美国军队赶到南边去了。现在美国到处霸了地方，它要保护这些地方，力量就分散。苏联要对付的地方也多，欧洲、地中海、阿拉伯世界、中东、南亚、中国、日本、美国。它的事情也不好办呢。布迈丁问：面对这种形势，中国的态度如何？毛泽东说：准备打仗！准备它们（美苏）在世界上闹事。绝不相信持久和平，或者说所谓一代人的和平。谈到中国的成就和反对大国沙文主义时，毛泽东说：中国成就有一点，但是不大。我们犯过许多错误，犯了错误就改正。有时候工作方法比较好，有时候不大好。如果片面地介绍中国，说怎么好，那是不妥的。当然，说中国是一片黑暗，也是不对的。光明面是主要的，但是有时候有黑暗这一面。我们下面的工作人员就爱吹他的成绩，而不爱把自己的错误讲出来，所以你们要注意。别国大体也是如此，总是有光明的一面，也有缺点。最后，毛泽东说：地中海是密切关系到欧洲的。欧洲安全问题、阿拉伯世界不安全问题、地中海问题不解决，那怎么行呢？几十个国家怎么能取得一致？单是欧洲就有三十几个国家。如果是听两个大国——美国跟苏联，这也不行吧。三月十二日，外交部将毛泽东二月二十二日会见卡翁达的谈话和二月二十五日会见布迈丁的谈话内容发出《外交通报》，三月二十一日，中共中央转发了这个《外交通报》，要求各单位负责人向广大干部传达。

3月20日　提议由邓小平担任出席联合国大会第六届特别会议的中国代表团团长，并告以外交部名义将此意写入送审报告待批。毛泽东提议后，周恩来主持中共中央政治局会议，讨论外交部根据毛泽东意见起草的由邓小平担任出席联大特别会议代表团团长的报告。会上，江青以“安全问题”和“国内工作忙”为借口，反对由邓小平担任代表团团长。二十四日，周恩来批示同意外交部报告，并送毛泽东及在京政治局委员传阅。江青阅后仍表示反对，并要求外交部撤回报告。二十五日，毛泽东托人转告周恩来：邓小平出席联大，是我的意见，如政治局同志都不同意，那就算了。周恩来当即表示：完全同意毛主席的意见。周恩来将毛泽东的意见转告政治局一些成员，特别要王洪文负责向江青、张春桥、姚文元转告毛泽东的意见。在二十六日的政治局会议上，除江青外，与会者一致同意由邓小平担任出席联大特别会议的代表团团长。江青还搅闹会议。周恩来要王海容、唐闻生将政治局会议情况报告毛泽东。二十七日，毛泽东批示江青：“邓小平同志出国是我的意见，你不要反对为好。小心谨慎，不要反对我的提议。”

同日　复信江青：“不见还好些。过去多年同你谈的，你有好些不执行，多见何益？有马列书在，有我的书在，你就是不研究。我重病在身，八十一了，也不体谅。你有特权，我死了，看你怎么办？你也是个大事不讨论，小事天天送的人。请你考虑。”三月二十二日，阅江青的检讨信。信中说：“你的批评是及时的，是一剂对症的良药。我的头脑开始清醒一些了，我确实是用一些小事干扰主席而不觉，我记起主席曾批过：‘小事，不理。’‘泰然处之。’‘观察一下形势。’‘总结经验’等等。发起浑来，就忘了，总是得你大喝一声，我才醒来。”毛泽东批示：“已阅。”

3月25日 下午，在中南海游泳池住处会见坦桑尼亚总统尼雷尔，周恩来、王洪文在座。当尼雷尔提到美苏不是为和平而努力时，毛泽东说：和平是暂时的，将来就难说了。总而言之，所谓裁军，第一次世界大战以后就说要裁军，结果谈出了一个第二次世界大战。第二次大战后又说要裁军，没有一个裁的。但是他们双方都说他们要搞和平，而且是长久的和平，或者是一代人的和平。一代人嘛，大概是半个世纪，五十年吧。何不讲两代人呢？因为这样一讲，他的武器就没有销路了。大国都靠出卖武器赚钱。总而言之，我们对“持久和平”这样的口号要看一看呢。大概一段时间可以，太长了不行，因为社会制度没改变。总而言之，这个全世界是不安定的。他们之所以需要讲和平，就是因为这样讲对他们比较有利。他们又利用各国人民怕打核战争的心理状况，所以有许多人接受和平的口号。特别是在第一次世界大战以后，大家都讲和平，结果讲出一个第二次世界大战来了。现在又讲和平，可能也讲出一个什么战争来吧。毛泽东说：美苏它们现在有点怕第三世界。尼雷尔说：如果第三世界没有中国，他们就不会怕。毛泽东说：也怕呢。尼雷尔说：第三世界没有中国，就成了纸老虎。毛泽东说：那不能这么讲！第三世界团结起来，使得工业国家，比如日本、欧洲和两个超级大国，都得要注意一点。毛泽东问：整个非洲的事情怎么样了？尼雷尔回答后，毛泽东说：比过去都要好些，就是讲北部和中部非洲。当尼雷尔谈及南部非洲正在努力赢得独立时，毛泽东说：我跟你们意见一致，就是不喜欢南非白人政权控制非洲人民。南部非洲将来总是要起变化的，非洲的变化已经够快的了。尼雷尔说：中国现在对非洲的帮助是很多的。毛泽东说：帮助很小。听说我们的人在你们那里做了一些坏事，给了赔偿没有啊？有些犯错误的也撤回来了吧。人多了，我们教育又不严，势必将来也还要出一些问题。你们发现有什么错误，就告诉我们的大使。尼雷尔说：你们的人确实做得很好。每次我见到他们，他们总是说，请批评我们的错误，因为我们希望以后改进工作。即使当我们的人对他们不好的时候，也不发牢骚。即使在极端困难的条件下工作，他们也从不发牢骚。毛泽东说：这个不能发牢骚，发牢骚是错误的。尼雷尔说：有一次过圣诞节，我给了在我家乡的中国医疗队一头活羊，他们也不宰。我的母亲在圣诞节也送了他们一头活羊，他们也不杀。如果他们吃了，我很高兴，但他们没有吃，我也非常高兴，因为这是一个极好的榜样。我希望你允许他们吃这头羊吧。毛泽东说：不要杀了吧，收人家礼物不大好吧，以后成为风气不大好。尼雷尔说：你们的医生确实干得好。他们在村子里工作，在农村地区进行医疗，而我们的医生都是在医院里的。中国医生树立了好的榜样，现在我们的医生也开始到农村去了。毛泽东说：应该主要是帮忙教会你们的医生。搞铁路的也应该主要是教会你们勘察、各种建设、修路、建桥。各种技术人员都这样，我们将来一走，你们就完全可以自己管理了。尼雷尔说：这是很重要的，他们做得很好的一点就是他们确实教别人。毛泽东说：如果不教，那就不好哩。五月十三日，经毛泽东审阅同意，中共中央发出《关于毛主席同尼雷尔总统谈话的主要内容的通报》，要求各单位负责人向广大干部传达。

3月28日 圈阅周恩来报送的关于邓小平参加联大特别会议的报告。报告说：中共中央政治局在二十七日又开了主管批林批孔运动的七人小组会议，大家一致拥护主席关于小平同志参加特别联大的决定。小平同志已于二十七日起减少国内工作，开始准备出席联大的工作。小平等同志出国安全，已从各方面加强布置。四月六日代表团离京时，准备举行盛大欢送，以壮行色。

3月 指示有关人员注释和印制大字本的王充《论衡·问孔》。

4月2日 上午，在中南海游泳池住处会见以乔森潘[1]为团长、英·萨利[2]为副团长的柬埔寨民族统一阵线和王国民族团结政府代表团，住在北京的柬埔寨王国元首西哈努克亲王、首相宾努亲王和周恩来、王洪文在座。谈到柬埔寨人民的抗美斗争时，毛泽东说：准备长期战争，长期打。如果是短期胜利，那也好嘛。当西哈努克说到柬埔寨人民在战斗方面的困难时，毛泽东说：这个打仗，一打就学会了，不打就不懂呢。主要是经验，自己打。要形成一个拳头，能够打到占领金边，打到大城市，我看大概要十万军队。要把手捏成一个拳头，不是游击队，要正规军。这种军队就是学校呢，又搞军事，又搞政治，又搞调查研究。谈到柬埔寨的国内政策时，毛泽东说：对资本家就要谨慎。只有买办资本可以没收，如果是民族资本，就不忙啊。乔森潘说：民族资本家同我们站在一起，农民中的富农也同我们站在一起。毛泽东说：不仅让富农同你们站在一起，还要团结一部分中小地主。谈到柬埔寨民族统一阵线情况时，毛泽东对乔森潘和英·萨利说：你们要团结两位亲王。我赞成你们的方针。两个党联合起来，统一阵线的领导者是他们两位。

4月4日 上午，在中南海游泳池住处主持召开中共中央政治局会议，讨论邓小平率团出席联大特别会议问题。周恩来、王洪文、叶剑英、邓小平、江青、华国锋、吴德、汪东兴、陈锡联、李先念、苏振华、倪志福出席，乔冠华、黄镇等列席。会议

---

〔1〕 乔森潘，当时任柬埔寨民族统一阵线中央政治局委员、柬埔寨王国民族团结政府副首相兼国防大臣、民族解放人民武装力量总司令。

〔2〕 英·萨利，当时任柬埔寨王国民族团结政府副首相府特别顾问。

一开始，毛泽东说：我讲话不行了，不大清楚。一个月发两次烧，要恢复很困难，这几天好一些。谈到邓小平率团出席联大特别会议的行程安排时说：你去到会，个把星期就行了吧。你的参谋长就是他（指乔冠华——编者注）。你去经过法国，回来也经过法国，旧地重游啊！邓小平说：苏联有可能接触，也可能不接触，准备他在会场中打招呼。我们就是讲主席那两条：第一要撤兵，撤到赫鲁晓夫那个时代一九六四年那样；第二是承认错误。毛泽东说：恢复到赫鲁晓夫时代那样，有可能。公开承认错误，他不能干，因为他承认错误，他就输了理了。现在拼命伸出触角，用一些新闻记者、莫斯科大学教授出面，又不用中央委员、政治局委员出面。我看现在不行。谈到中美关系时，毛泽东提议驻美联络处主任黄镇这次可以同邓小平一起返回美国，并说：美国跟我们做生意，顺差太多。关于国际形势，毛泽东说：这个风向是不是有点转啊？乔冠华说：新的问题，可能是第三世界和第二世界有些联合。毛泽东说：比如这个石油，第三世界还是供应欧洲。关于国内问题，毛泽东说：两件事变成三件事。批林，这个行。批孔，就很难了。又要批走后门，就更难了，那个提法不妥呢。

同日 经毛泽东审阅同意，中共中央和中央军委发出通知，决定许世友任广州军区党委第一书记，韦国清任广州军区党委第二书记，赵紫阳任广东省委第一书记、省革委会主任、广州军区政治委员、广东省军区第一政治委员。周恩来在送审报告中说：原拟等七大军区和七个省委人选都安排好后再一次宣布军区党委书记和省委第一书记，现根据目前批林批孔运动的实际情况看来，不可能一下子都得到解决。因此，政治局讨论，哪里问题成熟需要解决，就先提出解决。

同日 阅《中国代表团团长邓小平同志在联大特别会议上的发言稿（第六稿）》，批示：“好，赞同。”邓小平发言稿中详细阐述了毛泽东关于三个世界划分的战略思想，指出：目前世界上各种政治力量经过长期的较量和斗争，发生了急剧的分化和改组。现在的世界实际上存在着互相联系又互相矛盾着的三个方面、三个世界。美国、苏联是第一世界；亚非拉发展中国家和其他地区的发展中国家，是第三世界；处于这两者之间的发达国家，是第二世界。发言稿中说：原料和发展问题的实质，就是发展中国家维护国家主权，发展民族经济，反对帝国主义、特别是超级大国的掠夺和控制的问题。这是当前第三世界国家和人民反殖、反帝、反霸斗争的一个极其重要的方面。第三世界国家要发展自己的经济，首要的前提是维护政治独立。没有政治独立，就不可能获得经济独立；而没有经济独立，一个国家的独立就是不完全、不巩固的。第三世界国家强烈要求改变目前极不平等的国际经济关系，并且提出了许多合理的改革建议，中国政府和人民热烈赞同并坚决支持他们提出的一切正义主张。发言稿中阐明了中国政府的六项主张：国家之间的政治和经济关系都应当建立在互相尊重主权和领土完整、互不侵犯、互不干涉内政、平等互利、和平共处五项原则的基础上，反对任何国家违背这些原则，在任何地区建立霸权和势力范围；各国的事务应当由各国人民自己来管；国家不论大小，不论贫富，应该一律平等，国际经济事务应该由世界各国共同来管，而不应当由一两个超级大国来垄断；国际贸易应当建立在平等互利、互通有无的原则基础上；对发展中国家的经济援助，应当严格尊重受援国的主权，不附带任何政治、军事条件，不要求任何特权或借机牟取暴利；对发展中国家的技术转让必须实用、有效、廉价、方便。发言稿郑重宣布：中国是一个社会主义国家，也是一个发展中的国家，中国属于第三世界。中国政府和人民，坚决支持一切被压迫人民和被压迫民族的正义斗争，这是我们应尽的国际主义义务。中国现在不是，将来也不做超级大国。

4月6日 邓小平率中国代表团离京赴纽约出席联合国大会第六届特别会议，周恩来等和数千群众到机场欢送。

4月8日 阅周恩来本日报送的傅作义在病危中于四月七日写给周恩来的信。信中说："邓小平副总理率领我国代表团参加联合国特别会议，我听到这个通知，感到兴奋异常。"信中还谈到"促使台湾早日解放和祖国统一"问题。十五日，周恩来前往医院看望傅作义，说：毛主席说，你对北平和平解放是有功劳的。十九日，傅作义在北京去世。

4月10日 邓小平在联大特别会议上代表中国政府发言。五月十二日，中共中央发出通知，指出邓小平在联大特别会议上的发言"是根据毛主席的历次指示写的，经中央政治局讨论通过，并报请毛主席审阅"；要求各单位认真学习讨论，领会精神，贯彻执行。

同日 中共中央发出《关于批林批孔运动几个问题的通知》。通知指出：批林批孔运动在党委统一领导下进行，不要成立战斗队一类群众组织，也不要搞跨行业、跨地区一类的串连。对已经成立的联络站、上访团、汇报团一类组织，各级党委应做好工作，劝他们回本单位参加批林批孔，抓革命，促生产，促工作，促战备。已经回部队的"三支两军"人员，不要再回支左单位参加批林批孔。批林批孔是上层建筑领域里马克思主义战胜修正主义、无产阶级战胜资产阶级的政治斗争和思想斗争，批林已经取得了很大成绩，批孔比批林更困难些。希望各级党委认真加强领导，团结百分之九十五以上的群众和干部，使批林批孔进一步开展起来。

4月上旬 指示有关人员注释和印制大字本的《韩非子·说难》、王充《论衡·刺孟》。

4月17日 写一封给江青的信。信中说："两信收。前后不一。党的大势不错，悲观不好。不要动摇。前途是光明的，道路是曲折的。要团结百分之九十五以上的人。不要主观片面。千万注意。牢骚太盛防肠断，风物长宜放眼量。不要请假。钱可略增。无限风光在险峰。"这封信可能没有发出。本日毛泽东又写一封信给江青："两信都收到，并收到春风杨柳。后信打退堂鼓，不妥。前途是光明的，道路是曲折的，不可主观片面。多休息好，似不宜请长假。"

4月20日 圈阅周恩来本日报送的中共中央政治局成员参加五一国际劳动节庆祝活动安排的报告。报告说：十八日晚政治局会议决定，"五一"期间，除主席、康生、伯承外，其他二十三名政治局成员一律参加所在地游园庆祝活动，并发新闻报道。

4月22日 经毛泽东批准，中共中央批转国家计委核心小组《关于一九七四年国民经济计划（草案）报告》。报告提出了一九七四年国民经济计划的各项主要指标。中央转发计委报告的通知说："在批林批孔运动中，要坚持'抓革命、促生产、促工作、促战备'方针，努力增产节约，完成和超额完成一九七四年国民经济计划，夺取社会主义建设的新胜利。"

4月 指示有关人员注释和印制大字本的《韩非子》中的《孤愤》、《忠孝》、《说疑》、《定法》，《商君书》中的《更法》、《画策》、《农战》，《荀子·性恶》。

5月7日 上午，在中南海游泳池住处会见塞内加尔总统桑戈尔，周恩来、王洪文、李先念在座。桑戈尔对毛泽东说：我读了很多你的著作。我读你的书，比读列宁、马克思、恩格斯等其他科学社会主义者的论述都多，而且感到对我很有益。因为我国同中国的情况与同俄国的情况相比更相近。我读过的主席诗词，都很优美。毛泽东说：不够格。比如"山雨欲来风满楼"这样的话，我就写不出来。“山雨欲来风满楼”就是现在的世界形势。桑戈尔说：对我们来说，革命主要是农业革命，而中国在这方面的经验对我们是极为有益的。毛泽东说：我们还犯了很多错误，现在比较好一些。桑戈尔说：现在在非洲，人们越来越重视和接受中国的榜样。毛泽东说：中国没有什么了不起的东西，就是人多得很，要吃饭，要穿衣，要住房子。

5月上旬　指示有关人员注释和印制大字本的庾信《枯树赋》，谢庄《月赋》，谢惠连《雪赋》，江淹的《别赋》、《恨赋》。

5月11日　晚上，在中南海游泳池住处会见巴基斯坦总理布托，周恩来、王洪文、邓小平在座。谈到苏联同一些亚非国家订立条约时，毛泽东说：讲是那么讲，我不大相信那些所谓的军事条约，做起来难。他们同埃及也订了条约，现在没用。跟伊拉克和印度的，也没用。还有一个是跟我们的，等于一张废纸。苏联讲的话不大可靠。布托说：苏联说巴基斯坦是唯一拒绝亚洲集体安全体系的国家，并说他们已邀请中国参加。毛泽东说：当面撒谎！他们没有向我们提过。日本也不赞成。（周恩来：东南亚五国菲律宾、印度尼西亚、马来西亚、新加坡、泰国，也不大同意，尼泊尔也说不赞成。）可能还有伊拉克。总而言之，亚洲大多数国家不赞成。当布托谈到苏联今天的领导人的对外政策同当年的沙皇并无二致时，毛泽东说：那不错。当布托谈到准备付款购买中国的一些军备时，毛泽东说：现在就是我们的重型军事装备还不行，倒不在乎付钱不付钱。我们对军事装备不愿意别人购买，只要我们力所能及，可以帮你们的忙。当布托说他准备访问孟加拉国，希望中国也将在孟加拉国出现时，毛泽东说：我也赞成你这个做法。但是，我们有个问题，孟加拉国它不提出要求，我们就不大好建交。我们得推迟一点。恐怕是这样好，巴基斯坦跟它建交，以后他们提出来，我们再考虑这个问题。他们不提要求，我们不急，因为我们过去讲了许多话，要执行联合国的什么决议。不过我们也可以准备跟它发生关系。当布托问今后中国对印度有什么打算，是否要进一步发展关系时，毛泽东说：从长远的方面讲，应当恢复正常关系，但是现在我们也不忙，它也不忙吧，过去它还催。最后，毛泽东说：两霸的事情不大好办，他们自己的问题不少，在欧洲争得厉害，在中东也争得厉害。会见结束后，同周恩来等谈话。

5月18日 晚上，在中南海游泳池住处会见塞浦路斯总统马卡里奥斯，周恩来、王洪文、邓小平在座。马卡里奥斯说：我读过毛泽东主席的许多诗词，十分爱读。这些诗词中含有人道的感情以及深刻的哲学思想和关于生活的概念。毛泽东说：我不会写诗呢。马卡里奥斯说：不管怎样，你是在写诗词、书写历史并改造自己的国家。毛泽东说：没有改造好。马卡里奥斯说：中国正在为了进步、和平和幸福的未来而继续进行和平的革命。毛泽东说：想是这么想。马卡里奥斯称赞中国人民的工作热情很高，毛泽东说：可能是做给你看的。马卡里奥斯说：塞浦路斯和中国相比，一个好比蚊子，一个好比大象。毛泽东说：蚊子比大象厉害呢。大象被淘汰得差不多了。谈话中，毛泽东详细询问塞浦路斯国内希腊族人和土耳其族人的关系及其宗教信仰。

同日 经毛泽东审阅同意，中共中央发出《关于批林批孔运动几个政策问题的通知》。通知要求：批林批孔要注意严格区别和正确处理两类不同性质的矛盾，以利于团结百分之九十五的干部，团结百分之九十五的群众。必须注意清查的范围应限制在同林彪反党集团的阴谋活动有关的问题，不要扩大化。在时间上，应当以毛主席一九七一年八、九月巡视各地打招呼为界，以听到传达中发一九七一年五十七号文件为界。中央重申，对于坚决同林彪划清界限的同志，不论他过去是否受过林彪的影响，是否犯过错误，都是同样爱护而不会轻易怀疑的。通知指出：军以下的领导机关和部队的批林批孔一律坚持正面教育。批林批孔中要加强马克思主义的理论队伍。用马克思主义占领哲学、历史、教育、文学、艺术、法律等在内的整个上层建筑领域，还需要我们全党作极大的努力。

5月24日 圈阅周恩来五月二十日夜报送的关于英国保守党领袖、前首相希思访问中国的报告。周恩来说：希思今晚抵京，在京留三天，已多次提出请主席接见。

5月25日 下午，在中南海游泳池住处会见希思，周恩来、王洪文、邓小平、乔冠华在座。谈到尼克松水门事件〔1〕时，毛泽东说：那个水门事件我们不懂，为什么闹得这么大，借题发挥。希思问中美关系今后如何发展，说尼克松访华后中美关系似乎停滞了。毛泽东说：那不要紧，还是比较好的。你可不可以劝一下尼克松，帮他一个忙，叫他渡过水门难关？谈到一九五四年日内瓦会议〔2〕时，毛泽东说：美国人呢，就是手伸得太长了。你看，它的手伸到日本、南朝鲜、菲律宾、台湾、东南亚、南亚、伊朗、土耳其、中东、地中海、欧洲。美国人骂了我们多少年，二十多年。希思开玩笑地说：中国对美国帝国主义要当心！毛泽东说：但是我们比较对美国人放心。当希思谈到苏联有强大的组织来增强其实力时，毛泽东说：难道苏联就没有困难吗？我看它自顾不暇，它不能对付欧洲、中东、南亚、中国、太平洋。

---

〔1〕 1972年6月17日，美国共和党内为尼克松筹划竞选连任总统的一些人，潜入华盛顿水门大厦民主党总部安置窃听器。尼克松连任总统后不久此事被揭发。1974年7月，美国众议院司法委员会根据收集到的证据通过弹劾尼克松的条款。8月尼克松被迫辞职。

〔2〕 指1954年4月26日至7月21日在瑞士日内瓦举行的讨论和平解决朝鲜问题和恢复印度支那和平问题的国际会议。

我看它会输的。当希思再次强调苏军实力并问中国是否认为苏联对中国不构成威胁时，毛泽东说：我们准备它来，但是它来了，它就垮台了呢！它只有那么几个兵，你们欧洲人那么怕！西方有一部分舆论，每天都想把俄国这一股祸水流向中国。你们的老前辈张伯伦〔1〕，包括达拉第〔2〕，就是推德国向东。希思问中苏分歧主要是在思想方面，还是苏联的强权政治所致？毛泽东说：由意识形态引起的边界问题。中苏争吵要从一九五四年开始算起，因为五五年赫鲁晓夫就找阿登纳说，中国不得了啦。希思说：阿登纳总认为苏联会企图接管欧洲。毛泽东说：欧洲、亚洲、非洲，但是它力不从心。丢了埃及，在我们这里影响更小。希思说：虽然苏联同甘地夫人〔3〕订了一个条约，但他们在印度也没有多大影响。毛泽东说：我也这么看。你们的外交部长霍姆先生劝我们要跟印度搞好，他的意思是要把印度从苏联那边挖过来。当希思说一个强大的欧洲很重要，可以使俄国发愁时，毛泽东说：你们欧洲强大起来，我们高兴啊。我们看欧洲、亚洲，包括日本，都不要吵架。要吵呢，可以，不要大吵。希思问中国对日本比较放心吗？毛泽东点头并说：对。希思又问中国是否相信日本人的和平意图。毛泽东说：在可以估计到的一段时间内，将来很难说。但是我们不怕你们欧洲。当希思谈到可能英国在技术和

〔1〕张伯伦，英国保守党领袖，1937年至1940年任英国首相。1938年9月，代表英国政府同法国、德国、意大利政府首脑签订《慕尼黑协定》，采取纵容德、意法西斯侵略的绥靖政策。1939年第二次世界大战爆发后不久，张伯伦下台。

〔2〕达拉第，1938年至1940年任法国政府总理兼国防部部长。在此期间，执行纵容德、意法西斯侵略的绥靖政策。1938年9月，代表法国政府签订《慕尼黑协定》。1940年德国侵占法国后被监禁，1945年获释。

〔3〕指英迪拉·甘地，1966年1月至1977年3月任印度政府总理。

技能方面能向中国提供所需的帮助时，毛泽东说：你们帮助我们，我们高兴。你们剩下一个香港问题，我们现在也不谈。香港是割让的，九龙是租借的，还有二十四年。到时候怎么办，我们再商量吧。是他们（指在座的年轻人——编者注）的事情了。谈到中国的现状和未来时，毛泽东说：八亿人口要吃饭，工业又不发达，不能吹中国怎么样。你们英国可以吹一下，你们算发达国家，我们是不发达的国家。要看他们这一辈怎么样。我已经接了上帝的请帖，要我去访问上帝。最后，希思向毛泽东赠送达尔文的照片和达尔文的《人类原始及类择》第一版。达尔文的照片上，有达尔文的签名。六月十日，经毛泽东圈阅，中共中央印发《关于毛主席同希思谈话内容的通报》，要求传达到省、市、自治区党委常委、军级以上单位的党委常委和负责外事工作的同志。

5月29日　下午，在中南海游泳池住处会见马来西亚总理拉扎克〔1〕，周恩来、王洪文、李先念在座。谈到中国共产党同其他国家共产党的关系时，毛泽东说：我们也是共产党，各国共产党我们不能拒绝他们到我们这个国家来，至于你们各国的内政，我们不能干涉。我们跟你们是国家关系，我们跟各国共产党很多都有关系，我们是党派之间的关系，我们不隐瞒这一点。共产党和共产党也不一致呢，比如我们跟苏联共产党就不一致。共产党很多呢，各有各的意见。六月二十四日，经毛泽东审阅同意，中共中央印发《毛主席会见马来西亚总理拉扎克谈话记录》。中央通知说：毛主席会见马来西亚总理拉扎克的谈话，对认识革命与外交的关系这一问题，极为重要。请各单位传达到省、市、

〔1〕拉扎克此次访问中国，主要谈中国和马来西亚建立外交关系事宜。1974年5月31日，周恩来和拉扎克分别代表本国政府签署中马建交公报。

自治区党委常委，军级以上单位的党委常委和负责外事工作的同志。使馆传达到党委成员。

同日 经毛泽东审阅同意，中共中央发出关于如何处理批林批孔运动中涉外方面问题的通知。通知指出：凡是对外开放和容许参观的城市，厂矿、公社、学校、服务机关以及特许参观的地区和单位，群众在公开场所张贴的大字报，容许外宾、外交官员和在华工作学习人员观看，不要干预。我们应当有自信心，不要怕外国人看大字报。在公开场所张贴的大字报，应允许外宾照相、拍电影、拍电视。各地参观场所，不要设留言簿，不要外宾题词、留言吹我们。

5月30日 在中南海游泳池住处会见美籍华人物理学家李政道，朱光亚、罗青长[1]在座。谈到理论与实践、绝对和相对的关系，毛泽东说：你的那个东西我是赞成的，应该培养基础科学人才。理论是哪里来的呢？就是从应用科学来的，然后又指导应用科学。就是讲，理论是从实践来的，理论又去指导实践。单是理论不存在，理论都是从实践来的。你看，地球绕太阳转叫公转，这个公转包含在自转里头。三百六十五个自转就叫一年，其实呢，这就是公转，而这个公转就在自转里头，是对立的统一。没有自转，哪有公转呢？没有相对，哪有绝对呢？绝对真理存在于每一个时代的相对真理之中。一切绝对真理，看不见，摸不到，但是它又存在于相对真理里面。又相对又绝对，对立统一。当李政道讲到科学研究总是从实验开始，引出理论，进行解释和猜想，又进行实验时，毛泽东说：实践——理论——实践，不是理论——实践——理论。你讲一讲你那个发明创造给我听一下

〔1〕 朱光亚，核物理学家。当时任中国人民解放军国防科学技术委员会副主任。罗青长，当时任国务院副秘书长。

吧。李政道说：那就是宇宙是不是绝对对称。一九五六年我们做实验，发现很多事实表明正负、左右是不对称的。毛泽东说：我这个肩膀就是这边高，那边低。我的眼睛这边好，那边差。按照列宁的话呢，有条哲学原理讲的是平衡，平衡跟对称是一个意思吗？朱光亚说：从物理的具体现象的规律来讲，不是一个意思。在哲学里是一个意思。李政道现场演示了物理学上的平衡和对称不是一个意思后，毛泽东说：古希腊的欧几里德三元宇宙它是不动的，物体是不动的。它是专讲空间，不讲时间。时间是运动的。时间是空间的属性，没有空间是不运动的。科学研究要放在静止才能研究，不然不好着手。但是结果，比如提纯，世界上总是不纯的，百分之零点零零零零零零，还可以数下去。我请教你们两位，我没有学过物理，但是我经常想这个问题，比如你们的高能物理，一百万年之后还是这个样子吗？李政道说：一百年以后，甚至二十年以后，就完全不一样了，不要说一百万年。毛泽东说：我想有两个原因，一个呢，就是科学界还没有研究，一个呢，那个原子还有变化。据你说，现在那个粒子（指“不平常的原子核”中的核子）有一千多个。我想这个问题，宇宙是无限的，宇宙在空间是无限的，在时间是无限的，构成宇宙的是微观世界了，难道微观世界是有限的吗？我在这里想，可能也是无限的。中国两千多年以前就有人说，有二十一个命题。其中一个说“一尺之捶，日取其半，万世不竭”，有些人说这是诡辩。我呢，怀疑。按照你们的说法，一个看不见的原子，一百万年还搞不清楚呢！如果是哪一年搞清楚了，那么科学家就不要了呢。李政道说：我们追求科学真理是无穷的。我们说，原子构造是无限的，一时看到的是有限的。毛泽东说：希腊人说，那个原子是基本的，是不可分割的，现在分得一塌糊涂。现在好多问题不清楚，比如光学，太阳发出来的光，它的结构怎么样？李政道一一作了解释。毛泽东说：这个问题就告一段落吧。讲点世界的形势吧！你们怎么看呢？我的看法就是天下大乱，山雨欲来啊！不可能不打仗的，因为这个社会制度不同呢。就是一样的社会制度，它也要打，因为它是帝国主义。比如，第二次世界大战，德国、意大利、日本这是一派，英国、法国、美国等是一派，后头又跟苏联打。第一次世界大战、第二次世界大战，他们信的都是一个上帝，上帝跟上帝还打呢！谈到西方近代以来的科学研究时，毛泽东说：英国的培根是信宗教的。他的宇宙力学现在被批判了，因为它要用一个外面的推动力，第一次推动，以后就自己动了。第一个发现宇宙结构的是德国的康德，他发明的学说叫星云说。后来法国的拉普拉斯发展了，拉普拉斯是拿破仑的教员哪。英国的达尔文、莱伊尔、培根都是了不起的学者。最后，毛泽东对李政道说：我向你介绍外国人写的一本书，英国汤姆生编著的，由中国很多人翻译出来，叫《科学大纲》，我读过那本书。它那里边有一部分讲神学，你们大概不看那一部分。

6月1日 周恩来住进中国人民解放军三〇五医院，做第一次大手术。此后一直住在医院，边治疗，边工作。

6月18日 王洪文在几封来信上写批语，称向国外买船是“迷信外国资产阶级的‘假洋鬼子’”，是“修正主义路线”，把攻击矛头指向周恩来。

6月中旬 江青、王洪文、张春桥、姚文元在人民大会堂召集梁效、唐晓文〔1〕等写作班子成员开会，谈“如何使批林批孔运动更深入”、“更普及”、“更持久”的问题。江青说：“现在还

---

〔1〕 梁效，是“文化大革命”中“四人帮”控制的北京大学、清华大学写作班子发表文章时的署名。唐晓文，是“文化大革命”中“四人帮”、康生等控制的中央党校写作班子发表文章时的署名。

有人要复辟，不能说没有。要复辟必然要抬出儒家。”“凡是法家都是爱国主义，凡是儒家都是卖国主义。”“现在的文章很少提到现代的儒，除了林彪、陈伯达以外。”“难道现在没有儒了吗？没有，为什么反孔老二？”六月十七日至二十八日，江青带着梁效、唐晓文两个写作班子的成员到天津一些工厂、农村、部队，讲“儒法斗争史”，散布“儒法斗争持续到现在”的言论。江青在讲话中还说：“这次运动的重点是批‘党内的大儒’。”

同旬 毛泽东健康状况出现明显问题。中共中央决定为毛泽东成立医疗组，成员包括心血管内科、神经内科、麻醉科、耳鼻喉科、呼吸科、外科、重病护理等方面的专家。这个医疗组持续两年多，直到毛泽东逝世。

6月24日 阅江青六月二十三日来信。信中说：我于十七日来津，开了两个群众批林批孔大会，一个是工人、解放军、机关工作人员的，主讲是工人。另一个是农村，主讲是农民。谁是创造历史的英雄？谁是主力军？这两个会足以说明问题。信中还谈了到天津宝坻县小靳庄等地参观的感受，称自己向农民“学了割麦子，晒麦子，访问了许多户”。毛泽东批示：“可以延长时间，做些调研工作，你太不懂群众生活了。”

6月 指示有关人员注释和印制大字本的晁错的《募民相徙以实塞下疏》、《上书言兵事》。

7月1日 经毛泽东审阅同意，中共中央发出《关于“抓革命、促生产”的通知》。通知指出：从上半年的工业生产情况看，还有一些地区和单位没有完成国家计划，必须引起我们严重注意。擅离职守的领导干部和其他人员，必须返回工作岗位。对于那些把打内战、停工停产的行为说成是“反潮流”、“不为错误路线生产”的错误言论，必须加以批驳。对于群众中提出的有关劳动、工资等经济政策方面的问题，一律放到批林批孔运动后期，经过调查研究，具体分析，统筹解决。通知规定：不准揪斗干部，不准打人抓人。

7月6日 阅杨成武七月四日来信，嘱工作人员转告：印发在京的中共中央政治局委员。杨成武在信中汇报了自己的近况，说五月二十三日汪东兴同志受主席、中央委托同我谈了话，汪东兴同志说：主席关心你，要你回来检查身体。

7月17日 上午，在中南海游泳池住处主持召开中共中央政治局会议。在会上批评江青、张春桥、姚文元和王洪文自批林批孔以来所进行的一系列帮派活动。毛泽东说：她算上海帮呢！你们要注意呢，不要搞成四人小宗派呢。江青同志，你要注意呢！别人对你有意见，又不好当面对你讲，你也不知道。不要设两个工厂，一个叫钢铁工厂，一个叫帽子工厂，动不动就给人戴大帽子。不好呢，要注意呢。你也是难改呢。毛泽东在会上两次当众宣布：她并不代表我，她代表她自己。总而言之，她代表她自己。又说：对她也要一分为二，一部分是好的，一部分不大好呢。谈话中，询问周恩来和叶剑英的身体状况。对苏振华说：苏振华啊，你要振作起来，要把中华振作起来，海军多功啊。对邓小平说：听得到吗？邓小平说：不大听得到，助听器有时灵有时不灵。毛泽东说：你现在管外交啊！先念代理总理。当毛泽东说到准备请假外出时，周恩来说：原来准备召开的各大军区司令、政治委员的会议，是不是等主席回来再开。毛泽东说：你们开你们的，我就不参加了。都来开会，保护起来，韩先楚、李德生、许世友、刘兴元、丁盛、王淮湘〔1〕，都是过去的事。林彪为什么不去广州，而往那边跑，就是听到了我的话。一整人就一棍子打

〔1〕 王淮湘，当时任中共吉林省委第一书记、吉林省革委会主任、中国人民解放军沈阳军区副政治委员兼吉林省军区第一政治委员。

死，就不好了。我看省军区也要调整。对于有些同志，凡事不要太急。世界上的事，看一看再说。当江青谈到批林批孔把什么《弟子规》、《神童诗》、《女三字经》都找出来了时，毛泽东说：天津搞了一百条谚语，其中有的值得考虑，不能都废除，都批判。

同日 乘专列离开北京到南方休养，当晚停邯郸。

7月18日 到达武昌，住东湖客舍。

7月21日 阅孔原〔1〕七月十三日来信。嘱工作人员转告：印发在京政治局委员。孔原在信中汇报了自己的近况，提出希望早日恢复党的组织生活，做点力能胜任的工作。

7月下旬 在武昌的一次谈话中提出：要把吕正操、杨成武等放出来，让他们出席庆祝八一建军节招待会，名单见报。七月三十一日，周恩来在中央军委办公地同在京的中央政治局委员一起接见吕正操〔2〕、杨成武、余立金、傅崇碧等，代表中央宣布为他们平反。对吕正操说：你的事，毛主席早就批了，一直拖到现在，我有责任。对杨成武说：你出来工作的事，我写了三次报告都不行。最后一次，主席发了脾气，才让你出来的。

7月 指示有关人员注释和印制大字本的柳宗元《天说》，刘禹锡《天论》，王安石《答司马谏议书》，李贽《史纲评要》（辑录）。

8月1日 叶剑英致信毛泽东。信中说："我蒙主席、中央批准，休假两周，拟抓紧时间，减少体重，降低血压，控制血糖，估计可以复健，请放心。""主席临别指示：政治局同志要团

---

〔1〕 孔原，原任中共中央调查部部长、国务院外事办公室副主任。"文化大革命"中被打倒。1975年任中国人民解放军总参谋部二部政治委员。

〔2〕 吕正操，原任铁道部部长、中国人民解放军铁道兵第一政治委员。"文化大革命"中被关押。1975年8月恢复铁道兵政治委员职务。

结，文化大革命已八年，现在要稳。最近又指示要研究国际问题，同志都在学习研究。”

8月4日 阅吕正操八月二日来信，嘱工作人员转告：印发在京中央政治局委员。吕正操在信中说，中央已于七月三十日宣布结束对他的审查，同时恢复其组织生活。

8月5日 经毛泽东审阅同意，中共中央转发军事科学院编写的《批判林彪资产阶级军事路线的若干问题》的材料之一《林彪在辽沈战役中的问题》，材料之二《林彪在平津战役中的问题》。

8月6日 阅林枫七月一日来信，嘱印发在京的政治局委员。林枫在信中谈了自己的过去和现状。

8月10日 经毛泽东批准，周恩来做第二次手术治疗。八月九日，周恩来曾致信毛泽东，汇报病情及治疗方案。

8月12日 阅王洪文八月八日报送的外交部、中联部《关于派党政代表团参加罗马尼亚解放三十周年庆典的请示》。王洪文的送审报告说：政治局讨论了这个请示报告，认为为了减少这类性质的外事活动，更重要的是考虑最近将召开各大军区司令员、政治委员的会议，同时要帮助一些省解决问题，加上总理、剑英同志的身体不好，小平同志还要多管一些军事工作，所以大家意见：倾向这次不派党政代表团赴罗。毛泽东批示：“请先念走一遭。因有三十年大庆，故宜去。”

8月20日 在武昌东湖客舍同李先念谈话，汪东兴参加。谈到李先念去参加罗马尼亚解放三十周年庆祝活动时说：恐怕还是去一下好。同罗马尼亚的多次谈话都是通过你。李先念问：主席有什么指示没有？毛泽东说：照你们的办。还要看那个形势决定方针政策。谈到国内情况时，毛泽东说：现在是要团结、稳定。批林批孔联在一块，我看许多人对孔夫子不大懂呢。过去我劝郭老看杨荣国的书，不大注意，又劝他看赵纪彬的《论语新探》。谈到周恩来的病时，毛泽东说：他的身体，我是替他担心。二十一日，以李先念为团长、耿飚和余湛[1]为副团长的中国党政代表团赴布加勒斯特，参加罗马尼亚解放三十周年的庆祝活动。

8月23日—9月10日 根据毛泽东的提议，各大军区司令员、政治委员会议在北京召开。会议传达了毛泽东的多次指示，内容是："除若干同志以外有少数同志或多或少有些问题。各地大字报揭露的都是老账。这些人有错误，揭一揭也好。我看找他们来，不要一个一个，各大军区司令员、政治委员都来，一道谈一下。林、陈、黄、吴、叶、李、邱，这些人已定性了。你说在广州做准备，为什么后来林彪又不敢去了呢？往北跑了呢？就是因为我打了招呼，他们听了我的话，开了四千人的干部大会把我的话透出去了，是顾同舟把消息报告了，林彪就往北跑了。还是我周游列国的时候说了的，以那个时候为界。要实行惩前毖后、治病救人的方针。一棍子打死就不好了，允许人家改正错误嘛，要给人家机会。王必成把问题向中央讲了，现在也好了嘛。对有些同志，要看几年。省军区也要调整。无产阶级文化大革命，已经八年。现在，以安定为好。全党全军要团结。"九月八日，王洪文就会议情况写报告给毛泽东。报告中说："会议开得是好的，开成了一个团结的会议，胜利的会议。到会同志（包括犯错误的同志）都比较满意。"毛泽东圈阅了这个报告。

8月27日 阅邓小平报送的外交部《关于美议员访华团组成问题的请示》和外交部关于美议员团访华事宜给我驻美联络处的复电稿。请示报告说：美议员团定于九月二日至十四日访问我国。经查，在四名众议员中有二人，即萨布罗茨基和布鲁菲尔德是众议院的亲蒋派。对美方有意塞进两个亲蒋派，应做出必要的

〔1〕 余湛，当时任外交部副部长。

反应，以使美方今后有所收敛。毛泽东批示："都可以来，多做工作，表示欢迎。"并删去给我驻美联络处复电稿中的"当然我们也注意到这个代表团中包括有像萨布罗茨基和布鲁菲尔德这样的议员，而他们两位近来的言行是不符合上海公报精神的，是同上海公报精神唱反调的"一句话。根据毛泽东批示精神，外交部删去给我驻美联络处的复电稿中的"美国这次组团塞进此二人，是别有用心的，我宜向其点破"一句，改写为"我方针是：都可以来，多做工作，表示欢迎"。

9月4日 上午，在武昌东湖客舍会见多哥总统埃亚德马，邓小平在座。当埃亚德马说帝国主义再也不敢对伟大的中国人民为所欲为时，毛泽东说：不一定。埃亚德马说：面对帝国主义，我们要坚持我们的立场，加强非洲团结。毛泽东说：讲得不错。我们就是四个字，自力更生。当埃亚德马说主席看起来精神很好时，毛泽东说：那个不对，我一身病啊，你给我宣传一下吧。当埃亚德马说他对中国朋友比对帝国主义信任得多时，毛泽东说：中国比帝国主义稍微好一点。不仅是帝国主义，而且还有社会帝国主义，不要上它们的当。

会见埃亚德马后，同邓小平谈话。谈到正在召开的各大军区司令员、政治委员会议时，毛泽东说：许世友、韩先楚不做检讨也可以了，何必强迫人家做检讨？杜平也不要做检讨了。北京这个会不要开得太紧张了。邓小平说：最近看到主席关于两个跑过台湾的亲蒋美国议员也欢迎他们来中国访问的批示，我从这里想到，今后这一类的问题是不是可以宽一些？毛泽东说：要宽一些。邓小平谈到中日和平友好条约和中日航空协定的问题时，毛泽东说：协定、条约中加一句：根据北京中日联合声明。毛泽东问：四届人大今年能开吗？邓小平说：主要是人事问题。毛泽东说：开个名单来嘛。毛泽东还说：贺龙要恢复名誉，不要核对材料了，杨、余、傅也解放了嘛。一个宋任穷[1]，一个王恩茂，叫他们振作一点，不要搞得太紧张了，何必搞得紧张呢？

9月8日 为北京语言学院题写校名。

9月10日 下午，在武昌东湖客舍会见尼日利亚联邦军政府首脑戈翁，李先念在座。戈翁说：我们祈祷不要再有战争，至少希望我们已经看到了战争的结束。毛泽东说：愿望良好，不过还是要提高警惕。历来都是说要和平，不想打仗，但是有了第一次、第二次世界大战，此外还有朝鲜战争、越南战争和中东战争。世界上有朋友，有敌人，字典上有敌人这个词，不要放松警惕。我们到处挖洞。谈到石油问题时，毛泽东说：我们自己就是第三世界的一个国家，不发达国家，按人口平均石油产量比不上你们。你们每年产一亿吨，中国就可怜了，只有你们的一半，一半多一点。中国湖北有油田，四川也是有希望的，就是现在不能打深井。谈到中苏关系正常化问题时，毛泽东说：这个问题不取决于我们，取决于苏联。我们历来是受欺负的。这两国的人民将来总是要好起来的。谈话中介绍李先念说：没有封他元帅，他是将军，打了半辈子的仗。当戈翁说主席有很好的一班人马时，毛泽东说：人马有一点，也不整齐，老的老，病的病。最后，毛泽东说：我说非洲人好，谈话不要戒备，随便谈，谈错了也不要紧。

9月16日 下午，同武汉军区司令员杨得志谈话。谈到刚结束的各大军区司令员、政治委员会议时，毛泽东说：不要一棍子打死，就是要帮啊。现在要做工作，帮助他们。你们这些同志，老资格，现在掌握大权，可要谨慎小心。要分析问题。我要是不

---

〔1〕 宋任穷，原任中共中央政治局候补委员、东北局第一书记、全国政协副主席、中国人民解放军沈阳军区第一政治委员。“文化大革命”中被打倒。1977年10月任第七机械工业部部长。

在了，你们要谨慎、小心。还有一二年也不一定，阎王请我喝烧酒。

同日 下午，同武汉军区政治委员王六生谈话。谈到刚结束的各大军区司令员、政治委员会议时说：不管犯了什么错误都要团结起来。人都要犯错误，我也有错误。大事多商量，多分析，要跟中央商量一下。有同志不大讲政策，许多事中央都不知道。要好好工作。

9月17日 阅陈丕显[1]九月九日来信。信中说，自己不是叛徒、反革命、死不改悔的走资派，要求解除隔离审查，给一点可以做的工作。毛泽东批示："洪文同志：此人如何处理，请在政治局一议，为盼！似可作人民内部问题处理。"

9月19日 上午，在武昌东湖客舍会见毛里塔尼亚总统达达赫，邓小平在座。毛泽东说：我们两国之间关系是很好的，互相帮助，互相交换一些经验。达达赫说：尽管我们发行了自己的货币，但在经济上还没有完全摆脱法国的控制。我们认为发行本国货币是不可缺少的阶段，我们还要逐步前进。毛泽东说：很对。逐步来，不要太急了。整个非洲的形势是好的。当达达赫说他第一次到中国是一九六七年十一月时，毛泽东说：那是文化大革命的时候，乱得很啊。谈到中国的情况时，毛泽东说：人太多，可耕地不够。生活还不算好，比过去稍微好一些。总理有点病，我身体也不好。最后说：第三世界人民要团结起来。

9月27日 下午，在武昌东湖客舍会见菲律宾总统马科斯的特别代表、总统夫人伊梅尔达·马科斯，韩念龙在座。会见开始即对马科斯夫人说：我在养病，好几个月了，一身的病。不行了，老了。马科斯夫人说：我昨晚住在延安，参观了你的两处旧居，

---

〔1〕 陈丕显，原任中共中央华东局书记处书记、上海市委第一书记等职。"文化大革命"中被打倒。1975年9月任上海市革委会副主任。

可以看出你已为中国人民做了很多了。毛泽东说：做是做了一点，少。当马科斯夫人说到她要把自己所看到的中国讲给别人听时，毛泽东说：一分为二。中国也有一些成绩，有一些还是落后的，可能比你们国家还要落后。互相学习一点。马科斯夫人说：你是我见到过和读到过的最伟大的人。毛泽东说：我是个普通人，而且现在没有用了。我是当小学教员的。马科斯夫人说：我们是近邻，应该友好。我回去后，要提出尽快建立外交关系。三年前我访问苏联后，并没有提出类似的建议，这次我要这样做。我要诚心诚意地提出尽快建立外交关系。我盼望同你们有友好的联系和关系。毛泽东说：你讲得好。外交关系以你们的方便为主，可能有人不赞成呢。

同日　圈阅王洪文本日报送的《参加一九七四年国庆节招待会并拟见报的名单（草案）》和《参加一九七四年国庆节联欢活动并拟见报的名单（草案）》。王洪文报告说：政治局九月二十六日讨论了国庆节的见报名单，政治局同志考虑，建国二十五周年的庆祝活动要比往年隆重、热烈一些。除组织游园活动，增加放焰火以外，拟搞大型的国庆招待会。招待会的规模约四千二百余人，其中除外宾及港澳同胞和海外华侨外，内宾有二千一百余人。在这个名单中有近几年来没有出过面、第一次见报的老同志四十二名（可能还有机动）。现呈上全部见报名单，为了节省主席时间可以只看四十二人名单，如有遗漏或不妥之处请主席指示、批评。当工作人员给毛泽东念这份长达两千多人的名单时，毛泽东又想起一些人，如萧华、侯宝林〔1〕等，提出应把这些人加到名单里去，还询问商震〔2〕是否已列入名单。稍后，他又想到需要加

〔1〕　侯宝林，相声表演艺术家。

〔2〕　商震，原国民党军将领。1949 年辞职留居日本。1974 年 9 月 19 日至 10 月 23 日曾回中国大陆参观访问。

上刘志坚。二十九日，在医院里的周恩来审阅这份名单稿时，又加上韩权华（卫立煌[1]夫人）、郭翼青（程潜[2]夫人）、洪希厚（张治中[3]夫人）、刘芸生（傅作义夫人），以及齐燕铭、张学铭[4]等。

9月29日 经毛泽东批准，中共中央发出《关于为贺龙同志恢复名誉的通知》。通知宣布："中央决定：对贺龙同志予以平反，恢复名誉。""贺龙同志是一个好同志，在毛主席、党中央的领导下，几十年来为党为人民的革命事业曾作出重大贡献。在他的一生中，无论在战争年代，或在全国解放以后，他是忠于党、忠于毛主席革命路线、忠于社会主义事业的"。通知对林彪等人给贺龙捏造的"罪状"予以否定：所谓"通敌"问题，完全是颠倒历史，蓄意陷害。所谓"图谋篡夺军权"和支持军队一些单位的人"篡夺军权"的问题，经过调查，并无此事。所谓搞"二月兵变"的问题，纯系讹传。

9月30日 晚上，周恩来在人民大会堂举行有四千五百多人参加的盛大招待会，庆祝中华人民共和国成立二十五周年。十月一日《人民日报》报道了出席招待会的全国各条战线的代表、

---

〔1〕卫立煌，原国民党军将领。1949年留居香港。1955年回到中国大陆。曾任全国人大代表、全国政协常委、国防委员会副主席、中国国民党革命委员会中央常委。1960年1月17日去世。

〔2〕程潜，原国民党军将领。1949年在长沙率部起义，曾任全国人大常委会副委员长、全国政协常委、国防委员会副主席、中南军政委员会副主席、湖南省省长、中国国民党革命委员会中央副主席。1968年4月5日去世。

〔3〕张治中，原国民党军将领。1949年代表南京政府同中共进行和平谈判，和谈破裂后留居北平。曾任全国人大常委会副委员长、全国政协常委、国防委员会副主席、中国国民党革命委员会中央副主席。1969年4月6日去世。

〔4〕张学铭，张学良的弟弟。中华人民共和国成立后，曾任天津市市政工程局副局长、中国国民党革命委员会天津市委副主任委员。

各部门负责人、各方面人士的名单，其中许多是“文化大革命”以来受到冲击的人。

10月4日　圈阅王洪文报送的关于召开四届人大的报告。报告说：十月三日晚政治局讨论了下一步的工作安排问题，主要是召开四届人大的问题。如主席同意年内（或春节前）召开四届人大，政治局最近一段时间的工作拟以此为中心全力准备。最主要的是人事安排问题，如人大主任、副主任，国务院副总理和人大常委的人选，这项工作要花的时间可能多些。当天下午，毛泽东指示工作人员打电话给王洪文，要王向政治局传达：提议由邓小平出任国务院第一副总理。王洪文没有立刻向周恩来、叶剑英以及其他在京的政治局委员传达毛泽东的意见，在当晚先向江青、张春桥、姚文元三人通报。

10月5日　晚上，在武昌东湖客舍会见加蓬总统邦戈，邓小平在座。邦戈说：在法国见到德斯坦总统，他要我转达他对你的友好情谊。毛泽东说：如果你见到法国总统，就说我问候他。谈到中国和非洲的关系时，毛泽东说：对中国要一分为二，有些成绩，有些事情做得不好。有大国沙文主义，对不起朋友。邦戈说：整个非洲都钦佩你。毛泽东说：我不行了，没有用了。我也没有什么学问，你们是先生呢，我是小学教员。邦戈说：你在当小学教员之后，又缔造了新中国。这是一段很长的历史。毛泽东说：那算历史了，都是打仗，战争，跟蒋介石，跟日本人，又跟蒋介石，最后又跟美国人打。（指着邓小平）他会打仗呢！过去中国就是受欧洲人统治的。比如，湖北省汉口就有租界，沿海几个城市，天津、上海、厦门、广州都有。沿长江，外国人的兵船可以通行。现在不行了，租界也取消了。这一点现在比较好一些。你们到上海，可以去看一看哪是法租界，哪是英租界。这一切现在都没有了，都取消了。（指着邓小平）他跟我都看见了这些事，我们做外国人的奴隶呢。所以中国的革命第一个是反对帝国主义，第二个是反对封建主义，第三个才是反对资本主义。

10月11日　经毛泽东审阅同意，中共中央发出《关于准备召开四届人大的通知》。通知中引述毛泽东指示："无产阶级文化大革命，已经八年。现在，以安定为好。全党全军要团结。"通知指出：中央认为，最近期间召开第四届全国人民代表大会是适宜的。中央希望各单位继续把批林批孔运动普及、深入、持久地进行下去。认真落实党的各项无产阶级政策，抓紧专案清查工作。对于少数犯了错误包括严重错误的同志，如问题已基本查清，要按照"惩前毖后、治病救人"的方针，作出结论，把他们解放出来。坚持"抓革命、促生产、促工作、促战备"、"深挖洞、广积粮、不称霸"的方针，把社会主义的各项工作做得更好。

同日　经毛泽东审阅同意，中共中央发出《关于四届人大代表问题的通知》。通知提出：一年来，由于各种原因，已经选出的四届人大代表，有的发生了某些变化，各地各单位应立即对原来的代表名单进行一次审查，在基本不动的前提下，作适当调整。大体上，仍应保持工农和其他劳动人民代表占百分之六十四，革命干部百分之九，革命知识分子百分之五，解放军百分之十六，特邀代表百分之三，归国华侨百分之一的比例。调整后的代表名单和简历，在今年十一月上旬报送中央。

10月12日　乘专列离开武汉。

10月13日　晨，到达长沙，住九所六号楼。对中共湖南省委第二书记张平化说：我这一次到这里，是来养病休息的。到长沙不久，听工作人员阅读八月十九日《人民日报》发表的长沙马王堆第三号汉墓出土一批古佚书，在第二号、第三号汉墓中还发掘出竹简、彩绘帛画等大批珍贵文物的消息。读到末一句"出土的帛书、简牍、帛画等珍贵文物，已由国家严格保护，并正在组织专业工作者进行整理、修复、释文和研究中”时，毛泽东说：他们干了一件大好事，挖出这么多宝贝东西，了不起啊！中华民族的历史了不起啊！你们有时间要多看一点历史书籍，对提高政治、文化水平有好处。不知道这些东西什么时候才能整理出来。随即请参与主持发掘工作的湖南省委书记兼秘书长李振军来谈话。谈话中毛泽东再次说：不知这批帛书什么时候能够整理出来，印不印书。印了书，也给我一本看看。我老了，怕是看不清上面的字。本年，国家文物局印出大字本马王堆出土的帛书《老子》甲、乙本送给毛泽东。

10月14日　江青在新华社十月十三日编印的《国内动态清样》登载的《“风庆”轮〔1〕的问题》材料上作注，并致信中共中央政治局成员，称：该报道“引起我满腔的无产阶级义愤！试问，交通部是不是毛主席、党中央领导的中华人民共和国的一个部？”“交通部确有少数崇洋迷外、买办资产阶级思想的人专了我们的政。”“这种洋奴思想，爬行哲学，不向它斗争可以吗？”“政治局对这个问题应该有个表态，而且应该采取必要的措施”。政治局成员传阅时，王洪文、张春桥、姚文元、康生先后在江青信上批写“完全同意”。邓小平对江青的信画了个圈。周恩来批“已阅”。

10月17日　江青等人在中共中央政治局会议上，以所谓

---

〔1〕“风庆”轮是上海江南造船厂建造的一艘用国产主机和雷达等装备的万吨轮。起初，交通部远洋局为安全起见，规定“风庆”轮跑近洋。1974年9月30日，“风庆”轮出航罗马尼亚归来。江青等利用此事大做文章，说因为修正主义路线造成的阻力，使“风庆”轮没有及早远航。10月12日，《文汇报》、《解放日报》均发表评论员文章，宣称“我国近代造船工业发展史，是一部充满尊孔崇洋与反孔爱国斗争的历史”，要“彻底批判代表儒家卖国主义路线的崇洋媚外思想”。交通部派到“风庆”轮工作的两名干部拒绝参加把交通部作为“崇洋媚外”和“卖国主义”典型的批判，被定性为“反动政治事件”。

“风庆轮事件”向邓小平挑衅，逼迫他表明意见。邓小平说：这件事还要调查一下，首先应该把情况弄清楚，不要搞强加于人的做法。江青对邓小平肆意谩骂，张春桥、姚文元跟着一起攻击邓小平。邓小平愤然退场。当夜，江青等四人商量，决定派王洪文去长沙向毛泽东告邓小平和周恩来的状。

10月18日 晨，王洪文给毛泽东写信说：“最近在筹备召开四届人大的工作中和其他工作中碰到了一些问题。首先是在筹备四届人大在人事安排上政治局内部有争论，这些争论也未公开化，但在别的问题上已经表现出来，矛盾已经表面化。”“我们几个同志商量，是否能当面向主席汇报，听取主席的指示。因为书面一时谈不清楚。来时由我一人来，以免惊动别人。”本日上午，王洪文背着周恩来和中央政治局多数成员乘飞机到长沙。他一见到毛泽东便说：这次是冒着危险来的。为“风庆”轮的事，江青和邓小平在会上发生争吵，吵得很厉害。看来邓还是搞过去那一套。又说：邓有那样大的情绪，是与最近酝酿总参谋长人选一事有关。北京现在大有庐山会议的味道。总理虽有重病，但昼夜忙着找人谈话，经常去总理那里的有邓小平、叶剑英、李先念等。他们来往这样频繁，是和四届人大的人事安排有关。王洪文还向毛泽东吹捧江青、张春桥、姚文元。毛泽东听后，当即批评王洪文：有意见当面谈，这么搞不好！要跟小平同志搞好团结。又说：你回去要多找总理和剑英同志谈，不要跟江青搞在一起，你要注意她。王洪文本日晚返回北京。

10月19日 周恩来在医院先后同华国锋、纪登奎、李先念和邓小平谈话，了解十月十七日中共中央政治局会议情况及有关“风庆”轮问题。周恩来还找王海容、唐闻生谈话，指出：“风庆”轮事件并不像江青同志他们说的那样，而是他们预先计划好了要整小平同志，小平同志已经忍耐很久了。

同日 江青找王海容、唐闻生谈话，要她们在随邓小平陪同丹麦首相到长沙见毛泽东时，向毛泽东反映国务院“崇洋媚外”的问题，并称邓小平在十月十七日中共中央政治局会议上的表现是又一次“二月逆流”。

10月20日 下午，在长沙九所六号楼会见丹麦首相哈特林，邓小平在座。哈特林说：到中国来还只有很短的时间，但是我们的所见所闻已经给我们留下了深刻的印象。毛泽东说：中国现在还不行，不够好。总而言之，中国现在属于社会主义国家。以前跟资本主义差不多。八级工资制，按劳分配，货币交换，这些跟旧社会没有多少差别。所不同的是所有制变更了。〔1〕中国属于发展中国家，跟你们不同。当哈特林谈到欧安会目前进展十分缓慢时，毛泽东说：我看这个世界不安宁，比较过去很不安宁，无论在什么地方，也包括中国在内。哈特林说中国很大程度上是一个农业国家，并问中国所发生的一切是否与中国的人口基本上是居住在农村的农业人口有很大的关系？毛泽东说：不错。中国农民占百分之八十。我们现在限制城市人口的增加，城市人口占两亿。城市人口太多，困难，难于供应。现在城市人口已经不少了，差不多跟美国的人口一样了。中国的城乡结构很特别，城市人口很少，农村人口很多，跟欧洲不同。打起仗来，城市人口太多也不利。当哈特林问世界和中国的未来是否包含战争的可

〔1〕 毛泽东对哈特林说的“总而言之，中国现在属于社会主义国家。以前跟资本主义差不多。八级工资制，按劳分配，货币交换，这些跟旧社会没有多少差别。所不同的是所有制变更了”这段话，在1975年2月18日以中共中央文件发出的毛泽东关于理论问题的重要指示中，修改为：“总而言之，中国属于社会主义国家。解放前跟资本主义差不多。现在还实行八级工资制，按劳分配，货币交换，这些跟旧社会没有多少差别。所不同的是所有制变更了。”

能性时，毛泽东说：这个问题是个不需要讲的问题。现在到处讲和平，就是怕战争，所以战争是跟和平共处的。如果不怕战争，讲什么和平呢？我是不赞成所谓永久和平的说法。对欧洲来的朋友，我总是劝他们要准备打仗，如果不做准备，将来要吃亏。现在讲和平，我听到一些人讲，是要争取时间，美国人就跟我讲，争取时间。我也觉得这是个严肃问题、现在全世界人民考虑的问题。灾难是要来的，但是也不是那么可怕。

会见哈特林后，同邓小平谈话。谈到四届人大修改宪法的事，毛泽东说：宪法里不要提我的名字。邓小平说：人事问题北京在研究，想听听主席有什么想法。毛泽东说：开人大，我看不用那么急，要看总理的身体情况，看准备工作的情况。我不发表意见，你们去议吧。简单明了。法国派〔1〕好。邓小平问：把主席的话带回去？毛泽东点头同意。第二天，邓小平给王洪文写信报告了这次谈话并请转告中央各同志。

同日 在长沙九所六号楼听取王海容、唐闻生反映“风庆”轮事件的问题后，说：“风庆”轮的问题本来是一件小事，而且李先念已在解决，但江青还这么闹。毛泽东让王海容、唐闻生回京向周恩来和王洪文转达他的意见：总理还是我们的总理。如果他身体可以，由他和洪文同志一起跟各方商量，提出一个人事安排的名单。邓做第一副总理兼总长，这是叶剑英的意见，我赞成照他的意见办。战时有事，平时无事，挂个名。杨成武可以做个副总长。王洪文来的时候没有这样明确，再明确一下。委员长一、二把手再考虑。总之，方针要团结，要安定。还说：王洪文、张春桥、姚文元三人不要跟在江青后面批东西。

同日 阅江青十月十九日托王海容面交的来信，批示：“已

〔1〕 周恩来、邓小平青年时代曾在法国勤工俭学。

阅。务望谨慎小心。注意团结不同意见的同志。”

10月28日 圈阅江青报送的袁水拍[1]十月二十七日给她的信。袁水拍在信中问，毛泽东《七绝·为李进[2]同志题所摄庐山仙人洞照》诗中“乱云飞渡仍从容”一句，是理解为“松从容”还是“云从容”。毛泽东让张玉凤转告江青，张玉凤转告说：关于“乱云飞渡仍从容”一句，主席说是指云从容，他喜欢乱云。二十九日，江青将袁水拍来信及张玉凤转达的毛泽东的话，转给中共中央政治局委员阅看。

同日 阅中共中央办公厅信访处《来信摘要》登载的王芳的妻子刘馨九月二十八日要求尽快为王芳作出结论或让其回家治病的来信，批示：“王芳、吕剑光[3]二同志，我看无问题，似应解放。此二人我很熟悉。”

11月6日 阅周恩来关于四届人大各项准备工作进展情况的报告。报告说：人事名单估计十一月下旬可搞出几个比较满意人选，呈主席选择批准，关键在于中青干部。我积极支持主席提议的小平为第一副总理，还兼总参谋长，便于杨成武同志学习工作，成熟了，小平可不兼，好为党培养一个得力干部。如打起仗来，第一副总理和总参谋长还不是一回事，在主席领导下配合工作。毛泽东批示：“已阅，同意。”

同日 晚上，在长沙九所六号楼会见特立尼达和多巴哥总理

---

〔1〕 袁水拍，原任中共中央宣传部文艺处处长。当时是《毛泽东诗词》英译本定稿小组组长。

〔2〕 李进，即江青。

〔3〕 王芳，曾任浙江省副省长兼公安厅厅长、中共浙江温州地委代理书记。“文化大革命”中被关押。1977年被释放后，任中共浙江宁波地委书记兼宁波市委第一书记、宁波地区革委会主任。吕剑光，原任浙江省公安厅厅长。“文化大革命”中被打倒。1975年8月任中共浙江省委秘书长。

威廉斯，李先念在座。谈到历史问题时，毛泽东说：历史这门学问是一门好学问。比如说，哥伦布发现新大陆。哥伦布是意大利人，他得了西班牙政府的同意，派他去了。路上遇到很大困难，几乎被人干掉了。在西班牙到加勒比的路上，船队很多人说太危险啊，埋怨他，最后还是胜利了。现在，最著名的一个意大利人是亚美利哥，北美洲、拉丁美洲，都是以他的名字起名的。古代意大利商业很发展，报纸首先在意大利出现。谈到世界形势时，毛泽东说：现在到处讲和平，我看危险！第二次世界大战之后头几年，不讲和平，不说要缓和紧张，而现在大讲特讲。没有病，就不要看医生，有病，他就要看医生。现在地球害病，所以要讲缓和紧张，缓和国际紧张，要讲和平。现在给地球治病。我是持怀疑态度。国际会议这么多，美国这个国务卿到处跑，相当怪！黄昏的时候，燕子忙，飞得低，雨要下了！谈到自己的身体状况时说：我是不行了，要上天了，上帝请我喝烧酒呢！

会见威廉斯后，同李先念谈话。李先念说：小平的问题解决了，没有问题了，一致拥护毛主席的指示。毛泽东说：我拥护叶剑英同志的意见。李先念说：政府工作报告，小平主持起草，架子可以了。毛泽东说：我看三千字就够了。五千字要念半个钟头。李先念说：我们坚决不动摇地执行主席要安定、团结的方针。毛泽东说：王母娘娘（指江青——编者注）就不听呢！李先念说：她的帽子公司多一点。毛泽东说：钢铁公司厉害呢，又开帽子店。她这个人，别人心里不高兴她。非跟好多人闹翻不可，她是目中无人。此人的话不能全信。我三年来只同她吃了一顿饭，现在是第四年了，一顿饭都没有同她吃。总之，我在政治局交代了，政治局都知道，清楚了。叫她不要搞上海帮，她要搞。在李先念汇报国民经济的情况时，毛泽东说："把国民经济搞上去。"

11月11日 经毛泽东审阅同意，中共中央发出通知，决定乔冠华任外交部部长、党的核心小组组长。

11月12日　下午，在长沙九所六号楼会见南也门总统委员会主席鲁巴伊，邓小平在座。谈到世界形势时，毛泽东说：我看这个世界不妙。到处吹这个“缓和”、“和平”，越说越不缓和，越不和平。现在的国际形势，比四年前更为紧张，乱得很呢！我也没有多少话讲，就是这几句，要准备呢！未来总是光明的，要经过斗争。不斗啊，人家不听你的话！谈到自己的身体状况时，毛泽东说：我有病，下次你到北京，我上天去了。我要上天贴大字报，说上帝不好，因为现在上帝不帮助第三世界，帮助帝国主义。

会见鲁巴伊后，同邓小平谈话。谈到十月十七日中共中央政治局会议争论情况时说：你开了一个钢铁公司！邓小平说：主席也知道了。毛泽东说：好！邓小平说：我实在忍不住了，不只一次了。毛泽东说：我赞成你！邓小平说：她（江青）在政治局搞了七八次了。毛泽东说：强加于人哪，我也是不高兴的，她们（指在场的王海容、唐闻生——编者注）都不高兴。邓小平说：我主要是感觉政治局的生活不正常，最后我到她那里去讲了一下，钢铁公司对钢铁公司。毛泽东说：这个好。邓小平说：最近关于我的工作的决定，主席已经讲了，不应再提什么意见了，但是看来责任是太重了一点。毛泽东说：没办法呢，只好担起来喽，找几个人帮帮忙。我们这个党内也复杂呢，不要紧。第一副总理兼总参谋长，总参谋长没有事做，但出了危险，就有事做了。

同日　阅江青本日来信，批示：“不要多露面，不要批文件，不要由你组阁（当后台老板），你积怨甚多，要团结多数。至嘱。”“人贵有自知之明。又及。”江青根据毛泽东此前对她的批评，在信中作了检讨，表示：“只要认识到，一定坚决改，而且用行动来补救，改正自己的缺点和错误。”信中提出了她的组阁名单。

11月20日　阅江青十一月十九日来信，复信说：“江青：

可读李固给黄琼书。就思想文章而论，都是一篇好文章。你的职务就是研究国内外动态，这已经是大任务了。此事我对你说了多次，不要说没有工作。此嘱。”江青在信中说：“自九大以后，我基本上是闲人，没有分配我什么工作，目前更甚。在路线斗争起伏时我主动的做过一些工作。”

同日 阅外交部《关于与基辛格会谈方案的请示》。请示报告说：美出于同苏争霸的全局，在战略上有求于我，所以，福特急于在今年内让基再来一趟，以保持中美关系的势头。毛泽东批示：“叶帅已多次见基，我应邀请美国防部长来访。请酌。”

11月中旬 指示有关人员注释和印制大字本的《后汉书》中的李固传、黄琼传。

11月25日—29日 美国国务卿兼总统国家安全事务助理基辛格访问中国。由邓小平代表中国政府同基辛格会谈。二十九日，中美发表会谈公报宣布：两国政府商定，美国总统福特将于一九七五年访问中国。

11月28日 晨，在长沙九所六号楼听取邓小平汇报同基辛格会谈的情况，乔冠华等参加。谈到美国总统福特来中国访问时说：总而言之，不能强加于人。来也可以，来来往往。谈得成也可以，谈不成也可以。

11月 江青托人向毛泽东转达她的意见，要王洪文当全国人民代表大会常务委员会的副委员长。毛泽东说：“江青有野心。她是想叫王洪文作委员长，她自己作党的主席。”并让人转告周恩来：朱德和董必武之后要安排宋庆龄〔1〕，邓小平、张春桥和李先念等可任国务院副总理，其他人事安排由周恩来主持商定。

---

〔1〕 宋庆龄，当时任中华人民共和国副主席（至1975年1月）、中华全国妇女联合会名誉主席。1975年1月又任全国人大常委会副委员长。

同月 在长沙多次收看电视播放的花鼓戏、湘剧和京剧节目，评论说：京剧的风格、唱腔，要保留百分之七十，京剧要像京剧。在看过被江青等人指责“为旧的教育路线唱赞歌”的湘剧电影《园丁之歌》后说：“我看是出好戏。”〔1〕

12月5日 在室内游泳池游泳。对陪同游泳的工作人员说：我浑身没劲，手和腿也发软，看来，游泳也困难了。这是毛泽东一生中最后一次游泳。此前，从十一月二十九日到十二月四日，在健康状况每况愈下的情况下，仍坚持在室内游泳池里游泳过四次。

12月16日、17日 听工作人员读罗瑞卿十二月四日长达七十八页的来信，前后共五个半小时，嘱印发在京的政治局委员。罗瑞卿在信中详细谈了自己过去的工作情况，并提出想做一点军事上或军队政治方面的调查研究工作。

12月17日 晚上，在长沙九所六号楼会见扎伊尔总统蒙博托，邓小平在座。毛泽东说：我们是第三世界，我赞成第三世界的国家要互相帮助。这个世界不安宁，到处讲缓和，实际上准备打仗。这个联合国有点用处，但是不大。最后说：我是在这里养病，身体不好，比两年前差得多了。

---

〔1〕《园丁之歌》主要反映中学教师教书育人的故事。1974年7月19日，江青等用国务院文化组的名义，向京、津、沪和湖南省革委会发出《关于批判〈园丁之歌〉的通知》。中共湖南省委在得知毛泽东对《园丁之歌》的肯定意见之后，通知全省停止批判《园丁之歌》，停止审查该剧的编导演职人员。1976年3月2日，江青在12省、自治区负责人“打招呼”会议上点名批评湖南省委第二书记张平化说：你对《园丁之歌》那样积极，是你安排了给主席看，是不妥当的。那个戏是我们审查的。它叫《园丁之歌》，园丁怎么会成了知识分子呢？你太积极了，状告到主席那里，叫主席看，主席从来在这一类事情上是超脱的。主席看后你们就说这个戏好得不得了。

会见蒙博托后，听取邓小平汇报起草四届人大政府工作报告的情况。邓小平说：四届人大正在搞名单，二十日可以完成，准备先送给主席看了以后，总理和洪文来一下。毛泽东说：可以。谈到政府工作报告稿时，毛泽东说：看了一遍。邓小平说：工业十年来增加了一点九倍，每年递增百分之十一点几，这个数目还可以。报告想提出到一九八五年钢达到五千五百万吨左右，粮食达到七千五百亿斤左右。毛泽东说：钢五千五百万吨太多了。邓小平说：到一九八五年恐怕就十亿人口了。毛泽东说：人口非控制不可。邓小平说：政府工作报告不超过五千字，现在只有四千九百字，不超过主席的规定。毛泽东问：国际部分怎么样？邓小平说：我们研究了主席近来和外宾的谈话，报告中考虑用“革命和战争的因素都在增长”的提法。毛泽东说：天天讲缓和，天天准备打。邓小平说：战争的危险来自两个超级大国，主要来自苏联。毛泽东说：所以我说美国怕苏联。邓小平说：但最近挥舞战争大棒的是美国，石油问题和粮食问题，所以讲多了不好，还是说来自两霸，不为美国开脱。毛泽东说：可以。谈到对外合作和贸易时，邓小平说：当然，我们什么也不搞，也可以发展，但是速度慢些。现在国际上没有哪个国家可以脱离国际范围，都是取长补短，包括美国。以后国际环境可能还能争取到五年，主要是美国不敢打，铺得很开，苏联很集中。我们要利用这五年时间，不能耽误。归根到底就是主席讲的要安定团结，搞建设不安定不行。我觉得主要的关键是要有稳定的、有威信的省委，要能够发号施令，大家都听，当然要发得对。这么大的国家，都靠中央不行。现在下边议论，大家不安，大家感到乱哄哄的。比如，搞科研的绝大多数没有做什么事，不是说群众不要求工作，是没有办法。旷工不是个别的、少数的，而是相当大量的，但这并不等于工人群众对现状满意。总的意见是，这几年认真抓一下生产，鞍钢这样的地方要搞好。毛泽东说：要先念、余秋里、你合作。邓小平说：这个不成问题。恐怕还是革命和生产的位置怎么摆的问题。我看，不安定，生产搞不起来，主席讲八年了，这里包括怎样帮助省委树立威信。毛泽东说：你这个想法好。

12月18日　叶剑英致信毛泽东。信中说："今晚政治局会议上讨论并通过了总参谋部领导班子的名单，谨呈如下，请予批示。""总参谋长邓小平同志，副总参谋长杨成武、张才千、向仲华、彭绍辉、李达、王尚荣、胡炜、何正文八位同志。"毛泽东圈阅了这封信。

12月19日　阅梁必业〔1〕十二月十五日来信，嘱工作人员转告：给他印一下，发在京的政治局委员。梁必业在信中提出继续工作的问题。

12月21日　阅同桂荣〔2〕十二月十七日来信。来信说：我去看望刘景范〔3〕，发现他身体不好。对他的问题如果已经审查清楚，能否赶快把他放出来治病，如果他的问题还不能下结论，是否可以把他放出来一面治病，一面继续审查。毛泽东批示："此案审查已久，不必再拖了，建议宣布释放，免予追究。送汪主任酌办。"

12月23日　圈阅周恩来十二月二十二日晚报送的关于四届人大常委会委员长、副委员长和国务院副总理两个名单的各三个方案。周恩来在送审报告中说：政治局协商情况，待我们明（二

---

〔1〕梁必业，原任中国人民解放军总政治部副主任。"文化大革命"中被打倒。1974年12月恢复总政治部副主任职务。

〔2〕同桂荣，刘志丹的妻子，刘景范的嫂子。

〔3〕刘景范，曾任监察部副部长、地质部副部长。1962年9月在中共八届十中全会受到错误批判。"文化大革命"中被关押。1978年3月、5月先后任全国政协常委、民政部副部长。

十三）日到后面陈。

同日 周恩来乘专机到达长沙，王洪文乘另一架专机到达。

12月23日、24日、25日、27日 在长沙九所六号楼四次听取周恩来和王洪文关于四届人大筹备工作的汇报，并谈了一些意见。谈话中，毛泽东第一次称江青、张春桥、王洪文、姚文元为“四人帮”，说：“四人帮”不要搞了。中央就这么多人，要团结。不要搞宗派，搞宗派要摔跤的。摔了跤，能爬起来就好。江青有野心。你们看有没有？我看是有。我在做江青的工作，劝她三不要：一不要乱批东西，二不要出风头，三不要参加组织政府（组阁）。对江青当然要一分为二，她在批刘少奇、批林彪的问题上是对的，说总理的错误是第十一次路线错误就不对了。江青为什么反对邓小平出国？她说张春桥恐怕有点才干。谈话中提出江青等人要作自我批评，要求王洪文在长沙即写出书面检查。周恩来说：我们都拥护主席的意见，小平作军委副主席兼总参谋长、第一副总理。毛泽东说：你的身体不行了，我也不行了，叶帅也不行了，康老也不行了，刘伯承也不行了，朱德也不行了，难啊。关于小平的事，我讲了几年了，他说他不如总理细致，我叫他找几个帮手。小平讲不只一次了，忍不住了。小平同志政治思想强，人才难得（毛泽东当场写了“人才难”三个字和一个“强”字——编者注）。开二中全会补他为常委、副主席，并担任军委副主席、国务院第一副总理、总参谋长三个职务。周恩来谈到自己的病情时，毛泽东问：（癌）在膀胱，还是扩散了？疼不疼啊？怎么烧？是不是用钴六十？又说：总理还是我们的总理。你身体不好，四届人大之后，你安心养病，国务院的工作由小平同志去顶。关于召开四届人大及其他人事安排问题，毛泽东说在召开四届人大会议前先召开十届二中全会，并就一些人事安排提出意见。他同意人大常委副委员长可以多一些人，国务院副总理要能办事的，不是荣誉职务。他同意人大常委会委员长提朱德，副委员长董必武、宋庆龄排在前两名，还提出要将副委员长全名单排一次序。毛泽东问：章乃器、梁漱溟，人大代表没有他们啊？周恩来说：梁漱溟是政协委员，章乃器的右派帽子还戴着。毛泽东说：不要戴了。〔1〕他嘱周恩来问候郭老。关于总政治部主任一职，毛泽东提议由张春桥兼任。谈到批林批孔时，毛泽东说：批林、批孔、批走后门，成了三个主题，就搞乱了，也不告诉我。有人说批林容易批孔难。世界上的事，说起来难，做起来并不难。比如“四书”、“五经”，以前不读不行，现在都不读了，孔夫子是文圣打倒了，一样可以治国嘛。关云长是武圣也打倒了。说批林批孔是第二次文化大革命，是不对的。周恩来说：主席关于安定的指示传达晚了，影响了一些地方的工作。抓生产晚了，特别是铁道问题是最大的耽搁。毛泽东说：这就是曹操说的袁绍的短处“见事迟”，要总结经验。毛泽东还说：凡有两派的地方，民兵不要搞进去。国民党那些战犯放出来，湖南、湖北、江西、安徽都可以去嘛，愿意回台湾的可以回台湾嘛。关于国际形势，毛泽东说：越讲缓和越备战，现在可以不提当前世界主要倾向是革命，而要强调备战紧张，各国人民对此要有所准备。又问：苏联有什么人来跟我们架桥的没有？勃列日涅夫到北京来可不可以？周恩来说：如苏联领导人勃列日涅夫真想来谈，可作考虑。但我方不主动去请他。毛泽东表示赞同。十二月二十七日最后一次谈话时，王洪文提出江青的任职问题，他说：现在政治局里没有分工的不多了。

---

〔1〕 章乃器曾任粮食部部长、中国民主建国会中央副主任委员、中华全国工商业联合会副主任委员。1957年被错划为右派分子。1975年4月中共中央为章乃器摘掉右派分子帽子，1980年6月中共中央为章乃器正式平反。

登奎在国务院，还管组织部、中联部。文元管出版、宣传。春桥管党务、《毛选》第五卷。只有江青同志没有分工了。毛泽东说：她的工作是研究国际问题，读《参考资料》，一天两本。我也是啊。

12月27日 晨三时，同周恩来单独谈人事安排和理论问题。〔1〕谈到经济问题，毛泽东说："要安定团结，要把国民经济搞上去。"这次谈话中，毛泽东和周恩来就党和国家领导人的任职安排交换了意见。经过分析比较，最终确定了在中共十届二中全会和四届人大会议上提出的人事安排方案。

同日 晚上，周恩来回到北京。

12月28日 周恩来主持召开中共中央政治局常委会议，传达毛泽东十二月二十三日至二十七日在长沙谈话的内容。同时还传达毛泽东的指示：四届人大之后，要实行特赦，释放战犯，先解决外部矛盾；同时，也要准备很快解决文化大革命以来受关押和受监护的干部问题。不要原来管专案的人员参与这件事，要过去未管过的人去办。搞了这么多年，不能结束，好像不搞出几个反革命就没有成绩。周恩来提议，由纪登奎、华国锋、吴德负责处理此事，汪东兴牵头。二十九日，周恩来又召开政治局会议进行传达。

12月31日 经毛泽东审阅同意，中共中央转发上海市《关于上海开展计划生育和提倡晚婚晚育工作的情况报告》和河北省《关于召开全省计划生育工作会议的情况报告》。

---

〔1〕 毛泽东谈话中关于理论问题的内容，见本卷第573至574页1975年2月18日条。

1975年　八十二岁

1月1日　周恩来主持召开中共中央政治局会议，讨论四届人大有关人事安排问题。根据毛泽东提出的要安定团结的指示，会议确定“基本不动，个别调整”的原则，并讨论通过邓小平起草的关于国务院的部、委设置和各部部长、委员会主任、最高人民法院院长人选的报告。

1月4日　阅李德生本日恳请免除自己担任的中共中央副主席和政治局常委的报告，批示：“德生同志：同意你的意见。至于错误，改了就好。”〔1〕

同日　阅江青一九七四年十二月三十日来信。信中说：昨天晚上政治局开了会，会上由总理、洪文同志传达了主席的指示和对我的批评。我完全拥护主席的指示和批评。我希望人大之后离开北京，更希望能看到主席。毛泽东批示：“江青：不要来看我。有病文件可以少看。我已印两部文学史〔2〕，暇时可以一阅。”

同日　圈阅周恩来、王洪文本日报送的一月一日中共中央政治局会议讨论通过的四届人大人事安排方案。送审报告中说：主

---

〔1〕 李德生回忆说：“我在中央工作四年，越来越感到形势的复杂，调离北京后，实际上已经不参加中央活动，我认为有必要主动辞去政治局委员、常委、副主席的职务。我觉得这样比虚有其名好。中央派人同我交谈后，只同意我辞去政治局常委、副主席职务。我写了一封简短的信，提出上述请求，毛主席批示同意。”

〔2〕 指刘大杰著的经修订后的《中国文学发展史》，已出版两册。

席提出小平同志除任第一副总理外，还担任军委副主席兼总参谋长，春桥同志除任第二副总理外，还兼任总政治部主任，大家均同意。

1月5日 中共中央发出通知：毛主席、党中央决定，任命邓小平为中共中央军委副主席兼中国人民解放军总参谋长，张春桥为中国人民解放军总政治部主任。

1月8日 审阅周恩来一月七日晨四时报送的毛泽东一九七四年十二月二十七日在长沙关于理论问题的谈话要点。毛泽东审阅时作了两处改动：一是将“林彪如上台”改为“林彪一类如上台”，二是将“无产阶级中，机关工作人员中，都有发生臭资产阶级生活作风的”一句中的“臭”字去掉。同日，周恩来将这个经毛泽东审阅的关于理论问题的谈话要点送全体中央政治局委员、候补委员传阅。

1月8日—10日 晚上，中共十届二中全会在京西宾馆召开，周恩来主持会议。会议主要讨论四届人大的准备工作。

1月9日 上午，在长沙九所六号楼会见马耳他政府总理明托夫，李先念在座。当明托夫对中国政府和人民的帮助表示感谢时，毛泽东说：是我们帮助你们，还是你们帮助我们，要研究一下。明托夫说：我们是个小国，人口很少。毛泽东说：小国比大国厉害，大国怕你们呢。毛泽东问李先念：你们谈了些什么？李先念说：交换了一下对国际问题的意见。毛泽东又问：你们开会开了没有？李先念说：开了，昨天晚上开了。等一下总理委托我和主席谈两句话。

会见明托夫后，同李先念、王海容、唐闻生谈话。李先念谈完后，王、唐说：总理请示主席还有什么话向十届二中全会讲没有，总理打算在全会结束时讲一下一九七四年批林批孔没有搞好等，作自我批评。毛泽东让王、唐劝周恩来不要讲，并指示由周在二中全会闭幕时转达自己的意见："还是安定团结为好。"

同日 张春桥到京西宾馆，向出席中共十届二中全会的上海代表团成员马天水、徐景贤、王秀珍[1]通报中央讨论国务院组成人员的情况。张春桥说，周恩来同意由文化大革命前的文化部部长沈雁冰担任新一届政府的文化部部长，他和江青不赞成。江青提名由于会泳[2]当文化部部长，他和王洪文、姚文元都一致表示赞成，这样就通过了。

1月10日 中共十届二中全会闭幕。全会决定将《中华人民共和国宪法修改草案》、《关于修改宪法的报告》、《政府工作报告》和全国人大常委、国务院成员的候选人名单，提请全国人民代表大会讨论。会议追认邓小平为中共中央政治局委员，选举邓小平为中共中央副主席、中央政治局常委；批准李德生要求免除他所担任的中共中央副主席、中央政治局常委的请求。周恩来在全会闭幕会上说：二中全会闭幕前，请示主席有什么话要说，主席讲了八个字"还是安定团结为好"。我希望中央政治局的工作，各省、市、自治区的工作，解放军的工作，各级革命委员会一直到人民公社的工作，都要遵照主席的指示做好。一九七五年是安定团结的一年，是争取跃进胜利的一年。我相信，在毛主席的教导下，安定团结，一定会把各项工作做得更好。

1月13日 圈阅王洪文本日送审的第四届全国人大一次会议日程、议程和主席团候选人名单（草案）。

1月13日—17日 第四届全国人民代表大会第一次会议在人民大会堂举行。出席会议代表二千八百六十四人。此前，一月

〔1〕 马天水、徐景贤、王秀珍，当时任中共上海市委书记、上海市革委会副主任。

〔2〕 于会泳，当时任国务院文化组副组长。1975年1月17日任文化部部长。

五日至十一日举行预备会议，讨论会议的主要文件和其他准备工作。四届人大一次会议的议程是：修改宪法，审议《政府工作报告》，选举和任命国家领导工作人员。一月十三日，朱德主持大会开幕会议，张春桥代表中共中央作《关于修改宪法的报告》，周恩来代表国务院作《政府工作报告》。周恩来在《政府工作报告》中，重申一九六四年三届人大一次会议《政府工作报告》里提出的“两步设想”：“第一步，用十五年时间，即在一九八〇年以前，建成一个独立的比较完整的工业体系和国民经济体系；第二步，在本世纪内，全面实现农业、工业、国防和科学技术的现代化，使我国国民经济走在世界的前列。”十七日举行闭幕会议，全体代表一致通过修改后的《中华人民共和国宪法》和《关于修改宪法的报告》；批准《政府工作报告》，通过关于政府工作报告的决议；用无记名投票方式选出朱德为第四届全国人民代表大会常务委员会委员长，董必武、宋庆龄、康生、刘伯承、吴德等二十二人为副委员长，任命周恩来为国务院总理，邓小平、张春桥、李先念、陈锡联、纪登奎、华国锋、陈永贵、吴桂贤〔1〕、王震、余秋里、谷牧、孙健〔2〕为副总理。

1月16日 下午，在长沙九所六号楼会见德意志联邦共和国基督教社会联盟主席施特劳斯，邓小平在座。毛泽东问邓小平：你们谈得怎么样？邓小平说：很不错，很多观点跟我们是一致的。施特劳斯说：我们双方一致同意，本世纪的最后二十五年将是极不安宁的。毛泽东说：我们也是这么看。施特劳斯说：我们担心苏联会试图扩张其政治控制，这将意味着在欧洲建立霸权。毛泽东说：亚洲也是一样啊。施特劳斯说：如果有人想要建

〔1〕 吴桂贤，当时还任中共中央政治局候补委员、陕西省委书记。

〔2〕 孙健，当时还任中共天津市委书记、天津市革委会副主任。

立霸权，他就要假装要和平，而实际扩大控制。毛泽东说：不错，苏联天天讲和平，天天准备打仗。我们不赞成吹什么“和平”、“缓和”、“友谊”这一套。施特劳斯说：你们的实际行动是和平的。毛泽东点头表示同意。当施特劳斯说到苏联的宣传机器反对他接受中国邀请来访问时，毛泽东说：也反对我们。当施特劳斯说到一个经济上、工业上强大的中国有利于保障和平，欧洲怕的不是中国时，毛泽东说：好啊！你们不要怕我们！施特劳斯说：不怕，不怕。谈到自己的身体状况时，毛泽东说：我一身的病，腿也不行，肺也有病，眼睛也有病，讲话也不清楚。施特劳斯说：你的一生是劳累的一生，充满了伟大的业绩、伟大的探索及成功。我从你的语言中可以看到，你的头脑百分之百的健康。毛泽东说：还可以，可以吃饭、睡觉。

1月19日 根据毛泽东的军队要整顿的指示，邓小平在中国人民解放军各大军区负责人座谈会上提出：军委只准备两项工作，第一是召开军委扩大会议，其中一个大题目就是军队要整顿。第二是战备，要准备打仗，解决战略方针、装备等问题。又指出：搞派性的军队非调走不行，所有闹派性的人一律调走。毛主席已经有指示了，凡是有两派的地方，派性没有解决的地方，民兵一律不建立，也不要组织这个指挥部、那个指挥部。二十五日，邓小平在总参谋部机关团以上干部会上提出：毛主席提出军队要整顿。这些年来，我们军队出现了一个新的大问题，就是闹派性。再一个问题是军队的纪律很差。要安定团结，要落实政策。

1月下旬 江青找王海容、唐闻生谈话，贬低中共中央政治局其他一些成员，并要王、唐向毛泽东报告她的看法。毛泽东得知后说：她看得起的人没有几个，只有一个，她自己。将来她会跟所有的人闹翻。现在人家也是敷衍她。我死了以后，她会闹事。

同旬 江青不顾毛泽东“不要来看我”的批示，独自乘飞机到长沙。毛泽东对江青说：对你的意见，我已写信告诉你了。不要随便，要有纪律，要谨慎，不要个人自作主张，有意见要跟政治局讨论。人要有自知之明。

2月1日 周恩来在人民大会堂主持国务院常务会议，讨论国务院十二位副总理分工问题。全体副总理出席会议，中央军委常务副主席叶剑英、中国科学院院长郭沫若列席会议。会议确定，第一副总理邓小平主管外事，在周恩来总理治病疗养期间，代总理主持会议和呈批主要文件，张春桥分管文化教育，李先念、纪登奎、华国锋三名常务副总理负责处理国务院日常事务。周恩来说：我身体不行了，今后国务院的工作由小平同志主持。次日，周恩来致信毛泽东，汇报国务院各副总理分工情况。毛泽东圈阅了周恩来的信。

2月2日 阅张春桥、姚文元一月二十九日报送的列宁关于无产阶级专政的语录。张、姚在送审报告中说：列宁关于无产阶级专政的论述，共二十条，五千字，不知是否符合主席的要求。如果这次摘录的不行，我们可以再摘录一次。如果基本可用，是否可以印发政治局同志参考。毛泽东批示："同意印发。"

同日 听张玉凤读周恩来本日晨三时关于其病情的来信。听后很伤感，圈阅了来信，并嘱张玉凤：去，打个电话，问问总理现在情况怎样了。

2月3日 圈阅姚文元二月二日送审的《人民日报》社论稿《学好无产阶级专政的理论》。社论稿公布毛泽东关于理论问题指示中的一段话：列宁为什么说对资产阶级专政，这个问题要搞清楚，"这个问题不搞清楚，就会变修正主义。要使全国知道"。社论提出：我们同修正主义的斗争，不是一两次较量，而是长期的斗争。我们的任务，是不断铲除滋生修正主义的土壤，像列宁所说的那样，造成使资产阶级既不能存在，也不能再产生的条件。

九日，《人民日报》发表这篇社论。

同日 结束在长沙一百一十四天的休养，乘专列到达南昌。在长沙期间，毛泽东曾想回家乡韶山看看，由于健康原因未能如愿。离开长沙时对接待人员说：我在长沙住了一百多天，你们已经很辛苦了。客散主人安。我走后，你们好好过个春节吧！

2月5日 由南昌前往杭州。

同日 经毛泽东批准，中共中央发出关于取消中央军委办公会议，成立中央军委常委会的通知。新的中央军委常委会成员是叶剑英、王洪文、邓小平、张春桥、刘伯承、陈锡联、汪东兴、苏振华、徐向前、聂荣臻、粟裕，叶剑英为军委常委会主持人。

2月6日 到达杭州，在专列上听取中共浙江省委第一书记谭启龙、省委书记铁瑛汇报工作。在谭、铁谈到全省的生产受到批林批孔运动和派性斗争的严重干扰时，毛泽东表情凝重。此后，几次听取谭、铁等省委领导人关于批林批孔运动和全省工农业生产情况的汇报，并批准对造反派头头采取措施，把他们从占据的杭州饭店里赶了出去。八日，住汪庄。

2月10日 经毛泽东审阅同意，中共中央转发国家计委党的核心小组《关于一九七五年国民经济计划的报告》。按照这个计划规定的指标，一九七五年工农业总产值比一九七四年预计增长百分之十一左右。中央的转发通知提出，要“坚持‘抓革命，促生产、促工作、促战备’的方针，把国民经济搞上去，当前特别要把交通运输和煤炭、钢铁生产抓上去”。

2月上旬 圈阅王洪文二月六日报送的中共中央政治局上半年工作计划的报告。报告说：四届人大结束后，政治局常委、政治局多次讨论了今年上半年的工作。（一）主要是学习好主席关于理论问题的重要指示。（二）关于今年国民经济计划的问题。（三）工、青、妇三个群众组织准备争取五月份成立起来，现已着手筹备。全国政协也想在年内搞好。（四）关于落实干部政策和一部分干部的工作安排问题，关于解决云南、浙江、山西等几个省的“老大难”问题，根据主席多次指示的专案对象的清理和清理战犯的问题，劳动工资问题。以上各项工作政治局已初步作了分工，正在落实中。

2月18日 经毛泽东审阅同意，中共中央发出关于学习毛主席关于理论问题的重要指示的通知。通知说：现将毛主席关于理论问题的重要指示发给你们，望你们认真组织广大党员、干部和党外群众学习。这个通知和毛泽东的指示发至基层党支部，口头传达到群众。中共中央印发的毛泽东关于理论问题的指示如下：“关于理论问题，毛主席说，列宁为什么说对资产阶级专政，要写文章。要告诉春桥、文元把列宁著作中好几处提到这个问题的找出来，印大字本送我。大家先读，然后写文章。要春桥写这类文章。这个问题不搞清楚，就会变修正主义。要使全国知道。毛主席说，我同丹麦首相谈过社会主义制度。（注：毛主席在一九七四年十月二十日会见丹麦首相保罗·哈特林时说过，总而言之，中国属于社会主义国家。解放前跟资本主义差不多。现在还实行八级工资制，按劳分配，货币交换，这些跟旧社会没有多少差别。所不同的是所有制变更了。）我国现在实行的是商品制度，工资制度也不平等，有八级工资制，等等。这只能在无产阶级专政下加以限制。所以，林彪一类如上台，搞资本主义制度很容易。因此，要多看点马列主义的书。列宁说，‘小生产是经常地、每日每时地、自发地和大批地产生着资本主义和资产阶级的’。工人阶级一部分，党员一部分，也有这种情况。无产阶级中，机关工作人员中，都有发生资产阶级生活作风的。”二十二日，《人民日报》刊登《马克思、恩格斯、列宁论无产阶级专政》语录三十三条[1]。由此，全国兴起学习无产阶级专政理论。

2月19日　圈阅外交部关于我国副总理访问伊朗的请示。邓小平在送审报告中建议由李先念于四月上中旬率团赴伊朗访问。

2月中旬　圈阅姚文元送审的文章《论林彪反党集团的社会基础》。这篇文章发表在三月一日《人民日报》。

2月21日　经毛泽东审阅同意，中共中央发出关于成立中国工会第九次全国代表大会筹备组的通知、关于成立中国共产主义青年团第十次全国代表大会筹备组的通知、关于成立中国妇女第四次全国代表大会筹备组的通知。

2月22日　圈阅邓小平本日报送的外交部、外贸部关于与欧洲经济共同体建立关系问题的请示报告。请示报告说：近两年来，欧洲经济共同体通过各种途径要求我国与其建立关系，向其总部派驻代表。五月八日，中国与欧洲经济共同体建立正式关系。

2月27日　审阅一件关于释放在押战犯的报告，作出指示："锦州、大虎山、沈阳、长春，还有战犯为什么没有？[2] 放战犯的时候要开欢送会，请他们吃顿饭，多吃点鱼、肉，每人发一百元零用钱，每人都有公民权。不要强迫改造。都放了算了，强迫人家改造也不好。土改的时候我们杀恶霸地主，不杀，老百姓怕。这些人老百姓都不知道，你杀他干什么，所以一个不杀。气魄太小了，十五元太少，十三人不放，也不开欢送会。[3] 有些人有能力可以做工作。年老有病的要给治病，跟我们的干部一样

---

〔1〕 33条语录中，有列宁的23条。这23条中的20条是张春桥、姚文元1975年1月29日报送毛泽东审阅的。

〔2〕 中共中央办公厅印发的文件上原文如此。这句话指锦州等地还有一些战犯没有列入当时送审的特赦释放在押战犯的名单。

〔3〕 送审的这件报告中讲到，拟给释放的每名战犯发15元零用钱，但不开欢送会。另有13名罪大恶极的战犯拟继续关押，不予释放。

治。人家放下武器二十五年了。”

2月下旬 圈阅汪东兴、纪登奎、华国锋、吴德《关于专案工作情况和处理意见的请示报告》。请示报告说：由中央专案组和公安部、北京市公安局审查的人员现有六百七十名。林彪一案有关人员拟放后一步处理，不包括在内。绝大多数人的问题已经基本查清。现拟释放和安置百分之九十以上人员，剩下的约四十几人。分类名单将分批上报中央审批。

2月 在杭州接受医疗小组对眼部、部分脑干神经系统和心肺系统进行检查诊断，诊断认为目前主要症状为白内障导致视力下降，说话不清。眼科专家建议不能再像过去那样看书和批阅文件，并实施摘除白内障的手术。毛泽东只同意先治右眼，以留出病状较轻的左眼坚持阅读和工作。中共中央政治局在京成员听取医疗小组汇报毛泽东的病情和治疗方案后，由周恩来、王洪文、邓小平、张春桥、叶剑英五人联名将讨论意见报告毛泽东。报告说，“完全赞成主席先治眼病的决定”。毛泽东圈阅了这个报告。

3月1日 张春桥在全军各大单位政治部主任座谈会上的讲话中说：全国解放以后，对经验主义没有注意批过。经验主义是作为教条主义的助手出现的。对经验主义的危险，恐怕还是要警惕。讲话还公开指责一九七二年前后对极左思潮的批判是“跟着刘少奇那条路线走”。

3月3日 圈阅邓小平本日报送的外交部关于同葡萄牙政府建交谈判的请示报告。

3月5日 经毛泽东审阅同意，中共中央发出《关于加强铁路工作的决定》（中共中央一九七五年九号文件）。决定指出：一、全国所有的铁路单位，都必须坚决贯彻执行毛主席提出的“还是安定团结为好”的方针。二、实行全国铁路以铁道部领导为主的管理体制。三、省、市、自治区党委要继续加强对铁路工作的领导。四、建立健全必要的规章制度，加强组织性纪律性，确保运输安全正点。五、整顿铁路运输秩序，同各种破坏行为作斗争。决定中下面一段话是邓小平加写的："对于少数资产阶级派性严重、经过批评和教育仍不改正的领导干部和头头，应该及时调离，不宜拖延不决，妨害大局。对严重违法乱纪的要给予处分。"

同日 下午，邓小平在中共中央召开的各省、市、自治区党委主管工业的书记会议上提出：现在有一个大局，全党要多讲。大局是什么？到二十世纪末，把我国建设成为具有现代农业、现代工业、现代国防和现代科学技术的社会主义强国。听说现在有的同志只敢抓革命，不敢抓生产，说什么"抓革命保险，抓生产危险"，这是大错特错的。

3月6日 周恩来作肠胃检查，发现大肠内接近肝的部位有一核桃大肿瘤，经中央政治局常委四人小组研究，决定施行手术。

3月8日 批准经周恩来阅改的汪东兴、纪登奎、华国锋、吴德《关于专案审查对象处理意见的请示报告》和准备释放的专案审查对象名单。报告根据毛泽东关于尽快结束专案审查和把人放出来的意见，提出：由中央专案第一、第三办公室和"五一六"专案组所管的六百七十名审查对象，"大多数人的问题已经基本查清"。"对上述审查对象，采取审查从严、处理从宽的方针，除极少数拟继续关押审查外，绝大多数予以释放。这些人，凡是专案组能够作出结论的，应作出结论；一时还不能作结论的，应先放出来，以后均由中组部会同有关机关和人员再作结论。""这些人放了以后，中央专案一办、三办和'五一六'专案组即行撤销。"〔1〕报告还对不同类别的审查对象，提出具体处理的意见。此前，三月

〔1〕 原中央专案第二办公室，已于1971年"九一三"事件后撤销，其审查对象分别移交中央专案一办、三办，人数包括在670人之内。

六日，周恩来主持中共中央政治局会议通过这个报告后报毛泽东。七日，汪东兴打电话告纪登奎、华国锋、吴德：毛主席看了报告，表示同意，还要看全部名单。纪登奎当天将全部名单和审查什么问题，汇齐送往杭州。毛泽东八日批准后，上述专案审查对象绝大多数解除监禁，许多人被安排工作或住院治疗。

3月17日 第四届全国人大常委会举行第二次会议，讨论周恩来根据中共中央和毛泽东指示提出的关于特赦释放全部在押战犯的建议，并听取公安部部长华国锋作的说明。会议决定：对全部在押战犯实行特赦释放，并给予公民权。十八日，《全国人民代表大会常务委员会关于特赦释放全部在押战争罪犯的决定》公布。十九日，最高人民法院在战犯管理所召开大会，宣布特赦释放的在押战犯二百九十三人名单，并发放特赦释放通知书。至此，在押的战犯全部释放。

3月中旬 指示有关人员注释和印制大字本的洪皓《江梅引》、汤显祖《邯郸记·度世》（节选）。

3月21日 圈阅姚文元三月十七日报送的《人民日报》社论稿《领导干部要带头学好》。当天《人民日报》发表这篇社论。社论中提出："经验主义是修正主义的助手"，"犯有经验主义错误"的人，"很容易跟着修正主义路线走"。

3月24日 同王海容、唐闻生谈中外关系。关于中日和平友好条约，毛泽东说：在反霸条款问题上不能让步。如同意不将反霸条款写入正文，苏联高兴，不要上苏联的当。日本朋友正在为争取将反霸条款写入正文而积极活动，我们让步，就不好了。中日之间主要是联合声明，中美之间主要是上海公报。关于同葡萄牙建交的事情，毛泽东说：跟葡萄牙建交，就有澳门问题，收回澳门就会影响香港，而香港又影响台湾。王、唐谈到，中国艺术团到美国，美方不许我演唱《台湾同胞，我的骨肉兄弟》这首歌曲，艺术团同美方进行了斗争，但不拟对美方报复，拟允许美国田径队如期来华访问。毛泽东表示同意，并说：不要报复。

3月27日　圈阅邓小平本日报送的外交部、外经部、外贸部、水电部、国家体委关于同突尼斯总理努伊拉会谈方案的请示报告。请示报告说：努伊拉四月一日至八日来我国访问。据突外长告，努伊拉希望就国际形势和国际经济问题同我交换看法，同时商谈两国经济合作和贸易问题，并了解我国自力更生发展经济的经验。

3月下旬　听张玉凤读周恩来三月二十日关于其病情的来信。周恩来在信中说明体内出现新的恶性肿瘤的情况，以及医疗组拟在近期实施手术治疗的方案，并说："我因主席对我病状关怀备至，今又突然以新的病变报告主席，心实不安，故将病情经过及历史造因说清楚，务请主席放心。"由于知道毛泽东当时身体情况不佳，周恩来还另写一封信嘱咐张玉凤：关于病情报告"或在主席休息好后再读给主席听。一切托你酌办，千万不要干扰主席太多！"几天后，张玉凤从杭州打电话告诉周恩来办公室：病情报告都念过了，主席很惦记总理，有几天睡不好觉。

4月1日　《红旗》杂志和《人民日报》发表张春桥的文章《论对资产阶级的全面专政》。

4月2日　中共中央政治局常委、全国人大常委会副委员长董必武在北京去世，终年八十九岁。

4月5日　江青对北大、清华两校大批判组讲话，她说："春桥同志的文章〔1〕还有一个重点，全国的反映都没有讲这个问题，党现在最大的危险不是教条主义而是经验主义。"江青、王洪文还分别找政治局一些成员谈"经验主义是当前的大敌"，分

---

〔1〕　应是姚文元《论林彪反党集团的社会基础》一文。

送上海机床厂反对经验主义的十条经验等材料。四月中旬，江青在政治局会议上正式提出，当前的大敌是“经验主义”，政治局应该讨论，而且要交锋。邓小平没有理睬。

同日 中国国民党总裁蒋介石在台湾去世。消息传来，毛泽东平静地表示他知道了。此后几个月，毛泽东同来中国访问的外国客人谈话时，几乎每次都要提到蒋介石，并表示对最终解决台湾问题的关切。

4月上旬 指示有关人员注释和印制大字本的王安石《桂枝香》，张孝祥《六州歌头》，陈亮《念奴娇》，辛弃疾的《贺新郎》、《摸鱼儿》、《水龙吟》、《水调歌头》、《永遇乐》、《汉宫春》、《破阵子》，蒋捷的《梅花引》、《虞美人》、《贺新郎》，萨都剌的《满江红》、《念奴娇》（《百字令》）、《木兰花慢》。

4月13日 乘专列离开杭州，次日回到北京。二月八日至四月十三日在杭州休养期间，由于患眼疾，多是以耳代目，或听工作人员为其诵读古典文学作品，或听古诗词曲子。为向身边工作人员讲中外文学史，让人借过长篇小说《创业史》、《飘》、《红与黑》、《基度山恩仇记》和《辛弃疾集》、《全宋词》、《全唐诗》，曾向身边工作人员讲解辛弃疾词中的两句“赢得生前身后名，可怜白发生”。这期间，文化部为毛泽东录制了一套古诗词演唱磁带，有蔡文姬的《胡笳十八拍》、白居易的《琵琶行》、王安石的《桂枝香·金陵怀古》、秦观的《鹊桥仙》、辛弃疾的《南乡子·登京口北固亭有怀》、陆游的《渔家傲》、岳飞的《满江红》、陈亮的《念奴娇·登多景楼》、张元幹的《贺新郎·送胡邦衡待制赴新州》、洪皓的《江梅引·忆江梅》、萨都剌的《满江红·金陵怀古》等。这套磁带共五十九盒，请一些词曲演唱家和乐器演奏家演唱配器。四月二日得知董必武去世的消息后，反复听张元幹的《贺新郎·送胡邦衡待制赴新州》，并把这首词上阕的最后两句“更南浦，送君去”，改为“君且去，休回顾”。在杭州期间，还要了侯宝林录制的十段相声，包括《醉酒》、《婚姻与迷信》、《改行》、《串调》、《关公战秦琼》等。

4月17日 和朱德、周恩来致电西哈努克、宾努、乔森潘，祝贺柬埔寨民族解放人民武装力量完全解放金边。贺电说：柬埔寨人民通过武装斗争所取得的这一伟大胜利，再一次雄辩地证明，只要坚持正确的道路，弱国就一定能够打败强国，小国就一定能够打败大国。柬埔寨人民的伟大胜利，不仅为印度支那人民的反帝斗争作出了重大的贡献，而且有力地鼓舞和推动着全世界一切被压迫民族和被压迫人民的革命斗争。

4月18日 下午五时至五时三十分，在中南海游泳池住处会见金日成，邓小平在座。当金日成谈到朝鲜有三项中心工作时，毛泽东说：我们也是，社会主义、台湾、第三世界。南朝鲜、台湾麻烦，美国人霸住不走啊！它不想走啊！现在柬埔寨、越南好。谈到自己的身体状况时，毛泽东说：（指眼睛）这个不好，（指嘴）这个不好，（指腿）这个不好，（指耳朵）这个好。我能想，能吃饭，能睡觉，这三个好。我不能抽烟了，抽烟几十年了。我这回去了湖北、湖南、江西、浙江几个地方，差不多住了一年。因为你要来，我又回来见面。我今年八十二了，快不行了。我不谈政治，由他来跟你谈了，此人叫邓小平，他会打仗，还会反修正主义。红卫兵整他，现在无事了。那个时候打倒了好几年，现在又起来了，我们要他！

会见金日成后，同邓小平谈话。邓小平反映了自三月初以来江青、张春桥等大反经验主义的问题，并表示不同意关于经验主义是当前主要危险的提法。毛泽东表示同意邓小平的意见。

4月20日 中午，在中南海游泳池住处会见比利时首相廷德曼斯，纪登奎在座。毛泽东说：我外国都没有去过，只去过两趟莫斯科，见了斯大林，还见了赫鲁晓夫。这个国家的人民是好的，高级领导人不那么好。我劝你们欧洲要注意啊！一面讲缓和、和缓，一面拼命搞扩军。第一次世界大战、第二次世界大战，都是德国打你们，现在德国怕苏联了。现在的世界不太平，不安宁。你们不要怕我们，我们不会侵略到你们欧洲去。我希望你们团结起来。我们跟苏联的关系不好，现在是打舌仗。他们现在还不敢侵略中国。我看他们主要的战略重点在欧洲、中东。我不是吓你们，我是希望你们注意，不然会吃苏联人的亏。将来怎么样，你们可以看，可能我说得不对。谈到自己的身体状况时，毛泽东说：我还能想，能吃饭，能睡觉，就是说话不行，走路不行了，还有眼睛也不好。我已经八十二了，上帝要叫我去呢。很对不起，不能跟你长谈了。

4月中旬 指示有关人员注释和印制大字本的张元幹《贺新郎》。

4月23日 阅姚文元报送的新华社四月二十日《关于报道学习无产阶级专政理论问题的请示报告》。报告说：要大力报道各级干部认真读书，刻苦钻研，决心弄通关于无产阶级专政的理论，反对学习中的那种不求甚解的作风。特别要注意宣传各级干部通过学习，认识和批判经验主义的危害，自觉克服经验主义。毛泽东批示："提法似应提反对修正主义，包括反对经验主义和教条主义，二者都是修正马列主义的，不要只提一项，放过另一项。各地情况不同，都是由于马列水平不高而来的。不论何者都应教育，应以多年时间逐渐提高马列为好。我党真懂马列的不多，有些人自以为懂了，其实不大懂，自以为是，动不动就训人，这也是不懂马列的一种表现。此问题请提政治局一议。为盼。"

4月27日 中共中央政治局召开会议，讨论毛泽东四月二十三日的批示。会上，邓小平、叶剑英等批评江青、张春桥等大反经验主义的错误，并对江青提出所谓“第十一次路线斗争”、在批林批孔运动中以个人名义送材料和进行“四人帮”宗派活动等问题，提出质问。江青被迫作了检讨。

4月29日　圈阅邓小平本日报送的外交部、外贸部关于同欧洲经济共同体副主席索姆斯会谈的请示报告。

4月30日　和朱德、周恩来致电阮友寿、黄晋发、孙德胜、黎笋、长征、范文同，祝贺西贡解放。贺电说：“你们的胜利，开创了越南解放新的时代，具有重大的历史意义和国际意义。你们的胜利极大地鼓舞了一切斗争中的被压迫民族和被压迫人民，为全世界人民的反帝革命事业树立了光辉的榜样。越南人民的胜利，再次有力地证明，一个国家的人民，哪怕是一个小国的人民，在维护祖国独立、自由和争取民族解放的正义事业中，只要敢于起来斗争，敢于拿起武器，用正义战争反对非正义战争，不怕困难，不怕牺牲，不怕挫折，坚持下去，就一定能够打败任何貌似强大的敌人，取得斗争的最终胜利。”

5月1日　圈阅王洪文本日报送的关于中共中央政治局四月二十七日讨论毛泽东四月二十三日批示的情况报告。报告说：在讨论过程中，一些同志提出了一些尖锐的问题：如，对前阶段宣传报道中以及有同志在讲话中提到的“当前的主要危险是经验主义”问题，有同志提出现在来引用主席五九年写的“当前主要危险是经验主义”是否要修改九大、十大政治报告中的“当前的主要危险是修正主义”提法。有的同志对七三年十一月批评总理的错误时有同志提出的“第十一次路线斗争”问题，对不经政治局送给一些单位学习参考材料问题，对政治局不议大事的问题，提出了尖锐的意见。由于出现了以上情况，将会议暂停下来。对这些问题如何处理，我曾分别找总理、剑英、小平、春桥同志商量过。在商量过程中，有同志对搞“四人帮”问题、批林批孔批走后门等问题又提出了批评。在商量时虽然大家都同意还是遵照主席“关于安定团结”的指示精神把会议开好，迅速地将主席指示贯彻下去。但我仍然有些忧虑，希望能得到主席指示。

5月初 江青给毛泽东处打电话，要工作人员转告中央政治局会议对她进行“围攻”的情况，并说这是一九七〇年庐山会议的再现。毛泽东听工作人员汇报后说：这个会有成绩，把问题摆开了。批评江青还是第一次。她这个人只能批评别人，很凶，别人不能批评她。批林批孔，什么叫孔老二她也不懂，又加了走后门。几十万人都走后门，又要这几十万人批林批孔，很难。有走前门，就有走后门，几万年还会有。

5月3日 晚十时四十五分至次日晨一时，在中南海游泳池住处主持召开中共中央政治局会议。周恩来抱病出席会议。这是毛泽东回北京后第一次同大家见面。开会前，问周恩来的身体怎么样，还好吗？同苏振华握手时说：管海军靠你，海军要搞好，使敌人怕，我们海军只有这样大。同陈永贵握手时说：不要住在钓鱼台，那里没有“鱼”钓，你和吴桂贤都搬出来。毛泽东在讲话中说：多久不见了。有一个问题，我与你们商量。一些人思想不一致，个别的人。我自己也犯了错误，春桥那篇文章〔1〕，我没有看出来。只听了一遍，我是没有看，我也不能看书，讲了经验主义的问题我放过了。新华社的文件〔2〕，文元给我看了，还有上海机床厂的十条经验〔3〕，都说了经验主义，一个马克思主义都没有，也没有说教条主义。要安定，要团结。无论经验主义也好，教条主义也好，都是修正马列主义，都要用教育的方法。

---

〔1〕 应是姚文元的《论林彪反党集团的社会基础》一文。

〔2〕 指姚文元报送的新华社《关于报道学习无产阶级专政理论问题的请示报告》。

〔3〕 指“四人帮”授意写的上海第一机床厂批“经验主义十条表现”的材料。

现在我们的一部分同志犯了错误要批评。“三箭齐发”，批林、批孔、批走后门。我说的是安定团结。教条主义，经验主义，修正主义，又要批评资产阶级法权，不能过急。你们谁要过急就要摔下来。不要分裂，要团结。要搞马列主义，不要搞修正主义；要团结，不要分裂；要光明正大，不要搞阴谋诡计。不要搞“四人帮”，你们不要搞了，为什么照样搞呀？为什么不和二百多个中央委员搞团结？搞少数人不好，历来不好。这次犯错误，还是自我批评。这次和庐山会议不同，庐山会议反对林彪是对的。其他的事你们去议，治病救人，不处分任何人，一次会议解决不了。我的意见，我的看法，有的同志不信三条，也不听我的，这三条都忘记了。九大、十大都讲这三条，这三条要大家再议一下。我看问题不大，不要小题大做，但有问题要讲明白。上半年解决不了，下半年解决；今年解决不了，明年解决；明年解决不了，后年解决。我看批判经验主义的人，自己就是经验主义。我看江青就是一个小小的经验主义者。不要随便，要有纪律，要谨慎，不要个人自作主张，要跟政治局讨论，有意见要在政治局讨论。印成文件发下去，要以中央的名义，不要用个人的名义，比如也不要以我的名义，我是从来不送什么材料的。毛泽东还回顾党的历史，着重谈了教条主义给中国革命造成的危害，强调不要看低教条主义。他提到三十年代中央苏区抵制王明“左”倾错误的“邓、毛、谢、古”事件，指着在座的邓小平说：其他的人都牺牲了。那时我只见过你一面，你就是毛派的代表。谈话中还说：教育界、科学界、文艺界、新闻界、医务界，知识分子成堆的地方，其中也有好的，有点马列的。老九[1]不能走。最后，毛泽东讲起三国

〔1〕“文化大革命”中有人把知识分子贬称为“臭老九”。毛泽东在这里借用“老九”指知识分子。

时吴王孙权迁都的故事，让叶剑英当场背诵了南宋词人辛弃疾的《南乡子·登京口北固亭有怀》[1]，并说：生子当如孙仲谋（即孙权——编者注）。他（指叶剑英——编者注）有文化，看不起吴法宪。这是毛泽东最后一次主持中央政治局会议。

5月4日 上午，周恩来在医院同邓小平谈话，就贯彻落实毛泽东五月三日在政治局会议上的讲话交换意见。当晚，周恩来前往人民大会堂主持中共中央政治局常委会议，进一步研究在政治局范围内学习讨论毛泽东的讲话。

5月17日 阅中共中央军委五月十六日建议贺诚任总后勤部副部长的请示报告及附件，批示："奇文共欣赏，疑义相与析。贺诚无罪，当然应予分配工作。过去一切污蔑不实之词，应予推倒。印发中央同志。""傅连暲被迫死，亟应予以昭雪。贺诚幸存，傅已入土。呜呼哀哉!"六月十二日，王洪文向毛泽东报告，贺诚已分配工作，并责成总后勤部党委对傅连暲作出平反报告。

5月21日 邓小平主持国务院办公会议，讨论全国钢铁工业座谈会文件。在会上指出：对钢铁生产，我看到了解决问题的时候了。要敢字当头。不能慢吞吞的，总是等待。要给你们"尚方宝剑"。搞社会主义建设，不能不搞生产，不能不搞科学技术。

同日 周恩来在同邓小平、叶剑英、李先念等商量后，致信在京中央政治局成员，说明前一时期江青、张春桥、姚文元提出反"经验主义"的经过，点明了即将召开的批评"四人帮"的政治局会议的主题，提出："如大家同意，并请将此信转主席一阅。"二十二日，张春桥阅此信时批注："总理的信，有些话不确切。但

---

〔1〕这首词的全文为："何处望神州？满眼风光北固楼。千古兴亡多少事？悠悠，不尽长江滚滚流。 年少万兜鍪，坐断东南战未休。天下英雄谁敌手？曹刘。生子当如孙仲谋。"

我不反对报主席。”二十七日，周恩来又致信张春桥，详细叙述了张、姚等提出反对“经验主义”的经过，最后写道：“我这段回忆的文字，不知是否较为确切。如果仍不确切，请你以同志的坦率勾掉重改或者批回重写，我决不会介意，因为我们是遵守主席实事求是和‘三要三不要’的教导的。”当天，张春桥批注：“不再改了。”在接到退件后，周恩来将二十一日信的原件送毛泽东阅批。

5月23日 阅苏振华五月二十二日关于海军建设的报告。报告说：五月三日晚，主席对海军指示：“管海军靠你。海军要搞好，使敌人怕，我们海军只有这样大。”我们拟将主席的重要指示向海军部队和有关工业部门传达。主席早在一九五三年就指示，要有计划地有步骤地建设一支强大海军。但是，海军建设经过二十多年的时间，现在仍然很小。我们力争在十年左右建成一支较强大的海军。毛泽东批示：“同意。努力奋斗，十年达到目标。”

5月25日 阅白云涛〔1〕五月二十二日建议对粮食实行不同的收购价格的来信，批示：“此件印发中央各同志研究。此事办起来甚复杂，应在几个公社试点。富队可能不高兴。富队里也有贫户，贫队里也有富户。看看结果如何再说。请先念主持办理〔2〕。”来信建议，对粮食实行按自然条件好与差的情况和劳动生产率高

---

〔1〕 白云涛，当时任中国人民解放军第38军政治部干事。

〔2〕 李先念根据毛泽东的批示，组织国务院调查组到山西、河北等地调查，并召开几次座谈会进行讨论研究。最后由调查组向毛泽东并中共中央写出书面报告。报告说：白云涛同志建议的区别穷队与富队实行两种收购价格，实际上不可行。因为富队拼命生产但价格低，穷队生产未搞好反而价格高，会挫伤农民的生产积极性，政治上造成农民之间的对立。而且形成穷队与富队的原因，不完全是由于自然条件不同，与人们的主观努力也有很大关系。生产条件是可以改变的，如果对不同生产队生产的农产品实行两种价格，实际上是“鞭打快牛”，在具体工作上也难以操作，因为商品可以在队与队之间流动，国家的收购站是难以区别对待的。

低程度，采取不同种类的征购价格，条件好的适当低些，条件差的适当高些。这封信和毛泽东的批示，后作为中共中央一九七五年九月二十三日至十月二十一日召开的农村工作座谈会会议文件印发。

5月27日、6月3日 邓小平主持召开中共中央政治局会议，讨论毛泽东五月三日讲话，批评“四人帮”。邓小平在会上说：主席这篇讲话，对于我们党非常重要，因为主席是对政治局讲的。主席提出要政治局安定团结，“三要三不要”，联系批评宗派主义、“四人帮”。这是很重要的原则问题，需要好好讨论。谈到四月二十七日政治局会议，邓小平说：有人说这次会上的讲话“过了头”，还有人讲是“突然袭击”、是“围攻”。其实，百分之四十也没有讲到，有没有百分之二十也难讲。他强调有三件事需要讲清楚：一是前年十二月会议上提出“第十一次路线斗争”，二是批林批孔中又批“走后门”，三是学理论又提出批“经验主义”。倒是要问一问，这是为什么？不讲明白，没有好处。叶剑英就邓小平提出的三件事发言，批评“四人帮”。吴德、李先念、陈锡联等相继发言。王洪文、江青、张春桥、姚文元被迫作了一些检讨。

5月29日 邓小平在钢铁工业座谈会上提出：毛主席最近有三条指示，一条是关于理论问题的，要反修防修，再一条是关于安定团结的，还有一条是要把国民经济搞上去。这三条重要指示，就是我们今后一个时期各项工作的纲。这三条是互相联系的，不能分割的，一条都不能忘记。

5月29日—9月中旬 因患眼疾，不能看书，请北京大学中文系讲师芦荻到中南海游泳池住处读古代文史著作，主要选读《二十四史》、《昭明文选》中的若干篇章以及大量的诗词曲赋和鲁迅的文章。听芦荻读书期间，不时点评历史人物和文学作品、历史著作。五月二十九日晚上，听读庾信的《枯树赋》、江淹的

《别赋》和《恨赋》以及阮籍的《咏怀诗》后，谈到怎样看待历史书的问题，说：一部二十四史大半是假的，所谓实录之类也大半是假的。但是，如果因为大半是假的就不读了，那就是形而上学。不读，靠什么来了解历史呢？反过来，一切信以为真，书上的每句话，都被当作信条，那就是历史唯心论了。正确的态度是用马克思主义的立场、观点和方法，分析它、批判它，把颠倒的历史颠倒过来。一部二十四史，写符瑞、迷信的文字，就占了不少，各朝各代的史书里都有。像《史记·高祖本纪》和《汉书·高帝纪》里，都写了刘邦斩白蛇的故事，又写了刘邦藏身的地方上面常有云气，这一切都是骗人的鬼话。每一部史书，都是由新王朝臣子奉命修撰的，凡关系到本朝统治者不光彩的地方，自然不能写，也不敢写。封建社会有一条“为尊者讳”的伦理道德标准，皇帝或父亲的恶行，或是隐而不书，或是把责任推给臣下或他人。洋洋四千万言的二十四史，写的差不多都是帝王将相，人民群众的生产情形、生活情形，大多是只字不提，有的写了些，也是笼统地一笔带过，目的是谈如何加强统治的问题，有的更被歪曲地写了进去，如农民反压迫、剥削的斗争，一律被骂成十恶不赦的“匪”、“贼”、“逆”。这是最不符合历史的。芦荻为毛泽东读书期间，曾问：评法批儒中有人大捧秦始皇，怎么看？毛泽东说：秦始皇作为一个历史人物来评论，要一分为二。他在历史的发展过程中起了进步作用，要肯定，但他在统一六国后，丧失进取的方面，志得意满，耽于佚乐，求神仙，修宫室，残酷地压迫人民，到处游走，消磨岁月，无聊得很。陈胜、吴广揭竿而起，反对秦的暴政，完全是正义的。芦荻问：有人说李贺是法家，我想不通，这个问题应该怎么看？毛泽东说：谁说的？李贺是什么法家！芦荻说：两校大批判组和上海都有文章，说李白、李贺、李商隐都是法家。毛泽东说：什么？李白也成了法家？毛泽东问北京大学开不开诗词曲赋课，芦荻回答说，现在这些课都不开了，学生不读书，想读也买不到书。毛泽东说：现在没有书我们搞一部吧，选他五百首诗，五百首词，三百首曲，三十篇赋。

5月30日 让芦荻读《晋书》、《南史》、《北史》中的一些篇章，评论说：我们的国家，是世界各国中统一历史最长的大国。中间也有过几次分裂，但总是短暂的。这说明各族人民热爱团结，维护统一，反对分裂。分裂不得人心。《南史》和《北史》的作者李延寿，就是倾向统一的，他的父亲也是搞历史的，也是这种观点。这父子俩的观点，在李延寿所写的《序传》中说得十分明白。

5月 指示有关人员注释和印制大字本的张元幹的《石州慢》、《柳梢青》、《点绛唇》二首，白居易《琵琶行》。

6月2日 经毛泽东圈阅，中共中央转发《中共江苏省委关于徐海地区贯彻执行中央九号文件的情况向中共中央、国务院的报告》（中共中央一九七五年十二号文件）。报告说：徐海地区由于派性干扰，党的路线、方针、政策不能正确贯彻执行。这次解决徐海地区问题，着重抓了以下三条：一、放手发动群众，直接依靠群众解决问题。二、端正领导思想政治路线，增强党性，克服派性。三、严格区分和正确处理两类不同性质的矛盾。中央批语说：这个报告很好，可供各地解决本地问题时参考。中央批语和江苏省委的报告于本日发出。

6月4日 经毛泽东圈阅，中共中央转发冶金工业部党的核心小组《关于迅速把钢铁工业搞上去的报告》（中共中央一九七五年十三号文件）。中央批语说：当前钢铁生产计划完成得不好的情况，值得引起我们的注意。钢铁工业没有一个大的发展，就不可能实现农业、工业、国防和科学技术的现代化，就会严重地影响战备，就会不利于巩固和加强无产阶级专政。我们要继续贯彻安定团结的方针，继续贯彻中央今年九号文件的精神，认真落实党的政策，调动一切积极因素，坚决把国民经济搞上去。中央批语和冶金工业部的报告于本日发出。

6月7日 下午，在中南海游泳池住处会见菲律宾总统马科斯，邓小平在座。当马科斯赞誉毛泽东时，毛泽东说：我名誉不好，过去国内外的敌人都骂。马科斯说：只有果实结得最多的树才遭来石块的攻击。毛泽东说：这叫作“木秀于林，风必摧之。堆出于岸，流必湍之。行高于人，众必非之”〔1〕，就是说人必骂之。我们这个党被蒋介石、日本人封锁了二十二年。我们没有外国援助。共产党靠外国援助，有好处，也有坏处，坏处多。当马科斯说到实现两国关系的正常化时，毛泽东说：好！以后我们两个国家团结！（两手互握）我们两国人民团结起来！我们不搞阴谋诡计去推翻你们，你们也不搞阴谋诡计推翻我们，相互都不搞阴谋诡计。小吵架，大团结，总有些吵架，一点。总之大团结。谈到中国的情况时，毛泽东说：现在还有台湾没有解放，值不得骄傲。我们这个国家穷。中国人太多了，因为人太多，每个人的口粮不那么富裕。谈到世界形势时，毛泽东说：现在这个世界不好。这由邓小平副总理去讲。

会见马科斯后，听取邓小平汇报中共中央政治局会议的情况。毛泽东说：我看有成绩，把问题摆开了。他们几个人现在不行了，反总理、反你、反叶帅。现在政治局的风向快要转了。你要把工作干起来！邓小平回答：在这方面，我还有决心就是了。反对的人总有，一定会有。毛泽东说：木秀于林，风必摧之。

6月8日 上午，邓小平约胡乔木谈话，商量编辑《毛泽东选集》第五卷和成立国务院政治研究室等问题。指出：国务院政治研究室是国务院的直属机构，除了写文章、承担编辑《毛泽东

---

〔1〕 见李康《运命论》。

选集》第五卷的具体工作外，还要代管学部[1]。

6月9日 阅周恩来报送的贺龙女儿贺捷生关于举行贺龙骨灰安葬仪式问题的来信。来信说：六月六日接到通知，中央军委等单位举行贺龙骨灰安葬仪式要求保密，不致悼词，不献花圈，不报道。这样做不符合一九七四年中央为贺龙恢复名誉的精神，请求补行葬仪，挽回影响。周恩来在附信中提出对贺龙骨灰安葬仪式要设法补救。毛泽东批示："照总理意见办理。"本日，在周恩来安排下，重新确定了贺龙骨灰安放仪式的规格，周恩来扶重病出席仪式，亲致悼词。事后，毛泽东指示要关心贺龙家属。

6月上旬 指示有关人员注释和印制大字本的陆游的《渔家傲》、《双头莲》、《鹊桥仙》、《真珠帘》。

6月12日 晚上，在中南海游泳池住处会见冈比亚总统贾瓦拉，李先念在座。当贾瓦拉谈到要合理应用中国给予的援助时，毛泽东说：搞小型的，不要搞大了。我们吃过亏，听了苏联的，搞"大、洋、全"。不要急，慢慢来，积累经验，训练科学技术干部。慢慢来，基本上靠自己。最好不要欠外国的账。现在还要些外援，不能附加有任何政治条件。我们现在还是一个穷国，还要三十、四十、五十年，可能好一些。我们帮助外国，首先要使他们自力更生。先搞农业、轻工业，可以积累资金。我们现在没有外债，也没有内债。我们要感谢苏联，它逼我们，撤走专家，撕毁合同，我们没有办法啊，只好自力更生。现在美国人想卖"伞"给我们，送给我们"保护伞"。我们说非常感谢，我们不要。谈到国际形势时，毛泽东说：中东的石油国家用石油武器对付美国，这个好。问候你们的人民！整个非洲站起来！

6月15日 邓小平和康生联名致信中共中央政治局各同志：

---

〔1〕 指中国科学院哲学社会科学部。

“经请示毛主席同意，毛选五卷的编辑整理工作应继续进行”。“这是全党的一件大事，应当抓紧搞。目前五卷工作的重点，是继续做好毛主席讲话记录稿的整理工作。”“毛选五卷整理工作大体告一段落后，即着手毛选六卷的编目工作。”信中提出，除胡乔木和五卷整理小组的几位同志外，还可考虑吴冷西、胡绳、熊复〔1〕参加。

6月18日 听芦荻读苏轼的《潮州韩文公庙碑》。该文称道韩愈“文起八代之衰，而道济天下之溺”。毛泽东说：汉武帝以后，汉代有几个大军事家、大政治家、大思想家？到东汉末年，儒家独尊的统治局面被打破了，建安、三国，出了多少军事家、政治家啊！连苏轼自己在他的《念奴娇·赤壁怀古》中也说：“江山如画，一时多少豪杰！”汉末开始大分裂，黄巾起义摧毁了汉代的封建统治，后来形成三国，还是向统一发展的。三国的几个政治家、军事家，对统一都有所贡献，而以曹操为最大。司马氏一度完成了统一，主要就是曹操那时候打下的基础。诸葛亮会处理民族关系，他的民族政策比较好，获得了少数民族的拥护。这是他的高明处。魏晋南北朝时期，社会大动乱，大分裂，这不好，但当时的另一个方面是，南方的广大沃土，全面地得到了开发，生产技术普遍提高了。这是经济上的发展。许多少数民族，纷纷入主中原后，战乱频仍，南北对峙，这不好，但民族大融合，大家庭在新的组合中稳定了，文化也交流了、丰富了。谢安文韬武略，又机智又沉着，淝水之战立了大功，掩住桓温也立了大功，两次大功是对维护统一的贡献。桓温是个搞分裂的野心家，他想当皇帝。他带兵北伐，不过是做样子，扩资本，到了长安，不肯

〔1〕 熊复，原任中共中央对外联络部副部长。1966年7月任新华社社长，不久被打倒。1975年7月任国务院政治研究室负责人。

进去。苻秦的王猛很厉害，一眼就看到了他的意图[1]。汉武帝罢黜百家，独尊儒术，结果汉代只有僵化的经学，思想界死气沉沉。魏晋南北朝时期是个思想解放的时代，道家、佛家各家的思想，都得到了发展。嵇康的《与山巨源绝交书》、阮籍的《大人先生传》很有名。玄学的主流是进步的，是魏晋思想解放的一个标志。正因为思想解放，才出了那么多杰出的思想家、作家。什么"道溺"！我送那时两个字，叫"道盛"！苏轼说那时期"文衰"了，这是不符合事实的。可以把那时的作品摆出来看一看，把《昭明文选》、《全上古三代秦汉三国六朝文》拿出来看一看，是"文衰"还是"文昌"，一看就清楚了。我再送给那时两个字，叫"文昌"。

6月中旬 圈阅周恩来六月十六日关于三月二十六日做第三次大手术后的病情及治疗情况的来信。

同旬 指示有关人员注释和印制大字本的吴潜《满江红》、吴锡麒《梧桐树》。

6月23日 阅第二炮兵副司令员孔从洲来信。信中反映世界电子战方面的有关情况和人民解放军电子战装备的情况及问题，建议重视和发展电子对抗技术，加强电子战方面的工作。毛泽东批示："送小平、剑英、成武同志阅。请剑英同志找二炮孔从洲等同志商议几次，为盼。"

6月24日—7月15日 中共中央军委扩大会议在北京举行。邓小平在会议讲话中强调，军队要全面整顿，核心是整顿军队的党组织，关键是调整好各级领导班子，要整掉肿、散、骄、奢、惰五个字和领导班子软、懒、散。军队整顿当中，还要加强干部

---

〔1〕 毛泽东在《晋书》的《谢安传》和《桓温传》的有关段落处，画了很多圈和线。在《谢安传》上批注"有办法"，"谢安好"。在《桓温传》上写了"是作样子"。

学习，增强党性，反对派性，加强纪律性，发扬艰苦奋斗的传统作风。军委工作实际上就是两件事：第一件是军队要整顿，第二件是要准备打仗。这两件事都是毛泽东同志讲的，我们军队工作的纲就是这个。叶剑英也在会上讲话。经毛泽东批准，中共中央于七月十九日转发了中央军委《关于压缩军队定额、调整编制体制和安排超编干部的报告》以及叶剑英、邓小平的讲话。

6月27日 致信加蓬共和国总统邦戈："尊敬的总统先生，听到阁下又到北京，感到十分高兴。理应迎谈，不幸这两日不适，卧床不起，不能接见，深为抱歉，请赐原谅。祝阁下旅途顺利。毛泽东 倚枕"。

6月28日 圈阅邓小平六月二十五日报送的关于同伊拉克副总统马鲁夫会谈方案的请示报告。报告说：据伊方告，马鲁夫将向我介绍伊目前形势和对外政策，并就国际形势，发展双边关系，以及经济合作等问题同我交换意见。

同日 江青向毛泽东和中共中央政治局提交书面检讨，检查了自己一年多来所犯的错误。其中包括：提出"第十一次路线斗争"，批林批孔中搞"三箭齐发"，"个人自作主张送材料"，以及讲"主要危险是经验主义"等。检讨还说："当我认识到四人帮是个客观存在，我才认识到有发展成分裂党中央的宗派主义的可能，我才认识到为什么主席从去年说到今年，达三、四次之多，原来是一个重大原则问题。主席在原则问题上是从不让步的。"经在京的中央政治局成员传阅后，毛泽东圈阅了江青的这份书面检讨。

6月30日 阅原林彪办公室医护人员蒋葆生六月二十四日来信。信中说，在学习班已经四年，仍未作出正式结论，渴望自己能早日回到原工作单位（北京医院）工作。毛泽东写批语："中央：林办各下级人员，责任较轻，不宜久在学习班。似宜早作结论，免予追究，分配工作，以观后效。请讨论决定。"七月一日，就原林彪办公室工作人员中的嫌疑人员的处理问题又写批语："如无确证，只是嫌疑，则应释放，免予追究，以观后效。从实践中证明。"

同日 经毛泽东圈阅，中共中央转发国防科委临时党委《关于解决七机部问题的报告》。报告说：七机部以及所属不少单位的领导班子和革命队伍长期分裂，生产处于瘫痪和半瘫痪状态。现在是必须坚决地采取断然措施的时候了。毛主席关于理论问题的重要指示，还是安定团结为好的方针，以及要把国民经济搞上去的指示，是解决七机部问题的纲。必须立即调整和加强七机部部、院两级的领导班子。建立严格的科学管理和必要的规章制度，加强劳动纪律，建立正常的科研生产和工作秩序。

7月1日 上午，在中南海游泳池住处会见泰国总理克立，邓小平在座。当克立向毛泽东表示敬意时，毛泽东说：不要信那些说我伟大的话，你不要信，你会要上当。谈到中国同其他国家的共产党的关系时，毛泽东说：我们支持世界各国的共产党，但是不支持修正主义。我很赞成你在香港讲的那一篇话，国家是国家的关系，党是党的关系。有人要求我不要跟他们国家的共产党往来。我说，不行呢，哪里有共产党不支持共产党的！可是你们国家的共产党，我没有见过一个，不胜遗憾之至。至于你们怎么对付共产党，我们不干涉，无非是一骂、二打、三杀。我们不管，管不了啊，不能干涉别国的内政。共产党是骂出来的，是打出来的，是杀出来的。美国花了两千亿美元，派了五十万军队，去打越南、柬埔寨。不打还好，一打呢，美国滚走了。谈到尼克松时，毛泽东说：尼克松总统，他来了，尼克松不错，他是很有能力的总统。如果方便，请代我问他好。他得罪了东部大财团。我的朋友倒霉，尼克松、田中角荣、希思、蓬皮杜。毛泽东最后说：我现在八十二了，现在一些事要别人管，我管不了那么多了。邓小平是个好人。

同日　阅叶剑英本日晨二时来信。信中说："洪文同志去杭、沪工作一短期，临行报告主席，提议在他未回京前，政治局会议由剑英或小平同志主持。我因年老多病，精力不胜，提议请小平同志主持以利党的工作。请主席批准。"毛泽东批示："同意。"王洪文到上海后，对马天水和徐景贤等人说：我给主席的报告没有讲日期，反正我也不想很快回去。徐景贤说：你本来是主持中央工作的，现在你到上海来，中央的工作由谁主持啊？王洪文说：什么主持工作？现在我有什么权啊？党中央和国务院都是邓在抓，军队也是他的，我只能抓抓中央党校的工农兵读书班了。这是主席定的，我有啥办法。

同日　宝成铁路电气化工程全部建成通车。这是我国第一条电气化铁路。

7月2日　阅林默涵六月十七日来信，写批语："中央：周扬一案，似可从宽处理，分配工作，有病的养起来并治病。久关不是办法。请讨论酌处。附林默涵来信。"林默涵信中说五月底中央宣布对他解除监护、恢复自由，使他深感党是真正爱护干部的，希望继续留在党内。

7月初　听取邓小平汇报各方面的工作。谈到《毛泽东选集》第五卷的编辑工作进展情况时，邓小平问是不是设一个编辑委员会，毛泽东说：不要了。你一个，康老一个，乔木。政治局也看一下，议一下，不必读，看。谈到毛泽东关于原林彪办公室人员和周扬一案的批语时，邓小平说：政治局要议。现在是主席批一件，我们动一下。其实主席树立了政策，我们应该顺着去做。毛泽东说：关，不是办法。邓小平谈到要给林彪之女林立衡公开分配工作时，毛泽东说：好，赞成。谈到文艺工作时，毛泽东说：样板戏太少，而且稍微有点差错就挨批。百花齐放都没有了。别人不能提意见，不好。怕写文章，怕写戏。没有小说，没有诗歌。

谈到军队的整编方案时，邓小平说：大批的要当顾问。毛泽东说：我也愿意当顾问，主席不能当了。邓小平最后说：我处理这些问题名声不大好，都说我两次讲话叫复辟，说是刘少奇的班底又起来了，有人不高兴。毛泽东说：任劳任怨。你跟刘少奇不一样，两回事。再过两三年就好一些了。邓小平说：有人讲点，有好处，没坏处。毛泽东说：是啊，无非是挨骂。我历来就是挨骂的。

7月6日 上午，在中南海游泳池住处会见伊拉克副总统马鲁夫，邓小平在座。毛泽东说：我们两国没有利害冲突，整个第三世界都没有什么利害冲突。希望你们好。你们手里有很大的武器，就是石油。整个阿拉伯世界有一亿人口。中国现在还不行，还要过几十年以后，可以好一点。我们现在尽力量支持你们，你们的斗争也支持我们，我们两家的事好办。你们有什么意见可以告诉我们的副总理邓小平。

同日 圈阅邓小平本日报送的外交部、外贸部拟同意德意志联邦共和国基督教社会联盟主席施特劳斯以私人参观者身份来中国商讨发展两国经济关系的请示报告。

7月9日 邓小平同国务院政治研究室负责人胡乔木、吴冷西、胡绳、熊复、于光远、李鑫谈话，传达毛泽东七月初同他谈话时对文艺工作的批评，嘱国务院政治研究室搞一些调查研究，收集近些年来文化、科学、教育、出版系统不执行“双百”方针的材料，以供政治局讨论时用。

7月11日 圈阅胡耀邦谈自己近况的来信。邓小平在送阅报告中说：科学院急待整顿，拟调胡耀邦和李昌两人到科学院负

责。〔1〕

7月13日 阅邓小平本日送审的《论十大关系》整理稿及公开发表这篇文章的请示报告。报告中说："我们在读改时，一致觉得这篇东西太重要了，对当前和以后，都有很大的针对性和理论指导意义，对国际（特别是第三世界）的作用也大，所以，我们有这样的想法：希望早日定稿，定稿后即予公开发表，并作为全国学理论的重要文献。此点，请考虑。"毛泽东批示："同意。可以印发政治局同志阅。暂时不要公开，可以印发全党讨论，不登报，将来出选集再公开。"二十三日，中共中央发出关于将《论十大关系》印发全党讨论的通知。

7月14日 同江青谈话。毛泽东说："党的文艺政策应该调整一下，一年、两年、三年，逐步逐步扩大文艺节目。缺少诗歌，缺少小说，缺少散文，缺少文艺评论。对于作家，要惩前毖后、治病救人，如果不是暗藏的有严重反革命行为的反革命分子，就要帮助。鲁迅那时被攻击，有胡适、创造社、太阳社、新月社〔2〕、国民党。鲁迅在的话，不会赞成把周扬这些人长期关起来。脱离群众。已经有了《红楼梦》、《水浒》，发行了。不能急，一两年之内逐步活跃起来，三年、四年、五年也好嘛。我们怕什

〔1〕 胡耀邦，1975年7月、10月先后任中国科学院负责人、中国科学院党的核心小组第一副组长。李昌，1975年7月、10月先后任中国科学院负责人、中国科学院党的核心小组副组长。

〔2〕 胡适，五四新文化运动时，主张文学改革，提倡白话文。1919年7月发表《多研究些问题，少谈些"主义"》，公开反对马克思主义。1938年9月任国民党政府驻美国大使，1946年9月任北京大学校长。1949年4月去美国，1958年9月到台湾。创造社，1921年夏在日本成立的革命文学团体。太阳社，1927年冬成立的革命文学团体，成员多为中国共产党人。新月社，1923年成立的新诗文学团体，参加者主要有胡适、徐志摩、梁实秋、陈源等人。

么？一九五七年右派猖狂进攻，我们把他们骂我们的话登在报上，最后还是被我们打退了。以前的《万水千山》[1]没有二、四方面军，这不好。现在听说改好了。文艺问题是思想问题，但是不能急，人民不看到材料，就无法评论。《反杜林论》出版后，柏林大学撤了杜林的职，恩格斯不高兴了，争论是争论嘛，为什么撤职？杜林这个人活了八十多岁，名誉不好。处分人要注意，动不动就要撤职，动不动就要关起来，表现是神经衰弱症。林彪不跑，我们也不会杀他，批是要批的。蒋介石的时候，报纸、广播、学校、电影都是他们的，他们蒙蔽人民。我们都是从那儿来的。我学孔夫子、资产阶级的东西十三年，就是不知道马列，十月革命后才学马列，过去不知道。反动派没有多少威力，靠剥削过生活，他的兵都是靠抓壮丁，所以我们不怕他们。怕死的是林彪，叫他打锦州，他不打，最后两天他去了，俘虏十万人。又消灭了廖耀湘[2]。长春、沈阳解放。释放俘虏放得好，国民党怕得很。"

同日 晚上，听芦荻连续读两遍王粲的《登楼赋》。毛泽东评论说：王粲真正焦心的，是"惟日月之逾迈兮，俟河清其未极"，王粲守着个腐朽的贵族（指刘表——编者注），无所作为，时光白白地流去，期待着天下太平，却迟迟无望，他自然痛苦。作者的最高理想，是"王道之一平"，出现贤明的君主，统一天下，稳定时局，他就可"假高衢而骋力"，干一番于国于民有益的大事业了。"惧匏瓜之徒悬兮，畏井渫之莫食"两句，是借着用典，道出

〔1〕《万水千山》是中国人民解放军总政话剧团1955年首演的反映红军长征的10幕话剧。毛泽东1964年观看时给予了肯定，同时对如何表现好中国工农红军各方面军团结战斗等问题提出了修改意见。该剧经反复修改，于1974年10月1日再次公演。

〔2〕廖耀湘，曾任国民党军第9兵团司令官。1948年10月底，在辽沈战役第二阶段中第9兵团全军覆没，廖耀湘被俘。

了作者的心事，他怕自己成为无用之人，终生碌碌，无所作为。儒家讲，“达则兼济天下，穷则独善其身”，王粲就不守这个信条，正因为天下乱，他又处于“穷”境，却更要出来济世，这就高多了。知识分子一遇麻烦，就爱标榜退隐，其实，历史上有许多所谓的隐士，原是假的，是沽名钓誉，即使真隐了，也不值得提倡。像陶渊明，就过分抬高了他的退隐。不过，陶渊明倒是真隐了，而且亲自种过田，情况有所不同。赋里含有故土之思。人对自己的童年、自己的故乡、过去的朋侣，感情总是很深的，很难忘记的，到老年更容易回忆、怀念这些。写《到韶山》，就是想起了三十二年前的往事，对故乡是很怀念的。写《答友人》，说“斑竹一枝千滴泪，红霞万朵百重衣”，就是怀念杨开慧的，开慧就是霞姑嘛！可是现在有的解释不是这样，不符合我的思想。最后，毛泽东问芦荻，会不会背李商隐的《安定城楼》，芦荻说不能背，毛泽东自己背了出来：“迢递高城百尺楼，绿杨枝外尽汀洲。贾生年少虚垂涕，王粲春来更远游。永忆江湖归白发，欲回天地入扁舟。不知腐鼠成滋味，猜意鹓雏竟未休。”背完后说：这也是个年轻人的登楼之作，也是有抱负而不得施展。中间还用了王粲写《登楼赋》的典，值得一读。芦荻走后，毛泽东睡不着觉，接着读《楚辞》。

7月17日 经毛泽东圈阅，中共中央转发浙江省委《关于正确处理突击发展党员和突击提拔干部的请示报告》（中共中央一九七五年十六号文件）。中央批语说：发展党员、提拔干部，必须坚持毛主席的建党路线和干部路线，严格按照党章办事，坚持接班人的五项条件，而决不可草率从事，采取突击的方法，更不允许适应某些资产阶级派性头头的需要而突击发展党员。凡有两派的地方，在资产阶级派性还没有得到克服，群众仍然严重对立的情况下，应当暂缓发展党员和提拔干部。一切共产党员，决不容许参加任何资产阶级的派别活动。

同日 经毛泽东圈阅，中共中央转发国务院《关于上半年工业生产情况的报告》。报告说：今年上半年，传达贯彻毛主席关于理论问题、关于还是安定团结为好和把国民经济搞上去的三项重要指示和中央九号、十二号、十三号文件，工业交通战线的形势发生了显著的变化。当前的主要问题是，有一批重点企业，革命问题没有解决好或正在解决，生产还没有搞上去。目前，要抓紧解决重点企业的领导班子问题，坚决同资产阶级派性作斗争，认真落实党的政策。中央的批语，要求将此报告迅速传达到所有工矿企业的干部和群众，对报告中提出的各项要求切实付诸实施。

7月23日 晚上，在中南海游泳池住处接受左眼白内障手术。周恩来、邓小平在门外守候。手术大夫是北京广安门医院眼科专家唐由之。毛泽东被扶进做手术的房间时问：音乐准备了没有？手术中播放岳美缇演唱的岳飞《满江红》昆曲。手术后约两个小时，在卧室写下鲁迅《悼杨铨》诗："岂有豪情似旧时，花开花落两由之。何期泪洒江南雨，又为斯民哭健儿。"并签上名字送给唐由之。

7月24日 经毛泽东圈阅，中共中央发出关于处理涉及林彪一案的被监护审查对象的通知。通知指出：审查对象的结论和处理，是一项严肃的工作，要重证据，重调查研究，不轻信口供。严格区分和正确处理两类不同性质的矛盾，认真贯彻执行审查批判从严、处理从宽的方针。

7月25日 听工作人员读邓小平报送的长春电影制片厂编剧张天民关于电影《创业》的来信。张天民七月十八日分别给毛泽东、邓小平写信反映江青和文化部核心小组批判故事影片《创业》的情况。信中说：影片经过大庆各条战线的劳动模范代表和中央文化组的多次审查，一些负责同志也给予了肯定。但就在上映的第二天，有关领导做出几项决定，不继续印拷贝，报纸上不发表评介文章，不出口，电视电台停止播放，并通知了全国各地。几天后，北影负责人传达了中央负责同志的指示，说影片在政治上、艺术上都有严重错误，政治上美化刘少奇，艺术上写真人真事，公式化、概念化等等，要求查一查背景。文化部核心小组经过讨论，又正式提出十条批评意见，并建议吉林省委、长影党委和创作人员进行检查，要我们写一篇自我批评文章在报上发表。张天民对十条批评意见提出不同看法，建议影片重新上映。毛泽东听工作人员读完张天民这封信后，批示："此片无大错，建议通过发行。不要求全责备。而且罪名有十条之多，太过分了，不利调整党的文艺政策。""此信增发文化部及来信人所在单位。"并说：江青这个人不懂事，尽办些蠢事。

7月26日 圈阅邓小平七月二十日转报的薄一波写给毛泽东的信。来信说明一九三六年出狱过程，要求保留党籍，分配适当工作。毛泽东圈阅后，薄一波的信印发中共中央政治局讨论。

7月27日 听工作人员读中央专案组七月十六日就周扬一案的处理情况给中共中央和毛泽东的报告。报告说：在周扬、夏衍、阳翰笙释放后，周扬一案凡关押、监护的人员已全部释放。结论属于人民内部问题的，原工资照发，并补发审查期间停发的工资，党员应恢复党的组织生活。关于周扬本人，报告说"问题性质严重"，只说工资照发，可以分配适当工作，未提恢复党的组织生活。毛泽东让秘书把报告中的"问题性质严重"改为"人民内部问题"。二十八日，邓小平将毛泽东的修改意见送在京中央政治局成员传阅。八月七日，中央专案组根据毛泽东的意见，对周扬做出新的处理决定：恢复其党的组织生活，原工资照发，补发审查期间停发的工资，由中央组织部分配工作。

7月28日 白内障手术后开始看书。读南宋词人陈亮的《念奴娇·登多景楼》。

7月29日 阅北京电影制片厂导演谢铁骊、摄影师钱江七月二十五日关于电影故事片《海霞》的来信。谢、钱在信中说：《海霞》确实存在不少缺点，但是用六条标准衡量，它不是毒草。可是文化部部长于会泳等的审查意见和多次批评都是无限上纲，把艺术处理问题夸大到政治问题，给《海霞》扣上了“贬低英雄人物”、“丑化人民解放军”、“拿穷人开心”、“文艺黑线回潮的典型”等大帽子。《海霞》修改后，全厂（北京电影制片厂——编者注）普遍认为比原来有改进。但六月二十六日夜突然查封了《海霞》的底片、正片、磁带，并宣布不经文化部领导亲自批准，不得启封。毛泽东批示：“印发政治局各同志。”七月三十日，邓小平、李先念等八位中央政治局委员审看了《海霞》的两种拷贝，并开会决定，用修改后的拷贝在全国上映。

8月12日 就庾信《枯树赋》注释问题批示：“关于注释的问题，请你们仔细的研究。”〔1〕

8月13日 阅粤剧演员红线女八月五日来信，批示：“印发政治局在京各同志，并议一下。”红线女在信中谈了她到延安、大寨、红旗渠参观后的体会，提出：山区的盐比城市贵那么多，我觉得这是对待山区，特别是老解放区的态度问题。像食盐、布匹这类人人不可少的生活必需品，必须照主席历来关心群众生活的教导去办。

8月14日 同芦荻谈话。芦荻请教《三国演义》、《红楼梦》和《水浒传》等几部古典小说的评价问题。在毛泽东谈了其他几部小说后，芦荻问《水浒传》“只反贪官，不反皇帝”这句话是

---

〔1〕 清代倪璠在《枯树赋》的题解中说：“庾子山乡关之思所为作也。”江青组织人为《枯树赋》作注，并将注文送毛泽东阅。其注文引伸了倪璠的解说，在题解中把此赋的立意概括为“借树木的迁徙移植，摇落变衰，寄寓自己的悲感”。毛泽东读后觉得不准确，写了这个批示。

不是主席说的？毛泽东说是自己在武汉讲的。芦荻问：既然只反贪官，不反皇帝，那么《水浒传》还有什么好的呢？毛泽东说："《水浒》这部书，好就好在投降。做反面教材，使人民都知道投降派。《水浒》只反贪官，不反皇帝。屏晁盖于一百零八人之外。宋江投降，搞修正主义，把晁的聚义厅改为忠义堂，让人招安了。宋江同高俅的斗争，是地主阶级内部这一派反对那一派的斗争。宋江投降了，就去打方腊。这支农民起义队伍的领袖不好，投降。李逵、吴用、阮小二、阮小五、阮小七是好的，不愿意投降。鲁迅评《水浒》评得好，他说：'一部《水浒》，说得很分明：因为不反对天子，所以大军一到，便受招安，替国家打别的强盗——不'替天行道'的强盗去了。终于是奴才。'（《三闲集·流氓的变迁》）金圣叹把《水浒》砍掉了二十多回。砍掉了，不真实。鲁迅非常不满意金圣叹，专写了一篇评论金圣叹的文章《谈金圣叹》（见《南腔北调集》）。《水浒》百回本、百二十回本和七十一回本，三种都要出。把鲁迅的那段评语印在前面。"

同日 阅姚文元本日关于开展对《水浒》的评论的请示报告〔1〕。请示报告说：接到主席关于《水浒》的评论后，觉得这个问题很重要。主席的批评揭露了《水浒》宣扬投降主义路线的本质，指出了宋江搞修正主义、投降主义的真面目。开展对《水浒》的评论和讨论，批判《水浒》研究中的阶级斗争调和论的观点，也是很需要的，对于反修防修，是有积极意义的。报告还对贯彻毛泽东的指示，提出具体的意见。毛泽东批示："同意。"本

---

〔1〕 芦荻整理完毛泽东关于《水浒传》的谈话，是1975年8月14日晨2时。因为毛泽东提出要出版三种版本的《水浒传》，就让机要秘书将谈话稿送分管出版工作的姚文元。很快，姚文元送来毛泽东谈话稿的打印件，并附上这个报告。

日，姚文元向《人民日报》负责人鲁瑛传达毛泽东关于《水浒》的谈话，让报社组织讨论，写一个宣传规划，还要写社论，强调把小说中的宋江投降，引伸到我们党五十多年的历史证明，凡是搞修正主义的都是投降派，对内搞阶级投降主义，对外搞民族投降主义。要学会在复杂的阶级斗争中识别正确路线和错误路线，知道什么是投降派。

8月20日 阅姚文元八月十八日报送的《人民日报》、《光明日报》关于开展《水浒》评论的规划，批示："同意。"两报的规划都从批判投降主义、修正主义、阶级斗争调和论以及两条路线斗争的角度拟出了一些选题。姚文元在送审报告中建议：拟同意他们先这样办。遇问题再商议。

8月中旬 阅邓小平报送的中央五七艺术大学音乐学院作曲理论系教师李春光批评文化部负责人的大字报简报，批示："此件有用，暂存你处。"八月八日，李春光将其在中央五七艺术大学音乐学院作曲理论系学习讨论毛泽东对电影《创业》的批示的会上的发言，整理成文，以《在学习会上的发言》为题贴出大字报。大字报批评文化部负责人扼杀《创业》，消极抵制毛主席关于《创业》的批示，在理论研究上不讲马克思，不讲列宁，不讲主席，不讲鲁迅，专讲一些伟大发现；好责怪别人，没有自我批评，压制不同意见，等等。

8月21日 圈阅邓小平本日报送的外交部、外贸部关于出席联合国大会第七届特别会议的方针和对策的请示报告。本届会议于九月一日至十二日在纽约举行，议题是"发展和国际经济合作"。

同日 邓小平出席国务院政治研究室讨论《毛泽东选集》第五卷篇目的会议时，胡乔木问毛泽东评《水浒》的指示是不是特别有所指？邓小平说：就是文艺评论，没有别的意思。绝不是指着当前党内斗争的实际。

8月27日 在中南海游泳池住处会见西哈努克和夫人、宾努和夫人、乔森潘，邓小平在座。西哈努克感谢中国给予的援助。毛泽东说：没有什么援助，所谓援助，第一也是你们支援我们。美国怕你们啊！而不是你们怕美国。料不到胜利这么快。（对乔森潘）你从金边来，把他们（指西哈努克和宾努——编者注）接回去。你要好好帮他们的忙。吵架总是有的，小吵架，大团结。

8月下旬 圈阅姚文元八月二十六日报送的国家出版局关于学习和贯彻毛主席关于《水浒》的重要批示的请示报告。请示报告说：关于《水浒》的出版工作，拟出版百回本、百二十回本、七十一回本，以上几种版本，书前均印鲁迅在《流氓的变迁》一文中对《水浒》的一段评语，并加出版前言。

同旬 江青同文化部部长于会泳、副部长刘庆棠谈话时说：《水浒》的要害是架空晁盖，现在党内有人架空毛主席。

8月—9月 读《晋书》。在封面上批写："一九七五年八月，阅第五十至五十六卷，再阅《羊祜传》、《杜预传》；九月再阅第七十九卷《谢安传》、《谢琰传》、《谢玄传》。"

9月1日 和朱德、周恩来致电孙德胜、黎笋、长征、范文同，祝贺越南民主共和国成立三十周年。贺电指出：目前，越南革命已进入一个新的历史时期。越南北方人民为恢复和发展国民经济，进行社会主义建设而努力。越南南方人民正在重建家园，巩固和发展胜利成果。我们相信，越南人民一定能够把越南建设成为一个和平、统一、独立、民主和富强的国家。

9月2日 阅姚文元本日报送的《人民日报》社论稿《开展对〈水浒〉的评论》，批示："送小平、春桥阅。这样，可不发内部指示了。"社论稿说：开展对《水浒》的评论和讨论，不但对于古典文学研究，而且对于文学、哲学、历史、教育各个领域，对于我们党和我国人民，在现在和将来，在本世纪和下世纪坚持马克思主义、反对修正主义，把毛主席的革命路线坚持下去，都有重大的、深刻的意义。

9月3日 阅陈永贵八月十四日报送的《对农村工作的几点建议》。陈永贵的几点建议是：一、关于人民公社的基本核算单位，经过几年生产的发展，小队核算就不适应了，农业要大干快上，缩小队与队之间的差别，实行大队核算势在必行。二、关于人民公社的劳动管理，大寨实行的办法叫“标准工分，自报公议”，这样政治就挂帅了。目前全国大多数地方沿用的还是定额包工、死分活评，弱点是搞工分挂帅，扩大了人与人之间的差别。三、关于用什么办法照顾穷队，不能采用国家出钱提高分值的办法，要从加速发展穷队的生产着手。四、关于盖社员住宅，集体盖比单户盖好。五、关于社员欠集体的粮食，一定的条件下，免了比欠着好，能大大调动农民的社会主义积极性。毛泽东批示：“小平同志：此件请阅。请考虑一下，此件是否可以印发政治局同志，并在政治局讨论一次。”九月二十三日至十月二十一日，根据毛泽东的批示精神，中共中央在北京召开农村工作座谈会，讨论陈永贵的建议。座谈会未形成一致意见。

9月9日 阅邓小平九月七日报送的公安部《关于清理在押国民党省、将级党政军特人员的请示报告》。请示报告说：遵照毛主席和党中央的指示，特赦释放了全部在押战犯。最近召开了清理工作会议，处理意见是，除因现行罪逮捕判刑的一百零九名外，均予释放，妥善安置。毛泽东批示：“建议一律释放。本地不能就业的，转别地就业。如何，请酌处。”本日，邓小平批示：“拟照主席批示，由公安部照办，即（四）项的一百零九人，也予释放，县团以上的三千多名，也照此原则办理。”十二月十五日，司法机关决定对在押的原国民党县团以上党政军特人员一律宽大释放。十二月十五日至十八日，各地司法机关先后召开了释放大会。

9月15日—10月19日 全国农业学大寨会议先后在山西省昔阳县大寨和北京举行。

9月15日 邓小平代表中共中央、国务院在全国农业学大寨会议开幕会上发表讲话。他说：二十五年来，在农业方面，我们由过去旧中国的半饥饿状态做到了粮食刚够吃，这件事情不可小视，这是一个伟大的成绩。在工业方面，我们也打下了一个初步的基础。但是，我们应该有清醒的头脑，尽管有了这个基础，但我们还很穷、很落后，不管是工业、农业，要赶上世界先进水平还要几十年的时间。所以，我们说形势好，有希望，大有希望，但是，头脑要清醒，要鼓干劲，不仅路线要正确，而且要政策正确，方法正确。周总理在四届人大讲了毛主席提出的发展国民经济的任务，就是到本世纪末，全面实现农业、工业、国防和科学技术的现代化，使我国国民经济走在世界的前列。从明年起，二十五年，我们赌了咒，发了誓，要干这么一件伟大的工作，这真正够得上是雄心壮志。我们相信大家能够办到，但是不要疏忽大意，不要以为轻而易举。四个现代化，比较起来，更加费劲的是农业现代化。如果农业搞不好，很可能拉我们国家建设的后腿。我们不能吹牛。类似大寨型的县、社、队，各地都有，但是很不平衡，全国还有部分县、地区，粮食产量还不如解放初期，即使是个别的情况，也是值得很好注意的事。社员收入有的很少，有的还倒欠账。这种状况，我们能够满意吗？总之，形势要求我们走快一些。又说：毛主席讲过，军队要整顿，地方要整顿。地方整顿又有好多方面，工业要整顿，农业要整顿，商业也要整顿，文化教育也要整顿，科学技术队伍也要整顿。文艺，毛主席叫调整，实际上调整也就是整顿。九月二十五日，邓小平将讲话稿送毛泽东审阅。二十六日，经毛泽东批准，讲话稿印发会议代表。

邓小平讲话时，多次被江青插话打断。江青说：评《水浒》

不单纯是文艺评论和历史评论，它是对当代有意义的大事。九月十七日，江青在大寨召集文化、新闻单位和清华大学、北京大学两校写作班子一百余人谈话，说：《水浒》的要害是排斥晁盖，架空晁盖，搞投降。宋江收罗了一帮子土豪劣绅、贪官污吏，占据了各重要岗位。批《水浒》就是要大家都知道我们党内就是有投降派。

9月16日 阅姚文元报送的中国科学院《化石》杂志编辑张锋九月六日来信。信中说：科普刊物《化石》创办三年来虽然得到工农兵的初步好评，但却受到出版部门个别负责人的排斥、压制和少数权威的挑剔，至今仍为半年刊，且只有一名编辑。听到中央八月二十七日关于《动物学杂志》、《化石》两刊出大字本的指示后，知道我们的刊物得到了毛主席的关注，主管单位已同意改《化石》为季刊，编辑增至四人。信中还对科普工作提出了七条具体意见。毛泽东批示："小平、文元同志：请考虑，可否将此信印发在京各中央同志。"并为这封信加了标题《一封诉苦的信》。九月二十四日，邓小平报送胡耀邦、李昌、王光伟〔1〕关于科学院讨论落实毛泽东对《化石》杂志的批示的来信，毛泽东圈阅了这封来信。

9月19日 阅邓小平本日报送的外交部、中联部《关于同越南党政代表团会谈方案的请示》和《关于越南党政代表团访华接待计划的请示》。接待计划中说到，请江青参加越南党政代表团二十二日抵京当晚的欢迎宴会和次日的文艺晚会。毛泽东批示退邓小平，指出"江青不要参加对越活动"。

同日 阅姚文元本日报送的山东省章丘县侯家学校谢革光七月二十日建议《诗刊》复刊写给《红旗》杂志社的信，批示：

---

〔1〕 王光伟，当时是中国科学院负责人。1975年10月任中国科学院党的核心小组副组长。

“同意。”

9月20日 下午，周恩来在三〇五医院施行大手术治疗。邓小平、张春桥、李先念、汪东兴和邓颖超等在医院守候。周恩来在进入手术室前，对邓小平说：你这一年干得很好，比我强得多。

9月中旬 圈阅邓小平九月十一日报送的中华书局一干部就发挥知识分子作用和对社会科学研究、出版、图书馆工作提出建议的来信。

9月21日 上午，在中南海游泳池住处会见英国前首相希思，邓小平在座。关于世界形势，毛泽东说：要打仗。惹不得苏联，谁惹它，就不好。苏联威胁你们，也威胁我们，现在全世界怕苏联。苏联凶、不讲道理，这也是它的弱点，凡真有本领，不会表现那么凶。美国究竟怎么样啊？会保护欧洲吗？我是怀疑。真要打起来，它会要跑，跑回去，不干涉，然后再回来。苏联如果占领欧洲，它的力量就分散了，它就不行了。至于打中国，我们是准备它占领东北、北京、汉口、上海、天津、青岛，叫它占领城市，然后事情就好办了。美国、欧洲、日本、中国都是守势，而苏联取攻势。它取攻势，就埋伏着失败。它在匈牙利、捷克斯洛伐克，也只是暂时的成功。希思说：毛主席感到中国取得了良好的进展了吧？毛泽东说：有一些，不大，至少还要三十、四十、五十年。

9月24日 下午，在中南海游泳池住处会见黎笋，邓小平在座。谈到亚洲形势时，毛泽东说：大局是好的。朝鲜、泰国、越南、柬埔寨、老挝，大局是好的。有些问题，吵，但是大局是好的。谈到自己身体状况时，毛泽东说：睡眠不大好，每天睡三次，一次睡两三个小时。还能吃饭。腿不好，讲话不好，肺不好。去年眼睛不好，现在做了白内障手术，我能看见你，三个月前看不见，连这个手都看不见。我们现在有领导危机。总理身体不好，一年开过四次刀，危险。康生身体也不好，叶剑英身体也不好，第四是我。我八十二了！（指邓小平）只有他算一个壮丁。

会见黎笋后，听取邓小平汇报最近工作。当邓小平谈到江青九月十七日在大寨的讲话时，毛泽东说：放屁！文不对题。那是学农业，她搞批《水浒》。这个人不懂事，没有多少人信她的，上边（指中共中央政治局）没有多少人信她的。此前，华国锋曾向毛泽东请示说，江青要求在全国农业学大寨会议上放她的讲话录音。毛泽东指示：稿子不要发，录音不要放，讲话不要印。

9月27日 阅邓小平本日报送的关于社队办企业的三份材料，批示："小平同志：请考虑，此三件（两封信及一篇报道）可否印发在京各中央同志。"两封信是华国锋一九七四年十二月二十八日给中共湖南省委的信，和浙江省部分财政、银行干部一九七五年九月五日给毛泽东和中共中央的信，一篇报道即《河南日报》一九七四年十二月十五日登载的《光明灿烂的希望——巩县回郭镇公社围绕农业办工业、办好工业促农业的调查》。华国锋给湖南省委的信中说：目前社队企业对于巩固发展人民公社集体经济，加速实现农业机械化，消灭三大差别，都有重大意义，要求一些同志坚决丢掉妄图取消或砍掉社队企业的错误思想。浙江省部分财政、银行干部的来信说：在实际工作中，有一些社办企业搞得好，省、地、县有的领导部门却要收归他们自己所辖的企业范围。这两封信和一篇报道，作为会议文件印发中央一九七五年九月二十三日至十月二十一日召开的农村工作座谈会。

9月28日 阅邓小平报送的陆定一子女来信，批示："请小平同志商有关同志，研究一下，提出意见告我。"陆定一的子女在信中转达了陆定一对毛泽东的坚定信念，并期望毛泽东再次挽救他们的父亲。

同日 阅广州军区原副司令员文年生的妻子苏枫来信。信中说：文年生由于不同意黄永胜等人镇压群众的做法，被撤销了军区党委副书记的职务及其政治和生活待遇，遭受打击迫害，在一九六八年去世。希望能平反昭雪。毛泽东批示："请汪转小平、春桥酌处。可能是冤案。"

9月30日 阅邓小平九月二十九日关于调陈丕显来北京的请示，批示："同意。"请示说：陈丕显曾多次提出到北京治病，未予置理。最近上海市委安排他为市革委会副主任。我的意见，他还年轻（不到六十），也有能力，是否可以考虑先调来北京，然后分配到哪个省去工作。一九七七年二月，陈丕显任中共云南省委书记、省革委会副主任。

同日 邓小平向毛泽东报送《科学院工作汇报提纲》。毛泽东提出文件中引用的"科学技术是生产力"这句话，不记得自己讲过。

同日 晚上，邓小平以周恩来名义在人民大会堂举行有四千多人参加的盛大招待会，庆祝中华人民共和国成立二十六周年。一批在"文化大革命"中受到冲击的老干部、老知识分子出席招待会。

10月1日 上午，没有看书，也没有睡觉，靠在床头上沉思时自言自语地说：这也许是我过的最后一个国庆节了，最后一个"十一"了。随即转向身边的工作人员，问：这可能是我的最后一个"十一"了吧？工作人员说：怎么会呢？主席，您可别这么想。毛泽东认真地说：怎么不会呢？哪有不死的人呢？死神面前，一律平等，毛泽东岂能例外？"万寿无疆"，天大的唯心主义。

10月3日 阅冼星海〔1〕的妻子钱韵玲九月二十七日来信。

〔1〕 冼星海，音乐家。1938年到延安，是《黄河大合唱》、《到敌人后方去》、《在太行山上》、《生产大合唱》等著名歌曲的曲作者，1945年10月30日去世。

信中说：今年十月三十日是星海逝世三十周年。解放以后，星海逝世十周年、二十周年，聂耳[1]逝世二十周年、三十周年都曾隆重纪念。但今年七月十七日，聂耳逝世四十周年国内却没有表示。我希望今年能够演出、广播、出版星海的《黄河大合唱》及其他作品，集会或发表文章，以示纪念。毛泽东批示："印发在京中央各同志。"根据毛泽东的批示，十月二十五日，首都音乐界举办了纪念聂耳、冼星海音乐会，在"文化大革命"中受到冲击的音乐界人士几乎全部出席。

10月4日 邓小平在中共中央举行的农村工作座谈会上说："割裂毛泽东思想这个问题，现在实际上并没有解决。比如文艺方针，毛泽东同志说，要古为今用，洋为中用，百花齐放，推陈出新。这是很完整的。可是，现在百花齐放不提了，没有了，这就是割裂。"

10月5日 阅数学家华罗庚十月一日来信。华罗庚信中主要谈他在基层普及推广统筹法和优选法的情况，同时说到自己最近的身体状况。华罗庚的两个孩子附信说："这是我父亲在病榻上给您的信，因他有病写得很草率，嘱我们抄写清楚呈上。并附原稿。"毛泽东批示："退华罗庚同志。意思很好。大病新愈，宜多休养一时期，待全好后再去，较为适宜。"

10月6日 圈阅邓小平十月五日报送的中国科学院哲学社会科学部临时领导小组关于创办《思想战线》杂志的请示报告。

10月7日 国务院政治研究室起草的《论全党全国各项工作的总纲》一文初稿完成。《总纲》从理论上对"以三项指示为纲"进行了阐述，并阐述了各项工作整顿的指导思想和方针、政

---

[1] 聂耳，音乐家。是《义勇军进行曲》、《毕业歌》、《大路歌》等著名歌曲的曲作者，1935年7月17日去世。

策，突出强调要加快发展生产力，把国民经济搞上去。

10月8日　上午，在中南海游泳池住处会见南斯拉夫联邦执行委员会主席比耶迪奇，邓小平在座。关于世界形势，毛泽东说：要准备打。中国、欧洲、南斯拉夫，都要准备打。准备打，没有坏处。不准备打，就危险。思想上不能解除武装。现在西方比较弱。欧洲国家太多，团结不起来，欧洲共同体，难。最后还是靠你们自己。

10月10日　中共辽宁省委书记、省革委会副主任毛远新从新疆回来路过北京。随即留在中央工作，成为毛泽东同中共中央政治局之间的非正式“联络员”。

10月上旬　阅王洪文十月五日关于处理浙江派性问题致邓小平、张春桥、纪登奎并报毛泽东的信及邓小平对王洪文信的批语。王洪文信中说：对浙江目前在贯彻中央十六号文件中的一些问题，我提出了一些意见，特别是对省委提出的“放手发动群众批判资产阶级派性”提出了些不同看法。提出这样的口号会把形势搞乱。邓小平十月七日的批语是：“此事在政治局五日会议上议过。在发动群众批判资产阶级派性问题上，我认为省委的做法是正确的，不宜对省委作不恰当的批评。如果不对省委支持，浙江一个多月来刚刚好转的形势，势必会有反复，这很不利。”

10月16日　阅邓小平十月十五日报送的中国科学院哲学社会科学部政工组编印的学部老知识分子出席国庆招待会的反映材料。材料说：学部有二十一人出席了邓小平副总理主持的以周恩来总理名义举行的国庆二十六周年招待会。他们听了邓小平副总理的祝酒词，看到一片朝气蓬勃、团结胜利的景象，非常兴奋。文学研究所原所长何其芳说：“出席这次盛会，深切感到党对于犯过错误，承认错误并有所改正的党员干部的关怀和鼓励。”文学所研究员俞平伯说：“这回被邀请参加国宴，还把我的名字登在报纸上，那就意味着我已经解放了。”外国文学研究所原所长冯至说：“宴会充分体现了我国安定团结的大好形势。”宗教所原副所长任继愈说：“宴会是一个团结的大会，出席的有老年的、中年的，也有青少年，是我们党和国家兴旺发达的表现。”经济所原副所长严中平说：“参加这次招待会，说明党认真贯彻对待知识分子的政策。”出席国庆招待会的老知识分子共十八人，除上述五人外，还有吴世昌、顾颉刚、吕叔湘、丁声树、贺麟、冯友兰、魏建功等。毛泽东批示：“打破‘金要足赤’、‘人要完人’的形而上学错误思想。可惜未请周扬、梁漱溟。”

10月19日 晚上，在中南海游泳池住处会见马里国家元首特拉奥雷的夫人，李先念在座。当马里驻中国大使说全世界都在阅读主席的著作时，毛泽东说：没有多少意思，靠你们创造。关于中马关系，毛泽东说：我们是友好国家，以后有事找他（指李先念），他是我们的管家。谈到中国的对外贸易时，毛泽东问李先念进口多少，出口多少，以及和美国、日本、欧洲的贸易情况。在李先念一一做了说明后，毛泽东说：过去我们没有石油，苏联人卡我们，现在有了。我看你们非洲也要找石油。

会见特拉奥雷的夫人后，同李先念、汪东兴等谈话。毛泽东说：“现在有一股风，说我批了江青。批是批了，但江青不觉悟。清华大学刘冰〔1〕等人来信告迟群和小谢。我看信的动机不纯，想打倒迟群和小谢。他们信中的矛头是对着我的。迟群是反革命吗？有错误，批评是要批评的。一批评就要打倒，一棍子打死？小谢是带三万工人进清华大学的。迟群我还不认识哩。现在他们有错误缺点，可以批评、教育。对犯有错误或缺点的人，我们党历来有政策，就是惩前毖后，治病救人，不是打倒。”又说：“我

〔1〕 刘冰，当时任清华大学党委副书记、清华大学革委会副主任。

在北京，写信为什么不直接写给我，还要经小平转。你们告诉小平注意，不要上当。小平偏袒刘冰。你们六人（指邓小平、李先念、汪东兴、吴德、谢静宜、迟群——编者注）先开会研究处理。此两封信印发中央政治局在京各同志。清华大学可以辩论，出大字报。”八月十三日，刘冰等曾由邓小平转交给毛泽东一封信，反映清华大学党委书记迟群的工作作风和思想意识等问题，毛泽东看后指示秘书：“先放着。”十月十三日，刘冰等再经邓小平转交给毛泽东一封信，揭发迟群、谢静宜攻击中央领导同志、搞非法组织活动的情况，毛泽东看后，让秘书把第一封信找出来又看了一遍，就讲了上述那些话。

同日 经毛泽东圈阅，中共中央转发华国锋十月十五日在全国农业学大寨会议上的总结报告《全党动员，苦战五年，为普及大寨县而奋斗》。

10月21日 晚上，在中南海游泳池住处会见美国国务卿基辛格，邓小平、乔冠华、黄镇在座。基辛格说：我们对同人民共和国的关系赋予极大的重要意义。毛泽东说：意义有一点，不大。基辛格说：我们有一些共同的对手。毛泽东说：对。你们（指基辛格和邓小平——编者注）吵了一架。基辛格说：只是在为了达到共同的目标应采取什么手段上吵了一点。毛泽东说：你昨天说美国无求于中国，中国也无求于美国。我看，部分是对的，部分不对。小的是台湾，大的是世界，如果双方都无所求，你们为什么要来北京，我们为什么接待你们和总统？基辛格说：你们对世界问题的概念是我们打交道的国家中最清楚的，而且大部分意见我们都同意。苏联对我们是个极大的危险，但并不在我们优先考虑的问题中占第一位。毛泽东说：不对，超级大国只有两个。我们是最后，美国、苏联、欧洲、日本，我们是第五。你们就是踏着我们的肩膀跑莫斯科，现在这个肩膀没有用了。基辛格说：我们不是想利用中国跑莫斯科，因为这种做法会是自杀性的。毛泽东说：已经跑过了！当基辛格说美国曾试图表示准备在军事问题上提供帮助时，毛泽东说：军事方面，我们现在不谈，等打起仗来再说。关于世界形势，基辛格说：我重读了两年前主席与我的谈话，从中我读到了对世界局势的最深刻的分析，我们十分重视。毛泽东说：有些估计还要看。现在欧洲太软、太散，害怕苏联！西德和东德统一起来就像（举拳头）这样，我们赞成统一。现在德国统一没有危险。在这个问题上，我们一致。日本自己要搞霸权主义。基辛格说：日本称霸的潜力是存在的。毛泽东说：你太忙，不忙看来也是不行啊。风雨欲来燕子忙。现在世界不太平，风雨要来，所以燕子就忙了。推迟可以，但要阻止风雨难。谈话中，毛泽东还说：第一，问候福特总统先生，第二，问候尼克松先生。基辛格说：这两件事我都将十分愉快地去做。

10月22日 阅邓小平十月二十一日报送的中共中央政治局会议讨论事宜的报告。报告说：政治局近日会议，讨论到主席在高级知识分子参加国庆宴会的反映简报上所作重要批示的时候，谈到党外党内有一批人，需要在政治上早点安排，都同意积极准备，早点召开全国政协会议。另外，政治局一致意见，拟于近日召开一次人大常委会议，补选两位人大常委副委员长，一为主席和中央已经决定的李大章同志，一为邓颖超同志。毛泽东批示：“同意。”

10月27日 就江青不要下去“蹲点”等问题作出批示：“改一改。不要蹲点，军队、地方都不要蹲点，特别在北京。我在北京没有去过任何一个地方。说话不要冲口而出。不要管，要顾大局。不要打电话，不要来看我，有事写信。”

同日 阅邓小平十月二十五日报送的邢燕子、朱克家〔1〕等十二名出席全国农业学大寨会议的下乡和回乡知识青年给毛泽东并中共中央的信。信中说：回去之后，我们一定要行动起来，投身到农业学大寨运动中去，为普及大寨县，实现农业机械化，贡献自己的青春。我们还要求各级党委给我们创造一个必要的条件，减少外出参加一些会议，让我们当了干部的知识青年能有更多的时间战斗在基层。毛泽东批示："应发表。可惜来的人太少，下次应多来一些。"十月二十八日，这封信在《人民日报》发表。

10月28日 阅邓小平、李先念、吴德、汪东兴关于讨论毛泽东十月十九日对清华大学刘冰等人来信的批评意见的书面报告。报告说：遵照主席的指示，十月二十三日，小平召集李先念、汪东兴、吴德、谢静宜、迟群开会，就如何贯彻毛泽东对清华大学刘冰等人来信的批评，提出两个方案：一、召集清华大学党委扩大会议，传达毛主席的指示，其中主席对小平、江青批评的内容建议不传达。主席指示传达后，展开辩论。二、以刘冰等的两封信为主要内容，放手发动群众在全校开展大辩论。会议还建议向中央政治局原原本本地传达毛主席的指示。毛泽东阅后表示同意第二方案，在第一方案"其中主席对小平、江青同志批评的内容建议不传达"下面画线，批注"对"，并将这句话中的"批评"改为"指示"。

同日 阅新疆维吾尔自治区原革委会副主任、新疆军区原第一政治委员王恩茂十月十九日来信，王恩茂提出想回部队做点工作。毛泽东批示："汪阅后，送剑英、小平、春桥同志阅处。他现在芜湖，请考虑是否在南京军区给他安一个职位。"毛泽东批

---

〔1〕 邢燕子，当时任中共天津市委书记、天津市革委会副主任。朱克家，当时任共青团云南省委书记。

示后不久，王恩茂被任命为南京军区副政治委员。

10月30日 下午，在中南海游泳池住处会见德意志联邦共和国总理施密特，邓小平、王殊在座。施密特说：西欧和北美的共同防务努力，足以使任何想对我们发动进攻、施加压力或施行侵略政策的人都感到那样做太冒险了。毛泽东说：好，但是十年、二十年以后，会发生变化。如果你们十年不联合，不在军事、政治、经济上联合成一个共同体，会要吃亏。要靠欧洲自己为主。

同日 阅陶铸亲属来信。陶铸妻子曾志、女儿陶斯亮十月分别来信，对专案组关于陶铸所谓历史问题的结论提出质疑，希望能换一些人对陶进行甄别工作，并在中央讨论、主席审批前，将历史结论向家属说明。毛泽东批示："印发在京政治局同志。请汪东兴同志酌处。"

同日 阅原马列学院秘书长周文的妻子郑育之来信。周文于一九五二年在党内受到批判时去世，郑育之来信要求为其平反。毛泽东批示："此件印发在京政治局各同志，同时送李井泉、郑育之二同志各一份。周文同志之死是被迫死的，如不受压迫，他不会死，此点我看没有疑义。请中央组织部予以复查妥善解决。"一九七五年十一月，中共中央组织部对周文一案进行重新复查后宣布：对周文同志予以平反，恢复名誉，撤销原来党为除名的决定。

11月1日 阅邓小平十月三十一日报送的鲁迅之子周海婴关于鲁迅著作的研究和出版问题的来信。信中提出：一、将戚本禹过去从文化部保险柜弄走的全部鲁迅书信手稿一千多封交给国家文物局负责保护收藏，由文物局负责全部影印出版，同时由出版局负责编印一部比较完备和准确的鲁迅书信集。二、现在继续编辑出版一部比较完善的新的注释本《鲁迅全集》，需要动员一些认识和熟悉鲁迅的老同志来参加工作。三、将一九五八年下放北京市文化局的鲁迅博物馆重新划归国家文物局领导，在该馆增设鲁迅研究室，调集对鲁迅研究有相当基础的人员，请一些对鲁迅生平熟悉了解的老同志做顾问，除和出版局共同负责鲁迅全集的注释外，专门负责鲁迅传记和年谱的编写工作。毛泽东批示："我赞成周海婴同志的意见。请将周信印发政治局，并讨论一次，作出决定，立即实行。"

同日 晚上，同邓小平谈话。毛泽东肯定邓小平这一段时间的工作，同时批评他为刘冰等转信的做法。

11月2日 同毛远新谈话。此前，九月二十七日还谈过一次话。在谈话中，毛远新说：自己感到社会上有股风，就是对文化大革命怎么看，是肯定还是否定，成绩是七个指头还是错误是七个指头，有分歧。他还说：这股风似乎比七二年批极左还凶些。我很注意小平同志的讲话，我感到一个问题，他很少讲文化大革命的成绩，很少提批刘少奇的修正主义路线。我担心中央，怕出反复。七五年国务院开的务虚会，辽宁省有两个人参加，他们把讲话稿带回去，我看了，觉得国务院几个副总理讲话有些问题。特别是中央七五年四号文件〔1〕发下去以后，群众反映很多。有人找我说，形势刚好，社员积极性也起来了，看了四号文件不理解，有情绪。毛泽东说：有两种态度，一是对文化大革命不满意，二是要算账，算文化大革命的账。他们（指刘冰等——编者注）信中的矛头是对着我的。我在北京，写信为什么不直接写给我，还要经小平转。你们告诉小平注意，不要上当，小平偏袒刘冰。清华所涉及的问题不是孤立的，是当前两条路线斗争的反映。你找小平、东兴、锡联谈一下，把你的意见全讲，开门见山，不要吞吞吐吐。你要帮助他（指邓小平——编者注）提高。

同日 晚上，毛远新和邓小平、陈锡联、汪东兴四人根据毛

〔1〕 即1975年2月10日《中共中央批转一九七五年国民经济计划的通知》。

泽东要求在一起开会。毛远新对邓小平主持国务院和党中央工作以来的形势和初步整顿取得的成绩加以否定。邓小平反驳说：你的描述，中央整个是执行了修正主义路线，而且是在所有领域都没有执行主席的路线，说毛主席为首的中央搞了个修正主义路线，这个话不好说。我是从今年三月九号文件开始抓工作，主持中央工作是七月。九号文件以后是什么路线，我主持中央工作三个多月是什么路线，从九号文件以后，全国的形势是好一点还是坏一点，这可以想想嘛。对九号文件以后的评价，远新同志的看法是不同的。是好是坏实践可以证明。邓小平也表示愿意作自我批评。

同日 阅胡乔木十月二十三日报送的作家姚雪垠的来信。信中说：《李自成》第一卷于一九六三年在中国青年出版社出版后，我曾给主席寄上一部。一九六六年夏，得知主席看过了这部书，曾指示说：这部书虽然有些问题，但应该让作者继续写下去，将全书写完。这部小说共五卷，写成后估计有二百五十万至三百万字，第二卷已写成近两年，但还没有地方出版，请求主席帮助解决。毛泽东批示："印发政治局各同志，我同意他写《李自成》小说二卷、三卷至五卷。"

11月3日 在中南海游泳池住处听取毛远新汇报十一月二日晚他和邓小平、陈锡联、汪东兴四人开会情况。毛泽东说：你没有精神准备，他（指邓小平——编者注）也没有料到，顶了起来。你有理，顺着不好，顶了他，这就叫帮助。毛远新说小平同志后来收回了原来的话，毛泽东听了很高兴，说：他要有个转弯，他开始转弯了，小平同志态度很好。又说：扩大一点人，李先念、纪登奎、华国锋、张春桥。八个人先讨论，吵也不要紧，然后政治局再讨论。讨论限于文化大革命问题，做个决议。文化大革命是干什么的？是阶级斗争嘛。对文化大革命，总的看法：基本正确，有所不足。现在要研究的是在有所不足方面。三七开，七分成绩，三分错误。文化大革命犯了两个错误，一、打倒一切，二、全面内战。打倒一切其中一部分打对了，如刘、林集团。一部分打错了，如许多老同志。这些人也有错误，批一下也可以。你们八个人先讨论。一次开不好，两次，三次，不要着急。这次谈话内容后来整理到一九七六年三月以中共中央文件下发的《毛主席重要指示》中。

同日 根据中共中央政治局的安排，吴德到清华大学参加校党委扩大会议，传达毛泽东对刘冰等人的信的批评。会后，根据校党委的部署，在校内师生员工当中展开一场关于教育革命问题的大辩论，集中批判刘冰、周荣鑫〔1〕等，实际上矛头对着邓小平。

11月4日 晚上，在中南海游泳池住处听取毛远新汇报本日八人会议情况。毛远新说：他们对邓小平同志主持工作以来意见也很大。当汇报到汪东兴在会上讲主席一个时期批评这些人，一个时期批评那些人，为的是在路线上一致起来，不要一批评就要打倒似的时，毛泽东点头说：对，不是打倒，而是改正错误，团结起来，搞好工作。我批评江青也是这样。安定团结，不是不要阶级斗争。阶级斗争是纲，其余都是目。斯大林在这个问题上犯了大错误。列宁则不然，他说小生产每日每时都产生资本主义。列宁说建设没有资本家的资产阶级国家，为了保障资产阶级法权。我们自己就是建设了这样一个国家，跟旧社会差不多，分等级，有八级工资，按劳分配，等价交换。要拿钱买米、买煤、买油、买菜。八级工资，不管你人少人多。毛远新请示八人会议的开法时，毛泽东说：会议还要逐步扩大几个人，开会就是帮助他（指邓小平——编者注）及大家，互相帮助，搞好团结，搞好工作。毛泽东交代：会议的情况，不要告诉江青，什么也不讲。

---

〔1〕 周荣鑫，当时任教育部部长。

11月9日 圈阅毛远新十一月六日报送的毛泽东十一月二日、三日、四日同他的谈话整理稿。毛远新在送审报告中说：为了集中讨论对文化大革命的看法，为了贯彻互相帮助，统一认识，团结起来，搞好工作的原则，也考虑到下一步逐步扩大，便于传达讨论，我把前几次谈话中主席有关的指示整理一个材料，请主席审阅指正。小平同志确定明天晚上八个人继续开会，会后再向主席报告。本日，毛泽东让工作人员告毛远新，同意将这个整理材料印发到会同志。

11月上旬 阅苏振华十一月三日关于拟下部队作调查研究的报告。报告说：我和萧劲光同志，还有几个管专业的副司令，拟最近到东南沿海，研究港湾码头十年建设规划，检查部队装备维修和训练情况等。毛泽东批示："注意老、中、青三结合。"

同旬 阅邓小平十一月五日报送的外交部关于缅甸总统奈温访华接待计划的请示报告。邓小平在送审报告中说：奈温已表示希望会见春桥、江青、文元同志，故我请外交部提出由我和春桥两人之一出面接待的方案。毛泽东批示："由小平主持会谈。春桥可参加迎送及宴会。"并删去请示中"江青同志会见已有安排"一句，还把"由邓小平或张春桥副总理代表周总理主持"、"请邓小平或张春桥副总理讲话"、"请邓小平或张春桥副总理祝酒"中的三处"或张春桥"四个字删去。

11月13日 下午，在中南海游泳池住处会见奈温，邓小平、张春桥在座。谈到尼克松因水门事件下台时，毛泽东说：我们不在北京的大使馆里安窃听器，跟外国人谈话，我们不搞窃听。搞这一套，没有好处。谈到中国的情况时，毛泽东说：中国是一个不发达国家，工业、农业都不发达，现在正在想办法。我们是农业第一，农、轻、重。谈到石油问题时，毛泽东说：外国人卡我们，没办法，强迫我们，我们才搞起来，要谢谢我们的苏联朋友。

会见奈温后，同邓小平、张春桥谈话，建议胡耀邦、胡乔木、周荣鑫、李昌、刘冰等列席中共中央政治局“帮邓”会议，并说他们参加会议也是对他们的一种帮助。

同日 为打招呼问题写批语：“过去只有河南同百分之八十的县委书记打了招呼，所以没有受冲击。在多数人身上复杂一点。桃花源中人，不知有汉，何论魏晋。〔1〕要估计这种情况。这一些老同志要打个招呼，如周荣鑫、李昌、胡耀邦、胡〔2〕、刘冰、李井泉等几十人也要打招呼。”

11月14日 下午，根据毛泽东的指示，邓小平和华国锋、李先念、纪登奎在国务院召集胡乔木、周荣鑫、胡耀邦、李昌开会。会议指出周荣鑫、胡耀邦、李昌三人的“错误”。

同日 阅李素文十一月一日要求深入基层多做调查研究的来信，批示：“似可同意。请登奎同志商李素文同志酌处。”来信说：我长期在基层做财贸工作，今年调我到中央抓财贸工作，这是党对我的信任。但是我担心在上边时间长了会陷到文件堆里，忙于送往迎来。希望能多给我一些机会到基层接触群众，接触实际，多做些调查研究，把财贸工作做好。另外，现在一些妇女工作也让我出面，对这一工作我实在不熟悉，建议由其他熟悉的同志担当，使我集中力量搞好财贸工作。

11月15日 阅王洪文十一月十四日报送的《关于上海召开大型文艺工作座谈会的情况简报》。简报说：最近在中共上海市委的领导下，召开了一次大型文艺工作座谈会。会上，传达了毛主席关于《诗刊》复刊的重要批示，宣读了文元同志给主席的信。

---

〔1〕 陶渊明《桃花源记》中的原文为“不知有汉，无论魏晋”。

〔2〕 胡，指胡乔木。

与会同志进行了热烈的讨论，大家一致认为：毛主席同意《诗刊》复刊的批示，不仅对于诗歌创作具有巨大推动作用，而且对于整个文艺创作、文艺评论都有重要的指导意义。王洪文在报送简报的附信中说：最近听到下面有些人在传抄主席与江青同志七月十四日的谈话内容。因此我建议是否可以将主席这次谈话精神传达给各省、市、自治区，各大军区及有关文化单位，以便使全党重视文艺创作，进一步落实党的政策。毛泽东批示："印发政治局各同志。请讨论一次。我讲的不完全，至少应该提到鲁迅提倡削烂苹果一篇〔1〕，请文元同志找出此文印发，以供讨论之用。"

同日　阅邓小平来信。来信说："洪文同志已经回到北京。七月份洪文同志到外地时，经主席批准，由我暂时代替主持中央日常工作。现洪文同志已回，按例，从即日起，中央日常工作仍请洪文同志主持，近日召开的十七人会议〔2〕，亦应请洪文同志主持。请主席批示。"毛泽东批示："暂时仍由小平同志主持，过一会再说。"

11月16日　阅中共中央统战部原部长李维汉来信。来信说：盼望得到审查结论，希望留在党内，并尽可能地做一点有益工作。毛泽东批示："请汪查一下此人审查情况，结论如何，告我为盼。"二十二日，毛泽东在中央专案审查小组提交的审查结论报告上批示："印发政治局，讨论确定。"十二月十三日，中央政治局讨论后，提出两个方案：一、同意专案组意见，开除出党，作人民内部矛盾处理；二、保留党籍，保留原工资。十四日，毛泽东在政治局讨论修改的审查结论报告上批示："可考虑照第二方案处理，

〔1〕　见鲁迅杂文集《准风月谈》中《关于翻译（下）》。鲁迅在文章中以有烂疤的苹果作比喻，批评那种金要足赤、人要完人，在文学批评中对作者、作品、译作求全责备的做法，希望批评家不要因为苹果有烂疤就一下子抛掉，而应做些削烂苹果的工作。

〔2〕　指即将于1975年11月20日举行的中共中央政治局会议。

请再议。”二十一日，邓小平将《李维汉的审查结论》退中央办公厅时注明：“政治局已按主席批示，照第二方案处理。”

同日 晚上，邓小平主持中共中央政治局会议，听取毛远新传达毛泽东对刘冰等来信的批评内容。会上，江青、张春桥、姚文元、王洪文对胡耀邦、周荣鑫进行指责。十一月十七日晚，邓小平主持中央政治局会议，由毛远新传达毛泽东听了十六日会议情况汇报后的指示。会上，江青、张春桥、王洪文、姚文元对胡乔木、周荣鑫进行指责。胡耀邦、胡乔木、周荣鑫、李昌、刘冰列席了这两次会议。

11月18日 阅文化部党的核心小组成员、天津市革委会副主任王曼恬来信。来信提出辞去文化部党的核心小组成员一职。毛泽东批示：“请汪酌处。我看可以同意她回天津。”

11月19日 阅国防科委资料研究所干部张伯恒十一月十日来信。来信说：最近国防科委常委恢复了我的党组织生活，我对审查报告的结论部分基本上同意，但对批示部分有意见。不宜先入为主地下结论。如康生同志的批示中说我“肯定与苏修是有关系的”，我认为像这样的结论式文字，倘无充分根据，最好不这样写。毛泽东批示：“此类事件应归何处处理，请汪酌处。”二十一日，汪东兴将张伯恒来信和毛泽东批示送叶剑英。二十二日，叶剑英批示：“建议请总政复查酌处。”

11月20日 中共中央政治局召开会议，专门讨论对文化大革命的评价问题。会议根据毛泽东的意见，提出由邓小平主持作一个关于文化大革命的决议，总的看法是七分成绩，三分错误。邓小平表示：由我主持写这个决议不适宜，我是桃花源中人，不知有汉，何论魏晋。

11月22日 阅邓小平十一月二十一日报送的关于打招呼会议问题的请示报告。报告说：遵照主席指示，向一些同志打个招呼，免犯错误。现拟了一个一百三十六人的名单，并拟了一个打招呼的谈话要点，都是由政治局会议讨论修改了的。打招呼的方法是，把大家召集到一块谈，政治局同志都出席。政治局商量，准备把谈话要点发给各大军区司令员和政委以及省市委第一书记，也给他们打个招呼。邓小平附送的《打招呼的讲话要点》写道：中央认为，毛主席对刘冰等人来信的指示非常重要。清华大学出现的问题绝不是孤立的，是当前两个阶级、两条道路、两条路线斗争的反映。这是一股右倾翻案风。清华大学的这场大辩论必然影响全国。毛主席指示，要向一些同志打个招呼，以免这些同志犯新的错误。毛泽东阅后批示："很好。但不仅只是老同志，要有中年、青年各一人同听同议，如同此次十七人会议那样。即也要对青年人打招呼，否则青年人也会犯错误。请政治局再议一次，或者分两次开，或者先分后合。"

11月23日 就打招呼会议致信邓小平："小平同志：还是你们议的好，先给老同志打招呼。青年问题暂缓。因有的还未结合，有的在打派仗（如七机部），有的貌合神离（如清华），召集不起来。"

11月24日 中共中央召开政治局打招呼会议，由邓小平宣读《打招呼的讲话要点》。二十六日，中共中央将这个讲话要点作为一九七五年二十三号文件传达到各省市自治区党委常委，大军区党委常委，中央和国家机关各部委党委常委或领导小组、党的核心小组成员，军委各总部、各军兵种党委常委。十二月十日，中共中央发出通知，将这个文件的传达范围逐步扩大到基层。

同日 阅农林科学家乐天宇十一月十八日来信。来信反映，原林业系统有派性的人要开除他的党籍，而自己的全部历史已于一九七二年经农林科学院派专人核实，并无任何问题，要求返回原借用单位（由中国科学院借调到林业部）工作。毛泽东批示：“请汪查一下此人情况。”

11月26日 中国成功发射一颗人造地球卫星。十二月二日，按预定计划将卫星收回地面。这是中国科技人员首次掌握卫星回收技术。

11月30日 阅高敬亭〔1〕的女儿高凤英一九七五年十一月十日的来信。高凤英在信中要求澄清其父高敬亭被枪决的原因，并作出结论。毛泽东批示：“请汪向了解此案的同志询问一下，以其结果告我。”之后，汪东兴查阅了中共中央档案馆有关高敬亭的错误和处理高敬亭案件的来往电报，并向了解此案的有关人员询问了情况。十二月九日，汪东兴在给毛泽东的报告中说：从当时中央的复电看，党中央曾电示新四军：“争取教育改造四支队，对高采取一些过渡办法，利用目前机会由军部派遣一些得力干部到四支队工作，以帮助四支队之政治改造与整理。”未看到中央复电中提到枪决事。但项英在致中央的电报中称：“白崇禧〔2〕电奉委座电令所请将高敬亭处以枪刑照准。”一九三九年六月二十四日，高敬亭被枪决。一九七五年十二月十四日，毛泽东阅汪东兴的报告后批示：“请军委讨论一次，我意此案处理不当，其责任我怀疑主要是项英。”一九七七年四月二十七日，中国人民解放军总政治部发出《关于给高敬亭同志平反的通知》，指出：“高敬亭同志参加革命后，在毛主席、党中央领导下，在坚持鄂豫皖地区的革命斗争中是有功的，虽在四支队工作期间犯有严重错误，但是可以教育的，处死高敬亭同志是错误的。”“中央军委

〔1〕 高敬亭，1938年1月至被枪决前，任新四军第四支队司令员兼政治委员、新四军第四支队军政委员会主席。

〔2〕 白崇禧，1939年时任国民党政府军事委员会副参谋总长。

决定对高敬亭同志给予平反，恢复名誉。”

12月2日 下午四时十五分至六时，在中南海游泳池住处会见美国总统福特、国务卿基辛格，邓小平、李先念、乔冠华、黄镇在座。关于中美关系，毛泽东说：我看黄镇还是到美国好，再去一两年。两国关系应该继续，我看现在我们两国之间没有多少事，今年、明年、后年没有事，以后会要有些事，可能会要好一些。现在报纸有些新闻，把我们两家的关系讲得很坏。要打个招呼，吹吹风。当福特说到要使全世界都相信中美两国关系良好时，毛泽东说：慢慢来。当福特说到打算在明年之后改善双边关系时，毛泽东说：那好。希望以后两国友好。我们冲突一定是有的，因为我们中国和美国两国的社会制度不同，意识形态不同。关于同苏联的关系，毛泽东说：我们没本领，就是放空炮！当福特说到两国要努力协调行动对付扩张主义的挑战时，毛泽东说：好。实际上苏联怎么办，要看。福特说：我们和西欧的关系以及你们和西欧的关系都应很好，以对付苏联在西欧的扩张。毛泽东说：在这一点上，我们和美国有共同点。

12月3日 阅《解放军报》原总编辑赵易亚来信。来信提出希望迅速对他的问题作出正确的结论，在结论未定以前，对他阅读文件、参加会议及医疗卫生、物质供给等也作出明确规定。毛泽东批示：“请汪阅。此件似应送总政查明酌处。”

12月初 阅《诗刊》编辑部十一月十五日关于发表毛泽东诗词的来信。来信说：《诗刊》复刊后的第一期定于明年一月十日出版。一九五七年《诗刊》创刊时，主席发表了十八首诗词，在《诗刊》重新出版的时候，我们十分希望再发表主席近年来的诗词新作。现送上我们收抄的《水调歌头·重归井冈山》和《念奴娇·雀儿问答》两篇诗稿，请主席订正后，连同主席新写的其他诗词一起，给重新出版的《诗刊》第一期发表。毛泽东对附送的《水调歌头·重归井冈山》和《念奴娇·雀儿问答》两首词作了修改，其中将《水调歌头·重归井冈山》改为《水调歌头·重上井冈山》，将《念奴娇·雀儿问答》改为《念奴娇·鸟儿问答》，将《念奴娇·鸟儿问答》结尾一句“请君充我枵腹”改为“试看天地翻覆”。并批示：“送诗刊编辑部。”

12月5日 和朱德、周恩来致电老挝人民民主共和国主席、最高人民议会主席苏发努冯和政府总理凯山·丰威汉，祝贺老挝人民民主共和国于十二月二日宣告成立。贺电说：几十年来，英雄的老挝人民在老挝人民革命党的领导下，为了祖国的独立和民族的解放，不畏强敌，不怕困难，坚持武装斗争，经过艰苦曲折的道路，终于战胜了帝国主义侵略者和国内极右反动势力，取得了民族民主革命的伟大胜利。老挝革命从此进入了一个崭新的历史阶段。你们的胜利，不仅对印度支那人民的革命事业作出了积极贡献，而且有力地鼓舞了世界被压迫民族和被压迫人民争取独立和解放的正义斗争。中老两国是亲密的友好邻邦，两国人民在长期的反帝革命斗争中同甘苦，共患难，结成了深厚的战斗友谊。

12月10日 同毛远新谈话时说：江青当了政治局委员，什么也不懂，还板着面孔训人，架子那么大，要人家当奴隶。

12月12日 圈阅外交部、外经部关于向扎伊尔提供紧急物资援助等问题的请示报告。

12月13日 阅王世英〔1〕妻子李果毅来信。来信说她的身体一直不好，希望能早些见到对王世英的审查结论。毛泽东批

〔1〕王世英，原任中共中央监察委员会专职委员。“文化大革命”中受江青、康生诬陷迫害，1968年3月26日去世。1979年1月，中共中央为王世英平反。

示："请汪酌处。"

12月14日 经毛泽东圈阅，中共中央转发清华大学党委《清华大学关于教育革命大辩论的情况报告》（中共中央一九七五年二十六号文件）。报告说：刘冰等人两封信的出现，是有深刻的政治背景的。今年七、八、九三个月，社会上政治谣言四起，攻击和分裂以毛主席为首的党中央，否定无产阶级文化大革命，翻文化大革命的案，算文化大革命的账。这是一股右倾翻案风。

12月16日 中国成功发射一颗人造地球卫星。

12月18日 阅毛远新本日送审的毛泽东一九七五年十月以来有关谈话的整理稿，批示："可以。"二十一日，毛远新根据毛泽东批示将整理稿送汪东兴，建议先印发政治局及参加会议的同志。

同日 阅天津化工学院袁血卒〔1〕来信。来信说他于一九七四年恢复党的生活，但至今没有工作，在军队工作几十年，请求批准回部队工作。毛泽东批示："送天津市党委酌处。"

12月20日 阅叶剑英十二月十八日关于加强电子对抗工作的报告，批示："很好。退叶剑英同志。"报告说：遵照主席六月二十三日对孔从洲同志关于加强电子对抗工作建议信的重要批示，我要总参牵头，请孔从洲同志和有关部门的负责同志，先后研究了四次，写了专题报告。十二月八日，国务院常务副总理、军委常委联席会议专门听取了有关部门的汇报，并进一步作了讨论，拟先采取以下措施，迅速把电子对抗和雷达管理工作加强起

---

〔1〕 袁血卒，宁都起义的领导人之一。曾任中国人民解放军总后勤部干部学校校长。1958年转业，任天津化工学院党委书记、院长。"文化大革命"中受迫害。1978年5月任民政部副部长。

来。一、拟在国务院、中央军委领导下，成立电子对抗和雷达管理领导小组。二、设一机构负责全军电子对抗和雷达归口管理工作。三、加强电子技术情报工作。四、加强和调整电子对抗的科研、生产力量，迅速改善我军电子装备的抗干扰性能。五、积极培养电子对抗技术人员。

同日 晚上，邓小平主持中共中央政治局会议。在会上作检讨发言，表示感谢毛主席的教育和同志们的帮助，并介绍自己几个月来的思想情况。会后，致信毛泽东，将检讨发言稿送毛泽东审阅。

12月23日 下午，在中南海游泳池住处会见圣多美和普林西比民主共和国总统达科斯塔，李先念、乔冠华在座。主要商谈中国给予援助问题。毛泽东说：可以分两部分。一部分是解决现在你们没有粮食，没有布匹，没有药品的问题，这些要快。现在先解决困难，吃饭、穿衣问题，然后再援助建设，无息长期贷款，这样比较好。要靠你们自己。你们和我们互相帮助，不只我们帮助你们，你们也帮助我们。我们被帝国主义压迫，现在还是被压迫，所以我们应该帮助世界上被压迫人民，这是尽义务。

12月24日 阅海军党委和南京军区党委十二月十五日关于海军航空兵四师副师长舒积成情况的报告。报告主要反映“九一三事件”后对舒积成办学习班进行审查的情况。毛泽东批示：“人民内部矛盾，本人已交待，不要再追究了。”

12月27日 阅江青要求见面的信，批示：“我近日有些不适，以不见为好。大局是好的。”

12月31日 晚十一时五十分至次日晨零时四十五分，在中南海游泳池住处会见美国前总统尼克松的女儿朱莉和她的丈夫戴维，乔冠华、黄镇在座。朱莉说：我带来了我父亲对你的问候，还带来了他特意写的一封信[1]。在翻译读完尼克松的信后，毛泽东接过信，用英语念了信末的日期和签名，说：很好，谢谢他。我还要见他，President Nixon（尼克松总统），欢迎他。谈到中国的情况时，毛泽东说：中国有些成绩，总的来说是落后的。过了十年，你们再来看。当戴维说感到最新的是中国的精神发展时，毛泽东说：Struggle（斗争）！我们这里有阶级斗争，Class Struggle（阶级斗争）！在人民内部也有斗争。共产党内部也有斗争。不斗争就不能进步，不和平。八亿人口，不斗行吗？不可怕，我们不杀人。国民党过去的党、政、军、特人员，战争中俘虏的，现在都把他们赦免了，给他们公民权。戴维说：从你们的革命的角度来看，没有一个灵魂是不能拯救的。毛泽东说：帮助人家改正错误。比如批评十个人的错误，八个人批对了，有

---

〔1〕 尼克松给毛泽东的信中说："使我感到高兴的是，我们于1972年在中华人民共和国和美国之间建立的新关系仍在持续。正如你所十分了解的，在其他国家，甚至在美国，都有一些人曾竭力反对我去北京，他们甚至在今天还在继续尽一切可能来破坏我们在1972年开创的新关系。但正如当我们在你家里会晤时你所说的，历史使我们二人走到一起来了。虽然我已不任公职，但我仍将尽一切可能使我们两个国家今后不会被拆散。诚然，我们的政治制度是不同的。你深信你们的制度，我也同样深信我们的制度。但是，不管我们之间有着什么样的可能把我们拆散的分歧，它们比之使我们走到一起来的共同的安全方面的利益来说，都是微不足道的了。中美两国人民极有必要共同致力于改善两国之间的关系和争取世界各国人民的和平，这一点压倒了我们在哲学上的任何分歧。如果要使世界得到和平，中美友谊和合作是不可缺少的，尽管我们在一些问题上可能存在分歧。如果我们变成了敌人，或者允许一堵曾经把我们分开了那么多年的墙重新建造起来，那将是历史的大悲剧之一。中美两国人民都会为战争和潜在的破坏付出最后的代价。因此，在任何情况下，我们都不应让任何在重要的、但基本上是边缘性的问题上的分歧，或潜在的侵略国家的活动，把我们拆开。"

两个人没有错误，搞错了，批评他们了，以后取消，说他们没有错误，恢复名誉。朱莉说：她（指王海容——编者注）告诉我说你有两首新词元旦将要发表了。毛泽东说：老的，有一首是批评赫鲁晓夫的。

本年 同邓小平谈话时，写下一些字条给邓小平。内容有："自然科学一般没有阶级性。""一时定不下来的不要写上去。""对人事处理要谨慎。""文件上对人事斗争性稍高了一点。""斗得太利害。""使人（害怕）。""耐心一点。""打倒一切，全面内战。两大错误，文化大革命中。""今天打倒这个，明天打倒这个。""冤案不少。""恢复一大批人。""要积累经验。"

本年 中共上海市委根据毛泽东对文化部提出的要求，拍摄了一批传统京剧和曲艺的彩色纪录片；同时恢复了上海电影译制片厂，译制了《简·爱》、《巴黎圣母院》、《魂断蓝桥》、《鸽子号》、《瑞典女王》等二十二部西方经典故事影片。毛泽东观看了好莱坞演员嘉宝主演的《瑞典女王》。

1976年 八十三岁

1月1日 《诗刊》一九七六年一月号和《人民日报》、《红旗》杂志一九七六年第一期，发表毛泽东一九六五年写的两首词《水调歌头·重上井冈山》和《念奴娇·鸟儿问答》。两报一刊发表经毛泽东圈阅的元旦社论《世上无难事，只要肯登攀》。社论说：发表这两首词，具有重大的政治意义和现实意义。怎样看待无产阶级文化大革命，是当前两个阶级、两条道路、两条路线斗争的集中反映。社论公布了毛泽东一九七五年十一月四日讲的一句话："安定团结不是不要阶级斗争，阶级斗争是纲，其余都是目。"

1月8日 上午九时五十七分，中共中央副主席、国务院总理、全国政协主席周恩来在北京逝世，终年七十八岁。

同日 下午，工作人员为毛泽东读中共中央政治局送来的周恩来逝世讣告清样。毛泽东听着，紧锁眉头，两眼流泪，一言未发。

1月9日 晨一时，在邓小平报送的关于周恩来丧事安排的请示报告上批示："同意。"报告说：政治局专门讨论了恩来同志的丧事问题，拟定了（一）请示报告，（二）讣告，（三）治丧委员会名单。周恩来治丧委员会由毛泽东、王洪文、叶剑英、邓小平、朱德等一百零七人组成。

同日 在邓小平本日下午报送的关于不邀请外国政府、兄弟党和友好人士来中国参加周恩来吊唁活动的请示报告上批示："送汪即办。"报告说：总理逝世消息发表后，不少国家要求派代表团或代表来京参加丧礼。政治局对此做了紧急讨论，决定仍按主席批准方案（一律不请）执行，拟由治丧委员会发一正式公告。

1月14日 对邓小平一九七五年十二月二十日和一九七六年一月三日在政治局会议上的检讨发言，分别批示："邓小平同志第一次检讨，印发政治局讨论。""邓小平同志第二次检讨，印发政治局讨论。"邓小平第一次检讨，是他一九七五年十二月二十日在中共中央政治局会议上的检讨发言，其中说：检查原因，最主要、最根本的，是对文化大革命的态度问题。桃花源中人，八年未工作，不是主要原因，主要原因是思想认识问题。第二次检讨，是他一九七六年一月三日在中央政治局会议上作的补充检讨，其中说：提出要以"三项指示为纲"这样重大的问题，既没请示主席，也没提到政治局和国务院讨论。

同日 听工作人员读邓小平一月十二日送审的中共中央对周恩来的悼词稿后，批示："同意。"送审报告说，悼词是由政治局会议审定的。毛泽东在听工作人员读近三千字的悼词稿时，难以控制情绪，失声痛哭。

1月15日 周恩来追悼大会在人民大会堂举行，邓小平代表中共中央致悼词。中央政治局考虑到毛泽东病重，没有安排他出席追悼大会。当天，身边工作人员曾问是否参加追悼大会，毛泽东拍着腿说："我也走不动了。"

1月20日 邓小平在中共中央政治局会议上再作检讨。江青等在会上对邓小平进行指责和批判。当晚，邓小平致信毛泽东，提请"解除我担负的主持中央日常工作的责任"。

1月21日 上午，听取毛远新汇报二十日中共中央政治局会议情况。毛泽东说：还是人民内部矛盾，引导得好，可以不走到对抗方面去。小平工作问题以后再议。我意可以减少工作，但不脱离工作，即不应一棍子打死。毛远新说：上次主席讲征求几个人的意见，华国锋、纪登奎、陈锡联提出国务院请主席确定一个主要负责同志牵头，他们三人做具体工作。毛泽东说：就请华国锋带个头，他自认为是政治水平不高的人。小平专管外事。

同日 在江青、张春桥授意下，迟群召开清华大学、北京大学党委负责人会议，公开点名批判邓小平。

1月28日 提议由华国锋主持中共中央日常工作。

1月30日 农历除夕，让在中南海游泳池住处值班的身边工作人员到屋外放点鞭炮。〔1〕

1月31日 下午五时，阅毛远新关于传达对华国锋、陈锡联工作安排问题的请示报告。报告说：主席对华国锋、陈锡联工作安排的指示，向政治局传达后，若主席同意，可否在这样的范围传达：1. 在国务院副总理、部长范围讲，经毛主席提议，政治局一致同意，国务院的工作，由华国锋同志主要负责。2. 在军委常委、各总部负责人范围讲，经毛主席提议，政治局一致同意，中央军委的工作，在叶剑英同志生病期间，由陈锡联同志主要负责。毛泽东批示："已阅，同意。还应同小平同志谈一下。"

2月1日 江青向文化部负责人提出，抓紧创作一批反映

---

〔1〕 对当时的情况，张玉凤的回忆是：毛主席这里没有客人，也没有自己家的亲人，只有身边几个工作人员陪伴着他，度过他生命的最后一个春节。他在这天，依然像往常一样在病榻上侧卧着吃了几口他历来喜欢吃的武昌鱼和一点米饭。饭后，我们把他搀扶下床，送到客厅。他坐下后头靠在沙发上休息，静静地坐在那里。入夜时隐隐约约听见远处的鞭炮声，他看看眼前日夜陪伴他的几个工作人员。远处的鞭炮声，使他想起了往年燃放鞭炮的情景。他用低哑的声音对我说："放点爆竹吧。你们这些年轻人也该过过节。"就这样，我通知了正在值班的其他几名工作人员。他们准备好了几挂鞭炮在房外燃放了一会儿。此刻的毛主席听着这爆竹声，在他那瘦弱、松弛的脸上露出了一丝笑容。我们心里都明白，主席的这一丝笑容，是在宽慰我们这些陪伴他的工作人员。

“与走资派作斗争”的电影和戏剧，以配合当前的斗争。六日，张春桥向文化部负责人下达“写与走资派作斗争的有深度的作品”的任务。

2月2日 审阅华国锋本日送审的中共中央关于华国锋任代总理、陈锡联主持中央军委工作的通知稿，批示：“同意。退华国锋同志。”这个通知于本日以中共中央一九七六年一号文件发出，发至县、团级。通知说：经毛主席提议，中央政治局一致通过，由华国锋同志任国务院代总理。经毛主席提议，中央政治局一致通过，在叶剑英同志生病期间，由陈锡联同志负责主持中央军委的工作。

同日 阅毛远新本日送审的补充毛泽东谈话整理稿的报告。报告说：根据大家的要求，我对去年十二月二十一日〔1〕整理的主席有关指示作了一些补充，现将补充过的段落都重抄一份，请主席审阅。毛泽东批示：“可以。”经过这次补充的毛泽东谈话整理稿，于一九七六年三月三日作为中共中央一九七六年四号文件发出，题为《毛主席重要指示》。

2月5日 阅华国锋本日报送的中共中央准备分批在北京召开各省、市、自治区和大军区负责人打招呼会议的请示报告。报告说：根据主席提出的，可以分别找一些省来谈一下的指示，政治局进行了认真的讨论。政治局讨论的意见是，第一批先找问题较多的浙江、福建、江西、云南、四川五省的同志来谈。为了能听到不同意见，每省分别来五至七人。开好会议的关键，是学好主席一九七五年十月以来的有关指示。政治局同志建议，把远新同志二月二号整理的主席有关指示，印发各省到会的同志学习。毛泽东批示：“同意。”

---

〔1〕 应为1975年12月18日。

同日 经毛泽东审阅同意，中共中央发出将中发一九七五年二十三号、二十六号文件[1]口头传达到党内外群众的通知。

2月8日 对刘型[2]要求调回军队工作的来信批示："春桥同志酌处。"

2月12日 阅吴桂贤二月一日关于上山下乡知识青年问题的来信，批示："印发政治局。知识青年问题，似宜专题研究，先作准备，然后开一次会，给以解决。"[3] 吴桂贤信中说：收到陕西咸阳市北杜公社两位知识青年给主席和党中央的信，他们反映了对上山下乡知识青年的安置、培养工作和招工中存在的问题。

同日 复信复旦大学中文系教授刘大杰："我同意你对韩愈的意见，一分为二为宜。李义山无题诗现在难下断语，暂时存疑可也。奉复久羁，深以为歉，诗词两首，拜读欣然，不胜感谢。"刘大杰一九七五年八月二日、三日两次来信，信中说：我的《中国文学发展史》一书的修改工作，一直受到主席的关怀。但关于韩愈问题，仍有疑虑。现在报刊文章，对韩愈全部否定，说得一无是处。韩以道统自居，鼓吹天命，固然要严加批判。但细读韩集，其思想中确存在着矛盾。其诸多作品，如赞扬管仲、商鞅之

---

[1] 分别见本卷第627页1975年11月24日条、第631页1975年12月14日条。

[2] 刘型，原任农垦部副部长。"文化大革命"中受迫害。1978年3月、12月先后任全国政协常委、中共中央纪律检查委员会常委。

[3] 1978年10月7日，中共中央发出通知说：毛主席批示要召开的关于知识青年问题的会议，由于"四人帮"干扰、破坏会议的筹备工作，以致未能在毛主席健在时召开。中央决定在今年十月份召开全国知识青年上山下乡工作会议。同年10月31日至12月10日，全国知识青年上山下乡工作会议在北京举行。12月12日，中共中央转发了《全国知识青年上山下乡工作会议纪要》和《国务院关于知识青年上山下乡若干问题的试行规定》。

功业等，都与儒家思想不合，而倾向于法家。再加以他的散文技巧，语法合于规范，文字通畅流利，为柳宗元、刘禹锡所推许。关于这些，如果全部加以否定，似非所宜。关于李义山的无题诗，说有一部分是政治诗，也有少数是恋爱诗，这样妥当吗？刘大杰在信中还附有他作的《七律·呈主席》和《沁园春·七一感赋呈主席》两首诗词。

2月16日 经毛泽东审阅同意，中共中央转发中央军委关于检查一九七五年七月军委扩大会议文件的报告。报告说：军委常委于二月六日开会，对去年七月军委扩大会议的文件作了检查。一、一致认为，这次军委扩大会议，遵照毛主席、党中央批准的议程，讨论通过的《关于压缩军队定额、调整编制体制和安排超编干部的报告》是正确的，应当继续贯彻执行。二、军委扩大会上的两个讲话〔1〕是有错误的。建议停止学习和贯彻执行。三、当前，回击右倾翻案风的斗争正在深入发展，全军要积极参加这场伟大的斗争。为了保持部队的稳定，随时准备打仗，军队的运动要在各级党委的统一领导下，采取正面教育的方式进行。这个报告当天以中共中央一九七六年三号文件发到省军级。

2月23日 上午十一时五十分至下午一时三十分，在中南海游泳池住处会见美国前总统尼克松，华国锋、乔冠华、黄镇在座。毛泽东说：中国跟美国要搞好，这个我同意。我们和欧洲要搞好，跟非洲、拉丁美洲、亚洲也要搞好。美国在世界上有利益要保护，苏联要扩张，这个没法子改变。在阶级存在的时代，战争是两个和平之间的现象。战争是政治的继续，也就是说是和平的继续，和平就是政治。尼克松说：但是在俄国并没有阶级，为什么俄国却威胁世界和平呢？因为它搞扩张，是吗？毛泽东说：

---

〔1〕 指叶剑英、邓小平1975年7月在中共中央军委扩大会议上的讲话。

不，他们有阶级，中国也有。我们的看法不一致，不要紧。尼克松说：不要紧。但这并不是我的意见，俄国人告诉我说他们没有阶级。毛泽东：靠不住。尼克松谈到，他担忧意大利共产党在与他们结成联盟的社会党的支持下将在大选中取胜，而这将意味着北大西洋公约组织最后要瓦解。毛泽东说：不能说意大利共产党是俄国的走狗，还是有点不同。意大利共产党、法国共产党、南斯拉夫，差不多。你们西方很怕法国共产党、意大利共产党。我看没有什么可怕。尼克松说：美中两国虽然社会制度不同，只要我们两国能在世界范围内作出共同努力，我相信这一时期就将是和平能存在下去的可能性最大的时期。要想建设一段时间的和平的世界，我们之间的合作是必不可少的。毛泽东说：讲得好。

2月25日 阅华国锋准备本日在中共中央召集的各省、市、自治区和各大军区负责人打招呼会议上的讲话稿，批示："同意。"华国锋的讲话稿就如何开展反击右倾翻案风的斗争，提出五点意见。主要内容有：要把学习毛主席的重要指示和中央文件摆在首位。在学习的基础上，深入揭发批判邓小平同志的修正主义路线错误。应该划一个界限，以这次会议打招呼为界，这次会议前的问题，中央负责。注意不要层层揪邓小平在各地的代理人，不要算历史旧账。对犯有错误的同志，要遵照毛主席的教导，实行"惩前毖后，治病救人"的方针。整个运动要根据毛主席指示，在党委一元化领导下进行。不搞串连，不搞战斗队。

3月3日 阅华国锋三月二日关于印发《毛主席重要指示》等文件的请示报告，批示："同意。"报告说：政治局开会研究，拟将《毛主席重要指示》用中共中央名义印发，组织县团级以上干部学习。为配合学习《毛主席重要指示》，同时印发华国锋二月二十五日在中央召集的各省市自治区和各大军区负责人打招呼会议上的讲话，扩大传达中央军委关于检查一九七五年七月军委扩大会议文件的报告的通知。本日，中共中央将上述三个文件分别以一九七六年四号、五号、六号文件印发。

《毛主席重要指示》是根据毛泽东一九七五年十月至一九七六年一月的多次讲话整理而成。指示基本内容如下：

清华大学刘冰等人来信告迟群和小谢。我看信的动机不纯，想打倒迟群和小谢。他们信中的矛头是对着我的。我在北京，写信为什么不直接写给我，还要经小平转。小平偏袒刘冰。清华所涉及的问题不是孤立的，是当前两条路线斗争的反映。

社会主义社会有没有阶级斗争？什么"三项指示为纲"，安定团结不是不要阶级斗争，阶级斗争是纲，其余都是目。斯大林在这个问题上犯了大错误。列宁则不然，他说小生产每日每时都产生资本主义。列宁说建设没有资本家的资产阶级国家，为了保障资产阶级法权。我们自己就是建设了这样一个国家，跟旧社会差不多，分等级，有八级工资，按劳分配，等价交换。要拿钱买米、买煤、买油、买菜。八级工资，不管你人少人多。

一九四九年提出国内主要矛盾是无产阶级对资产阶级之间的矛盾。十三年后重提阶级斗争问题，还有形势开始好转。文化大革命是干什么的？是阶级斗争嘛。刘少奇说阶级斗争熄灭论，他自己就不是熄灭，他要保护他那一堆叛徒、死党。林彪要打倒无产阶级，搞政变。熄灭了吗？

为什么有些人对社会主义社会中矛盾问题看不清楚了？旧的资产阶级不是还存在吗？大量的小资产阶级不是大家都看见了吗？大量未改造好的知识分子不是都在吗？小生产的影响，贪污腐化、投机倒把不是到处都有吗？刘、林等反党集团不是令人惊心动魄吗？问题是自己是属于小资产阶级，思想容易右。自己代表资产阶级，却说阶级矛盾看不清楚了。

一些同志，主要是老同志思想还停止在资产阶级民主革命阶段，对社会主义革命不理解、有抵触，甚至反对。对文化大革命两种态度，一是不满意，二是要算账，算文化大革命的账。

为什么列宁就没有停止呢？民主革命后，工人、贫下中农没有停止，他们要革命。而一部分党员却不想前进了，有些人后退了，反对革命了。为什么呢？做了大官了，要保护大官们的利益。他们有了好房子，有汽车，薪水高，还有服务员，比资本家还厉害。社会主义革命革到自己头上了，合作化时党内就有人反对，批资产阶级法权他们有反感。搞社会主义革命，不知道资产阶级在哪里，就在共产党内，党内走资产主义道路的当权派。走资派还在走。

一百年后还要不要革命？一千年后要不要革命？总还是要革命的。总是一部分人觉得受压，小官、学生、工、农、兵，不喜欢大人物压他们，所以他们要革命呢。一万年以后矛盾就看不见了？怎么看不见呢，是看得见的。

对文化大革命，总的看法：基本正确，有所不足。现在要研究的是在有所不足方面。三七开，七分成绩，三分错误，看法不见得一致。文化大革命犯了两个错误，1. 打倒一切，2. 全面内战。打倒一切其中一部分打对了，如刘、林集团。一部分打错了，如许多老同志，这些人也有错误，批一下也可以。无战争经验已经十多年了，全面内战，抢了枪，大多数是发的，打一下，也是个锻炼。但是把人往死里打，不救护伤员，这不好。

不要轻视老同志，我是最老的，老同志还有点用处。对造反派要高抬贵手，不要动不动就“滚”。有时他们犯错误，我们老同志就不犯错误？照样犯。要注意老中青三结合。有些老同志七八年没管事了，许多事情都不知道，桃花源中人，不知有汉，何论魏晋。有的人受了点冲击，心里不高兴，有气，在情理之中，可以谅解。但不能把气发到大多数人身上，发到群众身上，站在对立面去指责。周荣鑫、刘冰他们得罪了多数，要翻案，大多数人不赞成，清华两万多人。他们孤立得很。

过去那些学校学的没有多少用，课程都忘记了，用处就那么大点，有点文化，能看书写字，有的能写点文章。很多书我也是以后看的，很多自然知识也不是课堂上学的，如天文学、地质学、土壤学。真正的本事不是在学校学的，孔夫子没有上过大学，还有秦始皇、刘邦、汉武帝、曹操、朱元璋，都没上过什么大学。可不要迷信那个大学，高尔基只上过两年小学，恩格斯只上过中学，列宁大学未毕业就被开除了。

上了大学，不想和工人划等号了，要做工人贵族。就是普通的工人农民每天也在进步。群众是真正的英雄，而我们却是幼稚可笑的，包括我。往往是下级水平高于上级，群众高于领导，领导不及普通劳动者，因为他们脱离群众，没有实践经验。不是有人说大学生不等于劳动者吗，我说我自己不及一个劳动者。有些人站在资产阶级知识分子立场，反对对资产阶级知识分子的改造。他们就不用改造了？谁都要改造，包括我，包括你们。工人阶级也要在斗争中不断改造自己，不然有些人也要变坏呢。英国工党就是反动的，美国产联、劳联也是反动的。

当前大辩论主要限于学校及部分机关，不要搞战斗队，主要是党的领导。不要冲击工业、农业、商业、军队。但是，也会波及。现在群众水平提高了，不是搞无政府，打倒一切，全面内战。现在北大、清华倒是走上正轨，由校党委、系党委、支部领导，过去不是，蒯大富、聂元梓无政府主义，现在比较稳妥。

对一些老同志要打招呼，要帮助，不然他们会犯新的错误。文化大革命初，河南给地委、县委书记打了招呼，要正确对待，结果百分之八十的地县委书记没有被打倒。我看还要打招呼，做工作，每省来三个，有老有中有青，老中青三结合，青要好的，不要蒯大富、聂元梓那样的。也要对青年人打招呼，否则青年人也会犯错误。

我建议一二年内读点哲学，读点鲁迅。读哲学，可以看杨荣国的《中国古代思想史》和《简明中国哲学史》。这是中国的。要批孔。有些人不知孔的情况，可以读冯友兰的《论孔丘》，冯天瑜〔1〕的《孔丘教育思想批判》，冯天瑜的比冯友兰的好。还可以看郭老〔2〕的《十批判书》中的崇儒反法部分。

3月10日 阅华国锋三月三日关于江青要求印发她对“风庆”轮问题的讲话的请示报告。报告说，因江青讲话内容涉及到政治局同志的批件及提到送主席看过，所以我没有把握批印，可否印发请主席批示。毛泽东批示：“不应该印发。此事是不妥的。”“江青干涉太多了。单独召集十二省讲话。”江青曾于三月二日擅自召集出席中央打招呼会议的十二个省、自治区负责人开座谈会，印发了她一九七四年在《“风庆”轮的问题》材料上的批注和批语，并在会上说：对邓小平的问题，政治局一直是有斗争的。第一次大的交锋，就是发生在“风庆”轮问题上。当我看到这个材料后，作了批注，并写了意见。邓小平当时表面上画了圈，但后来在一次政治局会议上，当我问他对“风庆”轮的意见时，他突然大发雷霆，大骂了我一通，最后指着鼻子气势汹汹地说：我要调查，我要调查！说完就扬长而去，搞得政治局会议都开不下去了。三月二日的座谈会后，江青将以上讲话整理成文字，并附上一九七四年十月王洪文、张春桥、姚文元、康生关于“风庆”轮事件的批语，然后致信华国锋，提出报送毛泽东和在京中央政治局委员，并发各省、市、自治区和各大军区各一份。

〔1〕 冯天瑜，当时任武汉师范学院教师。

〔2〕 指郭沫若。

在给华国锋的信中，江青称“这是对邓小平同志的一份揭发，是我们和他的一次较大斗争，应让同志们知道”。

3月17日 下午，在中南海游泳池住处会见老挝人民革命党中央总书记、政府总理凯山·丰威汉率领的访华代表团，华国锋、姚文元在座。

3月24日 经毛泽东审阅同意，中共中央发出关于劝阻强行登车来京人员的通知。通知说：最近，浙江有几批学生，强行登上火车，要求来京上访和到清华、北大看大字报。经过劝阻，大部已经回去了。中央认为，这种做法是不妥当的，不符合毛主席、党中央的指示精神，影响抓革命、促生产、促工作、促战备。对强行登车要求来京的人员，应做好思想工作，坚决劝阻。告诉他们，整个运动要根据毛主席指示，在党委一元化领导下进行。不搞串连，不搞战斗队。

3月底至4月初 北京市民自发聚集在天安门广场人民英雄纪念碑周围，举行悼念周恩来和抗议“四人帮”的活动。从三月三十日开始，人们向纪念碑献上大量花圈、花篮、条幅、挽联和祭文，或举行宣誓、默哀仪式，或朗诵诗文、悼词。在张贴和传抄的诗文、传单以及现场演说中，不少内容是谴责“四人帮”，表达对“批邓、反击右倾翻案风”的不满。四月四日清明节这天达到高峰，到天安门广场的群众达几十万人。与此同时，天津、武汉、西安、青岛、杭州、郑州、福州、重庆、昆明、贵阳和长沙等地也发生类似情况。

4月5日 圈阅毛远新本日晨五时报送的关于中共中央政治局四日晚讨论连日来天安门发生的事态的报告。（叶剑英、李先念未参加这次会议——编者注）报告说：“这样大量的在天安门前集中那么多群众的场合下，公开发表反革命的演说，直接攻击毛主席，是建国以来没有的。”“这也是去年以来大量散布反革命谣言，造反革命舆论准备的继续和发展。去年邓小平说批林批孔就是反总理，批经验主义就是揪总理，他带头散布了大量谣言，社会上吹得更凶，去年一直未认真追查和辟谣。”“这次看出存在一个地下的‘裴多菲俱乐部’，有计划地在组织活动。因此也要防止万一，采取必要措施。”报告还说：政治局决定从四日晚上开始，清理花圈和标语。五日开始，布置民兵围绕纪念碑，劝说阻止群众去送花圈和集会，不再允许进入这个范围。

同日 晨，有关部门将天安门广场内的花圈、横幅等悼念周恩来的物品全部清理，并逮捕了在场的一些群众。从上午起，又有许多群众来到广场，高呼“还我花圈，还我战友”等口号，当场发生冲突。下午，中共中央政治局在人民大会堂开会决定，由政治局委员、北京市委第一书记吴德发表广播讲话，晚上出动民兵。下午六时半，吴德在天安门发表广播讲话，说：“今天，在天安门广场有坏人进行破坏捣乱，进行反革命破坏活动”，“革命群众应立即离开广场，不要受他们的蒙蔽”。晚九时半，预先准备好的大批民兵、公安人员和部队包围了广场，对滞留的群众进行殴打和逮捕。

4月上旬 经毛泽东圈阅，中共中央发出通知，将一九七六年四号、五号文件的传达范围扩大到基层党支部书记，党、政、军机关传达到全体党员干部。

4月6日 晨，中共中央政治局召开会议，听取北京市公安局和北京卫戍区汇报天安门事件情况。会后，毛远新向毛泽东报送政治局开会情况的报告。报告说：北京市的汇报要点是：四月四日晚上的行动，捉了十几个，清理了花圈。四月五日晨他们又到广场来了，提出要花圈，要战友，并殴打战士、民兵，烧了处理天安门事件的联合指挥部所在的历史博物馆南侧小红楼。报告说：这是反革命暴乱性质。[1]

同日 下午，在中南海游泳池住处听江青报告处理天安门事件的经过。江青称邓小平是天安门事件的总后台，并建议开除邓小平的党籍。毛泽东没有表态。

同日 晚上，中共中央政治局开会研究处理天安门事件问题。

4月7日 上午，听取毛远新关于中共中央政治局处理天安门事件的情况汇报。毛泽东说：开除邓的一切职务，保留党籍，以观后效。以上待三中全会审议批准。毛远新问：由中央作决议，公开发表？毛泽东说：中央政治局作决议，登报。这次一、首都，二、天安门，三、烧、打。这三件好，性质变了。毛泽东要毛远新先约几个人谈一下由华国锋任总理的问题，要他快去。当天中午，听毛远新汇报政治局会议讨论的意见，在谈到华国锋任总理的决议时，毛泽东又提议华国锋任党的第一副主席。

同日 下午五时半，审阅中共中央关于华国锋任中央第一副主席、国务院总理的决议稿，批示："照发。"决议说："根据伟大领袖毛主席的提议，中共中央政治局一致通过，华国锋同志任中国共产党中央委员会第一副主席、中华人民共和国国务院总理。"同时，审阅中共中央关于撤销邓小平党内外一切职务的决议稿，

---

〔1〕 1978年12月，中共十一届三中全会指出："1976年4月5日的天安门事件完全是革命行动。以天安门事件为中心的全国亿万人民沉痛悼念周恩来同志、愤怒声讨'四人帮'的伟大革命群众运动，为我们党粉碎'四人帮'奠定了群众基础。全会决定撤销中央发出的有关'反击右倾翻案风'运动和天安门事件的错误文件。"1981年6月27日，中共十一届六中全会通过的《关于建国以来党的若干历史问题的决议》指出：1976年4月间，"在全国范围内掀起了以天安门事件为代表的悼念周恩来、反对'四人帮'的强大抗议运动。这个运动实质上是拥护以邓小平同志为代表的党的正确领导，它为后来粉碎江青反革命集团奠定了伟大的群众基础"。

批示："照发。"决议说："中共中央政治局讨论了发生在天安门广场的反革命事件和邓小平最近的表现，认为邓小平问题的性质已经变为对抗性的矛盾。根据伟大领袖毛主席提议，政治局一致通过，撤销邓小平党内外一切职务，保留党籍，以观后效。"又，审阅华国锋本日送审的中共中央政治局委员、北京市委第一书记吴德四月五日在天安门广场的广播讲话稿，批示："照发。"中共中央的两个决议当天分别以中共中央一九七六年九号、十号文件发出。中央人民广播电台当晚全文播发这两个决议和吴德在天安门广场的广播讲话，同时播发以《人民日报》工农兵通讯员、《人民日报》记者名义写的报道《天安门广场的反革命政治事件》。

同日 汪东兴向毛泽东汇报，说江青等人声称邓小平是天安门事件的"总后台"，他们还说可能有"群众"要去冲击邓小平，要求把邓小平抓起来。毛泽东说：不能冲击，也不能抓人。指示汪东兴将邓小平转移到安全地方。当天下午，邓小平夫妇从北京宽街家里被迁至东交民巷一处住所住下，同外界断绝一切联系。

4月8日 阅华国锋本日送审的中共中央关于天安门事件的电话通知稿，批示："照办。"电话通知的主要内容是：各省、市、自治区党委要立即召开群众大会，宣读中共中央的两个决议，由各省、市、自治区党委主要负责同志发表旗帜鲜明的讲话，牢牢掌握批邓斗争大方向，进一步深入开展反击右倾翻案风的伟大斗争。任何人不得冲击这次群众大会。各级党委要加强对批邓运动的领导，不准串连，不准成立任何形式的战斗队。各地如有反革命的打砸抢者，应坚决实行镇压。矛头指向伟大领袖毛主席和以毛主席为首的党中央的政治谣言、反动标语、诗词等，应坚决追查、打击制造者。

4月13日 阅毛远新本日晨报送的中共中央政治局会议讨论事项的报告，批示："第三条不好。"报告中说的政治局会议讨论事项的第三条是："北京市委的报告（准备转发全国）要进一步修改充实，除介绍北京的经验外，要把这次事件的罪证选择一些影印附上，使全国干部更清楚天安门事件的性质。"毛泽东在这段文字下面画了横线，并批注："此计不妥。"报告还附有北京市公安局搜集整理的《天安门广场反革命事件中反动诗文原件选印》，毛泽东阅后批示："天下已定。此件杂乱无章，近于画蛇添足，不宜发表。"

同日 经毛泽东圈阅，中共中央发出关于河北保定地区发生抢劫枪支弹药和粮食事件的电话通知。通知指出：不论任何人以任何借口抢枪、抢粮都是违法的。应发动群众对煽动抢枪、抢粮的首要分子，进行检举揭发。对反革命，对打、砸、抢者，要实行镇压。

4月20日 晚上，在中南海游泳池住处会见埃及副总统穆巴拉克，就中国向埃及提供援助问题进行交谈，华国锋在座。

4月30日 晚七时三十五分至八时零五分，在中南海游泳池住处会见新西兰总理马尔登，华国锋在座。会见结束后，华国锋向毛泽东汇报工作，说：国内形势正在好转，国际上也有些事。我经验不多，有事多同政治局的同志商量，看主席有什么意见。毛泽东说：国际上的事，大局已定，问题不大。国内的事要注意。随即在纸上写道："慢慢来，不要招急。""照过去方针办。""你办事，我放心。"

4月 阅江青三月三十一日来信。信中说："主席同杨振宁、李政道先生的谈话，对目前来说是很重要的，针对性很强。因此，我建议主席审定后印发政治局的同志们学习。"毛泽东批示："不印发。"

5月12日 下午三时四十分至四时，在中南海游泳池住处会见新加坡总理李光耀，华国锋、乔冠华在座。

5月27日　晚八时三十五分至八时四十五分，在中南海游泳池住处会见巴基斯坦总理布托，华国锋在座。这是毛泽东生前最后一次会见外宾。

6月初　突患心肌梗塞，经过及时抢救，脱离了危险。本月，中共中央宣布，毛泽东主席不再会见外国来访人士。

6月11日　口头指示同意邓小平六月十日来信提出的同孩子们同住或首先允许他们前来探望的要求。

6月25日　下午三时，同华国锋谈话，在纸上写道："国内问题要注意。"这是毛泽东生前亲笔写下的最后一句话。

6月　在中南海游泳池住处同华国锋、王洪文、张春桥、汪东兴等谈话。毛泽东说：我一生做了两件事情。一件是打倒了蒋介石，把蒋介石赶到台湾，战胜了日本帝国主义，把日本帝国主义赶出中国；一件是胜利地进行了无产阶级文化大革命。〔1〕

夏　提出回湖南韶山休养。鉴于毛泽东的健康状况恶化，常处于昏迷状态，中共中央政治局没有同意他的这个要求。同时，中央也通知湖南方面，在韶山滴水洞作好接待准备，一旦毛泽东

---

〔1〕 毛泽东说的这段话，引自1977年3月22日叶剑英在中共中央工作会议闭幕会上的讲话。关于毛泽东说他一生中做了两件事情，在一些书刊中曾经流传一种说法：人生七十古来稀，我八十多了，人老总想后事，中国有句古话叫盖棺论定，我虽未盖棺也快了，总可以论定了吧！我一生干了两件事。一是与蒋介石斗了那么几十年，把他赶到那么几个海岛上去了。抗战八年，把日本人请回老家去了。打进北京，总算进了紫禁城。对这些事持异议的人不多，只有那么几个人，在我耳边叽叽喳喳，无非是让我及早收回那几个海岛罢了。另一件事你们都知道，就是发动文化大革命。这事拥护的人不多，反对的人不少。这两件事没有完，这笔遗产得交给下一代。怎么交？和平交不成就动荡中交，搞得不好，后代怎么办，就得血雨腥风了。你们怎么办，只有天知道。对上述说法，本书编者没有查到档案根据或其他第一手权威材料。

身体有所好转，可回家乡休养。

7月3日 和朱德、华国锋致电孙德胜、黎笋、长征、范文同，祝贺越南全国实现统一。贺电说：越南国家的统一，是当前越南人民政治生活中的一件大事，在越南民族解放斗争史上具有十分重大的意义。

7月6日 下午三时零一分，中共中央政治局常委、全国人大常委会委员长朱德在北京逝世，终年九十岁。毛泽东知道后，嘱咐要办好后事。同日，新华社播发中共中央、全国人大常委会和国务院的讣告，以及由毛泽东、华国锋等组成的治丧委员会名单。

7月10日 和华国锋致电金日成、朴成哲，祝贺中朝友好合作互助条约签订十五周年。

7月28日 晨三时四十二分，河北唐山、丰南一带发生七点八级地震，波及北京、天津等地，出现多次余震。毛泽东住处有明显震感。当时在游泳池值班的王洪文、汪东兴立即赶到毛泽东床前，说可能是地震，待了解情况后再报告。不久，华国锋来到游泳池向毛泽东报告地震情况，说震中在唐山。当即华国锋、汪东兴等征求了医疗组的意见后，同毛泽东商量是否搬到有抗震能力的中南海二〇二号平房。毛泽东表示同意，并说地震过后我还要回来。当毛泽东得知地震造成极其惨重的损失后，放声大哭。华国锋汇报说他要去唐山，毛泽东说：你去，抓紧去，去看望灾区的人民。毛泽东在二〇二号平房一直住到逝世。

8月4日 中共中央、国务院派出以华国锋为总团长的中央慰问团，赴河北唐山、丰南一带慰问受灾群众，转达党中央、毛泽东对灾区人民的关怀。地震发生后，中央立即成立了抗震救灾指挥部，国务院向灾区派出了工作组，十几万人民解放军指战员、两万多名医务工作者和数万名各方面的支援人员迅速奔赴灾区，展开抢险救灾，大批救灾物资运到灾区。

8月18日 经毛泽东圈阅，中共中央发出《关于唐山、丰南一带抗震救灾的通报》。这是毛泽东生前圈阅的最后一份文件。

8月26日 索要宋代洪迈《容斋随笔》。这是毛泽东生前索要的最后一部书。

8月28日 上午，在病床上见女儿李敏。

8月30日 中国成功发射一颗人造地球卫星。

9月7日 清醒时，示意要看材料。当工作人员听不明白要看什么材料时，在纸上画了三横，又用手敲木质床头，工作人员明白是要看有关日本自民党总裁、日本首相三木武夫的材料。〔1〕在工作人员帮助下只看了几分钟，又昏迷过去。

9月8日 在接受抢救，上下肢插着静脉输液导管、胸部安有心电监护导线、鼻孔插着鼻饲管的情况下，全天由工作人员托着文件或书阅看十一次，共二小时五十分钟。最后一次看文件是下午四时三十七分，看了约三十分钟。夜，处于弥留状态。在京中共中央政治局委员分组前来告别，依次走到毛泽东病床前，毛泽东以眼神示意，一一握手。同叶剑英握手的时间，比其他人都长一些。〔2〕

9月9日 晨零时十分，毛泽东在北京逝世，终年八十三岁。

---

〔1〕 日本当时正在举行大选。

〔2〕 1980年11月29日，叶剑英在中共中央政治局和中央书记处联席会议上发言说："毛主席临终的时候说，我不行了，快完了。政治局的全体同志到主席那个房子，排队一个一个见主席。那时，他的心脏还没有停止跳动。看完后，退回到休息室。过了一会，护士又把我叫到主席面前，当时主席看了我一眼，说不出话来，我又退了出来，不久主席心脏就停止跳动了。当时我就想，主席为什么要第二次看我呢？还有什么嘱托？"

同日 中共中央、全国人大常委会、国务院、中央军委发布《告全党全军全国各族人民书》，极其悲痛地宣告：中国共产党中央委员会主席、中国共产党中央军事委员会主席和中国人民政治协商会议全国委员会名誉主席毛泽东逝世。同时，中共中央、全国人大常委会、国务院、中央军委发布关于毛泽东治丧活动安排的公告和治丧委员会名单。治丧委员会由华国锋、王洪文、叶剑英、张春桥等三百七十五人组成。

9月11日—17日 毛泽东吊唁仪式在北京人民大会堂举行。党和国家领导人守灵。首都党政军机关干部、工农兵和各界群众三十多万人先后参加吊唁，瞻仰毛泽东遗容。全国各地的机关、部队、厂矿、企业、商店、人民公社、学校、街道等基层单位分别举行吊唁活动。二百多个国家、政党和组织及其领导人发来唁电、唁函，向中国党和政府表示深切哀悼，对中国和世界的杰出政治家毛泽东主席表示深深敬意。

9月18日 下午三时，首都各界群众一百万人在天安门广场隆重举行"伟大领袖和导师毛泽东主席追悼大会"。中共中央第一副主席、国务院总理华国锋致悼词。悼词说："几天来，全党全军和全国各族人民，都为毛泽东主席逝世感到无限悲痛。伟大领袖毛主席毕生的事业，是同广大人民群众血肉相联的。长期受压迫受剥削的中国人民，是在毛主席领导下翻身作了主人。灾难深重的中华民族，是在毛主席的领导下站立起来了。中国人民衷心地爱戴毛主席，信赖毛主席，崇敬毛主席。国际无产阶级和进步人类，都为毛主席的逝世而深切哀悼。"悼词回顾和缅怀了毛泽东的生平业绩，提出："中国人民的一切胜利，都是毛泽东思想的伟大胜利。毛泽东思想的光辉，将永远照耀着中国人民前进的道路。"

一九八一年六月中共十一届六中全会一致通过的由邓小平主持起草的《关于建国以来党的若干历史问题的决议》指出："毛泽东同志是伟大的马克思主义者，是伟大的无产阶级革命家、战略家和理论家。他虽然在'文化大革命'中犯了严重错误，但是就他的一生来看，他对中国革命的功绩远远大于他的过失。他的功绩是第一位的，错误是第二位的。他为我们党和中国人民解放军的创立和发展，为中国各族人民解放事业的胜利，为中华人民共和国的缔造和我国社会主义事业的发展，建立了永远不可磨灭的功勋。他为世界被压迫民族的解放和人类进步事业作出了重大的贡献。""以毛泽东同志为主要代表的中国共产党人，根据马克思列宁主义的基本原理，把中国长期革命实践中的一系列独创性经验作了理论概括，形成了适合中国情况的科学的指导思想，这就是马克思列宁主义普遍原理和中国革命具体实践相结合的产物——毛泽东思想。""毛泽东思想是我们党的宝贵的精神财富，它将长期指导我们的行动。"

《毛泽东年谱（1893—1949）》
后　　记

《毛泽东年谱（1893—1949）》，从1985年开始撰写，经过反复修改和向专家征求意见，于1993年定稿付排。

本书在胡乔木的关心和指导下撰写，他审改了部分年谱稿。本书的撰写还得到李琦的指导。

主　编　逄先知：负责全书的修改和定稿。

副主编　冯　蕙：负责1937年7月至1945年8月年谱稿的修改；

姚　旭：负责1945年8月至1949年9月年谱稿的修改；

赵福亭：负责1893年至1927年7月和1935年1月至1937年6月年谱稿的修改；

吴正裕：负责1927年8月至1937年6月年谱稿的修改。

分段起草者：

蔡钊珍：1893年至1924年12月

张素华：1925年1月至1927年7月

黄允升：1927年8月至1934年12月

田逢禄、李捷、蒋建农：1935年1月至1937年6月

姜国珍：1937年7月至1939年12月

刘益涛：1940 年 1 月至 1943 年 12 月

高　风、刘益涛：1944 年 1 月至 1945 年 8 月

姚　旭：1945 年 8 月至 1945 年 12 月

徐　焰：1946 年 1 月至 1946 年 12 月

李兴仁：1947 年 1 月至 1947 年 12 月

陈　廉：1948 年 1 月至 1948 年 12 月

周炳钦：1949 年 1 月至 1949 年 9 月

参加本书 1985 年以前的前期工作的有：廖盖隆、陈思明、钱家楣、薛培松、叶志如。参加本书工作的还有：汪裕尧、王玉璞。

应中央文献研究室的聘请，国防大学派出姚旭等五位同志参加本书的撰写工作。

中央档案馆提供本书使用的档案材料。

许多老同志为本书提供了回忆材料。

参加本书审读的有：

中央党史研究室王淇、刘经宇、李樾、王沛、张培森；军事科学院姚杰、傅吉庆、洪明、陈伙成；中央党校王渔、盖军、王仲清、李玲玉；国防大学张麟；中央档案馆齐得平、曹雁行、殷子贤；彭德怀传记组王亚志；陈毅传记组吴克斌；罗荣桓传记组黄瑶；兰州军区离休老同志成普；北京大学萧超然；厦门大学汪澍白；湖南韶山管理局高菊村；中共湖南省委党史委唐振南；湖南社科院王兴国。

本室金冲及、力平、陈思明和周恩来研究组、刘少奇研究组、朱德研究组、邓小平研究组、综合研究组、科研局的有关同志。

1993 年 12 月

《毛泽东年谱（1949—1976）》
后　　记

《毛泽东年谱（1949—1976）》的编撰工作，是在中共中央文献研究室室务委员会的领导下进行的。

主　编　逄先知：负责全书的修改、统稿和定稿：修改副主编第一次统稿后的全部年谱稿，修改1956年年谱初稿；主持四人（逄先知、冯蕙、熊华源、张素华）集体通读全部年谱稿并修改；多次对全部年谱稿作进一步修改；负责全书最后定稿。

冯　蕙：负责1958年1月至1965年12月年谱初稿的第一次统稿；参加逄先知主持的四人集体通读全部年谱稿并修改；几次阅读全部年谱稿，提出进一步修改的意见；参加全书的定稿；负责全书注释的统稿和定稿。

副主编　陈　晋：负责1966年1月至1976年9月年谱初稿的第一次统稿；阅读全部年谱稿并提出修改意见。

李　捷：负责1954年、1957年年谱初稿的第一次统稿，并重写了部分初稿；阅读全部年谱稿并提出修改意见。

熊华源：负责 1951 年至 1953 年年谱初稿的第一次统稿；参加逄先知主持的四人集体通读全部年谱稿并修改；对全书注释初稿进行核实和改写，参加全书注释的进一步修改和定稿；参加全部年谱稿的校对；负责全书的编务。

吴正裕：负责 1949 年 10 月至 1950 年 12 月、1955 年年谱初稿的第一次统稿。

张素华：参加逄先知主持的四人集体通读全部年谱稿并修改；参加全部年谱稿的校对。

分段起草者：

黄允升：1949 年 10 月至 1951 年 12 月、1956 年

许　蕾：1952 年、1972 年

刘建平：1953 年至 1955 年

郝首栋：1957 年 1 月至 1959 年 9 月

张素华：1959 年 10 月至 1965 年 12 月

唐洲雁：1966 年 1 月至 1968 年 12 月

陈　晋：1969 年、1976 年

沈雁昕：1970 年、1975 年

王香平：1971 年、1973 年、1974 年

韩洪洪、李红喜、毛胜、李平起草本书的人物注释初稿。

冷溶、滕文生、金冲及审阅了全部书稿，提出修改意见。闫建琪审阅了部分书稿，提出修改意见。

中央档案馆提供本书使用的档案材料。

王任重的亲属王正谦为本书提供了重要材料。西藏自治区原党委书记阴法唐、军事科学院军史部部长曲爱国、总参谋部离休干部王贵、中央档案馆退休干部齐得平、国防大学退休干部周炳

钦、周世钊亲属吴美潮等，多次接受本书编写者关于一些史实问题的咨询，并提供相关资料。山东档案馆、陕西档案馆提供了少量档案材料。

中央文献研究室的档案处、图书馆、信息管理处，中央文献出版社，对于本书的编写和出版，给予有力的支持，付出辛勤的劳动。

2013 年 12 月

《毛泽东年谱》
后　记

在逄先知主持下，冯蕙、熊华源参与了《毛泽东年谱（1893—1949）》、《毛泽东年谱（1949—1976）》的修订工作，并将两部年谱合为一部，定名《毛泽东年谱》。

2023年10月

图书在版编目（CIP）数据

毛泽东年谱 / 中共中央党史和文献研究院编. --
北京：中央文献出版社，2023.11
ISBN 978-7-5073-4984-9

Ⅰ.①毛… Ⅱ.①中… Ⅲ.①毛泽东年谱 Ⅳ.
①A753

中国国家版本馆 CIP 数据核字（2023）第 211648 号

毛泽东年谱

编　　者：中共中央党史和文献研究院
主　　编：（1—3 卷）逄先知
　　　　　（4—9 卷）逄先知　冯　蕙
副 主 编：（1—3 卷）冯　蕙　姚　旭　赵福亭　吴正裕
　　　　　（4—9 卷）陈　晋　李　捷　熊华源　吴正裕　张素华
责任编辑：杨茂荣　刘　敏　李庆田
　　　　　孙　翊　宋柏晴　王卫芳
责任印制：郑　刚　黄　冉　武晓东
封面设计：靳　新

出　　版：中央文献出版社
地　　址：北京西四北大街前毛家湾 1 号
邮　　编：100017
网　　址：www.zywxpress.com
发　　行：中央文献出版社
销售热线：010－83072503/83072509/83089319
　　　　　83089404/83089317/83089394
电子邮箱：zywx5073@126.com
排　　版：北京华艺图文设计公司
印　　刷：河北鹏润印刷有限公司

710×1000mm　16 开　361.25 印张　4370 千字
2023 年 12 月第 1 版　2023 年 12 月第 1 次印刷

ISBN 978-7-5073-4984-9　定价：800.00 元（全九卷）